U0920584

2017

上海工会年鉴

《上海工会年鉴》
编纂委员会

上海社会科学院出版社

《上海工会年鉴(2017)》编纂委员会

《上海工会年鉴》编辑部

上海市劳动模范和先进工作者代表共同庆祝2016年五一国际劳动节

8月4日，中共上海市委副市记、市长杨雄在洋山港区调研　　（张春海　摄）

6月2日，上海市人大常委会主任殷一璀察看宝钢不锈钢有限公司，了解淘汰过剩产能有关情况　　（殷淑荣　摄）

7月27日，上海市政协主席吴志明赴大渡河220千伏输变电工程建设工地慰问电力建设者 （申卫星 摄）

4月29日，中共上海市委副书记应勇出席上海市庆祝五一国际劳动节特别节目，接见先进工作者代表
（吴良荣 摄）

工会改革

3月21日，市总工会召开工会改革研讨会　　　（吴良荣　摄）

4月14日，市总工会召开上海市国有企业工会开办企业清理规范工作会议　　　（吴良荣　摄）

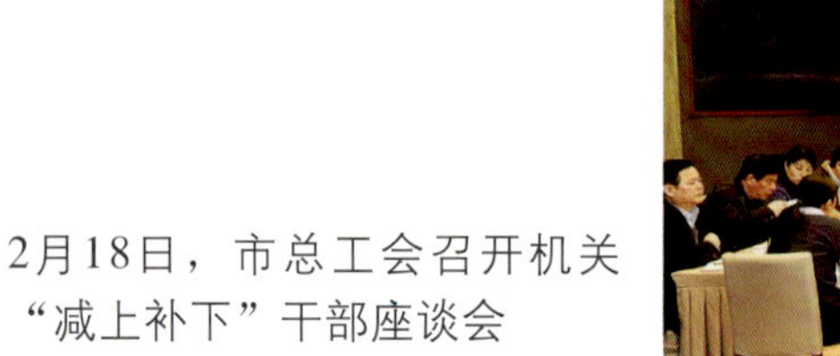

2月18日，市总工会召开机关“减上补下”干部座谈会　　　（吴良荣　摄）

3月29日，浦东新区总工会启动工会改革　　　（林之皓　供）

工会改革

7月11日，上海工会开启非公企业工会改革试点，在宝山区顾村镇召开非公企业工会改革试点动员大会 （吴良荣 摄）

2月23日，虹口区召开群团改革动员大会，区群团工作服务站揭牌 （徐 洁 摄）

12月16日，杨浦区召开长白新村街道非公企业工会改革试点工作推进会 （曹理仰 摄）

12月22日，松江区召开石湖荡镇非公企业工会改革试点启动大会 （吴良荣 摄）

组织建设

①11月17日，中共中央政治局委员、中华全国总工会主席李建国等赴上海市总工会调研座谈（吴良荣　摄）

②11月17日，中华全国总工会副主席李玉赋等赴上汽集团调研（吴良荣　摄）

③2月17日，市人大常委会副主任、市总工会主席洪浩一行赴中国电信上海市工会调研（殷　茵　摄）

④8月11日，市总工会党组书记莫负春一行赴滨江建设者之家调研（徐艳杰　摄）

组织建设

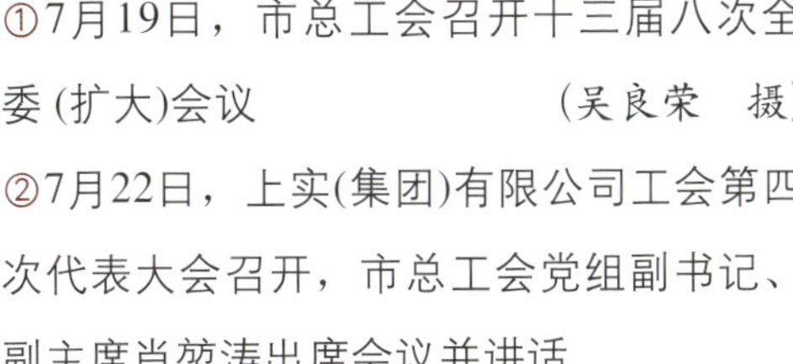

①7月19日，市总工会召开十三届八次全委(扩大)会议　　(吴良荣　摄)

②7月22日，上实(集团)有限公司工会第四次代表大会召开，市总工会党组副书记、副主席肖堃涛出席会议并讲话　　(乐嘉健　摄)

③2月29日，市总工会经审委召开十三届八次全体会议，经审会主任桂晓燕在会上讲话　　(吴良荣　摄)

④2月22日，市总工会召开机关系统加强党风廉政建设大会　　(吴良荣　摄)

组织建设

①5月6日，奉贤区举行工会工作志愿者服务队出征仪式 （祝笑成 摄）

②7月12日，隧道股份举行北横通道工地农民工入会仪式 （陆 政 摄）

③8月30日，崇明县社会组织工会联合会成立 （秦春华 摄）

④10月24日，上海市保安服务总公司普陀区公司工会成立揭牌 （许王丽 摄）

劳模先进

①4月29日，上海市庆祝五一国际劳动节特别节目举行　（吴良荣　摄）

②3月7日，市总工会召开纪念三八国际劳动妇女节暨五一巾帼创新工作室表彰会　（吴良荣　摄）

③4月28日，宝山区召开庆祝五一国际劳动节表彰大会　（宋　松　供）

④4月28日，浦东职工庆五一暨十三五劳动竞赛动员大会举行　（赵立荣　摄）

劳模先进

①4月28日，崇明县总工会召开庆祝五一国际劳动节暨崇明创业标兵、创新标兵表彰会　（徐　平　摄）

②4月28日，虹口区召开庆祝五一国际劳动节劳模先进座谈会　（徐　洁　摄）

③4月28日，长宁区召开庆祝五一国际劳动节暨表彰大会　（周　君　摄）

④4月29日，光明食品集团举行庆祝五一国际劳动节先进颁奖仪式　（闪向阳　摄）

劳模先进

①5月28日，市医务工会举行“守护生命”市卫生计生系统劳模专家大型义诊活动（池朝霞 摄）

②4月28日，上港集团表彰第三届“上海港劳动功臣”（金卫星 摄）

③9月26日，奉贤区总工会和区劳模协会组织“百名劳模一日游”活动（祝笑成 摄）

④5月12日，中船上海船舶工业有限公司先进表彰暨劳模创新工作室、技师创新工作室命名授牌大会受表彰者合影（陶庆翌 摄）

劳模先进

①9月28日，市职工职业道德建设"双十佳"表彰大会举行（吴良荣　摄）

②3月3日，世纪出版集团举行纪念三八妇女节先进表彰大会（周文强　摄）

③5月23日，时任中国农林水利气象工会主席盛明富为市监狱管理局颁发全国五一劳动奖状（孙伟忠　摄）

④申通地铁集团成立劳模宣讲团（殳　枫　摄）

①5月18日，2016年“上海工匠”培养选树计划启动（吴良荣 摄）

②10月27日，市总工会召开2016年“上海工匠”培养选树千人计划推进会（吴良荣 摄）

③10月27日，“上海工匠”首轮选树活动揭晓，88名首批上海工匠正式诞生（殷茵 摄）

④12月30日，上海智慧城市建设领军先锋评选暨“智慧工匠“技能竞赛活动颁奖典礼（黄俭 供）

经济建设

①5月18日，2016年上海职工创新大会暨上海职工科技活动周开幕　（吴良荣　摄）

②6月12日，市职工技术协会焊接技术专业委员会成立　（陈　英　供）

③11月10日，2016年上海市职工数控、焊接技能大赛表彰会　（应启跃　摄）

④5月26日，上汽集团等单位职工优秀发明在上海市优秀发明选拔赛总结大会上获表彰　（范　融　供）

经济建设

①5月15日，黄浦区淮海街道总工会举行第二届职工技能才艺大赛暨劳动竞赛启动仪式　（吕诚陆　摄）

②12月19日，浦东新区举行"康桥杯"首届机器人应用技能邀请赛　（赵立荣　摄）

③12月8日，华东电网举办技术技能竞赛决赛　（徐　彬　摄）

④8月10日，上海建工集团召开"精品杯"立功竞赛中途推进会暨"上海迪士尼"竞赛表彰大会　（缪云明　摄）

经济建设

①5月6日，国核工程公司海阳核岛工程2016年度立功竞赛拉开帷幕　（钱　蓉　供）

②10月28日，上海机场开展消防岗位技能大赛　（吴云舟　摄）

③9月29日，上海中远海运油运公司船舶工会组织岗位练兵　（楼于海　供）

④6月27日，长江轮船工会职工代表上船巡查安全　（章　伟　摄）

经济建设

①8月26日，上海电建召开“智慧能量”职工五小成果发布会　（傅　诚　摄）

②4月24日，上海航天八院首届职工创新创意大赛决赛路演　（周　博　供）

③11月24日，上海烟草集团职工烟标设计大赛开赛　（周园媛　摄）

④5月12日，仪电集团举行首届员工创新创业大赛总决赛　（鲁宁华　摄）

⑤7月24日，上海轻工业工会举行上海钟表(装配工)技能比赛　（徐俊彦　摄）

民主权利

①12月6日，上海市厂务公开民主管理工作交流会召开 （吴良荣 摄）

②9月21日，第九次全国厂务公开民主管理调研检查工作汇报会在市科技系统召开 （刘宜春 摄）

③1月8日，纺织集团召开职代会，表彰厂务公开先进单位、优秀职工代表 （王慎微 供）

④2月18日，上海石化召开六届四次职代会 （石小建 供）

民主权利

①3月22日，国盛集团召开二届二次职代会（颜　妍　供）
②3月31日，仪电集团召开一届一次职代会（鲁守华　摄）
③6月21日，中交上航局召开职代会联席会议审议职工岗位薪酬方案（杨建平　摄）
④3月18日，华东建筑集团召开一届一次职代会（谢志群　供）

劳动关系

①3月29日，市总工会召开劳动关系工作暨预防化解群体性劳资纠纷推进会 （吴良荣 摄）

②7月28日，市总工会副主席姜海涛、朱雪芹共同为朱雪芹职工法律援助工作室揭牌 （吴良荣 摄）

③8月23日，长宁区总工会举办劳动法律监督员、劳动争议调解员培训班 （印敏峰 摄）

④10月18日，松江区工会劳动法律监督委员会开展调研检查工作 （徐文健 摄）

⑤崇明区总工会举办法律服务进企业活动 （秦春华 摄）

劳动关系

①10月29日，临港集团本部劳资双方首席代表签订工资专项集体合同（陈　浩　摄）

②1月18日，上海水产(集团)总公司召开2016年工资集体协商会议　（韩　毅　摄）

③中国移动上海公司行政、工会代表共同签订《第六期集体合同》《第五期女职工权益专项保护集体合同》　（邰晓赟　摄）

④3月4日，中国电信上海公司行政和工会代表在公司职代会上签订《集体合同》

（殷　茵　摄）

经济权益

①1月6日，全国总工会副主席焦开河率全总慰问团来沪为困难职工送温暖 （吴良荣 摄）

②7月18日，市总工会党组书记莫负春、秘书长宋钟蓓等走访慰问中交三航局职工 （黄书展 供）

③8月18日，市总工会副主席何惠娟为市总工会“关爱女职工健康实事工程”体检基地揭牌 （吴良荣 摄）

④3月11日，市经信系统工会举办“聪慧时尚、自信坚韧、创新进取”巾帼风采展示活动 （黄 俭 供）

经济权益

①8月3日，市总工会副主席侯继军赴鲁中矿业张家洼铁矿慰问职工　（李宗峰　供）

②7月8日，市总工会副主席李斌赴光明食品集团下属的江桥农产品批发市场慰问职工　（苏彩惠　摄）

③2月27日，奉贤区总工会主办的2016年“春风送岗位”公益招聘会在南桥镇文化广场举行　（祝笑成　摄）

④3月18日，青浦区总工会举办《女职工劳动保护特别规定》知识竞赛　（朱建强　摄）

经济权益

①3月10日，市工人文化宫举办“心系环卫人”女医师义诊活动　（金　喆　摄）

②3月21日，上海交通行业男性职工健康实事工程公交行畅基金签约（薛兆锋　摄）

③12月8日，杨浦区总工会职工援助服务中心实施晚间延时服务接待职工（曹理仰　摄）

④12月11日，市总工会举办“卡卡学院开心之旅”工会会员嘉年华活动（殷崇莉　摄）

宣传教育

①4月22日，“悦读修身，书香上海”第十八届上海读书节暨首届上海职工网上读书节开幕 （吴良荣　摄）

②1月14日，市总工会召开2016年工会宣教工作会议 （吴良荣　摄）

③6月29日，上海职工纪念建党九十五周年徒步文化寻访活动，市总工会巡视员杜仁伟、副主席李友钟出席启动仪式 （吴良荣　摄）

④10月20日，上海报业集团工会举办纪念红军长征胜利80周年专题读书活动 （诸　珺　供）

宣传教育

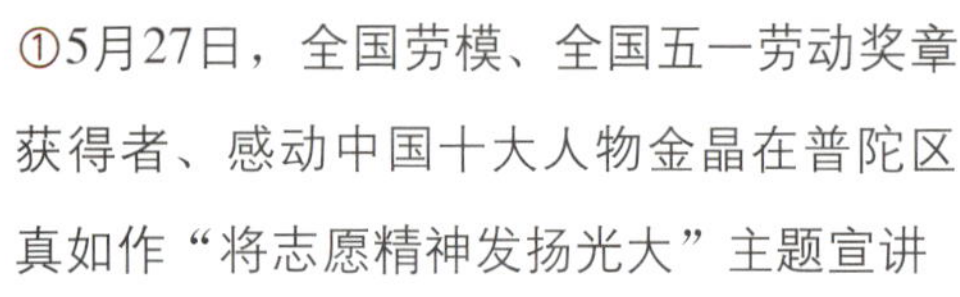

①5月27日，全国劳模、全国五一劳动奖章获得者、感动中国十大人物金晶在普陀区真如作“将志愿精神发扬光大”主题宣讲（许王丽　摄）

②5月5日，长宁区举办劳模志愿者宣讲活动暨长宁职工道德讲堂活动（杨柳青　供）

③3月4日，国网上海电力工会庆祝三八妇女节，举办女职工职场礼仪讲座（潘　锋　供）

④9月2日，鲁中矿业有限公司工会开办职工讲堂（李宗峰　摄）

职工文体

①6月26日，市总工会巡视员杜仁伟出席上海职工工业摄影采风活动启动仪式并为职工文体协会工业摄影专委会揭牌 （刘　杰　供）

②5月22日，宝钢集团有限公司举办第十届运动会、第九届老年人运动会开幕式暨龙舟赛 （刘　杰　摄）

③6月6日，由市总工会主办，市工人文化宫等承办的首届上海市职工主持人大赛总决赛举行 （王超颖　摄）

④7月15日，“人文关怀、医道传承”上海市医务职工诗歌征集获奖作品朗诵鉴赏会举行 （池朝霞　摄）

职工文体

①9月19日，华谊集团职工迎国庆、纪念红军长征胜利80周年文艺演出在上海交响音乐厅举行　(韩　英　摄)

②10月27日，首届上海市退休职工乒乓球比赛开赛　(黎　颖　供)

③10月29日，国药控股举办秋季健康走跑赛　(成　倩　摄)

④11月3日，静安区举办第九套广播体操比赛　(裘梅芳　供)

职工文体

①9月12日，嘉定区总工会举办“黄龙港”职工民乐会 （洪 德 摄）

②7月22日，科技系统举办庆祝中国共产党成立95周年、红军长征胜利80周年职工合唱音乐会 （薛志明 摄）

③6月24日，上海化学工业区第四届运动会跳绳比赛 （张 颖 摄）

④4月27日，上海市建设交通行业举行庆祝五一国际劳动节主题歌会 （钱 蓉 供）

职工文体

①4月23日，上海教师板书·书法·钢笔字大赛在上海第二工业大学开赛 (沈 瑶 摄)

②9月24日，上海铁路局举办第九届运动会 (顾 军 摄)

③5月26日，上海邮政举办第二届环湖自行车比赛 (陆 彬 摄)

④11月19日，市水务局(海洋局)举办第三届健身行活动 (吴思全 摄)

网上工会

①4月28日，市人大常委会副主任、市总工会主席洪浩在“申工社”APP开通仪式上上网课（吴良荣 摄）

②4月28日，市总工会党组副书记、副主席肖堃涛在“申工社”APP开通仪式上讲话（吴良荣 摄）

③9月1日，“中国梦，劳动美”上海市班组(团队)文化网络大奖赛开幕（吴良荣 摄）

④4月26日，市总工会召开首批网上入会会员代表“回娘家”座谈会（吴良荣 摄）

友好交往

12月6日，市人大常委会副主任、市总工会主席洪浩率上海工会代表团拜访埃及公用事业工会
（李文军　摄）

8月22日，市人大常委会副主任、市总工会主席洪浩会见美国洛杉矶县劳工联合会代表团（管一珉　供）

友好交往

6月13日，市总工会副主席肖堃涛、秘书长宋钟蓓会见韩国劳总釜山地域本部友好访华团　（杨幼平　摄）

12月6日，市总工会副主席肖堃涛会见越南胡志明市劳动者联合会代表团　（管一珉　摄）

友好交往

12月16日，市总工会巡视员杜仁伟率上海工会代表团拜访西班牙工人总联盟总部

（竺　敏　供）

8月23日，市总工会副主席何惠娟会见美国洛杉矶县劳工联合会代表团

（张国峰　供）

10月25日，市总工会秘书长宋钟蓓率上海工会代表团访问巴西工人总联盟

（管一珉　供）

友好交往

9月19日，中澳两地教育工会工作论坛在上海对外经贸大学举办（姜培庆　摄）

3月21日，俄罗斯圣彼得堡市和列宁格勒州工会联合会代表团访问上海汽轮机有限公司（张国峰　摄）

3月14日，阿根廷工人中央工会代表团与上海良友(集团)有限公司工会开展交流活动（张国峰　摄）

编辑说明

1.《上海工会年鉴》是系统记述上年度本市工会工作成果的资料性工具书。本年鉴编纂工作由上海市总工会主办，各区局(产业)工会及市总工会机关部室、直管单位供稿，年鉴编辑部负责编纂，至今连续出版了22卷。

2.本年鉴框架体例采用分类编排方法，设置栏目—分目—条目三级架构。共设22个栏目，127个分目，1360个条目，选辑照片307幅，图表40份，基层工会宣传彩页82家，年鉴总字数为108万字。

3.本年鉴卷首设宣传彩页，用以概要记录上海工会重要信息。正文起首部分设“特载”“专文”“专记”等栏目，“特载”用以特辑党和国家领导以及全国总工会、上海市委领导的重要文章（讲话）；“专文”选辑上海市总工会领导对上海工会工作所作的总结性、综合性、指导性的署名文章(讲话)；“专记”则着重记录上年度上海工会各项特色性、开创性工作。

4.各记事栏目之首设“综述”，区局(产业)工会及市总工会直管单位栏目设“概况”，用以综合记述本地区(系统)、本部门(单位)的总体情况，便于考察比较各年度工作连续性及对比资料的完整性、系统性。除此之外，各记事分目之首设“概要”，记录专项工作取得的新进展并介绍各级工会的经验做法。

5.本年鉴所辑录的市总工会机关部室、区局(产业)工会、直管单位提供的文章、照片、图表等资料，其记录时间均为2016年1月1日至12月31日；其编排按机关部室、区局(产业)工会、直管单位的顺序排列，年鉴卷尾设“索引”以便查询。

6.“统计”栏目中所辑录的相关统计数据均由市总工会统计部门提供，在其他栏目中出现的数据，则由相关撰稿单位的作者提供。

7.本年鉴的目录索引采用主题词分析索引法，按条目主题词首字汉语拼音字母顺序排列。

8.本年鉴的正文内容制作成CD-R电子光盘，附于年鉴的封三随书赠送，便于读者使用检索。

2017上海工会年鉴

目 录

特　　载

专　　文

专　　记

大　事　记

概　　况

基层组织建设

经济建设

劳模先进

劳动关系

民主管理

经济权益

宣传教育

自身建设

理论研究

信息　信访　网络

财务经审与工会企事业

友好交往

区局(产业)工会

直管单位

人　物

表　彰

统　计

索　引

上海市人民政府关于外来从业人员参加本市城镇职工基本养老保险若干问题的通知

沪府发〔2016〕31号

各区、县人民政府，市政府各委、办、局：

为保障在本市就业的外来从业人员的合法权益，经研究，现就外来从业人员参加本市城镇职工基本养老保险若干问题作如下通知：

一、与本市用人单位建立劳动关系的外来从业人员（以下简称“外来从业人员”），应当参加本市城镇职工基本养老保险。

二、外来从业人员参加本市城镇职工基本养老保险，用人单位和个人的缴费基数和比例，按照本市有关规定执行。

三、外来从业人员参加本市城镇职工基本养老保险享有的待遇和基本养老保险关系的转移接续，按照国家和本市相关规定执行。

本通知自2016年7月1日起实施，有效期至2021年6月30日。本市已有规定与本通知不一致的，以本通知为准。

上海市人民政府
2016年4月29日

上海市人民政府关于贯彻实施《社会保险法》调整本市现行有关养老保险政策的通知

沪府发〔2016〕32号

各区、县人民政府，市政府各委、办、局：

为进一步做好《社会保险法》贯彻实施工作，根据《社会保险法》有关规定，经研究，现就调整本市现行有关养老保险政策作如下通知：

一、将《上海市城镇职工养老保险办法》《上海市城镇个体工商户及其帮工养老保险办法》中关于个人养老保险账户余额继承的规定调整为：

参加本市城镇职工基本养老保险的人员死亡后，其基本养老保险个人账户余额，可以一次性发给其经法定程序认定的继承人。

二、将《上海市城镇职工养老保险办法》中关于参加本市城镇职工基本养老保险的人员死亡后丧葬补助金、供养直系亲属救济金的规定调整为：

参加本市城镇职工基本养老保险的在职人员和离退休人员（机关、事业单位的工作人员和离退休人员除外）死亡后，按照规定发给的丧葬补助金、供养直系亲属救济金，由企业职工基本养老保险统筹基金列支。

本通知自2016年7月1日起实施，有效期至2021年6月30日。本市已有规定与本通知不一致的，以本通知为准。

上海市人民政府
2016年4月29日

2017上海工会年鉴

特载

在知识分子、劳动模范、青年代表座谈会上的讲话

（2016年4月26日）

习近平

大家好！我这次来安徽调研，正好是“五一”国际劳动节、“五四”青年节前夕。今天，我们在这里召开一个座谈会，请一些知识分子、劳动模范、青年代表来座谈，主要是想当面听听大家的意见和建议，号召广大知识分子、广大劳动群众、广大青年共同为全面建成小康社会而奋斗，并以此纪念即将到来的“五一”国际劳动节、“五四”青年节。

首先，我代表党中央，向在座各位，并通过你们，向全国广大知识分子、广大劳动群众、广大青年，致以诚挚的问候和节日的祝贺！

刚才，几位同志的发言，结合自己的学习和工作，谈认识、谈感受、提建议，很生动、很朴实、很有见地，听后很受鼓舞、很受启发。

今天这个座谈会，请来的是知识分子、劳动模范、青年代表。这样安排，我们是有考虑的。我国是工人阶级领导的、以工农联盟为基础的人民民主专政的社会主义国家。知识分子是工人阶级的一部分，劳动人民是国家的主人，青年是中国特色社会主义事业接班人、是国家的未来和民族的希望。我们要全面建成小康社会，进而建成富强民主文明和谐的社会主义现代化国家，实现中华民族伟大复兴，必须依靠知识，必须依靠劳动，必须依靠广大青年。这是我们国家和民族发展的力量所在，也是我们事业成功的力量所在。

党的十八大以来，每年“五一”国际劳动节、“五四”青年节，我都参加相关活动，也讲过一些话。就知识分子工作，我也在不同场合讲过一些意见。我的有关讲话归结起来，核心意思就是：经过近代以来特别是中国共产党诞生以来中国人民持续奋斗，中华民族伟大复兴已经展现出光明前景，现在我们比历史上任何时期都更接近中华民族伟大复兴的目标，比历史上任何时期都更有信心、更有能力实现这个目标。同时，实现中华民族伟大复兴还有很长的路要走，前进道路并不平坦，必须坚定中国特色社会主义道路自信、理论自信、制度自信，随时准备应对各种困难和挑战，无论遇到什么风浪我们都不能停下前进步伐；实现中华民族伟大复兴是十分伟大而又十分艰巨的事业，需要全体中华儿女众志成城、万众一心，把一切力量都凝聚起来，把一切积极因素都调动起来，为了共同的目标不懈奋斗。

我们正处在实现“两个一百年”奋斗目标中第一个一百年奋斗目标、全面建成小康社会的决胜阶段。党的十八届五中全会和“十三五”规划纲要，描绘了全面建成小康社会宏伟蓝图。现在，摆在我们面前的任务是把美好蓝图变为现实。广大知识分子、广大劳动群众、广大青年要紧跟时代、肩负使命、锐意进取，把自身的前途命运同国家和民族的前途命运紧紧联系在一起，努力为全面建成小康社会贡献智慧和力量。

这里，我就新形势下进一步发挥广大知识分子、广大劳动群众、广大青年的作用讲一些意见。

全面建成小康社会，我国广大知识分子能够提供十分重要的人才支撑、智力支撑、创新支撑。希望我国广大知识分子充分发挥自身优势，勇于担当、敢于创新，服务社会、报效人民，努力作出新的更突出的贡献。

知识分子，顾名思义，就是文化水平较高、知识比较丰富的人，其中不少是学有所长、术有专攻、在某个领域某个方面的行家专家。知识分子对知识、对技术掌握得比较多，对自然、对社会了解得比较深，在推动经济社会发展、推动社会文明进步中能够发挥十分重要的作用。在我们党领导革命、建设、改革90多年的历程中，广大知识分子为党和人民建立了彪炳史册的功勋。

伴随党和人民事业不断发展，我国知识分子队伍越来越大，遍布全社会各个领域。在全面建成小康社会进程中，广大知识分子要肩负起自己的使命，立足岗位、不断学习、学以致用，做好本职工作。当老师，就要心无旁骛，甘守三尺讲台，“春蚕到死丝方尽，蜡炬成灰泪始干”。做研究，就要甘于寂寞，或是皓首穷经，或是扎根实验室，“板凳要坐十年冷，文章不写一句空”。搞创作，就要坚持以人民为中心的创作思想，深入实践、深入群众、深入生活，努力创作出人民群众喜爱的精品力作。一个知识分子，不论在哪个行业、从事什么职业，也不论学历、职称、地位有多高，唯有秉持求真务实精神，才能探究更多未知，才能获得更多真理，也才能为社会作出更大贡献。

勇立潮头、引领创新，是广大知识分子应有的品格。面对日益激烈的国际竞争，我们必须把创新摆在国家发展全局的核心位置，不断推进理论创新、制度创新、科技创新、文化创新等各方面创新。广大知识分子要增强创新意识，敢于走前人没有走过的路，敢于抢占国内国际创新制高点。要把握创新特点，遵循创新规律，既奇思妙想、“无中生有”，努力追求原始创新，又兼收并蓄、博采众长，善于进行集成创新和引进消化吸收再创新；既甘于“十年磨一剑”，开展战略性创新攻关，又对接现实需求，及时开展应急性创新攻关；既尊重个人创造，发挥尖兵作用，又注重集体攻关，发挥合作优势。要坚持面向经济社会发展主战场、面向人民群众新需求，让创新成果更多更快造福社会、造福人民。

天下为公、担当道义，是广大知识分子应有的情怀。我国知识分子历来有浓厚的家国情怀，有强烈的社会责任感。“修身齐家治国平天下”，“为天地立心、为生民立命、为往圣继绝学、为万世开太平”，“先天下之忧而忧，后天下之乐而乐”，这些思想为一代又一代知识分子所尊崇。现在，党和人民更加需要广大知识分子发扬这样的担当精神。这是一份沉甸甸的责任。广大知识分子要坚持国家至上、民族至上、人民至上，始终胸怀大局、心有大我。要坚守正道、追求真理，立足我国国情，放眼观察世界，不妄自菲薄，不人云亦云。要实事求是、客观公允，重实情、看本质、建真言，多为推进党和人民事业发展献计出力。任何时候任何情况下，都不能做有损国家民族尊严、有损知识分子良知的事。

知识分子工作是党的一项十分重要的工作。各级党委和政府要切实尊重知识、尊重人才，充分信任知识分子，努力为广大知识分子工作学习生活创造更好条件。要深化科技、教育、文化体制改革，深化人才发展体制改革，加快形成有利于知识分子干事创业的体制机制，放手让广大知识分子把才华和能量充分释放出来。要遵循知识分子工作特点和规律，减少对知识分子创造性劳动的干扰，让他们把更多精力集中于本职工作。要善于运用沟通、协商、谈心等方式做好知识分子思想工作，多了解他们工作学习生活中的困难，多同他们共同探讨一些问题，多鼓励他们取得的成绩和进步。

知识分子有思想、有主见、有责任，愿意对一些问题发表自己的见解。各级党委和政府、各级领导干部要就工作和决策中的有关问题主动征求他们的意见和建议，欢迎他们提出批评。对来自知识分子的意见和批评，只要出发点是好的，就要热忱欢迎，对的就要积极采纳。即使一些意见和批评有偏差，甚至不正确，也要多一些包容、多一些宽容，坚持不抓辫子、不扣帽子、不打棍子。人不是神仙，提意见、提批评不能要求百分之百正确。如果有的人提出的意见和批评不妥当或者是错误的，要开展充分的说理工作，引导他们端正认识、转变观点，而不要一下子就把人看死了，更不要回避他们、排斥他们。各级领导干部要善于同知识分子打交道，做知识分子的挚友、诤友。

全面建成小康社会，我国亿万劳动群众是主体力量。希望我国广大劳动群众以劳动模范为榜样，爱岗敬业、勤奋工作，锐意进取、勇于创造，不断谱写新时代的劳动者之歌。

“人生在勤，勤则不匮。”幸福不会从天降，美好生活靠劳动创造。全面建成小康社会的奋斗目标，为广大劳动群众指明了光明的未来；全面建成小康社会的历史任务，为广大劳动群众赋予了光荣的使命；全面建成小康社会的伟大征程，为广大劳动群众提供了宝贵的机遇。面对这样一个千帆竞发、百舸争流、有机会干事业、能干成事业的时代，广大劳动群众一定要倍加珍惜、倍加努力。

劳动模范是劳动群众的杰出代表，是最美的劳动者。劳动模范身上体现的“爱岗敬业、争创一流，艰苦奋斗、勇于创新，淡泊名利、甘于奉献”的劳模精神，是伟大时代精神的生动体现。我们要在全社会大力宣传劳动模范的先进事迹，号召全社会向他们学习、向他们致敬。要为劳动模范更好施展才华、展现精神品格提供全方位支持，使他们的劳动技能、创新方法、管理经验能广泛传播，充分发挥示范带动作用。劳动模范要珍惜荣誉、谦虚谨慎、再接再厉，不断在新的起点上为党和人民创造更大业绩。

素质是立身之基，技能是立业之本。广大劳动群众要勤于学习，学文化、学科学、学技能、学各方面知识，不断提高综合素质，练就过硬本领。要立足岗位学，向师傅学，向同事学，向书本学，向实践学。三百六十行，行行出状元。任何一名劳动者，无论从事的劳动技术含量如何，只要勤于学习、善于实践，在工作上兢兢业业、精益求精，就一定能够造就闪光的人生。

人类是劳动创造的，社会是劳动创造的。劳动没有高低贵贱之分，任何一份职业都很光荣。广大劳动群众要立足本职岗位诚实劳动。无论从事什么劳动，都要干一行、爱一行、钻一行。在工厂车间，就要弘扬“工匠精神”，精心打磨每一个零部件，生产优质的产品。在田间地头，就要精心耕作，努力赢得丰收。在商场店铺，就要笑迎天下客，童叟无欺，提供优质的服务。只要踏实劳动、勤勉劳动，在平凡岗位上也能干出不平凡的业绩。

梦想属于每一个人，广大劳动群众要敢想敢干、敢于追梦。说到底，实现中华民族伟大复兴的中国梦，要靠各行各业人们的辛勤劳动。现在，党和国家事业空间很大，只要有志气有闯劲，普通劳动者也可以在宽广舞台上展示自己的人生价值。许多劳动模范平凡而感人的事迹，都充分说明了这一点。我们要在全社会大力弘扬劳动精神，提倡通过诚实劳动来实现人生的梦想、改变自己的命运，反对一切不劳而获、投机取巧、贪图享乐的思想。

各级党委和政府要关心和爱护广大劳动群众，切实把党和国家相关政策措施落实到位，不断推进相关领域改革创新，坚决扫除制约广大劳动群众就业创业的体制机制和政策障碍，不断完善就业创业扶持政策、降低就业创业成本，支持广大劳动群众积极就业、大胆创业。要切实维护广大劳动群众合法权益，帮助广大劳动群众排忧解难，积极构建和谐劳动关系。

现在，我国经济发展进入新常态，经济发展方式正在深刻转变，经济结构正在深刻调整，这对部分劳动群众就业带来了暂时的影响。各级党委和政府要落实好失业人员再就业和生活保障、财政专项奖补等支持政策，落实和完善援助措施，创造更多就业岗位，通过鼓励企业吸纳、公益性岗位安置、社会政策托底等多种渠道帮助就业困难人员，实现零就业家庭动态“清零”，确保安置分流有序、社会和谐稳定。

全面建成小康社会，广大青年是生力军和突击队。希望我国广大青年充分展现自己的抱负和激情，胸怀理想、锤炼品格，脚踏实地、艰苦奋斗，不断书写奉献青春的时代篇章。

实现中华民族伟大复兴的中国梦，需要一代又一代有志青年接续奋斗。青年人朝气蓬勃，是全社会最富有活力、最具有创造性的群体。党和人民对广大青年寄予厚望。

广大青年要自觉践行社会主义核心价值观，不断养成高尚品格。要以国家富强、人民幸福为己任，胸怀理想、志存高远，投身中国特色社会主义伟大实践，并为之终生奋斗。要加强思想道德修养，自觉弘扬爱国主义、集体主义精神，自觉遵守社会公德、职业道德、家庭美德。要坚持艰苦奋斗，不贪图安逸，不惧怕困难，不怨天尤人，依靠勤劳和汗水开辟人生和事业前程。“看似寻常最奇崛，成如容易却艰辛。”青年的人生之路很长，前进途中，有平川也有高山，有缓流也有险滩，有丽日也有风雨，有喜悦也有哀伤。心中有阳光，脚下有力量，为了理想能坚持、不懈怠，才能创造无愧于时代的人生。

“人才有高下，知物由学。”梦想从学习开始，事业靠本领成就。广大青年要自觉加强学习，不断增强本领。人生的黄金时期在青年。青年时期学识基础厚实不厚实，影响甚至决定自己的一生。广大青年要如饥似渴、孜孜不倦学习，既多读有字之书，也多读无字之书，注重学习人生经验和社会知识。“纸上得来终觉浅，绝知此事要躬行。”所有知识要转化为能力，都必须躬身实践。要坚持知行合一，注重在实践中学真知、悟真谛，加强磨练、增长本领。

广大青年要自觉奉献青春，为全面建成小康社会多作贡献。青年时光非常可贵，要用来干事创业、辛勤耕耘，为将来留下珍贵的回忆。广大农村青年要在发展现代农业、建设社会主义新农村中展现现代农民新形象，广大企业青年要在积极参与生产劳动、产品研发、管理创新中创造更多财富，广大科研单位青年要在深入钻研学问、主动攻克难题中多出创新成果，广大机关事业单位青年要在提高为社会、为民众服务水平中建功立业。

广大青年要保持初生牛犊不怕虎的劲头，不懂就学，不会就练，没有条件就努力创造条件。“志之所趋，无远弗届，穷山距海，不能限也。”对想做爱做的事要敢试敢为，努力从无到有、从小到大，把理想变为现实。要敢于做先锋，而不做过客、当看客，让创新成为青春远航的动力，让创业成为青春搏击的能量，让青春年华在为国家、为人民的奉献中焕发出绚丽光彩。

各级党委和政府要充分信任青年、热情关心青年、严格要求青年、积极引导青年，为广大青年成长成才、创新创造、建功立业做好服务保障工作。各级领导干部要做青年朋友的知心人、青年工作的热心人。

我就讲这些。最后，祝大家工作顺利、身体健康、阖家幸福，在今后的工作中取得更大成绩！

在2016年庆祝“五一”国际劳动节暨全国五一劳动奖表彰大会上的讲话

（2016年4月29日）

李建国

同志们：

今天，我们在这里隆重集会，热烈庆祝全世界工人阶级和劳动群众的光辉节日——“五一”国际劳动节！我受党中央委托，并代表中华全国总工会，向全国各族工人、农民、知识分子和其他各阶层劳动群众，向中国人民解放军指战员、武警部队官兵和公安民警，向香港特别行政区同胞、澳门特别行政区同胞、台湾同胞、海外侨胞，致以亲切的问候！向荣获全国五一劳动奖状、奖章和工人先锋号荣誉的先进集体和个人，向各条战线的劳动模范和先进工作者，致以崇高的敬意！向世界各国工人阶级和劳动群众，致以美好的祝愿！

在“五一”国际劳动节、“五四”青年节前夕，中共中央总书记、国家主席、中央军委主席习近平在安徽考察，4月26日，主持召开知识分子、劳动模范、青年代表座谈会，发表了重要讲话，向全社会发出大力弘扬劳模精神和劳动精神，崇尚劳动、诚实劳动，万众一心为实现“两个一百年”奋斗目标、实现中华民族伟大复兴的中国梦而努力的号召。这篇讲话是在新形势下做好党的知识分子工作、工会工作、青年工作的重要指导文献。各级工会一定要迅速传达学习和贯彻落实习总书记重要讲话，把习总书记和党中央的亲切关怀化作继续前进的巨大动力，充分调动包括广大知识分子在内的亿万职工的积极性主动性创造性，把我们的国家建设得更加美好，让人民的生活变得更加幸福。

党的十八大以来，以习近平同志为总书记的党中央团结带领全国各族人民，开创了党和国家事业发展新局面。在治国理政新的实践中，习近平总书记回答实践新要求，顺应人民新期待，发表一系列重要讲话，形成一系列治国理政新理念新思想新战略，进一步丰富和发展了党的科学理论。习近平总书记系列重要讲话，是中国特色社会主义理论体系最新成果，是马克思主义中国化最新成果，是指导具有许多新的历史特点的伟大斗争的鲜活的马克思主义，为实现“两个一百年”奋斗目标和中华民族伟大复兴中国梦提供了科学理论指导和行动指南。各级工会要把深入学习习近平总书记系列重要讲话特别是关于工人阶级和工会工作的重要论述，作为一项长期的政治任务，坚持不懈地用讲话精神武装干部、教育职工，进一步统一思想行动，凝聚奋进力量。

今年是“十三五”时期开局之年、全面建成小康社会决胜阶段起步之年。我国发展仍处于可以大有作为的重要战略机遇期。第十二届全国人民代表大会第四次会议审查批准了国务院根据党的十八届五中全会精神提出的国民经济和社会发展第十三个五年规划纲要。“十三五”规划纲要提出了我国经济社会发展的宏伟目标、主要任务和重大举措，体现了全国各族人民的共同利益和共同意愿。实现“十三五”规划目标任务，工人阶级责无旁贷、重任在肩。广大职工要以国家主人翁姿态担负起“十三五”时期经济社会发展的重大任务和光荣使命，推动全面建成小康社会目标如期实现。

要提振精气神，汇聚决胜全面建成小康社会的强大力量。全面建成小康社会，一切为了人民，一切依靠人民。只有最大限度地凝聚人心、汇聚力量，才能实现。工人阶级是我们党最坚实最可靠的阶级基础。90多年来，在中国共产党的领导下，我国工人阶级在革命、建设、改革的各个历史时期，始终与祖国共命运、与时代同步伐，成为推动我国经济发展、社会进步的基本力量，发挥了领导阶级的重要作用。在我国工人阶级身上，集中传承着中华民族优秀文化和中华民族传统美德，集中体现着目光远大、胸怀宽广，勇立潮头、敢于担当，善于学习、勇于创新，最能顾全大局、严守纪律，最能团结奋斗、坚韧不拔的优秀品格。广大职工要继承和弘扬工人阶级的伟大品格和优良传统，把思想统一到党和国家的重大决策部署上来，坚定如期建成全面小康社会的信心。要把实现个人理想与国家发展目标结合起来。要践行创新、协调、绿色、开放、共享的发展理念。要弘扬劳模精神、劳动精神，积极践行社会主义核心价值观，弘扬中华优秀传统文化。要用辛勤劳动、诚实劳动、创造性劳动，奏响劳动创造的时代强音，汇聚全面建成小康社会的强大正能量。

要展现新作为，努力为实现“十三五”规划建功立业。世界上的事情都是干出来的，不干，半点马克思主义也没有。中国特色社会主义事业大厦要靠一砖一瓦砌成，人民的幸福生活要靠一点一滴来创造。实现“十三五”规划目标任务需要包括广大职工在内的全体人民共同奋斗。广大职工要保持为国争光、昂扬向上的精神风貌，增强攻坚克难的意志品质，围绕改革发展稳定大局，“一带一路”建设、京津冀协同发展、长江经济带建设等国家发展战略献计出力。要主动参与“践行新理念、建功‘十三五’”主题劳动竞赛，以竞赛促发展，在完成本单位生产、科研、教学、医疗等各项具体工作任务中比干劲、比作为、比贡献。要踊跃投身大众创业、万众创新，积极参加技术革新、技术协作、发明创造、合理化建议等活动，充分焕发创新潜能和创造活力，创造一流的工艺、一流的质量、一流的管理、一流的服务，使创新智慧竞相迸发、创新能量充分释放、创新成果大量涌现，推动我国社会生产力水平实现整体跃升。

要勇做改革者，积极支持和参与供给侧结构性改革。推进供给侧结构性改革，是“十三五”时期深化经济改革的主攻方向，也是“十三五”时期的发展主线。供给侧结构性改革的主要任务是去产能、去库存、去杠杆、降成本、补短板。这是在坚持以人民为中心的发展思想指导下的一项重大改革，关系到增添发展新动力，关系到维护社会公平正义，让广大人民群众通过改革有更多获得感。广大职工是决胜全面建成小康社会的主力军，也是推进供给侧结构性改革的主力军。要认识供给侧结构性改革的目的意义，支持改革，拥护改革，参与改革。要支持企业转型升级，在提高企业效益、增强企业活力上多动脑筋，在加快推进新技术、新产品、新业态、新商业模式的创新上多出点子。化解过剩产能，必然涉及企业的兼并重组、限产停产或者依法破产，这就会影响到部分职工的就业和收入。我们一定要坚持把职工的安置放在第一位，实施积极的就业政策，依法保护职工的正当权益。同时，要引导职工，认识改革开放是决定当代中国命运的关键抉择，根本目的是解放和发展社会生产力、发展和完善中国特色社会主义、实现好维护好发展好最广大人民的根本利益。眼前的困难是暂时的，是完全可以克服的。要正确对待利益调整，依法理性表达诉求，自觉维护社会和谐稳定。

要适应新常态，努力做知识型技术型创新型高素质劳动者。我国经济发展已经进入一个以速度变化、结构优化、动力转换为主要特点的新阶段，这就是经济发展新常态。怎样适应新常态？怎样在新常态下有新作为？怎样去创造更高的劳动生产率、实现自身价值？这是每个职工都要面对和回答的问题。出路与希望就在于依靠学习，提高素质，完善自我。从世界发展的历史和现状看，劳动者素质对一个国家、一个民族的发展至关重要。面对日趋激烈的国际竞争，一个国家发展能否抢占先机、赢得主动，越来越取决于国民素质特别是劳动者素质。广大职工要树立终身学习理念，学习新知识、掌握新技能、增长新本领，不断提高思想道德素质和健康素质，更好应对创新带来的市场变化和就业创业条件变化。要强化创新发展理念，热情鼓励敢想、敢试、敢闯，瞄准科技前沿、产业前沿，提升自主创新能力，敢于和善于在关键领域、核心技术上大胆创新、大胆突破，用实际行动推动我国从“制造大国”转向“制造强国”。要培养造就更多的大国工匠，大力弘扬新时期工匠精神，培养执着专注、精益求精、一丝不苟、追求卓越的职业素养，练就一身真本领，掌握一手好技术，争做各行各业拔尖人才，在创业创新的时代洪流中发挥领军作用。

劳动模范是我国工人阶级和广大劳动群众的杰出代表，是党和国家的宝贵财富。广大职工要以劳模为榜样，在思想上、行动上向劳模学习，立足岗位、成长成才。劳动模范要珍惜荣誉、保持本色，谦虚谨慎、再接再厉，继续发挥示范引领作用。各级党委、政府和工会组织要广泛宣传劳模先进事迹，帮助劳模解决实际困难，为他们全面发展、发挥作用创造良好条件，推动全社会形成尊重劳模、爱护劳模、关心劳模、争当劳模的良好风尚。

工会是党联系职工群众的桥梁和纽带，肩负着组织动员职工、教育引导职工、联系服务职工、维护职工合法权益的重任。要坚持以人民为中心的发展思想，高举维护职工合法权益的旗帜，积极构建和谐劳动关系。紧紧围绕国家脱贫攻坚大局，加大城市困难职工解困脱困的帮扶和保障力度，精准了解困难职工的需求，针对特定人群的特定困难，有重点、有针对性地帮助他们解决实际问题。准确把握推进结构性改革、企业转型升级中职工尤其是困难职工就业和生活状况，动员各方力量，分类做好困难职工群体的解困脱困工作。深入推进农民工入会和服务双提升工作，通过工会组织把农民工紧密团结在党的周围。要积极稳步地推进工会改革，实现工会的政治性、先进性、群众性明显增强，机关化、行政化、贵族化、娱乐化现象明显减少，干部能力素质和作风明显改进，职工群众对工会满意度明显提升，工会的吸引力、凝聚力、影响力明显提高，更好地肩负起引导职工群众听党话、跟党走的政治责任。党中央决定在全党开展“学党章党规、学系列讲话，做合格党员”学习教育，这是加强党的思想政治建设的一项重大部署，是协调推进“四个全面”战略布局特别是推动全面从严治党向基层延伸的有力抓手。工会系统各级党组织要认真贯彻党中央的部署，把开展“两学一做”学习教育作为一项重大政治任务，履行好抓学习教育的主体责任，组织工会干部和职工群众中的党员积极参加学习教育，牢固树立政治意识、大局意识、核心意识、看齐意识，坚决维护以习近平同志为总书记的党中央权威，争做讲政治有信念、讲规矩有纪律、讲道德有品行、讲奉献有作为的合格共产党员。

各级党委和政府要把全心全意依靠工人阶级的根本方针贯彻落实到制定政策、推进工作全过程以及企业生产经营各环节，努力排除一切阻碍劳动者参与发展、分享发展成果的障碍，促进社会公平正义。要切实加强和改进党对工会工作的领导，把工会工作摆上重要议程，及时研究解决工会工作的重要问题，为工会开展工作提供必要的人力物力保障，支持工会依法依章程开展工作，更好发挥工会在经济社会发展中的重要作用。

中国工会将继续高举和平、发展、合作、工人权益的旗帜，积极发展同各国工会组织、国际和区域性工会组织的关系，进一步增进同世界各国工人阶级的友谊。今年二十国集团领导人峰会将在我国举办，中国工会将努力承办好二十国集团劳动会议，为加强工会和劳动界交流交往作出积极贡献，携手维护工人权益，共同推动建设持久和平、共同繁荣的世界。

同志们，让我们更加紧密地团结在以习近平同志为总书记的党中央周围，高举中国特色社会主义伟大旗帜，以马克思列宁主义、毛泽东思想、邓小平理论、“三个代表”重要思想、科学发展观为指导，深入贯彻习近平总书记系列重要讲话精神，坚定不移走中国特色社会主义工会发展道路，团结动员亿万职工群众，为如期建成全面小康社会、实现中华民族伟大复兴的中国梦而奋斗，以优异成绩迎接中国共产党成立95周年。

2017上海工会年鉴

专文

在上海市总工会十三届八次全委(扩大)会议结束时的讲话

(2016年7月19日)

洪　浩

各位委员,同志们:

在大家的共同努力下,本次全委(扩大)会议即将顺利结束。刚才,大家结合学习贯彻十届市委十二次全会精神,认真审议全委会工作报告,对推进工会改革、抓好下一步工作提出了很多很好的意见建议,特别是大家高度认同加强基层工会建设、打通"最后一公里"的思路举措,也对这项工作如何深化提出了很好的建议。下面,我就贯彻落实好本次全委(扩大)会议精神、做好下半年工作,再讲几点意见。

一、进一步在提升认识上下功夫,不断夯实工会改革的思想基础

认识问题要反复讲、反复抓。认识问题解决了,我们做工作的动力就会大大地增强,工作的主动性和自觉性就会显著提高。去年下半年以来,我们围绕贯彻落实习近平总书记关于群团改革的重要讲话精神,进行了反反复复的学习,应该说大家的认识都得到了很好的提升,对于工会为什么要改革、改革什么、怎么推进改革形成了共识,并且基于这个共识切实推进工会改革,走在群团改革的前列,得到市委的充分肯定。下一步,我们仍然要在统一思想、凝聚共识上下功夫,为扎实有效推进工会改革和工会工作奠定坚实的思想基础。

一是在工作理念上,要牢固确立、不断增强工会组织党的意识、大局意识、职工意识和主业意识。站得高才能看得远,心中有大格局,干事创业才能想清楚、看明白、有准备。工会是党领导的工人阶级群众组织,工会工作是党的群众工作的重要组成部分,工会干部首先是党的干部,在党言党、在党忧党、在党为党,是工会干部的职责所在、使命所系。各级工会要从党的要求出发,牢牢把握政治性、先进性、群众性的要求,确保工会工作始终沿着正确方向前进。要始终坚持政治性这个灵魂,自觉接受党的领导,坚定不移走中国特色社会主义工会发展道路,把自觉接受党的领导、团结服务职工群众、依法依章程开展工作统一起来,使党的主张真正变成广大职工的自觉行动,切实巩固党执政的阶级基础和群众基础。要不断增强大局观念,在大局下思考、在大局下行动,找准工作的结合点和着力点,在团结动员职工群众为完成党和国家的中心任务贡献力量中充分体现工会组织的地位和作用。作为党领导的职工群众自己的组织,工会的根基在职工群众,血脉在职工群众,力量也在职工群众。我们一定要牢固树立职工为本的理念,始终把维护职工群众的合法权益放在第一位,全心全意为职工说话办事、真心实意帮助职工共享改革发展成果,努力赢得职工群众的信赖和支持。维护职工合法权益是工会法定的、基本的职责。各级工会一定要进一步突出主业主责意识,高举维护职工合法权益旗帜,站稳职工立场、勇于"亮剑"维权,努力做到哪里的职工群众合法权益受到侵害,工会组织的维权工作就要做到哪里。这一点非常重要,在大局工作中,各方站位不同、各有分工,工会的职责就是站在职工的立场上,切实维护职工的合法权益。

二是在工作态度上,要始终保持敢于担当、坚忍不拔、雷厉风行的精神状态。有什么样的精神状态,就有什么样的工作结果。随着上海工会改革进入深水区和攻坚阶段,许多深层次的问题逐步凸显,改革推进的难度越来越大。对此,我们一定要按照市委关于保持勇气锐气朝气的要求,进一步振奋精神,奋发有为、开拓进取。我们要敢于担当,不计个人利益得失,舍弃"小我"、成就"大我",自觉把使命放在心上、把责任扛在肩上,敢于"碰硬"、勇于"亮剑",大胆试、大胆闯,努力克服前进道路上的艰难险阻,不断开创工会事业的新局面;要坚忍不拔推进改革,发扬百折不挠、不达目的绝不罢休的韧性,经常抓、反复抓、深入抓,持之以恒,久久为功;要雷厉风行地抓好措施落地,说做就做,克服不思进取、"当一天和尚撞一天钟"的错误心态,干净利落、快速高效地解决问题、推进工作。今年是区县、乡镇换届之年,但换届不换档。我们要发扬敢于担当、坚忍不拔、雷厉风行的精神,全力深化工会改革,闯开一条路,确保各项工作不断不乱,有序推进。

三是在工作作风上,要进一步推动形成求实、务实、朴实、扎实的风气。习近平总书记多次强调:"空谈误国、实干兴邦"。韩正书记要求党员干部要坚持干字当头,做好本职工作,谋实事、务实功、求实效,走在干事创业的前头。

工会是为职工群众服务的,来不得半点虚的东西,要在"四实"上下功夫。在思想上,要大力倡导"求实",坚持实事求是、尊重客观规律,一切从实际出发,不唯书、不唯上、只唯实;在工作上,要大力倡导"务实",不图虚名、不好虚功,实实在在做事,确保各项工作在基层落地、有实际成果、让职工满意;在做人上,要大力倡导"朴实",脚踏实地,不摆花架子,不讲空话大话,努力在工会系统形成说老实话、办老实事、做老实人的良好风气;在做事上,要大力倡导"踏实",要踏石留印、抓铁有痕,用钉钉子的精神攻坚克难,突破瓶颈问题、改进薄弱环节,推动上海工会事业与时俱进、不断发展。

二、突出重点,努力推动工会改革向纵深发展

没有重点,工作就难以有效推进。前一阶段,我们重点在工会的组织机构、干部队伍等方面进行了改革突破,工会改革取得积极进展并初显成效。下一阶段,我们要认真贯彻市委群团改革推进会精神,着重在建立健全制度机制上下功夫,突出建机制、强功能,在转职能、转方式、转作风上持续用力,努力使工会改革取得实实在在的成效。重点抓好以下三项工作:

一要深入推动非公企业工会改革试点工作,切实打通联系服务职工的"最后一公里"。打通"最后一公里"的问题非常重要,这个问题不解决,将来会出大问题。只有把这个问题解决了,才能充分发挥工会的桥梁纽带作用,进一步巩固和保障党执政的阶级基础和群众基础。在工作中我们已经发现,工会的"短板"在基层,要把工会维护的主业主责落到实处,实现转职能、转方式、转作风,就必须推动基层工会"建起来、转起来、活起来"。当前,基层工会特别是非公企业工会仍然普遍存在运转不良、作用发挥不明显的现象,其中最重要的一个原因,就是工会组织特别是工会的领导机关,在基层工会建设的一些重要问题上,对《工会法》和《中国工会章程》学习不够,对《工会法》和《中国工会章程》所确立的基本原则和基本要求理解不深,从而导致了市场经济条件下对《工会法》的重要法条和《中国工会章程》的重要规定贯彻不力。比如在建会的问题上,《工会法》明确了自愿结社的基本原则,但我们沿袭了计划经济下的思维,经常是"找老板"而不是"找职工",导致工作出现了偏离;比如在工会经费的问题上,《工会法》的规定很明确,但我们经常把2%的工会经费当成是老板的钱、行政的钱、工会组织的钱,而没有当作职工的钱,损害了职工的利益;比如在落实会员权利义务的问题上,会员和非会员的区别不明显,导致会员的获得感、认同感不强;再比如对基层工会主席的激励不够,导致他们工作缺乏积极性。解决这些问题的关键,就是要重新回到《工会法》和《中国工会章程》上来,切实增强法治意识和法治观念,用法治思维和法治方式开展非公企业工会建设,真正使非公企业工会建起来、转起来、活起来。前不久,我们在宝山开了个现场会,正式启动了顾村镇非公企业工会改革试点工作,对面上这项工作的推进明确了要求。接下来,希望各区县总工会结合实际,抓紧研究启动各自的非公企业改革试点工作,大家共同想办法,一起来打通工会组织的最后一公里。在开展非公企业工会改革试点工作中,我们要着重把握好5个关键要点:第一,合理界分基层工会的职责任务。基层企业工会的维权职责应当通过在服务中实现维护来落实,从这点出发,现阶段基层工会的主要功能定位是反映职工诉求的快速通道、服务职工的有力平台、教育引导职工的坚强阵地、促进劳动关系和谐的重要载体。其基本任务是发展会员,收好会费;搞好服务,开展职工培训和教育;协商协调,协调一些简单的劳资纠纷;汇报沟通,做好劳动关系矛盾纠纷的第一发现人、第一知情人、第一报告人。基层工会的维权职责主要通过做好上述这些工作来实现;对于企业劳动关系中产生的重要纷争,上级工会要代表下级工会加大开展维权工作的力度,努力破解基层工会不敢维权、不愿维权难题。第二,不断强化围绕职工建会,积极探索推进企业体制外入会办法,激发职工入会建会的主体意识。第三,依法缴交工会经费并科学使用,把工会经费用到基层一线和职工身上去,让基层工会有钱办事。第四,强化会员意识,落实会员的权利和义务,增强工会对职工群众的吸引力,保持工会组织的政治性、先进性和群众性。第五,建立完善基层工会干部产生和激励机制,调动基层工会干部干事创业的积极性。希望各区县总工会和相关的街镇、园区工会不拘泥于形式,结合实际、相互借鉴、各显神通,想出更多更好的办法举措来,使基层工会这个神经末梢真正发挥好作用。

二要加强维权机制建设,把突出主业主责落到实处。依法维权是工会的基本职责,切实把工会的职能转到工会法和中国工会章程所规定的职责任务上来,代表好、维护好、发展好广大职工的合法权益、把职工群众紧密地团结凝聚在党的周围,是衡量工会改革成功与否的根本标准。今年上半年,我们明确提出了要运用"正向推进"和"反向倒逼"相结合的方法,着力构建法律援助、法律监督、集体协商和民主管理"四位一体"的工会维权体系。这项工作在各方的共同努力下,进展顺利,取得较好的成效。接下来,希望大家进一步加大工作力度,共同探索,理顺关系、聚焦重点、健全平台、落实人员、强化保障,确保这一工作体系有效建立运行。在这一过程中,我们要站稳职工立场,以建立健全零门槛法律职工援助服务制度为突破口,善于运用法律武器,借助"两书"及政府信用信息平台等手段,大胆主动维权,坚决守住维护职工合法权益这个底线,努力促进社会公平正义。此外,我们还要提高参与维权的工会干部的素质,没有一支高素质的队伍,维权就落不到实处。

三要上下协力,共同推进网上工会建设。当下,信息网络已经深度融入经济社会发展、融入人们的日常生活,成为不可阻挡的历史潮流。在这个大势面前,我们必须积极适应,善加利用,否则就难以跟上时代的步伐,就会失语失策失态,甚至失败。上半年,我们举全会之力,推出运行申工社APP,整合各级工会、工会各条线资源,努力打造"互联网+"工会,经过一段时间的运行,取得较好成效。接下来我们要再接再厉,继续加强网上工会平台体系建设,推出2.0版申工社,进一步整合各区县局(产业)工会、市总各直属单位资源,不断推动工会上下、内外的工作联动。要进一步拓展并优化网上工会功能,不断完善网上建会入会等各项机制,共同推动实现问计于网、业务上网、维权到网、服务在网。网上工会建设是对工会工作流程的再造,推进过程中必然会碰到这样那样的问题,希望大家群策群力、集思广益,特别要把各自的资源都拿出来放到网络平台来运作,全市工会上下一盘棋,共同打造上海工会网络工作品牌,在全社会形成更大的声势。这里特别要呼吁一下,现在各区县局(产业)工会都有自己的微信公众号等宣传载体,希望大家上下联动、一起响应,把成千上万的职工聚集起来,共同为党和工会事业的发展鼓与呼,这也是检验我们工会组织战斗力、展现工人阶级力量的重要标准。

三、抓好当前工作,确保职工队伍和谐稳定

当前正值盛夏高温,经济发展和职工队伍中也面临着一些新情况、新问题。各级工会要高度重视和关心职工的生产生活问题,采取有效措施,确保职工队伍和谐稳定。

一要做好当前高温季节的劳动保护和防暑降温工作。夏季高温酷暑季节,安全生产事故高发易发多发。各级工会要切实提高认识,积极履行职责,认真督促和协助行政落实夏季劳动保护和防暑降温各项措施,重点针对高温作业岗位职工及非公企业职工、农民工等群体,确保防暑降温劳防用品及高温津贴等供应、发放到位。要积极筹划和组织开展高温慰问送清凉活动,把走访慰问与履行监督检查职责、组织开展安全隐患排查等工作有机结合起来,确保工作部署到位、经费投入到位、管理措施到位、情况报送到位。

二要重视做好当前企业改革调整过程中职工权益维护工作。目前,本市经济基本面和社会大局基本稳定,但不同行业的经济走势仍然分化,供给侧结构性改革任务十分艰巨,部分行业和企业面临重大改革调整。作为党联系职工群众的桥梁纽带,工会要深入职工群众,摸清摸透企业改革调整和职工队伍的有关情况,做到底数清、情况明;要旗帜鲜明、坚守底线,牢牢站稳职工立场,积极为职工说话代言,当好职工利益的代表者和维护者。同时,我们也要增强大局观念,教育引导职工为大局作贡献。我们还要关注好改革调整企业分流安置职工的生产生活,为他们提供适需有效的就业帮扶服务,帮助他们转岗、就业、创业;要发挥工会大学校作用,加强对职工的教育培训,提升职工的技术技能素质和应对市场、企业变化的综合竞争能力。

三要高度关注劳动关系领域出现的新矛盾、新问题。当前,劳动关系矛盾处于多发易发高发阶段,劳资纠纷事件尤其是群体性劳资纠纷事件不断发生,成为影响社会和谐稳定的重要因素。我们要加强分析研判,深入研究劳动关系领域存在的突出问题,具体问题具体分析,有针对性地做好工作。要健全群体性劳资纠纷履职通报"亮灯"平台建设,不断完善群体性劳资纠纷的预警机制、发现机制、报告机制和调处机制,特别要建立重大事件跟踪调处和后续督办制度,切实协助党政把劳动关系矛盾消除在基层和萌芽状态。

四、坚持从严治党管党,切实加强工会自身建设

要把工会改革的各项任务落到实处,干部队伍是关键。我们要认真贯彻全面从严治党管党的精神,持续加强自身建设,不断提升做好新形势下职工群众工作的能力和水平。

一要不断加强思想理论武装,使广大工会干部始终同以习近平同志为总书记的党中央保持高度一致。要把学习贯彻习近平总书记系列讲话精神不断引向深入,近期要认真抓好习近平总书记"七一"重要讲话精神的学习,深刻理解不忘初心、继续前进的重大意义,进一步增强政治意识、大局意识、核心意识和看齐意识。要切实抓好"两学一做"学习教育,引导工会系统党员干部坚定理想信念,永葆先进性、纯洁性。要深入学习领会习近平同志关于做好工会工作、工会改革的重要讲话精神,深刻把握党对职工群众工作的新要求,坚定不移走中国特色社会主义工会发展道路。

二要以巡视整改为契机,进一步深化工会系统党风廉政建设。报告百遍,不如巡视一遍。当前,市委巡视组正在对市总工会开展专项巡视工作,这既是对我们的监督和鞭策,更是对我们的支持和帮助。我们要坚持问题导向,强化问题意识,对照加强党的领导的要求找不足,对照中央和市委的决策部署找差距,对照工会改革创新措施的落地落实找短板,及时查摆在加强党性修养、履行主体责任、"三转"及干部队伍建设管理等方面存在的问题特别是带有普遍性、倾向性的问题。要以党章党规党纪为尺子,针对工作中发现的问题和薄弱环节,快速反应、认真整改、补齐短板,把党风廉政建设的螺丝越拧越紧、把工会各项工作越做越实。巡视结束后,要根据巡视组要求,及时研究制定整改方案,建立问题清单、任务清单、责任清单,在条条要整改、件件有着落上集中发力,按时保质完成整改任务。抓好刚公布的《中国共产党问责条例》,以及《中国共产党廉洁自律准则》、《中国共产党纪律处分条例》的学习宣传和贯彻落实,让失责必问、问责必严成为常态,发挥震慑警示效应,唤醒责任意识,激发担当精神。要更加注重标本兼治,围绕思想教育、干部管理、作风改进、惩治腐败等关键环节,持续推动改革创新,推动形成常态化、长效化的工作机制,从源头上、根本上堵塞漏洞,构建从严治党"新常态"。

三要积极探索工会干部队伍建设的长效机制。针对工会干部队伍建设存在的突出问题,这次工会改革对搞活工会干部推出了一些重大举措,比如领导班子实行"专挂兼",比如机关工作队伍建立"2+1"使用机制,比如创新专职干部遴选制,等等。目前,这些搞活工会队伍的改革举措都在一一推进落实之中,也初显成效,但毕竟时间还不长,需要我们不断完善。下一步,我们要进一步加强探索实践,及时总结经验,不断完善提高。比如,专挂兼干部如何各司其职,更好地发挥各自的优势特长,我们要进一步加强研究;比如遴选工会干部我们这次是第一次做,对其如何改进提高要切实总结完善;比如工会机关如何使用好志愿者,我们目前还没有进入到实施阶段,也要加快推进,逐步完善;再比如,如何加强教育培训,切实提高工会干部队伍的整体素质,也要进一步探索研究。总之,我们要积极探索,不断创新工会干部队伍建设新机制,切实打通工会干部流动的通道,拓宽工会机关干部来源渠道、优秀干部交流培养渠道、年轻干部基层历练渠道,使工会系统上下形成一盘棋、呈现蓬勃生机。

各位委员，同志们！工会改革是中央和市委交给上海工会的重大政治任务，为开创上海工运事业新局面提供了重要机遇。让我们在市委和全总的领导下，不忘初心、继续前进，不断开创上海工会工作新局面！

在上海市总工会2017年务虚会上的讲话

（2016年12月30日）

莫负春

一、不忘初心，牢记工会人的责任使命

习近平总书记在庆祝中国共产党成立95周年大会上指出："一切向前走，都不能忘记走过的路；走得再远、走到再光辉的未来，也不能忘记走过的过去，不能忘记为什么出发。"我们要按照"不忘初心"的要求，深入学习习近平总书记系列重要讲话精神，特别是关于工人阶级和工会工作的重要论述，深刻领会做好新形势下工会工作的重大意义，牢记自己的职责使命，切实增强做好工会工作的使命感和责任感。

——不忘初心，要求我们切实履行好维护职工合法权益的基本职责。习近平总书记指出，群团组织"不论职能如何拓展，基本定位要守住不放，不要种了别人的地、荒了自己的田"。从本原来看，工会是劳动关系矛盾的产物，工人群众建立工会或加入工会的目的，就是组织起来、团结起来，争取和维护自身的权利。也就是说，工会与生俱来就是维护职工权益的。在工会改革中，我们高举维护职工合法权益大旗，洪主席提出工会要敢于维权、勇于亮剑，市总出台了构建"四位一体"工会维权体系的意见，全市各级工会把维权工作放在更加突出的位置，全市工会职工法律援助服务量2016年达到1万多件，受到各方的关注和好评。对于工会组织来说，不论如何改革变化，不论我们走得多远，坚持职工为本、全心全意为职工说话代言始终是我们的基本职责，忘记了这一点，我们的工会就不成其为工会；忘记了这一点，工会就难以赢得职工群众的信赖支持。

——不忘初心，要求我们始终继承发扬工会组织的光荣传统。中国工会是党领导的职工群众组织，具有光荣的革命传统。习近平总书记2015年在庆祝"五一"国际劳动节大会上指出，"90年来，在中国共产党领导下，中华全国总工会及其各工会组织为我国革命、建设、改革事业作出了重大贡献。"上海是工人阶级的发祥地，是中国工会运动的摇篮。长期以来，在党的领导下，在革命、建设和改革开放的各个历史时期，上海工会团结凝聚工人阶级和广大职工群众，为实现民族独立、人民解放和国家富强、人民幸福奋勇拼搏、艰苦奋斗，作出了十分重要的历史贡献。这里举几个例子，1920年，在上海共产主义小组的帮助下，上海小沙渡出现了全国最早的工人学校，并建立了第一个阶级工会——上海机器工会。1921年，中国工人阶级的先锋队——中国共产党在上海诞生，通过的第一个决议宣布"组织产业工会是我党基本任务"，并在上海成立中国劳动组合书记部（党领导工人运动的总机关），组织工人建立产业工会，开办工人学校，开展工人运动。特别是1925年5月30日，在中国共产党领导下，上海工人阶级联合各界爱国群众掀起了伟大的"五卅"爱国运动，"五卅"运动爆发的第二天，上海总工会宣告成立，在"五卅"反帝爱国运动、上海工人三次武装起义推翻反动军阀统治的英勇斗争中，上海工会以坚决彻底的革命精神和非凡的组织才能，赢得了广大工人群众和社会各界人民的信赖。在社会主义革命和建设时期、在改革开放和社会主义现代化建设及全面建设小康社会的新时期，上海工会团结带领广大职工跟党走，做了大量的工作，作出了重大的贡献。我们要牢记上海工会的光荣传统，牢记革命先烈和前辈的牺牲精神，牢记党的群众工作的法宝，在具有新的历史特点的伟大斗争中作出当代工会人的贡献。

——不忘初心，要求我们增强对于中国特色社会主义工会发展道路的自信。中国特色社会主义工会发展道路是中国特色社会主义道路的重要组成部分，是对中国工会理论成果与实践经验的高度概括和科学总结，深入学习、广泛宣传、积极实践中国特色社会主义工会发展道路，事关党的事业发展全局，事关工人阶级根本利益，事关中国工会前途命运。中国特色社会主义工会发展道路内涵十分丰富，其核心是坚持自觉接受党的领导，根本是坚持中国工会的社会主义性质。我们要始终自觉坚持和接受党的领导。我国宪法规定，我国是工人阶级领导的，以工农联盟为基础的人民民主专政的社会主义国家。党是工人阶级的先锋队组织，工会是工人阶级的群众性组织，是党联系群众的桥梁和纽带。在社会主义中国，中国共产党与工会具有一体性。历史已经证明，只有坚持党的领导，工会工作才能方向明确、不走偏路，才能做得有声有色、扎实有效，才能把党的领导落实到广大职工群众中去，才能巩固和发展党执政的阶级基础和群众基础。工会要永远保持自觉接受党的领导这一优良传统，在这个根本问题上我们必须头脑十分清醒、立场十分坚定、行动十分坚决。我们要始终坚守人民主体地位的根本立场，始终坚持党全心全意依靠工人阶级的根本方针，不断增强职工群众观念，不断营造环境、搭建平台、畅通渠道、创新方式，为工人成长成才、就业创业、报效国家、服务社会创造更多机会，为工人参与企业民主管理、参与国家和社会治理打开更广阔的通道，从而把职工群众紧密团结凝聚在党的周围。我们要始终坚持中国工会的社会主义性质。工会的性质与国家政权性质密切相关，在我们社会主义国家，工人阶级是国家领导阶级，并通过自己的政党中国共产党来实现对国家的领导。中国工会作为国家领导阶级（工人阶级）的群众组织，肩负着把全体工人团结在一起的历史重任，是国家政权的重要社会支柱，工会与政府具有一致性。在这一制度条件下，工会的主要任务是，组织教育工人群众依法行使民主权利，发挥国家主人翁作用，通过各种途径和形式参与管理国家事务、管理经济和文化事业、管理社会事务；协助人民政府开展工作，建设和巩固国家政权；在维护全国人民总体利益的同时，代表和维护工人群众的利益。总之，我们要建设的是社会主义的工会，与资本主义工会有本质区别，我们一定要对所谓的“独立工会”等各种非社会主义性质的组织保持高度警惕和警觉，确保工会沿着正确的政治方向前进。我们要牢牢把握工人运动的时代主题。工会事业的发展总是与党的事业和历史方位紧密联系在一起。在革命战争年代，工会认真贯彻党在各个时期制定的与工人运动有关的路线、方针和策略，紧紧围绕民族独立、人民解放这一党的中心任务开展斗争。新中国成立后，工会紧跟党的工作重心的转移，团结广大职工为社会主义建设添砖加瓦。当前，党正在领导人民为实现“两个一百年”而努力奋斗。我们工会要围绕党在新的历史条件下确定的宏伟目标，更好地团结广大职工充分发挥主力军作用，为经济社会健康协调发展作贡献。当前，完善和发展中国特色社会主义制度、推进国家治理体系和治理能力现代化是我们党确定的重大战略目标和重大任务，我们工会要围绕这个重大战略目标，把践行党的群众路线作为核心和关键，把团结凝聚职工群众贯穿、渗透到工会工作全过程、各领域，积极推动工会组织在工作理念、工作方式上实现转型与创新，与时俱进做好新形势下职工群众工作，充分发挥工会在维护和发展职工权益、促进劳动关系和谐、加强和创新社会管理中的积极作用。

——不忘初心，要求我们认清新的历史条件下所承担的历史使命。从社会现实看，当前我国经济社会发展已进入新的历史阶段，这个阶段的重要特征就是风险和挑战不断加大。企业的组织形式、用工方式、分配方式日益多样化，劳动关系日益多元复杂，特别是在当前经济下行、供给侧结构性改革的大背景下，劳动关系面临着许多新情况、新问题，劳动关系矛盾呈现数量多、牵涉广、影响大等特点，已经成为影响社会和谐稳定的一个重要问题，构建和谐稳定的劳动关系已经成为国家长治久安的重大任务。工会作为协调劳动关系的重要一方，在构建和谐劳动关系中发挥十分重要的作用，工会在大局中的地位不仅不会削弱，而且会不断提高。从工会自我发展看，工会的最大的危险就是脱离职工群众。习近平总书记形象地指出，做好群众工作要“众星拱月”，“月”就是党，“众星”就是包括群团组织在内的党领导下的各种组织。做好群众工作，要月明星灿，不能月明星稀，工会等群团组织更要星光灿烂。所以，在当前新的历史条件下，面对纷繁复杂的形势和重大艰巨的任务，我们一定要清醒地认识到我们所肩负的责任与使命，开创性地开展工作，为党和国家的全局工作、大局工作作出应有的贡献。

二、持之以恒，不断推进上海工会改革

一年多来，在市委的正确领导下，在全会上下的共同努力下，上海工会改革取得了显著成绩，李建国主席、韩正书记予以充分肯定。这些成绩来之不易，在座的各位特别是洪浩主席付出了极大的努力、作出了重要贡献。但工会改革始终在路上，我们要在现有基础上，下决心把改革进行到底，不断取得新的进步和新的突破。

首先，要始终坚定工会改革的方向。这次改革的方向目标很清楚，就是认真贯彻习近平总书记关于“增三性”（政治性、先进性、群众性）、“去四化”（机关化、行政化、贵族化、娱乐化）的要求。习近平同志对于群团改革提出的改革目标和要求，切中了问题的要害，找到了问题的根源。推进工会改革是党的要求，时代的要求，更是人民群众的要求。工会改革要解决的问题，就是脱离人民群众的问题。我们要通过改革解决脱离职工群众的问题，把工会组织建设得更加接地气、贴近职工群众，使工会组织更加充满活力、更加坚强有力，与时俱进地发挥好党联系职工群众的桥梁纽带作用。对这个总体性的、方向性的要求一定要牢牢把握好，确保工会改革的正确方向，否则我们的改革就会走偏、甚至会适得其反。

其次，要重视改革的落实落地落细。应该说，《上海市群团改革试点方案》和《上海市总工会改革实施方案》所明确的措施绝大部分都得到了很好的贯彻落实，但有些改革举措由于种种原因目前还没有结合实际制定具体的细化措施以及在工作中落地，比如《方案》里关于“局、产业、行业工会积极探索创新工会工作内容、形式和方法，更直接、更有效、更经常地联系和服务职工群众”的设想，关于改进工会工作绩效考核方式，“形成自下而上与自上而下相结合、突出自下而上的考核评价机制”的设想，关于“培育发展工会社会组织，加强对职工服务类社会组织的联系引领”的设想，关于“完善工会内审、国家审计、社会审计、职工会员监督‘四位一体’的监督体系”的设想，虽然我们也有些考虑，有些地区、产业集团也作了些探索，但总体上看，推进还不够，有的还没有完全落实。我们要逐项对照《上海市群团改革试点方案》和《上海市总工会改革实施方案》，检查落实情况，并深入分析原因，研究对策，结合实际推进落地。

第三，要逐步扩大改革成果成效。要着力发挥机制作用，把改革的机制作用逐步而充分发挥出来；要着力推进整体改革，在试点经验基础上，扩大试点范围或推进全面实施；要着力鼓励基础创新，根据实际情况，围绕服务职工的实际问题困难，推进基层创新；要着力扩大改革成效，让广大职工群众得到切切实实的利益，提高广大职工群众的满意度和获得感。目前，我们不少改革成果还处于试点探索阶段，在一些地区和单位取得了很好的成效。下一步要加强总结提炼，形成可复制、可推广的制度办法，不断在面上进行推广，使"苗圃"成长为"森林"。比如非公企业工会改革工作，最先在顾村镇进行试点，现在扩大到 8 个区的 10 个街镇，对这个做法，李建国主席高度肯定，全总也来进行了调研指导，要在全国推广。我们要借势借力，进一步总结大家的成功做法和有效举措，让更多的街镇加入到非公企业工会改革试点工作中来，争取尽快在全市形成燎原之势，真正走出打通工会组织联系服务职工群众的"最后一公里"。又比如基层服务站建设问题，前阶段各区各显神通，都有一些很好的做法，形成了一些很好的典型，如徐汇滨江建设者之家，黄浦区建设居、园、楼三种类型的服务站，杨浦区城市概念园区服务站"4+X"服务内容等。如何使基层服务站建设覆盖面更广，服务更加有效，生命力也更强，是摆在我们目前的重要课题。基层和群众的智慧是无穷的。工会改革是系统工程，既要自上而下，加强顶层设计，又要汲取基层智慧，尊重基层创新，充分激发基层的活力和创造力。在深化工会改革、创新工会工作中，我们也要坚持走群众路线，对基层的一些创新性举措，鼓励他们大胆试、大胆闯，在坚持改革总体精神的前提下，加强指导，帮助其不断总结完善提高。对一些不同的做法和措施，我们也不要轻言否定，容许试错，一段时间以后再下结论，好的予以肯定，不符合实际的予以纠正。

第四，要继续走在改革的前头。我们所处的时代是一个不断变化的时代，随着信息技术的超速发展及其与社会生产、人们的生活深度融合，催生了生产方式的深刻变革，原有的基于机器大生产条件下的劳动关系因而发生深刻变化，用工方式日益多元复杂，工会工作的对象、范围、内容和方式方法已经发生、正在发生、并将继续发生深刻变动，比如生产的小型化与分散化，使就业形式、用工方式越发灵活多样，特别是各种各样的"网约工"不断刷新原有的企业组织形态，工会如何做好这部分群体的工作、如何把他们组织起来，面临着很大的难题和挑战。要加强对新形势、新情况的研究，特别要高度关注生产方式及劳动关系的变化。2017 年是五年一次的职工队伍状况大调查之年，要把"网约工"作为重要课题来研究，摸清底数、了解需求、研究问题、提出对策。

三、以巡视整改为契机，切实加强自身建设

2016 年，市委对市总工会党组开展了专项巡视，对于帮助我们查找不足、补齐短板有着非常大的帮助。前一阶段，市总党组组织市总机关系统进行了认真的整改，在即知即改的同时，制定了整改方案，着手建立健全长效机制，市总机关系统党的建设和党风廉政建设得到了很好的改进和提高。市总机关是全市工会的首脑机关，承担着总体谋划、整体推进全市工会工作的重要职责，市总机关干部队伍的素质、形象是全市工会干部的标杆，在全市工会系统中发挥着极其重要的导向作用。市总机关要以这次巡视整改为契机，以身作则加强自身建设，发挥好表率作用，团结带领全市工会干部以更加昂扬的精神状态投入工会改革，做出更大成绩。

首先，我们要有团结理念。工会的力量在于团结起来、组织起来。要充分发挥千千万万个工会组织，工会之家和工会干部的作用，充分依靠广大职工群众的作用，才能真正形成工会的力量。要坚定不移地推进工会基层组织建设，建设职工自己的工会，身边的工会。要加强工作体系的建设。要加强工会的区域体系建设，按照区域，特别是产业园区、商务区和街区的全面覆盖；要加强工会的产业体系建设，发挥产业工会在代表维护职工利益的作用，特别要注意补好短板，改善薄弱环节，发挥工会组织的整体力量。要整体加强工会干部队伍建设，强化工会干部培训，提升各级工会干部的能力素质。要充分依托改革措施，包括领导班子"专挂兼"、机关干部"2+1"使用机制、遴选制、建设职业化社会化工会工作者队伍等，建设一支符合事业发展需要的高素质的工会干部队伍。

其次，我们要有务实作风。要结合实际、深入学习。认真学习马克思列宁主义、毛泽东思想、中国特色社会主义理论和习近平总书记系列重要讲话精神，要结合问题进行学习，在学习中找到理论上的坚定性，方向上的准确性和方法上的有效性。要结合实际、深入研究。工会工作就是群众工作，必须始终与人民群众在一起。也许人们一定程度容忍政府机关的官僚化，但对于工会工作的官僚化一定"零容忍"。要结合实际、深入指导。要坚持"现场为王"。只有深入现场，才能了解情况、培养感情、增添力量和找到方法。工会干部能否深入基层，不是时间问题，而是态度问题、责任问题。我们党的领导重视并亲自开展工会工作，深入人民群众，宣传马克思主义，启发工人阶级觉悟。共产党早期组织的成员，大多是知识分子出生，为了能在工人中进行有效的组织宣传工作，他们穿起工人服装，学习工人语言，甚至"改名易服"，与工人打成一片，这样的好传统我们始终不能丢掉。

第三，我们要有创新精神。面对劳动领域出现的新变化、新问题，面对职工群众新期待、新要求，工会必须以改革创新的精神作出新回应、新努力。要推进组织创新。随着非公企业规模和就业人数的快速提高，针对企业规模小型化、职工就业灵活性等特点，工会要通过加强地区工会的建设，实现区域（产业）全覆盖，要加强区域性、社会化服务机构的建设，特别是随着互联网经济和平台经济的发展，构建与此相适应的工会组织和服务体系，已经成为刻不容缓的工作任务。要推进服务创新，要统筹政府、企业、工会和社会力量，服务基层工会和广大职工群众。要推进活动创新，运用互联网等形式，提高工会的吸引力和凝聚力。

第四，我们要有法治思维。要依法建会、依法管会、依法履职、依法维权，也要依法推进工会改革。要按照《工会法》的规定依法充分履行工会职责，依靠法治思维和法治方法解决劳动争端，为职工群众提供及时有效的法律服务。而且要在党和国家以及政府在制定法律、法规和政策的过程中，反映职工意见，制度化地体现和保护职工权益。工会改革的各项措施要与法有据，要符合法治原则和法律规定，善于运用法治方法推进工会改革。要加强制度落实，在这次巡视整改中，我们围绕“三重一大”、党的建设、作风改进、选人用人、财经纪律、“三公”问题等关键环节，已陆续制定、修改了一批制度规范，通过制度管人、管事、管物，从源头上堵塞漏洞，扎紧制度笼子。对这些制度，市总机关系统的各级党组织和各个部门都要严格地、不折不扣地贯彻执行，按规则办事，按程序推进，按系统操作，按标准监督。要提高规则意识，凡是国家法律法规以及中央、上海市委和全总要求做的坚决做到，决不打折扣，决不走过场；不能做的绝对不做，决不搞变通，决不打擦边球。

同志们！改革没有完成时，改革永远在路上。我们要以更加昂扬的状态投身工会改革大潮，为党的工运事业作出新的更大的贡献。

深入推进调查研究工作　助力上海工会创新发展

肖堃涛

调查研究是一项很重要的工作，也是一项很辛苦的工作，既需要我们深入基层，又需要我们闭门思考。过去的一年，围绕上海工会重点工作，聚焦工会在维权服务中遇到的新情况新问题，我们通过调查研究，提出有针对性、有操作性的对策建议，形成了一批质量较高的调研报告，较好地完成了调研任务。下一步，我们要加大探索实践力度，把研究成果尽可能运用到今后的工作当中，同时做好新一年度的调查研究各项工作。

一、进一步重视调研工作，提高工会理论研究的能力和水平

调查研究，是谋事之基、成事之道。调查研究水平的高低、成果的大小，是衡量工会领导班子、干部队伍业务素质、工作能力的重要标志，也是决定一个地区、一个时期工会工作发展水平的关键因素。在这次的市总机构改革中，根据“强基层、强支撑、强服务”的要求，撤并了一些部门，把内设机构从原来的13个整合为9个。但本着加强调查研究的宗旨，不仅保留了研究室，还强化了它的职能。同时，我们还在研究市总机关干部联系工代会代表、深入基层加强调研的工作，要求机关干部带着课题，定期深入联系点，并把联系基层开展调研工作，作为年底考核的重要内容和干部评先评优的重要依据。

各区局（产业）工会也要把工会研究工作及其机构建设，放在全局工作的重要位置，加强领导、统筹规划，推动工会调查研究工作迈上新台阶。要倡导学习型、研究型、思考型的工作方法，不囿于事务性工作，多学习理论、研究问题、创新思路，多深入基层和职工进行调研、问计问策。要把调查研究工作放在重要的议事日程上，在新形势、新常态下破解难题、突破瓶颈，通过调研推动形成具有自身特色的工作模式和新鲜经验。要健全完善激励机制，加大调研经费扶持和对优秀成果奖励的力度，加大对借助社会力量开展工会调研工作的支持力度，鼓励工会干部多多投身调研，借助调研的力量多出成果、出好成果。

二、进一步聚焦工会工作大局，拓展调研的深度和广度

围绕中心、服务大局，突出工会维护职能，一直是我们始终强调的工会工作着力点，也同样应该是我们工会调查研究工作的着力点。

2016年，是上海工会工作特点鲜明的一年。这一年是上海工会的改革年，我们面临着全面落实工会改革实施方案，拿出可复制、可推广经验的任务，工会改革时间紧、任务重、涉及面广，迫切需要各级工会以改革创新的姿态去思考研究、去探索实践。这一年又是“十三五”规划开局年，中央和市委明确了经济社会发展的目标任务，提出要树立和贯彻创新、协调、绿色、开放、共享五大发展理念，这需要我们充分发挥工会的独特优势和不可替代的作用，团结带领职工群众为“十三五”建功立业。这一年，市委再次推出“一号课题”，主题是“补好短板”。上海工会同样面临着补短板的任务，我们的短板就是基层。我们要按照市委要求，努力夯实工会基层基础，着力补好这块短板。

上述这些，是当前上海工会工作大局，也是开展工运研究的主题。我们的调查研究工作，必须结合这些新的形势、任务和要求，切实围绕党政工作大局、围绕市总重点工作、围绕职工群众需求，把工会工作中的热点、难点问题作为工会研究的主攻方向，找准研究的着力点、结合点和切入点，进一步拓展工运研究的深度和广度，在服务全局工作中发挥更大作用。

三、进一步加强调研成果的转化，扩大调研工作的影响力和作用力

理论创新是工作创新的基础和保障。我们要将调查研究与解决问题、推进工作紧密结合,注重把调研形成的成果转化为下一步的工作实践。

各有关单位要进一步强化调研成果的运用与转化意识,不断提高工会理论研究、工作研究的针对性和实效性。要通过调查研究,去研究和解决新情况、新问题;要通过调查研究,提出具有指导性、针对性、前瞻性的政策建议和意见,形成切实可行的工作措施;要通过调查研究,为上海工会工作的实践和创新提出更多有价值的对策和建议。

强化互联网意识,打造“互联网+”工会工作新模式

杜仁伟

当今社会已经进入互联网时代。国家“十三五”规划也明确了实施网络强国战略。各级工会组织和广大工会干部要有高度的政治敏感性,充分认识和高度重视互联网发展对工会工作带来的机遇和挑战,自觉适应信息时代对工会发展提出的新要求,强化互联网意识,加快工会组织在工作、管理、服务等方面的流程创新、模式创新,这是摆在工会面前的一个现实而紧迫的新课题。

强化互联网意识是时代发展的要求。互联网是二十世纪人类最大的发明,它已经并将继续给世界带来更大、更彻底的变化。当前中国有400万家网站,近7亿网民,12亿手机用户,6亿微信和微博用户。对于工会组织而言,工会传统的组建方式、活动方式、工作方式还没有很好地适应这种变化和发展,这使得我们难以把规模越来越大的新生代职工组织到工会中来,工会组织如何真正建起来、转起来、活起来,面临极大挑战。因此,强化互联网意识是各级工会组织和广大工会干部当前的紧迫任务。

强化互联网意识是供给侧改革的要求。中央强调要通过供给侧改革推进中国经济结构转型升级。新形势下,面对个性化、多元化、全天候的职工需求,工会工作同样要从供给端入手,最大限度地给予满足。据市总工会开展的网上职工需求调研报告显示,互联网已成为职工表达诉求的主要渠道,是工会了解职工需求、满足职工需求的重要途径。不强化互联网意识,不加强互联网建设,工会工作必然导致“盲人摸象”“无的放矢”。

强化互联网意识是群团改革的要求。职工在哪里?职工在网上。在这次党的群团工作改革总体要求中,其中重要的一条就是要求工会等群团组织要加强网上工会建设。上海市群团改革方案也同样要求“顺应互联网发展趋势,加强网上群团组织建设”。运用“互联网+”创新工会维权服务模式,是破解工会组织管理模式陈旧、运行机制僵化、活动方式单一的有力途径,是解决工会脱离职工群众危险的必然要求,对于密切工会与职工的联系,提高工会组织在职工中的吸引力、凝聚力,进而增强工会活力,推动工会创新发展具有十分重要的现实意义。

“互联网+”并不是“+互联网”,不是简单地把工会工作直接从办公室搬上网络,这样的认识和做法对于应对互联网的挑战远远不够。“互联网+工会”更多地是要找准互联网和工会工作的结合点,形成全新的,以互联网为基础的工会工作新形态,做到“问计于网、业务上网、服务在网、维权到网”。

一、要突出主业主责

网上工会建设,同样要突出工会的主业主责,一方面要通过互联网更加直接地倾听职工呼声,反映职工诉求,加大维护力度,让职工有难处、有需求想得到工会、找得到工会、靠得上工会,使广大职工各方面的权益得到充分保障。另一方面通过互联网加强对工会围绕主业主责开展工作的宣传,使整个社会、广大职工更加了解工会,拉近工会与职工群众特别是新生代职工的距离,扩大工会在广大职工中的影响力和凝聚力。

二、要补齐工作短板

各级工会要坚持问题导向,增强自我革新的勇气,善于站在工会看社会,站在社会看工会,特别是要站在网上看职工,站在职工看网络,主动顺应互联网发展新趋势,善于运用网站、微博、微信、APP等新媒体工作平台,转变面上活动和基层活力不适应的现状,使工作方式从活动型向服务型转变,求真务实、脚踏实地,眼睛向下、身子下沉,真心实意地为基层服务、为职工群众服务,补齐工会工作短板,把工会改革不断引向深入。

三、要注重融合发展

“互联网+”的核心是融合发展,推进“互联网+工会”,就是要让传统的工会工作与现代化的信息手段产生化学反应,更好地为工会的整体工作服务。因此,在推进“互联网+工会”过程中,一是要加强线上线下工作齐头并进,在建立线上平台的同时,对线下工作进行优化重组、建立

配套机制,使线上线下相互促进,有机融合。二是要从功能定位、受众对象、队伍建设、运行方式、工作保障、工作评价、考核奖励等方面入手,对网站、微博、微信、APP等网络载体的使用和管理进行统筹协调、统一管理,确保各自运行顺畅。三是要通过争取政府相关资源,整合优化各级工会资源,联合政府和其他群团资源,购买社会资源等不同方式,努力壮大工会组织网络资源力量,为"网络强会"夯实基础。

网上工会建设并不是目的本身,而是推进工作的手段和工具。我们要把网上工会建设作为推进工会组织去行政化的重要措施,以互联网思维和网上工会建设的新成效促进工会工作创新转型,真正使"网上工会"成为维护职工权益的新阵地、服务职工的新窗口、联系职工的新渠道、教育职工的新平台。

聚焦职工需求　切实做好新形势下工会职工权益保障工作

侯继军

2016年是全面建成小康社会决胜阶段的开局之年,是上海深化创新驱动发展、经济转型升级的重要一年,也是工会群团组织改革的攻坚之年。各级工会要充分认识工会保障工作面临的新要求、新情况、新任务,要立足把握新时期职工群众利益诉求的新特点,持续拓展服务职工工作体系,不断推动上海工会职工权益保障工作取得新进展、新成效。

一、统一思想,提高认识,切实增强做好新形势下工会职工权益保障工作的使命感和责任感

一是要深刻领会党中央、市委、全总对工会职工权益保障工作的新要求。各级工会组织要根据中央和全总的要求,按照上海工会改革的目标、原则和具体举措,牢固树立问题意识、责任意识,以力争实现"四个明显"为目标,全力提升工会源头参与和维护的能力,大力推进服务更广泛职工群众工作机制的创新,更大力度地保障职工群众的劳动经济权益。二是要清晰明确工会职工权益保障工作的新任务。根据改革实施方案,新的市总权益保障部在维持原保障工作部各项职能的基础上,将原经济工作部的劳动保护和援疆援藏工作、原女职工部女职工特殊权益源头参与与维护工作平移进来,将进一步加强工作的统筹谋划、顶层设计,增强保障条线工作的系统性、有效性。各区县局(产业)工会权益保障部门要与市总权益保障工作实现有效有序对接。三是要切实提出工会职工权益保障和维护工作的新举措。进一步建立健全联系基层、服务职工、维护职工合法权益的工作制度,积极探索创新工会工作方法、形式和内容,要眼睛向下,面向基层,精准把握职工群众的根本需求,切实履行维护职能,保障好、发展好职工群众的各项权益。

二、明确目标、突出重点,不断深化工会职工权益保障工作的针对性和有效性

一是善于把握,敢于主张,积极参与政策法规的制定、修订和待遇标准调整,进一步提高工会源头参与的深入性和成果的落实。要进一步明确源头参与重点,以维护职工群众劳动经济权益为重点,对本市收入分配、社会保障、劳动保护等涉及职工切身利益的法律、法规、政策执行情况进行认真调查研究,积极建言献策并参与有关法律、法规和政策的制定、修订和待遇标准调整;要进一步提升源头参与能力,健全和完善相关调查网,做好有关数据的采集和分析,加强横向联动,做好跟踪调研。各级工会要通过职代会、集体合同、职工合理化建议等有效途径,真正反映职工呼声;进一步落实源头参与成果。市总要积极指导、帮助基层工会了解相关法律、法规、政策。各区县局(产业)工会要加大学习宣传,尤其要深入基层,指导和推动各级工会组织检查、督促各项法律、法规、政策的贯彻落实。

二是转变方式,拓展渠道,使职工群众能更方便地联系到、感受到工会组织,进一步提高工会维护职工权益服务职工需求的精准性。要着眼特惠,夯实困难职工帮扶工作,努力实现工会帮扶和社会救助政策的有效衔接,理顺和完善工作流程和管理机制,真正实现"依档帮扶",规范资金发放。做强做精"春送岗位、夏送清凉、金秋助学、冬送温暖"等工会帮扶品牌,并进一步聚焦农民工、女职工等特殊群体,扩大亲情通讯费补贴、返沪车票补贴、医疗费补贴、"两病"筛查等专项帮扶品牌活动的受益面,并扎实做好对口援疆援藏工作;要着眼普惠,深化服务职工实事项目建设,继续扎实推进工会会员服务卡、职工疗休养、健康体检、职业安全卫生防护"工具包"等服务职工实事项目,进一步丰富和拓展"月、季、年"等会员服务卡活动机制，增强会员“获得感”；要着眼实效，推进工会劳动保护工作落实，进一步认真贯彻落实《上海工会劳动保护三年行动计划》；要着眼整合，推进职工服务站点建设，加强资源整合，使其成为直接联系服务区域内职工群众的工作平台。

三、创新机制方法、统筹资源力量，着力增强工作开展的能力水平和有效性

一要增强问题意识。坚持问题导向，以解决现实问题和满足职工需求为衡量工作的标准，要完善经常性下基层工作机制，把职工群众的所思所想所虑，转化成工作的切入点和着力点，推动解决职工实际困难，促进职工权益的维护。二要整合资源力量。市总权益保障部门，要充分承担起工作顶层设计和牵头协调组织的职能。要加强工会与政府有关部门、社会力量的沟通协调，努力争取各方支持。三要健全工作机制。进一步健全绩效评估机制，提高评估的客观性和专业性，进一步加强各项工作开展的过程管理，根据执行情况不断改进完善，进一步建立宣传引导机制，充分依托微博、微信等新媒体平台发出工会声音。四要拓展工作手段。进一步完善和拓展职工服务工作信息化管理系统功能模块，并覆盖到所有街（镇）工会、所有产业工会及大的产业工会下属的大型工会组织，全面提高全市工会组织开展服务职工工作的能力和水平。

积极培育孵化社会组织，延伸工作臂膀拓展工作空间

何惠娟

2013年起，上海市总工会积极培育、孵化、引导、服务社会组织，目前初步形成“工会引导支持、民间力量兴办、专业团队管理、职工群众受益”的社会组织培育模式，努力把工会建设成为发展和凝聚劳动关系领域社会组织的枢纽。

一、科学谋划，积极孵化建立社会组织

在培育孵化劳动关系类社会组织方面，主要以“自己建”为主。如在上海工会管理职业学院成立了星惠社工师事务所，在外来务工人员融入、企业和谐劳动关系构建、工会组建等方面为企业和职工提供专业服务。在培育孵化职工服务类社会组织方面，主要发动区县总工会作为业务主管单位，成立民办非企业单位性质的社会组织。在市总工会的指导下，2013年9月，浦东新区总工会率先成立了上海浦东公惠社会工作服务中心。目前全市已有9个区县成立了类似的社会组织。这些社会组织以服务职工、服务企业为宗旨，开展职工维权帮扶、职业发展、文体健康等专业化、多样化的服务，也成为工会基层干部特别是“小三级”工会干部的重要来源地。

二、引领先行，推动社会组织良性运转

（一）*注重资金扶持，帮助社会组织正常运转。*制定下发《上海市总工会对区县总工会购买社会组织服务项目经费补贴办法》等一系列制度，由市、区县工会和区县政府共同承担社会组织专业化服务项目经费来源，形成了“以人头核经费、以经费买服务、以项目拨经费”经费使用模式。还建立社会工作者经费补贴动态调整机制，确保社会组织有钱办事。

（二）*明确各方职责，促进社会组织规范发展。*一方面，通过签订社会组织购买服务合同来规范各方的权利义务，如在各区总工会孵化成立的社会组织中，明确区总工会作为项目购买方，履行组织管理职能；街镇（开发区）总工会作为直接使用方，履行日常管理职能；社会组织作为项目供应方，履行身份管理职能。另一方面，在这些社会组织中普遍实行理事会领导下的总干事负责制，为其规范发展奠定专业基础。

（三）*加强组织覆盖，推进社会组织组建工会。*上海工会通过工会组建“打牢楔子”，加强对社会组织的政治引领。2015年，徐汇区总工会制订《关于推进社会组织建立工会的实施意见》，明确“以块为主、条块结合、全面覆盖”的组建原则和实施方法，创新社会组织工会组织体制，组建了第一家区级层面的徐汇区社会组织工会联合会。静安区曹家渡街道等街镇相继建立起社会组织联合工会和工会联合会，把辖区内为数众多且日益增多的小微型社会组织及从业人员吸纳进工会组织中来。

（四）*突出交流培训，提升社会组织业务能力。*市总联合市社团局等相关业务部门举办社会组织建设培训班，邀请社会组织运作、社会工作发展等领域的专家学者授课。举办工会培育孵化社会组织现场推进会，推广浦东公惠社会工作服务中心的成功经验和做法。还建立起了社会组织负责人例会制度，定期交流沟通工作情况。

三、强化保障，助推社会组织健康成长

（一）建立健全工会社工的薪酬标准和职业发展体系，夯实社会组织发展基础。制定了《关于加强社会化工会工作者队伍建设的指导意见》，以“社会化运作、契约化管理、专业化培训、职业化发展”为原则，对社会化工会工作者的招聘录用、薪酬管理、教育培训、职业发展等进行规范。探索建立社会化工会工作者表彰奖励机制和职业晋升机制，多渠道拓宽其职业晋升空间。2014年起，上海市总工会、市民政局联合建立工会社工岗位资格证书制度，目前已有103人取得资格证书。截止2016年8月，全市工会通过社会组织使用的职业化社会化工会工作者达735人。

（二）推动社会组织参加等级评估，通过评估树立形象、提升实力、塑造品牌。如崇明区宝岛务工人员服务中心获得上海市社会组织规范化建设4A级单位资质，浦东公惠社会工作服务中心荣获2015年度全国“百强社会工作服务机构”。市总工会还推荐浦东中心负责人担任上海市社会工作者协会理事，推荐崇明中心负责人担任县总工会兼职主席，为社会组织负责人提供更广阔的发展平台。

（三）拓展功能，搭建平台，推动工会孵化培育的社会组织成为链接其他劳动关系领域社会组织的枢纽。如浦东公惠中心作为浦东工会与社会力量的供需对接平台，仅2015年一年，通过需求征集、项目立项、项目招标、项目评审，就帮助30家基层工会与31家社会组织签订了52个服务项目。徐汇、杨浦等区则积极探索以工会自己孵化建立的社会组织牵头成立区域性社会组织联合工会和工会联合会的做法。目前上海已经初步形成了以各级工会组织为纽带，以工会直接孵化培育的社会组织为中枢，分层分类带动各类劳动关系领域社会组织共同发展的工作格局。

站稳职工立场　聚焦“四位一体”

姜海涛

上海工会改革要进一步深化和做实，牢牢抓住工会组织的定位，聚焦工会维护的主业主责，站稳职工立场，围绕职工“三最”问题的解决，突出工会的维护职能，全面地维护好、发展好职工群众各方面的权益，使维权系数最大化。

习近平总书记多次提出明确要求，强调工会要发挥好协调劳动关系的作用，既要站在职工的角度为职工说话办事，维护好职工的利益，也要从维护社会稳定的角度，加强对职工的引导；要推动发展和谐劳动关系，代表职工群众主动参与立法和政策制定，从制度上源头上保障职工群众利益、发展职工群众利益；要掌握好政策，既使职工利益得到维护，又使社会和谐得到保障；要深入研究劳动关系领域存在的突出问题，具体问题具体分析，有针对性地做好工作。各级工会要以习近平总书记系列重要讲话精神特别是关于工人阶级和工会工作的重要论述为指针，把思想和行动统一到党中央对构建和谐劳动关系形势判断和工作部署上来。

工会协调劳动关系要以站稳职工立场为前提。在协调劳动关系中牢牢站稳职工立场，积极为职工说话代言，当好职工利益的代表者和维护者。同时，我们也要积极教育引导职工科学维权、理性维权、依法维权，就是要教育引导职工尊重客观规律，用科学的理念和方式方法进行维权；教育引导职工增强大局观，合理表达利益诉求，避免采取过激的行动，努力维护社会和谐稳定；教育引导职工尊法守法用法，以法治思维、法治方式维护自身合法权益。

工会协调劳动关系要以构建“四位一体”的工作体系为基本路径。为有效整合工会协调劳动关系的资源力量，我们提出构建工会法律援助、法律监督、集体协商、民主管理四位一体的工作体系，四者相互联系、有机整合、密切配合、形成合力。构建这个四位一体工作体系的基本方法是“正”“反”结合，整体推动。所谓“正”，就是“正向推进”，也就是对工会组织相对健全、各项协调劳动关系制度基础相对较好的企业，以正面指导和推进的方法，有序预防和解决各类影响劳动关系和谐的问题；所谓“反”就是“反向倒逼”，也就是对工会组织和协调劳动关系制度不健全、工作基础薄弱，劳动关系隐患较多，劳资矛盾多发频发的企业，从解决问题入手，以“倒逼”的方式，积极推动其建立完善劳动关系协调制度。

为确保工会协调劳动关系“四位一体”格局尽快建立、有效运行，要重点抓好以下几个关键环节。一要理顺关系。劳动关系工作条线要加强上下衔接，形成合力。市总工会要抓大事、抓要事、管方向，从源头上维护职工合法权益；区局(产业)工会要抓统筹，针对化解劳资纠纷、开展集体协商、推动职代会建制、加强基层工会建设等开展切实有效的工作；基层工会要做好服务、当好“地线”，督促基层单位遵纪守法、帮助职工排忧解难。二要聚焦重点。工会要善于抓住劳动关系建立、运行、监督、调处等各个环节中的重点、热点和难点问题，重点推动当前企事业单位改革调整过程中的民主参与工作，重点推进企业集体协商制度提质增效，重点强化工会劳动法律监督工作，努力实现“每年在职工法律援助受理案件中选择5%左右严重侵犯职工权益的企业开展工会劳动法律监督，并对群体性劳动关系矛盾发生的企业实施100%的工会劳动法律监督”的目标。三要健全平台。进一步健全群体性劳资纠纷履职通报“亮灯”平台建设，要建立健全职工法律援助工作平台，对职工合法的劳动经济权益诉求，实行“零门槛”援助服务，做到“应援尽援”。2016年，本市各级工会参与劳动争议调处和为职工提供法律援助的案件总量要达到全市劳动争议案件数量的15%左右，2017年要达到30%左右。

树立主业主责意识　回归工会组织本原

宋钟蓓

近年来，按照中央、市委要求，上海工会着力推进自身改革，改革工作已进入“深水区”。突出主业主责是工会改革创新的重要组成部分，但广大工会干部在“主业主责”认识上仍然存在不少差异。工会改革“一盘棋”，必须加强对工会履行“主业主责”的思想和制度保障。

一要从凝聚思想共识入手，强化工会干部主业主责意识。思想转化是一个潜移默化、逐步改变的过程，特别是近年来市总工会基于改革提出一系列新思路、推出一系列新举措，传统的工作模式、工作方式存在诸多不适应，各级工会在思想认识上还需要有一个从理解接受到支持深化的过程。因此，要在干部培训中突出主业主责，增加主业主责相关专题，强化工会干部不忘初心，牢固树立回归组织本原，回到工作本意的教育，通过培训让工会干部特别是各级工会领导干部全面准确理解市总工会提出的主业主责要求；要在舆论宣传中突出主业主责，劳动报、申工社等媒体要在舆论宣传中有意识地将各级工会履行主业主责作为宣传主基调；要通过活动策划突出主业主责，使之成为全市工会干部达成改革共识、破解实践难题、推动理论创新的重要抓手。

二要从加强制度安排入手，科学界定不同层级工会的主业主责。突出主业主责，关键要讲清楚什么是主业主责，不同层级工会的主业主责具体要求是否各有不同，在具体工作中如何履行主业主责，这就需要从制度安排上予以厘清。工会职能是法律法规赋予工会行使职权、履行职责的总体框架，而主业主责是职能内容的具体体现。要从全市工会实际情况出发，整合原有规定，吸纳各方意见，研究工会深化改革中突出履行主业主责的实施意见，理清工会职能定位与主业主责的关系，从统筹型、枢纽型、端口型、服务型等不同要求明确不同层级工会主业主责的基本设定，如市总工会就要突出其顶层设计的统筹型职能，基层非公企业工会就要突出其组织职工、服务职工、协商协调和沟通报告的服务型职能。

三要从加强科学考评入手，建立不同层级工会督查考核体系。要建立科学的督查考核管理制度，参考党委组织部门、先进跨国企业以及一些区和街镇总工会的考核管理经验，结合各级工会主业主责的具体情况，探索建立工作计划、项目执行、绩效评估、上下反馈环环相扣的督查考核管理体系；要根据不同层级工会不同职责，制定科学的工会工作流程和标准，探索将可量化的工会工作纳入到质量体系之中，使工会履行主业主责工作成果以及相应的权责体系标准化，通过工作流程设定，指引各级工会主动履行主业主责；要注重发挥基层评价和职工评价的主体作用，依托工会网上平台设置评价窗口；要探索第三方机构从党政、工会、社会、职工等维度客观评价工会工作，提升管理水平和工作效率，增强工会组织凝聚力和影响力。

人力资源社会保障部
关于城镇企业职工基本养老保险关系转移接续若干问题的通知

人社部规〔2016〕5号

各省、自治区、直辖市及新疆生产建设兵团人力资源社会保障厅(局)：

国务院办公厅转发的人力资源社会保障部、财政部《城镇企业职工基本养老保险关系转移接续暂行办法》(国办发〔2009〕66号,以下简称《暂行办法》)实施以来,跨省流动就业人员的养老保险关系转移接续工作总体运行平稳,较好地保障了参保人员的养老保险权益。但在实施过程中,也出现了一些新情况和新问题,导致部分参保人员养老保险关系转移接续存在困难。为进一步做好城镇企业职工养老保险关系转移接续工作,现就有关问题通知如下：

一、关于视同缴费年限计算地问题。参保人员待遇领取地按照《暂行办法》第六条和第十二条执行,即,基本养老保险关系在户籍所在地的,由户籍所在地负责办理待遇领取手续;基本养老保险关系不在户籍所在地,而在其基本养老保险关系所在地累计缴费年限满10年的,在该地办理待遇领取手续;基本养老保险关系不在户籍所在地,且在其基本养老保险关系所在地累计缴费年限不满10年的,将其基本养老保险关系转回上一个缴费年限满10年的原参保地办理待遇领取手续;基本养老保险关系不在户籍所在地,且在每个参保地的累计缴费年限均不满10年的,将其基本养老保险关系及相应资金归集到户籍所在地,由户籍所在地按规定办理待遇领取手续。缴费年限,除另有特殊规定外,均包括视同缴费年限。

一地(以省、自治区、直辖市为单位)的累计缴费年限包括在本地的实际缴费年限和计算在本地的视同缴费年限。其中,曾经在机关事业单位和企业工作的视同缴费年限,计算为当时工作地的视同缴费年限;在多地有视同缴费年限的,分别计算为各地的视同缴费年限。

二、关于缴费信息历史遗留问题的处理。由于各地政策或建立个人账户时间不一致等客观原因,参保人员在跨省转移接续养老保险关系时,转出地无法按月提供1998年1月1日之前缴费信息或者提供的1998年1月1日之前缴费信息无法在转入地计发待遇的,转入地应根据转出地提供的缴费时间记录,结合档案记载将相应年度计为视同缴费年限。

三、关于临时基本养老保险缴费账户的管理。参保人员在建立临时基本养老保险缴费账户地按照社会保险法规定,缴纳建立临时基本养老保险缴费账户前应缴未缴的养老保险费的,其临时基本养老保险缴费账户性质不予改变,转移接续养老保险关系时按照临时基本养老保险缴费账户的规定全额转移。

参保人员在建立临时基本养老保险缴费账户期间再次跨省流动就业的,封存原临时基本养老保险缴费账户,待达到待遇领取条件时,由待遇领取地社会保险经办机构统一归集原临时养老保险关系。

四、关于一次性缴纳养老保险费的转移。跨省流动就业人员转移接续养老保险关系时,对于符合国家规定一次性缴纳养老保险费超过3年(含)的,转出地应向转入地提供人民法院、审计部门、实施劳动保障监察的行政部门或劳动争议仲裁委员会出具的具有法律效力证明一次性缴费期间存在劳动关系的相应文书。

五、关于重复领取基本养老金的处理。《暂行办法》实施之后重复领取基本养老金的参保人员,由本人与社会保险经办机构协商确定保留其中一个养老保险关系并继续领取待遇,其他的养老保险关系应予以清理,个人账户剩余部分一次性退还本人。

六、关于退役军人养老保险关系转移接续。军人退役基本养老保险关系转移至安置地后,安置地应为其办理登记手续并接续养老保险关系,退役养老保险补助年限计算为安置地的实际参保缴费年限。

退役军人跨省流动就业的,其在1998年1月1日至2005年12月31日间的退役养老保险补助,转出地应按11%计算转移资金,并相应调整个人账户记录,所需资金从统筹基金中列支。

七、关于城镇企业成建制跨省转移养老保险关系的处理。城镇企业成建制跨省转移,按照《暂行办法》的规定转移接续养老保险关系。在省级政府主导下的规模以上企业成建制转移,可根据两省协商,妥善转移接续养老保险关系。

八、关于户籍所在地社会保险经办机构归集责任。跨省流动就业人员未在户籍地参保,但按国家规定达到待遇领取条件时待遇领取地为户籍地的,户籍地社会保险经办机构应为参保人员办理登记手续并办理养老保险关系转移接续手续,将各地的养老保险关系归集至户籍地,并核发相应的养老保险待遇。

九、本通知从印发之日起执行。人力资源社会保障部《关于贯彻落实国务院办公厅转发城镇企业职工基本养老保险关系转移接续暂行办法的通知》(人社部发〔2009〕187号)、《关于印发城镇企业职工基本养老保险关系转移接续若干具体问题意见的通知》(人社部发〔2010〕70号)、《人力资源社会保障部办公厅关于职工基本养老保险关系转移接续有关问题的函》(人社厅函〔2013〕250号)与本通知不一致的,以本通知为准。参保人员已经按照原有规定办理退休手续的,不再予以调整。

人力资源社会保障部
2016年11月28日

专记

群团改革

【上海工会推进机关内设机构调整干部"减上补下"】 围绕上海群团改革试点方案对工青妇机关提出的机构精简、职能聚焦、效率提高的内设机构调整要求,市总工会对机关部室职能进行梳理整合,突出强基层、强支撑、强服务的导向,从原先13个部室调整为9个部室,对新设置部室的干部重新进行调配、任职。根据上海工会改革方案,市总工会机关编制精简40%,从原来的135个精简到82个,精简的53个编制全部下沉到本市街镇(开发区、园区)工会,用以充实基层工作力量。其中市总工会机关13名基层经历相对缺乏的年轻干部"带人带编"到街镇总工会工作,加强基层历练,充实基层力量;另有2名机关年轻干部借改革东风,主动要求转岗到产业(局)工会工作,成为助推工会改革、加强基层工会力量的一支有生力量。 (庄勤凌颖)

【上海工会基本形成"全会抓女工"格局】 在全面推进上海工会改革中,女职工工作从一个部门单打独斗向全会各部门共同参与转变,实现了女职工工作的组织机构、工作职能、运行机制的转变,上海工会已初步形成全会合力共抓女工工作的新格局,各项工作取得新进展。一是建立组织机构。明确市总女职工工作依托委员会、联席会议、办公室3个层面统筹推进和组织实施。市总女职工委员会负责研究决定女职工工作中的重大问题,对全面工作落实情况进行监督检查;女职工工作联席会议,由市总各职能部室负责人组成,主要任务是协调整合资源,谋划推进女职工重点工作;女职工委员会办公室负责协调、组织开展与各部门职能相关的女职工工作,指导、推动各级工会女职工组织的工作开展。二是明确工作职能。梳理细化重点工作,明晰目标职责任务,把女职工原有的工作职能,融合纳入到市总各职能部室的工作职责中,要求做到同步谋划、部署、推进、检查、考核,确保女职工各项工作责任、措施,人员落实。三是创新运行机制。对接机制,要求各部门在开展工作时,增强性别意识,主动对接女职工相关工作,切实把女职工工作作为份内事来抓。协同机制,建立重大活动由各职能部室轮换承办模式,每年根据女职工工作的实际需求,设定不同的工作重点,由对口职能部室牵头主办,相关部室协同配合。督查机制,定期召开女职工工作联席会议,开展阶段性工作督促检查,年底进行绩效考核。网络机制,运用"互联网+"思维开展女职工工作,建立联系服务女职工网络机制,延伸女职工工作手臂。 (朱莉颖)

【浦东新区总工会明确定位区域内各级工会组织职能】 浦东新区总工会贯彻落实党的群团工作会议精神,重新定位新区各级工会组织职能。其中区总工会为"统筹型",街镇、开发区总工会定位为"枢纽型",区域性、行业性工会联合会定位为"端口型",企业工会定位为"服务型",并以此定位配套形成了浦东工会职责清单。为建立与"统筹型"组织定位相适应的区级工会机关,按照"小机关、扁平化"要求,区总工会归并重组打造新的"一室三部",特别是按照"工会+互联网"的思路,新组建"网络服务部",以深入推动网上工会建设。围绕积极推进窗口化改革,区总机关及直属事业单位累计开设5个窗口,为广大职工提供面对面服务。同时,年底前要全面完成街镇工会换届工作,推动街镇、开发区工会领导班子、委员会等按照改革要求配备,尤其注重开发区工会建设,加快推进在国际旅游度假区和世博管委会成立工会工作委员的步伐,部署推进在自贸区综保区与金桥技术开发区层面成立总工会,不断优化直属工会组织结构。 (陈维)

2月18日,市总工会机关"减上补下"干部座谈会后合影 (吴良荣)

【徐汇区总工会有序推进工会改革】 本着面向基层、面向职工、面向实践的原则,以精简机构、聚焦职能、提高效率为目标,徐汇区总工会把机关原有的6个内设机构整合为4个,精简比例达到33%,实行扁平化管理。按照工会领导班子结构专挂兼结合的要求,从劳模先进、援藏干部和优秀工会干部中遴选挂兼职副主席,增补一批来自基层一线的全委会委员和常委,基层一线委员比例由16%提高到42%,常委中基层一线人员比例提高到18%。聚焦主业主责,在各街镇加强了工会组织规范化建设,完善"小三级"工会组织体系,设立工会基层工作站,缩短服务职工的有效距离,弥补建会短板。全区独立建会的非公企业工会已达到80%,在全市率先成立社会组织工会联合会。充实基层力量,建立了一支职业化、社会化工会工作者队伍,并选派工会机关干部到基层工作站轮岗工作,面对面服务职工群众,消除工会工作盲区,推动工会干部下基层常态化、制度化。探索"互联网+工会"服务新模式,针对移动互联网发展新形势和职工需求的新特点,积极推进"网上工会"建设,努力打造"指尖上

的职工之家”。 （郑 超）

【虹口区总工会确定机关主要职责内设机构及人员编制】 4月29日，根据虹口区委办印发《上海市虹口区总工会机关主要职责内设机构和人员编制方案》的通知精神，区总工会在保持原有19个行政编制数不变的基础上，内设机构由原来的6个调整为5个，分别为办公室、基层工作部、劳动关系工作部、权益保障部、财务资产管理部，撤销宣教部，其职能并入办公室。设专职正副处级领导职数3名，挂职副主席1名，兼职副主席2名，经费审核委员会1名（挂职、兼职副主席不占机关行政编制）；正副科级领导职数7名（其中1名经费审查委员会专职副主任兼经费审查委员会办公室主任）。明确不再承担区退休职工管理委员会日常工作，继续协助做好退休职工管理服务工作。 （徐 洁）

【杨浦区召开工会改革动员推进会】

1月29日，杨浦区召开工会改革动员推进会，贯彻区委党的群团工作会议精神，部署落实工会改革任务。按照《上海市群团改革试点方案》《上海市总工会改革实施方案》和区委要求，制订出台《杨浦区总工会改革实施方案》。一是组织体系实行扁平化管理。精简机关机构、人员编制，将原有的“五部一室”调整为“三部一室”，具体为：组织建设部、权益保障部、宣传教育部、办公室（合署经审办）；机关编制精减10%，由19个减少到17个。二是推进政事分开。结合机关职能与机构设置调整，进一步理顺与沪东工人文化宫、职工援助服务中心、中原护理院等3个直属事业单位的关系与分工，强化事业单位的公益性、服务性职能，把机关部门服务职工的具体事务和日常活动，转由事业单位承接，更直接、便捷地服务基层工会和职工群众。三是创新工会组织形式和职工入会方式。做实“小三级”工会，每个街道（镇）按照区域特点，设置若干个区域性、行业性联合工会或工会联合会；着力实地实体型单位工会组建，提升非公有制经济组织和社会组织、楼宇、园区等领域的建会率，扩大工会组织覆盖面；打通企业体制外职工直接入会的路径，解决非公企业建会难、非正规就业职工入会难等问题，夯实和扩大基层工会的群众基础。

（曹理仰）

【黄浦区总工会落实工会改革工作】

一是改革硬指标全部落实到位。围绕改革“调整优化组织设置、建设精干高效工会干部队伍、改革运行机制实现制度创新、改革工会经费收缴和保障办法、加强和改进党对工会工作领导”5方面19条措施，积极稳妥推进改革“五个实现”：实现内设机构精简，由9个整合为5个；实现3名区总工会副主席挂兼职；实现人员“减上补下”，6名区总工会干部到园区群团服务站工作；实现区总干部队伍“2+1”使用机制，20个区总工会专职干部编制数，3名基层干部到区总工会挂职，在区、街道、基层服务站组建有专业知识的志愿者队伍；实现区工会权利机构中职工代表比重提升，区总工会常委会基层常委从0增至4名，占28.6%，全委会基层委员从12名增至21名，占43.8%，区工代会基层代表从176名增至185名，占80.8%。二是改革创新运行机制初显成效。坚持问题导向转职能。以一线职工为对象，以企业、行业、街道、园区为阵地，围绕维护职能开展工作。坚持目标导向转方式。改变工作内循环局面，运用群众化、社会化、网络化方式手段工作。坚持密切联系职工群众转作风。建立健全联系基层和职工制度，区总工会党组制订了《关于推进党员干部直接联系群众行动计划工作方案》。坚持3个联动（市区街联动、工青妇联动、居园楼联动），推动3个转变（工作模式由上下向前后转变，工作人群由静态向动态转变，工作维度由平面向立体转变），实现4个覆盖（组织覆盖、工作覆盖、服务覆盖、管理覆盖）。坚持任务目标化、目标项目化、项目责任化、责任实效化，推进工会改革方案有效落实。制订和完善《工会改革实施方案》《建立与完善联系服务职工群众零距离工作机制》，实施“多措并举，推进工会全覆盖工作”“区工会职工法律援助服务‘零门槛’”等一批特色项目。 （吕诚陆）

【宝山区总工会完成工会各项改革任务】 完成宝山区总工会新的一室三部（办公室、基层工作部、宣传教育部、权益保障部）的设置和人员、职能的调整。择优选配了1名挂职副主席和2名兼职副主席，公开遴选了1名机关专职干部。调整提高基层一线人员在区总工会常委、委员中的比例，常委和委员比例分别由原来的15.4%和41.7%提高到28.6%和51.6%，均高于区委总体方案的要求。理顺区总工会机关与直属事业单位的关系，推进政事分开，实行管办分离，强化两个中心的公益性、服务性职能。推进宝山工会“一网一微”建设，开展线上线下相结合的职工文体活动。建成“宝山工会信息管理系统”，已在顾村镇成功试运行。对接升级版“红帆港”三级体系建设，建立了15个街镇园区职工服务分中心和31个基层职工服务站，制订出台《宝山区职工援助服务中心全天候服务职工实施办法》，形成全天候、立体型服务职工的网络。

（宋 松）

【闵行区总工会优化机构配置，提高一线代表比例】 对接市总工会调整后的机构设置，闵行区总工会机构调整为三部一室，即基层工作部、宣传教育部、维权保障部和办公室，根据工作职责配备人员。区总工会领导班子按专挂兼3：1：2组成（专职主席和副主席3名，挂职副主席1名，兼职副主席2名），增补两名兼职副主席均为来自生产一线的全国劳动模范和上海市劳动模范。切实提高基层一线人员在区总工会常委、委员中的比例，区总工会基层代表在常委会、全委会和工代表的比例分别提高到63.6%、45.7%和90.5%，使工会决策更能反映基层实际和利益诉求。 （王 凯）

【嘉定区工会改革取得阶段性成效】

3月2日，嘉定召开群团改革工作会议，贯彻中央、市委有关会议精神，部署群团改革工作。截至年底，嘉定工会群团改革已完成四方面工作：一是在优化机构设置和干部队伍结构上，调整内设机构设置，设立办公室（经审办）、组织基层部、劳动权益部和宣传教育部等4个部室，基本与市总各部室的职能保持上下对应，工作项目有效衔接。优化领导班子配备，改善人员队伍结构，领导班子结构按照"1+2+1+2"的模式配备,采用专兼挂的方式。机关工作人员建立"2+1"用人机制,形成专职、兼职和志愿者相结合的机关工作人员队伍。二是在构建以职工为主体的工作体系上,加强街镇小三级工会建设,形成纵横到边的组织架构。加强服务阵地建设,建立基层群团服务站。三是在网上职工之家建设上,完善网络管理平台,建设网络职工之家。四是在工会工作的社会化发展上,重点培育发展社会组织。（黄点点）

【金山区总工会推进改革工作　分解落实30项具体措施】 2月19日,金山区总工会改革领导小组召开第一次会议。区人大常委会副主任、区总工会主席、区总工会改革领导小组组长朱喜林主持会议。会议对工会30项改革工作任务提出了分解落实意见,通过《区总工会关于群团改革推进落实措施分工分解表》,明确相关牵头领导、负责部门和责任人员。区总工会改革领导小组成员对任务分工和推进措施进行讨论,并保证相关承担的工作任务量质并重、按时完成,确保工会改革工作落到实处。（曹　冠）

【奉贤区实施工会组织机构改革】 2月17日,奉贤区委召开党的群团工作会议,明确群团改革基本任务。对照上海市群团改革路线图,工会完成组织机构调整。一是区总工会领导班子实行"专、兼、挂"制度。区总工会主席由区人大常委会副主任兼任,专职副主席2名,挂职副主席1名(任期2年),兼职副主席2名。二是区总工会内设机构对应市总机构调整。内设机构调整为基层工作部、劳动关系部、权益保障部、宣传教育部和办公室5个职能部门。区总工会下属事业单位和会办社会组织实行政事分开、管办分离,服务职工的具体事务由区职工援助服务中心、功慧社会服务中心、工会工作志愿者服务站、劳动模范协会承接,突出项目化、社会化、市场化。三是街镇工会组织调整。全区8个镇、2个街道、1个开发区和3个具有管理职能的公司全部建立总工会。同时,建立"2+2"用人机制,即体制内的"总工会专职干部和选派的挂职干部"与体制外的"工会社工和工会工作志愿者"。在各街道、镇总工会配备正科专职副主席、2—3名兼职副主席、1名以上工会专职干事和若干名工会社会工作者。工会社工通过申请委派的方式分配到"小三级"工会组织开展工会工作。（尹　奕）

【崇明县总工会建立工会机关新体制】 按照群团改革要求,3月,崇明县总工会机关内设机构作了优化调整和功能重组,将原先内设机构调整为基层工作部、维权保障部、宣传教育部和办公室4个部室。顺利完成两个事业单位(崇明工人文化宫和崇明县职工服务中心)的"二合一"工作,新成立的县职工服务中心的职能转型与升级同步推进,工会会员服务卡、法律援助、互助保障计划、职工技能提升、就业介绍、窗口服务功能进一步强化,职工群众的满意度进一步提升。（秦春华）

非公企业工会改革

【上海启动非公企业工会改革试点】 7月11日,市总工会在宝山区顾村镇召开非公企业工会改革试点动员大会,正式启动改革试点工作。市总工会主席洪浩、党组书记莫负春、宝山区委书记汪泓及市总工会、宝山区总工会的领导出席动员大会。会上,洪浩指出:以《工会法》和《中国工会章程》为基本依据推进非公企业工会改革,加强基层基础、解决"倒金字塔"问题是改革的重要内容。改革目的在于激发非公企业工会活力,使基层工会有人、有钱、有能力为职工办事,从而落实"做实基层"的目标,打通工会服务职工的"最后一公里"。会议下发《关于搞活非公企业工会的改革方案(试行)》,就依靠职工依法建会路径、实施履职工会主席岗位补贴制度等推行试点。除宝山区顾村镇之外,非公企业工会改革将陆续在浦东新区陆家嘴街道、川沙新镇、金桥开发区,杨浦区长白街道,闵行区颛桥镇,松江区石湖荡镇和嘉定区南翔置地园区等全市5个区7个街镇(开发区)开展试点。（陈蓓　常青）

【宝山区顾村镇试点非公企业工会改革,探索"顾村模式"】 7月11日,宝山区顾村镇非公企业工会改革试点动员大会上制订并公布《关于搞活非公企业工会的改革方案(试行)》,方案就推动建会方面、工会经费收缴、工会主席岗位补贴等方面做了规定。方案畅通了职工单体入会的渠道,明确提出依托村居、园区等联合工会,直接吸纳未建工会企业职工入会,并倒逼企业建会,推行"两书"制度(《整改意见书》和《处理建议书》),破解企业阻挠或拖延建会的难题。同时依托社会组织、社区等平台,推行街面工会、租住地工会、社区工会等建会方式,便捷非正规就业、非标准劳动关系的职工和无工会组织的企业的入会建会工作。明确会费按照会员本人每月工资收入

7月11日,宝山区顾村镇非公企业工会改革试点动员大会　（吴良荣）

的0.5%计算,暂按每人每月不少于10元的标准缴交。为提高工会组织吸引力,将会员个人缴纳会费额的150%直接用于会员所需的项目,形成会员与非会员的区别效应,并将80%以上所收经费下拨给基层工会,解决基层工会无钱办事的问题。提出建立非公企业兼职工会主席岗位补贴制度,根据会员规模大型基层工会职责的履职情况、百分考核表,结合职工满意度测评等方式,向非公企业兼职工会主席发放一定金额的岗位补贴,原则上每年补贴额度不得高于年度工会经费的15%,并着手推行非公企业工会干部职业化,探索推进规模企业工会专职工会干部制度,体制外派专职人员协助非公企业工会主席开展工会工作,并给予岗位补贴。此外,还加大非公企业工会干部培训力度,提高他们的履职能力和综合素养。2016年7月至2017年1月是改革方案的组织实施阶段,将不断推进、逐步深化、发现问题、矫正偏差,2017年2月进入总结提高阶段,探索"顾村模式",总结撰写专题汇报材料,形成可操作、可复制的经验做法。 (陈 蓓)

【李建国调研上海非公企业工会改革试点工作】 11月17日,中共中央政治局委员、中华全国总工会主席李建国在全总党组书记、副主席、书记处第一书记李玉赋的陪同下,来到了上海市总工会调研考察。在市总机关召开的座谈会上,宝山区顾村镇总工会作了题为《以非公企业工会改革试点为契机,着力打通联系服务职工的"最后一公里"》的汇报,受到李建国主席的高度赞赏。 (宋 松)

【杨浦区长白新村街道启动非公企业工会改革试点工作】 12月16日,杨浦区召开长白新村街道非公企业工会改革试点工作推进会。市人大常委会副主任、总工会主席洪浩及市总工会、杨浦区委相关领导出席会议。会议强调,一是要充分认识非公企业工会改革的重大意义,进一步增强做好此项工作的责任感、使命感;二是要准确把握依法建会办会的重要性,进一步推动非公企业工会"建起来"、"转起来"、"活起来";三是要在党委的统一领导下进行非公企业工会改革,要积极争取政府的支持。会议要求,长白新村街道要在区委、区政府、区总工会的关心支持下,做好非公企业工会改革试点工作。会上,长白新村街道总工会财务结算中心揭牌成立,并向"工匠精神"技术攻坚、"安康杯"竞赛劳动保护等职工欢迎的六大工会服务项目授牌。会议印发《杨浦区长白新村街道关于搞活非公企业工会的改革方案(试行)》,并同步推出非公企业工会基本职责、工会工作考核评价标准、工会主席津贴发放标准、工会经费和会费补贴管理办法、工会经费和会费收缴管理办法、工会改革三年行动计划(2017—2019年)。根据改革方案,长白新村街道将进一步增强职工入会主体意识,拓展依靠职工依法建会路径;增强工会会员主体意识,落实会员依法缴纳会费制度;增强工会的主业主责意识,建立工会工作考核评价机制。同时,强化三项保障制度,切实为非公企业工会组织提供有力支撑;完善三方面服务重点,打通服务职工群众的"最后一公里"。 (曹理仰)

11月17日,全国总工会主席李建国一行在市总工会调研座谈(吴良荣)

【松江区召开石湖荡镇非公企业工会改革试点启动大会】 12月22日,松江区召开石湖荡镇非公企业改革试点启动大会。市人大常委会副主任、市总工会主席洪浩,松江区委书记程向民,市总工会副主席何惠娟,松江区委副书记刘其龙,市总工会秘书长宋钟蓓等出席会议。松江区人大常委会党组成员、区总工会主席徐卫兴主持会议。石湖荡镇总工会介绍了非公企业工会改革方案,来自非公企业主、工会主席、工会会员代表分别作交流发言。会上,进行了石湖荡镇总工会"掌上工会"启动仪式,并为石湖荡镇总工会经费管理服务站揭牌、为直接惠及职工实事项目授牌。大会印发《关于搞活非公企业工会的改革方案(试行)》,并同步推出石湖荡镇非公企业工会经费、会费收缴和管理办法,石湖荡镇非公企业工会百分考核表,关于惠利会员项目的工会经费使用办法及石湖荡镇非公企业工会主要职责。

(朱 慧)

上海市人民政府关于调整本市城镇职工社会保险缴费比例的通知

沪府发〔2016〕18号

各区、县人民政府,市政府各委、办、局:

为贯彻落实党的十八届三中、五中全会适时适当降低社会保险费率的要求,根据中央经济工作会议、全国"两会"明确的推进供给侧结构性改革和去产能、去库存、去杠杆、降成本、补短板五大重点任务的战略部署,经市政府研究决定,在确保参保人员社会保险待遇水平、社保基金正常运行的前提下,从今年1月1日起,调整本市城镇职工社会保险缴费比例,帮助企业降低成本,促进本市实体经济平稳发展。现将有关事项通知如下:

一、本市企业职工基本养老保险缴费比例,由原来的29%调整为28%。其中,单位缴费比例由原来的21%调整为20%,个人缴费比例不作调整。

二、本市职工基本医疗保险缴费比例,由原来的13%调整为12%。其中,单位缴纳基本医疗保险费的比例由原来的9%调整为8%,单位缴纳地方附加医疗保险费的比例及个人缴费比例不作调整。

由失业保险基金支付的失业人员领取失业保险金期间,参加本市职工基本医疗保险的缴费比例,由原来的13%调整为12%。

非城镇户籍外来从业人员参加本市职工基本医疗保险的缴费比例另行规定。

三、本市失业保险缴费比例,由原来的2%调整为1.5%。其中,单位缴费比例由原来的1.5%调整为1%,个人缴费比例不作调整。

本市灵活就业人员缴纳基本养老保险费和基本医疗保险费的比例按照本通知执行。

上海市人民政府
2016年3月21日

关于本市因病或非因工死亡职工遗属等三类人员参加城乡居民养老保险有关问题的通知

沪人社农发〔2016〕20号

市政府各委、办、局,控股(集团)公司,市社会保险事业管理中心,各区(县)人力资源和社会保障局、财政局:

为切实贯彻《社会保险法》,根据《上海市城乡居民基本养老保险办法》(沪府发〔2014〕30号),现就本市因病或非因工死亡职工遗属(以下简称职工遗属)、精减退职回乡老职工死亡后其配偶(以下简称精减老职工配偶)和被征地人员参加城乡居民养老保险有关问题通知如下:

一、本市户籍的职工遗属、精减老职工配偶,可按规定参加城乡居民养老保险。

二、已享受生活困难补助费的职工遗属、精减老职工配偶按规定参加城乡居民养老保险后,领取的城乡居民养老保险养老金低于生活困难补助费标准的,给予补足,补差金额由原生活困难补助费资金渠道列支。

三、已领取城乡居民养老保险养老金的人员,符合享受本市职工遗属或精减老职工配偶生活困难补助条件,且领取的养老金低于生活困难补助费标准的,可在按规定办理生活困难补助申领手续后给予补足,补差金额由生活困难补助费资金渠道列支。

四、市社会保险事业管理中心(以下简称市社保中心)应每年定期对职工遗属、精减老职工配偶的收入等信息进行核查,并按规定核定其生活困难补助费金额;对未按规定提供相关信息材料的,市社保中心暂停发放其生活困难补助费,待其提供相关信息材料后按规定核定其生活困难补助费金额,并从停发之月起补发并续发。

五、已按本市规定一次性缴纳基本养老、医疗保险费的被征地人员未就业的,可按规定参加城乡居民养老保险。

六、本通知自2016年7月1日起施行,有效期至2021年6月30日。

上海市人力资源和社会保障局
上海市财政局
2016年4月25日

2017 上海工会年鉴

大事记

2016年大事记

1月

1日　市总工会举办《中国共产党廉洁自律准则》《中国共产党纪律处分条例》辅导报告。市工青妇机关全体工作人员及直管单位领导班子成员出席。

6日　全国总工会副主席、书记处书记焦开河率领全总慰问团赴上海走访慰问，为上海职工送来全总关怀和慰问。元旦春节期间，市总工会领导洪浩、肖堃涛、杜仁伟、侯继军、何惠娟、李斌、姜海涛、宋钟蓓、桂晓燕率机关干部分9路深入到40多个区县局(产业)工会、基层企业走访困难劳模、困难职工家庭，慰问困难企业。

14日　市总工会召开2016年上海工会宣教文体工作会议。市总工会巡视员杜仁伟出席会议并讲话。

19日　市总工会召开2016年上海工会年鉴工作会议。市总工会秘书长宋钟蓓出席会议并讲话。

21日　市总工会召开2015年度市总党组"三严三实"专题民主生活会。市总党组成员，市纪委、市委组织部、市市级机关党工委有关人员参加民主生活会。

2月

23日　市总工会召开上海市总工会第十三届经审会七次全委会。市总党组成员、经审会主任桂晓燕出席会议并讲话。

25日　市总工会召开2016年上海工会职工权益保障工作会议。市总工会副主席侯继军出席会议并讲话。

29日　市总工会召开上海市总工会第十三届委员会第七次全体(扩大)会议。市委副书记应勇出席会议并讲话；市人大常委会副主任、市总工会主席洪浩出席会议；市总工会副主席肖堃涛、侯继军、何惠娟、李斌、姜海涛，秘书长宋钟蓓出席会议。会议增补李友钟为市总工会挂职副主席、朱雪芹为市总工会兼职副主席。

3月

1日　市总工会举办话剧《邹碧华》首场演出。市委有关领导、市相关委办局领导、市总工会领导班子成员、各区县局(产业)工会负责人和劳模职工代表700余人观看演出。

7日　市总工会召开市总工会女职工委员会六届四次全委(扩大)会议。市总工会副主席何惠娟出席会议并讲话，秘书长宋钟蓓、经审会主任桂晓燕出席会议。

7日　市总工会举行上海工会纪念"三八"国际劳动妇女节106周年暨上海市五一巾帼创新工作室表彰会。市人大常委会副主任、市总工会主席洪浩，市总工会副主席肖堃涛、侯继军、何惠娟、李斌、姜海涛、李友钟、朱雪芹，巡视员杜仁伟，秘书长宋钟蓓，经审会主任桂晓燕出席会议。

9日　市总工会举行上海市"技师创新工作室"创建命名大会。市总工会副主席何惠娟出席大会并讲话。

11日　市总工会召开上海工会会员服务卡工会组织服务设施及团购优惠商户管理委员会第二次全体会议和上海工会会员服务卡会员专享基本保障资金管理委员会第三次全体会议。市总工会副主席侯继军出席并讲话。

18日　市总工会举办第二期上海工会法律专业知识和司法考试培训班开班式。市总工会副主席肖堃涛、姜海涛，经审会主任、组织部部长桂晓燕出席开班式。

25日　市总工会召开2016年上海工会基层工作条线工作会议。市总工会副主席何惠娟出席并讲话。

28日　市总工会召开2016年上海工会劳动关系工作暨预防化解群体性劳资纠纷推进会。明确工会法律援助、法律监督、集体协商、民主管理制度"四位一体"工会协调劳动关系建设的目标任务，通过"正向推进"和"反向倒逼"相结合的方法路径。市人大常委会副主任、市总工会主席洪浩出席会议并讲话；市总工会副主席肖堃涛、何惠娟、姜海涛，秘书长宋钟蓓出席会议。

30日　市总工会召开2016年上海工会经审工作会议。市总工会经审会主任桂晓燕出席会议并讲话。

2月29日，市总工会第十三届七次全委(扩大)会议召开　（吴良荣）

4月

1日　市总工会召开工会改革首批挂职干部座谈会，市总工会经审会主任、组织部部长桂晓燕宣布挂职干部任职部门和职务，市总工会党组副书记、副主席肖堃涛讲话。

13日　市总工会召开2016年上海工会财务资产工作会议，市总工会副主席姜海涛出席会议并讲话。

18日　市总工会召开2016年上海工会援疆援藏专题会议。市总工会副主席侯继军出席会议并讲话。

22日　市总工会举行第十八届上海读书节暨首届上海职工网上读书节开幕式。市人大常委会副主任、市总工会主席洪浩出席会议并讲话；市总工会巡视员杜仁伟、副主席李友钟，秘书长宋钟蓓出席会议。

28日 市总工会举行上海工会申工社APP开通仪式。市人大常委会副主任、市总工会主席洪浩出席会议并讲话；市总工会副主席肖堃涛，巡视员杜仁伟，副主席侯继军、何惠娟、李斌、姜海涛、李友钟、朱雪芹，秘书长宋钟蓓，经审会主任桂晓燕出席会议。

28日 市领导接见劳模先进代表在衡山宾馆举行。中共中央政治局委员、市委书记韩正出席并讲话，市领导杨雄、殷一璀、吴志明、应勇、尹弘、洪浩等，市总工会副主席肖堃涛，巡视员杜仁伟，副主席侯继军、何惠娟、李斌、姜海涛、李友钟，秘书长宋钟蓓、市纪委驻市总机关纪检组组长高黎萍、经审会主任桂晓燕出席，与劳模先进代表合影留念。

29日 2016年上海市庆祝五一国际劳动节特别节目，在东方电视台演播剧场举行。市委副书记应勇，市人大常委会副主任钟燕群、市政协副主席周汉民出席。市人大常委会副主任、市总工会主席洪浩致辞。市人大、市政府、市政协，有关部委办和人民团体（团市委、市妇联、市科协）领导，市总工会领导、常委、老领导，各区县局（产业）工会主席和全市各行各业劳模先进和职工代表800余人观看了演出。

5月

18日 市总工会举行2016年上海职工创新大会暨上海职工科技活动周开幕式。市人大常委会副主任、市总工会主席洪浩出席并讲话；市总工会副主席何惠娟、李斌，秘书长宋钟蓓出席。

19日 市总工会举办上海工会干部保障政策培训班。市总工会副主席侯继军出席并讲话。

20日 市总工会举办爱心妈咪小屋520主题活动。市总工会副主席何惠娟出席并讲话。

26日 市总工会举行2016年职工科技活动周闭幕式。市总工会副主席何惠娟出席。

28日 市总工会举行上海市第二届市民运动会职工定向越野比赛。市总工会巡视员杜仁伟、副主席李友钟出席。

31日 市总工会印发《街镇"小三级"工会经费补助的实施办法（试行）》，为进一步规范街镇"小三级"工会经费补助提供了政策保障。

6月

6日 市委副书记应勇到市总工会宣布决定，莫负春同志担任市总工会党组书记，并提名为市总工会主席候选人。

12日 市总工会举行职工技协焊接技术专业委员会成立大会。市总工会副主席何惠娟出席并讲话，市总工会副主席李斌宣读成立决定。

21日 市总工会召开上海工会服务职工"工具包"实事项目专家组专题会，市总工会副主席侯继军出席并讲话。

21日 市总工会召开市工青妇专职干部遴选集中资历评定工作会议。市总工会党组成员、经审会主任、组织部部长桂晓燕主持会议。

26日 市总工会召开首批网上入会会员代表"回娘家"座谈会。市总工会巡视员杜仁伟出席会议并讲话，副主席侯继军、何惠娟、李友钟、朱雪芹出席会议。

28日 庆七一上海职工摄影采风启动暨市职工文体协会摄影专业委员会成立仪式在宝钢股份公司举行。市总工会巡视员杜仁伟、副主席李友钟出席。

28日 市总工会举办上海市区县局（产业）工会经审会主任培训班。市总工会经审会主任桂晓燕出席会议并讲话。

29日 市总工会举行上海职工纪念建党95周年文化寻访活动。市总工会巡视员杜仁伟、副主席李友钟出席。

7月

11日 市总工会召开顾村镇非公企业工会改革试点动员大会。市人大常委会副主任、市总工会主席洪浩出席会议并讲话；市总工会党组书记莫负春，党组副书记、副主席肖堃涛，副主席何惠娟，秘书长宋钟蓓，经审会主任、组织部部长桂晓燕，以及宝山区委区政府有关领导出席会议。

19日 市总工会召开市总工会十三届八次（全委）扩大会议。市人大常委会副主任、市总工会主席洪浩出席会议并作工作报告；市总工会副主席肖堃涛，巡视员杜仁伟，副主席侯继军、何惠娟、李斌、姜海涛、李友钟、朱雪芹，秘书长宋钟蓓，市纪委驻市总机关纪检组组长高黎萍，经审会主任桂晓燕出席会议。

25日 市总工会印发《上海市总工会"网上入会"工作管理办法（试行）》，以推动开展网上入会工作制度化、规范化、科学化。

25日 市总工会召开市总机关各部室下半年推进工会改革工作专题会。市总工会党组书记莫负春出席并讲话。副主席肖堃涛，秘书长宋钟蓓，经审会主任、组织部部长桂晓燕出席会议。

28日 市总工会召开上海市班组（团队）文化网络大奖赛赛事动员大会。市总工会巡视员杜仁伟出席并讲话，副主席李友钟出席。

28日 市总工会召开"上海工匠"候选人评审发布会。市总工会副主席何惠娟出席。

29日 市总工会出台《关于调整〈关于落实中华全国总工会办公厅关于加强基层工会经费收支管理的通知的若干意见的通知〉相关标准的通知》，将全市基层工会逢年过节慰问品标准调整为：年度发放总金额不得超过当年基层工会留成经费的50%。

8月

4日 市总工会举办2016年市总网宣新媒体培训班。市总工会副主席李友钟出席并讲话。

5日 市总工会举行爱心妈咪小屋母乳喂养周活动。市总工会副主席何惠娟出席。

22—25日 市总工会赴云南迪庆开展对口援助工作。市总工会副主席侯继军带队，签订《2016—2018年上海市总工会—云南省迪庆藏族自治州总工会对口援助项目协议》。

22日 市总工会举办网上工会建设专题培训班开班式。市总工会巡视员杜仁伟出席并讲话，副主席李友钟出席。

25日　市总工会举办慰问迪士尼建设者专场晚会。市总工会巡视员杜仁伟出席并致辞，副主席李友钟出席。

9月

12日　市总工会召开区县局（产业）工会统计工作会议。市总工会副主席李友钟出席并讲话。

12日　为推进工会工作社会化运作，规范本市社会化工会工作者队伍建设，市总工会印发《关于加强社会化工会工作者队伍建设的指导意见》。健全完善了社会化工会工作者招聘录用、教育培训、薪酬管理、绩效考核、职务晋升、职业发展等机制，形成工会社会工作专业人才职业体系。

13日　市总工会举办青海省果洛州工会干部培训班开班式。市总工会经审会主任、组织部部长桂晓燕出席并讲话。

13日　市总工会召开"冥想与职业女性健康"研讨会。市总工会副主席何惠娟出席。

14日　市总工会向市总工会老领导通报群团改革工作情况。市总工会党组副书记、副主席肖堃涛，经审会主任、组织部部长桂晓燕出席。

27日　市总工会在市工人文化宫举办迎国庆"工人、工厂、工运"上海职工主题摄影展。市总工会巡视员杜仁伟、副主席李友钟出席。

28日　市总工会召开上海职工素质工程推进会暨职工职业道德建设"双十佳"表彰大会。市人大常委会副主任、市总工会主席洪浩出席并讲话。市总工会巡视员杜仁伟、副主席何惠娟、秘书长宋钟蓓出席会议。

28—29日　市总工会举办2016年上海工会特约信息员培训班。秘书长宋钟蓓出席。

10月

18日　市总工会举行第21届延峰杯上海职工五人制足球赛开幕式。市总工会巡视员杜仁伟出席并致辞，副主席李友钟出席。

19日　市总工会举行市总工会保密委员会（扩大）会议。市总工会党组副书记、副主席肖堃涛出席并讲话，秘书长宋钟蓓，经审会主任、组织部部长桂晓燕出席。

21日　市总工会举办2016上海妇女发展国际论坛—女性权益维护分论坛。市总工会副主席、女职工委员会主任何惠娟出席。

11月

8日　市总工会下发《关于评选表彰上海市模范职工之家、模范职工小家、优秀工会工作者的通知》，根据基层工会自评申报、区局（产业）工会审查推荐、市总工会职能部室审核，实地评审、集中发布评审等评选程序，评选出一批上海市模范职工之家、模范职工小家、优秀工会工作者。

15日　市总工会召开非公企业工会改革试点推进工作专题会。市人大常委会副主任、市总工会主席洪浩出席并讲话。市总工会副主席肖堃涛，巡视员杜仁伟，副主席何惠娟、李斌、姜海涛、李友钟、朱雪芹，秘书长宋钟蓓、市纪委驻市总机关纪检组组长高黎萍、经审会主任桂晓燕出席。

17日　全国总工会调研组在市总工会机关召开座谈会。中共中央政治局委员、全国人大常委会副委员长、中华全国总工会主席李建国主持会议并讲话。中华全国总工会党组书记、副主席、书记处第一书记李玉赋，中华全国总工会办公厅主任邹震、基层工作部部长刘迎祥出席。市人大常委会副主任、市总工会主席洪浩汇报上海工会改革情况。浦东新区、宝山区顾村镇、上海新月工具有限公司、维美德（中国）有限公司工会及市总工会宣教部负责人作交流发言。市总工会领导班子成员及市总机关各部室负责人出席座谈会。

21日　市总工会举办社会组织领军人物培训班开班仪式。市总工会副主席何惠娟出席并讲话。

21—25日　市总工会举办新任市总工会委员、区总工会兼挂职副主席培训班。市总工会党组副书记、副主席肖堃涛，经审会主任、组织部部长桂晓燕出席。

12月

1日　市总工会召开劳模协会第五届常务理事会会议。市总工会巡视员杜仁伟、副主席李友钟出席。

2日　市总工会举行上海市班组（团队）文化网络大赛颁奖暨闭幕式。市人大常委会副主任、市总工会主席洪浩，副主席肖堃涛、巡视员杜仁伟、副主席李友钟、秘书长宋钟蓓出席。

12日　市总工会举办上海市劳模创新工作室创建工作现场推进会暨第四期劳模创新工作室研修班开班仪式。市总工会副主席何惠娟出席并讲话。

16日　杨浦区召开长白新村街道非公企业工会改革试点推进会。市人大常委会副主任、市总工会主席洪浩出席会议并讲话。市总工会副主席肖堃涛、何惠娟，秘书长宋钟蓓出席。

17日　市总工会举行上海市河道养护行业工会联合会成立仪式。市总工会副主席何惠娟出席仪式并讲话。联合会有76家企业，职工人数为6856人，会员人数5375人。其中国有企业8家、民营企业58家、其他10家。

22日　松江区召开石湖荡镇非公企业工会改革试点启动大会。市人大常委会副主任、市总工会主席洪浩出席会议并讲话。市总工会副主席何惠娟、秘书长宋钟蓓出席。

27日　市总工会召开中共上海市总工会直属机关第七次代表大会。市人大常委会副主任、市总工会主席洪浩出席并讲话。市总工会副主席肖堃涛，巡视员杜仁伟，副主席何惠娟、姜海涛、李友钟，秘书长宋钟蓓，市纪委驻市总工会机关纪检组组长高黎萍，经审会主任、组织部部长桂晓燕出席。

28日　上海市排水管道养护行业工会联合会成立，联合会现有会员单位44家，其中事业单位13家、国有企业14家、民营企业12家、股份制及其它企业性质单位18家，会员人数为6284人。

28日　市总工会召开上海工会会员服务卡工会组织服务设施及团购优惠商户管理委员会第三次全体会议。市总工会副主席姜海涛出席并讲话。

2017 上海工会年鉴

概况

组织概述

上海市总工会机关设9个内设机构,分别为办公室、研究室、组织部、基层工作部、劳动关系工作部、权益保障部、宣传教育部、财务资产管理部、经费审查委员会办公室。按有关规定设置直属机关党委、纪委和工会,与组织部合署办公。市总工会机关核定人员编制82名,所辖区局(产业)工会123个。截至9月底,市总工会下属上海工会管理职业学院、劳动报社、海鸥控股(集团)有限公司等17个企事业单位。(庄 勤)

上海市总工会领导及各部室负责人名单

中共上海市总工会党组名录

党组书记 洪 浩(2016.7免)
莫负春(2016.7任)
党组副书记 肖堃涛
党组成员 杜仁伟 侯继军(2016.10免)
何惠娟(女) 姜海涛
李友钟(2016.4任) 宋钟蓓(女)
高黎萍(女) 桂晓燕(女)

上海市总工会第十三届委员会主席、副主席、常委名录

主 席 洪 浩
副主席 肖堃涛 侯继军 何惠娟(女)
杨永平(2016.2免) 李 斌(兼)
姜海涛 李友钟(2016.2任,挂)
朱雪芹(女,2016.2任,兼)
常 委(按姓氏笔画为序)
王 震 杜仁伟 宋钟蓓(女)
陈 欣(女) 俞莉红(女) 桂晓燕(女)
顾晓鸣 徐 文

上海市总工会经费审查委员会主任、副主任、常委名录

主 任 桂晓燕(女)
副主任 黄银萍(女,2016.2免)
倪伟琦(2016.2任)
常 委(按姓氏笔画为序)
马龙英(女) 李扣庆
李 昉(2016.2免) 袁一平
黄银萍 彭陆强

上海市总工会巡视员、秘书长等名录

巡视员 杜仁伟
秘书长 宋钟蓓(女)

上海市总工会各部室负责人名录

办公室
主 任 沈雄德
副主任 李学兵 刘培顺 张国峰
研究室
主 任 杨伟良
副主任 崔校军 操志扬(2016.3任,挂)
组织部
部 长 桂晓燕(女)
副部长 庄 勤(女)
基层工作部
部 长 丁 巍(女)
副部长 竺 敏 钱传东
常 青(2016.3任,挂)
劳动关系工作部
部 长 周永宝
副部长 黄 琦(女) 陈 嵘
张 敏(女,2016.3任,挂)
权益保障部
部 长 陈美琴(女)
副部长 杨 敏(女)
宣传教育部
部 长 陈必华
副部长 李 伟 张 路(女,2016.1任,挂)
财务资产管理部
部 长 赵 伟
副部长 卢家平 唐文韵
梁 军(2016.3任,挂)
经审办
主 任 倪伟琦
副主任 卢能飞

上海市总工会直属机关党、纪、工、团负责人名录

直属机关党委
书 记 宋钟蓓(兼,女)(2016.1免)
桂晓燕(兼,女)(2016.1任)
副书记 宫运利
直属机关纪委
书 记 张 红(女)
直属机关工会
主 任 夏 勇
直属机关团委
书 记 庄 勤(兼,女)

工作概述

【上海市总工会综述】 2016年,市总工会辖区局(产业)工会,市直属大型企业(集团)工会、行业工会和直属机关工会共123个,基层工会5.16万家,工会涵盖单位27.86万家,会员总数856.7万人。一是实施组织机构和干部队伍改革。完成市总机关内设机构优化调整工作,创新女职工工作机制。完成工会学院学历教育剥离工作,强化学院干部教育培训、职业培训职能。建立机关工作人员“2+1”(专职、兼职干部+工会志愿者)使用机制。抓好“减上补下”工作,市总机关精简了53个编制,全部下沉到街镇(园区)工会,充实了基层工作力量。提升工会领导机构

议事决策民主化程度。提高基层一线人员在市总工会常委、委员中的比例，市总基层委员比例由20.7%提高到40.1%，市总常委中基层一线人员的比例由11.8%提高到25%。市总领导班子实行"专挂兼"，选举2名全国劳模担任兼职副主席，班子结构进一步完善。二是突出维权主业主责，着力构建法律援助、法律监督、集体协商和民主管理"四位一体"的工会维权体系。坚持"应援尽援"和"零门槛"服务，全年各级工会共为职工提供1.3万件次的法律援助服务。加强工会法律援助站点建设，在市职工援助服务中心成立朱雪芹劳动争议调解室，在15个区仲裁院设立了工会法律援助窗口，推动劳动争议案件较多的街镇、工业园区普遍建立职工法律援助工作站。建立159名工会劳动关系指导员队伍，对发生群体性劳资纠纷企业按季度实施监督，对严重侵犯职工权益的企业实施即时监督，全年定向监督79家企业。加强与人大执法检查等活动的联动，充分运用"两书"和政府信用信息平台，倒逼85家企业建立工会、74家企业建立集体协商制度、70家企业建立职代会制度。做好工会预防化解群体性劳资纠纷"亮灯"通报工作督查，全市各级工会参与调处群体纠纷147起、涉及职工1.9万人。规范企业改革调整中的民主程序，对70多家改革调整企业的人员安置及履行民主程序方案进行预审指导。落实劳动保护三年行动计划，深化"安康杯"竞赛活动和职业安全卫生防护"工具包"项目。制订《集体协商工作评价标准》，重点推动环卫、绿化、河道、管道等养护行业开展集体协商制度建设。三是加强基层工会建设，努力打通联系服务职工的"最后一公里"。进一步开展农民工入会集中行动，聚焦重点区域和重点行业、企业，不断创新"两非"(非正规就业、非标准劳动关系)职工建会入会的方式方法。积极推进职工企业体制外单体入会，探索网上入会，在申工社APP开辟"我要入会"通道。体制外吸纳1.4万名职工入会，敦促12家企业建会。在宝山区顾村镇等8个区、9个街镇(开发区)开展非公企业工会改革试点。制订《社会化工会工作者队伍建设指导意见》《关于街镇"小三级"工会经费补助的实施办法(试行)》《关于服务非正规就业、非标准劳动关系和无单独建立工会会员项目经费使用管理办法(试行)》，加大新建工会运转启动资金补助、街镇(开发区)总工会工作经费补助、工作项目补贴等的投入力度。全市共建成177家服务站。四是深化服务职工各项工作。开展本市最低工资调整机制评估，落实工伤保险政策，推动建筑业工伤保险扩大覆盖面。扩展服务职工实事项目，内容涵盖休息休假、教育培训、技能提升等职工"三最"问题，355万名职工受益，市总工会补贴资金1亿元。持续拓展工会会员服务卡覆盖面，目前已累计办卡307万张，其中有效会员279.5万名。持续推进职工疗休养行动、健康体检行动、会员个人休养度假等项目，全年共有11万名职工参加疗休养和健康体检行动。制订《关于进一步加强困难职工解困脱困帮扶工作的实施意见》，建立健全困难职工动态化帮扶机制。深化"工会就业援助月"等品牌活动，全市各级工会组织专场招聘会128场，帮助4.32万人就业。坚持开展工会互助互济工作，职工参加"四项医疗互助保障计划"789万人(次)，年内共向112万人(次)职工给付8.66亿元互助保障金。五是调动广大职工群众的劳动积极性和创造性，组织动员职工立足岗位建功立业。举办"中国梦·劳动美"庆祝五一节特别节目，制作《上海工匠》第二季电视宣传片，编辑《闪光的群体》劳模年度人物专辑，拍摄上海劳模风采电视宣传片，开展"劳模风采五一巡展进地铁"活动。创作编排话剧《邹碧华》并组织演出31场，开展职工职业道德建设"双十佳"评选表彰活动，编辑《职业道德读本》。会同有关部门制订劳模帮扶服务实施意见，做好劳模"三金"发放工作。制订"十三五"劳动竞赛规划，开展"践行新理念、建功'十三五'"主题劳动竞赛，推动各级工会结合地区、行业、企业特点深化"六型"竞赛。制订职工素质工程建设"十三五"规划，充分发挥工会"大学校"作用。深化职工科技创新，贯彻落实促进"大众创业、万众创新"22条意见，命名第六批50个劳模创新工作室，选树首批30个五一巾帼创新工作室。启动"上海工匠"培养选树千人计划，命名首批88名"上海工匠"，举办"工匠精神·员工智造"劳动论坛，组织开展"工匠精神"大讨论。六是进一步加强和改进工会系统自身建设。及时查摆在加强党性修养、履行主体责任、"三转"等方面存在的问题，明确改进的目标和方向，认真组织开展"两学一做"学习教育活动。贯彻市委要求，有序推进本市国企工会开办企业清理规范工作，对413家工会企业进行了清理规范。深化干部教育培训工作，全年举办各类培训活动230期(场)、培训1.5万多人(次)。加强审计监督工作，不断提升经审工作规范化水平，保障工会事业健康有序发展。深入开展工会调查研究和理论研究，形成一批反映上海工会改革和工作创新的调研报告和研究成果。扎实推进上海工会对口援助工作，年内对口援助项目30个，涉及援助资金1284.2万元。　（沈雄德）

【上海市总工会经费审查委员会综述】　2016年，市总经审会围绕工会工作中心，加强审计监督，完善制度规定，保障工会事业健康有序发展。一是审议预决算。召开市总经审会，审议并通过《上海工会2015年经费审查工作情况和2016年经费审查工作安排报告》及市总2015年经费收支决算和市总2016年经费收支预算，审议市总本级2016年上半年预算执行情况。二是开展审计工作。完成市总本级、市总直管单位预算，29个区局(产业)工会经费收支，6个区工会专项资金使用，31个基建项目造价等执行情况的审计。完成市总机关及相关单位"三公经费""八项规定"执行情况的自查自纠工作。三是完善制度规定。修订市总工会经审工作考核标准，推动经审组织规范化建设。四是加强队伍建设。组织开展各类人员包括特邀经审员、工会经审主任、经审干部培训班，提高专业素质；五是开展理论研究，承接中国内审协会研究课题，完成《群团改革背景下优化工会经审工作研究》一文。　（柴丽琼）

【上海市总工会女职工委员会综述】　2016年，市总工会女职工委员会以改革创新精神努力推进工会女职工工作，取得新的成效。一是积极推进群团改革，女职工工作机制不断创新。首先是架设组织新机构。明确市总工会今后的女职工工作形成委员会、联席会议、办公室工作架构。

其次是明确工作新格局。通过把女职工工作纳入工会各条线工作中等措施，构建了举全会之力共抓女职工工作的新格局。第三是建立运行新机制。发挥团队工作机制优势，增强工作的协同性。根据工作职能主动对接女职工相关工作使女职工工作的运行机制更有效率、更具活力。第四是提升履职新能力。举办“工会女职工干部履职培训班”，组织部分市总女职工委员会委员赴山东考察学习女职工专项集体合同及非公企业工会女职工工作，加强交流学习、开阔工作视野。二是大力弘扬先进典型，女职工岗位建功活动成效明显。隆重举行上海工会纪念三八国际劳动妇女节106周年主题活动暨上海市五一巾帼创新工作室表彰会，表彰首批30个上海市五一巾帼创新工作室。组织女劳模代表、五一巾帼奖代表等开展“观上海老风情、看上海新高度”学习交流，组织女劳模旗袍队，组织女劳模疗休养，关爱女劳模身心健康活动。广泛开展女职工读书活动，突出女性主题，关注家庭和谐，提升女职工素养。举办“魅力女性——公益讲座周”，积极组织广大女职工参与“写家书・传亲情”活动。三是加大普法维权力度，女职工各项权益得到有效维护。积极参与《上海市城镇生育保险办法》等政策的修订和调整。开展《全面二孩政策背景下如何推动解决婴幼儿托育问题的研究》调研，就如何妥善解决0—3岁幼儿托育问题提出工会的建议和主张。与劳动监察等部门联合开展维护女职工劳动权益的专项检查。共检查用人单位1365户，涉及女职工7.29万人。年内全市各级工会共办理涉及女职工的法律援助服务达4417件。积极开展专项普法宣传，发放《女职工劳动保护特别规定》《上海市集体合同条例》等宣传册。承办2016上海妇女发展国际论坛“女性权益保护：从意识到行动”分论坛。制订下发《2016年上海市女职工权益保护专项集体合同示范文本》，在《2016年集体协商工作评价标准》中，首次将“签订集体合同的企业《女职工保护专项或专章集体合同》同步签订率不低于95%”列入各区局（产业）工会建制率完成情况评价标准中。四是积极拓展服务内容，女职工组织的凝聚力得到增强。持续推进妈咪小屋实事项目，制订小屋发展新三年计划，2016年为全市499家小屋提供建屋资金补贴231万元。全市已建成爱心妈咪小屋1765家。深入细致关爱特殊女职工群体。将单亲困难女职工纳入帮扶序列，实施“女职工特种保障计划”，有效会员达61.53万人，向446名女职工支付保险金500万余元。依托工会会员服务卡团购优惠商户资源开展针对女性的会员服务日活动，为广大女职工提供女性专属的优惠产品和服务。

（朱莉颖）

2016 年主要文件

发文日期	文　　号	文 件 名
2015.12.30	沪工总民〔2016〕2 号	关于完善本市公司制企业法人治理结构加强职工董事、职工监事制度建设的若干指导意见
2016.1.21	沪工总办〔2016〕14 号	上海市总工会关于印发《2016 年上海工会服务职工实事项目实施方案》的通知
2016.2.24	沪工总宣〔2016〕38 号	关于进一步做好上海劳模关心关爱和帮扶服务工作的实施意见
2016.3.2	沪工总办〔2016〕49 号	关于印发《上海市总工会常委会 2016 年工作要点》的通知
2016.3.24	沪工总劳〔2016〕82 号	关于印发《加强上海工会职工法律援助工作实施方案》的通知
2016.3.28	沪工总劳〔2016〕77 号	上海市总工会关于突出维护职能加强工会协调劳动关系体系建设的指导意见
2016.3.29	沪工总宣〔2016〕87 号	关于印发《上海市总工会“申工社”APP 运营管理办法（试行）》的通知
2016.3.29	沪工总宣〔2016〕88 号	关于印发《上海工会系统网评员队伍建设实施方案》的通知
2016.4.8	沪工总发〔2016〕4 号	关于对国有企业工会开办的企业开展清理规范工作的通知
2016.4.27	沪工总基〔2016〕112 号	上海市总工会关于表彰上海市五一劳动奖状（章）、上海市工人先锋号的决定
2016.4.27	沪工总劳〔2016〕120 号	关于印发《上海工会职工法律援助案件档案管理办法》的通知
2016.5.23	沪工总基〔2016〕162 号	关于 2016 年上海工会推进农民工入会和服务双提升工作的通知

续 表

发文日期	文 号	文 件 名
2016.5.31	沪工总基〔2016〕174 号	关于印发《街镇"小三级"工会经费补助的实施办法(试行)》的通知
2016.6.24	沪工总宣〔2016〕187 号	上海市总工会关于印发《上海职工素质工程建设五年规划(2016—2020 年)》的通知
2016.7.25	沪工总基〔2016〕215 号	关于印发《上海市总工会"网上入会"工作管理办法(试行)》的通知
2016.8.8	沪工总基〔2016〕224 号	关于命名表彰 2016 年上海工会星级爱心妈咪小屋的决定
2016.8.24	沪工总劳〔2016〕245 号	关于推进本市公司制企业加强职工董事、职工监事工作的通知
2016.8.31	沪工总基〔2016〕252 号	上海市总工会关于对在第 31 届里约奥运会上取得优异成绩的运动员授予上海市五一劳动奖章荣誉称号的决定
2016.9.7	沪工总权〔2016〕262 号	关于进一步加强困难职工解困脱困帮扶工作的实施意见
2016.9.12	沪工总基〔2016〕264 号	上海市总工会关于印发《关于加强社会化工会工作者队伍建设的指导意见》的通知
2016.10.10	沪工总财〔2016〕305 号	关于印发《关于服务非正规就业、非标准劳动关系和无单独建会工会会员项目经费使用管理办法(试行)》的通知
2016.11.8	沪工总劳〔2016〕335 号	关于在上海工会工作者和职工中开展法治宣传教育的第七个五年规划(2016—2020 年)
2016.11.8	沪工总劳〔2016〕336 号	关于转发《中华全国总工会关于深入推进非公有制企业民主管理工作的意见》的通知
2016.11.30	沪工总办〔2016〕390 号	上海市总工会关于印发《2017 年上海工会职工维权服务实施方案》等十二个实事项目实施方案的通知

人力资源社会保障部
关于执行《工伤保险条例》若干问题的意见(二)

人社部发〔2016〕29号

各省、自治区、直辖市及新疆生产建设兵团人力资源社会保障厅(局):

为更好地贯彻执行新修订的《工伤保险条例》,提高依法行政能力和水平,妥善解决实际工作中的问题,保障职工和用人单位合法权益,现提出如下意见:

一、一级至四级工伤职工死亡,其近亲属同时符合领取工伤保险丧葬补助金、供养亲属抚恤金待遇和职工基本养老保险丧葬补助金、抚恤金待遇条件的,由其近亲属选择领取工伤保险或职工基本养老保险其中一种。

二、达到或超过法定退休年龄,但未办理退休手续或者未依法享受城镇职工基本养老保险待遇,继续在原用人单位工作期间受到事故伤害或患职业病的,用人单位依法承担工伤保险责任。

用人单位招用已经达到、超过法定退休年龄或已经领取城镇职工基本养老保险待遇的人员,在用工期间因工作原因受到事故伤害或患职业病的,如招用单位已按项目参保等方式为其缴纳工伤保险费的,应适用《工伤保险条例》。

三、《工伤保险条例》第六十二条规定的"新发生的费用",是指用人单位参加工伤保险前发生工伤的职工,在参加工伤保险后新发生的费用。其中由工伤保险基金支付的费用,按不同情况予以处理:

(一) 因工受伤的,支付参保后新发生的工伤医疗费、工伤康复费、住院伙食补助费、统筹地区以外就医交通食宿费、辅助器具配置费、生活护理费、一级至四级伤残职工伤残津贴,以及参保后解除劳动合同时的一次性工伤医疗补助金;

(二) 因工死亡的,支付参保后新发生的符合条件的供养亲属抚恤金。

四、职工在参加用人单位组织或者受用人单位指派参加其他单位组织的活动中受到事故伤害的,应当视为工作原因,但参加与工作无关的活动除外。

五、职工因工作原因驻外,有固定的住所、有明确的作息时间,工伤认定时按照在驻在地当地正常工作的情形处理。

六、职工以上下班为目的、在合理时间内往返于工作单位和居住地之间的合理路线,视为上下班途中。

七、用人单位注册地与生产经营地不在同一统筹地区的,原则上应在注册地为职工参加工伤保险;未在注册地参加工伤保险的职工,可由用人单位在生产经营地为其参加工伤保险。

劳务派遣单位跨地区派遣劳动者,应根据《劳务派遣暂行规定》参加工伤保险。建筑施工企业按项目参保的,应在施工项目所在地参加工伤保险。

职工受到事故伤害或者患职业病后,在参保地进行工伤认定、劳动能力鉴定,并按照参保地的规定依法享受工伤保险待遇;未参加工伤保险的职工,应当在生产经营地进行工伤认定、劳动能力鉴定,并按照生产经营地的规定依法由用人单位支付工伤保险待遇。

八、有下列情形之一的,被延误的时间不计算在工伤认定申请时限内。

(一) 受不可抗力影响的;

(二) 职工由于被国家机关依法采取强制措施等人身自由受到限制不能申请工伤认定的;

(三) 申请人正式提交了工伤认定申请,但因社会保险机构未登记或者材料遗失等原因造成申请超时限的;

(四) 当事人就确认劳动关系申请劳动仲裁或提起民事诉讼的;

(五) 其他符合法律法规规定的情形。

九、《工伤保险条例》第六十七条规定的"尚未完成工伤认定的",是指在《工伤保险条例》施行前遭受事故伤害或被诊断鉴定为职业病,且在工伤认定申请法定时限内(从《工伤保险条例》施行之日起算)提出工伤认定申请,尚未做出工伤认定的情形。

十、因工伤认定申请人或者用人单位隐瞒有关情况或者提供虚假材料,导致工伤认定决定错误的,社会保险行政部门发现后,应当及时予以更正。

本意见自发文之日起执行,此前有关规定与本意见不一致的,按本意见执行。执行中有重大问题,请及时报告我部。

人力资源社会保障部
2016年3月28日

基层组织建设

2017上海工会年鉴

综　述

2016年，上海工会创新职工入会方式，拓展职工入会渠道，开展农民工入会集中行动，推进职工服务站建设，加大街镇"小三级"工会建设力度，加强社会化工会工作者队伍建设，夯实工会组织基层基础。截至9月底，全市基层工会51261家，覆盖单位26.7万个，会员857.2万名，其中农民工会员360.9万名。一是开展农民工入会集中行动。根据全总统一部署，制定下发《关于2016年上海工会推进农民工入会和服务双提升工作的通知》，聚焦重点区域、行业及劳务外包较多的集团公司等开展专项督查，建立农民工新增会员数据库，积极开展双实企业统计，确保农民工入会工作有效推进。二是加大街镇"小三级"工会建设力度。依托工会学院培训中心，分类分批组织街镇"小三级"工会干部培训。制订《关于街镇"小三级"工会经费补助的实施办法(试行)》，提升"小三级"工会工作保障水平。三是创新职工入会方式。依托"申工社"APP，开辟职工网上申请入会通道，便捷职工入会。制订《网上入会工作管理办法》，规范网上入会工作。开展"我要入会"工会干部专题培训，推进网上入会工作。全面推行企业体制外职工入会，吸纳未建工会企业职工入会，并倒逼企业建会。四是加强社会化工会工作者队伍建设。开展专题调研，制订《关于上海社会化工会工作者队伍建设的指导意见》，提出了工会社工队伍建设的指导思想、目标任务、工作举措和工作保障。五是推进基层职工服务站建设。推动在职工集聚度高且流动性大、工会覆盖不到的各类园区、重大建设项目等建立职工服务站。建立职工服务站信息库，组织推荐"最具人气、最有影响力、最让职工满意"的职工服务站。六是深化职工之家建设。以非公企业工会创建为重点，重视发挥职工在创建中的主体作用，开展全市职工之家抽查，加强对基层工会职工之家规范化建设指导力度。　(范小雨)

农民工入会

【概要】 2016年，根据全国总工会工作要求，在市总工会的统一部署下，全市各级工会继续将组织农民工入会作为加强基层工会建设的重要抓手，多措并举、积极推进。一是统筹安排，紧扣节点。各区对本区域内农民工就业分布、入会情况集中摸底，预报农民工入会年度目标，明确目标任务、推进措施及相关工作要求。以"双实"企业工会建设为契机推动农民工入会工作，以农民工工作督查为抓手推动入会工作，市总组成5个督查组，由市总领导带队，对16个区及农民工集聚的重点行业、劳务外包较多的集团公司等开展督查调研。二是条块联动，聚焦重点。以建筑工地为重点行业，推广"联建式推进、项目化运作、区域性服务"建会入会模式。以商圈、大卖场为重点区域，形成"地方牵头、产业配合、合力推进"的建会模式。以"两非一无"人员为重点人群，探索工会与行业协会协力共推组建模式。三是整合资源，找寻结合点。参与制订《上海市文明工地(场站)管理规定》，通过对建立项目工会的工地给予加分的举措，推动建会工作。利用人大代表和政协委员资格审核工作平台，积极推进未建会企业建立工会。截至9月底，全市农民工总数373.9万人，其中会员总数360.9万，入会率达96.5%。全年净增农民工会员36.5万名，同比增长11.2%。　(范小雨)

【黄浦区总工会推进基层工会组织覆盖面工作】 一是农民工集中入会和关爱行动双丰收。组织全区各级工会开展农民工入会和服务双提升"百日竞赛"，新发展农民工入会9502名，为新入会农民工办理会员服务卡8000张。区建交委工会在开展"电话诉亲情，温暖进万家"关爱行动，为春节期间坚守岗位的900名留沪农民工发放电话费9万元，对150名困难农民工发放助医金3万元；组织第五届"建设杯"农民工运动会等活动丰富农民工业余文体生活。二是工建服务党建有成效。加强体制外职工入会的探索，直接吸收573名未建工会企业或机构的职工入会。组建豫园小商品市场、江南智造园区等10个区域性、行业性工会联合会，新建工会组织47家，发展会员10500人；推动非公企业中国民生投资股份有限公司建立工会。　(吕诚陆)

【南京东路街道总工会精准推进农民工入会工作】 一是加强领导，宣传到位。由街道总工会专职副主席当第一责任人，把工作目标、任务责任分解到专管指导员，运用宣传折页和工会微信群、南工惠微信公众号等传播方式，加大宣传力度，营造农民工入会的良好氛围。二是确定重点，有序推进。以农民工较集中的社区餐饮业、楼宇物业和小微企业等为推进重点，并向从事小区物业、服务性和流动性岗位农民工的单体入会延伸，吸收更多农民工加入工会。三是发挥群团服务站作用。依托街道楼宇群团服务站和京城驿站窗口服务优势，方便农民工入会。对未建工会企业的农民工，鼓励以单体入会方式加入，并以"入会促建会"。四是筹措资金服务引领。拨出专项资金实施"三送一承诺"，即为新入会农民工送一份市总工会意外伤害专项保障保障计划、一份高温清凉品和服务菜单分享一次服务活动，承诺"工会在身边、诉求零门槛"，增强入会的吸引力，让农民工有更多获得感。截至10月底，吸纳1130名农民工入会。　(吕诚陆)

【闵行区总工会深化农民工入会集中行动】 闵行区总工会通过建立行业工会、设立基层服务站等搭建农民工入会平台；采用网上入会等载体增加入会途径；探索体制外职工直接入会的模式创新入会方式；以工会会员服务卡、法律援助、帮困慰问等服务激发农民工入会。年内，区新建工会单位279家，发展会员54492名，其中新增农民工会员50608名。　(兰　奇)

【奉贤区总工会大力推进农民工入会工作】 一是突破工作难点，加大覆盖力度。区总工会将大型商圈、出租车行业组建工会作为推进农民工入会集中行动的突破重点，组建南方国际广场区域性工会联合会，成立奉贤出租车行业工会联合会。以社区、地区级行业工会、村(经济园区)工会联合会为平台，吸纳沿街商铺及各类小微企业入会，提高农民工入会率。二是突出维护职能，保障农民工权益。区总工会进一步完善权益维护和救助保障两类服务，形成以区总工会为枢纽的区镇企三级职工维权服务体系，与劳动监察部门建立群体性劳动争议处置联络员制度，为困难农民工提供法律咨询、代拟法律文书、代理诉讼等服务，建立以社会化运作为特点的服务项目体系。三是聚焦素质发展，提升农民工竞争力。区总工会关注农民工职业发展，依托职工学校开展形势任务、职业道德、文明礼仪等教育培训活动，开展“送课进企业”“万名职工结对传帮带”等活动；关注农民工群体的精神文明发展，在农民工聚集的建筑、纺织、制造等行业开展职工才艺展示、“贤城最美劳动者”随手拍、职工技能运动会等活动。（祝笑成）

12月17日，上海市河道养护行业工会联合会第一次会员大会（金鹏飞）

【上港集团工会推进业务承包工入会和管理工作】 2016年，集团工会积极推进服务于集团的各个业务承包公司依法依规组建工会组织。一是梳理集团装卸业务承包试点工作中工会协议托管试点工作的实际运转情况（涉及12家业务承包公司与集团8家基层单位工会），寻找差距，制订措施，形成《上港集团业务承包组织工会关系等管理执行情况报告》。二是推行内集卡体制改革，召开内集卡司机工会的相关事项座谈会，并下发《关于内集卡司机工会经费、会费等有关事项的通知》，确保内集卡体制改革衔接工作平稳过渡。三是制订下发了《关于业务承包公司工会经费使用等若干事项的通知》，对业务承包公司工会经费收支等明确了工作要求。四是开展了业务承包公司工会试点工作调研，起草了《关于加强业务承包公司工会工作的若干意见》，为业务承包公司工会工作的有序开展提供了指导和依据。五是抓紧落实承包工建会工作，按照分批实施，稳步推进的原则，集团一线主体业务承包的19家承包公司在2016年末全部完成建会工作。（王辰）

【全国首个河道养护行业工会联合会成立】 12月17日，市河道养护行业工会联合会第一次代表大会召开。市总工会、市水务局（市海洋局）和市水利管理处领导出席会议。大会选举产生了上海市河道养护行业工会联合会第一届委员会和第一届经费审查委员会，并通过《上海市河道养护行业工会联合会章程》。作为河道养护行业集体协商的主体，工会联合会将大力推进养护作业企业建立工会的速度，推动行业工资集体协商、建立集体合同制度，提高一线职工收入水平。（田军）

7月12日，北横通道工程II标段（普陀段）项目工会成立（陆政）

【市排水管道养护行业工会联合会成立】 12月28日，市排水管道养护行业工会联合会第一次会员代表大会在闵行区莘城宾馆召开。市总工会、市水务局（市海洋局）和市排水管理处领导及上海排水行业57家单位代表和排水管理单位领导出席会议。大会选举产生上海市排水管道行业工会联合会第一届委员会和第一届经费审查委员会，并通过《上海市排水管道养护行业工会联合会章程》。2016年，从事排水管道养护作业企业62家，职工近9000人。工会联合会将在加强与行业相关行政管理部门和行业协会的工作联系，建立行业劳动关系三方协商机制，开展工资集体协商、劳动竞赛和合理化建议等方面开展工作。（朱炯）

【中建八局立功竞赛暨上海地区农民工集中入会推进大会在沪召开】 5月30日，中建八局举行上海市重点工程实事立功竞赛中建八局赛区立功竞赛暨上海地区农民工集中入会推进大会。市总工会副主席何惠娟，市建设交通工作党委副书记田赛男，中建八局党委书记、董事长黄克斯，局党委副书记、工会主席于金伟等出席大会。大会为获得上海市五一劳动奖章、立功竞赛金杯公司的团队和个人颁奖，为黄德彪农民工服务创新工作室等5个劳模工作室和11个项目工会联合会授牌，为党员先锋号、工人先锋号、青年文明号授旗，并为一线建设者发放慰问品。（王广滨）

【北横通道工程Ⅱ标段（普陀段）项目工会成立并举行农民工入会仪式】 7月12日，普陀区总工会、隧道股份工会、上海隧道工会在北横通道举行了“北横通道工程Ⅱ标段（普陀段）项目工会成立暨农民工入会仪式”。市总工会副主席何惠娟，普陀区人大副主任、工会主席欧阳萍，隧道股份党委副书记陆雅娟，工会主席崔建跃，上海隧道党委副书记、工会主席王放伟等出席会议，并为200名新入会的农民工会员送上高温慰问品、慰问金等。项目工会的组建，是上海隧道工会探索条块结合在重大工程项目上推进农民工建会、入会的有益尝试，同时也为更好地服务农民工搭建了平台。（顾歆臻 陆蕾）

小三级工会

【概要】 上海各级工会以《上海市总工会关于加强街镇“小三级”工会组织规范建设的指导意见》为依据，以非公企业工会改革为契机，增强“小三级”工会组织基础。一是以推进实地实体型工会组建和农民工入会为重点，不断扩大工会组织的覆盖面。二是围绕有人办事、有钱办事和有能力办事，制订《关于街镇“小三级”工会经费补助的实施办法（试行）》，进一步提升“小三级”工会建设的保障水平。三是开展非公企业工会改革试点，落实非公企业工会最后一公里工作。在8个区10个街镇、开发区开展非公企业工会改革试点工作，通过采取向基层倾斜的经费收缴使用制度、拓展依靠职工建会路径、实施工会主席履职津贴等措施，推进非公企业工会的组建和发展。（余文龙）

【浦东新区总工会聚集“小三级”体系建设激发基层工会活力】 浦东新区总工会以建立“三级法人、三级预算、三级目标体系”为切入点，配齐配强“小三级”工会力量，确保有人做事、有章理事、有钱办事。尤其注重做实区域性、行业性工会联合会，推动对基层工会的工作覆盖、服务覆盖、活动覆盖。围绕重点区域和行业，聚焦实体实地型非公企业，截至年底，建立工会组织2311家，其中540家单独建会，发展会员7.7万余人。充分运用“三先三再”工作法，保障农民工、零散就业人员、小微企业职工等群体的入会以及享受工会服务的权利，精准输送符合农民工特点的工会服务，截至年底，累计吸纳近5万名农民工入会。（陈维）

4月20日，松江区召开推进基层工会改革暨“小三级”工会建设会议（徐文健）

【普陀区总工会指导成立首家公安辅警工会】 10月24日，市保安服务总公司普陀区公司工会委员会举行成立揭牌仪式，成为本市首家以公安辅警为主建立的工会。全区来自保安、辅警等岗位的80余名会员代表出席揭牌仪式。新成立的普陀保安公司工会有会员近千名，将着力做好服务企业服务职工、构建和谐劳动关系、保障职工合法权益的等方面的工作。（陆蕾）

【闵行区加强街镇“小三级”工会建设】 一是扩大组织覆盖面。以建筑、环卫等行业工会建设为基础，运用项目化、社会化的服务方式拓展组织覆盖，构建综合交织、覆盖广泛、联系紧密的网格化组织体系，最大限度地把职工吸纳到工会中来。运用互联网，搭建“闵行工会”微信平台，实现职工网上入会，年内有67名职工入会。二是颛桥镇总工会开展非公企业工会改革试点。通过明确非公企业工会基本职责，拓展建会路径，落实依法缴纳会费、建立履职工会主席岗位补贴、推行向基层倾斜的经费收缴使用等制度，激发非公企业工会活力。三是配强街镇工会干部。街镇、莘庄工业区总工会14家单位，配备专职副主席17名，兼职副主席23名；配备专职工会干部33名，每家单位有1—2名专职副主席；推进村居联合工会主席由党组织书记兼任，459名村居党组织书记中有285名兼任工会主席。（王凯）

【松江区召开推进基层群团改革工作暨“小三级”工会建设会议】 4月20日，松江区总工会在石湖荡镇工业园区召开了松江区推进基层群团改革暨“小三级”工会建设会议。区委副书记黄冲出席会议并讲话。黄冲充分肯定坚持党工共建机制，促进“双实”企业建会取得的成效，并对下一阶段的“小三级”工会建设工作提出了要求。会上，对6个试点街镇职工服务站授牌。石湖荡镇总工会和洞泾镇总工会

介绍了“小三级”工会和职工服务站建设的经验和做法。（朱 慧）

【松江区洞泾镇总工会着力打通服务职工“最后一公里”】 一是立足夯实基础，不断加强“小三级”工会建设。坚持加大推进“双实”企业建会力度，做好“六有”工会创建工作。针对新型业态、新兴产业的小型分散特点，依托商贸城、产业园区等，建成区域性工会联合会和联合工会。随着规模型创意园区的涌现，以“抓组建、扩覆盖、强规范、提质量”为重点，把高端人才吸引到工会组织来。二是立足激发活力，切实建好职工服务站。建立“情况在一线掌握、问题在一线解决、作风在一线转变、感情在一线培养、能力在一线锤炼、政绩在一线检验、形象在一线树立”的职工服务站工作机制。实施“点、块、面”相结合的网格化服务模式。在厂区、重大项目工地，建立职工服务点，为区域内的广大职工入会提供服务。三是立足发挥优势，坚持做好“互联网+工会”工作。在区总工会“两微一网”新媒体工作平台的基础上，发挥联合工会、企业工会工作者群为延伸，以各级工会干部个人微信为补充的工会网上辐射圈作用，增强基层工会活力，优化工会工作手段。（郑万民）

【松江区石湖荡镇总工会加强“小三级”工会组织建设】 一是联系实际，加大基层工会组建力度。成立一支由5—7人组成的建会工作队伍，对企业建会情况进行调查排摸，登记造册。认真做好落户企业和职工的建会工作。现场指导15个区域的工会联合会和1个行业工会联合会的会员代表大会选举工作，确保程序合法。二是合理分工，打造工会工作三维立体格局。打造以职工服务站为点、以单项工作为线、以网格管理为面的工会工作三维立体格局，形成点上受理服务、线上专项服务、面上上门服务的工作模式。对社工进行AB角的分工，使之能适应多岗位、多角色的互换。三是突出重点，建立工会工作长效机制。制订下发《石湖荡镇“小三级”工会组织规范化建设的实施方案》《石湖荡镇基层工会组织的工作制度》《石湖荡镇基层工会组织的考核细则》等文件，明确基层工会工作的内容和目标方向。（费 薇）

【奉贤区总工会完善街镇“小三级”工会体系】 5月10日，奉贤区生物科技园区区总工会第一次代表大会成功举行，标志着全区8个镇、2个街道、1个开发区和3个具有管理职能的公司全部建立总工会，和已成立的10个镇、开发区总工会一起，编制起奉贤工会工作的完整网络。重点聚焦“散户入会”的难点，在各镇、街道、社区、开发区组建联合工会，组建本市首家商圈工会联合会——上海南方国际广场工会联合会，4380人入会，实现商圈企业、就业人员全覆盖。全区累计组建工会1152个，覆盖单位1514家，工会会员36.75万名，占职工总数的95%。（尹 奕）

【崇明区总工会大力推进“小三级”工会建设】 按照群团改革要求，进一步强化基层工会力量，区总工会在2016年大力推进“小三级”工会建设。一是组织基层工会主席赴顾村镇总工会学习考察，汲取“小三级”工会建设经验。二是组建行业性工会联合会，在长兴镇指导建成长兴海洋装备产业务工人员工会联合会，覆盖60余家企业和500余名职工；建成全市第二家社会组织工会联合会，覆盖17家社会组织、1500余名职工。三是推动所辖各类工会组织50家以上的乡镇、园区工会建立“小三级”工会组织体制，并按照市总工会配套文件政策，将人财物资源向“小三级”工会倾斜。庙镇、堡镇组建村企工会联合会，覆盖87家非公企业、1144名职工。工业园区、富盛经济开发区相继成立总工会，城桥镇总工会等单位依托党建服务中心建立了群团工作站，基层工会的组织架构不断强化。（秦春华）

创新入会方式

【概要】 2016年，上海工会适应职工“在线在网”的新趋势，发挥职工主体作用，着力创新职工入会方式。一是一键入会，全程跟踪。按照“线上申请、线下受理、分级审核、各司其职、全程跟踪、闭环管理”的工作要求，及时受理职工入会申请；申请人可在APP上实时查看进度，在申请递交后的15个工作日内，就会有工会组织与之联系，办理入会事宜。二是制度管理，规范操作。制订《上海市总工会网上入会工作管理办法（试行）》，明确各级工会的工作任务和基本职责，建立会商通报、回访反馈、考核激励、改正追责等4项工作机制，提出基层工会吸纳职工入会的“五个一”工作法，即与职工通一次电话、发一个短信、见一次面、办一张会员证、建一份会员档案。三是团队协作，上下联通。成立“网上申请入会”工作小组，定期研究会商。建立涵盖市、区、街镇工会网上申请入会工作人员微信群，在线释疑解惑。通过市总工会平台分拣、区总工会信息初审、街镇总工会接续受理、基层工会身份审核与吸纳入会，实现市、区、街镇、企业四级工会组织互联互通。四是建“蓄水池”，反向倒逼。建立体制外入会的“蓄水池”，依托园区、楼宇、农民工公寓等联合工会或综合分工会吸纳单位未建立工会的职工入会。积累到一定的会员数量后，工会将深入企业指导帮助建会。截至11月底，已有4059名职工申请入会，2612名职工通过审核加入工会，倒逼7家企业建立了工会组织。（范小雨）

【浦东新区总工会探索体制外建会新模式】 浦东新区总工会首创“三先三再”工作法，以“先服务职工再发展会员、先活动覆盖再组织覆盖、先体制外入会再单独建会”，特别是为创新农民工工会工作制度和机制，在改革中明确了按照工会经费和同级财政1∶2的比例，建立农民工入会、服务工作的专项保障经费，精准输送符合农民工特点的工会服务，确保对农民工群体的全覆盖，努力实现“哪里有群众，哪里就有群团组织的工作和影响力”。（陈 维）

【宝山区总工会加强基层组织建设】 积极推进“双实”企业建会和体制外职工入会，全区“双实”企业建会数达到1453家，其中单独立建会1303家，联合工会150家，工会涵盖单位数达到6869家，建会率为81%；工会会员数达到20.94万人，入会率为85%，其中吸纳体制外会员591人，通过“申工社”APP网上入会58人。建立宝山城市工业园区和宝山工业园区总工会，增强园区工会统筹区域资源为职工提供维权服务的能力。出台《关于非公企业和区域性、行业性工会兼职主席、副主席实行津补贴的试行办法》，加强对基层工会财务和经审干部进行财务工作培训，提高政策的执行力和业务水平。（宋　松）

【崇明区总工会积极探索体制外入会】 12月24日，长兴镇务工人员综合分工会成立大会暨第一次职工代表大会在崇明县群团综合服务站长兴点召开。崇明区总工会在群团综合服务站设立农民工单体入会绿色通道，将长兴镇121名务工人员纳入到工会组织，并以此倒逼所在企业建立工会组织。让这些来自全国五湖四海的农民工真正拥有一个温暖的“家”，享受到工会组织在权益维护、教育培训、困难帮扶和丰富业余文化生活上的服务。（秦春华）

【上海船舶运输科学研究所工会探索劳务派遣员工会籍管理方式】 2016年，船研所工会在船研所行政的大力支持下，解决了派遣员工入会最大的成本问题。船研所工会与劳务派遣公司工会多次开展协商谈判，就入会组织、工会经费提取、会员管理、会员活动开展等具体事项进行协商，最终达成一致协议。自2017年1月1日起，派遣员工在用工单位同意和本人自愿的前提下，由派遣公司办理入会手续缴交会费，提取的工会经费交给委托用工单位，并实施日常工会工作管理。派遣员工入会问题及会员管理问题的解决，极大地调动了广大派遣员工的工作积极性。（顾霞琴）

工会社工队伍建设

【概要】 为加强工会社会工作者队伍建设建设，夯实基层工会组织和工作基础，市总工会基层工作部开展为期2个月的《本市职业化社会化工会工作者队伍状况》专题调研。制订《关于上海社会化工会工作者队伍建设的指导意见》，提出工会社工队伍建设的指导思想、目标任务、工作举措和工作保障。全市已有12个区总工会培育孵化了社工组织，共有工会社工841人。依托工会学院培训中心，针对街镇(园区)工会主席、非公企业工会主席、机关企事业单位新上岗工会主席、职业化社会化工会工作者的不同特点和需求制订培训方案和课程，向基层提供“菜单式”培训清单。全年共开办“小三级”工会干部培训班33期，培训1767人。其中完成工会社工的年度轮训500余人，新招录社工的初任培训完成180余人，较好地提升了工会社工队伍工作水平和服务能力。（燕　翔）

【闵行区总工会加强基层工会队伍建设】 区总工会采用配备社工、招募志愿者和政府购买服务的方式，为基层解决“没人办事”的问题。联手区民政局招募群团社工，在各街镇和莘庄工业区建立“工会干部+志愿者+社工组织”的工会组织工作格局，配备工会志愿者指导员103名，招募劳动关系指导员212名。与区益心社会组织、区心理咨询协会、区职工维权律师志愿团、市发明协会等多个社会组织建立合作联动机制。（王　凯）

【松江区总工会举办社会化工会工作者轮训班】 7月6—8日，区总工会在上海工会管理学院举办社会化工会工作者轮训班。培训围绕《“小三级”工会组织建设》《2016上海工会服务职工实事项目》《我们离互联网有多远》《工会干部的沟通艺术》《如何指导企业开展工会工作》等专题开展授课，还安排小组讨论和参观考察工会工作坊。松江工惠服务中心全体社工参加培训。（朱　慧）

【青浦区总工会组织工会工作者参加初训班培训】 8月31日—9月2日，青浦区总工会组织首批招录的40名职业化社会化工会工作者赴上海工会管理职业学院参加市总工会举办的初训班培训。培训班着重围绕《中国工会基本概况》《劳动合同与劳动争议处理》《民主管理规范化建设的思考》等7门课程进行全面讲解，学院及市总工会多位资深老师结合实际发生在企业的劳动争议案例与学员进行互动和探讨，分组讨论“如何成为优秀的工会社工”“互联网离我们有多远”等课题让学员们意识到只有要多学习法律法规、业务知识和理论基础才能更好地指导工作实践。（朱建强）

职工服务站建设

【概要】 2016年，上海各级工会贯彻落实市委群团改革精神，按照市总工会改革的统一部署和要求，结合区域实际，整合资源、多措并举，探索建立了一批职工服务站。一是科学布局站点建设，健全服务工作载体。各级工会在园区、楼宇、重大建设项目等地科学布局，并针对区域特点，不断健全服务职工工作载体，为职工提供建会入会、维权保障、实事项目等服务。二是合理配置工作队伍，提升服务职工水平。采取专职、兼职、志愿者相结合的方式，充分利用社会组织资源，配备律师、心理咨询等专业志愿者团队，有效提升服务水平。三是探索创新运行模式，实现科学规范管理。各区根据自身实际情况和现有资源，建设管理职工服务站。四是针对服务群体特性，推动站点差异化发展。各区根据区域特点设置职工服务站，开展个性化服务。截至年底，全市已建成职工服务站177家，在此基础上推荐评选出49家“最具人气、最有影响力、最让职工满意”的职工服务站。（范小雨）

【徐汇区总工会全力打通服务职工最后一公里】 区总工会把群团服务站建设作为增强群团组织的政治性、先进性和群众性的重要举措，先后有徐汇滨江建设者之家、2577工会基层工作站、梧桐·space和普天工作站4家群团服务站投入运营，全天候回应职工诉求，解决机构“倒金字塔”状况。4家服务站覆盖全，做到服务职工不留死角；定位把握准，白领与农民工都能找到归属；服务追求精，根据职工不同需求制订服务方案；维权力求实，零门槛零距离第一时间为职工撑腰；网络凸显新，线上工会和新生代职工一“网”情深。通过群团服务站平台，相继成立了普天园区联合工会和越界园区联合工会，徐汇滨江建设者工会联合会覆盖上海梦中心等5个项目共10个工地，农民工入会率达到80%，工会会员服务卡的覆盖率达到60%。

7 月 11 日，徐汇滨江建设者之家启动仪式 （徐艳杰）

在 2577 创意大院建会覆盖率达到 87.1%。 （徐飒爽）

【普陀区总工会积极布点推进职工服务站建设】 区总工会依托街镇"两站一中心"（党建服务中心、楼宇（园区）综合服务站和群团基层工作站）建设，将职工服务站建设纳入区域群团基层工作站总体布局，打造直接联系服务企业、职工的工作平台，及时响应职工诉求，有效对接职工服务。2016 年，分别在长寿路街道、真如镇街道、长征镇、桃浦镇和普陀保安公司，牵头组建 5 个基层职工服务站，共计下拨 50 万元用于支持服务站的人员聘用和设备添置。 （陆 蕾）

【虹口区总工会积极推进群团基层服务站建设】 区总工会与团区委、区妇联联手，依托区公益创新园建立区群团工作总站作为服务基层的枢纽。区总工会共投入 12 万元，用于群团服务站初期建设、设备购置等费用。5 月份区群团服务站正式挂牌，制订《虹口区群团工作服务站运行机制的方案》，对服务站的轮值制度、人财物保障等予以明确。8 个街道党建服务中心、38 个网格片区服务点和中图蓝桥园区建立服务分站，形成工作网络，逐步探索联动服务。在群团工作总站和分站运行经验总结的基础上，将在工作对象较为集中、群团组织覆盖不全、工作基础较为薄弱的各类园区、重大项目工地继续探索建立 1—3 个群团基层服务站，试点成熟后进行推广。 （徐 洁）

【杨浦区总工会职工援助服务中心新址落成】 4 月 24 日，区总工会举办"共建科创承载区，服务职工零距离"暨职工援助服务中心新址落成主题活动。职工援助服务中心成立于 2003 年，是杨浦工会服务广大职工的窗口和前沿阵地，设有互助保障、就业援助、困难帮扶、技能培训、法律援助和心理咨询等"6+X"职能。迁址至靖宇东路 118 号后，实行"5+1"、"白加黑"工作制度，即：工作日延长服务至晚上 8 点、星期六照常服务，让职工下班后和休息日依然进得了门、找得到人、话有处说、事有处办。 （曹理仰）

【杨浦区总工会在紫荆广场商业街区建立基层服务站】 5 月 26 日，杨浦区总工会联合四平路街道举办"共建科创承载区，服务职工零距离"暨紫荆广场商业街区基层服务站成立主题活动。控江路是杨浦区传统商业街，并逐步建设成为新的商务商业聚集中心和创新设计特色的开放式街巷。群团改革后，四平路街道整合统战、工青妇、商会等资源，得到紫荆广场支持，腾出 28 平米商场办公用房专门用作基层服务站建设，邀请申远空间设计公司参与规划设计。该服务站建成后，将为商业街区周边 90 余家企业的 1300 余名职工提供法律援助、就业指导等服务。 （曹理仰）

【杨浦区总工会在长白上缆园区建立基层服务站】 6 月 7 日，杨浦区总工会联合长白新村街道举办"共建科创承载区，服务职工零距离"暨长白上缆园区基层服务站成立主题活动。上缆园区是上海电气集团下属的都市工业园区，机械制造加工产业集聚、职工集中。园区有租赁单位 52 家，次承租企业 21 家，覆盖职工 2000 余人，其中已建立工会组织的企业有 14 家。该服务站通过先服务职工再发展会员、先活动覆盖再组织覆盖、先体制外入会再单独建会等方式，广泛组织非公小微企业

4 月 24 日，"共建科创承载区，服务职工零距离"杨浦区总工会职工援助服务中心新址落成主题活动 （曹理仰）

中国（上海）创业者公共实训基地基层服务站为园区创业者提供多方面服务 （曹理仰）

职工加入工会，提供全方位服务，并通过微信群、QQ群做好企业线上线下建会和职工入会工作。 （曹理仰）

【杨浦区总工会在上海海洋国家大学科技园建立基层服务站】 6月30日，杨浦区总工会联合定海路街道举办“共建科创承载区服务职工零距离”暨上海海洋国家大学科技园基层服务站成立主题活动。该服务站还确定了“职工夜校”“舒心小屋”“相约定海”青年俱乐部等10个服务项目，以预约服务、定制服务、代办服务、志愿服务为形式，打包配送服务项目，实现咨询站、联络站、服务站的“三站合一”运作模式。网上服务站也同步成立，借助微信群直接吸收园区一线职工入群，推出网上政策咨询、意见建议、困难求助、维权投诉、服务预约等10项功能，实现基层服务站“线上互动、线下活动”的延伸式服务方式。 （曹理仰）

【中国（上海）创业者公共实训基地工会联合会及基层服务站成立】 11月25日，“共筑梦想 创赢未来”中国（上海）创业者公共实训基地工会联合会及基层服务站揭牌仪式暨专场慰问演出举行。活动由杨浦区总工会、五角场街道党工委主办，沪东工人文化宫、中国（上海）创业者公共实训基地承办。该工会联合会下辖园区10家单独建会企业工会，覆盖企业共300余家、职工1200余名，成立后重点为入驻企业职工以及创业者提供劳动维权、文体活动、教育培训等相关服务。 （曹理仰）

【杨浦区总工会推行“双延服务工作法”】 杨浦区总工会认真贯彻落实中央、市委、区委党的群团工作会议精神，推行“双延服务工作法”，即工会服务时间延时，工会服务触角延伸，着力精准服务企业、服务职工，补好服务职工群众的“短板”，率先在区和3个街道职工援助服务中心试行延时工作制，即“工作日每天延长至20时，星期六照常服务，安排专职工会干部和工会志愿者值班接待”切实为职工排忧解难，赢得了职工好评。以基层服务站建设为契机，以“小三级”工会为枢纽，做到“三个延伸”：一是工会组织服务形式延伸，引导有条件的街道（镇）总工会在创新创业街区、园区等建立基层服务站，目前已初步建成长阳谷、都市家园、紫荆街区、万达广场、纺科院工业园、延吉七村睦邻中心等15个基层服务站，并以服务站为支点，建立与区域内的非公企业、职工群众的直接联系，就近便利地服务和满足职工需求。二是工会组织服务内容延伸，对拖欠工资、劳动合同争议、经济补偿金等方面的投诉，为职工提供维权指南；对职工失业就业、生活困难等方面的急、难事，通过指引职工参加区总工会举办的大型就业招聘会等活动，帮助他们解决燃眉之急；对职工咨询有关动拆迁政策、家庭房屋纠纷、老人赡养问题等，给予他们满意的答复。三是工会组织服务方法延伸，形成服务项目清单；开设劳模娟子热线和“相约晚7点”等预约项目，将涉及职工维权类的问题会同劳动监察等部门共同解答；在全区工会组织和工会工作者中开展“大走访、大调解、大服务”活动，引导工会工作者走进职工群体高度集聚的园区、楼宇、创新创业街区以及非公企业、社会组织、新业态单位。 （戴 菁 曹理仰）

【黄浦区总工会积极推进群团服务站建设工作】 黄浦区总工会在居民

5月12日，黄浦区总工会对小东门老码头群团服务站进行工作检查 （张明英）

区、园区、楼宇建立了14个群团基层服务站，构建成“两级平台三级服务四级网络”的服务体系，并在未设立基层服务站的居民区、园区、楼宇建立346个联系点。联系走访时一口受理，回来分头办理，强化一人多能、一项工作多重效果。通过调研梳理对象清单、建立需求清单、列出问题清单、对接资源清单、形成项目清单，动态掌握服务对象情况，做到底数清、情况明、举措实。到年底，全区14个基层服务站协助推进建立工会组织33个，其中单独建会的企业27个、联合工会6个，联合工会覆盖的单位118家，共发展吸收会员2079名。同时成立了10家工会联合会，还推进建立了44个党支部、6个团支部。（吕诚陆）

5月20日，崇明县群团综合服务站长兴点挂牌成立（秦春华）

【闵行区总工会牵手共青团与妇联运营基层服务站】 闵行区总工会与共青团、妇联合作，在职工集聚度高且流动性大、服务覆盖不到的园区、工地等区域，建立基层服务站。服务站建设以“小三级”工会为主要阵地，融合组织建设、权益维护、关爱帮扶、咨询调解等多项功能，在工作经费上采取“上级支持+地方配套”的模式，划拨专项经费，实行项目化运作和社会化运作相结合的管理模式。华漕建立的区内第一家基层服务站：虹桥国际特产电商物流港基层服务站，辐射园区周边800余家商户、近千名职工，通过问卷调查与新媒体网络征询，发现暑期子女“看护难”问题突出，工青妇组织迅速反应，开办“爱心暑托班”，解决职工后顾之忧。年内全区建成并投入运营25家基层服务站。（王　凯）

【青浦香花桥街道总工会加强工会基层服务站建设】 一是网格划分，明确工作职责。将辖区内非公企业划分成4块区域，按照网格化管理模式，明确各区域工作职责和制度。二是加强培训，提升业务水平。以“传、帮、带”方式，加强对新上岗职业化、社会化工会工作者教育培训。上岗前，先开展街道工会基本工作情况培训。随后，安排进行建会、集体合同签订、劳资纠纷调解等工会业务工作培训。又分批安排到区劳动人事争议仲裁院，参与案件调解及旁听仲裁庭审。三是问卷调查，实施精准服务。下发《职工需求调查表》和《工会问卷调查》开展需求调查，了解所在区域内基层工会和职工群众的实际需求和意见建议，有针对性做好区域内各项服务工作。（朱建强）

【上海首家工会工作志愿者服务站在奉贤成立】 5月6日，“上海市奉贤区工会工作志愿者服务站”揭牌，法律援助、工会经审、劳模帮困、健康咨询、文体指导、心理辅导、组建协商、职工教育等8支工会工作志愿者服务队伍，招募首批工会工作志愿者100名。这是上海首家工会工作志愿者服务站。奉贤区总工会党组副书记、副主席吴永强兼任服务站长。服务站的主要职能是资源配置和工作指导，通过依照申请和项目化的方式，向基层工会和区域企业委派志愿者，参与法律援助、集体协商、文体活动、帮困救助等工作，并且负责工会工作志愿者的津贴补贴发放和评优奖励等工作。年内开展活动120余次。（祝笑成）

【崇明县群团综合服务站长兴点挂牌成立】 5月20日，由县总工会、团县委、县妇联以及长兴镇党委政府联合筹建的崇明县群团综合服务站长兴点正式启用，主要为长兴外来务工人员等群体提供政策咨询、法律援助、就业指导以及帮困等服务，是联系服务职工群众的一线窗口和服务平台。（秦春华）

【莘庄地铁上盖综合开发项目部成立群团基层服务站】 5月26日，上海建工集团总承包部联合闵行区莘庄镇总工会、共青团、妇联和开发商（莘天置业有限公司）共同筹办的莘庄镇首家群团基层服务站，在莘庄地铁上盖综合开发项目部现场办公生活区举行揭牌启动仪式暨“莘惠民”集市活动。闵行区总工会党组书记汪跃如和莘庄镇党委副书记马佩华共同为基层服务站揭牌。出席揭牌仪式的领导与建设者们进行现场交流，并参观项目场所和临时生活区，对建设者的生活工作环境表示满意。当天，志愿者们为建设者提供理发、缝补、医疗健康咨询等服务，受到广泛欢迎。（余轶群）

枢纽型组织

【概要】 随着经济社会快速发展，以社会团体、基金会和社会服务机构为主体组成的社会组织，已成为社会主义现代化建设的重要力量。6月，中共中央办公厅、国务院办公厅印发《关于改革社会组织管理制度促进社会组织健康有序发展的意见》，对充分发挥社会组织服务国家、服务社会、服务群众、服务行业作用做出全面部署。《中共中央关于加强和改进党的群团工作的意见》要求群团组织在党的领导下，加强对有关社会组织的政治引领、示范带动、联系服务。为此，上海工会以发挥枢纽型功能作用为目标，继续探索推进工会工作的社会化运作,加大与社会组织的合作力度,努力提升工会组织和工会工作的社会化和专业化水平。本栏目收录的内容,主要反映各级工会在加强引领、完善合作模式、购买社会服务、创新工作方法等方面的内容。（常 青）

【市总工会举办首期社会组织领军人物培训班】 11月21—23日,市总工会举办首期社会组织领军人物培训班。培训班采用"申工社"APP网上报名的方式,突破体制壁垒,开放参与渠道,近50名职工服务类社会组织负责人成为首期培训班学员,涉及生活服务、教育培训、心理咨询、劳动争议调解、青年交友、文体活动等多个服务门类。培训班课程注重理论联系实际,期间实地参观社会组织及公益组织孵化园区,安排"学员沙龙""学员论坛",搭建起学员交流和展示的平台。（常 青）

【浦东新区总工会深化购买社会服务工作机制】 新区总工会通过搭建对接平台、优化购买流程、强化过程督导、规范项目评估、增强经费支持等机制建立,以各直属工会为购买服务主体,推动购买社会力量的服务内容向工会的核心工作汇聚,购买服务的承接对象向各种社会力量扩展。6月底新区总工会与直属工会两级共计投入1175万,购买75家社会组织、专业机构代表推送的服务项目。（陈 维）

【闵行区总工会"党工共建"打造枢纽型工会】 闵行区整合党工组织资源,构建起"资源共享、人员交叉、阵地共建、活动联办"的工作格局,以"小三级"工会基层服务站为着力点,加强与社会组织的合作,攻克重点、难点企业建会。各街镇、委局工会申报2016年"创先争优党工共建"项目34项,项目内容涉及提升党工组织活力、职工文体活动及素质提升、劳动关系和谐企业和文明单位创建、职工心理援助及志愿者服务等多个方面。区总工会组织专家对各项目进行评审和点评,以示范项目和优秀项目树立党工共建工作典型,形成了一批可复制、可推广的服务新经验。（王 凯）

【全国总工会调研闵行区"工会和社会组织合作"情况】 5月12日,全国总工会维稳办顾问、中国劳动关系学院副教授闻效仪一行到闵行调研"工会和社会组织合作"工作。区总工会副主席陈红铭介绍闵行区工会和社会组织合作的总体情况、特色做法和取得的主要成效。区总工会借助职工维权律师志愿团的专业力量,在全区范围内开展职工劳动法律宣传教育、法律咨询、法律援助等工作,有效推动职工依法理性合理维权,促进地区内企业劳动关系和谐稳定。建立与街镇工会结对共建制度,鼓励志愿团律师参与地区群体性劳动争议纠纷协调,配合工会组织听取和收集职工诉求,提供法律参考意见,及时预防和化解群体性劳动争议纠纷。参与和承接政府职能部门购买的适合工会组织开展的服务项目,开设"职工普及心理健康知识"讲座,舒缓职工的各种工作、生活压力。益心社会工作发展中心、区心理咨询协会、区职工维权律师志愿团3家负责人分享了与工会合作项目的具体做法和思考。（王 凯）

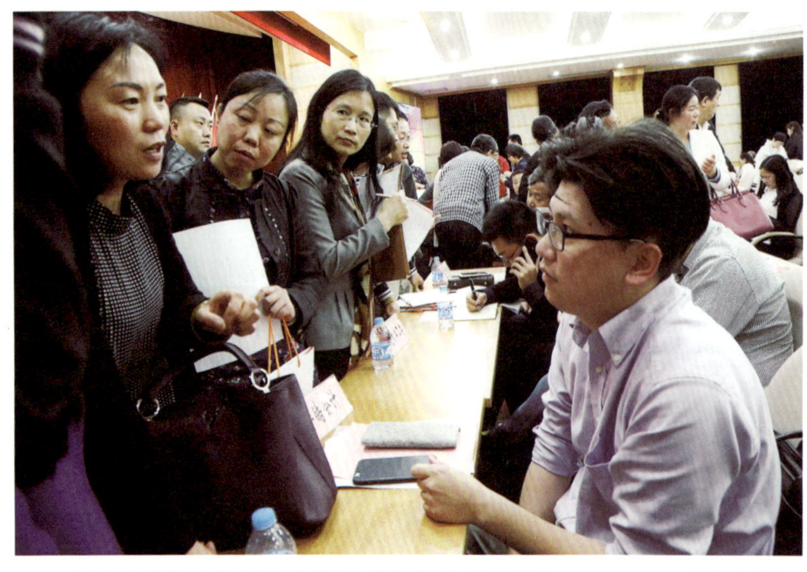

深化购买社会服务工作机制,浦东新区对接现场（赵立荣）

模范职工之家

【概要】 2016年,上海工会按照习近平总书记关于"要把工会建设成为职工信赖的'职工之家',工会干部要成为职工信赖的'娘家人'"的指示,突出创建重点、注重创建规范、依靠会员创建,推动了全市职工之家建设不断深化。一是突出非公企业工会创建重点。市总工会把激发非公企业工会活力作为改革的重点,指导8个区10个街镇、开发区开展非公企业工会改革试点。二是重视发挥职工在创建中的主体作用。围绕落实职工的知情权、选举权、参与权和监督权,以工会"双亮"、会员(代表)大会制度、会员评家等为载体,让职工群众积极参与工会组织自身建设、建家的目标设计、建家过程的组织实施、建家成果的评议评判等工作,形成共建共享共谋发展的良好局面。三是注重职工之家创建的规范化。结合上海市模范职工之家评选表彰工作,组织由市总部门、区局(产业)工会和工会志愿者组成的职工之家评估小组,对全市职工之家的创建工作进行抽查,梳理了基层工会需对照纠正的四大类近50个问题,提出职工之家创建的意见建议,为基层工会职工之家规范化建设提供指导,提升了职工之家创建工作的整体水平。（余文龙）

【普陀区开展示范工会评选活动】 2016年,普陀区总工会制订并下发《关于在企业(园区、楼宇、小区)工会开展示范工会创建活动的通知》,以"有队伍、有组织、有活动、有制度、有经费、有绩效"等"六有"为基础,在全区工会系统开展示范工会的创建工作。经过单位自荐、系统初审、区总实地考评等环节,授予上海西部企业(集团)有限公司工会委员会、上海东纺日化销售有限公司工会委员会等

29家单位普陀区示范工会称号。至此全区示范工会达57家。（陆　蕾）

【闵行区召开职工创新组织创优工作表彰大会】 12月15日，闵行区总工会召开2016年职工创新、组织创优工作表彰大会。区人大常委会副主任、区总工会主席俞莉红等出席大会。俞莉红要求全区各级工会坚持把建家活动与加强工会基层组织建设、发挥基层工会组织作用、增强基层工会组织活力紧密结合起来。会上表彰2013—2015年度先进职工之家82家，先进职工小家54家，优秀工会工作者77人，优秀工会积极分子38人，优秀工会之友36人，闵行区非公企业十佳先进职工之家10家，闵行区非公企业十佳先进职工小家10家。（兰　奇）

12月15日，上海电力建设工会举行"最具活力工会工作"成果发布会（傅　诚）

【上海电力建设工会开展"最具活力工会"创建活动】 公司工会在职工之家创建活动中，以"最具活力工会"成果发布为有效载体，着力推进基层工会特色工作的创建，积极挖掘和创新特色工作。一是有效促进了企业的改革发展。工会抓住"上海工匠"选树的契机，大力弘扬工匠精神，打造劳模团队品牌，为上海电建海实施外战略输送大批人才。以两个新能源光伏项目为切入点，在经济效益、安全生产、施工质量、进度控制等方面开展对口竞赛，取得显著的效果。以"安康杯"10连冠为切入点，介绍创建经验，促进企业安全生产。二是有效提升工会工作价值。利用"微课堂""微建议""微食堂"创新工会工作形式和内容，在职工的教育、献言献策、后勤生活保障等方面取得积极效果。在海外项目的人才培养、薪酬激励、员工关爱、劳动保护、机制设计等方面做了大量工作，为企业拓展海外业务提供有力支持。三是有效增强服务职工水平。创办学习读物，助推学习型工会建设。利用微信"朋友圈"，组织开展各类工会活动，倾听职工诉求，服务广大职工。（傅　诚）

【上海铁路局积极开展建家活动】 2016年，上海局工会以"安全之家、民主之家、文化之家、温馨之家"为建家目标，注重对基层工会模范职工之家特别是模范职工小家创建的指导，先后赴金华车务段、杭州北车辆段、合肥工务段等7家单位检查建家工作。年内共评选出2015年度路局"模范职工之家"35个，"先进职工之家"55个，"合格职工之家"13个，"模范职工小家"150个，"优秀工会工作者"100名，"优秀工会积极分子"200名，"优秀工会之友"125名。路局工会、上海通信段工会被授予上海市模范职工之家称号，上海工务大修段线路施工三队工会、南翔站北郊站工会被授予上海市模范职工小家称号，上海工务段工会主席吴炳雷被授予上海市优秀工会工作者称号。（周业瑛）

【上海邮政工会着力加强职工之家建设】 上海邮政工会坚持以基层工会"职工之家"建设和考评为要求，围绕民主管理、权益保障、素质工程、自身建设考核标准，深化职工之家建设。根据上海邮政三年"职工小家"建设目标，已建设达标职工小家231个，完成率为85%。为深化建家活动，邮政工会下发《关于开展2015—2016年度上海邮政先进"职工之家"考评工作的通知》和《关于开展2015—2016年度上海邮政优秀工会工作者评选工作的通知》，评选产生2015—2016年度上海邮政优秀工会工作者10名、上海邮政先进"职工之家"3个。（陈千涛）

【中国移动上海公司工会借助"互联网+"拓展"建家、评家"新载体】 2016年，上海移动公司工会在"和工社"微信公众号上开辟"职工之家"专栏，通过"职家展示"栏目，将下属29家直属单位（本部）工会的建家成果展示在移动端，职工只需轻松点击手机屏幕，即能直观了解所在基层工会的基本情况、活动信息和历年荣誉。2016年度"模范职工之家"申报和评比工作也充分运用了"互联网+"手段，各基层工会在"和工社"的"职家评比"栏目中互评打分，评选浦东分公司工会等10家单位为2016年度"模范职工之家"，增强了职工参与职工之家创建工作的热情。（高诗颖）

【上海海事局工会开展"温馨港湾"建家活动】 上海海事局工会瞄准最基层、最艰苦、最偏远的地方，建立职工小家，满足职工群众的多元化需求，围绕"坚持党的领导，牢记四项职能，依靠职工智慧，服务中心工作，成就建功海事"的建家理念，做好建家的顶层规划。连续两个五年制订职工之家（小家）建设实施规划，并在连云港航标处召开现场会。创建洋山港海事局工会"岛屿建家文化凝聚，助力上海国际航运中心建设"、浦东海事局工会"发挥劳模引领作用，激励职工爱岗敬业"、闵行海事局工会"搭建快乐工作四个平台，创建工会文化四类品牌，履行服务职工四项职能，助推海事

三化建设”、上海航标处工会“幸福家园”“美丽航标”等一批各具特色的职工之家(小家)。（陆智静）

【中国海员建设工会领导为中建八局“全国模范职工之家”“全国模范职工小家”荣誉单位授牌】 1月14日，中国海员建设工会全国委员会副主席姚久强、海员建设工会建筑工作部部长耿群一行，在中建八局党委副书记、工会主席于金伟陪同下赶赴上海、苏州两地局重点工程项目，为荣膺“全国模范职工之家”“全国模范职工小家”称号的总承包公司工会、上海公司工会授牌，并把党和工会组织的温暖送到了一线管理人员和农民工心里。姚久强强调工会组织要通过建家，努力为职工谋福利，让广大职工分享到更多的企业发展成果，促进企业更快更好发展。（王广滨）

【市监狱管理局工会开展“职工之家”考核，提升工会工作质量】 市监狱局工会不断创新和改进“职工之家”考评方法，对考评内容及时进行完善调整。局工会年初制订《工作推进表》，明确工作措施和工作责任，设定时间节点，通过定期考核和平时考核相结合，共评选表彰了7家优秀职工之家和5个工会工作特色奖，促进了各级工会工作发展，提升工会工作质量。（江海群）

【民用飞机试飞中心工会把职工之家建在试飞第一线】 试飞中心工会贯彻“把职工之家建在科研生产一线上，建在攻坚克难火线上、建在试飞取证热线上”的指导思想，在浦东试飞综合楼内设立战区“职工之家”。由中心工会统一管理，制订《职工之家管理办法》，明确职工之家各项管理工作，并指定专人管理。战区职工之家的建设和使用，对于了解职工诉求，缓解职工压力，稳定职工情绪，鼓舞职工士气发挥积极作用。（许晓明）

2017 上海工会年鉴

经济建设

综 述

2016年,市总工会紧紧围绕"十三五"发展目标,认真贯彻落实中央和上海市群团改革会议精神,以大力弘扬工人阶级伟大品格和劳模精神为主线,深入组织开展群众性技术创新和劳动竞赛活动,并取得显著成效。一是扎实开展岗位建功活动。市总工会制订了《上海市总工会"十三五"劳动竞赛规划》和《关于实施市级专项表彰深入推进群众性劳动竞赛的通知》,对群众性劳动竞赛实施市级专项表彰,调动地区、行业、企业特别是非公企业工会组织的积极性,形成"自下而上"开展劳动竞赛的生动局面。通过竞赛层层选拔,并经逐级推荐、严格把关,产生了62家上海市五一劳动奖状、127名上海市五一劳动奖章,116个上海市工人先锋号候选对象;开展"践行新理念、建功'十三五'"为主题的"六型"劳动竞赛,构建"1(非公企业劳动竞赛)+X(全国性大赛上海地区选拔赛和针对重大工程建设、重大项目研发、重点区域发展等主题设立的相关市级示范性劳动竞赛或市级专项竞赛)"劳动竞赛新格局。二是着力推进职工岗位创新实践。围绕上海加快建设具有全球影响力的科技创新中心的总体要求,市总工会广泛深入开展职工创新行动,通过搭建活动平台,营造联动效应,举办2016上海职工科技活动周,开展153项(次)职工科技创新活动,8700多个基层单位的70多万职工参加了职工合理化建议、"金点子"征集、职工创新专题讲座等活动;注重面向基层,强化示范引领,举办"2016上海非公企业职工科技创新成果网上展",集中展示83项创新活动、237名创新人物和355项创新成果;评出各类优秀发明获奖项目579项;命名第六批共50家"上海市劳模创新工作室",开办第四期劳模创新工作室研修班;举办11期职工知识产权工作培训班,职工参加人数达2000多人;举办"职工科普讲师团进企业"活动26场,5000余人次参加。三是不断推进技能登高。以提升职工技能素质、促进职工全面发展为重点,积极开展技能竞赛,会同市人社局等开展市级一类、二类职业技能竞赛活动;联合市教卫工作党委、市教委、市交通委等部门联合开展相关行业职工职业技能竞赛;开展"上海职工岗位练兵技能比武月"活动,推动地区、行业广泛开展各类技能提升活动;实施职工技能晋升奖励实事项目,全年收到复核申报要求的申请5340个,市总工会奖励资金约355万元;首次增设企业一线职工授权发明专利奖励项目,全年共收到有效申请1546个,市总工会奖励资金约155万元。四是大力弘扬工匠精神。制订并下发《关于在本市开展"上海工匠"培养选树千人计划的实施意见》文件,计划用10年时间培养选树1000名具有精益求精、严谨细致的高超技艺,追求完美、创造极致的职业精神,攻坚克难、创新超越的优秀品质的"上海工匠",2016年,全市共有583名职工参与到市总工会层面"上海工匠"培养选树活动,最终产生了首批88名"上海工匠",涵盖了电力、钢铁、船舶、航天、汽车、通信、建筑、交通等多个行业领域。五是深入实施团队创先工作。以创建"工人先锋号"活动为载体,推动"学习型、技能型、创新型、管理型、效益型、和谐型"六型班组建设,不断提高班组成员思想道德、科学文化和专业技能水平;把班组建设作为工会工作的重要阵地,将"班组长岗位培训"纳入市总统一培训计划,对参加培训并取得合格证书的班组长给予补贴,全年共培训一线班组长约5000人。

(竺 敏)

岗位建功

【概要】 市总工会制订《上海市总工会"十三五"劳动竞赛规划》和《关于实施市级专项表彰深入推进群众性劳动竞赛的通知》,对本市各区局(产业)工会和相关社会团体开展群众性劳动竞赛活动实施市级专项表彰,调动地区、行业、企业特别是非公企业工会组织的积极性,形成"自下而上"开展劳动竞赛的生动局面。同时,广泛深入开展以"践行新理念、建功十三五"为主题的"六型"劳动竞赛,构建"1(非公企业劳动竞赛)+X(全国性大赛上海地区选拔赛和针对重大工程建设、重大项目研发、重点区域发展等主题设立的相关市级示范性劳动竞赛或市级专项竞赛)"劳动竞赛新格局。

(叶 懿)

【实施市级专项表彰深入开展群众性劳动竞赛】 市总工会对群众性劳动竞赛实施市级专项表彰,全市43家区局(产业)工会和行业协会提交竞赛方案,包括各类子项目287个。各区局(产业)工会根据各自工作计划和竞赛方案,结合地区、行业、企业特点,扎实推进各级各类赛事,各参赛单位、广大职工积极参与,竞赛项目涵盖创新型、技能型、增值型、生态型、安全型、优质型等多种类型。通过竞赛层层选拔,并经逐级推荐、严格把关,产生62家上海市五一劳动奖状、127名上海市五一劳动奖章,116个上海市工人先锋号。 (叶 懿)

【浦东新区总工会开辟劳动竞赛新阵地】 11月26日,作为浦东推进高新技术产业发展的重要一环,"智能制造,改变你我"——"康桥杯"首届工业机器人应用技能邀请赛揭开帷幕。本次工业机器人应用技能比赛是浦东新区总工会打造"践行新理念、建功十三五"劳动竞赛升级版的一次探索,全国来自先进智能制造行业华括、昂华、霍尼韦尔、上海第二工业大学等12个企业(单位)21支参赛团队参加大赛应用竞赛环节的码垛和焊接两大项目,ABB的YuMi(优米)机器人、上海交通大学的机器人无人机、优爱宝的浮球矩阵、上工申贝的无线智能缝绣一体机、上海大学的服务机器人、红星美凯隆的导购机器人等10个智能机器人加入表演赛环节。浦东新区总工会以本次大赛为起点,将工业机器人应用比赛固化为浦东全国示范性劳动竞赛内容,拓展深化传统劳动竞赛内涵,进一步助力职工科技创新、企业转型发展。

(陈 维)

【徐汇区举办餐饮行业劳动和技能竞赛】 10月12日,徐汇区在天平宾馆举办"汇善汇美——食在徐汇"2016年中国技能大赛——徐汇区餐饮行业职工劳动竞赛成果展示暨颁奖典礼。在市总工会的大力支持下,徐汇区总工会、徐汇区人力资源和社会保障局、徐汇区商务委员会精心组织,天平街道总工会、徐汇区餐饮烹饪协会等单位积极配合，各街道总工会和集团工会广泛发动，指导辖区（系统）内各餐饮企业以岗位培训、技能提升为抓手，把岗位练兵与技能竞赛活动结合起来，以比带练、以赛促培。通过在岗订单式培训、脱产个性化培训、名师带高徒等培训方式，引导职工学习新技能，研发新品种，培养企业内优秀技能型人才。通过现场比赛，角逐出团体和专项奖项，还通过全员发动、网上投票的方式，选出了“道德之星”“服务之星”。（徐飒爽）

徐汇区举办餐饮行业职工劳动竞赛成果展示暨颁奖典礼　（徐艳杰）

【长宁区总工会开展系列立功竞赛活动】 5—10月，长宁区总工会开展“点燃激情，成就梦想”系列立功竞赛活动。一是联合长宁纺织行业工会与虹桥临空经济园区工会举办时尚临空——2016服装设计技能大赛。鼓励非公企业职工展示服装设计才艺和技能，推动职工职业技能等级“登高”。二是以安全竞赛、主题创新活动竞赛及劳动技能竞赛活动为载体举办美天菜市场建设发展立功竞赛。组织职工参加消防安全演练、完成“菜市场+互联网”模式课题研究及开展包括管理明星评选、2.0版菜市场收银员技能比武等岗位练兵活动。三是举办新锦华再生资源回收利用创意设计竞赛。开展APP征名、扫一扫竞赛及向企业职工征集“金点子”系列活动，推出“在线收废”APP，整合内外部有效资源。市总工会微信公众号“申工社”就此次系列立功竞赛之一的电装（中国）投资有限公司上海分公司的比赛进行专门刊载，包括联合利华、联邦快递等多家世界500强非公企业表示将结合公司实际开展劳动竞赛活动。（李悦琳）

【杨浦区总工会开展惠民实事工程立功竞赛】 6月2日，杨浦区2015—2016年度“推进卫生新医改，当好健康守门人”惠民实事工程立功竞赛总结推进大会在沪东工人文化宫举行。会上，表彰了2015—2016年度家庭医生立功竞赛标兵和首届十佳家庭医生助理。自全区第二轮立功竞赛开展以来，区总工会从“五送”（送保障、送健康、送文化、送关爱、送清凉）入手，联合区医务工会出资20余万元，落实家庭医生实事项目，切实为助推家庭医生工作提供后勤保障。会议要求进一步整合资源，确保竞赛可持续，深化家庭医生疗休养等“五送”实事保障，把“职工文化圈”“寻找最美劳动者”等活动，更多地覆盖到家庭医生工作站点和家庭医生群体，让每个家庭医生都能全身心地服务签约居民。（曹理仰）

黄浦区人大副主任、区总工会主席陈琪为获得上海市职工信赖的经营管理者称号的卢湾区中心医院院长于布为颁发奖状　（吕诚陆）

【黄浦区总工会开展群众性建功立业活动】 一是以劳动竞赛推进区重点工作。聚焦区委区政府开展“1+10+X”重点区域和突出问题的环境综合治理要求，开展“补短板、治顽症，全区重点区域环境综合治理”立功竞赛，39家区管工会分别开展献计献策等42项主题劳动竞赛。表彰命名了“2015年区劳动竞赛先进集体”99家、“2015年区劳动竞赛先进个人”98人，并授予“区工人先锋号”荣誉称号。在此基础上，1人荣获2016年全国五一劳动奖章、1个企业班组荣获2016年全国工人先锋号称号、16名职工荣获2016年市五一劳动奖章、5个单位荣获2016年市五一劳动奖状、9个班组（科室）荣获2016年市工人先锋号称号。二是以劳动竞赛培养选树“上海工匠”。鼓励支持各级工会选树后备“工匠”人才，5名职工入选首批“上海工匠”；有72名职工晋升技师、91名职工晋升高级技师。"一体化加药系统"被命名为市职工合理化建议和先进操作法优秀成果,4人荣获市职工合理化建议项目创新奖,2人荣获市职工先进操作法创新奖,区总荣获市合理化建议工作优秀组织奖。推进劳模创新工作室建设,李琦伤口护理创新工作室获得第六批上海市劳模创新工作室。开展岗位练兵、技能比武、师徒帮学等活动,荣获市总命名首批市技师创新工作室1个。"城市高压气体冲击震源"荣获第二十八届市优秀发明选拔赛优秀发明金奖,"蚕食清创法联合立奇膏治疗糖尿病足"荣获银奖。 (吕诚陆)

【10名劳动竞赛参赛选手被授予"松江区优秀职工"称号】 为表彰先进,树立典型,松江区总工会决定,授予在2016年松江区职工劳动竞赛系列活动中个人决赛总成绩第一名的参赛选手骆志敏、宋迪、凌育军、王兴磊、王培、张洪云、刘易兰、刘奎、沈清越、张祥春等10人"松江区优秀职工"称号。本年度职工劳动竞赛共设松江区电气技能基本功一线职工劳动竞赛、松江区纺织行业职工劳动竞赛、松江区砌筑技能基本功职工劳动竞赛、松江区教学技能基本功随迁子女小学青年教师劳动竞赛等4个系列专场,来自全区各镇、街道、开发区,各委局,各直属公司的一线职工2000多人参加竞赛活动。 (杨 韵)

8月6日,2016年松江区举行职工劳动竞赛系列活动启动仪式

(杨 哲)

【青浦区华新镇召开百日立功竞赛总结表彰会】 8月19日,青浦区华新镇总工会召开2016年度"大众创业,万众创新"百日立功竞赛总结表彰会,命名上海萨克斯动力总成部件系统有限公司制造部模具班组等20家班组为安全生产示范岗、文明先锋示范岗,授予李玲华等30人为生产技能标兵、管理创新标兵。华新镇2016年度百日立功竞赛活动以职工"五小"技术创新活动为主要内容,着力激发职工创新创造热情,达到了"提高企业形象,提高员工工作激情,提高员工责任意识,提高团队影响力,提高员工创新能力"的目的。 (朱建强)

【市机电工会首次召开经济技术工作会议】 6月1日,市机电工会召开2016年工会经济技术工作会议,集中布置2016年劳动竞赛、合理化建议、技能大赛、创新创意大奖赛、创新工作室等工作。会上,上海电气电站工程公司、上海电气风电集团、上海日立电器有限公司、上海汽轮机厂有限公司4家单位作了劳动竞赛工作交流发言,上海电气李斌技师学院介绍2016年"李斌杯"职工技能大赛的计划,上海电气中央研究院介绍2016年上海电气"匠心独具"创新大奖赛和"数字化技术"大奖赛的计划。机电工会对2016年各项经济技术创新活动作了布置。机电工会主席朱斌与上海汽轮机厂有限公司、上海锅炉厂有限公司、上海电机厂有限公司、上海重型机器厂有限公司、上海日立电器有限公司等5家重点用能企业工会负责人签订了"节能减排、降本增效"达标竞赛责任书。 (彭伟光)

【上海发电机厂工会开展新品制造联合立功竞赛活动】 7月,上海发电机厂工会以"弘扬工匠精神,打造匠心精品"为主题,围绕年度四大新产品制造,在一线生产部门组织开展了新产品制造联合立功竞赛活动。本次立功竞赛活动聚焦新产品制造的生产要素,即班组团队在确保质量减少NCR、提升客户满意度、确保交货期等方面实现突破。竞赛效果主要看班组职工参与新产品制造、工艺设计(技术)、攻坚克难的次数、提出合理建议的有效次数等。为了激励部门团队合作,竞赛活动对每个新产品项目生产都设置了"新产品制造突出贡献团队奖"。 (黄 金)

【市仪表电子工会动员职工参加提升运营效率主题活动】 2016年,市仪表电子工会积极动员职工参加"补短板、破瓶颈、强基固本促发展"提升运营效率主题活动。活动以系统性、全员性和科学化、专题化的"两性、两化"为原则,"围绕战略重点抓推进、促落地和聚焦实践难点补短板、破瓶颈"为主基调。广大职工充分认识到提升运营效率对仪电集团转型发展的重要性和紧迫性,立足岗位自觉投身于活动中,对诊断发现的短板和瓶颈问题,提出诸多提升改进建议和措施,并进行全面整改,形成实效,提升运营效率。 (周黎俊)

【市医药工会全面推进全剂型劳动竞赛工作】 2016年,市医药工会总结2015年同线劳动竞赛的经验与做法。评审出2015年同线竞赛好项目并形成5类奖项:上海杏灵科技药业股份有限公司银杏酮脂片等6个项目获得优胜奖;正大青春宝药业有限公司"戴春英瓶贴更换法"等10个操作法获得先进操作法;常州制药厂有限公司"OPL表格的编写与实施"等11个管理案例获得优秀管理案例奖;上药东英(江苏)药业有限公司"铝塑联动

线伺服加料器装置改装"等6个技术创新成果获得技术创新奖;上海信谊天平药业有限公司"柳氮磺吡啶肠溶片"等7个项目获得学习型雁式团队优秀培育奖。2016年,医药工会结合集团经济工作重点,在原有片剂和水针同线竞赛基础上,全面开展全剂型劳动竞赛,共有16家单位的41个项目立项。开展"我的岗位我创新"全员持续改进提案活动,共计收到14家单位上报的提案163条。根据提出的提案实施效果、经济效益以及推广价值等评审原则,经与集团相关部门共同评审,上药控股"资产审批流程优化"等10个项目获得优秀奖,禾丰制药"优化处方工艺提升产品质量"等21个项目获得入围奖,上药第一生化工会等4家工会获得优秀组织奖。结合上海医药集团2015年度精益六西格玛专项工作,授予上药东英(江苏)药业有限公司"提升库泰灌装线OEE"等20个项目组为上海医药集团"工人先锋号"称号。 (宋晓波)

上海医药集团职工参加集团技能大赛 (谭双捷)

【宝武集团深入开展"团队争先、岗位创优"劳动竞赛】 2016年,宝武积极应对钢铁业"寒冬"的考验和挑战,深入开展以深化改革、安全生产、环境经营、降本增效为主要内容的"团队争先、岗位创优"劳动竞赛。竞赛以"一切成本皆可降"的理念为指导,聚焦公司生产经营的重点难点,全力提升全员参与度,通过自上而下多层次目标保证体系,层层落实,降本增效完成全年目标的128.1%,助推了公司生产经营任务的顺利完成。全年实现降本增效119亿元,完成全年竞赛目标92.9亿元的128.1%,为公司生产经营做出了积极贡献。 (徐 卫)

【宝钢股份工会持续开展劳动竞赛和同工序对标竞赛】 宝钢股份工会紧紧围绕公司生产经营的重点难点,牵头开展以"降本增效、安全环保、劳动效率"为主题的"三聚焦、两促进"劳动竞赛,积极营造"比、学、赶、帮、超"的竞赛氛围。发动员工开展"岗位降本在行动"活动,引导广大员工人人争做成本改善的当家人。通过颁发流动红旗等举措,促进各单位和员工争先创优。全年共颁发流动红旗48面。同时策划开展"岗位降本在行动"的"芝麻奖"评选活动,充分发挥班组长联谊会的作用,努力从日常工作中"挤"出效益,形成了全岗位关注、参与降本的良好氛围。2016年,各单位上报741个"芝麻奖"案例,其中被公司授予"芝麻奖"的有200个。 (胡建中)

【宝钢工程工会开展争创"岗位吉尼斯纪录"劳动竞赛】 2016年,宝钢工程工会在基层一线开展"岗位创佳绩"——争创"岗位吉尼斯纪录"劳动竞赛。主要是聚焦作业区、班组等最小行政单元以及员工岗位的主要输出成果,结合班组作业指标、岗位业绩目标,设定可创纪录的竞赛指标,并统计、记录在某个时点上创造的无差错最长的劳动成果,就是这个岗位的吉尼斯纪录(类似纺织女工的万米无疵布)。经一年实践,共挖掘出具有明显业务特征的80个"岗位吉尼斯记录"(如2016年1年连续绘制248张无差错图纸),并将其中22个具有显著特色的案例汇编成《最佳实践案例集(第一册)》,进行宣传、推广,供基层比学赶帮超。同时工会领导到一线对创纪录的员工颁发"岗位吉尼斯纪录"证书,给予物质激励。 (范萍萍)

【宝钢发展工会深入推进群众性劳动竞赛】 2016年,宝钢发展工会围绕公司生产经营重点,开展以深化改革、安全生产、环境经营、扭亏增盈、降本增效为主要内容的"团队争先、岗位创优、对标找差""2+5"劳动竞赛,以全员竞赛横向到班组、纵向到职工,专项竞赛结合基层实际并体现个性的导向,广泛动员和组织全体职工立足岗位积极参与全员降本增效劳动竞赛、全员劳动保护安全生产劳动竞赛和湛江钢铁环保配套项目建设"三比一确保"专项竞赛、劳动效率"二控制二提升"专项竞赛、拓展新市场、创造新效益专项竞赛、工作环境改善专项竞赛、湛江转底炉建设"二达一确保"专项竞赛,实现增效益、保安全、促发展。同时,通过季度评选表彰优胜单位和简报宣传等形式,推动全员、全方位、全过程竞赛取得真金白银。在竞赛推进过程中,各级工会充分发挥劳动竞赛的平台和载体作用,建立自上而下多层次目标保证体系,项目化推进,进一步调动了广大职工的竞赛热情和积极性。年内共开展劳动竞赛项目296项,实现降本增效15628.05万元,完成全年指标的139.93%。 (朱 宏)

【上海石化工会开展"创先争优、建功立业"劳动竞赛】 采用全员劳动竞赛及专项劳动竞赛相结合的竞赛模式,竞赛共设"1+4"个项目,即1个"增收节支"全员增效项目及4个专项劳动竞赛项目:公司重要装置创先争优专项竞赛、成本核算进班组、火炬气氢气减排、生产装置降能耗。其中"增收节支"全员增效竞赛共有24家单位98个项目,全年增效6.34亿;4个专项劳动竞赛的开展,助推了公司

的生产技术指标的提升，2016年公司113项主要经济技术指标同比进步58项。（徐　军）

【上海石化工会开展“当好主力军、建功大检修”专项劳动竞赛】 结合公司第二阶段检修改造，组织开展“当好主力军、建功大检修”的专项劳动竞赛，共有17个二级单位、13个部室参加，共申报竞赛项目204项。竞赛活动的开展引导和激发了广大干部职工在检修改造工作中的积极性，有效助推了检修改造工作的圆满完成，21个先进集体、45位先进个人受到表彰。（徐　军）

【上海航天局开展万众创新职工建功立业活动】 2016年，针对航天局飞行试验多、研制任务重和民用产业转型升级任务艰巨等特点，局工会在全院开展了万众创新职工建功立业活动，以班组能力提升为重点，开展职工创新活动；以提升职工素质为抓手，开展岗位建功活动；以弘扬劳模精神为引领，开展核心价值观教育践行活动。年初，局工会对全院班组进行评比，对获得“金”“银”“铜”牌班组给予隆重表彰，并将优秀班组工作经验汇编成案例集，在全局1200多个班组中进行宣传；还组织开展班组长创新沙龙活动，学习交流班组技术创新经验。（周　博）

【上海烟草储运公司工会以劳动竞赛支撑企业实现“双保”目标】 防霉度夏劳动竞赛是上海烟草集团储运公司的传统项目，为职工提供了强技能、增活力、促进生产的有效载体和平台。一是周密部署，全面动员。在组织上，把握方向、协调资源，强调“赛前操练、赛中竞技、赛后提高”，注重挖掘各部门的业务特色，积极营造“做实事、讲实效、求实绩”的竞赛氛围。二是强化意识，提升质量。在竞赛开展期间，加大宣传，组织开展一系列征文、班组长沙龙等形式多样的活动；部门层面凸显特点、需求，将质量与职工的岗位发展、质量与绩效考核、质量与工作评价的关系传达到班组、到个人，使职工明白质量是保障岗位、保障工作绩效的基础和关键。三是形式丰富，凸显成效。抓住重点、特色，贴合工作实际，开展多种多样的竞赛活动，如运输部开展的“百日安全行车”竞赛，原料部门开展的“星级仓间、星级机台”竞赛，成品部门开展的“红旗”系列劳动竞赛，使职工比有条件、学有动力、赶有目标、超有标准。（张洁华）

【上海卷烟厂工会围绕劳模培育创新理念推动群众性创新工作】 2016年，厂工会坚持以“研讨制”“建言制”“攻关制”“传授制”为日常运行机制，积极发挥劳模团队“传、帮、带、教”的示范作用。增设了“俞佳俊制丝创新技术工作室”和“钟明卷烟制造技术创新工作室”，实现了“两翼齐飞”，分别以“三园建设”“一会四站”作为年度工作主线，积极打造“创新”“众享”“服务”和“奉献”文化。二车间奚清荣获2016年度上海市“五一劳动奖章”，4名劳模创新工作室骨干获得“第十四届全国烟草行业职业技能竞赛暨第五届烟机设备修理职业技能竞赛”3个第一名和1个第四名的好成绩；“KDF4处理收集辊V4绕丝装置的研制”项目荣获第十四届海洋王杯全国QC小组成果发表赛一等奖；“降低软中华单支克重偏差”及“降低软中华卷烟端部落丝量”项目荣获上海市优秀QC成果项目。（丁佳杰）

8月17日，上海航天局举办班组创新论坛（周　博）

【上海烟草集团系列劳动竞赛成效显著】 2016年，上海烟草集团“品牌保状态、税利保增长”系列劳动竞赛活动由卷烟商品营销职业技能竞赛、市内及市外营销劳动竞赛为主要内容的三大系列活动组成。成立了由集团工会和相关处室组成的劳动竞赛领导小组，承担活动组织和统筹协调的任务。领导小组下设由教育培训中心、营销中心和贸易中心组成的分竞赛组委会。各分竞赛组委会按照活动的总体部署要求，动员集团下属18个有限公司和海烟物流公司、全国15个地区办事处参与竞赛，并通过与业务业绩双挂钩的方式，使竞赛活动在近600名营销职工队伍中全覆盖、共知晓、同参与。在竞赛考核评估上，既看现场展示的能力，也看技能功底，坚持用数据说话，确保整个竞赛活动实现公平竞技、内强素质、外扬风采的目标，为上海烟草集团打好打赢提质增效攻坚战贡献力量。市总工会对此项劳动竞赛给予市级专项表彰，授予竞赛先进集体和个人市五一劳动奖状1个、市五一劳动奖章2个、市工人先锋号3个。（邹允文）

【华东电力工会引导职工深化建功立业活动】 华东电力工会围绕特高压建设以及各单位重点工程、重点工作，大力推广创新创效实践，激发广大职工工作热情和创造活力，动员广大职工立足本职岗位、助推企业发展。工会积极组织开展专业技术技能比武，举办华东电网第四轮调度系统技术技能竞赛（继电保护专业），全网有1000多位变电运行专业人员参加全员培训

和初赛，省市公司25位选手参加总决赛，促进了专业人员的业务水平提高。（施炜伟）

【上海化学工业区工业气体有限公司工会推进劳动竞赛工作】 上海化学工业区工业气体有限公司以“四个抓手”深入推进“安、稳、长、满、优”劳动竞赛。一是抓安全生产，组织开展“隐患大家找、现场随手拍”活动，发现问题及时处理，确保安全生产无事故。二是抓工艺纪律，积极倡导“在岗一分钟，尽心六十秒”，严格执行工艺纪律，严格控制工艺指标，确保产品质量可靠性。三是抓优化操作，组织“每周一题”答题和“合理化建议”活动，优化工艺操作，确保生产稳定性。四是抓班组凝聚力，形成“求大同、存小异、共荣辱、共命运”统一认识，创造和谐的工作环境，发扬团队精神，确保公司安全、高效率运行。（张 俊）

【中国远洋海运集团以提质增效为主题深化群众性劳动竞赛工作】 2016年，集团工会与行政联合在全集团开展了以“提质增效”为主题的“中远海运杯”劳动竞赛活动。集团所属各单位按集团的统一部署，结合本单位认真制定活动方案，围绕效益提升、市场开发、客户营销、成本管控等重点工作，多措并举抓好组织落实。中远海运集运通过“我节控、我快乐”成本控制大赛、“金手指杯”业务知识技能大赛、“保客户、促增长”专项营销竞赛、“中货好声音金点子征集活动”等活动，有效调动广大职工的积极性；中远海运能源开展“经营、改革、发展”大讨论；中远海运重工、中国船燃、中远财务等开展提质增效合理化建议活动；中远海运特运开展“全员参与控成本”劳动竞赛，实现公司总成本下降1%的目标；中远海运发展分船组开展“强基础、上水平、创效益”劳动竞赛，每季度公开评比结果；厦门远洋开展“全员营销、全员节支”活动；大连中远海运开展船舶优质服务竞赛；中远海运博鳌以倡议书、誓师大会等形式，激励广大员工全力办好博鳌亚洲论坛年会；青岛船院开展信息化教学竞赛活动，参加全国比赛荣获一等奖。全年集团上下共开展各类劳动竞赛1031次，征集合理化建议10228条，有63241人次参加；开展各类技术比武551次，16661人次参加。（张 洁）

5月23日，中远海运重工公司举办油漆技能比武竞赛（徐 明）

【上港集团工会围绕企业中心工作开展各类立功竞赛活动】 一是聚焦“效率服务”和“保船期、争箱量”目标，组织开展围绕企业主业生产的专项立功竞赛。集团所属18家主要生产单位的1.4万名职工参与竞赛活动，促进完成集装箱吞吐量目标，提高港口服务能级。二是聚焦“安全、质量、进度、成本、人才”目标，开展重点工程建设劳动竞赛。集团所属工程建设指挥部、瑞泰公司等相关单位，联合参与集团重大工程的勘查、设计、施工、质监、监理等单位开展立功竞赛，确保集团重点工程项目的工程优质、人才优秀。三是聚焦技术创新，开展职工创新创意竞赛。与集团技术中心联合开展“揭榜攻关”项目的推广应用，相关单位积极推广项目成果；开展职工“五小”创新竞赛、金点子建议、职工操作法选拔等活动，2016年共产生61项“五小”成果、12项职工先进操作法。一项发明成果荣获市优秀发明选拔赛优秀发明银奖；一项创新项目荣获市优秀发明选拔赛职工技术创新金奖。四是聚焦班组精益化管理，组织开展班组精益化管理竞赛。全港近1300个班组通过多种载体开展竞赛活动，共上报案例58个，罗泾分公司仓储物流部仓库三班的“现场堆桩精益化管理”等班组精益化管理案例被评为十佳案例。（施文卿）

【市运输工会广泛开展“五赛五优”立功竞赛】 市运输工会围绕集团“主业发展转型升级，改革调整持续深化，产业结构平衡协调，员工保障改善提升”的工作重点，以“建功十三五、创新当先锋；岗位作贡献、创业谋发展”为主题，组织开展“五赛五优”竞赛活动（即赛创新理念，形成竞赛活动的优秀品牌项目；赛增效实绩，争当合理化建议的优秀提案者；赛岗位技能，培育职工技能竞赛的优秀晋级手；赛工作热情，弘扬精益求精的优秀工匠精神；赛安全管理，争创新一轮“安康杯”竞赛的优胜单位）。年内，运输工会指导各级工会围绕“五赛五优”工作主线，明确竞赛活动任务，拓宽竞赛活动领域，强化竞赛活动机制，创新竞赛活动载体，注重在安全生产、技术创新、基础管理、品牌质量、降本增效、优质服务、物业监管等方面，比创新、比安全、比质量、比服务、比实效，努力使竞赛活动与集团“十三五”目标任务在推进上同向、决策上同步、管理上同行，在专项竞赛活动中涌现了一批上海市五一劳动奖章、上海市五一劳动奖状、上海市工人先锋号。（袁俐俊）

【中国移动上海公司工会开展选育互联网+核心人才劳动竞赛】 中国移动上海公司工会根据公司经营发展总体目标及转型发展中的重点、难点问题，组织开展2016年“深化转型、创新

中国移动上海公司召开 VoLTE 网络质量提升百日会战总结表彰会 （郜晓赟）

突破、选育互联网+核心人才"劳动竞赛，涉及市场服务、工程建设、网络运营3大条线5项竞赛，员工参与率达100%。其中，"VoLTE 网络质量提升百日会战"申请市级专项表彰备案后，公司工会与网络部积极组织动员，通过聚焦关键问题、创新工作方法，实现了 VoLTE 网络质量与运维能力的双提升，并荣获集团"集体一等奖"及"创新突出贡献奖"两大奖项，另有两个团队荣获优秀技术攻关小组奖，15人荣获集团先进个人奖。并且成功申请上海市五一劳动奖状1个、上海市五一劳动奖章2名、上海市工人先锋号2个。 （高诗颖）

【中交上航局"三推进三提高"劳动竞赛结硕果】 2016年，中交上航局围绕公司提出"改革创新、转型升级、再次创业"的战略部署，开展以"三推进三提高"（推进改革创新，促进转型升级，提高企业竞争能力；推进精细管理，确保安全生产，提高项目盈利能力；推进素质工程，培育优秀人才，提高员工创新能力）为主要内容的劳动竞赛活动，打造"五个"竞赛平台，即：科技创新、工程创精、岗位创优、管理创效、文明创佳竞赛平台。年内，各单位有针对性开展竞赛活动，并在竞赛过程中积极探索竞赛新途径和新方法，取得显著的成绩。中交上海航道勘察设计研究院有限公司荣获上海市"五一劳动奖状"，新海豚2轮等3个班组荣获上海市"工人先锋号"，梅志能、丁付革荣获上海市五一劳动奖章。中交上航局荣获2016年度上海市立功竞赛活动"先进赛区"，上海交通建设总承包有限公司荣获上海市"金杯公司"，中港疏浚有限公司荣获上海市立功竞赛"优秀公司"。另外，有5个集体荣获上海市立功竞赛"优秀团队"、6人分别荣获市立功竞赛"建设功臣""优秀建设者"称号。公司还评出在群众性劳动竞赛中涌现出来的15个先进集体、19名"航道功臣"、30名"优秀航道建设者"，并予以表彰奖励。 （杨建平）

【中交上航局开展专项劳动竞赛取得显著成效】 中交上航局工会在四季度开展了"奋战四季度，实现年度产值指标"专项劳动竞赛活动。司属各单位、相关项目部广泛动员，认真实施。横沙七期项目部开展"五赛"竞赛活动，分别制订6大工区、船舶、各管理部门的竞赛考核指标，并把分包队伍一起融入到竞赛中，有日评、周评、月评，评比结果上墙。横沙八期项目作为上海滩涂造地史上最大的工程，项目部10月底召开劳动竞赛启动仪式，提出"四个坚持、四个确保"的竞赛要求，各项施工内容及日施工强度均创造了上海滩涂圈围史上的新纪录。厦门机场项目部开展以"三保一创一促"为主题的劳动竞赛活动，并制订"抢、快、优"竞赛考核奖励办法。局工会还开展先进船舶"流动红旗"评选和每月一星评选活动。全公司四季度实际完成竞赛考核总产值为59亿多元，比竞赛基准产值超14亿多元。按照竞赛方案的奖励标准，对相关单位共计兑现奖励531万多元。 （杨建平）

【中交三航局工会召开重点工程立功竞赛方案发布会】 3月28日，中交三航局工会组织召开2016年度重点工程立功竞赛方案发布会。全局各单位工会主席及竞赛干部参加会议，公司党委副书记、工会主席王成出席会议并讲话。会上，全局12个基层单位分别用多媒体形式就2016年度重点

中交上航局在横沙七期工程召开竞赛动员大会 （杨建平）

工程方案在会上进行交流发布，并评选出优秀方案予以表彰奖励，二公司获得发布评审一等奖，宁波分公司和厦门分公司获二等奖，港湾院、江苏分公司、新能源公司获三等奖。会上还对2015年度局重点工程立功竞赛“六杯、六赛”的优胜单位进行了表彰。

（黄书展）

【上海海事局工会开展围绕争当海事系统排头兵劳动竞赛】 2016年局工会将“争当海事系统排头兵”的奋斗目标为切入点，广泛开展劳动竞赛和技能比武，为广大职工搭建岗位成才、建功立业的舞台。局工会围绕服务上海自由贸易区建设重大任务和海事主业中心工作，印发《践行新理念 建功十三五立功竞赛通知》《关于开展争当“三化建设标兵”劳动竞赛活动的通知》，发动全局各基层工会广泛开展形式多样的劳动竞赛。黄浦海事局以近似实战的要求开展“多种应急场景模拟处置”实操竞赛，检验海事指挥人员的应急抢险救助能力；洋山港海事局在比赛过程中全面考虑和提升执法人员“活学活用”理论知识的能力；吴淞海事巡航搜救一体化技能比武活动将理论知识比拼与业务实操训练结合在一起，职工队伍的业务能力和整体水平在竞赛中得以提升。

（陆智静）

【市物业管理行业岗位练兵比武大赛圆满落幕】 由市建设交通工会和市物业管理行业协会共同主办、上海徐房集团协办的2016年度上海市物业管理行业岗位练兵比武大赛物业管理员演讲决赛暨颁奖大会于7月19日举行。市建设交通工作党委副书记田赛男、市住建委副主任邓建平、市总工会基层工作部及住建委有关部门、建设交通工会、物业管理协会领导出席大会并为获奖者颁奖。2016年度上海市物业管理行业岗位练兵比武大赛得到了会员单位的广泛响应。活动历时2个月，先后举办9场预赛和水电工、维修电工的决赛。会上，来自复欣物业、仙霞物业、东湖物业等10家单位的13名物业管理员进行了演讲决赛。经过激烈的角逐，来自东湖物业的胡继业、仙霞物业的陈云捷和陆盈分别获得冠亚季军。（钱 蓉）

【市公积金中心黄浦区管理部与工商银行南东支行开展结对共建活动】 7月20日，全国三八红旗集体上海市公积金管理中心黄浦区管理部和上海市巾帼文明岗工商银行南京东路支行两个妇女先进集体举行签约结对仪式，市建设交通妇工委、金融工会、市公积金中心以及工商银行上海市分行、工商银行黄浦支行等相关单位领导参加签约活动。签约仪式上，联建双方代表作简要情况介绍，并分别以PPT和微电影形式进行形象展示，主持人宣读结对协议书和工作机制，双方签署结对协议书。这次共建活动是大口女职工组织跨行业搭建平台、基层先进女职工集体强强联合、携手建功立业的首次活动。（钱 蓉）

【上海建工集团召开立功竞赛中途推进会暨竞赛表彰大会】 8月10日，上海建工集团召开“精品杯”立功竞赛中途推进会暨“上海迪士尼”竞赛表彰大会，集团党委副书记、总裁杭迎伟主持会议。集团党委副书记、工会主席张立新宣读《关于表彰上海建工集团股份有限公司迪士尼工程立功竞赛先进集体和先进个人的决定》和《关于表彰上海建工集团股份有限公司2016年“十佳金点子”的决定》。市竞赛办副主任王国君向受到表彰的单位和个人表示祝贺，并提出三点要求。集团纪委书记何士林，集团副总裁林锦胜、叶卫东、蔡国强，集团总会计师尹克定等出席大会，并为迪士尼工程“精品杯”立功竞赛和集团“十佳金点子”获奖单位代表颁奖。迪士尼梦幻世界项目部、装饰集团、二建集团、市政总院等单位分别作交流发言。大会宣读了《为全面完成2016年市重大工程建设任务，创建市立功竞赛优秀公司作出承诺》，18家创建2016年市立功竞赛优秀公司的单位出席了承诺签字仪式。各单位党政工团领导、立功竞赛领导小组成员，重大工程项目党建指导员、项目经理和参赛职工代表近200人参加会议。

（余轶群）

【上海建工集团召开北横通道“精品杯”立功竞赛动员暨联合工会、联合团委成立大会】 会议于11月8日举行。会上宣读了《“精品杯”立功竞赛活动方案》《关于成立上海建工北横通道工程建设联合工会的决定》和《关于成立上海建工北横通道工程建设联合团委的决定》，并举行揭牌仪式。与会领导作立功竞赛动员，一建集团、四建集团、基础集团、机施集团、材料公司领导代表参赛单位发言，并进行竞赛承诺签约。上海市北横通道工程建设指挥部和上海城投公路集团有关领导，集团副总裁、建工北横通道联合党委书记、总指挥蔡国强，集团副总经济师、总承包部总经理张锦彬，集团工会副主席张超等领导出席会议。

（余轶群）

【上海建工集团召开浦东机场卫星厅工程立功竞赛动员会】 8月25日，由上海建工集团承建的浦东国际机场三期扩建工程、卫星厅工程、捷运车站工程召开项目工程立功竞赛动员会，

上海市物业管理行业举行岗位练兵比武大赛（钱 蓉）

集团党委副书记、总裁杭迎伟，副总裁林锦胜，工会副主席张超，生产经营部副处长周蝶虎，二建集团、七建集团、安装集团、基础集团、机施集团、材料公司和总承包部领导、工会主席、工作组组长、项目经理等50余人参加会议。会上杭迎伟宣读了《关于组建上海建工集团股份有限公司浦东机场三期扩建工程联合党委及有关人员任职的决定》，并对参建单位提出要求。林锦胜与各参建单位代表签订工程节点责任状。张超宣读《关于开展浦东机场卫星厅工程“精品杯”立功竞赛活动的实施意见》。各参建单位领导作表态性发言。（余轶群）

【市水务局“防汛减灾预报技术比武”活动暨水利学会学术交流会圆满完成】 3月9日，市水务局工会、市水务局科技委举办“防汛减灾预报技术比武”活动总结交流会，市水务局防安处、科信处、组织人事处、各参赛单位和水利学会代表共计60人参加会议。会议对2015年比武活动进行总结，对14名优胜选手及单位进行表彰，同时邀请国家海洋局东海信息中心主任、教授级高工龚茂珣对2家单位的技术总结和5篇优秀论文交流进行点评。市水务局、市海洋局总工程师周建国对比武活动给予充分肯定，并就2016年度的“防汛减灾预报技术比武”活动提出5个方面的工作要求。（王佐仕）

【市金融工会召开立功竞赛活动总结交流会】 5月27日，上海金融系统五一劳动奖状（章）、工人先锋号表彰会暨金融职工立功竞赛活动总结交流会在中国金融信息中心召开。参加上海金融工会两项竞赛活动的单位达288家，参赛一线员工达14万多人，覆盖3500多个营业网点。竞赛活动依托和发挥银行、证券、保险、期货、基金等同业公会的平台优势，根据行业特点，分类实施、层层推动，基本达到上海金融窗口网点的全覆盖。会议表彰上海金融系统五星级“优质服务网点”“优质服务明星”，颁发优质服务特色奖、职工建功奖、技能奖和立功竞赛活动优秀组织奖。市总工会副主席何惠娟出席会议并讲话。市金融党委、市金融办、人民银行上海总部、金融监管部门和金融同业公会负责人，金融机构分管领导和工会、团组织负责人、获奖集体（个人）、职工代表等200多人参加会议。（丁　宁）

【第二届上海高校青年教师教学竞赛决赛圆满落幕】 5月27—29日，市总工会、市教卫工作党委、市教委在上海师范大学举办第二届上海高校青年教师教学竞赛决赛，来自上海59所高校的213名优秀青年教师参加比拼。市总工会副主席何惠娟、市教卫工作党委副书记沈炜、市教委副主任王平等竞赛组委会领导出席竞赛活动，并现场巡视、指导、观摩竞赛工作。42名本市高校的知名专家、教授应邀担任竞赛评委。第二届上海高校青年教师教学竞赛以“青春在讲台”为主题，以爱岗敬业为引导，以加强青年教师教学基本功和能力训练为重点，以“上好一门课”为竞赛理念，促进广大青年教师进一步更新教育理念和应用现代教学方法。本届竞赛共设人文科学、社会科学、自然科学基础学科、自然科学应用学科、非语言类外语教学学科和高职高专综合学科6个组别。在参赛的213名选手中，具有高级职称的55名，占参赛总数的26%；具有研究生以上学历的199名，占参赛总数的90%；女教师150名，占参赛总数的70%。经过3天的决赛，人文科学、社会科学、自然科学基础学科、自然科学应用学科4个组别的10位选手入选6月5日在上海师范大学举行的第三届全国高校青年教师教学竞赛选拔赛。（朱小娟）

【第三届全国高校青年教师教学竞赛总结大会在华东师大举行】 8月31日，庆祝教师节暨第三届全国高校青年教师教学竞赛总结会在华东师范大学中北校区举行。第三届全国高校青年教师教学竞赛决赛由中国教科文卫体工会主办，上海市教育工会和华东师范大学承办。中华全国总工会书记处书记田辉，竞赛组委会副主任、中国教科文卫体工会主席王科，教育部机关服务局局长、中国教科文卫体工会常委葛振江，中国教科文卫体工会副主席陈志标，中国教科文卫体工会巡视员钱磊，上海市总工会副主席何惠娟，竞赛组委会副主任、上海市教卫工作党委副书记、市教育工会主席沈炜，上海市教育工会常务副主席王向群，华东师范大学党委书记童世骏以及全体参赛选手、评委、监委等参加会议。本次大赛分设文、理、工科3个组别，每个组别根据选手得分评出一等奖5名、二等奖10名、三等奖16名，31个参赛省市自治区的教科文卫单位和华东师范大学获优秀组织奖。上海市共有三名教师进入决赛，分获文、理科组一等奖和工科组二等奖，并已按程序推荐申报上海市五一劳动奖章。（朱小娟）

【市民政局工会深入开展群众性劳动竞赛活动】 2016年，市民政局工会围绕上海民政“十三五”发展规划，组织局属各基层工会开展以“当好发展主力军，建功民政‘十三五’”为主题的劳动竞赛，为广大职工群众搭建施展才能、创造业绩的舞台。各基层工会以推动工作创新、管理创先、服务创优、效益创佳、精神文明创水平为目标，结合实际开展多种形式的劳动竞赛。局工会在“五一”前夕，表彰一批为上海民政创新发展做出积极贡献的先进集体，授予上海市儿童福利院玫瑰园四组等17个班组（科室）上海市民政局“工人先锋号”荣誉称号。（胡积伟）

【市监狱管理局工会配合主业开展岗位练兵活动】 为推进现代监狱警务机制建设，市监狱管理局工会配合监狱主业开展各种岗位练兵活动。一是开展2016年全局民警职业技能竞赛，竞赛方案成功通过市级专项表彰申报答辩会；二是与政治部等联合举办2016年民警职业技能竞赛，全年开展监组讲评、病犯日常管理、情报耳目选用、劳动现场管理、减刑假释暂予监外执行办理等5项技能竞赛，在此基础上开展干警职业技能竞赛总决赛，决出总冠军。三是与教育培训处、警校共同编印《民警五项职业技能竞赛操作手册》，下发基层单位。四是联合局装备处举办“百日安全警务驾驶技能比武”活动，局属单位的60余人参加了技能比武，提高驾驶员驾驶技能和应变处突能力。2016年，市监狱管理局被市总工会授予“上海市五一劳动奖章”1名，“上海市五一劳动奖状”

2个,"上海市工人先锋号"3个。

（江海群）

【百联集团工会启动"i百联,人人惠"主题劳动竞赛活动】 6月12日,百联集团工会召开工会主席专题会议,启动"i百联,人人惠"主题劳动竞赛活动。i百联平台推出的"人人惠"项目是集团O2O商业模式下职工口碑营销的创新项目,即通过移动互联网的社交和分享功能,让职工参与到i百联平台的推广中来,达到增加注册会员、促进销售业绩、获取个人奖励的目的。本次劳动竞赛将通过"发展会员数""会员订单数(首单+复购)""会员订单金额数(首购+复购)"等指标来评选各类奖项。该竞赛启动后3个月内,累计发展会员683990名,实现线上首单销售39318笔,实现销售金额4140413元,有效助推集团的互联网创新业务。（姜　杰）

【上海联通召开年度劳动竞赛启动大会】 3月24日,上海联通隆重召开2015年度先进表彰暨2016年度劳动竞赛启动大会。大会总结表彰过去一年在公司发展事业中作风扎实、业绩突出的先进集体、最佳员工、优秀管理者和优秀员工,以及在2015年上海联通劳动竞赛活动中取得突出成绩的优秀集体,同时部署"聚焦十三五岗位立新功"上海联通2016年劳动竞赛、技能比武系列活动整体工作。公司领导班子及获奖集体及获奖员工210人参加了大会,各基层单位和基层工会通过视频方式参加。

（康　迪）

市监狱管理局举办2016年度干警职业技能竞赛总决赛　（孙伟忠）

【中国商飞上海飞机设计研究院工会劳动竞赛激发型号攻坚活力】 上飞院工会2016年针对项目研制重点任务和重大节点,会同项目管理部门组织开展专项劳动竞赛。分别与大客项目部、ARJ21项目部和宽体项目部联合开展"大型客机拼首飞""支线飞机保运营"和"宽体客机谋立项"劳动竞赛,共有97个团队2000余人参赛,有效地激发广大职工奋战"三大战役"的激情和干劲,提升工会工作对型号研制的融入度和贡献力。为确保劳动竞赛工作落到实处,一方面,加强组织保障,建立领导小组,开展中途检查,加大宣传鼓动,及时评选表彰;另一方面,开展调研、座谈、走访慰问等,倾听职工心声,精准把握职工需求,为职工排忧解难,帮助职工安心从事科研生产攻关。同时注重物质奖励与精神奖励相结合,使职工感到劳有所得,功有所奖,绩有所扬,充分调动了职工参与劳动竞赛和型号攻坚的积极性、主动性和创造性。（闻夏芳）

【中国商飞上海飞机制造有限公司工会开展"五保"劳动竞赛】 年初,工会发文《关于开展上飞公司2016年度"力保型号节点　打赢关键会战"劳动竞赛的通知》,旨在贯彻中国商飞公司以及上飞公司全年工作部署,推动全面完成上飞公司2016年工作会议提出的各项科研生产任务,通过开展"保质量、保安全、保成本、保运作、保首飞"群众性劳动竞赛,激发广大职工团结协作攻坚克难、保质保量完成型号研制生产任务的信心和决心。年内,各部门针对任务节点开展专题活动。8月15日至12月21日,飞机总装车间先后组织开展"C919 10101架OATP试验完成、发动机开车、交付试飞中心"等主题劳动竞赛;9月1日至12月23日,飞机部装车间组织开展"攻坚克难保气密,齐心协力清支架"主题劳动竞赛。12月15日,公司工会召开专项劳动竞赛总结会,飞机总装车间党政负责人、分工会主席、职

百联集团工会启动i百联主题劳动竞赛活动　（张广韬）

工代表，飞机部装车间分工会主席及职工代表参加。（朱逸欣）

【临港集团“降本增效、共助科创”劳动竞赛成效显著】 2016年是临港集团全面发展的开工年，固定资产投资总量约85亿元的园区重点项目开工。在临港集团总裁室的支持下，集团工会组织临港集团系统22家企业以“降本增效、共助科创”为主题开展劳动竞赛活动，竞赛覆盖临港各个园区的开发主体，涉及职工2500多人。7个多月的竞赛共形成了27份有特色、可推广的优秀案例和22份经验交流报告，竞赛经济效益明显。开发公司在竞赛中强化在建项目设计管控，从2栋在建项目上增加建筑面积约8.8万平方米，使得项目成本节省约5280万元；浦江公司在政府规定范围内，通过促进产业转型提升2个未建设地块的容积率，仅此一项可增加公司房屋销售收入约30亿元，租金每年增加约1.7亿元，整个控规调整过程仅用时2个半月。此外，还有很多案例在项目规划、项目建设、内部管理、招商服务等方面都实现突破和创新。在竞赛过程中涌现的先进集体和个人被授予8项上海市五一劳动奖状、奖章和工人先锋号荣誉。（陈 浩）

【号码百事通开展APP体验竞赛】 根据集团“关于开展号码百事通APP体验竞赛的通知”要求，8月1日体验竞赛开幕。在集团公司工会组织下，号百公司借集团公司工会召开的7省岗位创新研讨会之机，由公司工会主席刘苏南带队，赴安徽进行号码百事通APP体验竞赛推进宣讲。号码百事通APP通过连接可信商家的O2O服务，为各省工会深入开展“四小”建设提供平台和资源。员工参与体验竞赛，可享受平台所提供的贴近生活的家电维修、购买电影票等优惠服务。员工通过竞赛，既获得了对新业务的感知，又有机会获得高额积分奖励，各省公司还可依托本次竞赛平台，与相关业务相结合，共同推进提高，一举多得。（沈 匀）

【申通地铁集团开展轨道交通建设立功竞赛】 2016年是轨道交通超大规模网络建设的布局年，在建轨道交通线路10条，共216公里，年度实际完成投资额315.5亿。轨道交通赛区围绕市立功竞赛“四坚持、四确保”目标要求，突出“安全、质量、创新、民生”竞赛主题，针对建设任务重、难、险课题，开展立功竞赛活动。一是年初围绕中心工作，制订竞赛总体目标，并对新一轮轨交建设立功竞赛活动进行详细规划。二是召开年度工程建设推进会，以指挥部月度例会、安全质量联席会议为载体平台，定期加强沟通。三是以《轨道交通立功竞赛管理规定》为准绳和抓手，对竞赛组织工作进行全方位指导和监督。四是将上一轮竞赛中涌现出来“创新、创精、创优”的先进经验、示例汇编成《立功竞赛成果集》。竞赛获得显著成效，3名职工获市五一劳动奖章，6个集体获市工人先锋号。李鹃伟、严如珏2位职工获“上海工匠”称号，2位职工获“上海工匠”提名奖。（李雯琪）

职工创新

【概要】 2016年围绕上海加快建设具有全球影响力的科技创新中心的总体要求，市总工会广泛深入开展职工创新行动。一是搭建活动平台、营造联动效应。联合市发改委、市教委、市科委、市人社局、市知识产权局、团市委、市科协等单位，举办以“岗位建功，创新圆梦”为主题的2016年上海职工科技活动周，集中展示职工创新成果，表彰职工创新典型。开展职工合理化建议和先进操作法优秀成果征集命名活动。二是强化示范引领、注重面向基层。举办“2016上海非公企业职工科技创新成果网上展”，集中展示近年来16个区非公企业开展群众性科技创新活动的成果。举办第二十八届上海市优秀发明选拔赛，指导职工优秀创新成果参评市科技进步奖，命名第六批“上海市劳模创新工作室”。三是提升技术素养、扩大辐射范围。举办劳模工作室创新研修班，集中学习创新思维方法和技术创新观念，学习优秀管理办法和申报发明创新成果的途径等，提升创新能力。举办11期职工知识产权工作培训班，开展包括专利知识普及、专利申请实务、专利权行使和保护等在内的专题培训。深化“职工科普讲师团进企业”活动，采取“菜单式”上门服务的方式，组织讲师团成员到企业做报告。（于 劼）

【上海职工科普讲师团进企业作报告】 2016年，市职工技协采取菜单式服务方式，组织26名由生产、科研和教学领域内颇有建树的专家教授、著名劳模等组成的职工科普讲师团成员，进企业作报告26场，以立足岗位创新的切身体会和专业实践者的丰富知识宣传职工，弘扬科学精神，普及科技知识，听讲职工5000余人。（潘 燕）

【举办2016年上海职工科技周】 5月18—25日，上海职工科技周在2016

5月18日，上海职工科技活动周开幕式（吴良荣）

全国和上海科技活动周期间举行。活动由市总工会、市科委、市经信委、市人社局、市国资委、市知识产权局和市科协等7家单位联合举办，以“岗位建功，创新圆梦”为主题，从市、区局（产业）和基层单位3个层面开展多种形式的技术学习、技术交流、技术练兵、技术创新等群众性科技创新活动。市级层面举办了上海职工创新大会、第二十八届上海市优秀发明选拔赛总结表彰会、上海非公企业科技创新成果网上展、李斌创客论坛以及“科普讲师团进企业”等活动。各区局（产业）和基层单位结合实际，围绕普及科技知识、提高科学素质，深化创新实践、推动岗位创新，提升技能素质、培育创新人才，加强机制建设、构建服务平台等内容，集中举办职工先进操作法现场展示交流，职工合理化建议“金点子”“五小”成果征集、发布，职工职业技能比武等活动153项（次）。

（潘燕　于劼）

【市职工技协举办非公企业职工科技创新成果网上展】 5月18日，市职工技协在“东方网”“上海职工科技创新网”上举办“2016年上海非公企业职工科技创新成果网上展”，通过视频、图像和文字等多种形式，集中展示了本市16个区县的533家非公企业开展的83项职工创新活动、237名职工创新人物和355项职工技术创新成果。

（潘　雁）

【29项职工创新成果获得国际发明展奖项】 11月17—20日，第九届国际发明展览会在江苏昆山国际会展中心举办，市职工技协推荐40个非公企业职工发明项目参展。经过展会评委专家的评审，29个参展项目获奖，其中上海奥威科技开发有限公司“车用高能量电容系统”等8个项目获得金奖；上海优山美地环保科技有限公司“智能家庭空气净化器”等9个项目获得银奖；上海耀江实业有限公司“门窗玻璃破碎定位报警系统”等11个项目获得铜奖；柏美迪康环境工程（上海）股份有限公司“生物纳膜抑尘系统”获得日内瓦发明展览会奖，上海市职工技术协会荣获优秀展团奖。

（潘　雁）

【上海市第二十八届优秀发明选拔赛成绩显著】 第二十八届上海市优秀发明选拔赛，共有350余家基层单位的6000多名一线职工报名参赛，参赛项目1465项，其中职务发明777项，非职务发明91项，青少年发明235项、职工创新技术成果362项。按照《上海市优秀发明选拔赛评审办法》，市职工技协组织评委会专家分别对参赛项目进行初审（资格审查）、复审（专业评审）和答辩终审，同时开展选拔赛金奖入围项目公示点赞活动。经评审，共有579个项目获奖，其中优秀发明金奖63项、银奖107项、铜奖177项，职工创新成果金奖31项、银奖45项、铜奖78项、入围奖78项。

（谢　磊）

【6个职工创新项目荣获上海市科技进步奖】 2016年，市职工技协根据市科委上海市科学技术奖推荐工作要求，从本市职工优秀发明成果中遴选了11项一线职工的职工技术创新项目，推荐参加上海市科技进步奖“工人农民技术创新组”的项目评审。经市科委有关部门受理推荐、形式审查、公示、专家评审，最终6个职工创新项目荣获2016年度上海市科技进步奖。其中，宝钢股份有限公司热轧厂张仁其的“热轧粗轧板形自动调控及质量提升技术”项目获得上海市科技进步奖二等奖，上海隧道工程有限公司李鸿的“超大直径泥水平衡盾构施工工法创新及应用”、上海市城市建设设计研究总院刘银宝的“光电技术在测定土的变水头渗透试验中的应用”、上海梅山钢铁股份有限公司季益龙的“实现焦炉高环保、高效率的应用技术”、国网上海市电力公司检修公司李海的“基于PXI总线技术高压电缆检修移动平台研制与应用”、上海神舟汽车节能环保股份有限公司胡振球的“具有卸料抑尘功能的树叶粉碎清扫车的研发与应用技术”等5个项目获得上海市科技进步奖三等奖。

（潘　雁）

【市职工合理化建议和先进操作法优秀成果征集命名活动成效显著】 2016年，由市总工会、市科委和市经信委联合组织开展的上海市职工合理化建议和先进操作法优秀成果征集、命名活动，共收到96家区局（产业）工会申报的394项职工合理化建议成果，288项先进操作法成果。经专家评审和网上投票，上海振华重工（集团）股份有限公司的《门机总装桥吊技术研究及生产线建设》等20项合理化建议被命名为上海市职工合理化建议优秀成果，华泾镇社区卫生服务中心的《“安全马甲”在老年住院患者易跌倒人群中的应用》等20项先进操作法被命名为上海市职工先进操作法优秀成果；授予上海清美绿色食品有限公司的“将传统豆腐干压机由液压改进为气压”等269项合理化建议为上海市职工合理化建议项目创新奖，丰益（上海）生物技术研发中心有限公司的“棕榈油分提降温程序自动控制技术”等151项先进操作法为上海市职工先进操作法创新奖。（王奇峰）

【市总工会命名第六批上海市劳模创新工作室】 9月，市总工会启动第六批上海市劳模创新工作室选树工作，49个区局（产业）工会推荐申报83家劳模创新工作室参加。经推荐初审、评审发布等环节，张金秀慧生活劳模创新工作室等50家劳模创新工作室被命名为第六批上海市劳模创新工作室。

（于　劼）

【上海工会管理学院举办第四期劳模创新工作室研修班】 12月12—14日，市总工会在工会学院举办第四期劳模创新工作室研修班，64位来自全市各区、行业和系统的劳模创新工作室领衔人和主要负责人参加为期3天的研修培训。培训期间，知名劳模、市政府参事包起帆以及来自同济大学、工会学院等专家学者，为学员讲授了创新与超越性思维、创新成果管理、职业形象设计与管理等课程。学员还实地参观学习辰山植物园胡永红劳模创新工作室和上海船舶运输科学研究所瞿辉交通信息技术劳模创新工作室的优秀管理办法与主要科研成果。学员们纷纷表示研修班让自己开拓视野、增长见识、受益匪浅，对于进一步推进劳模创新工作室工作、发挥劳模创新工作室作用充满了信心。

（常　青）

【上海市劳模创新工作室创建工作现

12月12日，市总工会举办上海市劳模创新工作室推进工作现场会
（常　青）

场推进会举行】 12月12日，市总工会和市建设交通工作党委举行上海市劳模创新工作室创建工作现场推进会。会上，中建八局、上海海事局、辰山植物园胡永红劳模创新工作室、绿色建筑与建筑节能劳模创新工作室联盟分别从党委、工会、劳模创新工作室和联盟4个角度进行了经验交流。市建设交通工作党委书记崔明华和市总工会副主席何惠娟共同为“绿色智慧交通”劳模创新工作室联盟揭牌。
（常　青）

【浦东新区总工会推动高技能创新人才建设工作】 围绕职工先进典型引领，浦东新区总工会加强劳模创新工作室创建工作。2016年培育建成14家区级劳模创新工作室，推动3家争创市级劳模工作室，推动4家争创市级首席技师创新工作室。组织实施“浦东工匠”培养选树计划，向市总工会报送5名“上海工匠”人选，区级层面选树培育30名来自全区各行各业，具有突出工艺专长、掌握高超技能、体现领军作用、做出突出贡献的“浦东工匠”。积极挖掘科技创新人才，组织动员296名一线职工参与科技创新英才与工人发明家评选。此外，区总工会为落实职工技能培训保障，以用足用好地方教育附加专项资金为抓手，鼓励企业积极开展职工职业技能类、专业技术类、岗位能力和综合素质类等培训项目，不断深化职工素质提升工作。
（陈　维）

【普陀于井子工作室晋级市劳模创新工作室】 2016年，于井子“八心”护理创新工作室成功晋级上海市劳模创新工作室。于井子护理小组成立于2003年9月，是全市首家以优秀护士名字命名的护理小组，目前共有成员20人。工作室一贯秉承“以人为本”护理理念，首创融病理、生理、心理护理为一体的“八心”人性化护理法；首创微课堂、微手册、微平台“三微”健康宣教模式。工作室曾先后获得全国工人先锋号、全国巾帼文明岗、全国青年文明号、全国用户满意明星班组等荣誉。
（陆　蕾）

【李斌至宝山区钢之杰公司作“岗位创新”专题报告】 4月8日，由市职工技协服务中心和宝山区总工会主办的上海职工科普讲师团进企业活动在上海钢之杰钢结构建筑系统有限公司举行。全国著名劳模、上海市总工会兼职副主席、上海液压泵厂高级技师李斌应邀到钢之杰的生产车间，为250多名一线职工做《努力成为专家型一线职工》的报告。
（宋　松）

【江川路街道总工会成立“工匠”创新沙龙】 闵行区江川路街道总工会利用区域化工建平台，推动成立江川“工匠”创新沙龙，将上海锅炉厂有限公司赵黎明、上海航天设备制造总厂金红新、上海米其林轮胎有限公司朱强作等先进典型人物聚集在一起，组织引导工匠积极参与“高师(名师)带徒”活动，通过教绝招、传技能、带高徒，把个人的技术成就变成职工的职业技能，让工匠精神薪火相传，促进企业创新创造、推动工匠培育工作。
（金　靓）

【闵行职工发明项目获得第九届国际发明展览会奖项】 11月17—20日，第九届国际发明展览会在昆山国际会展中心举行，闵行区总工会在本区职工发明项目中甄选出55个项目组团参展，斩获金奖7个、银奖12个、铜奖17个。近年来，闵行区总工会致力于开展职工科技创新活动，着力建立职工技术创新工作机制、定期交流研讨的活动机制、申报评审表彰为一体的评价体系和奖励机制，将创新创造和“工匠精神”有机结合，先后评选出闵行工人发明家和创新英才153人。
（毛胜楠）

【嘉定职工创新馆开馆】 11月11日，在嘉定区工人文化宫奠基5周年之际，区总工会隆重举办嘉定职工创新馆开馆仪式。嘉定区总工会党组书记、副主席金伟荣为嘉定职工创新馆开馆致辞。中共嘉定区委常委、组织部部长周文杰，嘉定区人大常委会副主任、区总工会主席陆晞为5个职工创新工作室授牌。中共嘉定区委副书记周金林为首批“上海工匠”、上海连成(集团)有限公司双吸泵产品经理王梅颁发荣誉证书。“上海工匠”王梅代表全区职工创新工作室向广大职工发起“职工岗位创新”倡议。嘉定职工创新馆展出的30项创新成果，聚焦嘉定四大新兴产业集群，全部来自职工的岗位创新。嘉定职工创新馆以“工匠精神”为灵魂、“岗位创新”为主题、“一线职工”为主角，引领职工发挥主力军作用。
（黄点点）

【青浦区杨伟英劳模社会治理创新工作室创建启动】 8月3日，“杨伟英劳模社会治理创新工作室”创建启动仪式在青浦区盈浦街道党建服务中心举行。该工作室是一个以劳动模范杨伟英为领军人物，周小明等4位劳模为顾问，街道相关职能部门人员为成员，基层社区干部为学员的工作团队，工作宗旨是创新社区治理的方式方法，形成工作模式，为社区创新工作搭建平台，提高社区工作者的自主创新能力，提升社区服务和管理水平。

（朱建强）

【市机电工会开展历年优秀合理化建议征评活动】 6月22日，上海电气（集团）总公司、上海市机电工会联合发文，在上海电气系统开展历年优秀合理化建议项目征集评选活动，“检阅”近10年来优秀合理化建议成果。通知要求，凡在2005年至2015年期间，曾被机电工会、上海电气集团股份有限公司工会评为合理化建议一、二、三等奖，还在应用的项目；凡在2005年至2015年期间，曾被上海市总工会等上级工会评为优秀合理化建议，还在应用的项目；凡在2005年至2015年期间，虽未被评为上述奖项，但还在实际应用并经企业党政工确认，在实际应用中确实对企业的生产、技术、管理水平和经济效益的提高具有促进作用的合理化建议项目，均可参与评选。此次开展历年优秀合理化建议项目征评，旨在推进合理化建议评审机制、应用机制、激励机制、后评估机制建设。

（彭伟光）

【上海汽轮机厂举办职工科技创新月活动】 5月，上海汽轮机厂举行第十届职工科技创新月活动，在职工中开展“绝技绝活”征集评选、“双师结对”、合理化建议评选、技能系列比赛、厂首席技师工作室项目攻关、三维设计及创意创新大奖赛等活动。上海汽轮机厂自2007年9月举办第一届“职工科技创新月”以来，已举办十届。厂工会坚持“小、快、灵”的活动形式，吸引了5000余人次职工参与，并取得包括市级奖项180余项、局级奖项74项、一线职工专利12项等各类科技创新成果500余项，培养一批优秀的创新人才，为企业转型发展提供了强劲的动力。

（王　勇）

【上海仪电首届员工创新创业大赛（创业孵化项目）圆满收官】 上海仪电首届员工创新创业大赛（创业孵化项目）启动以来，经历报名、初赛、沙龙、复赛和商业模式训练营等环节，受到集团各方关注，获得创业投资界的支持。近10位知名投资人担任决赛评委。从复赛起，“可可空间”就给予组委会很多技术和经验上的支持，特别为组委会提供了“可可空间”6个工位、为期6个月的免费入孵使用权。活动中，仪电双创大赛组委会与“可可空间”正式签署《入孵合作框架协议书》，开启了更加广阔的合作大门。上海仪电首届员工创新创业大赛活动秉承仪电“创新求变”的发展意识，营造了员工创新创业的氛围，获奖项目更有机会孵化落地，同时发挥创新人才的示范引领作用，促进了集团的创新体系建设。

（鲁守华）

【华谊集团低头捡黄金活动收到隐患建议4720条】 市化学工会以“万名员工安全环保万里行”系列活动为主线，深入开展“低头捡黄金”活动。工会会同集团安环部制定以“万名员工安全环保万里行”系列活动和安全宣传月、安全合理化建议专题方案，并将“低头捡黄金、有奖查隐患”贯穿于整个活动的始终。为积极鼓励广大职工参与“低头捡黄金、有奖查隐患”竞赛活动，竞赛办公室坚持每月评审、每月奖励兑现。全年共收到子公司提交的员工查隐患建议4720条，有4701条建议获得各类奖励。

（张雪莲）

【市纺织工会指导创建贡智勇“机械自控”技师创新工作室】 4月12日，上海申达科宝新材料有限公司贡智勇“机械自控”技师创新工作室揭牌成立。贡智勇“机械自控”技师创新工作室是纺织“十三五”期间创建的首家技师工作室。工作室将发挥技师团队作用，围绕申达科宝公司的重点工作和重大项目进行攻关，努力完成“国产测厚仪与进口设备材料重量自动化调整”和“PVC混料系统中关于解决混料均匀性的自动化控制改进”2个重点项目。

（郑鹞峰）

【国网上海电力公司多名职工在上海市创新发明比赛中获奖】 2016年市电力公司选拔推荐的25个项目获得第二十八届上海市优秀发明选拔赛奖项。其中，电科院罗祾发明的“基于信息物理系统的移动电能质量监测平台”获优秀发明金奖；电科院司文荣发明的“基于状态响应检测的变电站接地网故障诊断技术”获职工技术创新成果金奖；青浦公司、华东送变电、上海送变电、松江公司等单位推荐的6个项目获银奖；浦东公司、检修公司、信通公司、市北公司等单位推荐的12个项目获铜奖；电力医院、嘉定公司、金山公司等单位推荐的5个项目获得职工技术创新入围奖。（陈　纯）

【国网上海电力公司召开职工技术创新工作推进会】 5月27日，公司职工技术创新工作推进会暨劳模（职工）工作室创新联盟启航仪式在检修公司召开。市总工会副主席何惠娟出席会议并参观上海电力职工技术创新

上海汽轮机厂在首席技师创新工作室举行攻关项目招标活动（王　勇）

成果展以及杨庆华劳模创新工作室。公司党委书记张俊利，副总经理、工会主席黄良宝，浦东公司党委书记娄为出席大会。会上，与会代表观看了巡礼片《深化职工技术创新、构筑建功立业平台，为促进企业科学发展注入不竭动力》，宣读表彰公司荣获第二十八届上海市优秀发明选拔赛的获奖代表，命名公司首批8个职工创新工作室。（潘 锋）

【上海电力建设工会开展职工五小成果征集活动】 2016年"智慧能量"职工五小成果发布活动，经组织发动、基层选送，共征集"五小"成果26项。公司工会举办发布会，通过现场PPT演讲，当场回答专业评委提问等评审环节，《压制不锈钢T型钢工艺的改进》成果获得一等奖；《自行设计卸载支撑体系进行大跨度悬挑钢结构卸载》《〈生物处理活性污泥法〉缩短工业废水处理周期》和《协调控制系统在母管制汽包锅炉+抽背式热电联产机组上的优化应用》成果获得二等奖，另有8项成果获得三等奖。上述获奖成果中，2项获"第二十八届上海市职工优秀发明选拔赛"优秀发明铜奖；1项成果获得"第二十八届上海市优秀发明选拔赛职工技术创新"银奖；1项成果获"上海市职工先进操作法创新奖"及"上海市职工合理化建议项目创新奖"；1项成果获"上海市职工先进操作法优秀成果"。（傅 诚）

【上海电力安装第二工程公司工会开展提质增效"金点子"活动】 2016年公司工会开展以提质增效"金点子"为主题内容的合理化建议征集活动，得到广大员工的积极响应和参与，员工从不同岗位出发，围绕管理提质、节能增效、创新降耗、循环利用等方面，提出有实际应用价值和可操作性的建议。经过各基层工会参与评审，产生了十佳"金点子"。（张 钧）

【上海电力建筑工程公司工会发挥技师创新工作室作用】 2016年，公司工会针对公司承建的市重大工程奉贤燃机电厂等17个国内项目和菲律宾电厂等3个海外项目工程规模大、施工难度高、技术含量高的生产实际，积极发挥黄耀丰技师创新工作室成员的作用，利用"微课堂""微建议"等平台，给职工授课辅导，提升职工技术技能素质。同时参与制订研究课题，开展新技术推广，并及时进行技术总结和参与行业标准及施工工法的编写，形成一套完整的技术工艺体系，一批行业领先的技术成果获得认可。2016年"黄耀丰技师创新工作室"被市职工技协命名为上海市技师创新工作室。工作室创新成果《自然通风冷却塔淋水构件现浇移动支撑体系研究与运用》获得中国电力建设集团有限公司科学进步奖二等奖，《玻璃钢烟道安装施工工法》等5项工法获得中国电力工法的荣誉称号，《控制烟囱圆形烟道口截面尺寸》获得了中国电力建设优秀QC成果一等奖的荣誉称号，《电厂冷却塔淋水构件现浇移动支撑体系与运用》获得了第二十八届上海市优秀发明选拔赛职工技术创新成果铜奖。（杜英宏）

8月26日，上海电建召开"智慧能量"职工五小成果发布会（傅 诚）

【宝武集团持续深化职工岗位创新活动】 9月份，集团工会、人才开发院、企业文化部、团委联合举办主题为"智·工匠、慧·创新"的第七届员工创新日活动，表彰创新先进，共话"工匠精神"，积极营造员工创新创效浓厚氛围。2016年，集团向孔利明、韩明明、杜国华等3名退休宝钢工人发明家颁发了"资深荣誉创新志愿者"证书；王军荣获"中华技能大奖"，8人获"全国技术能手"称号；宝钢股份孔利明、王军、王康健荣获首批"上海工匠"称号，朱有发获湖北省首届"荆楚工匠"称号，龚九宏获武汉市首届"大城工匠"称号；开展两年一届的宝钢工人发明家评选工作，共评选出11名第五届宝钢工人发明家，进一步充实了职工岗位创新人才梯队。拥有自主管理(JK)小组10688个，职工经济技术创新小组2487个，共有3.65万名职工参与创新小组活动。全年共提出合理化建议13.6万条，实施11万条，创经济效益12.6亿元；岗位创新申请专利1995件，其中发明专利1063件；产生技术秘密1990件；命名先进操作法718项。（徐 卫）

【宝武集团组团参加发明展获佳绩】 2016年工会组织一线岗位创新能手组队参加第115届巴黎国际发明展，9个参展项目分别获得1银、5铜与3项列宾奖的成绩。组织参加第二十八届上海市优秀发明选拔赛，宝钢一线职工夺得了31个优秀发明奖项，其中金奖5项、银奖12项、铜奖14项；斩获职工技术创新成果68项，其中金奖2项、银奖5项、铜奖22项、入围奖39项。11月，宝武集团重组后首次亮相第九届国际发明展，135个参展项目共获得23金、30银、33铜，成为所有展团中获得金奖最多的企业。宝武集团一线工人陈杰的创新项目荣获上海市科技进步二等奖，这是宝武职工连续4年获得上海市科技领域的最高奖项。（徐 卫）

【宝武集团举行女职工岗位降本、岗位创效"玫瑰坊"活动】 3月7日，集团公司举行主题为"在历练中成长，在严冬中绽放"的2016年纪念"三八"国际劳动妇女节女职工岗位降本、岗位创效"玫瑰坊"活动。来自集团公司不同领域、不同岗位的女职工走上舞台，分享她们在岗位上的勤俭有为，在用户服务中的甜酸苦辣，在成长道路上的坚韧不拔，用特殊的方式纪念"三八"妇女节。会议还对上海市"巾帼文明岗"先进集体、上海市"巾帼建功标兵"先进个人，集团公司"玫瑰培育奖""玫瑰绽放最佳实践奖"等获奖集体和个人进行表彰。同时，宝钢股份"洪华创新工作室"荣获上海市首批"五一巾帼创新工作室"称号。 （李士伟）

【上海航天局3个"领航者"项目晋级中国创新创业大赛军转民大赛决赛】 8月30日北京举行的第五届中国创新创业大赛军转民大赛半决赛中，上海航天局首届"领航者"职工创新创意大赛优秀项目表现优异。经专家严格评审，并经组委会审核，从100个晋级半决赛的项目中评选出15个优秀项目晋级决赛。航天局803所"大推力高频响的伺服电动缸"、805所"自适应管道内移动检测机器人"、805所"机器人双输入差速驱动器"等3个项目脱颖而出，成功晋级决赛，占入围决赛总项目数的五分之一，取得历史突破性的优异成绩。中国创新创业大赛是国内规模最大、规格最高的双创赛事，大赛由科技部联合财政部、教育部、全国工商联共同发起，涵盖电子信息、互联网、先进制造、新材料、生物医药、新能源及节能环保等领域，通过全国各省、自治区、直辖市等推动，累计共有10万余项科技创新项目报名参赛。 （周　博）

【华虹集团召开2016科技创新大会】 12月22日，华虹集团党政工联合举办"华虹集团2016科技创新大会"，总结回顾过去几年华虹集团科技创新成就，明确未来的科技创新发展方向。会议对评选出的8项创新技术产业化杰出成果、15位科技明星、13篇优秀科技论文、16位知识产权申报先进个人和5位知识产权申报优秀组织者进行表彰和现场颁奖。 （汪　芸）

4月24日，上海航天局首届职工创新创意大赛决赛路演 （周　博）

【国药控股工会积极推动职工技术创新升级】 国药控股工会在职工中大力推进职工创新创效、技能登高工作，积极组织职工参与市总工会开展的合理化建议和先进操作法优秀成果征集命名活动。推荐申报的5个职工合理化建议项目全部荣获"2015年度上海市职工合理化建议项目创新奖"称号，占医药行业获奖项目的近一半。国药控股工会推荐由上海市劳动模范、高级技师滕晟领衔的国药物流精益创新团队获批首批上海市技师创新工作室。 （蔡文婕）

【上海铁路局深化职工技术创新活动】 2016年，上海铁路局围绕上海局建设成为全路先进的现代运输企业的目标任务，广泛开展"岗位立功，创新梦圆"合理化建议和技术改进活动，引导广大职工在推进安全、经营、建设、管理机制创新等重点工作中提出改革创新建议。全年共征集职工合理化建议和技术改进项目13000余条，采纳597条，评出合建成果100项。其中7个项目获2015年度上海市职工合理化建议和先进操作法优秀成果表彰，12个项目获第二十八届上海市优秀发明选拔赛优秀发明项目。 （严　密）

【上港集团工会聚焦技术创新开展职工创新活动】 一是以职工"五小"创新竞赛、金点子建议、职工操作法选拔等形式，组织广大职工围绕业务拓展、流程优化、安全生产、节能减排等开展创新活动，在岗位实践中发挥聪明才智。2016年，集团所属各单位在评选基础上共上报61项"五小"成果、12项职工先进操作法。二是全面推进"揭榜攻关"项目推广应用，与集团技术中心联合召开"揭榜攻关"项目推广应用专题会，确定项目的推广应用范围、时间节点、经费渠道等，明确各项目实施计划，"件杂货装卸工属具配置系统"等多个项目通过推广应用验收，项目成果在集团内成熟使用，使职工的首创精神得到进一步弘扬。三是积极向上海市推荐职工创新成果。集团所属振东分公司"轮胎吊移动诊断系统"荣获第二十八届上海市优秀发明选拔赛优秀发明银奖；盛东集装箱码头公司"双吊具边装边卸关键技术"荣获第二十八届上海市优秀发明选拔赛职工技术创新金奖；引航站"电子潮汐图表"荣获上海市职工合理化建议优秀成果奖；龙吴分公司"装载机综合熄火保护装置"荣获上海市合理化建议创新奖。 （王　辰）

【上港集团工会积极推进劳模创新工作室建设】 2016年，集团工会在11家原有的创新工作室和6家申报候选创新工作室开展自查工作的基础上，对其中4家原有创新工作室进行实地抽查，同时通过实地走访、听取汇报等方式对盛东国际集装箱码头公司贡军民等6家申报候选创新工作室根据“六有”要求进行创建评审，并根据评审结果，对贡军民等6家申报创新工作室命名、授牌。2016年度集团原有11家创新工作室共列出创新计划项目60项、6家申报创新工作室列出创新计划项目31项，91项创新项目涉及设备改造、技术革新、创新课题研究、操作法编写、师徒带教等多个领域，通过落实这些创新项目，对推进企业的创新工作发挥了积极的作用。集团所属上海港引航站周弘文劳模创新工作室还被评为上海市劳模创新工作室。（施文卿）

【中国电信上海公司客服中心工会开展合理化建议征集活动】 一是组织开展覆盖全员的“服务质量差距模型基础概念”学习活动，围绕“寻找差距，提升品质”，制订合理化建议征集的系列活动计划。二是围绕全面优化“中国电信上海客服——微信公众号”建议开展征集，收到员工建议95条，经初审有67条建议入围，经逐条细化分类评审，对可行的合理化建议立即采纳实施。对于需要后续协调解决的，则落实专人、专项负责推进。三是围绕“智能机器人服务业务”开展建议征集，促进“客户服务感知、业务发展能力、服务运营管理”的提升。（殷　茵）

【中国电信上海公司南区局工会举行“蒋旭明移动终端创新工作室”揭牌仪式】 中国电信上海公司南区局“蒋旭明移动终端创新工作室”是继吴文巍劳模创新工作室之后，南区局又一支创新团队。该工作室自2015年9月筹建后，共招募区局各部门的有志之士7人。同时制订工作室章程，拟定工作计划。2016年年底，借助政企行业微推会，开展服务活动，获得了较好反响。（殷　茵）

【中国电信上海公司信网部工会举行员工岗位“微创新”评审】 中国电信上海公司信网部2016年上半年度员工岗位微创新活动共收到37人次申报的32项成果，经过评审小组初审，评出12项入围。6月14日进行发布评审，经评委评定，云产品拓展中心黄谷明的《小微实验室，科创好助手》荣获一等奖，云产品拓展中心胡俊杰《LSN资费简单测算表》、IDC浦东运营中心杨凯宁、刘俊的《视频教学法》、IDC浦西运营中心董晓刚的《青浦腾讯数据中心应急预案族群》、响应交付中心唐晓东的《云数据机房交付测试》获得二等奖。另有7个项目获得三等奖。本次成果全方位体现了“微、全、新、专”的微创新特色，发布过程中，创新达人们与评委专家进行了充分的沟通交流，由黄谷明提议的“信网部小微实验室”也现场进行“能工巧匠”的招募。（殷　茵）

【上海机场集团两家技术型职工创新工作室授牌】 12月22日，“硕华创新工作室”和“曙华创新工作室”授牌活动分别在机场股份公司机电信息保障部和飞行区管理部的工作室现场举行。集团公司工会主席张永东，股份公司党委副书记、纪委书记、工会主席李育红为工作室授牌。“硕华创新工作室”2016年荣获上海市劳模创新工作室的称号，由上海市劳动模范潘硕华领衔，主要从事浦东机场信息化的技术创新工作。“曙华创新工作室”以劳务工技师李曙华为带头人，以助航灯具节能降耗、产品研发和技术创新为主攻方向，力争使“绿色”助航灯具全面适用于浦东机场。这2家工作室均属于股份公司2016年命名的第二批职工创新工作室。至此，股份公司共有各类创新工作室16个，均由劳模先进或技术骨干领衔。（李　挚）

上海机场潘硕华创新工作室获评上海市劳模创新工作室（李　挚）

【鲁中矿业公司工会启动创新工作室创建计划】 9月2日，鲁中矿业有限公司工会举行“创新工作室”授牌仪式，为13个公司级创新工作室授牌，全面启动“十三五”期间创新工作室创建计划。近年来，鲁中矿业工会积极搭建工作平台，结合岗位特点和自身实际，建立一批劳模、技师、职工创新工作室，充分发挥“传、帮、带”作用，为技术攻关、技术创新、降本增效、培育人才做贡献。（李宗峰）

【中建八局举办第三届BIM应用大赛】 12月9日，中建八局所属19个公司派出的项目代表队瓜分了第三届中建八局BIM应用大赛的所设奖项。中国工程院崔俊芝、肖绪文2位院士和来自中建协、上海市建交委、中建总公司和中建八局的12位专家出任了评委，并为获奖选手颁奖。自2014年开始，中建八局每年举办BIM应用大赛，旨在“以赛促推”，全面检阅全局BIM技术整体应用水平，推进BIM技术在全局设计、施工等业务领域的集成应用，同时对局属各单位的BIM工作提供更加专业化的指引，效果愈发明显。（王广滨）

【中建八局第四届劳模创新论坛在沪举办】 4月28日，中建八局第四届劳模创新论坛在沪举办。3个小时的论坛，有工作总结、有视频展播、有交流发言，内容丰富、有序高效。论坛

中国工程院崔俊芝院士为中建八局第三届 BIM 应用大赛获奖选手颁奖
（王广滨）

上，对总承包管理、超高层技术、建筑科技、绿色建筑、商务管理等5个创新工作室联盟和第四批14个局级劳模工作室进行了授牌，并对局2016年全国五一劳动奖章、上海市五一劳动奖状、上海市五一劳动奖章和上海市工人先锋号进行颁奖。（张　薇）

【中建八局建筑科技创新工作室联盟会议在沪召开】 11月28日，中建八局建筑科技创新工作室联盟会议在上海公司新洲大楼项目举行。市建设交通党委副书记田赛男，建设交通工会主任刘选游等与联盟所属单位工会主席，联盟成员负责人、代表及项目人员近40人参加会议。会议观看了局劳模工作室成果视频，分享全局工作室的经验做法和成果，围绕局“转型升级　提质增效”的目标，4个联盟成员单位就劳模工作室的创建工作和创新成果作了汇报。围绕局“工程总承包管理年”的要求，工作室代表及工作室所属工会主席就如何发挥劳模工作室的引领示范作用作交流发言。

（王　萍）

【光明食品集团职工科技创新活动成效显著】 2016年，光明食品集团工会广泛深入开展以“建功‘十三五’，再造新光明”为主题的科创劳动竞赛，一年来，职工科技创新活动硕果累累：由光明乳业青年科研团队研发的“莫扎里拉奶酪再制技术的创新与产业化”等2项职工科技成果，获得上海市职工技术创新成果奖；上海农场职工开发的“巡棚车制作”等3项生产操作法，获得上海市先进操作法；光明乳业的“一只椰子牛乳饮品的开发与应用”等5项职工合理化建议，获得上海市职工合理化建议奖。同时，上海良友新港储运有限公司“冯炎技师创新工作室”、上海海博车辆修理有限公司“高权技能大师工作室”，分别被授予“上海市技师创新工作室”。2016年，集团内技师、高级技师的晋升人数达97名，其中高级技师41名，技师56名，按照上海市总工会《职工晋升技师、高级技师奖励实施方案》要求，集团工会对上述人员予以奖励，奖励金额达13.8万元。（桑树德）

【锦江国际集团工会积极开展主题技能竞赛活动】 集团工会深入推动“学技术，钻业务，勇创新，当能手”为主题的劳动竞赛活动。一是积极开展职工建功立业、岗位创新、合理化建议、“五小”及疑难问题揭榜攻关等技术创新活动，提出合理化建议近600条，先进操作法1项。二是有49家企业近5.9万多名职工参加各类劳动竞赛活动。三是开展岗位练兵活动，选树“金牌、首席”技能带头人33名，师徒结对68对。（张祥伟）

【百联置业公司工会向青年职工征集合理化建议】 5月25日，百联置业工会举行“我为企业创新转型献计策”合理化建议征集活动表彰会，对遴选出的53条入围建议进行审核，评出各类奖项。活动启动1个月内，公司35岁以下青年职工积极参与合理化建议征集活动，他们从各企业经营现状出发，围绕完善管理流程、引入市场前沿信息、合理运用管理工具、“互联网+科创中心建设”等内容，为企业提升管理效能、强化市场竞争力、实现公司新三年发展规划及“十三五”战略目标献计献策。（姜　杰）

【城投集团召开“五一”表彰暨群众性

5月5日，上海城投（集团）召开五一表彰暨群众性降本增效活动座谈会
（刘秀国）

降本增效活动座谈会】 5月5日,城投集团召开"五一"表彰暨群众性降本增效活动座谈会,集团党委书记林湘参加会议。会上表彰了荣获2016年全国工人先锋号、上海市五一劳动奖状(奖章)、上海市工人先锋号的先进个人和集体代表以及2016年城投集团"降本增效"十佳金点子获得者。会议聚焦群众性降本增效活动,组织劳模、基层党总支书记、工程项目经理和基层工会主席进行工作交流。上海市劳模、工人发明家宣建岚向全体职工发出了"降本增效"倡议。会后,城投群众性降本增效活动成果以展板形式在各直属单位进行巡展。

(朱文慧)

【隧道股份第一管线公司黄志华高级技师创新工作室接受专家评审】 7月29日,市人保局"上海市技能大师工作室"专家评审小组一行4人对隧道股份第一管线公司创建"上海市技能大师工作室"的相关工作进行现场评审与指导。黄志华高级技师创新工作室是沪上燃气行业首个"上海市技能大师工作室"的创建单位。评审会上,工作室带头人黄志华为评审专家详细展示了创新工作室的日常活动情况、主要技术攻关项目及在技术改革创新、团队成员培养等方面取得的成果,得到了4位专家的一致好评,为创建"上海市技能大师工作室"奠定了坚实的基础。 (郁 成)

【上海联通命名首批创新工作室】 为发挥劳动模范、技术骨干和优秀职工在企业创新发展中的示范、引领和骨干带头作用,工会上半年出台了《中国联合网络通信有限公司上海市分公司创建职工创新工作室指导意见》,引领广大职工立足岗位开展技术攻关和业务创新等活动。半年后,经上海联通工会委员会评审讨论,将"姚赛彬创新工作室""吴琮创新工作室"和"杨柳创新工作室"这3个原公司劳模创新工作室升级为上海联通第一批"示范性职工创新工作室",将"阿拉联通人创新工作室""大数据对外创新工作室""渠道智能化工作创新工作室""浦东创智应用创新工作室""沃小南创新工作室""商企网格创新工作室""嘉创创新工作室"、"白宇亮创新工作室"和"田存宝创新工作室"等9个基层单位和工会重点扶植、培育的职工创新工作室命名为上海联通第一批"职工创新工作室",颁发牌匾,拨付一次性创建经费。

(康 迪)

【民用飞机试飞中心工会举办首届"质量安全金点子"大赛】 试飞中心工会在"安全月"中,会同安质部以班组为重点发动全体职工围绕试飞质量安全开展建言献策活动。广大职工踊跃参与,共提交改善提案265条。在优秀提案发布会上,工会选择3个优秀改善提案进行现场演示和专家点评,并对所有优秀提案进行奖励。工会为推动优秀提案成果转化,将优秀提案汇编成册,提供给相关部门,对具有可操作性的优秀提案进行追踪落实。

(许晓明)

12月16日,国盛集团举行"两学一做"合理化建议活动表彰会(颜 妍)

【上海飞机制造有限公司工会开展群策群力活动】 2016年,上飞公司结合型号科研生产任务开展群策群力活动,把职工群众的"金点子"变成推进型号研制和上飞公司发展的"金钥匙"。一是组织到位,策划总体方案,构建活动框架。每月召开群策群力和班组建设专题例会,讲案例、讲方法、讲经验。二是认识到位,抓好宣传发动,营造创新氛围;组织职能部门和班组长到航天集团、中车株洲所、宝钢"取经",邀请宝钢工人发明家王军到公司介绍经验做法;专业课送上门,开展"知识产权走进总、部装,合作培养工人发明家"活动,邀请专业人士为职工授课,推动职工优秀技术成果转化为知识产权;宣传发动造势,在内网、微信、期刊开辟专栏,发布优秀案例50余篇,每月集中展示40个优秀提案,编发12期《群策群力周报》,及时展示成果、分享经验。三是激励到位,调动职工积极性,设立总经理专项奖金,采用"小改进,给奖励;分等级,大激励"的模式,以即时奖金+积分兑现+年底评优的形式,加大激励力度。全年共收到群策群力提案改善3810条。 (祁小娟)

【国盛集团工会开展"两学一做"合理化建议活动】 围绕"学做结合、知行合一",集团工会此次征集活动以提升国资运营平台功能为目标,重点从推进国有股权运作管理、探索国资运营方式新亮点、强化资产管理运作职能、增强投资发展能力、完善运作体制机制、促进财务管理创新、提升人力资源管理水平、推进党的建设、增强党风廉政责任、强化民主管理、严守安全生产底线等11个方面着手。共收到合理化意见和建议163条,下级工会向集团工会择优推荐63条。12月16日,集团工会召开"两学一做"合理化建议表彰交流会。经评审,共产生一等奖5名,二等奖10名,三等奖15名。 (颜 妍)

【上影集团工会坚持十年开展"降本

增效”活动】 “降本增效”是上影集团工会举办的一项品牌活动，至2016年已连续开展十年，累计降本增效10300多万元，并通过活动提高了职工爱岗敬业干事能力、精打细算办事能力、技术改革创新能力和参政议事能力。2016年，上影集团共有39个项目参加评审，降本增效1037.54万元。产生“降本增效”标兵3人，10个班组被评为“降本增效”先进集体，13个班组被评为“明日之星”，2人被分别授予“最具精打细算”奖和“最具技术革新”奖，2个工会被评为最佳组织奖。 （高 昇）

【五冶集团“任江工作室”荣登2016年度上海市技师创新工作室光荣榜】 五冶集团上海有限公司工会为进一步鼓励职工创新，凝聚一线技能人才，推动技师创新工作室创健活动，会同有关行政部门大力培育上海市技师工作室，孕育职工创新智慧，孵化职工创新成果，发挥职工创新团队在公司创新驱动、转型发展中的示范、引领和骨干带头作用。“任江工作室”根据管道焊接机器人焊接优势和特点进行拓展性工艺研究，开发总结出一整套适用于钢结构、大型管道容器、塔槽储罐焊接的工艺和配套工装，基本实现了模拟人操作的自动化焊接，减少焊接质量受外界及人为因素的影响，提高焊接质量。同时，采用CO2气保焊机作为全自动焊管机的焊接电源，改进焊接方法，提高了焊接效率和节约施工成本。其经济效益和社会效益显著，具有推广应用前景。该成果已通过企业内部鉴定，达到国际先进水平。 （王 娟）

技能登高

【概要】 市总工会以提升职工技能素质、促进职工全面发展为重点，加强职工技能培训，积极开展技能竞赛，提升职业素养，畅通发展渠道，全力推进知识型、技术型、创新型职工队伍建设。一是开展2015年度区县地方教育附加专项资金使用情况第三方调查评估工作，牵头委托第三方社会中介机构组织对“企业满意度情况”和“职工权益保障情况”进行调查评估，绩效评估结果作为地方教育附加专项资金转移支付的主要分配依据。二是以职工职业技能大赛为抓手，切实提升职工岗位技能素质。会同市人社局等开展市级一类、二类职业技能竞赛活动；联合市教卫工作党委、市教委、市交通委等部门联合开展相关行业职工职业技能竞赛；开展“上海职工岗位练兵技能比武月”、上海市职工数控、焊接技能大赛活动，推动地区、行业广泛开展各类技能提升活动。三是实施职工技能晋升奖励实事项目，鼓励职工提升岗位技能水平。首次增设企业一线职工授权发明专利奖励项目，激发职工学技术、学技能和岗位发明创新的热情。 （于 劼）

【市总工会深入实施上海职工晋升技师、高级技师奖励计划】 2016年，市总工会继续实施实施上海职工晋升技师、高级技师奖励计划。经广泛宣传发动，编印发放宣传单，组织召开20余场职工晋升技师高级技师奖励申报培训会，不断丰富完善网上申报系统功能，新增通用工种在线自动比对功能，提高审核效率，年内，先后两批共收到16个区、77个局（产业）工会提交的职工晋升技师、高级技师奖励申请5461个。经审核，共有5340份申请符合申报要求，其中，技师3565个，高级技师1775个，市总工会奖励金额共计3557500元，职工所在的区局（产业）工会或基层工会按照1∶1的比例进行配套奖励。该项实事项目惠及非公企业职工有所增加，2014年非公企业参与职工817人、2015年1522人、2016年1363人，分别占当年职工参与总数的21.3%、23.2%和25.4%，非公企业参与职工比例逐年提升2%。 （于 劼）

【上海工会实施企业一线职工授权发明专利奖励】 为鼓励本市一线职工广泛开展岗位发明和创新活动，市总工会制订《关于2016年度上海工会企业一线职工授权发明专利奖励方案有关申报事项的通知》，首次启动上海工会企业一线职工授权发明专利奖励计划，对获得授权发明专利且原则上为第一发明人的企业一线职工，由市总工会会同职工所在区局（产业）工会或基层工会一次性现金奖励2000元。全年先后两批共收到13个区、25个局（产业）工会提交的企业一线职工授权发明专利奖励申请1999个，经审核，共有1546个奖励申请符合申报要求，市总工会奖励金额共计1546000元，职工所在的区局（产业）工会或基层工会按照1∶1的比例进行配套奖励。 （于 劼）

【市总工会牵头组织开展2015年度区县地方教育附加专项资金使用情况第三方调查评估工作】 由市人社局、市教委、市财政局、市总工会、市审计局等部门组成的“市企业职工职业培训工作推进协调小组”对各区县2015年度使用地方教育附加专项资金开展职工职业培训工作进行绩效评估。项目组在完成对16个区县的实地调研工作后，及时进行相关的数据整理、核对和录入工作，并对各区县企业满意度情况和职工权益保障情况进行评分。闵行、徐汇、浦东在本次评估中名列前三。 （叶 懿）

【普陀区举办餐饮行业职工技能大赛】 11月22日，由区总工会主办、长寿路街道总工会承办的“2016普陀区餐饮行业职工技能大赛”在红子鸡美食总汇举行。比赛邀请了4名本市知名的餐饮技能大师担任评委。来自全区7个街镇的13个餐饮企业参赛，其中包括上海红子鸡美食总汇有限公司、同君福酒店、上海明捷万丽酒店有限公司等。各路选手参加热菜烹饪、花式冷拼、创意铺台和中式面点4个项目的角逐。此次大练兵、大比武，为普陀区一批知名特色餐饮企业提供了一个相互学习、相互交流的平台，对各企业提升菜品质量、保留传统特色提高服务水平起到促进作用。 （陆 蕾）

【杨浦区殷行街道总工会举办厨艺竞赛交流活动】 4月20日，杨浦区殷行街道总工会举办“厨彩殷行人”厨艺竞赛交流活动，邀请辖区基层餐饮企业的多位大厨同台竞技。活动中，大厨们各显身手，拿出看家本领，比拼的作品包括川菜、鲁菜、粤菜，蒸、炒、煮、炸等手法一应俱全，烹饪出五香肉丝、果味牛肉、红烧鮰鱼等丰富菜肴。经专业评委与大众评委共同评审，派迪风味店的大厨夺魁。此次活动有效

4月26日，“梅陇工匠 巧手筑梦”庆“五一”暨职工技能竞赛系列活动启动　　（李乘风）

促进基层餐饮企业间的横向交流，也让行业内职工在工会活动平台中更好地展示自我风采。　（曹理仰）

【“梅陇工匠·巧手筑梦”职工技能竞赛系列活动启动】 4月26日，“梅陇工匠·巧手筑梦”梅陇镇职工技能竞赛系列活动启动，活动由“美食嘉年华”——梅陇镇餐饮行业职工技能竞赛、“强能崇技、以赛会友”——非公企业职工技能竞赛、“精打细算”——企业财会知识与业务技能竞赛等3个大项8个小项组成。参赛方式分为线上线下2种，全镇职工可以通过关注“梅陇镇总工会”微信号线上报名，也可以到所在企业工会或区域工会联合会报名。镇总工会根据比赛实际，设立相应奖项并给予一定的奖励，同时选送比赛中成绩突出的选手参加区级职工技能竞赛，竞赛成绩还能与人社部门相关等级考试挂钩，作为等级考试内容的一部分，为职工搭建了技能提升、成长成才的平台。　（王　凯）

【2016年嘉定区第十一届职业技能竞赛成绩显著】 10月15—23日，2016年中国技能大赛——上海市嘉定区第十一届职业技能竞赛暨第六届残疾人职业技能竞赛决赛举行。区人大常委会副主任、区总工会主席陆晞，区领导王浩、袁航，区政协副主席陈技及部分委办局领导、嘉定区第十一届职业技能竞赛组委会成员、各街镇分管领导参加活动开幕式。竞赛由区总工会、区人社局、区教育局及区残联主办，共有22个项目，涉及15个工种，1794人报名参赛。此次技能大赛在前期历时5个月预赛选拔，共有1147人晋级决赛。嘉定区劳动竞赛自2006年创办至今，累计万余选手参赛，5412名选手获得国家职业资格证书，172名选手荣升为高级工，153名选手晋升为技师。本届决赛中共有50名中高级技术工晋升为高级工和高级技师。　（黄点点）

【2016年松江区职工劳动竞赛开赛】 8月6日，2016年松江区职工系列劳动竞赛暨松江区电气技能基本功一线职工劳动竞赛启动仪式在上海申新电气有限公司举行，标志着2016年松江区职工劳动竞赛正式拉开帷幕。2016年区总工会结合各行业、各条线、各企事业单位工作实际，在全区职工中开展松江区职工劳动竞赛系列活动，共设4个专场，分别是松江区电气技能基本功一线职工劳动竞赛、松江区纺织行业职工劳动竞赛、松江区砌筑技能基本功职工劳动竞赛、松江区教学技能基本功随迁子女小学青年教师劳动竞赛。启动仪式结束后，电气技能基本功一线职工劳动竞赛火热开赛。区总工会在发挥高技能人才专业优势的同时，注重高技能人才的精神引领和行为示范，将授予个人决赛总成绩第一名的参赛选手“松江区优秀职工”称号，激励引导广大职工学知识、比技能、创一流、做贡献，形成尊重劳动、崇尚技能、鼓励创造的良好社会风尚。　（张谢琰）

【第二届松江职工科技节开幕】 11月18日，第二届松江职工科技节在上海扬盛印务有限公司拉开帷幕。本届科技节由区总工会、区科协、区人社局联合主办，以“科创，发挥主力军作用；转型，展现主人翁姿态”为主题。开幕式上，分别为上海工匠称号获得者、第二十八届上海市优秀发明选拔赛奖获奖代表、2015年度松江区职工

8月6日，松江区职工系列劳动竞赛暨松江电气技能基本功一线职工劳动竞赛启动　　（杨　哲）

合理化建议优秀成果和松江区职工先进操作法优秀成果示范引领奖和优秀组织奖获奖代表、2015年度松江区职工合理化建议优秀成果和松江区职工先进操作法优秀成果获奖者代表颁奖，为第二批松江区职工技术创新能手“名师带徒弟结对活动工作点”和“培育名师工作点”授牌，为2016年度上海市技师创新工作室颁发证书，并为“松江区职工科普教育示范点”授牌。对于每个工作点，区总工会将一次性划拨启动资金10000元，支持其开展创新活动。对于每个示范点，区科协给予5000元的专项资金扶持。上海工人发明家张丽丽、上海工匠翁永平共同启动水晶球，为第二届松江职工科技节拉开帷幕。 （张谢琰）

崇明职工叉车技能大比武 （秦春华）

【崇明区总工会深入开展岗位练兵技能比武活动】 为提升职工技能素质，崇明各级工会广泛组织开展岗位练兵技能比武活动。区总工会联合县人保局举办崇明职工技能比武叉车比赛和崇明区职业能力竞赛，来自崇明12个乡镇、园区总工会代表队的55名职工参加叉车技能比武，107名崇明籍出租车驾驶员在市区参加驾驶员高级技能竞赛。各乡镇、园区总工会开展“崇明职工岗位练兵技能比武月”活动，并在基层企业中开展多种类型的岗位练兵技能比武活动，提升职工的业务能力，激发职工提升技能、钻研业务的积极性和主动性。 （秦春华）

【李斌技师学院“3+3+3”技能培训再上新台阶】 2016年，上海电气李斌技师学院开设的“3+3+3”培训班取得较好的教学成果。通过创新学习成果评价、“双师”指导毕业设计，来自上海锅炉厂的30名焊接冷作专科技师班学员完成毕业设计，并顺利毕业，获得了上海电机学院继续教育学院成人高等教育专科学历证书和李斌技师学院的“3+3+3”培训证书。“3+3+3”培训班也迎来了第十五期电机制造本科（技师）班、第十六期机械制造本科（技师）班和第十七期机械制造本科（技师）班总计103名新学员。李斌技师学院共开设“3+3+3”培训班17期(22个班级)，涵盖12个专业工种，进行系统培训的技术工人达561名，已有9届348名学员完成毕业设计。第六届毕业生郭明利获“上海市优秀农民工”称号，第一届毕业生阚宝春被评选为闵行当代工匠。2016年，李斌技师学院“3+3+3”技术工人培养项目获得上海市成人教育协会唯一的终身学习品牌奖。 （姚 菁）

【2016年上海电气“李斌杯”技能大赛举行】 2016年上海电气“李斌杯”职工技能大赛于7—10月在李斌技师学院及相关企业举行。大赛开设7个工种、9个项目，其中，通用工种3个：数控铣工（四级）、钳工（四级）、仓储管理员（四级）；行业特有工种1个（高低压电器装配工<三级>）；IT项目2个（计算机辅助设计SolidWorks、计算机辅助设计NX）；管理类项目1个（科技英语）；团体赛项目2个（数控机床工、市场营销）。21家单位的300名职工报名参赛。以往的“李斌杯”技能大赛均是个人项目，为了满足企业发展需要，2016年的大赛增加了数控机床工和市场营销2个团体项目。团体赛试题设计完全结合生产实际案例，具有鲜明的产业特点，受到企业的高度肯定。团体赛的成功举办，使上海电气“李斌杯”技能大赛提升了高度。 （姚 菁）

【上锅厂首次举行冷作工技能对抗赛】 7月14日，上海锅炉厂有限公司工会和人力资源部联合举行冷作工技能对抗赛，来自四大车间的20名选手以过硬的技能，展现各自在冷作装配上的“绝技绝活”和团队协作能力。这是公司2016年“传承工匠精神，打造锅炉精品”系列活动之一，为打造高技能职工队伍练兵，也是上锅首次举行冷作工技能比武活动。本次对抗赛较以往更加注重应知和应会的结合。应知采取统一命题的方式，包含了冷作基础知识和上锅典型产品工艺流程的识图编制；应会注重团队协作能力，在成型制作环节，需要每支队伍的5名参赛队员群策群力、通力合作，最终制作出一个样品参加评比。开展技能比武是上锅推进职工素质工程的一项传统活动，是提升职工技术技能的有效形式和途径。 （李 阳）

【市仪电工会举办项目管理师专项培训】 为了配合仪电集团新战略的实施，结合当前仪电物联网、云计算产业链的发展，为企业转型发展提供急需的项目管理类的人才，仪电工会协助仪电集团人力资源部，在前期与各产业集团调研、沟通的基础上，组织开办了项目管理师（PMP）专项培训班。PMP项目管理师培训班是上海仪电对专业人才培养的一种探索、创新和重要举措，为实现仪电战略提供人才保障，来自仪电系统33名基层企业项目管理方面的员工参加培训，15人取得职业资格证书。培训班取得圆满成功，达到了预期效果。 （邵秀根）

【市化学工会推进技能登高工作，打

造工匠精神】 市化学工会积极推进“劳模工作室”和“高师带徒”工作。组织5对技能型劳模开展带徒活动，为劳模、高技能人才领军的技能大师工作室和劳模工作室创造条件，为有技能特长的劳模先进和高技能人才领军人物提供展示才华和帮教传带的舞台；持续推进职工技能登高活动。制订2016年上海华谊（集团）公司职工晋升技师、高级技师奖励方案，为集团新晋升技师、高级技师近150人向市总申请奖励11万元，集团工会也以1∶1配套奖励。还为4名员工申请专利发明奖励。与人力资源部联手，开展“上海市百名技能人才的推荐工作”，推荐上海市杰出技术能手1名，上海市技术能手2名。组织集团6名优秀选手组成2个队，参加全国石化行业第八届职工技能大赛，为参赛员工提升技能提供锻炼平台。（张雪莲）

【市纺织工会举办信息安全知识竞赛活动】 9月21日，为配合第六届上海市信息安全活动周，由纺织工会主办、集团信息管理部和时尚产业公司工会联合承办的“2016年上海纺织信息安全知识定向赛”在时尚公司半岛1919园区举行，来自纺织集团内12家直属企业组队参赛。竞赛活动旨在集团范围内推广信息安全宣传教育，帮助员工增强信息安全防护意识，提升信息安全防护技能，努力为企业信息化建设献计献策。竞赛分为线上微信答题和线下扫码答题团体定向赛两部分。经过激烈角逐，上海新联纺进出口有限公司张钦以满分、仅耗时364秒的成绩获上海纺织信息安全知识微信答题竞赛一等奖，纺织时尚产业信息安全队获线下扫码答题团体定向赛第一名，纺研院凤凰队、申达股份二队分获第二、第三名。 （郑鹦峰）

【市医药工会开展班组长培训、技能大赛，推进人才队伍建设】 为加强企业班组建设，提升班组长管理能力，举办第二期卓越班组长培训班，集团下属16家生产型企业的62名优秀班组长参与培训。培训内容包括如何做一场成功的分享、卓越班组长的精益现场改善等课程，并安排学员走进和黄药业奉浦生产基地观摩学习，获得较好反响。为进一步推进高技能人才队伍建设，工会会同集团综合办公室、人力资源部和团委共同举办集团技能竞赛。比赛设药物分析工（高级）和药物制剂工（高级）2个大项，吸引包括沪外企业在内的89名职工参赛。还对12名2015年集团技能大赛获奖选手进行表彰，其中上药信谊薛霏因岗位贡献突出且符合有关条件，同时为其申报上海市五一劳动奖章。

（宋晓波）

【上海电力建设工会开展2016年职工技术比武活动】 为不断完善培训、练兵、比武、提升“四位一体”的职工技能培养模式，加快构建适应市场化竞争、国际化发展要求的人才工作机制，9—10月，公司工会开展2016年职工技术比武活动。比武分核心工种、管理类10个专业，较2015年新增了安全管理知识和财务管理知识比武。经过各基层单位初赛选拔，共有167位选手参加。公司工会在吸取往年比武经验的基础上，对部分比武项目在内容和形式上进行拓展和创新，比武的针对性和实用性有了明显的增强，更能体现出选手的专业素养。公司工会从3个环节确保了比武的顺利进行。一是合力精心策划。注重完善比武的每一个细节，体现比武的公平、公正和实效。二是广泛宣传发动。以上下联动的方式，多层次开展宣传动员，调动职工参与的积极性。三是拓宽活动载体。通过集中培训、业余自学、互帮互学、实战演练等形式，既普遍提高职工的技能，又使比武选手的技能水平明显提高，形成了职工岗位练兵、自我成才的良好氛围。通过技能比武，公司选拔了6名焊接选手参加上海市职工焊接比武活动，获得1个单项第一，个人总成绩2个银奖、3个铜奖、1个优胜奖和团体优胜奖。

（傅　诚）

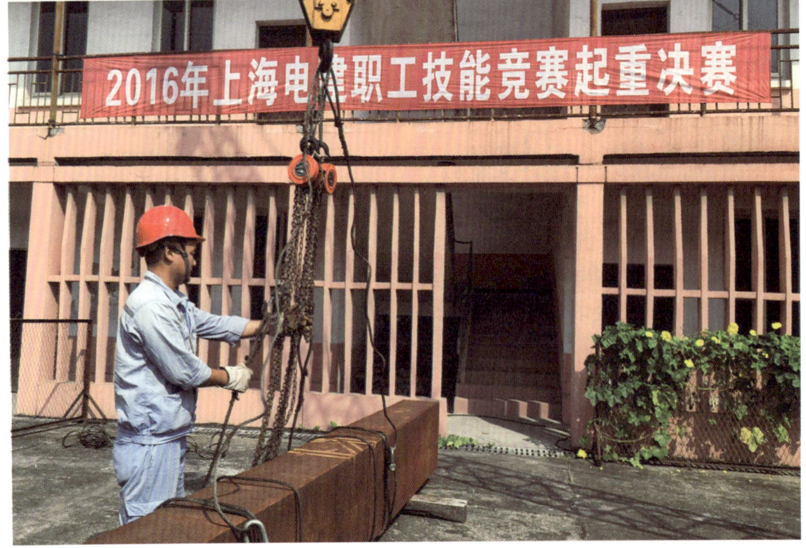

9月23日，上海电建工会举行2016年职工技能比武起重专业决赛

（傅　诚）

【上海电力安装第二工程公司工会开展“工地夜校”活动】 经过年初的充分准备，由上海电力安装二公司工会组织开展的“工地夜校”暨公司“提质增效”活动在通州工程项目现场启动。作为公司工会年内一项特色工作，工会与通州项目为通州“工地夜校”示范点创造良好条件，提高安排教学课程、选派技术专家和具有丰富经验的老师傅为学员授课，提高“工地夜校”办学水平，确保夜校活动有始有终、有所成效，推进“工地夜校”活动的规范化和制度化；通过举办“工地夜校”，让职工有一个学习知识、提高技能的学习交流平台，进一步提高职工队伍的综合素质和技能水平，将职工学习做到“常态化、多样化”。工会认真总结通州“式地夜校”经验并推广到公司其他基层、项目，不断促进学习型企业的建设。6月《劳动报》以《工地上办起了“夜校”——上海电建二公司着力打造高技能型职工》为题进行报道。 （张　钧）

【宝武集团组织技能比武提升职工素质】 宝钢第七届职工技能大赛决赛设立了烧结工、转炉炼钢工、轧钢工（线材）、无损检测员、设备点检员（仪表）、营销（模拟）、档案管理等7个竞赛项目，320名选手参加了角逐，有24人晋升了技能等级，其中晋升技师2人，晋升高级工11人，晋升中级工11人；二级单位开展了55个项目的技能比武，有7414人次参加了比赛；三级单位组织了227个项目的技能比武，共有14577人次参加了大赛。武钢第十六届职工技术运动会，共设一类工种竞赛项目4个，二类工种竞赛项目52个，基层单位自办竞赛工种158个，近2万名职工参加了技能比武活动，涌现出86名技术状元和技术能手。宝钢组队参加"鞍钢杯"第八届全国钢铁行业技能竞赛，设备点检员（仪表）获得第二名的好成绩，并荣获中国钢铁协会技术能手、上海市五一劳动奖章。（徐卫）

【宝钢特钢工会开展安全操作比武竞赛】 针对起重吊运作业频繁、易造成伤害的特点，特钢工会以市总工会"安康杯"竞赛为载体，开展了"指挥吊运作业安全技术大比武"竞赛。通过"标准化指挥手势再培训、指吊工作业现场比武、规范作业行为检查"等活动，在员工中掀起了"讲安全、学技术、规范操作"学习热潮。公司1563名指吊工（含协力员工）参加了竞赛活动，42名员工进入公司总决赛。竞赛活动规范了指吊作业人员的标准化操作，促进了良好习惯养成，提高了安全操作技能，为减少和防止吊运作业事故的发生、保障现场物流和生产畅通起到积极作用。（马沪宁）

【宝钢发展工会大力开展技能比武活动】 为提升职工技能素质，宝钢发展工会组织开展多层面的技能练兵、比武活动，挖掘一批爱岗敬业、技能高超的技术能手。公司层面举办了重型载重汽车驾驶员、绿化工、大客车驾驶员、中式烹调、医护急救技术、钢铁产品包装工、维修电工7个项目的比赛，参与职工515名，入围决赛180名，优胜个人25名。同时，通过层层选拔，组织11名职工参加集团公司3个项目的决赛，获大赛优胜个人1名。各基层单位结合本单位实际，紧密协同、高效组织，共组织各类工种技能比赛46项，参与职工1036人次，进一步推动广大职工学技术钻业务提升技能水平，为公司转型发展提供人才支撑。（朱宏）

【上海石化工会实施技师、高级技师晋升奖励计划】 开展2016年上海石化技师、高级技师晋升奖励活动，共47名技师、高级技师获得奖励（其中技师19名、高级技师28名），技师奖励1000元/人，高级技师奖励2000元/人，共奖励75000元（其中上海市总工会奖励37500元、公司工会配套奖励37500元。（徐军）

【上海船舶公司工会召开2016年职工焊接比赛总结会】 11月18日，中船上海船舶工业有限公司工会召开2016年职工焊接比赛总结会。市经信委工作系统工会、市职工技协、中船上海船舶工业有限公司工会以及所有参赛单位的领导和选手等50余人参加会议。会议总结了组队参加2016年北京"嘉克杯"国际焊接大赛和上海市职工焊接大赛情况，宣读了《关于奖励2016年"嘉克杯"国际焊接大赛和2016年上海市职工焊接技能大赛获奖选手的决定》，并对获奖选手颁发奖牌、证书。会上，获奖选手代表及教练代表分别作了交流发言。（陶庆翌）

【上海船舶公司工会组队参加2016年上海职工数控、焊接技能大赛获殊荣】 9月29日，由市总工会、市人力资源和社会保障局联合指导，上海职工技术协会主办，上海市职工技术协会焊接技术专业委员会和中船上海船舶工业有限公司工会共同承办的2016年上海市职工技协焊接大赛以及由市职工技术协会数控技术专业委员会和上海电气李斌技师学院共同承办的2016年上海职工数控技能大赛的成绩分别揭晓。本次焊接和数控大赛都是2016年上海职工岗位练兵技能比赛月中的重要赛事项目，焊接大赛吸引了船舶、机电、电力、宝冶集团、宝冶建设、建工集团、航天、隧道股份、申通集团、中建八局、临港产业区，以及静安区、宝山区、金山区、松江区、奉贤区、崇明区等区局（产业）的140名选手参加，其中非公企业参赛选手达到40%。数控大赛由来自闵行、崇明、机电、宝钢航天、船舶、汽车等13家系统的100名职工参加。上海船舶工会选派的由江南造船2人、沪东中华3人、外高桥造船3人、上海船厂2人组成的10人团队获得焊接大赛团体第一名，由外高桥和沪东重机组成的6人团队获得数控技能大赛的优胜奖等众多奖项。（陶庆翌）

【上海船舶公司工会组队参加国际焊接技能大赛载誉归来】 6月22日由国际焊接技能大赛组委会（Arc Cup）、

上海船舶公司代表中船集团组队参加"嘉克杯"国际焊接技能大赛获奖多项 （陶庆翌）

中国机械工业联合会教育培训部等单位联合主办的2016年(第四届)北京"嘉克杯"国际焊接技能大赛在河北固安闭幕。大赛云集了中国、德国、俄罗斯、乌克兰、罗马尼亚、韩国等25个国家的59支国内外300多名选手。中国参赛主力是中国船舶工业集团、中国航天科技集团、中国石油天然气集团、中国华能集团、中国第一汽车集团等17支共257人的中央集团代表队,还有15家职业院校的青年学生和国内知名焊接中心的焊接能手同时参赛。中船上海船舶工业有限公司工会专门成立了比赛领导小组,同时安排陈景毅、朱建华、秦毅、周福斌、戴昌麒等焊接专家在赛前集训中担任教练,对选手们进行专项技术辅导。6月19—21日,经过3天的比赛,由中船上海船舶工业有限公司工会组队代表中船集团公司参赛的15名选手获得良好成绩:来自上海外高桥造船有限公司的胡如春获得成品件焊接成人组个人单项第一名,沪东中华造船(集团)有限公司朱未获得钨极氩弧焊成人组个人单项第三名,中船集团代表队获得了团体铜奖。 (陶庆翌)

【2016年上汽职业技能竞赛总结表彰会召开】 12月16日,上汽集团召开2016年上汽职业技能竞赛总结表彰会。上汽集团人力资源部、工会、培训中心、团委领导,以及上汽各单位的工会分管主席、人力资源部负责人、团委书记、金牌教练和获奖选手等100人出席会议。2016年,上汽集团组织员工参加了全国第四届乘用车汽车装调工竞赛、第四届模具工竞赛、上海市数控三维技术(编程)竞赛,并在集团内部开展了模具工、自动控制、智能制造、创新思维、阿里互联网汽车创意、计算机辅助设计和上汽企业文化知识等11个项目竞赛。 (潘 萱)

【华东电网第四轮调度系统技术技能竞赛总结表彰会举行】 12月8日,华东电网第四轮技术技能竞赛(继电保护专业)决赛暨总结表彰会在沪举行。国家电网公司华东分部负责人、华东四省一市电力公司相关领导以及各省(市)电力公司有关部门的负责人在现场观看了总决赛。本次技术技能竞赛分为理论知识竞赛、电网事故分析能力竞赛、上机排故操作竞赛和现场决赛4个部分。来自华东四省一市5支代表队的25名选手参加了角逐。经个人现场竞赛和团体现场竞赛两轮激烈的角逐较量,上海市电力公司代表队力拔团体奖头筹,上海市电力公司选手万军夺得华东电网系统个人第一名,上海市电力公司培训中心获优秀组织奖。 (施炜伟)

【上港集团工会协助行政多渠道提升职工技能素质】 一是组织开展第十二届职业技能竞赛活动,与集团人力资源部、教育培训中心共同制订竞赛活动方案。在初赛中增设港口理货员项目,为相关岗位职工打开技能晋升通道。2016年内,面向集团一线主体岗位职工,共开展了15个项目的预赛和16个项目的决赛。各基层单位积极参与,认真制订本单位的技能竞赛活动计划,努力扩大职工的参与面,在集团内营造学技能、比技术的良好氛围。全年共有860名职工参赛,其中508名职工的技能等级获得提升,使集团的高技能人才比例达到36%。二是制订职工技能登高奖励方案。通过系统梳理和调研走访,将高级工、外轮理货员、船员、引航员等纳入集团职工技能登高奖励范围。全年共对19名高级技师、33名技师和2个职工发明专利获得者进行奖励,集团和各基层单位工会合计向295名高级工发放技能登高奖金26.55万元。三是继续推进"百师百徒"活动。由各基层单位推荐,经过汇总、遴选,2016年集团共确定102对师徒结对,13名徒弟获得技能等级或职称等级提升,8名徒弟在集团职工技能竞赛决赛中荣获前三名。结对师徒合作,共取得20项职工技术创新、流程优化等项目成果,总结提炼出6项操作法、带教法。

(王 辰)

【上港集团龙吴分公司工会开展星级司机创建与评审活动】 2016年初,由公司工会牵头召开星级司机活动工作总结会,完善星级司机评审工作小组日常工作,修订《龙吴分公司装卸机械星级司机评审细则》,细化评审范围、评审原则、考核办法等内容,进一步规范星级司机的创建与评定工作,提高操作的可行性、针对性、有效性和有序性。年内,公司评审工作小组按照星级司机月度考核、季度奖励的办法进行4次评审,对考评达标的门机班、流机班的三星至五星级司机奖励200余人次,合计奖励金额4.7万余元。为了进一步增强职工的安全责任意识,扎实、有效推进装卸机械司机贯标活动,有效遏止违章违纪现象的发生,2008年下半年开始,龙吴分公司工会已持续8年组织开展星级司机创建与评审活动。 (丁训俊)

【市运输工会组织开展多项技能操作比赛】 为切实加强职工队伍建设,提高职工岗位技术水平和业务技能,2016年运输工会会同集团人力资源部在全集团范围内组织开展了船舶轮机、叉车驾驶、厢式车节油、物业管理、安全生产、信息管理、焊接技术、汽车钣喷等8项技能操作比赛。全年共有3000余名职工参加初赛,其中有400名选手参加集团各类决赛,26名选手脱颖而出,获得10%、7%、5%的工资晋升奖励,获奖选手中一线岗位职工22名,35岁以下青年职工12名。技能竞赛活动呈现组织有力、上下联动、内容广泛、成果丰硕等特点。

(袁俐俊)

【中国电信上海市工会开展迎三八女职工技能竞赛】 为喜迎三八国际妇女节,中国电信上海市工会以"助巾帼建功,展巾帼风采"为主线,联合客服中心工会、上通服工会,分别在10000号热线以及德律风餐饮分公司开展两场结合职业特色的技能比武活动。3月1日起,10000号客服热线的各站台、服务中心、支撑中心、营销中心、互联网客服团队等女职工们均行动起来,响应活动号召,比电信业务知识、比业务处理技巧、比电信相关法律法规,提升了电信对外服务水平,展现当代职业女性风采。与此同时,德律风餐饮分公司下属的九大餐厅联合开展"巾帼点心制作技能竞赛",17名入围员工产生101道作品、43道创意点心。 (殷 茵)

【中交三航局举办第十七届职工技术操作运动会】 9月23日,中交三航局有限公司第十七届技术操作运动会暨集团竞赛选拔赛胜利闭幕。公司下属7个单位的43名参赛选手，在理论考试和实操项目中开展技能大比武。竞赛涉及3个大项15个小项，在为期3天的比赛中，厦门分公司张铠、新能源公司杨成华、新能源公司马立广分获试验工、船舶机工、工程船舶水手第一名。闭幕式上，公司党委副书记、工会主席王成等领导为3个工种的前四名选手颁奖，二公司、新能源公司和培训中心获优秀组织奖。（黄书展）

6月16日，市运输工会组织安全消防比赛（杨伟民）

【上海建工集团开展2016年商务管理技能比赛】 集团2016年商务管理技能比赛分为选拔赛和决赛两个阶段。选拔赛从5月底启动，至8月初结束，共有百余支队伍参加选拔，参赛人数超过700余人。比赛内容为“工程项目商务管理策划方案实施控制报告”。经过对集团14家子集团、子公司和事业部选送的28支候选代表队书面报告的评审，有15支代表队脱颖而出，入围现场决赛。各参赛队作品资料翔实、措施细致，涵盖了投资施工一体化、EPC工程承包、国际工程承包等多种业务类型，反映了参赛单位商务管理体系建设的最新成果。10月19日，上海建工集团举行2016年商务管理技能比赛决赛。集团商务管理技能比赛领导小组成员、各参赛单位有关领导和参赛选手出席并为决赛队进行大众评分，参会人数达200余人。（余轶群）

【上海建工集团举办“建工杯”职业技能竞赛】 10月25日，上海建工集团“建工杯”职业技能竞赛在上海国际金融中心项目现场拉开帷幕，来自各参赛单位900余名“能工巧匠”参与砌筑工、钢筋工、精细木工等8个工种的技能比武。市住建委、市人保局、市国资委、市就业促进中心和市职业技能鉴定中心等相关领导，集团党委副书记、工会主席张立新，副总裁叶卫东，各参赛单位工会主席、人力资源部负责人、劳务与培训条线负责人等近200人参加开幕式。开幕式由集团人力资源部总经理卞炯主持。张立新在致辞中希望塑造有利于技能人才成长和发挥作用的环境，通过建立多层次、多形式的培训体系，提升现场作业人员职业技能水平，形成与企业发展相适应的技能等级比例。（余轶群）

10月25日，上海建工集团举办“建工杯”职业技能竞赛（缪云明）

【市交通委工会开展系列职工职业劳动竞赛】 一是指导交通行业企业工会开展多种形式的立功竞赛活动，努力提升交通窗口服务行业服务质量。二是根据中国海员建设工会要求，会同交通建设处在全市交通基础建设重点工程领域，围绕“四坚持、四确保”开展劳动竞赛。三是开展2016年公交行业驾驶员（高级工）技能大赛、2016年公交行业汽车维修工（高级工）技能大赛和2016年上海公交纯电动车空调系统维护修理技能大赛，培养造就一批岗位技术能手、业务骨干，树立一批先进典型。四是开展出租汽车行业“提升服务质量，擦亮城市名片”立功竞赛活动。五是深化“工人先锋号”创建活动，推动班组竞赛活动，夯实行业发展基础。（周建荣）

【中建八局第七届工程量算量技能大赛圆满落幕】 9月23日，由中建八局商务管理部和局工会联合举办的第七届工程量算量技能大赛圆满落下帷幕。大赛自8月启动以来，共有来自16家二级单位的2001名商务人员参加初赛，经过初赛选拔，46名佼佼者进入决赛。经过一天的激烈角逐，大赛产生了最终的团体奖和个人奖。连续七年的工程量算量大赛总共产生公司级算量能手606名，局级算量能手252名。由求“精”到求“精益”的算

量要求成为此次技能大赛的新亮点。（郝国元）

【中建八局第三届施工技能大赛决赛举办】 11月16—17日，中建八局第三届施工技能大赛决赛在山东城建学院项目现场举行。来自全局15家二级单位90名选手角逐钢筋和模架技能笔试和模架搭设实际操作，最终产生五大类共计48个奖项。山东省、济南市建筑业协会、中建总公司、山东省建设工会以及中建八局有关领导莅临大赛观摩指导。本届施工技能大赛于10月初启动，得到了八局所属单位积极响应，八局各公司用近一个月时间完成了分赛区的选拔赛，为本次局级总决赛成功举办奠定了基础。由八局科技部、工会牵头主办的技能大赛举办三届，通过大赛涌现了一批技术能手和技术标兵，助推了新型模架运用和企业高品质发展。（王广滨）

【科技系统全面实施职工素养提升计划】 通过“一季一培训”，组织职工聆听“十三五”政策解读、职场心理调适、迪斯尼经济文化的影响力等各类讲座，帮助提升职工素养；通过“一季一展示”活动，组织工会干部参与“网上提案”“岗位之星”评选、建功立业、院所文化建设等工作展示，不断提升业务水准；做好“一季一活动”，开展乒乓球团体赛、龙舟赛、定向赛、钓鱼活动等，提升职工素质和凝聚力。（冯　莺）

【上海代表队捧得全国基层卫生岗位练兵和技能竞赛多项一等奖】 12月5—9日，由国家卫生计生委与中华全国总工会联合举办的全国基层卫生岗位练兵和技能复决赛在北京举行。此次竞赛活动共有来自全国32支代表队的192名选手参加。上海市由6名基层医生组成的代表队参赛，最终捧得1个团体一等奖和2个个人一等奖和1个二等奖，上海市卫生和计划生育委员会与上海市医务工会获得优秀组织奖。此次竞赛分为复赛和决赛两个环节，设有城市全科医疗、农村全科医疗和社区护理3个个人项目和社区医疗团队1个团体竞赛项目，包括综合笔试、技能操作、知识竞答、情景再现4个部分的竞赛内容。3天紧张的复赛和决赛，上海选手表现突出，取得优异成绩。其中，奉贤区南桥镇西渡社区卫生服务中心医生赵英获城市全科医疗组一等奖，杨浦区平凉社区卫生服务中心护士瞿文获社区护理组一等奖，奉贤区南桥镇社区卫生服务中心医生程燕获农村全科医疗组二等奖，普陀区石泉社区卫生服务中心仇宝华、罗怡和唐煜组成的家庭医生团队获得了团体一等奖。（池朝霞）

【上海市基层卫生岗位练兵和技能竞赛决赛圆满落幕】 9月25日，由市卫生计生委、市总工会、团市委联合主办的上海市基层卫生岗位练兵和技能竞赛决赛在浦东新区周浦医院顺利举行。国家卫生计生委基层司副司长诸宏明，上海市卫生计生委主任、市医务工会主席邬惊雷，中国社区卫生协会副会长陈博文，市总工会副主席何惠娟，团市委副书记刘刚，市卫生计生委副书记郑锦，市卫生计生委副主任吴乾渝等领导应邀出席并观摩比赛。来自全市16个区的参赛选手和参赛队伍参加比赛。经过激烈角逐，普陀区石泉社区卫生服务中心获得全科团队组第一名，奉贤区南桥镇西渡社区卫生服务中心赵英获得全科医疗（城市）一等奖；奉贤区南桥镇社区卫生服务中心程燕获得全科医疗（农村）组一等奖；杨浦区平凉社区卫生服务中心瞿文获得全科护理组一等奖，杨浦区殷行社区卫生服务中心沈文忠、普陀区真如镇社区卫生服务中心杜惠颖获得主持人一等奖。（王　彤　刘雪梅　池朝霞）

1月16日，上海市院前急救系统第七届技能竞赛举行（池朝霞）

【上海市院前急救系统第七届技能竞赛圆满结束】 1月16日，上海市院前急救系统第七届技能竞赛在上海市医疗急救中心举行。此次大赛由上海市卫生和计划生育委员会、上海市医务工会主办，上海市院前急救质量控制中心、上海市医疗急救中心承办。市卫生计生委党委副书记、市医务工会主席邬惊雷出席大赛，并在开幕仪式上讲话。历经半年的筹备，来自本市院前急救系统、企业医疗急救部门和兄弟省市急救机构的15支队伍、225名选手参加此次大赛。赛事项目涵盖理论知识、急救技能、防护洗消、指挥协调与信息集报等。经过一天的激烈角逐，一批优秀的院前急救团队和个人脱颖而出。其中：市医疗急救中心获得三人心肺复苏比赛一等奖；闵行区医疗急救中心获得创伤固定搬运比赛一等奖；浦东新区医疗急救中心获得防护服穿脱操作比赛一等奖；宝山区医疗急救中心李铮获得驾驶员技能操作比赛一等奖；宝钢医疗急救中心杨朱风获得调度员技能操作比赛一等奖。（池朝霞）

【市经信工会推动提升职工素质工作】 组织参加第二十八届上海市优秀发明选拔赛活动，中核五建公司尹付军获优秀发明选拔赛优秀发明金奖，中国浦发中机国能公司魏靖获优秀发明选拔赛优秀发明银奖；另外系统单位还分别获得优秀发明选拔赛优秀发明铜奖3个，优秀发明选拔赛职工技术创新金、银、铜奖各1个、职工技术创新入围奖2个；组织申报合理化建议和先进操作法项目，获2015年度上海市职工合理化建议项目创新奖获3个、职工先进操作法创新奖3个。2016年，还对系统内晋升技师的71名职工和晋升高级技师的16名职工进行配套奖励，支出金额达5.15万元。对系统内20名一线职工进行专利配套奖励，支出金额达2万元，有效激发了职工立足岗位创新学习技能的热情。 （黄 俭 周斌锋）

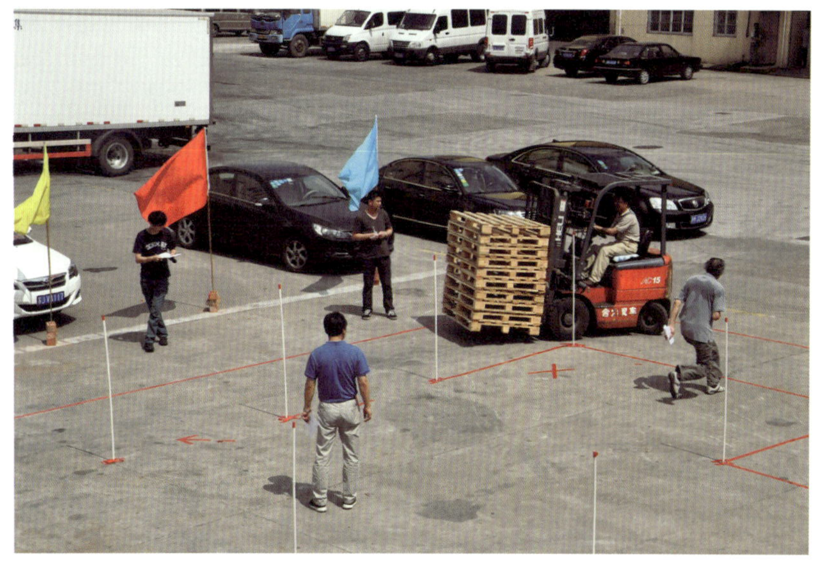
8月17日，上海水产集团举办“龙门杯”铲车比赛 （韩 毅）

【光明食品集团职工毛严根荣获第十三届“全国技术能手”荣誉称号】 12月8日，第十三届全国高技能人才表彰大会在北京召开，光明食品集团所属糖酒集团石库门公司黄酒酿造高级技师毛严根获“全国技术能手”荣誉称号。这是毛严根继2016年4月荣获“上海市五一劳动奖章”后获得的又一殊荣，它不仅是对毛严根28年来在技术岗位潜心钻研的褒奖，更是对金枫酒业石库门公司工会以“技能大师工作室”和“院士专家工作站”为平台，实施“高师带徒”技术人才培养计划、重塑精益求精的工匠精神的充分肯定。该公司已有两人先后荣获“全国技术能手”称号。 （桑树德）

【上海第一医药劳模创新工作室对接互联网】 1月2日，在徐汇区中心医院，上海第一医药劳模创新工作室与徐汇区中心医院举行了“云医院”启动仪式。上海第一医药劳模创新工作室作为云医院实现云服务的配套载体，在启动仪式上签订了“落地布点，接地服务”的合作协议，正式向社会开放。通过劳模创新工作室，第一医药旗下连锁门店融入云医院平台，形成与“云医师”“云医疗”相呼应的“云药房”“云药师”配套服务模式，建设适应未来分级医疗和医药分开政策落地后形成的“云医药”绿色安全服务通道，应用线上处方，线下配药的无缝对接优势，做好“云端布点，地上服务”的分布对接准备，为患者提供医疗用药所需的“最后一公里”省时、便利、安全配套服务。 （姜 杰）

上影集团第四届职工微电影比赛颁奖典礼 （徐祖明）

【上海水产集团举办“龙门杯”铲车技能比赛】 8月17日，上海水产（集团）总公司“龙门杯”电动铲车技能比赛活动在龙门食品公司冷库广场举行。20位参赛选手顶着烈日酷暑进行比赛。选手们通过出车前准备、前进走直角、定点起物、重车前行绕桩、定点放物、倒车绕桩、定点停车、刺破气球等各个项目的角逐，裁判工作按照操作技术和完成项目的时间进行综合评定。最后于希勤、陈金胜、童光平、王玉超、张健、严国平等6名选手分别获得一、二、三等奖。 （韩 毅）

【申通地铁集团选手在全国轨道列车司机职业技能赛中取得佳绩】 集团积极开展“2016年中国技能大赛城市轨道交通上海市职业技能竞赛”参赛选拔工作，选送优秀选手参加全国比赛并获个人一等奖、二等奖、团体第七名的佳绩。11月30日集团召开第八届全国交通运输行业轨道列车司机职业技能竞赛参赛代表团经验交流会，集团乘务司机、班组长代表参加会议。会上培训中心对整体参赛情况作了介绍，一等奖获得者运四公司刘源、二等奖获得者运一公司丁冠凌及其他参赛选手和教练代表作了交流发言。（李雯琪）

【上影集团工会微电影比赛成果斐然】 上影集团工会“追梦上影”职工微电影比赛举办3年来取得较好成

绩，共拍摄136部微电影，获得市级以上奖项57个，2016年有26部。反映无障碍电影的《声心》获得了第二十五届金鸡百花电影节微电影展映最佳编剧奖、上海职工微电影大赛评委会特别奖；动画片《青花悟语》获亚洲微电影节金海棠奖最佳作品奖、上海市民微电影大赛优秀作品奖等。2016年，上影集团工会通过工会主席培训体验、微电影骨干特训班等形式，先后完成《我们2兄弟》《无暇》《爱注定》3部影片，既锻炼了队伍，又出了作品。同时，还成功承办了第二届上海职工微电影大赛，并为多家产业工会开展微电影专业培训和评审。（高　昇）

【锦江国际集团工会广泛开展“锦江杯”职业技能大赛活动】 为激发广大职工学习新知识，掌握新技能，集团工会组织开展“锦江杯”职业技能大赛，竞赛项目有餐饮服务、烹饪厨师技能交流、技术比赛等。集团工会还围绕企业生产中的难点、重点，通过技术比武来提高职工的技能，焕发职工爱岗敬业的工作热情。通过“劳模创新工作室”“首席技师工作室”“高师带徒”等活动形式，鼓励职工立足本岗，创先争优，不断提升技术水平和创新能力。（张祥伟）

工匠精神

【概要】 为深入贯彻落实《中国制造2025》和《中共上海市委、上海市人民政府关于加快建设具有全球影响力的科技创新中心的意见》，以及市总工会、市发改委、市经信委、市科委、市人社局和市知识产权局等单位联合制定的《关于推动一线职工岗位创新，促进“大众创业、万众创新”的若干意见精神》，进一步激发全市职工爱岗敬业、钻研技术、攻坚克难、创新超越，促进“大众创业、万众创新”，推进上海加快科创中心建设。2016年起，市总工会计划用10年时间培养选树1000名具有精益求精、严谨细致的高超技艺，追求完美、创造极致的职业精神，攻坚克难、创新超越的优秀品质的“上海工匠”，打造一支与加快上海建设科技创新中心和实施“中国制造2025”要求相适应的高技能人才队伍。市总工会制订并下发《关于在本市开展“上海工匠”培养选树千人计划的实施意见》，于5月18日正式启动2016年“上海工匠”培养选树活动，全市共有583名职工报名参与，最终产生首批88名“上海工匠”。市总工会以“五个一”为载体，在全社会掀起宣传和学习工匠精神热潮：一是制作一部《上海工匠》电视纪录片，遴选有代表性的上海工匠，拍摄两季《上海工匠》纪录片。二是在全市开展一轮“工匠精神”大讨论，让“工匠精神”深入人心，成为广大职工的价值追求。三是开设一场“上海工匠”论坛，围绕“推进中国制造2025，弘扬工匠精神”进行交流研讨。四是编印一本《上海工匠》主题图册，用职工自己的镜头拍摄展示“上海工匠”的个人风采和高超技艺。五是创作一首反映工匠精神的歌曲，歌曲有较强的艺术表现力和感染力，讲述了工匠故事，表达了工匠情怀。（于　劼）

【选树首批88名上海工匠】 2016年“上海工匠”培养选树工作5月18日正式启动，经单位推荐、社团推荐、个人自荐等3种申报渠道，通过资格认定、专场面试、专家审核、评审发布、社会公示等环节，经市总工会主席办公会审定，最终产生88位2016年上海工匠，并对其中65位符合条件的上海工匠授予上海市五一劳动奖章称号。88名上海工匠涵盖电力、钢铁、船舶、航天、汽车、通信、建筑、交通等多个行业领域。其中，专业技术人员50人，占总人数的56.8%；普通职工38人，占总人数的43.2%；高级技师51人，占总数的57.9%；技师10人，占11.4%。88名上海工匠的平均年龄约49岁，都具有丰富的工作经验，平均工作年限29年。从业务技术水平上看，他们的岗位创新能力都较强，29人有发明专利，占总人数的32.9%；32人拥有实用新型专利，占36.4%；9人拥有外观设计专利，占10.2%。另外，当选工匠中非公企业职工占总人数的30%。另有女性职工8人，农民工10人。2016年同时选树了43名上海工匠提名奖。（于　劼）

10月27日，2016年“上海工匠”培养选树活动揭晓　（吴良荣）

【市总工会召开2016年“上海工匠”培养选树千人计划推进会】 10月27日，为推动上海工匠培养选树的各项工作落到实处，市总工会召开2016年“上海工匠”培养选树千人计划推进会，命名首批88名“上海工匠”，并授予符合条件的工匠“上海市五一劳动奖章”。市总工会主席洪浩出席会议并讲话。市总工会副主席何惠娟在会上介绍2016年上海工匠培养选树活动总体情况，部署了下阶段主要工作安排。部分区局（产业）工会、工匠代表作交流发言，上汽集团徐小平作为工匠代表发出“践行工匠精神，做强中国制造”的倡议。（于　劼）

【市总工会在全市职工中开展“工匠精神”大讨论】 为了在全社会进一步形成“劳动最光荣、劳动最崇高、劳动最伟大、劳动最美丽”的社会风尚，打造一支门类齐全、技能高超的工匠队伍，为上海创新发展夯实高技能人才队伍基础，市总工会于11—12月期间，以“弘扬工匠精神·推动创新发展”为主题，在全市职工中广泛深入开展“工匠精神”大讨论活动。全市各区产业局以“什么是工匠精神”“践行工匠精神与培育社会主义核心价值观、与增强企业（行业、区域）核心竞争力、与建设上海科创中心”等为主要内容，以主题宣传、座谈会、报告会、研讨会、网络论坛、专题讲座、班组学习等为主要方式，以局域网、APP、微信、微博、内部刊物、宣传手册等为主要载体，结合区域、行业、企事业单位实际，开展“工匠精神”专题讨论。在开展大讨论活动的基础上，各级工会提炼了一批具有行业特性、区域特色、企业特点，职工群众易接受、能践行的行业“工匠精神”、企业“工匠精神”，使“工匠精神”更接地气、更有针对性，鼓励广大职工自觉学习、躬身践行“工匠精神”。（宣教部）

【闵行区总工会紧扣“三个围绕”开展“闵行当代工匠”选树活动】 一是围绕一线职工开展选树。“闵行当代工匠”选树重心在基层，重点在一线，参选对象必须是对工艺充满敬畏，严谨细致、专注坚守、创新技术，具有示范效应的一线职工。二是围绕竞技比武开展选树。区总工会与区人保局等单位联合举办了以“弘扬工匠精神，竞秀闵行风采”为主题的技能大赛活动，通过组织不同类型、不同等级的竞赛项目，积淀了一大批像巩洪亮、胡振球、赵黎明为代表的技师和高级技师人才。三是围绕创新创造开展选树。重点组织各部门对技术发明、技术创新或从事民间工艺品创作等项目进行申报，在推荐或自荐的基础上，经领导小组初评，专家评审、社会评审、领导小组审定和社会公示等环节，从76名候选人中评选出10名2016“闵行当代工匠”和10名2016“闵行当代工匠”提名人选。其中，胡振球和曹荣获得2016年度“上海工匠”荣誉称号，巩洪亮、金春华被授予“上海工匠”提名。（王　凯）

【职工王梅成为嘉定区首位上海工匠】 10月27日，在2016年“上海工匠”培养选树千人计划推进会上，上海连城（集团）有限公司职工王梅被命名为首批“上海工匠”，成为嘉定区获此殊荣的第一人。王梅是上海连成（集团）有限公司设计中心水泵项目经理，近10年来参与研发，开发一系列高效双吸泵，同比普通双吸泵效率提高5%—10%，先后获得13项实用新型专利，为国家“节能减排”做出重要贡献。曾被授予“上海市五一劳动奖章”、第九届“上海市十大工人发明家”荣誉称号，并代表嘉定参加中国工会第十六次全国代表大会。

（黄点点）

【崇明县总工会举办庆五一暨崇明创业标兵、创新标兵表彰会】 4月28日，2016年崇明县庆祝五一国际劳动节暨创业标兵、创新标兵表彰会在县文化馆风瀛洲剧场举行。会议表彰崇明县10佳创业标兵和10佳创新标兵（崇明工匠），展现了创业标兵、创新标兵的先进事迹，穿插文艺汇演展示了崇明职工风采，也以点赞创业者和随机抽奖的形式烘托大会氛围。大会号召全县职工大力弘扬劳模精神、工匠精神，以创业标兵和创新标兵为榜样，开拓进取，努力创新，扎实工作，为崇明现代化生态岛建设作出贡献。

（秦春华）

【市机电工会开展弘扬“工匠精神”大讨论活动】 4月27日，上海电气、机电工会举行纪念“五一国际劳动节”暨弘扬“工匠精神”大型座谈会。全国劳模、上海电气液压气动有限公司液压泵厂数控工段长李斌，上海市劳模、全国三八红旗手、上海汽轮机厂有限公司焊接技术专家刘霞，全国优秀农民工、上海日立电器有限公司潘朝富向与会的各企业党政工领导、劳模先进代表、技术和管理人员代表、一线技术工人代表，分享了自己立足岗位、刻苦钻研、勇于创新、追求极致的工匠故事；上海锅炉厂有限公司工会介绍了企业培育工匠精神、建设高素质技术工人队伍的经验做法。3月下旬至4月底，上海电气、机电工会在全体干部职工中组织开展了弘扬工匠精神大讨论活动，主要内容为“五个一”：组织一次“我眼中的工匠精神”主题征文活动，向职工推荐一批解读和诠释“工匠精神”的优秀图书，组织一次名为“工匠词典”的微信互动活动，拟写一份“工匠精神”宣贯落地的调研报告，举办一次“工匠精神”大型座谈会。（彭伟光）

【宝钢股份发场“工匠精神”，开展群众性创新和技能比武】 2016年，股份工会注重深化职工岗位创新与弘扬“工匠精神”有机结合，积极发挥创新协会作用，开展“走进创新工作室”系列活动。孔利明、王军、王康健获得首届“上海工匠”称号，李华明等7名员工获得第五届“宝钢工人发明家”称号。同时，股份工会在女职工中开展“降本增效”大赛场立功竞赛活动，涌现了一大批女职工典型案例。同时，工会开展了针对性的技能比武大赛，设置“烧结原料工、转炉炼钢工”等8个公司级项目、76个厂部级项目，有5921名员工参与。（胡建中）

【上海船舶公司工会实施“船舶工匠”培养选树计划】 中船上海船舶工业有限公司工会根据年初计划，制订上海船舶系统“船舶工匠”培养选树百人计划。结合中船集团公司发展实际，推动上海地区各企事业单位每年培养选树10名，至2025年共计100名“船舶工匠”。6月14日，中船上海船舶工业有限公司工会召开专题评审会，此项工作共收到上海船舶系统11家单位申报的17名推荐候选人，经过初审共有15名推荐候选人进入“船舶工匠”评审，评审后前10名的上海船舶系统“船舶工匠”推荐候选人通过社会公示，授予上海船舶系统“船舶工匠”的称号。10名“船舶工匠”来自上海船舶系统8个企业，其中，7人为生产一线普通工人，3人为专业技术人员，平均年龄50岁，平均工作年限30年；7人为高级技师，2人为高级职称，1人为中级职称；8人拥有发明专利，6人拥有实用发明专利。

（陶庆翌）

【上海铁路局工会开展选树工匠人才活动】 2016年，上海铁路局工会抓住开展“身边的大国工匠”推荐学习活动契机，组织开展“上铁工匠”选树活动，进一步调动职工技术创新积极性。一是不设选树门槛。本着“自主申报、开放选树”的思路，面向一线操作岗位上的职工群体，运用宣传栏、微信平台、手机报等形式，在全局广泛营造争创先进、争当工匠的良好氛围。二是注重绝技绝活。突出技术领先这一关键，以掌握专业顶尖技术、岗位不可替代、社会认可度等为选树标准，通

中国移动上海公司网络维护中心水湧荣获首批88名“上海工匠”之一　（阮铭捷）

过单位评价、专业部门推荐、群众民主测评等手段，提高选树活动的公信度。三是实行网上运作。设立网上申报、网上评审、网上投票、综合评定4个流程，通过局域网、APP客户端等网络平台，组织职工网上投票。四是注重跟进培养。通过挖掘工匠事迹，编发工匠风采录、拍摄工匠绝技宣传片等形式，讲述工匠故事，展示工匠风采。加强与职教、相关专业等部门联系，通过聘请兼职教师、“名师带徒”等形式，充分发挥“1+N”的育人效应。2016年，上海铁路局命名10名职工为“上铁工匠”，其中1人被评为“上海工匠”，2人获提名奖。　（严　密）

【交运集团推进“导师带徒”工作】 在集团党政领导的高度重视下，集团系统全面实施开展“导师带徒”工作，加快培养造就高技能人才，培育“工匠精神”，打造具有交运特色的“上海工匠”。集团制订下发《交运集团导师带徒工作实施办法》及《交运集团导师带徒工作实施方案》，并召开动员部署会和评审会，举行启动仪式。运输工会和集团人力资源部联合成立集团导师带徒工作小组，负责对集团导师带徒工作的组织领导、推进指导、考核评价和监督管理工作。各单位按照集团部署会的工作要求，通过宣传发动、组织协调，由导师和徒弟自愿报名、自觉参与、工种对口，经层层推荐、选拔、考评，来自集团系统各条线的15名岗位工作行家能手被聘为集团首批导师。　（王　勤）

【中国移动上海公司工会培养选树各级工匠】 为了弘扬工匠精神、培育大国工匠，中国移动上海公司工会积极响应市总工会关于开展“上海工匠”培养选树工作的文件要求，开展“移动工匠”培养选树活动，来自24家基层单位推荐的44位候选人，经公司工会微信平台“和工社”投票及公司工会“两委”会议审议，最终选树公司2016年“移动工匠”12人，并推荐2人参加市级“上海工匠”评选。通过市总工会现场答辩、网络投票等环节，中国移动上海公司网络维护中心水湧荣获2016年首批88名“上海工匠”之一。根据市经信委工作要求，策划开展“2016上海智慧城市建设领军先锋评选暨‘智慧工匠’技能竞赛”，中国移动上海公司信息系统运营部沈尧荣获“智慧工匠”提名奖。　（高诗颖）

【虹桥机场公司开展评选首届“最美工匠”活动】 11月9日，虹桥机场公司工会开展2016年公司第四届“优秀班组”暨首届“最美工匠”评比展示活动，机场集团工会主席张永东、公司总经理蒋云强、党委书记唐海兴、工会主席崔耕义等领导和公司各单位党委书记、工会主席以及基层一线职工代表、班组长骨干代表160多人出席。来自公司7家基层单位的16位“最美工匠”候选人，通过多媒体现场演讲，展示绝技绝活技能。活动期间，工程师“信息标兵”和锅炉技工“金牌司炉”同台PK；助航电工“护航使者”与安检技师“图库行家”各展精彩，给人们留下了耳目一新的深刻印象和震撼体验。　（田久强）

【市人才服务中心发扬工匠精神率先建成职能人事档案库房】 市人才服务中心流动人才档案管理中心坚持“为民服务、创先争优”的理念，采用人工录入和计算机扫描相结合的方法，逐步将纸质人事档案转化为数字档案，实现市区、行业一体化平台档案远程查阅。经过4年多的项目实施，

11月9日，虹桥机场公司工会举行首届“最美工匠”展评会　（田久强）

完成了23余万份人事档案的数字化处理，每份档案经过整理、信息录入、材料扫描、图像处理、图像检测、入库验收等工作环节，全部档案材料形成影像图片，初步建立了全国领先的数字档案馆。档案中心专门开发的人事档案综合管理系统，实行条形码管理，设置档案接收、档案应用、库房管理、档案转递等模块，在国内率先建成智能人事档案库房，其标准化相关工作得到中组部、人社部的充分肯定。

（瞿葆仁）

8月5日，城投集团举办首届"城投工匠"展示活动 （傅杏聪）

【市科技系统工会大力培育工匠】 上海科技系统开展多种形式的劳动竞赛和职工技术创新活动，通过岗位练兵、技能大赛，深化班组建设，精心培育"大国工匠""上海工匠"。2016年，系统共有3名职工（中国科学院上海光学精密机械研究所陈勤泉、中国科学院上海硅酸盐研究所陈忠明、万达信息股份有限公司吴颖健）获得"上海工匠"称号，其中陈勤泉成为"上海工匠"12位重点宣传人物。

（顾　铭）

【市经信工会推选评比"智慧工匠"技能竞赛活动】 在市总工会和市经信委的指导下，联合《解放日报》共同精心组织2016上海智慧城市建设"智慧工匠"技能竞赛活动，选拔10名智慧工匠和1名工匠之星，年内已完成初审，选出了40名候选人；组织参与"上海工匠"推选评比工作，上海市工业合作联社上海长江企业发展合作有限公司蒋跃年获"上海工匠"称号，并被授予五一劳动奖章。

（黄　俭　周斌锋）

【申通地铁集团精心培育"地铁工匠"】 申通地铁集团坚持以劳动竞赛为载体，夯实工匠选树"大舞台"；以班组建设为源头，构筑工匠培育"孵化器"；以服务保障为抓手，打造工匠成长"大家庭"，先后建立上海市技师（职工）创新工作室、技能大师工作室、劳模创新工作室等高技能人才培育基地，2016年有2人获得首批"上海工匠"荣誉称号，2人获得"上海工匠"提名奖。集团于11月在上海地铁9号线九亭基地"李鹃伟大师工作室"召开"匠心传承"地铁工匠先进交流座谈会，"上海工匠"获得者维保车辆分公司李鹃伟、运一公司严如珏，"上海工匠"提名奖获得者维保通号分公司陆鑫源、运三公司的林霄以及优秀班组长、创新工作室带头人代表参加座谈。集团还组织开展"工匠精神"箴言征集及系列学习和宣传活动，收到来自一线15家单位的254条箴言建议，经过专家评审，55条建议获奖。

（李雯琪）

【城投集团举办"城投工匠"展示活动】 8月5日，城投集团举办首届"城投工匠"展示活动，别具匠心地以演讲、小品、沪剧等形式展示6位获选"城投工匠"的风采，并为获评者颁发证书。市总工会副主席李斌、城投集团党委委员、工会主席徐文到会。城投集团工会自4月起，在集团内发起"城投工匠"评选活动。集团所属企业工会踊跃参与，经过直属单位初评、城投集团复评、城投工会微信投票等环节，最终19名参赛者进入终评。经由全国著名劳模李斌、市著名工人发明家孔利明等专家组成的评委会，以"工匠思维、工匠眼光、工匠工作法"对候选人进行评审，最终6名候选人成功当选首届"城投工匠"。

（陈　骏）

【上海隧道公司大力培育工匠人才】 根据市总工会千人工匠培育选树计划，上海隧道股份公司依托先进制造和施工工艺的优势，以员工职业能力建设为抓手，推动并形成了技能操作、考核评价、选拔、岗位使用循环的人才培育体系，促进各类高、中、初级技能人员的梯次发展。张亮、李建伟2位职工成功入选首批上海工匠，为在一线技能人才队伍中崇尚工匠精神，塑造具有精益求精、严谨细致的高超技艺，追求完美、创造极致的职业精神，做出了榜样。同时，顾春华荣获2015年上海市劳模年度人物、盾构分公司赵云龙荣获全国五一劳动奖章。李鸿工作室被评为"国家级技能大师工作室"，王峰工作室被评为"上海市技能大师工作室"，地基基础公司荣获上海市五一劳动奖状、北横通道项经部荣获上海市工人先锋号荣誉称号。

（瞿　勇）

团队创先

【概要】 市总工会深入实施团队创先行动，以创建"工人先锋号"活动为载体，以提高班组成员整体素质为重点，推动"学习型、技能型、创新型、管理型、效益型、和谐型"六型班组建设。一是加强班组间交流学习，指导各区局（产业）工会开展班组论坛、班组长沙龙等丰富多彩的班组建设交流活动，总结推广班组建设经验，增强班组工作活力。二是加强职业能力培训，提高班组成员素质。各级工会从班组工作实际出发，加强班组文化建设和民主管理，不断提高班组成员思想道德、科学文化和专业技能水平；积极引导班组成员学习新知识、钻研新技术，不断提高学习能力、实践能力和创新能力。市总工会努力为班组成员成长成才创造条件，将“班组长岗位培训”纳入市总统一培训计划，对参加“班组长岗位培训”并取得合格证书的班组长，按照55元/人给予补贴，全年共培训一线班组长约5000人。

（于 劼）

【国网上海电力公司在“安康杯”竞赛中获佳绩】 在中华全国总工会和国家安全生产监督管理总局对2016年度全国“安康杯”竞赛活动先进集体和优胜班组表彰名单上，电力科学研究院计量中心、市南供电公司、浦东供电公司获全国“安康杯”竞赛优胜单位，松江供电公司、信息通信公司、上海市南电力(集团)有限公司、奉贤供电公司、上海电力高压实业有限公司、市北供电公司、上海闸北发电厂、嘉定供电公司等8家单位获得上海市“安康杯”优胜单位。国网市电力公司工会不断拓展“安康杯”竞赛活动的广度和深度，充实和完善竞赛内容和形式，以竞赛为载体，积极组织基层单位、班组和职工开展群众性安全生产活动。举办劳动保护知识培训、劳动保护监督检查、安全征文、班组安全管理成果征集展示等活动，全面提升广大职工的安全意识，维护职工的安全健康权益，为全面推进公司安全生产、安全文化建设和班组安全管理等工作起到了积极的推进作用。（陈 纯）

【宝武集团会评选2015年度最佳实践案例TOP-10】 为树立宝钢工会工作最佳实践示范，更好地推进工会工作创新发展，集团公司工会对各单位工会申报的特色工作成果组织评审，在集团公司工会相关部门初评的基础上，经2月24日集团公司工会六届五次全委(扩大)会无记名投票评选，宝钢股份工会的《“满意”从动手开始》等10个项目被评为“2015年度工会最佳实践案例Top-Ten”；宝钢股份工会的《上下同欲者胜，同舟共济者赢》等10个项目被评为“2015年度工会最佳实践案例Top-Ten提名”。

（李士伟）

【宝钢股份持续开展“最满意”系列评选活动】 2016年，宝钢股份持续开展“最满意”系列评选活动，“满意活动”增加了“最美办公室”和“最文明单宿”项目的评选，采取“1+N”的飞检方式，加大推进力度。各单位申报了571个项目，抽查飞检1600余个项目，其中，447个贴了“满意”标签，12家单位被评为优胜单位，评选“最满意系列”项目73个。“满意活动”有效助推了现场环境的提升，促进了员工行为养成。（胡建中）

【宝钢发展工会加强“五有”班组建设】 2016年，宝钢发展工会加强“五有”班组建设，提升班组基础管理水平。一是围绕“五有”班组建设目标，制订下发《2016年宝钢发展班组建设及工会劳动安全保护重点工作计划表》，并按照项目和时间节点予以推进落实。二是推进安全“1000”班组创建活动，会同相关职能部门对60个安全“1000”示范班组进行终端验证，进一步强化班组安全基础管理。三是以班组为单位，围绕“安全管理、降本增效、拓展市场、队伍稳定和提升服务水平”等主题，开展“寻找管理中的出血点”合理化建议征集活动，共征集到各类建议147条，评选出优秀建议10条、好建议10条、入围建议30条。四是以各基层团队为单位，开展最佳团队建设活动设计与评比，共收集77个活动案例，评选表彰优秀活动案例20个，同时汇编《最佳团队建设活动案例集》下发基层班组学习、交流，进一步提升基层班组团队的活力与凝聚力。（朱 宏）

【宝钢发展工会深化最佳实践者活动】 宝钢发展工会进一步深化最佳实践者活动，营造争先创优的良好氛围。一是利用微信订阅号、《新发展》等渠道，对首届“最美宝钢人”等职工身边的最佳实践宣传推广。二是开展劳模带教活动，充分发挥劳模骨干带头作用，弘扬劳动最光荣，传递正能量。4月，全国劳模康明带教徒弟周维的事迹在集团公司“五一”劳模先进交流会上进行了发布交流。三是进一步梳理困难劳模信息并开展帮扶，组织23名劳模、先进代表开展疗休养活动。年内，1人荣获首届“上海工匠”提名奖；1人荣获“上海市五一劳动奖章”，并被推荐为全国技术能手；1人荣获宝钢“曾乐奖”。（朱 宏）

【上海航天局汤卫平班组获中国国防邮电工会和集团公司联合命名授牌】 局工会高度重视培育、选树团队创先先进典型，在汤卫平劳模创新工作室荣膺上海市“劳模创新工作室”的基础上，局工会协助局党委，命名了“汤卫平班组”，并下发《关于在全院班组中开展向“汤卫平班组”学习活动的通知》，深入推进学习811所汤卫平班组先进的管理方法、班组文化和创新机制。在多方努力下，中国国防

8月17日，中国国防邮电工会举行上海航天局“汤卫平班组”命名授牌仪式（周 博）

邮电工会和中国航天科技集团公司联合以锂电技术专家、国家“千人计划”成员汤卫平博士的名字命名上海航天局811所锂电池技术研发班组，这是继2005年“唐建平班组”获得命名后，上海航天局第二个获国防邮电工会和集团公司以班组长名字联合命名的班组。与此同时，局工会加强大国工匠的打造，积极推荐4名员工参加首届“上海工匠”评选，王曙群、苗俭从500多名申报者中脱颖而出，入选首批“上海工匠”。（周 博）

【上海卷烟厂工会创建“1+5”班组自主管理模式】 上海卷烟厂工会围绕企业全面推进“精益制造”、提升全员素质的总体目标，探索形成“1+5”班组自主管理模式，通过班组自主管理，实现各项管理制度和要求在基层的“有声落地”。“1+5”班组自主管理模式：“1”——以“班组自主管理，打造品质基石”为班组建设工作主线；“5”——以组织保障机制、全员素质提升机制、班组长培育机制、班组综合考评机制和班组激励机制为支撑，创新班组自主管理载体，丰富班组自主管理内涵，夯实工厂品质班组建设。经过一年的品质班组建设，各班组积极开展自主管理，全员学习能力和创新能力得到显著提升。全年各班组共提出4088条合理化建议，蔡瑞义“查、言、观、塞”操作法荣获上海市职工先进操作法创新奖，三车间乙班切烘组荣获2016年度上海市质量信得过班组荣誉称号，班组长汤明洁荣获2016年度上海市质量信得过班组建设先进个人荣誉称号。（李梦莎）

【市邮区中心局“鸿雁工作室”成为首批上海市技师创新工作室】 上海市邮区中心局“鸿雁工作室”创建于2015年8月，隶属于中心局指挥调度中心的一个工作室，共有成员6名，由各生产部室的4名业务技师及2名信息工程师组成。主要工作是制订优化作业流程以及解决实际生产过程中遇到的各类问题。近年来，该工作室全力对上海本收本投及省际进口的各类包裹处理流程进行优化，不但满足现有通信生产需求、突破设备条件的瓶颈，而且大大提高了生产效率。经统计，实施落地堆位以来，本口包裹总包的平衡合拢率从原来的70%提高到了100%，各频次邮运车辆的发车准点率保持100%，没有发生一起邮件或信息留存的情况。在3月9日上海市职工技协召开首批上海市技师创新工作室创建命名大会上，“鸿雁工作室”成为首批上海市技师创新工作室。（陈千涛）

【中国移动上海公司工会深化“2+N”班组建设模式】 中国移动上海公司工会持续深化班组建设“三大品牌”及“2+N”模式在班组建设中的作用。一是充分听取各直属单位（本部）工会、各班组对新修订的《公司“星级班组”评估标准》意见及建议，并组织开展2016年度“星级班组”评估工作。二是坚持打造“班组论坛”传统品牌，开展以“安+”杯辩论赛总决赛为主题的班组论坛活动，以新颖辩论赛形式为班组论坛注入新活力。三是结合公司第五届文化艺术节三期文化大讲坛活动，逾500名职工参与，陶冶一线班组的文化素养。四是结合市总工会优秀班组长能力提升培训，组织80名班组长参加公司优秀班组长培训班并获上海市班组长岗位资格培训合格证书，有效提升了班组基础力。在2016年度集团公司班组建设暨暖心工程总结表彰会上，信息系统运营部荣获“示范单位”称号，浦东分公司民生旗舰店班组等2个班组荣获“卓越班组”称号，孙蓓莉等24人荣获“优秀班组长”称号。（高诗颖）

【上航局工会注重劳模创新工作室科研交流】 中交上航局工会为了进一步发挥劳模创新工作室的品牌效应，提升劳模创新工作室的科技含量，多次组织“樊祥生劳模创新工作室”举办科研交流活动，由工作室成员和其他科研技术人员、青年职工一起参加。每次科技论坛活动都有主题、主讲者。同时经常召开“钱杰寐劳模创新工作室”课题研讨会，围绕工作室制订的四大课题，深入研究相关实施进程和方案。劳模创新工作室开展科研交流、探讨，提高了科研人员对研究项目的认知度，丰富了工作室的形式和途径，带动了其他科研人员、特别是青年员工的工作积极性。（杨建平）

【光明食品集团金枫酒业职工QC小组屡获殊荣】 9月，光明食品集团所属金枫酒业股份有限公司质量控制小组（QC小组）荣获“全国优秀质量管理小组”称号，这是该公司迄今为止在该领域获得的最高荣誉。多年来，金枫酒业工会积极协助企业行政，成立由50余名一线生产、管理人员组成的5个QC小组，建立管理办法和激励体系，在产品的品质管控实践中，坚持依靠职工开展技术革新等科技攻关活动，通过开放式、研讨式、课题式活动机制，打破部门壁垒，鼓励一线生产、经营管理人员主动参与品控管理，

7月6日，中国移动上海公司工会举办班组论坛暨“安+”杯辩论赛总决赛（高 琪）

解决生产中难点问题，进而逐步形成了企业内部的“全员质量管控体系”。2016年，在上海市QC小组成果评比中，公司Vintage QC小组的《淋米工艺的研发》获得了特等奖。（桑树德）

【上海水表厂工会加强班组品牌建设吹响“工人先锋号”】 厂工会紧紧围绕企业改革和转型发展大局，将班组建设和品牌建设相结合，打造“上水表务”班组品牌，联合行政制订《表务队积分管理考核办法》《表务队绩效考核办法》，充分调动换表职工的积极性，服务质量、队伍素质和服务技能显著提高，用户满意度进一步攀升。年初寒流使上海发生大面积的水表冻裂，居民用水深受影响。厂工会立即成立抢修工作小组，表务班组全体职工10余天里奋力拼搏在换表第一线，共出动400余人次、80多车次，支援黄浦、徐汇、长宁、松北、闵行各分所及浦东各个地区的抢修工作，他们兢兢业业的精神得到了居民们的高度好评。通过创建，上海水表厂表务队被评为“上海市工人先锋号”，进一步树立了班组品牌。（徐铭）

【上海隧道被授予市重大工程立功竞赛“突出贡献金杯公司”称号】 公司工会始终坚持竞赛工作形式上创新，内容上革新，使其更好地为公司的生产经营工作服务。2016年，公司围绕市竞赛办“四坚持、四确保”的工作重点，开展以“注重竞赛细节，打造隧道工匠精神；注重竞赛过程，扎实推进工程建设”为主题立功竞赛活动。坚守安全优先、确保质量优质，实现施工上精益求精、管理上独树一帜、服务上细致周到，打造一座又一座质量丰碑。公司领跑科技前沿，凭借勇于创新的隧道精神，创造了业内诸多“第一”和“之最”。年内公司获得上海市重大工程立功竞赛30年以来的最高荣誉“突出贡献金杯公司”称号，地基基础分公司也获得立功竞赛金杯团队荣誉称号。（翟勇）

【民用飞机试飞中心工会开展创新班组建设管理机制课题研究】 试飞中心工会在班组建设实践过程中，发现因管理机制问题，导致试飞中心班组建设无法进一步深入推进，由此开展了题为《对试飞中心班组建设管理机制创新的几点思考》的课题研究，以试飞中心班组建设管理机制为样本，在问卷的指标设计方面综合考虑可能对班组建设机制产生正向、负向作用的各种因素。对通过调查发现的存在问题，进行了归类，从可操作性出发，提出了班组建设管理机制创新的多项改革建议，促进班组建设考评机制的转变，即变年终打擂台为全年创建过程考评；转变评价指标，变统一模板为按实际需求制定；增加考核对象，将班组建设成效列入部门领导年终考核，有效引导部门和班组注重日常的创建过程，激发了各班组开展创建活动的积极性。（许晓明）

【上海飞机客户服务有限公司工会建设质量信得过班组】 为了提升职工能力素质，主动顺应型号研制和公司发展建设新任务，公司工会开展了质量信得过班组达标创优活动。通过召开推进大会，印发《实施方案》和《考评要求》，组织先进班组长参观珠海航展，与有关航空公司交流，组织班组长参加中央企业班组长远程培训，赴兄弟单位观摩学习，开展年度班组建设成果评审，组织优秀班组参与中国商飞公司年度先进班组评选等，有效提升了班组素质。2016年，获得集团1金、3银、5铜先进班组和2名“优秀班组长”称号，打造了精品班组，为创建国际一流航空服务企业奠定了基础。（徐雷）

【中海上海中远船务开展“双评双寻”系列活动】 根据集团“劳动安全标准化建设示范班组主题创建活动”方案和中远船务工程集团有限公司相关要求，上海中远船务工程有限公司细化活动方案，丰富活动内涵，结合企业实际开展以“评选十佳BBS案例、评选十佳作业基准”和“寻找最佳安全宣讲人、寻找最佳审批单”为主要内容的“双评双寻”系列活动，进一步强化示范引领作用，提高各班组员工安全生产意识和“守纪律、讲规矩”的自觉性，推动示范班组的创建活动，在员工中引起热烈反响。（陈鹏飞 袁添添）

【中国远洋海运集团支持劳模创新工作室发挥作用】 2016年，中国远洋海运集团所属劳模创新工作室在企业安全、管理、技术等领域进一步发挥领头羊作用：中远海运发展庞海臣劳模创新工作室围绕安全管理、船舶油耗监控等不断开展创新；上海船研所金允龙劳模创新工作室以“创新与发展”为主题，开展科技论文评选；支家茂劳模创新工作室完成多项行业标准修订；瞿辉劳模创新工作室经严格评审，被评为上海市劳模创新工作室，并作为优秀案例，成为上海市劳模创新工作室研修班指定学习考察场所；中海国际林松山劳模创新工作室被授予首批上海市技师创新工作室。集团工会加大对劳模创新工作室的扶持力度，拨付40万元专项经费用于工作室开展学习交流、技术攻关和人才培养等活动。（张洁）

职工技协

【概要】 2016年，市职工技协按照市总工会要求，强化群众性、公益性功能，主动服务工会群众性科技工作，积极组织开展职工技术创新、技能提升和技术协作活动，承接举办2016年上海职工科技活动周，举办第二十八届上海市优秀发明选拔赛、第五届上海市职工合理化建议和先进操作法优秀成果征集命名和“上海工匠”培育选树、上海市数控、焊接职工技能比武大赛、上海市技师创新工作室创建命名以及对口技术协作交流帮扶等活动，同时，积极推荐职工发明创新项目参加上海市科技进步奖的评选，认真实施市总工会服务职工实事项目，做好职工授权发明专利奖励和职工晋升技师、高级技师奖励工作，推动职工岗位创新、技能提升。（王小龙）

【市职工技协制订《推进本市非公企业职工创新工作实施计划》】 4月13日，市职工技协在深入调研、集思广益的基础上，制订《推进本市非公企业职工创新工作实施计划》（以下简称“实施计划”），提出了补短板、加强非公企业职工创新工作的指导思想、主要目标和具体措施。“实施计划”提出构建推进非公企业职工创新的服务平台，建立推进非公企业职工创新工作的保障机制，到“十三五”期末,基本建立本市非公企业职工创新工作机制和非公企业职工创新服务体系,已建会的规模以上实体实地型非公企业的职工创新活动覆盖面达到80%以上,参与职工达到80%以上,增强非公企业职工创新动力和能力,维护非公企业职工的学习权和发展权,促进非公企业增效、职工增收、共建共享、和谐发展。“实施计划”的制订得到了全国总工会的关注和肯定,《工人日报》在头版头条报道了这一消息。（王小龙）

【上海职工科技创新网服务平台升级版上线】 3月15日,“上海职工科技创新网服务平台升级版”正式上线。“升级版”开发了自主拓展功能,可自主管理、发布各类活动,在此基础上“上海工匠、发明专利奖励、发明选拔赛、合理化建议、创新资助项目、讲师团授课”等功能也随着活动的开展陆续上线。“升级版”还通过对接上海市人力资源和社会保障局职业资格证书数据、上海市知识产权局发明专利数据,实现申报数据在线自动比对。“上海职工科技创新网服务平台升级版”的用户管理系统采用由上向下创建发放账号的形式进行管理,现已为1.7万多名职工提供服务,用户覆盖全市各区局(产业)工会,涵盖2053个基层申报点,4315个基层单位。（陈志渊）

【市职工技协举办职工知识产权工作培训班】 2016年,市职工技协组织有关专利事务专家、知识产权工程师举办了11期上海市职工知识产权工作培训班,普及有关专利知识、讲解专利申请实务。来自闵行、张江、申通集团等区、产业局的950余名职工参加培训,其中三分之一为非公民营企业科研人员。培训班提高了广大职工的知识产权保护意识,受到企业和员工欢迎。（朱晓鸿）

【市职工技协创建命名“上海市技师创新工作室”】 2016年,市职工技协组织开展第二批“上海市技师创新工作室”创建命名活动,全市共有64家区局(产业)工会下属141家基层单位推荐申报技师创新工作室164个,其中38家非公企业申报,占申报单位数的27%。经专家评审、公示与实地走访,命名了117个2016年度上海市技师创新工作室。市总工会对每个命名的工作室给予1万元的资助资金,并要求区局(产业)或基层工会给予1:1的配套资助。（王奇峰）

【上海市职工数控技术培训班举行】 4月20日,市职工技协数控技术专业委员会在上海电气临港重装备基地举办上海市职工数控技术培训班。国家数控专业裁判、上海电机学院黄忠教授和上海应用技术大学机械工程创新学院副院长吴雁教授分别作《数控编程操作与能力提升方面的几点思考》和《“互联网+技术”及“中国制造2025”》的讲课,来自16个行业系统的80余名技术能手和一线职工代表参加此次培训,并开展数控技术互动交流。（刘诗画）

【上海市职工焊接技术专业委员会成立】 6月12日,上海市职工技术协会焊接技术专业委员会在上海外高桥造船有限公司成立,首批会员由船舶、机电、中冶宝钢、电力建设、宝冶集团等行业及宝山区、奉贤区等单位组成。成立仪式上,市总工会副主席何惠娟和上海船舶工会主席崔启明共同为焊接专业委员会揭牌。何惠娟分别向沪东中华造船有限公司首席技师、全国劳模张翼飞等颁发了主任委员、名誉主任委员的聘书。市总工会副主席李斌宣读《关于成立上海市职工技术协会焊接专业委员会的决定》。（沈琰）

【上海市职工数控技能大赛举行】 9月9日,上海市职工技术协会数控技术专业委员会在上海电气李斌技师学院举办“2016年上海市职工数控技能大赛”,来自电气、宝钢、航天、船舶、嘉定、松江等14个行业系统的98名一线数控专业技术工人进入到大赛决赛,其中非公企业职工34人,占参赛总人数的34.7%。经过激烈角逐,上海电气(集团)总公司、上海航天局、上海汽车集团股份有限公司分获团体奖金、银、铜奖;上海汽轮机厂有限公司崔新鹏等5人、沪东重机有限公司韩春晓等10人、松江区上海顺敏实业有限公司冯杰等20人分获个人金、银、铜奖。（刘诗画）

【上海市职工焊接技能大赛举行】 9月11—12日,由上海市职工技术协会主办,上海市职工技术协会焊接技术专业委员会和中船上海船舶工业有限公司工会承办的2016年上海市职工焊接技能大赛在上海船厂举行。大赛分为应知理论(20%)和实际操作(80%)2个部分。来自宝山、奉贤、船舶、机电等18个行业系统的140名焊工参加了本次大赛,其中非公企业职工65人,占参赛总人数的46%。经过激烈角逐,中船上海船舶工业有限公司、上海电气(集团)总公司、中冶宝钢技术服务有限公司分获团体金、

9月11日,上海市职工焊接技能大赛在上海船厂举行（陈英）

银、铜奖;沪东中华造船(集团)有限公司刘鹏鹏等5人、上海电力建设有限责任公司蔡基伟等10人、上海锅炉厂有限公司宋方等20人分获个人金、银、铜奖。 (沈 瑛)

【上海职工二维工程图识图技能培训活动举行】 10月23日—11月5日,上海市职工技术协会与上海市工程图学学会联合举办2016上海职工二维工程图识图技能培训活动,来自37家企业的127名技术工人,组成42个团队参加培训,其中非公企业参训职工46人,组成15个参训团队,分别占参训人数的36.2%和参训团队的35.7%。同时,开展了二维工程图识图技能竞赛。竞赛内容以识图和徒手制图相结合,竞赛合格率为85.59%,38名学员分获个人竞赛一、二、三等奖,13个参赛团队分获团体竞赛一、二、三等奖。 (朱汉民)

【上海市职工设计制造专业委员会成立】 11月10日,机电工会牵头,建工集团工会、隧道工程工会、闵行区总工会、松江区总工会、市经信系统工会、上海市工程图学学会和上海东华大学等8家单位参与组建,同时吸收相关企事业、设计、科研、教学等25家单位,联合成立了上海市职工技术协会设计制造专业委员会。上海市总工会副主席何惠娟和上海市科协副主席李虹鸣共同为上海市职工技术协会设计制造专业委员会成立揭牌。专业委员会集聚一批具有设计与分析一体化能力的技术人员,为提升本市广大职工二维工程图识图能力和数字化设计能力,提供了学习、交流、展示平台。 (朱汉民)

【市医药工会推荐多项职工创新成果获市级表彰】 医药工会注重群众性经济技术创新工作的整合贯通,发挥职工岗位建功、创新的积极性,2016年,积极向上级单位推荐参评优秀项目,获得市优秀发明选拔赛优秀发明银奖3个,职工技术创新成果金奖1个、银奖1个,获得市职工合理化建议优秀成果奖1个、合理化建议项目创新奖5个、职工先进操作法创新奖3个。 (宋晓波)

【上海工会技协劳模专家义诊团在滇开展帮扶工作】 6月20—25日,由市医务工会参与组织的上海工会技协劳模专家义诊团一行,在市总工会副主席何惠娟带领下,先后赴云南省总工会、西双版纳州人民医院、中科院西双版纳热带植物园、勐腊县人民医院和勐腊县瑶区乡卫生院开展医疗技术交流、临床诊疗技术指导及义诊、巡诊活动。据统计,本次共开展6场大型义诊活动,义诊病人2000余人;举办3场健康教育专题讲座,500多人参加听讲。 (钱菊敏 陆卫超)

【沪滇两地技协联合在沪举办云南省第八期高技能人才培训班】 10月17—24日,上海市职工技协与云南省职工技协联合在上海电气李斌学院举办云南省第八期高技能人才培训班,来自云南昆明、临沧、楚雄、普洱、曲靖、红河、保山、邵通等地的52名技能人才参加。培训班开设了技能大师发明创造、人才培养、中国制造2025、互联网+创新能力等课程,并实地学习考察了上海电气临港重装备基地等现代企业。 (陆卫超)

【市职工技协举办云南省迪庆州农牧业技术人员培训班】 10月17—31日,市职工技协实施市总工会对口帮扶计划,在上海光明集团进修学院举办云南省迪庆州农牧业技术人员培训班,来自云南省迪庆州的30名农牧业技术人员参加学习和培训。培训内容涉及动物疫病预防、畜牧兽医、高级农艺、植保植检、农技推广等农牧业服务领域。为期15天培训采取专题辅导、实践教学、班组讨论、现场观摩等方式,拓宽了学员思路和眼界,提高了创新意识和现代农牧业发展的理论水平和工作能力。 (朱晓鸿)

【云南省勐腊县小学教师来沪培训班圆满完成】 4月10—24日,市职工技协和云南省职工技协联合在上海市闵行区教育学院举办云南省勐腊县小学教师培训班,来自云南勐腊县曼腊、易武、象明等地区的36名小学语文、数学教师参加了培训。培训班通过专题讲座、经验分享、专题研讨、学校考察、交流互动等方式开展小学教育理论培训,同时到闵行区实验小学、莘庄镇小学等6所知名小学和紫竹高新区等地参观,开展实践带教学习。为期15天的培训使云南学员更新了观念、开阔了视野,提高了教学和办学的理论水平和实践创新能力。 (朱晓鸿)

【上海同济医院与云南勐腊县人民医院结对互助签约】 10月20日,沪滇两地工会在同济医院召开上海同济医院与云南勐腊县人民医院结对互助签约会。会议交流了两地技协2017年工作计划及对口帮扶勐腊县人民医院工作,并举行了上海同济医院与云南勐腊县人民医院解读互助的签约仪式。上海市总工会副主席何惠娟,云南省总工会党组书记、常务副主席王惠萍、副主席潘红伟,上海市医务工会副主席何园,同济医院党委书记许树长、工会主席高源,云南省勐腊县医院院长杨浩江等参加互助签约会。 (陆卫超)

2017 上海工会年鉴

劳模先进

宣传先进

【概要】 年内，广泛开展劳模大讲堂、劳模精神进校园等活动，推动劳模精神进企业、进学校、进社区，营造学习劳模、尊重劳模、崇尚劳模、争当劳模的良好氛围。推出“劳模网上讲堂”，引导劳模网上行，推出有关民生的小课件，让劳模通过网络走进社会，更好地服务百姓，服务职工。同时有针对性的开展专题调研，及时反映劳模，尤其是老劳模的合理诉求。通过制作第三季《上海工匠》纪录片；拍摄“上海工匠”微电影；编印《上海工匠》图书等方式和手段，充分利用报刊、电视、电台、微博、微信、APP等多元手段，宣传工匠人物和工匠精神。（师荣欣）

【浦东新区总工会召开庆五一暨十三五劳动竞赛动员大会】 4月26日，浦东新区总工会举行“践行新理念·建功十三五”浦东职工庆五一暨十三五劳动竞赛动员大会。会上，现场分别授予高桥捷派克石化工程建设、陆家嘴街道总工会、克虏伯不锈钢、浦东公交775路车队、澳星照明电器制造等企事业单位工会（工会小组）全国模范职工之家红旗单位、模范职工之家、模范职工小家等荣誉，授予陈菊妹、朱惠琴全国先进工会工作者荣誉称号，授予聚力传媒、日通国际物流公司工会主席马丽萍全国五一劳动奖状（章）荣誉称号。授予区网格化综合管理中心等14家单位荣获上海市五一劳动奖状荣誉称号；马健等47人上海市五一劳动奖章荣誉称号；上海西门子医疗器械有限公司X光产品事业部等18个集体上海市工人先锋号荣誉称号。授予区农村社会养老保险事业管理中心等30家单位浦东新区五一劳动奖状荣誉称号；刘春梅等100人浦东新区五一劳动奖章荣誉称号；区委组织部干部一处等60个集体浦东新区工人先锋号荣誉称号。同时，现场命名张敏国际化经营创新工作室等13个第三批劳模创新工作室。（陈 维）

【徐汇区召开庆祝五一国际劳动节先进表彰大会】 4月29日，徐汇区召开2016年庆祝五一国际劳动节先进表彰大会。大会由区委常委、组织部长郭芳主持。区人大常委会副主任、区总工会主席袁建村通报徐汇区荣获全国五一劳动奖章、上海市五一劳动奖状、上海市五一劳动奖章、上海市工人先锋号的情况。区委书记莫负春作重要讲话。区四套班子领导鲍炳章、韦源及评选出的先进集体代表和个人，历届劳模先进和所在单位代表，区相关委办局、街道（镇）党政领导以及部分工会干部和职工代表共500多人出席大会。2016年徐汇区1人荣获全国五一劳动奖章，6个集体荣获上海市五一劳动奖状，17人荣获上海市五一劳动奖章，9个单位荣获上海市工人先锋号。（郑 超）

4月27日，普陀区庆“五一”劳模和先进代表座谈会上表彰先进（许王丽）

【长宁区召开庆祝五一国际劳动节大会】 4月28日，长宁区召开“创新点燃激情，创业成就梦想”——长宁区庆祝五一国际劳动节大会。区委书记王为人为获得2016年全国五一劳动奖章和全国工人先锋号的光华医院副院长、主任医师何东仪及联邦快递（中国）有限公司上海分公司代表颁奖。区人大常委会副主任、总工会主席余小雄为大会致辞，并为获得2015年上海市劳模创新工作室代表授牌。区政协副主席陆维清为获得2016年上海市五一劳动奖状的长宁区图书馆等4家单位代表颁奖。区总工会党组书记、副主席王友晓宣读表彰决定。会上还为获得2016年上海市五一劳动奖章的贾波等15人、获得2016年上海市工人先锋号的优集计算机信息技术（上海）有限公司UDS DPD技术团队等8家单位代表颁奖。区历届劳模代表，区工人先锋号班组代表和职工代表，各系统（集团、公司）、街道（镇、园区）、直属单位主要领导，工会主席、副主席和工会工作者近300人参加会议。（周 君）

【普陀区召开庆五一劳模和先进代表座谈会】 4月27日，隆重召开庆祝“五一”国际劳动节劳模和先进代表座谈会，弘扬劳模精神、共话普陀发展。徐虎、曹道云、于井子、朱雪芹、杨奇勇、杨明辉、顾邦兰等历届劳模代表，2016年全国、上海市五一劳动奖状（奖章）获奖代表及各系统、街镇党政分管领导和工会主席受邀出席座谈会。会上表彰荣获2016年全国工人先锋号的奥盛集团桥梁事业部，以及一批上海市五一劳动奖状（章）、上海市工人先锋号等先进集体和个人。区委副书记罗勇伟，区人大常委会副主任、区总工会主席欧阳萍向全区劳模先进和职工代表致以节日的问候和衷心的感谢。（陆 蕾）

【普陀《石泉劳模风采录》出版】 汇集普陀区石泉街道劳模故事的《春风五月花烂漫——石泉劳模风采录》在五一劳动节前夕出版。《风采录》收录居住在石泉、工作在石泉的20位劳模的故事,有被习总书记誉为“新时代雷锋”的五届全国劳模徐虎和“城市美容师”的陈扣娣劳模班组,有家喻户晓“自强不息天酬勤”的青年劳模金晶,有出生农村“不辞异乡为楷模”的农民工劳模陈益山,也有默默无闻“药厂伉俪双璧辉”的劳模夫妇陈贤丰、胡瑜君。 (陆蕾)

4月28日,杨浦区召开庆祝五一国际劳动节暨五一劳动奖颁奖大会 (曹理仰)

【虹口区总工会召开庆五一劳动节座谈会】 4月28日,虹口区总工会召开以“立足岗位 创新奉献”为主题的座谈会,隆重纪念五一国际劳动节。区委副书记杜炯、副区长李国华、劳模先进代表,部分单位、系统党组织负责人和工会主席共50余人参加座谈。座谈会由区巡视员、区总工会主席包建强主持,会议向获得2016年全国工人先锋号、上海市五一劳动奖章、奖状、上海市工人先锋号等荣誉称号的先进个人、集体颁奖。4位先进代表围绕立足岗位、创新奉献主题作交流发言。座谈会上,区委副书记杜炯高度赞扬了虹口劳模(先进)群体立足岗位,敢为人先,勇于创造,在平凡岗位上不懈追求、创造一流的时代精神,同时要求全社会进一步形成尊重劳模、爱护劳模、学习劳模、争当劳模的浓厚氛围,使劳模精神深入到各行各业。 (徐洁)

【杨浦区举行庆祝五一国际劳动节暨五一劳动奖颁奖大会】 4月28日,“劳动者之歌”——杨浦区庆祝五一国际劳动节暨五一劳动奖颁奖大会在沪东工人文化宫举行。区四套班子领导向获评2016年全国五一劳动奖状的上海安硕信息技术股份有限公司、获评全国五一劳动奖章的颜明峰、获评上海市五一劳动奖状的上海华拓医药科技发展有限公司等4家单位、获评上海市五一劳动奖章的杭国栋等12人、获评上海市工人先锋号的杨浦区沪东老年护理院90后护士团队等8个集体颁奖。会上还为区各行业的10家劳模先进创新工作室颁发扶持激励资金。 (曹理仰)

4月26日,静安区总工会举办五一国际劳动节文艺演出 (裘梅芳)

【静安区总工会举办五一国际劳动节庆祝活动】 4月26日,静安区总工会在美琪大戏院举办五一国际劳动节庆祝活动,区委副书记、区长陆晓栋,区人大常委会主任李葳萍,区政协主席陈永弟,区委副书记王醇晨,市总工会副主席姜海涛等出席活动。会上荣获2016年度全国和上海市五一劳动奖状、五一劳动奖章、工人先锋号、模范职工之家以及区劳模创新工作室等先进集体和个人接受表彰。2015上海市劳模年度人物严正代表劳模群体向广大静安职工发出倡议,号召大家立足岗位、奋发进取,争创一流业绩。随后,市、区领导和各界职工代表1200余人观看了精彩纷呈的文艺演出。 (姚磬)

【宝山区庆祝五一国际劳动节表彰大会举行】 4月28日,宝山区“劳动最光荣、共创新宝山”——庆祝五一国际劳动节表彰大会在区广播电视台演播厅举行。区委书记汪泓出席大会并讲话,与会领导为先进单位和先进个人颁奖,市总工会基层工作部部长丁巍到会致辞。 (宋松)

【闵行区总工会弘扬劳模精神树立先进典型】 闵行区总工会举行“匠魂·闵行梦”庆祝“五一”活动,全区各条战线的历届全国、上海市劳模先进及职工代表千余人参加主题活动;同时,举办“弘扬工匠精神 推动创新

4月28日，金山区举行庆祝五一国际劳动节暨先进表彰大会

（雷 霆）

发展”主题报告会，邀请上海航天设备制造总厂王曙群、上海三菱电梯有限公司俞建民、上海民族乐器一厂曹荣、上海神舟汽车环保有限公司胡振球等4名“上海工匠”作交流发言。

（金 靓）

【嘉定劳模馆挂牌上海市“两学一做”教育基地】 6月1日，嘉定劳模风采馆正式成为上海市“两学一做”教育基地，嘉定劳模风采馆自2015年5月试运营至今，共接待9000多人次参观。劳模风采馆通过多媒体设备及互动装置等，生动展现了嘉定区578位劳动模范的先进事迹及成果荣誉，从他们身上所展现的“爱岗敬业、争创一流，艰苦奋斗、勇于创新，淡泊名利、甘于奉献”等高尚精神，为全社会树立起劳动标杆和学习的榜样。

（黄点点）

【嘉定区隆重举行五一国际劳动节庆祝大会】 4月27日，“创新创业·追梦嘉定”嘉定区庆祝五一国际劳动节大会在嘉定区工人文化宫举行。大会分为“和谐之声”“创新之歌”和“服务之情”3个篇章，热烈庆祝五一国际劳动节，表彰2015年度劳动关系和谐企业。嘉定区委书记马春雷出席会议并讲话。嘉定区劳动关系和谐企业创建活动领导小组成员，各镇、街道、嘉定工业区、菊园新区，有关委、局、区属企业党政主要领导、分管领导，各群众团体代表、劳动模范代表，嘉定区劳动关系和谐企业代表、工会干部代表和职工代表共260余人参加大会。

（黄点点）

【金山区举行庆祝五一国际劳动节暨先进表彰大会】 4月28日，“中国梦·金山情·劳动美”金山区庆祝五一国际劳动节暨先进表彰大会在区会议中心举行。大会表彰荣获2016年上海市五一劳动奖章、上海市五一劳动奖状、上海市工人先锋号，2013—2015年金山区工人先锋号，首届金山区十佳职工技术创新能手、十佳职工岗位服务标兵的先进集体和个人，视频播出了全国五一劳动奖章获得者蒋永华的先进事迹。来自各直属工会主席、副主席、工会干部，全区各条战线的先进集体、先进职工代表和各行各业劳动者代表共300余人参加大会。

（雷 霆）

【松江区举行庆祝五一国际劳动节暨先进表彰大会】 4月29日，松江区庆祝五一国际劳动节暨先进表彰大会在区青少年活动中心举行。区委书记程向民，区委副书记黄冲，区委常委、统战部长、区政协副主席李群策，区人大常委会副主任、区总工会主席冯萍，副区长苏平等区四套班子领导接见劳模和先进代表，向他们及全区劳动者致以节日祝贺。会议表彰2016年全国和上海市五一劳动奖状、奖章、工人先锋号，第二届松江区职工(工人)技术创新能手，2014—2015年度松江区工人先锋号、优秀职工、先进职工之家和优秀工会工作者。会上，还表演了由各级工会组织和职工自编自演的精彩文艺节目。

（韩春丽）

【市化学工会举办迎新春团拜暨先进表彰会】 1月28日，华谊集团工会在青松城举办2016集团各界人士迎新春团拜暨先进表彰会。集团领导与老领导、劳模先进、基层职工代表、统战人士、“走出去”企业代表欢聚一堂，共贺新春佳节。会上通报表彰2015年受到集团和上级组织表彰的236个先进集体和256位先进个人，并为254位连续倒班20年以上的一线员工颁发“华谊集团荣誉奖章”。集团工会选拔的由员工自编自创的文艺节目精彩上演，展示了员工多彩的生活和出色的才艺，传递了阳光华谊昂扬向上的精神风貌。

（张雪莲）

【国网上海电力公司召开庆五一劳模先进座谈会】 4月27日，国网上海市电力公司各级劳模、先进集体代表齐聚一堂，在公司庆五一劳模座谈会上分享着自己的心得与体会。公司系统全国劳模、上海市劳模、国网公司劳模、获奖集体代表及个人共计50余人参加了座谈会。

（王曙华）

【上海电力建设公司工会开展“劳模荣耀——记忆中的故事”宣讲会】 五一前夕，上海电力建设公司工会召开了“劳模荣耀——记忆中的故事”宣讲会。宣讲会上，全国劳模孙鸿玉、全国五一劳动奖章董学军、上海劳模张政忠、上海劳模史耀辉、福建劳模王志华、福建五一劳动奖章获得者陈柳莺、上海五一劳动奖章孙云波等8位劳模先进人物的带教徒弟或劳模工作室成员，从不同的角度，讲述了他们与劳模先进之间的故事，以及从劳模师傅身上学到的劳模精神。会上，还命名了焊接技术专家王志华，起重技术专家黄耀丰为上海电力建设“劳模先进示范基地”的第五批劳模先进专家。

（傅 诚）

【宝武集团举办“弘扬劳模精神，练冬从我做起”劳模先进交流会】 4月

27日，宝武集团组织召开“弘扬劳模精神，练冬从我做起”的迎“五一”宝钢劳模先进交流会，会议表彰了新一届“五一”劳动奖状、奖章、工人先锋号获得者。会上，一部讲述宝钢劳模先进的“练冬”短片《希望，终将在冬日绽放》，展示了宝钢劳模先进与企业共克时艰、奋发图强的精神风貌。上海市劳模、宝钢股份冷轧厂首席点检陈杰与徒弟沈馗，全国劳模、宝钢发展公司宝钢建材技术专家康明与徒弟周维分别就立足岗位降本增效进行最佳实践案例发布。（徐　卫）

【中船上海船舶公司召开庆祝五一先进表彰暨劳模创新工作室、技师创新工作室命名授牌大会】 5月12日，中船上海船舶工业有限公司在上海科技馆举办庆祝五一先进表彰暨劳模创新工作室、技师创新工作室命名授牌大会。中船上海公司董事长、党委书记陈连达作大会致词，与会人员一起观看2013—2015年上海船舶公司劳模（先进）创新工作室成果展示视频，中船上海公司工会主席崔启明宣读2016年上海船舶系统6个劳模创新工作室和14个技师创新工作室命名决定，会上还对2013—2015年上海船舶系统的15家劳模（先进）创新工作室进行了创新成果的进行了表彰。（陶庆翌）

5月12日，中船上海船舶工业有限公司召开庆祝五一先进表彰暨劳模创新工作室、技师创新工作室命名授牌大会（陶庆翌）

【中海国际上海分公司举办“劳模先进大讲堂”活动】 9月7日，中海国际船舶管理有限公司在上海分公司举办年内第二场“劳模先进大讲堂”活动。集团工会副主席是铮出席会议并讲话。集团党组工作部、人力资源部/组织部等职能部门、在沪船公司、中海国际政委班学员等参加会议。报告会主题是“让鲜红的党旗在浮动的国土上高高飘扬”。5名新政委在会上宣讲了集团优秀党务工作者任德福，大型集装箱船船长叶吉祥、轮机长杨昭兵，上海市劳模程邦武以及中海印度洋轮抢险救急先进事迹。（曹坤明）

【市运输工会开展劳模先进职业风采巡展活动】 为庆祝上海交运集团股份有限公司成立20周年，运输工会以“在平凡岗位上建功立业、在创新发展中彰显精彩”为主题，组织劳模先进风采展示。宣传展板集中展示集团25位在职全国劳模、上海市劳模以及36家全国五一劳动奖状、市劳模集体、全国工人先锋号、上海工人先锋号集体的先进事迹，图文并茂、生动活泼、感召力强，进一步弘扬集团改革发展征程中涌现的先进人物和先进集体，传承交运人拼搏不息、奋斗不止的企业精神。（袁俐俊）

【邮政工会开展“我为社会出份力”先进劳模志愿服务活动】 为发挥上海邮政先进劳模作用，邮政工会开展“我为社会出份力”先进劳模志愿服务活动。2016年服务活动项目有85项，服务次数138次，有294名先进劳模参与活动。各级工会结合本单位实际，组织先进劳模开展设摊宣传、金融知识进社区、为老特需服务、文明交通志愿活动、敬老院关爱等传统活动的同时，因地制宜开展形式多样的公益活动。（陈千涛）

【中国电信上海公司举行五一劳模先进座谈会】 五一节期间，中国电信上海公司召开五一劳模先进座谈会。公司党委书记、总经理马益民为获得2016年全国、上海市五一劳动奖状（章）、工人先锋号的先进集体和个人颁奖授牌。马总还向劳模代表们赠送了“智能组网产品”。会上，举行了“徐珺装维志愿队”成立仪式，公司副总经理、工会主席常朝晖向志愿队赠送装维工具包。公司希望“一切为了小区光纤入户时的美观、一切为了用户满意”的品质精神，能够在装维条线得到更广泛地传承与弘扬。（殷　茵）

【上海机场集团召开纪念五一先进表彰大会】 4月28日，上海机场集团公司在机关多功能厅召开纪念五一国际劳动节表彰大会，首次对集团公司年度先进和获全国、上海市五一劳动奖进行集中表彰。集团公司领导班子成员、各单位党委书记、工会、团委领导，机关职能部门负责人以及先进代表共160余人出席会议。表彰会通过视频短片、现场采访、颁奖互动、文艺演出等方式，宣传展示劳模先进的事迹和风采。集团公司党委书记张学兵代表集团党委向受表彰的先进集体及个人表示祝贺。（尹慧旻）

【鲁中矿业工会召开庆五一劳模先进交流会】 4月28日，鲁中矿业有限公司工会组织召开庆五一劳模先进交流会，弘扬“爱岗敬业、艰苦奋斗、敢于创新、无私奉献”的劳模精神。会上劳模先进们谈感想、提建议，表达与企业同甘苦、共患难的主人翁情怀。上海市五一劳动奖章获得者刘建伟代表全体劳模先进，发出《倡议书》，倡议争做改革发展的引导者、争做创新创效的主力军、争做安全生产的排头

4月28日，鲁矿矿业有限公司工会召开庆五一先进交流会 （李宗峰）

兵、争做和谐稳定的领头雁。

（李宗峰）

【市水务局（市海洋局）工会、团委举行庆祝五一、纪念五四暨先进事迹交流会】 5月4日，市水务局（市海洋局）工会、团委在共同举行庆祝五一国际劳动节、纪念五四青年节暨“展示先进风采，服务中心工作”先进事迹交流会。会上，通过视频短片集中展示2015年以来获得市级以上表彰的先进集体和先进个人，表彰市水务局（市海洋局）2013—2015年度先进生产（工作）者和先进集体和2015年度先进团组织、优秀团干部、优秀团员和优秀青年，3位先进个人和3个先进集体代表分别做了交流展示。市水务局（市海洋局）党组书记、局长白廷辉出席交流会并讲话。局机关各处室负责人、工会主席及团组织负责人、先进集体和先进个人代表等150余人参加交流会。 （王佐仕）

【市教育工会举行“劳模传诵时代精神”经典诵读会】 5月26日，市教育工会和上海教师诵读协会主办、黄浦区教育工会承办的“劳模传诵时代精神”经典诵读会在黄浦区青少年科技活动中心举行。市教卫党委副巡视员、市教育工会常务副主席王向群，市总工会宣传教育部部长陈必华，市教育工会副主席吉启华，黄浦区教育党工委书记赵扬和全国劳模、教育家于漪老师出席活动。 （张　芳）

【市科技系统举行2016年全国和市五一奖项颁奖仪式】 5月16日，市科技系统2016年全国和市五一奖项颁奖仪式在科学会堂举行，其中，1家单位荣获全国工人先锋号；2家单位获得市五一劳动奖状；5人获得市五一劳动奖章；2家单位获得市工人先锋号。市科技党委副书记、科技工会主席陈龙出席会议。市科技工会及系统各单位工会负责人、职工代表等200多人到会参加。 （杨　莹）

【市经信系统召开庆祝五一国际劳动节座谈会】 5月4日，市经济和信息化工作系统召开庆祝五一国际劳动节座谈会。会上宣读新命名的劳模创新工作室名单，并为系统新命名的劳模创新工作室授牌。上海航天局的汤卫平、中海油东海局的郭士生、普天邮通公司的刘小龙等3位劳模代表作交流发言。系统各单位党政负责人、工会主席、先进代表等约150人参加会议。 （黄　俭　周斌锋）

【市民政局工会举行庆五一劳模创新工作室推进座谈会】 4月25日召开。副局长、直属机关党委书记桂余才出席并讲话，对劳模创新工作室工作给予肯定。劳模和所在单位党组织书记、工会主席交流介绍劳模创新工作室的开展情况和经验做法。会上，向新命名的市第三社会福利院“老年护理”——黄琴劳模创新工作室举行授牌仪式。 （胡积伟）

【东方商厦南东店工会首次开展劳模导购网络直播】 9月26日，东方商厦南东店工会首次开展劳模导购网络直播。上海市劳动模范朱琳在店内各楼层穿梭，热情迎宾、细致导购。但与往常不同的是，这次服务的受众不仅仅是在商店购物的顾客，而是端坐在手机、平板终端前的数以万计的网络观众。半小时的直播，累积观看人数高达17.8万，最高峰值1.7万人同步在线观看。朱琳在戴森专柜内几分钟的导购直播，还促成了现场的五台吸尘机销售，销售额达到一万余元，南东店为“劳模”这个传统形象，赋予了“时尚购物网红”的新注脚。（姜　杰）

5月26日，市教育工会举行“劳模传诵时代精神”经典诵读会 （张　芳）

【申通地铁集团成立劳模宣讲团】 5月24日，申通地铁集团劳模宣讲团成立，宣讲团首场报告会在集团1号会议室举行。集团党委书记、董事长俞光耀，集团党委副书记、总裁顾伟华会见宣讲团成员，为2016年全国、上海市五一劳动奖获奖集体代表和个人颁发聘书和奖牌。俞光耀对劳模先进群体在上海地铁事业发展中做出的成绩和发挥的作用给予了充分肯定。马珏、熊熊、凌春霞、陆伟、李鹃伟、唐史峰、徐家汇枢纽站宋萍萍等8位劳模宣讲团成员中的5位，代表老、中、青三代地铁劳模进行宣讲，通过个人成长经历，宣讲不同岗位职工在上海地铁网络化发展的进程中的作用和做出的贡献，弘扬工人阶级伟大品格和企业核心价值观，展现上海地铁职工当好科学发展主力军、推动企业目标实现的信心和决心。 （姜 雪）

【国盛集团召开劳模先进座谈会】 5月5日，国盛集团召开"弘扬劳模精神，践行企业文化"为主题的劳模先进座谈会。集团党政主要领导，集团系统获得2016年度上海市五一劳动奖章、上海市五一劳动奖状、工人先锋号荣誉的个人和集体，2010—2014上海市劳动模范、先进集体，2015年度集团劳模创新工作室带头人和成员，各直属单位党委书记、工会主席共30余人参加会议。会议由集团党委副书记、纪委书记黄跃民主持，党委委员、副总裁姜鸣宣读《上海市总工会关于表彰上海市五一劳动奖状(章)、上海市工人先锋号的决定》，并为获奖个人和集体颁奖。会上，6位先进代表分别作了交流发言。 （颜 妍）

评选先进

【概要】 2016年，市总工会大力弘扬劳模精神、劳动精神、工匠精神，扎实做好劳模先进评选。一是做好全国五一劳动奖评选工作；二是按照评选先进向基层一线职工倾斜的要求，采取集中、专项和即时等3种方式开展上海市五一劳动奖评选表彰；三是深化劳模创新工作室创建工作，进一步规范评审程序，命名第六批劳模创新工作室，探索组建劳模创新工作室联盟；四是举办劳模创新工作是研修班，提升领衔劳模持续创新能力。（许燕军）

【全国五一劳动奖评选工作展开】 一是开展集中评选表彰。2016年评选产生8家全国五一劳动奖状、39名全国五一劳动奖章、37家全国工人先锋号。获奖个人与集体的结构比例均符合全总相关文件要求。二是组织全国五一劳动奖8位代表赴京参加庆祝五一国际劳动节暨全国五一劳动奖表彰大会和座谈会，以及市领导韩正、杨雄会见本市全国五一劳动奖获得者代表和庆祝活动。三是聚焦重大、突发事件。向在里约奥运会上做出突出贡献的上海籍运动员钟天使、许昕、黄雪辰，教练员聂玉弟授予上海市劳动模范荣誉称号，向在里约奥运会上取得优异成绩的15位运动员授予上海市五一劳动奖章；向在里约残奥运会上做出突出贡献的上海籍运动员授予上海市五一劳动奖状1个，上海市五一劳动奖章6个。 （张夏美）

【开展上海五一劳动奖评选表彰】 一是评选共产生177家上海市五一劳动奖状、599名上海市五一劳动奖章、300家上海工人先锋号。获奖个人与集体的结构比例均符合市总相关文件要求。二是稳妥推进专项评选表彰。配套市级劳动竞赛开展专项表彰，向符合条件的"上海工匠"、安康杯优胜单位和个人、"双十佳"个人、上海科技进步奖(工人农民组)获奖个人配套授予市五一劳动奖状8个，上海市五一劳动奖章78个，上海市工人先锋号2个。三是严格开展即时表彰。聚焦重大、突发事件，向为长征六号新一代运载火箭发射任务、为ARJ21-700飞机交付投入运营做出贡献的先进集体和在奥运会、残奥会取得优异成绩的上海籍运动员和运动队即时授予上海市五一劳动奖状8个，上海市五一劳动奖章34个，上海市工人先锋号15个。 （许燕军）

【宝山区总工会开展2016年评先创优工作】 推荐、评选产生全国五一劳动奖章1人、工人先锋号2家，成功申报上海市劳模创新工作室2家，命名第三批宝山区劳模创新工作室6家。另有13家单位和20位个人获得市级奖项，75家单位和32位个人获得区级奖项；组织、推荐职工参加上海市优秀发明选拔赛活动，共获得各类奖项16项。申报上海工会企业一线职工授权发明专利奖励27个，上海市职工晋升技师、高级技师奖励50名；组织2000多个班组参加市总工会班组网络文化大奖赛，获"优秀组织奖"。组织职工参加第十八届上海读书节活动，选送的10个职工读书参评项目全部获奖。新建全国职工书屋示范点1家，区级职工书屋5家。有1名职工获评2016年度感动宝山人物，1名职工获评上海市职业道德先进个人。 （宋 松）

【奉贤区创评区级劳模创新工作室】 3月29日，奉贤区劳模协会在工会大楼会议室召开三届五次理事(扩大)会议。会上，沈强劳模创新工作室被命名为奉贤区劳模创新工作室。该劳模创新工作室领衔人沈强，现任奉贤区动物疫病预防控制中心主任，成功研制猪繁殖呼吸综合症(PRRS)弱毒疫苗和猪伪狂犬病(PRV)基因缺失疫苗，在全国20多个省市推广应用，2014年被评为上海市劳动模范。 （祝笑成）

【上海电气命名表彰2014—2015年度李斌式职工和班组】 7月上旬，上海电气命名表彰了2014—2015年度李斌式职工和班组，上海电气电站设备有限公司上海发电机厂有限公司张峰权、上海三菱电梯有限公司常达、上海电气凯士比核电泵阀有限公司唐德江、上海电气输配电集团王伟岸、上海电气集团财务有限责任公司陆凤莲被授予上海电气"李斌式职工标兵"；上海电气电站设备有限公司上海发电机厂制造部线圈工区包扎班等13家班组被授予上海电气"李斌式班组标杆"称号；上海电气电站设备有限公司上海汽轮机厂孙雅明等25位职工被授予上海电气"李斌式职工"称号，上海电气电站设备有限公司上海发电机厂技术部工艺处工艺开发室等23家班组被授予上海电气"李斌式班组"称号。 （彭伟光）

【市化学工会做好劳模先进评选工作】 2016年，集团工会积极做好上级工会下达的全国和上海市的五一劳动奖章(奖状)、工人先锋号的评选，严格履行民主程序，在基层的配合下，克服时间紧、任务重、要求高等各种困难，评选出全国五一劳动奖章1名、上海市五一劳动奖章3名、上海市工人先锋号3个。还协助集团党政开展2013—2015年度华谊集团先进生产(工作)者、先进集体评选活动，共评选出99名集团先进生产工作者、38个集团先进集体。同时，组织开展了2013—2015年度集团"安全卫士"的评选，共评选出安全卫士30名。（张雪莲）

【上海船舶工会举行"劳模创新工作室"和"技师创新工作室"创建评审会】 4月15日，中船上海船舶工业有限公司工会组织召开2016年上海船舶系统"劳模创新工作室"和首批"技师创新工作室"创建评审会，7家基层工会申报的江南造船朱瑞霞焊接创新工作室等6个劳模创新工作室和沪东中华周蔚慈焊接创新工作室等14个技师创新工作室依次对工作室创建成果进行了发布。本次评审会是上海船舶工会首次采用工作室领衔劳模、技师上台发布创建成果和专业评委、劳模评委、大众评委公开打分的方式。（陶庆翌）

【上港集团工会组织开展第三届"上海港劳动功臣"评选活动】 2月中旬启动评选活动，集团所属28家基层单位共推荐上报40名在岗职工候选人；11家业务承包公司推荐上报16名业务承包工候选人。根据候选人类别，188名来自基层一线的职工代表组成操作类、工程技术类等6个专业评委会，以记名投票方式从56名候选人中选出30名正式候选人。随后，集团借助《上海海港报》和集团、基层单位的微信公众平台等载体，将候选人事迹向全港职工和业务承包工进行广泛宣传和介绍。3月28日至4月6日，组织全员投票，共有31031名在岗职工和业务承包工参加投票。根据计票结果并经集团党委审批同意，振东分公司王吉等11名职工荣获第三届"上海港劳动功臣"荣誉称号。4月28日，集团隆重举行表彰大会，以视频、采访、讲述等多种方式，全方位展示功臣先进们的崇高品质和奉献精神。（施文卿）

【上海邮政工会认真做好先进劳模评选工作】 根据市总工会对2016年度上海市五一劳动奖状、章、工人先锋号的评选工作要求，在全公司开展民主推荐、评选和公示等工作，经上海市总工会批准，浦东新区分公司获2016年上海市五一劳动奖状，杨浦控江路支局储蓄组获2016年上海市工人先锋号，浦东李瑛、静安朱燕、崇明浦建飞获2016年上海市五一劳动奖章；开展2015—2016年度上海市职工职业道德建设先进评选工作，浦东新区分公司朱少波获得2015—2016年度上海市职工职业道德建设先进个人，崇明县分公司浦建飞获得2015—2016年度上海市职工职业道德建设十佳提名奖，邮区中心局、青浦区分公司获2015—2016年度上海市职工职业道德建设先进集体。为更好地发挥评先激励作用，工会与人力资源部、计划财务部及市场部等部室，联合制订下发了《关于开展中国邮政集团公司上海市分公司2016年先进个人(支局长)、先进集体评选的通知》。经各单位民主推荐和投票，评出先进个人35名、先进集体20个，并开展了2015—2016年度上海市邮政公司三八红旗手和三八红旗集体评选工作。（陈千涛）

市监狱管理局开展劳模创新工作室交流活动 （张喆聪）

【中国电信上海公司信网部工会举行"心动信网·最美人物"表彰活动】 "心动信网·最美人物"评选活动自2015年底起征集，通过对"担当、敬业、务实、协同"四个关键词的内涵挖掘和解读，共收到来自邮件、线上问卷等形式的候选人事迹30个，既有前端销售支撑，也有后端运营保障，并涉及一些支撑、工程、管控等一线员工。形象地描绘了一批信网人在企业发展中所展现出的激情与活力。为了更为公平公正，在投票环节隐去了故事主人公的姓名，投票者完全根据候选人的事迹进行心动选择。2月2日，电信上海公司信网部迎春活动上对最美人物进行揭晓、分享和现场表彰，将8位最美信网人的担当、敬业、务实、协同精神进行宣传和演绎。（殷茵）

【"情系航道、奉献航道——海外员工贤内助"受表彰】 中交上航局工会为感谢广大海外员工家属对公司国际化战略的支持，激励更多的员工投身"大海外"战略，于4月下旬隆重举行"情系航道、奉献航道——海外员工贤内助"表彰大会，公司党政有关领导与13名"贤内助"代表及公司相关单位的党政负责人、工会主席、团组织负责人等参加。会上，播放了短片《国际上航　感谢有你》，公司领导对评选出来的20名"贤内助"代表进行颁奖。3位"贤内助"代表在会上进行交流。（金晶）

【市监狱管理局工会发挥先进带动作用，加强"劳模先进工作室"建设】 由局领导带队，组织基层单位工会主席及劳模、先进工作室带头人前往上海国网电力系统和市级机关系统劳模工作室开展参观交流学习，通过实地参观、经验交流和劳模座谈，学习先进理念和经验，拓宽了视野开阔了思路，对劳模工作室的创建、监管改造和教育改造质量的提升有很大的推动作用。局工会注重加强对基层单位业务条线“工作室”建设的力度，工作室建设再上新台阶。2016 年南汇监狱“心航巾帼创新工作室”被命名为市“五一巾帼创新工作室”；未管所“胡静雅心理咨询团队工作室”荣获 2015 年度上海市“创新技师工作室”称号；五角场监狱“东冬工作室”荣获 2016 年度上海市“技师创新工作室”称号；四岔河监狱“吴桂堂工作室”被评为“市级劳模创新工作室”。 （江海群）

【上海飞机设计研究院模范先进选树卓有成效】 上飞院加强劳模先进选树工作，制定“面向一线、逐层选拔、民主投票、材料公示、宣传推广、树立典型”的工作原则与工作步骤，并最终由职代会联席会议表决通过省部级以上劳模评选推荐名单，以体现劳模先进评选的民主性、规范性。2016 年，先后推出徐有成、李栋成等 2 名“中央企业劳动模范”，推出王飞、辛旭东、田海玲、王冰、孟庆堂、孟繁栋等 6 名“上海市五一劳动奖章”获得者；推出“中央企业先进集体”环控氧气部、适航工程中心，“上海市五一劳动奖状”获得者飞控部、联络工程部，“上海市工人先锋号”液压部液压系统室、科技质量部等一批先进集体；强度部分工会获评“上海市模范职工小家”。 （施　思）

【国盛集团工会积极开展“劳模创新工作室”创建命名工作】 充分发挥劳动模范在当前深化国资国企改革中的示范引领作用，经各直属单位工会推荐，并经评审小组通过，国盛集团工会命名四支团队为国盛集团“劳模创新工作室”。分别是：上海国盛（集团）有限公司“资产管理部劳模创新工作室”；上海国盛集团资产有限公司“陈颖劳模创新工作室”；上海国盛集团置业控股有限公司“毛来劳模创新工作室”；上海市材料工程学校“陆平劳模创新工作室”。集团工会分别

国盛集团开展劳模创新工作室创建命名工作 （颜　妍）

召开劳模创新工作室现场创建工作推进会并挂牌命名。 （颜　妍）

【五冶集团上海公司周禄文管工班组荣获“上海市工人先锋号”称号】 4 月 26 日，五冶集团上海有限公司周禄文管工班组被上海市总工会授予“上海市工人先锋号”荣誉称号。周禄文管工班组自组建以来，凭借过硬的技能素质，攻克了项目施工中的一个个难关。在马鞍山项目中，自行研发的循环酸洗带酸检测管技术提高了施工效率、减少了环境污染，并在多个冶建项目上得到广泛应用。在湛钢干熄焦余热锅炉安装过程中，该班组自创的一套焊接施工方案，成功解决“二次过热器管束异型对焊”高难度任务，保证了焊接质量。在 2014 年中冶集团第五届职业技能竞赛“中国二十冶杯”管工决赛中，该班组获得团体第二名，和个人第三名、第十五名。

（王宝桂）

服务先进

【概况】 年内，制作拍摄上海劳模风采电视宣传片，宣传劳模事迹；开展“劳模风采五一巡展进地铁”活动；以劳模年度人物为主题，举办“中国梦·劳动美”上海市庆祝五一国际劳动节特别节目；做好劳模“三金”发放工作及劳模信息管理系统开发的项目管理工作；会同有关部门联合制订《关于进一步做好劳模关心关爱和帮扶服务工作的实施意见》，继续做好在沪全国劳模的体检工作，组织开展各类劳模疗休养活动。 （师荣欣）

【举办市劳模创新工作室创建工作现场推进会】 12 月 13 日，市总工会和市建设交通工作党委举行上海市劳模创新工作室创建工作现场推进会暨第四期劳模创新工作室研修班开班仪式。中建八局、上海海事局、辰山植物园胡永红劳模创新工作室、绿色建筑与建筑节能劳模创新工作室联盟分别从党委、工会、劳模创新工作室和联盟 4 个角度进行经验交流。市建设交通工作党委书记崔明华和市总工会副主席何惠娟共同为“绿色智慧交通”劳模创新工作室联盟揭牌。市总工会副主席何惠娟要求各级工会为劳动模范更好施展才华、展现精神品格提供全方位支持，注重提升创建的质量和水平，提高创新工作室的贡献率和影响力。64 位来自全市各区县、行业和系统的劳模创新工作室领衔人和主要负责人参加研修培训。 （许燕军）

【评审命名第六批 50 家上海市“劳模创新工作室”】 自 2011 年起，上海工会在全国各省市工会率先广泛开展创建劳模创新工作室活动，在全总命名的 97 家全国示范性劳模创新工作室中上海获评 9 席，居全国各省市工会之首；过去五年间，市总工会命名了五批共 130 个上海市“劳模创新工作室”，2016 年 50 个市级创新工作室脱

9月29日,金山区总工会劳模理事会慰问残奥会劳模李丽平（雷　霆）

颖而出;全市各级劳模创新工作室近700家,劳模创新工作室联盟已有10余个,各级各类劳模创新工作室在推动上海经济社会持续健康发展中发挥了重要作用,团结动员广大职工群众为全面深化改革、实施创新驱动发展战略做出了积极贡献。（许燕军）

【关心关爱和帮扶劳模服务工作12条措施落地】 为进一步做好新形势下劳模关心关爱和帮扶服务工作,为劳模办实事、解难事,市总工会联合市人力资源社会保障局、市教委、市民政局、市住建委、市卫计委、市体育局制订出台《关于进一步做好上海劳模关心关爱和帮扶服务工作的实施意见》,提出三级医院提供医疗保健咨询、服务社区卫生服务中心提供签约结对服务、二级医院开设就诊绿色通道、在全市各区县指定1家体检机构,方便劳模就近参加体检,提供终身教育、养老关爱帮扶、房屋应急维修"三优"服务、健身优享服务等等共12条具体措施。6月7日,第六批124名医学专家志愿者与132名新评选出的全国劳模在龙华医院正式结对,为劳模提供医疗咨询服务。（师荣欣）

【2016年上海市劳模疗休养活动圆满结束】 8—11月,市总工会组织200余名劳模分8批次赴北京、桂林、海南参加全总组织的劳模疗休养活动。同时,从4月起,市总组织开展劳模杭州屏风山疗休养活动,全年近900名劳模分11批入住上海市总工会杭州屏风山工人疗养院进行为期3天的疗休养。除此之外,还组织了40名劳模赴云南腾冲进行疗休养。为规范及组织好疗休养活动,根据全总指示精神及有关疗休养文件,采取各区局(产业)工会推荐预报、市总工会统筹调整并统一组织劳模前往各休养基地的方式。重点安排生产一线特别是劳动环境艰苦的劳模和在重大工程、重点科研项目中发挥骨干作用的劳模,优先考虑近3年未参加过休养的劳模。（师荣欣）

【普陀推出"劳模帮劳模"行动计划】 9月2日,以全国劳模、党的十八大代表、区总工会兼职副主席于井子命名的"于井子博爱慈善专项基金"在普陀区人民医院启动,并成立了"患友之声"管理委员会。该项基金得到上海中睿房地产经营有限公司、绿地申花足球俱乐部、市慈善基金会普陀区分会、区总工会等社会各界的慈善捐款。以后,将按照《中华人民共和国慈善法》规范运作,保证捐助资金的使用公平和效益最大化。区总工会首期捐赠5万元,专门用于基金五大项目之一的"劳模帮劳模"行动计划,将通过发放慰问金、办理区人民医院绿色通道卡、定期举办劳模交流研讨会等方式为困难劳模提供专项服务。（陆　蕾）

【闵行区总工会推动劳模服务政策贯彻落实工作】 闵行区总工会组织劳模赴杭州屏风山、海南、云南、庐山、西安等地疗休养;组织退休劳模进行健康体检;组织专家团队,为劳模开展慢性病防治讲座;在节假日,为劳模送慰问、送文化演出;区总工会根据2015年度平均工资情况,为20名符合条件的退休劳模进行工资补差,进一步体现党和政府对劳模先进群体的关心和关爱。（肖正涛）

【金山区总工会慰问残奥会载誉归来的劳模运动员】 9月29日,金山区人大常委会副主任、区总工会党组书记、主席朱喜林代表区总工会、区劳模协会慰问出战里约残奥会并载誉归来的劳模运动员李丽平和姚芳,并分别与她们座谈,对她们在比赛中表现出来的新时代劳模精神和奥运精神给于高度评价,希望她们再接再厉,继续为国争光、为金山添彩。李丽平、姚芳在里约残奥会上分获女子坐式排球银牌和女子花剑项目铜牌。（曹　冠）

【松江区总工会加大劳模关爱力度】 11月24日,松江区总工会启动2016—2017批次为部分劳模配送家政服务工作。在启动仪式上,区总工会与区家政协会签订一年的合作协议,由区总工会出资购买家政服务,为82名退休劳模配送家政服务。这一批次的服务对象标准为本人有家政服务需求的、80周岁以上退休劳模和60周岁以上的病困劳模。除此之外,区总工会每年为退休劳模免费健康体检已成为一项常规工作。（张谢琰　杨　韵）

【青浦区总工会落实4项措施做好劳模管理服务工作】 一是做实劳模日常管理工作。完善劳模档案管理,采集、整理历届劳模资料,及时更新劳模信息,确保劳模服务工作及时全面、周到精细,推进劳模信息管理工作制度化和规范化。二是做细劳模服务工作。健全劳模走访慰问制度,坚持日常走访和重大节日走访相结合,五一、元旦春节重点走访慰问生活困难和患重病的市级、全国劳模,了解劳模身体状况、生活情况和劳模津贴落实等情况,帮助他们解决实际困难。三是做好劳模宣传工作。加大劳模精神和劳

11 月 24 日，松江区总工会启动为部分退休劳模配送家政服务（杨　韵）

模事迹的宣传力度，组织开展劳模事迹巡回演讲报告会，与青浦电视台合作办好每月一期的《劳动者之歌》栏目，编辑《劳模风采》——新中国成立以来青浦区劳动模范资料专辑。（朱建强）

【奉贤区总工会开展系列劳模服务工作】 3 月，奉贤区总工会组织退休劳模在海湾力泉体检中心进行健康体检，近 120 名劳模参加体检，并提供免费健康指导和治疗意见。9 月，区总工会和区劳模协会组织开展“百名劳模一日游”活动，参观游览辰山植物园。12 月，区总工会在南桥电影院举行 2017 年奉贤区劳动模范迎新团拜会。奉贤区全国劳模、全国五一劳动奖章代表、区历届劳模和劳模集体代表共 260 名参加团拜会。（胡　嘉　薛思涵）

【崇明区总工会加强劳模宣传和服务工作】 崇明县总工会认真落实劳模的政策待遇，分两批组织 100 余名劳模赴庐山、黄山疗休养，安排劳模代表到市区参观“纪念中国共产党成立 95 周年”“红军长征胜利 80 周年”主题展览等；组织全县 385 名劳模在县中心医院进行身体健康检查；春节前夕对困难劳模进行走访慰问，向全县劳模发放“三金”102 万元；开展劳模进校园宣讲活动，组织劳模先进人物进崇明中学等学校巡回宣讲，有 2000 多名学生聆听劳模演讲；积极发挥劳模作用，劳模“沈斌创新工作室”荣获上海市劳模创新工作室称号。（秦春华）

【市医药工会关心关怀劳模先进，做好劳模管理工作】 年内，市医药工会为本系统内劳模开展了多项服务工作，包括：组织 1 名全国劳模参加全总组织的疗休养，组织汪平等 6 名市级劳模参加市总劳模疗休养活动；为 31 名在职和退休的劳模申报劳模特殊困难帮扶金，2 名劳模申报低收入补助金；推进以劳模创新工作室为主要形式的各类先进创新工作室的创建工作，规范上海医药集团劳模先进创新工作室的创建和管理。积极申报上海市劳模创新工作室、技师创新工作室，神象首席技师工作室等 2 个工作室被评为上海市技师创新工作室，并得到市总工会项目补助 2 万元；积极参与上海市劳模创新工作室申报，毕琳丽中药传承劳模创新工作室现已通过相关评审；对集团新申报的 3 个劳模先进创新工作室和 3 个技师创新工作室进行评审并授牌。（宋晓波）

【上海海事局大力扶持劳模工作室工作】 为了促进劳模工作室健康发展，上海海事局成立专门领导小组和工作小组，党政主要领导亲自挂帅，每年召开党政联合会议研究部署，通过“三机制、三平台”扎实推进劳模创新工作室创建，并定期总结评估创建工作成效：在保障上，建立党群、人事、科技等部门参与的共商机制，定期协调局相关职能部门及时帮助解决劳模创新工作室运行创建中的困难；在创新上，建立科技重大项目参与机制，凡劳模创新工作室能够承担部局课题以及相关安全监管的重大项目应一律下放或者吸纳劳模创新工作室参加；在推进上，根据劳模创新工作室所从事主要工作的性质和特点实施分类推进机制。（陆智静）

【中建八局召开劳模创新工作室联盟互访交流会】 10 月 13 日，“绿色建筑与建筑节能”劳模创新工作室联盟交流会在中建八局召开。互访交流会以“绿色建筑与建筑节能”劳模创新工作室联盟为依托，组织联盟成员相互学习、相互交流。中建八局总承包公司党委书记沈健，作了“绿色施工助推节能降耗、BIM 技术引领精益建造”的主题发言，交流了在建筑节能、绿色施工等方面取得的成果和经验。上海市建科院徐强工作室、现代设计院陈国亮工作室、上海地下空间设计院熊诚工作室、经纬设计院张榜工作室、上海建工徐青松工作室分别结合“绿色建筑与建筑节能”的联盟主题，就创新工作室的创新成果作经验分享。市总工会基层工作部部长丁巍对于如何促进联盟更好更快的成长提出指导意见。（钱　蓉）

【市级医疗卫生单位劳模理事会四届二次理事会召开】 1 月 15 日，市级医疗卫生单位劳模理事会四届二次理事会暨当前医务职工思想状况座谈会在肺科医院召开。会议由劳模联谊会会长、华东医院院长俞卓伟主持，15 位劳模理事出席会议。市医务工会常务副主席张浩在会上作 2015 年联谊会工作总结，部署了 2016 年工作要点。与会理事针对当前医务职工思想状况进行交流发言。（池朝霞）

【市经信系统工会推进创新工作室建设】 市经信系统工会推动劳模创新工作室和职工创新工作室建设，组织参加上海市劳模创新工作室和技师创新工作室创建评选工作，成功申报 4805 集团陆强轮机技术和医工总院郭文医药健康信息劳模创新工作室为上海市劳模创新工作室；4805 集团胡

4月23日，市劳模协会上海工会管理职业学院劳模学员分会一届一次会议举行 （刘一民）

军数控技师工作室、4724厂浦国新精工附件维修创新工作室、普天邮通王兴坤“积极探索”创新工作室分别获得上海市技师创新工作室称号；还新命名8家系统劳模创新工作室，并组织劳模沙龙活动，为劳模交流搭建平台。 （黄 俭 周斌锋）

【市经信系统“劳模创新工作室”沙龙揭牌】 为弘扬劳模精神，放大劳模效应，发挥劳模创新工作室的影响力、凝聚力和创新力，系统工会劳模创新工作室沙龙于4月15日成立。市经信工作党委副书记张锡平，市经信工作党委副巡视员、系统工会主任陆琪与劳模代表共同揭牌，部分单位工会主席和劳模代表参加活动。工会主席和劳模代表各自介绍了劳模创新工作室的情况，对如何发挥劳模工作室创新作用和开展沙龙活动提出建议。

（黄 俭 周斌锋）

【锦江国际集团工会建立劳模管理工作机制】 锦江国际集团工会建立劳模管理“五项机制”（关心慰问机制、生活保障机制、特困帮扶机制、宣传教育机制、动态管理机制）以及锦江国际“劳模创新工作室”管理办法，为劳模提供学习交流、共同发展的平台。2016年发放劳模“慰问金”10.2万元，劳模困难帮扶慰问金39.94万元，发放劳模退休一次性养老金补贴10万元。推荐锦江汤臣翁建和为上海市劳动模范协会第六届理事会理事；安排2位全国五一劳动奖章获得者参加全总组织的休养及4位市劳模赴杭州屏风山疗休养活动。 （张祥伟）

【市级机关举办2016年劳模培训班】 6月22日，市级机关在上海市委党校举办为期3天的劳模培训班。市级机关纪工委书记任勤相出席开班仪式并讲话，市委党校副校长曾峻致欢迎词，来自市级机关系统的43位劳模和15位工会主席参加培训。劳模培训班开设“劳模的荣誉与责任”和聚焦上海“十三五”规划实现创新转型发展、上海科创中心建设的障碍与突破、学党章讲党性守规矩等专题讲座，组织参观了市北高新技术服务园区，就如何发挥劳模在“十三五”发展中的示范引领作用展开学习讨论。

（王 颖）

【百联股份公司工会组织劳模先进参访交流】 4月26日，百联股份公司工会组织马海燕、李惠麟、郭强、许宁等16位全国、上海市劳模以及部分劳模创新工作室代表，前往“淮海755”参观学习并进行座谈交流。“淮海755”党政负责人先后向劳模先进介绍了“淮海755”的历史变迁、转型亮点、经营现状等情况。劳模们在感慨“淮海755”成功转型的同时，和大家分享了运用“微信营销”等电子商务手段推动销售，促进线上线下互动交流的经验和体会，并就“怎样抓住新机遇、催生新动力”“怎样在改革转型中发挥劳模先进作用”展开了深入的探讨。大家纷纷表示，在改革转型的关键时刻，不仅要积极发挥示范引领作用，更要主动挑起带教徒弟、传授技艺，创新举措、助推改革的重任。

（姜 杰）

【市劳模协会上海工会学院劳模学员分会召开一届一次会议】 4月23日，市劳动模范协会上海工会管理职业学院劳模学员分会一届一次会议在上海振华重工（集团）股份有限公司隆重召开。市总工会党组副书记、副主席肖堃涛，巡视员杜仁伟，学院院长吴萌出席会议。劳模学员分会的前身是上海工会管理职业学院劳模校友会。随着劳模学员分会的成立，将为继续弘扬劳模精神，服务母校、服务劳模、服务社会做出新贡献。（徐振珏）

2017 上海工会年鉴

劳动关系

综 述

2016年,上海工会按照关于深化本市工会改革的要求,强化工会协调劳动关系制度顶层设计,确立了工会法律援助、法律监督、集体协商、民主管理制度"四位一体"的工会协调劳动关系体系建设,维护职工权益,并通过"正向推进""反向倒逼"的方法路径,凸显工会维护的主业主责。一是凝心聚力实施职工法律援助服务。提出"零门槛"和两个"应援尽援"的法援服务路径,确立全年各级工会参与劳动争议调处、为职工提供法律援助案件数达到全市劳动争议案件总量15%的工作目标。制订实施了《加强上海工会职工法律援助工作实施方案》等3个制度文件,推动15个地区仲裁院设立工会法援窗口,推动部分街镇、园区建立职工法援工作站等,以突显工会法律援助力度。二是积极彰显工会劳动法律监督威力。探索建立定向监督制度,对发生群体性劳资纠纷企业100%按季度实施监督,选择5%严重侵犯职工个体权益的企业实施即时监督,推动建立倒逼工会重点工作的监督。紧密将工会劳动法律监督,充分运用工会"两书"和信用信息平台推动工会组建、职代会和集体协商建制。推动85家企业建立了工会,74家企业建立了集体协商,70家企业建立了职代会制度,成功推动了渣打银行、中美施贵宝制药、静安希尔顿酒店等一批世界知名外企和民营企业建立职代会并规范运作。三是提质增效推进集体协商攻坚计划。制订下发了2016年《集体协商工作评价标准》,对各区、产业工会集体协商工作建制率完成情况提出明确的量化标准,积极培育行业集体协商典型,重点推动环卫、绿化、河道、管道等市养护行业开展集体协商制度建设,并形成《2016年上海市绿化养护行业职工工资福利待遇工作指导意见》。开展《上海市集体合同条例(修正案)》系列培训工作。四是主动履职预防化解群体性劳资纠纷。坚持做好"亮灯通报工作"督查,积极应对化解突发性群体性劳资纠纷。专题调研企业改革调整中劳动关系问题并给予前期指导培训。五是推进厂务公开和《职代会条例》修法调研工作。专题布置2016年上海市厂务公开民主管理工作要点并推动相关工作落地,认真做好第九次全国厂务公开民主管理调研检查第四互检组来沪检查的相关工作,重点指导各区县工会和基层企业按照要素管理、阶段推进的原则,稳步推进非公企业职代会建制和规范运作。认真做好《上海市职工代表大会条例》修法调研工作。联合市委组织部、市国资委等单位下发了《关于完善本市公司制企业法人治理结构,加强职工董事、职工监事制度建设的若干指导意见》《关于推进本市公司制企业加强职工董事、职工监事工作的通知》。六是积极参与三方机制工作,推进和谐企业创建活动,评选表彰了一批2014—2015年度"上海市劳动关系和谐职工满意企事业单位""上海市职工信赖的经营管理者"。参与接待国家三方和谐劳动关系创建工作调研,站稳职工立场,积极阐述工会就当前劳动关系形势的看法和建议。

(周永宝)

普法宣传

【概要】 2016年,是"七五普法"的开局之年,一是制订五年规划,成立领导小组,全面启动"七五"普法工作。二是开展各级工会"三八"节女职工维权月、上海市第二十八届宪法宣传周法治宣传咨询检查活动。三是大力开展工会法律援助"零门槛"维权服务宣传,大力拓展宣传渠道。四是服务促进国资国企改革调整,举办"本市国有企业改革调整中劳动法律法规和民主程序政策咨询培训会""非公企业重大调整中劳动法律法规和民主程序政策咨询培训会"。五是加强工会法宣队伍和阵地建设,为工会兼职仲裁员、劳动保障法律监督员、工会劳动争议调解员、劳动关系指导员举办专题业务培训班共8次,考试后持证上岗,组织公职律师定期参与市劳动争议仲裁院的"三方调解",不断提升工作能力。成立"朱雪芹法律援助工作室",配备了专门的律师事务所和专业团队,打造具有工会特色的维权品牌,纳入法制宣传体系。(蒋慧勤)

【工会系统"七五"普法工作启动】 市总工会根据全国总工会和市法宣办要求,启动了工会系统"七五"普法。起草《关于在上海市工会工作者和职工中开展法治宣传教育的第七个五年规划(2016—2020年)》,成立了由市总党组副书记、副主席担任组长,劳动关系工作分管领导任副组长,市总12个部门(单位)作为成员的领导小组。各区局产业工会也根据市总七五规划,结合自身实际,制订了本系统"七五"普法规划,基本都建立了"七五"普法领导小组和工作制度。"七五"普法的主要任务:一是深入学习宣传全面依法治国的重要论述。二是突出学习宣传宪法和中国特色社会主义法律体系。三是深入学习宣传保障职工和工会组织权益的法律法规。四是切实加强职工法治文化建设。 (蒋慧勤)

【开展"三八"女职工维权宣传和行动】 3月8日,市总工会女职工委员会联合市妇联、黄浦区总工会在新世界公司门口共同开展以"尊重女性价值 维护妇女权益"为主题的2016年"三八"国际劳动妇女节法制宣传咨询活动,通过现场咨询、授书、有奖问答等形式,宣传有关《反家暴法》《女职工劳动保护特别规定》等法律知识。3月1日至3月15日,联合上海市人力资源和社会保障局、市妇女在本市联合开展维护女职工劳动权益的专项检查活动,市、区检查组主要对企业中有关女职工权益保护、专项集体合同签订、工时制度、社保缴纳、产假期间待遇支付等执行情况进行认真检查,积极宣传相关法律法规。共抽查用人单位1365户,共涉及职工12.09万人。12351"女职工专线"也在"三八"期间集中受理女职工维权申诉,及时汇总反馈到劳动保障监察部门依法进行处理。 (蒋慧勤)

【举行"12.4国家宪法日暨上海宪法宣传周"主题活动】 市总工会开展以"弘扬宪法精神 保障职工权益"为主题的上海市第二十八届宪法宣传周活动,录制宪法宣传周宣传片,联合静安区司法局、静安区总工会开展大型法治宣传活动,活动现场发放法律法规宣传册2000余份,并以展板等形式开展包括《上海市职工代表大会条例》《上海市集体合同条例》《劳动合同法》等在内的法律法规政策宣传。还邀请市总工会职工法律援助中心、市第二中级人民法院、静安区司法局法律援助中心、公证处、静安区劳动保障监察大队、静安区劳动争议仲裁院、静安区公安分局以及律师事务所等多个单位和部门专家坐堂，对市民工作生活中遇到的法律相关问题答疑解惑，受到市民群众的欢迎。

（蒋慧勤）

12月2日，长宁区总工会开展“七五”普法宣传活动（印敏峰）

【长宁区总工会开展“七五”普法宣传暨工会会员服务日活动】 12月2日，长宁区总工会在凌空SOHO中心广场开展“七五”普法宣传活动暨长宁区工会会员服务日（援助日）活动，吸引500余名白领职工参加。活动现场设置法律知识宣传展板展示、工会法律维权咨询、会员法律援助服务、职工互助保障咨询、工会会员卡服务、工会会员卡现场开通等工会会员服务内容及互动活动。（印敏峰）

【静安区举办国家宪法日宣传活动】 12月4日，由市总工会、静安区法制宣传教育联席会议主办，以“弘扬宪法精神，保障职工权益”为主题的2016年国家宪法日宣传活动在静安区总工会职工服务中心前举行。市总工会秘书长宋钟蓓，静安区委常委、区政法委书记赵汝青，静安区人大常委会副主任、区总工会主席叶坚华等参加活动。活动现场发放法律法规宣传册2000余份，设有《上海市职工代表大会条例》《上海市集体合同条例》《劳动合同法》等宣传展板、法律专家咨询服务、法治知识有奖竞猜等活动内容。（严 琪）

【崇明区总工会举办“三法三条例”知识竞赛】 崇明区总工会于9月26日举办了“三法三条例”知识竞赛。从各乡镇、委办局的44支队伍、176名工会干部中筛选出的崇明卫计委、城桥镇工会、公安局工会等10支队伍参加比赛。最终，市场监督局工会获一等奖。崇明区总工会赛前举办了“三法三条例”专题培训班，邀请市工会管理学院的老师进行授课，还通过专业知识考试，帮助工会干部全面熟悉和掌握“三法三条例”的主要内容和基本条款。（秦春华）

11月13日，上海铁路局工会举办法律知识竞赛（陈国华）

【市机电工会举办新版《上海市集体合同条例》培训班】 4月14—28日，市机电工会在上海电气党校报告厅分6期举办新版《上海市集体合同条例》培训班，邀请市总工会劳动关系工作部进行授课，分别讲解新版《上海市集体合同条例》出台背景、集体协商制度面临的形势与任务、主要修订条款、工资集体协商知识及协商策略应用等内容。机电工会所属企业工会干部、职工代表、协商代表共900多人分期参加了培训，取得良好效果。

（沈剑宏）

【上海铁路局工会举办全局工会干部法律知识竞赛总决赛】 10月13日，路局工会专（兼）职干部法律知识竞赛总决赛在上海举行。经过前期站段初赛、地区复赛，10支队伍30名工会专（兼）职干部参加总决赛。此次法律知识竞赛内容涉及《工会法》《劳动法》《劳动合同法》《社会保险法》等现行与工会工作相关的法律法规及相关司法解释的核心内容和关键点。总决赛采取现场答题、现场评分形式，参赛单位3人为1组，当场完成必答题、共答题、案例分析题、抢答题以及风险题等。经过激烈角逐，上海机务段获得冠军。（陈国华）

集体协商

【概要】 一是强化建制目标考核。根据上海市总工会《关于突出维护职能,加强工会协调劳动关系体系建设的指导意见》精神,结合上海工会集体协商提质增效五年规划具体要求,制订下发2016年《集体协商工作评价标准》,对各区县、产业工会集体协商工作建制率完成情况提出明确的量化标准。明确符合协商条件的建会企业集体合同制度覆盖率90%、工资专项集体合同覆盖率80%目标的同时,要求职工50人以上独立建会企业单独建立集体协商制度达到50%以上和"女职工保护专项或专章集体合同"同步签订率不低于95%,进一步提高独立建会企业和女职工保护专项集体合同的建制率。二是推进行业性集体协商提质增效。根据市政府《关于深化养护行业市场化改革提高一线职工工资水平意见》精神,重点推动五大养护行业(环卫、绿化、道路、河道、管道)建立集体协商制度,签订工资专项集体合同。把握市级层面行业引领导向,加大产业工会与区县行业工会的联系互动,着力体现区县、街道、乡镇等层面的行业性劳动标准的集体协商。三是贯彻实施《上海市集体合同条例(修正案)》。把该培训内容融入到劳动争议调解员培训、工会劳动法律监督员培训、劳动关系工作指导员培训等课程体系中去,推动集体协商工作依法依规进行。全年,全市各级工会组织开展《条例(修正案)》培训600余场,覆盖人次近6万人,覆盖企业近2.5万家。四是强化指导员志愿者队伍建设。并从原先的100人扩充至目前159人。同时修改完善指导员管理办法,健全指导员的聘任、培训、考核、档案、奖励等制度,促进队伍建设的规范化、制度化。（金邓凯）

【市总工会举办劳动关系工作指导员专题培训班】 8月,市总工会举办上海工会劳动关系工作指导员专题培训班,共135位指导员参加培训。年初,市总工会将原先的"工资集体协商专职指导员"更名为"上海工会劳动关系工作指导员",指导员将从原来仅仅推进集体协商工作,逐步过渡到参与工会组建、职代会建制、法律援助、法律监督、劳资纠纷调处等各项工会工作中去。为了使广大指导员更快进入角色,此次培训班的课程设置除了职代会民主管理、集体协商等内容外,还请到市高级人民法院的法官,为大家详细解读《劳动合同法》。（金邓凯）

【黄浦区总工会推进厂务公开民主管理和集体协商制度建设】 推进企业集团多级职代会制度建设,形成多层次保障职工参与的民主管理格局。会同相关部门测评区管企业集团领导班子和领导人上年度工作述职和综合评价非公有制经济代表人士。17个企业集团召开职代会,3个企业集团选举职工董监事。职代会、厂务公开建制率达86%。推进集体协商制度建设,重点做好非公企业建制扩面和提质增效。推进居、园、楼区域性、行业性集体协商和职代会制度建设。在87家非公企业开展了职工工资收入调查。区总工会由此荣获上海工会集体协商工作考核二等奖。（吕诚陆）

【市纺织党政工合力推进集体协商提质增效】 在贯彻落实全总2014—2018年实施集体协商提质增效工作中,纺织党委牵头举办落实《上海市职工代表大会条例》学习培训,有274名企业领导干部和2358名职工代表参加了培训;工会组织380多名工会干部开展学习《三法三条例》系列活动;行政按《上海市职工代表大会条例》的规范要求,将《员工奖惩、薪酬分配、绩效考核管理制度》《企业年金方案管理制度》等涉及职工利益的制度提交职代会审议通过后实施。目前已形成集团、公司、企业三级集体协商制度,建制率达到98%,集体协商成果覆盖所有企业与全体职工。集团职代会经无记名测评,满意率为97.56%。（林裕良）

【市医药工会举办《上海市集体合同条例》培训班】 10月17日,医药工会组织100余人开展《上海市集体合同条例》的培训学习活动。培训邀请市总工会劳动关系工作部副部长黄琦对《上海市集体合同条例》进行详细解读,并对平等协商集体合同工作中易发问题重点讲解。（赵一鸣）

【宝武集团公司组织开展2016年度集体协商】 2月18日,集团公司总部2016年度集体协商会在宝钢大厦举行,职工方代表与公司方代表围绕总部2016年度集体合同的具体条款,平等沟通,共同协商。会上,集团公司人力资源部代表公司方报告《宝钢集团有限公司(总部)2015年度集体合同》的执行情况,并对2016年度集体合同修订要点作了说明。经双方代表认真讨论审议,对《宝钢集团有限公司(总部)2016年度集体合同草案》达成一致意见。（李士伟）

【上海铁路局召开第二十次平等协商会议】 12月28日,路局召开第二十次平等协商会议,听取2016年路局实事项目完成情况、2017年职工实事项目建议汇报、《上海铁路局集体合同工资专项协议》的有关说明,以及职工代表对实事项目的评价和建议,企业方首席代表、路局局长郭竹学与工会方首席代表、路局工会主席孙曙光签订《上海铁路局集体合同工资专项协议》。（陈国华）

【市运输工会多举措促进集体协商提质增效】 年内,市运输工会围绕集团改革创新、转型发展的战略,把深入推进集体协商提质增效作为工会工作的重点,切实维护企业整体利益和职工群体利益,积极推动企业和谐发展。一是在完善工资集体协商机制上提质增效。进一步确定"两个不超过"的分配原则,即工资正常增长水平不超过企业经济效益增长的水平、不超过企业劳动生产率。同时,强调企业经营班子的年薪增长必须与职工工资收入增长同向同步。二是在深化集团集体协商内容上提质增效。运输工会与集团行政开展第十六次集体协商,通过了《推进2016年主题立功竞赛和提高职工队伍整体素质》《建立集团系统高师带徒工作机制》《进一步做好集团退休劳模关心关爱和帮扶服务工作》《调整2016年集团系统在岗职工最低工资标准》等4项议题,并以会议纪要形式下发落实。三是在保持工资集体协商覆盖面上提质增效。集团

6月21日，交运集团召开第十六次集体协商会议 （杨伟民）

所属企业在经济下行的严峻形势下，加大推进工资集体协商、签订集体合同工作力度，按照集团工资增长指定意见，协商确定企业当年的工资增长比例，确保职工在企业经济有所发展的同时，共担转型创新任务，共享改革发展成果。全年，集团系统工资集体协商的覆盖面达90%。四是在延伸集体协商内涵外延上提质增效。运输工会坚持落实与集团行政协商确立的在集团公司职工技能操作比武活动中的奖励政策，对获得前三名的优胜者实施10%、7%、5%的工资晋升。基层工会坚持与企业行政协商确立为职工办实事项目，对职工疗休养、体检、参保、帮困送温暖等项目上取得企业行政的资金支持，对职工岗位培训、技能提升、文化需求等项目上积极迎合企业行政改革整体步伐，有效促进了企业发展。 （陈敢敏）

【中国电信上海公司召开2016年集体协商会议】 2月25日，中国电信上海公司召开集体协商会议，讨论2016年集体合同。公司党委书记、总经理马益民、工会主席常朝晖、公司副总经理何剑鸣出席。2015年，公司根据《集体合同》规定的实事项目要求，逐项认真实施，包括员工职业发展政策、员工带薪年休假、员工补充医疗保障、员工培训等在内的各项实事得到全面兑现。2016年的《集体合同》在员工激励与职业发展、员工福利和员工培训等方面进行修改。 （殷 茵）

【海洋石油局工会推进集体协商机制建设】 2月2日，在上海海洋石油局四届一次职代会上，企业方与职工方签署了《集体合同》和《女职工权益保护专项集体合同》。此次集体合同的签订，从顶层上进一步明确企业和职工双方的权益和职责，规范企业和职工的行为。上海海洋石油局始终重视集体合同的签订和落实，局工会每年都要对各基层工会组织集体合同的签订进行监督，集体合同的签订率和履约率达100%。 （耿卫军）

【市环卫行业召开第六次工资集体协商会议】 4月27日，在市绿化市容管理局的见证下，市绿化市容行业工会与市市容环境卫生行业协会代表就2016年完善环卫职工收入正常增长机制、调整环卫行业最低工资标准、扩大环卫行业职工住房公积金缴交覆盖面、建立一线环卫职工龄补贴制度、推进工会会员服务卡制度等事项进行集体协商，并达成共识，签订《2016年上海市环卫行业工资集体协商协议》。 （鲍 斌）

【市绿化养护行业召开首次工资集体协商会议】 为建立健全一线职工收入正常增长机制，市绿化市容行业工会和市园林绿化行业协会于7月14日，就建立行业最低工资标准、实施一线职工岗位津贴、技能等级补贴和职工健康体检制度等相关事项举行本市绿化养护行业首次集体协商会议，并签订集体协议。 （鲍 斌）

【上海水产集团召开2016年工资集体协商会议】 1月8日，上海水产集团工资集体协商小组召开2016年工资集体协商会议。以集团董事长授权集团副总裁唐文华为首席代表的企业方，与以集团工会主席周敬为首席代表的职工方就2016年集团职工工资水平、工资增长幅度、工资支付方式等问题进行协商。双方代表就工资集体协议书的相关条款发表看法并进行讨论，达成共识。 （韩 毅）

【上海燃气工程公司推进落实民主管理服务职工工作】 2016年，公司工

2月25日，中国电信上海公司召开2016年集体协商会议 （殷 茵）

7月14日，上海市绿化养护行业召开首次集体协商会议　（鲍　斌）

会通过内部的问卷调查，发现公司多数职工出现了脊椎病、颈椎病等情况。在召开的集体协商会议上，公司工会组织职工代表积极与党政领导沟通，将公司老式的办公椅进行更新，并在新一轮《集体协商合同》中，新增了“团体商业补充医疗保险”等福利内容。通过集体协商机制，公司有效帮助部分职工解决了岗位调动、工资薪酬增长、公积金调整方案等与职工密切相关的实际问题。并审议通过《职工关爱机制实施办法》《工资专项集体合同》《员工福利综合保障计划的若干规定》《公司工会奖励、补助、慰问实施办法》等4项议案。（张晓青）

【临港集团举行劳资双方协商会】 11月28日，临港集团本部举行劳资双方协商会议。资方代表与劳方代表就职工工资增长、团体医保保障内容扩充等内容进行集体协商。会上，劳资双方代表围绕协商内容和文本条款分别发表了意见，并就一些具体问题进行了深入交流，最终达成了全面一致。根据协商结果，双方将形成《2016年工资专项集体合同（草案）》等文件，随后提请集团本部二届一次职工代表大会审议通过。（陈　浩）

调解争议

【概要】 2016年，市总工会全年对147起群体性劳资纠纷予以履职通报。发生群体性劳资纠纷的主要特征包括：一是群体性劳资纠纷总量下降25%；二是非公企业仍然是群体性劳资纠纷的高发区域；三是欠薪欠保、企业关停并转迁仍是引发群体性劳资纠纷的主要原因；四是矛盾表现程度较为激烈。2016年，本市各地区、系统产业工会积极履职，一是强化责任意识，全面参与群体性劳资纠纷的化解调处。在结案的140起案件中，各级工会参与调处化解的案件有117起，调解成功率达83.6%。二是强化预警功能，切实发挥分类指导作用。共排摸到有关停并转迁等改革调整任务企业2100余家，涉及职工近8万人。建立企业改革调整方案“会研、会商、会审”制度，对800余家企业进行了业务指导。三是强化法律援助，有效履行应援尽援职责。市区两级工会为群体性劳资纠纷中的2668名职工提供了代理仲裁诉讼服务、68名职工提供了代写法律文书服务，有序引导职工通过法律途径解决争议。四是强化定向监督，努力夯实工会基础工作。从二季度起，对已经结案的72家企业，以及发生严重侵犯职工合法权益的38家企业实施工会定向劳动法律监督。同时，推动85家企业建立工会，74家企业建立集体协商，70家企业建立职代会制度。（杨　驹）

【上海工会加大排摸预防力度，努力化解本市劳动关系矛盾】 一是不断强化对改革调整企业的排摸和工作指导。市总工会全面部署对改革调整任务企业的排摸工作，先后举办国企和非公企业“改革调整中劳动法律法规和民主程序政策咨询培训会”，指导企业在重大改革调整中，履行民主程序，规范处置劳动关系矛盾。二是不断强化工会预防化解群体性劳资纠纷履职机制。对由于拖欠职工工资、经济性裁员、企业关停并转迁、申请集体劳动争议等8种可能引发群体性劳动关系纠纷的企业，及时排摸、提前介入、实时监控。青浦、松江、闵行等10个地区工会共提供81起群体性劳资纠纷预警信息，强化分类指导，确保71家企业的劳资矛盾得到化解，预警成效率为87.7%。三是推进建立四方共同预防化解劳动关系矛盾纠纷机制。市总工会、市高院、市人力资源和社会保障局、市司法局联合下发《关于共同加强本市劳动关系矛盾预防化解工作的意见》，在全市所有区劳动人事争议仲裁院和7个区的法院诉讼服务中心内设立工会法律援助窗口，在206个街镇、园区设立职工法律援助服务站点，加大工会参与劳动关系矛盾调处和法律援助工作力度。（杨　驹）

【长宁区总工会举办劳动法律监督员、劳动争议调解员培训班】 为提高长宁基层工会干部协调劳动关系能力，长宁区总工会举办长宁工会劳动保障法律监督员、劳动争议调解员培训班。来自各集团公司、街道（镇、园区）、非公企业的专兼职工会干部160余人参加了为期3天的培训。本次培训班重点围绕劳动合同法、劳动执法与工会监督、劳动争议调解、预防化解群体性劳动争议、工会法律援助工作、工会协调劳动关系体系建设等6个方面。（印敏峰）

【静安区总工会举办劳动关系协调员培训班】 8月16日，由静安区总工会劳动关系部、职工援助服务中心联合举办劳动关系协调员培训班在静安区业余大学开班，培训对象是从事工会工作、人力资源工作以及相关专业的工作人员，培训内容包括劳动保障法律和政策、人力资源管理、集体协商与集体合同、劳资沟通与民主管理、员工申诉与劳动争议处理等，为期10周的专业培训结束后，通过鉴定考试的学员将取得劳动关系协调员职业资格证。培训吸引了区内企事业单位工会干部、人事干部70余人参加。（严　琪）

【闵行区总工会开展群体性劳资纠纷

预防化解工作】 闵行区总工会研究制订《关于进一步加强预防化解群体性劳资矛盾突发事件信息报送工作的通知》，进一步规范群体性劳资矛盾预警信息和突发事件信息报送工作，严格规范报送时间节点和工作流程，强化劳资纠纷预警预防、社会力量参与纠纷、纠纷发生后工会组建、集体协商和职代会建制等3项基础工作推进。2016年全区各级工会组织共排摸预警信息96条，上报市总工会预警信息9条，发生28起群体性劳资纠纷，涉及职工4036人。针对近两年内本区域企业可能进行改革调整情况进行排摸调研，编写《劳资纠纷预防化解工作案例集》，撰写《突出维护职能，彰显工会作为》等多篇调研文章，撰写《关于"产能过剩"和"僵尸企业"引发社会不稳定因素的情况汇报》，被市总工会专报录用，市总工会主席洪浩作了批示。（刘 健）

【松江区总工会劳动争议调解中心揭牌】 9月9日，松江区总工会劳动争议调解中心成立仪式在松江区行政服务中心举行。会上，区总工会与4家律师事务所签约，并聘请赵瑞生等30人为松江区总工会职工法律援助维权服务志愿团律师，通过成立调解中心、签约4家律所以及30名律师志愿者队伍的建立，为松江工会的法律援助工作提供更为专业、精准的法律服务和指导。区、镇、街道、开发区、直属公司总工会专职副主席、负责维权部工作社工、签约律所与志愿团律师参加活动。（丁 璇）

【市监狱局工会健全完善两级预测、预警、预报机制】 市监狱局工会健全和完善以各级工会信息为载体的预测、预警、预报机制。根据《上海市监狱管理局工会预警报告制度》，基层工会每月向局工会上报预警报告，及时反映单位基本情况、重要情况，反映群众关心的热点和工作中遇到的难点问题，局工会坚持每月收集信息认真摘编，把带有共性的、倾向性的信息组织编撰《热点反映》。全年《热点反映》共上报13期，反映民警职工关心的对国内外大事、局、本单位主要工作，受到局党委的关注，许多问题得到妥善解决。（江海群）

9月9日，松江区总工会劳动争议调解中心成立仪式（吕谷浩）

法律监督

【概要】 上海各级工会加大工会劳动法律监督工作力度，建立健全工会劳动法律监督组织网络，全市各个区、产业(局)、集团公司、街道乡镇、联合工会及基层工会共建立工会劳动法律监督组织10793个，拥有工会劳动法律监督员19878人。3月，市总工会制订下发《上海市总工会关于突出维护职能加强工会协调劳动关系体系建设的指导意见》，市区两级工会每季度定期对全市范围内存在问题的用人单位实施精准化监督，其中在职工法律援助受理案件中选择5%左右严重侵犯职工权益的企业开展工会劳动法律监督，对发生群体性劳动关系矛盾的企业100%实施工会劳动法律监督，并重点推进相关单位建立工会组织、职代会和集体协商制度，从源头上建立预防和化解劳资矛盾工作机制。同时，积极整合人大立法监督、政府行政执法以及社会各方力量，共同推进工会劳动法律监督工作有效开展。1月，市总工会按照中央八部门要求，联合市相关职能部门共同开展农民工工资支付情况专项检查。3月，市区两级工会联合同级劳动监察、妇联在全市范围内开展了维护女职工劳动权益专项联合检查活动。6月，市总工会联合市人大内司委、市劳动监察总队对一家曾经发生过群体性劳资纠纷的企业开展工会劳动法律监督。7月，市总工会联合市劳动监察总队，重点对劳动密集型等相关企业的工资支付情况开展集中监督检查。在队伍建设方面，开展市劳动法律监督员培训，全面提升工会劳动法律监督员的综合素质，并建立一支由市、区局(产业)工会干部组成的上海市工会劳动法律监督员队伍。（庄若冰）

【市总工会开展工会劳动法律监督员培训】 5月4—6日，市总工会劳动关系工作部会同市人力资源和社会保障局劳动监察处，在上海工会管理职业学院联合举办工会系统劳动保障法律监督员培训班。来自各区局(产业)、街镇工会负责劳动关系工作的工会干部、劳动关系工作指导员、工会社会工作者共计150人，参加了为期3天的培训，系统学习《劳动合同法》《社会保险法》《劳动争议调解仲裁法》等法律法规以及劳动保障监察、工会劳动法律监督与"两书"运用等有关制度政策。经培训考核合格的工会干部获得由市劳动和社会保障局颁发的《劳动保障法律监督员证》。（庄若冰）

【联合开展维护女职工劳动权益专项检查活动】 为切实维护广大女职工的劳动合法权益，市人力资源和社会保障局、市总工会、市妇女联合会联合下发《关于开展维护女职工劳动权益专项检查的通知》，并于3月1—15日，在本市联合开展维护女职工劳动权益专项检查活动。据统计，专项检查期间，参加联合执法检查共1090人次，其中劳动监察912人次，总工会83人次，妇联95人次。检查活动采取抽查和座谈会相结合的形式，共抽查用人单位1365户，共涉及职工12.09万人，其中女职工7.29万人，共发现各类违法行为为169件，按照相关法律规定责令单位限期整改。（庄若冰）

【上海工会积极开展农民工工资支付情况专项检查活动】 为全面贯彻落实中央8部门联合下发《关于开展农民工工资支付情况专项检查的通知》以及全国总工会等部委联合召开的“2016年春节前后保障农民工工资支付工作视频会议”的精神，市总工会从2015年11月下旬至2016年1月联合市人社、公安、建交等部门开展农民工工资支付情况专项检查，成立专项检查领导小组，统一协调组织各成员单位的专项检查行动。全市共检查用人单位7475家，涉及劳动者人数51.03万人，其中农民工人数33.05万人。经检查，发现有792家单位存在拖欠劳动者工资的行为，涉及4.09万名劳动者工资2.9亿元，其中拖欠3.3万名农民工工资2.3亿元。通过专项检查督促用人单位补发2.93万名劳动者工资1.8亿元，其中补发2.49万名农民工工资1.48亿元，对9起恶意欠薪案件移送公安部门并公布5户欠薪严重违法单位。在专项检查中，市总工会选派24名工会劳动保障法律监督员与市劳动保障监察总队组成12个专项检查小组，集中力量对奉贤区青村镇、金汇镇的42家用人单位进行监督检查，查实14家单位存在违反劳动保障法律法规行为（其中欠薪1家、欠保5家、不执行最低工资4家，使用童工1家、不按规定支付加班工资3家），共向9家单位发出责令改正通知书，向5家单位发出监察建议书并向相关社保中心发出建议征缴函。各区局（产业）工会积极参与、主动配合本区劳动保障监察大队开展专项检查，对重点地区、重点行业、重点单位的农民工工资支付情况加强梳理摸排，并将其作为帮困送温暖活动的一项重要内容予以整体推进，切实维护了农民工的合法权益。（庄若冰）

【闵行区总工会开展工会劳动法律监督】 制订并下发《关于在本区开展工会劳动法律监督工作的通知》，加强对街镇总工会开展劳动法律监督工作的指导，针对劳资纠纷涉事、法律援助涉案中严重侵害职工权益的企业，围绕劳动用工、社会保险缴纳、劳动保护、规章制度等内容重点开展专项劳动法律监督。加强工会日常法律监督，注重部门间合作与联动，派驻工会干部定期参与监察执法，联合区相关部门开展农民工工资支付、女职工特殊权益保护专项劳动法律监督检查，联合区社保中心、区公积金分中心赴10家企业开展专项检查，充分发挥工会组织的监督作用，切实维护职工的合法权益。（刘　健）

法律援助

【概要】 2016年，上海工会突出工会维护的主责主业，积极履行职责，通过构建工会法律援助、法律监督、集体协商、民主管理“四位一体”的工作体系，切实加大参与协调劳动关系矛盾力度；制订下发《关于加强上海市职工法律援助工作实施方案》，大力推动各区总工会切实加强法律援助维权工作参与力度；开发集劳动关系调处、法律援助、法律监督等为一体的上海工会法律援助服务平台，实现工会法律援助案件管理网络化、信息化；根据市场规律和司法局法律援助标准动态调整《上海工会法律援助办案补贴指导标准》，进一步明确法律援助办案补贴人员范围，将工会公职律师纳入补贴人员范围；制订《上海工会职工法律援助案件档案管理办法》，进一步规范工会职工法律援助案件的文书立卷和档案管理工作，提高法律援助案件办案质量；挂牌成立朱雪芹职工法律援助工作室并配备由工会公职律师、兼职仲裁员、志愿者以及社会专职律师组成的专业服务团队和由陆敬波等12名劳动法领域专家、律师组成的法律顾问团队，为来访职工、农民工提供劳动争议调解、代理仲裁诉讼等法律援助服务；开办第二期“上海工会法律专业知识和司法考试培训班”，106名学员参加培训，9人通过考试，取得法律职业资格证书；组织开展工会劳动争议调解员、劳动法律监督员、劳动关系协调员等业务培训，参加人数逾300人；全市各级工会法律援助中心全年共接待职工来信来访43560人次，提供代写法律文书196件，参与协商调解9763件，代理仲裁、诉讼3315件。（秦利佳）

【全市各级职工法律援助中心积极维护职工群众的合法权益】 2016年，全市各级工会以参与协商调解和提供仲裁、诉讼代理服务为主要抓手，以劳动争议多发、职工权益易受侵害的行业和区域为重点范围，深入各区劳动人事争议仲裁院设立工会法律援助工作站和劳动争议调解工作室。各街镇工会也主动参与到街镇司法所、劳动保障综合服务大厅等劳动争议集聚地设立工会法律援助专窗或开展合署办公，夯实基层法律援助工作基础，有效拓宽工会法律援助服务范围，扩大了工会法律援助维权服务受益面。年内，全市各级工会为职工提供代写法律文书、协商调解、仲裁诉讼代理等法律援助服务13274起，已远超过2015年全年3656起的办案量。其中，提供代写法律文书196起；参与协商、调解法律援助案件9763起，结案9080起，调解成功率达93%；代理仲裁诉讼服务3315起，结案3088起，调撤案件和胜诉案件占全部已结案件的88.2%。嘉定、长宁、浦东、徐汇等区总工会参与搜英人力资源公司恶意拖延退工案、华程西南旅行社有限公司裁员案、美味“七七”欠薪案、哥仑步户外用品公司单方解除职工案等一批涉及职工多、社会影响大的群体性案件代理。（秦利佳）

【搭建法律援助工作信息化服务平台】 2016年，市总工会聚焦劳动争议热点、职工队伍结构变化的现状，创新设计集劳动关系矛盾调处、职工法律援助、工会劳动法律监督等为一体的上海工会法律援助服务平台，使工会援助维权服务工作在数字化、信息化建设方面迈出了实质性一步。目前服务平台已在市、区两级总工会及其法律援助中心、89个街镇、园区工会法律援助服务站点实行网点覆盖并继续扩展，逐步形成“市、区、街镇（园区）”三级工会法律援助网络格局。各级工会通过服务平台实现本市工会法律援助案件管理、服务质量考评监

督、援助机构职责分工、法律人才资源调配、维权服务功能有效整合等管理功能。（秦利佳）

【构建工会协调劳动关系“四位一体”工作格局】 市总工会切实加大参与协调劳动关系矛盾力度，通过构建工会法律援助、法律监督、集体协商、民主管理“四位一体”的工作体系，以“正向推进”和“反向倒逼”相结合方式加强协调劳动关系体系建设，即：按照劳动关系建立、运行、监督、调处的规律，以“正向推进”的方式，正面指导和推进企业着力加强劳动合同、集体协商、职代会民主管理、劳动争议调处等制度建设，努力推动企业解决职工“三最”利益问题，以制度建设有序预防和解决各类影响劳动关系稳定的问题，促进企业和职工在共建中共享企业发展成果，促进劳动关系稳定和谐；以问题为导向，对已经发生劳动关系矛盾又无视职工合法权益的企业，通过加大调处化解劳动关系矛盾、职工法律援助、工会劳动法律监督、工会组建和集体协商、职代会制度的工作力度，以及工会法律政策的源头参与实行“反向倒逼”，着力破解工作中瓶颈难题，促进各项工作相互衔接、互为整合，着力发挥工会组织在协调劳动关系体系中的机制性作用。（秦利佳）

【上海工会提出法律援助“零门槛”服务口号】 市总工会制订下发《关于加强上海市职工法律援助工作实施方案》，加强上海工会法律援助工作，强化对困难职工、农民工和持有有效工会会员卡职工维权的服务力度，提出法律援助服务要实现两个“应援尽援”：对会员因劳动侵权行为寻求工会帮助的，以及工会参与调处劳动争议过程中发现侵害职工合法权益的案件实现“应援尽援”，不断破解基层工会尤其是非公有制企业工会组织在调处劳动关系矛盾、维护职工权益方面的瓶颈难题，切实肩负起工会维护的主责主业。（秦利佳）

【开通农民工劳动权益维护线上、线下“快车道”】 7 月 28 日，以全国劳动模范、市总工会副主席、农民工人大代表朱雪芹的名字命名的“朱雪芹职工法律援助工作室”在市职工援助服务中心正式挂牌成立。该法律工作室将专门为本市农民工弱势职工群体，提供各类法律维权服务。市总工会劳动关系工作部会同市职工援助服务中心共同组建了专业服务团队，包含 3 名工会公职律师、4 名工会兼职仲裁员、5 名社会专职律师以及工会法律援助志愿者若干，并为工作室聘请了由陆敬波、唐毅等 12 名劳动法领域专家、律师组成的法律顾问团队，为工作室提供强有力的法律专业队伍支持。“朱雪芹职工法律援助工作室”实体挂牌成立的同时，“雪芹法援工作室”也同步在申工社 APP 上线。（秦利佳）

【第二期上海工会法律专业知识培训班开班】 3 月，第二期上海工会法律专业知识培训班正式开班，本期学员共 106 名参加，市总工会副主席肖堃涛、姜海涛，秘书长宋钟蓓，经审会主任、组织部部长桂晓燕，上海工会管理职业学院院长吴萌出席开班式。通过半年多系统学习，广大学员克服工学矛盾和家庭实际困难，刻苦学习，精研法条，法治意识进一步增强，依法履职能力进一步提高。其中，有 9 人通过国家司法考试，获得培训班优秀学员称号。（秦利佳）

【浦东工会制订出台“大维权”体系建设方案】 重点推进“零门槛”职工法律援助，以“1+8+N”体系为基础，加快建立职工法律援助中心服务点，培育符合条件的二级工会建立分中心，并建立健全律师值班制度，优化完善报告报送、履职考核、联动合作等制度，努力实现“应援尽援”的服务目标。年内，与 8 家律所签约，形成近 40 人的专业律师服务队伍，截至年底，累计实施法律援助 1568 件。同时，强化群体性劳资纠纷预防调处和应急机制建设，探索推进劳动关系信息员制度和情况反映机制，充分发挥工会作为第一发现人、第一报告人、第一协调人、第一援助人的重要作用。截至年底，共化解劳资纠纷 935 起，涉及职工 5382 人、涉及维权金额 2.44 亿元。此外，探索通过与工商联等群团组织的工作联动，进一步深化厂务公开民主管理，推动企业主动关爱职工，输送企业与职工“命运共同体”的理念，全力构建和谐劳资关系。（陈 维）

【徐汇区职工法律援助中心揭牌】 为加大职工维权服务力度，6 月 16 日，徐汇区职工法律援助中心揭牌运营。同时，区总工会将原设在区人社局接待大厅、区法院诉调对接中心、区职工援助服务中心的工会维权窗口升级为职工法律援助工作站，在漕开发普天园区、“2577”园区等工会基层工作站同步设立维权服务点，形成援助中心、工作站、服务点网格化运作。（赵甜燕）

【普陀区总工会创建“朱雪芹职工法律援助工作室”维权品牌】 针对当

普陀区总工会创建“朱雪芹职工法律援助工作室”维权品牌（许王丽）

前劳动关系领域新情况、新问题，经过近3个月的筹划设计，创建“朱雪芹职工法律援助工作室”维权品牌，并在区总工会五届十次全体委员（扩大）会议上揭牌成立。工作室设立维权热线，并在普陀工会官方微信平台“普工英”上开通“雪芹说法”专栏，免费为职工提供协商、调解、代理仲裁和诉讼等“零门槛”法律援助服务。全年累计接待1850人次，其中外来从业人员1218人次；提供各类代书、代理仲裁、代理诉讼、调解454件。工作室的运作模式、机制创新及取得成效被《市委办公厅专报》单篇报道。全国两会期间，全总党组书记、副主席李玉赋听取朱雪芹汇报，给予充分肯定，并为工作室题字“模范尊法守法，维护职工权益”。（陆　蕾）

【虹口区总工会搭建法律援助工作平台和构架】 虹口区总工会建成“1+3+8”法律援助服务站点的基本工作模式，从源头上减少群体性劳资纠纷的发生。“1”是将区职工服务中心法律援助工作站作为枢纽工作站，承担综合管理、信息整合和指导服务三大职能；“3”是区法院法律援助工作站、区劳动仲裁院法律援助工作站和中图蓝桥园区法律援助工作站，承担劳动争议咨询、调解、代理仲裁和诉讼等相关工作职能；“8”是8个街道总工会法律援助工作站，参与群体性劳资纠纷的调处、宣传培训和提供法律援助代理等工作）。各街道总工会与律师事务所签约，配备3—5名执业律师形成公益律师服务团队；组建“工会劳动关系指导员”队伍，将原有的“工资集体协商指导员”队伍进行调整、扩容至11人，7月中旬起，指导员队伍已全部下沉到8个街道总工会、园区和劳动仲裁一线。对职工合法的劳动经济权益诉求建立“零门槛”援助服务制度，做到“应援尽援”，6月21日《工人日报》对虹口工会法律援助“应援尽援”模式和“专职+兼职+志愿者”相结合的法律援助服务体系进行专题报道。（徐　洁）

【杨浦区江浦路街道总工会开展“法律接待日”进楼宇活动】 3月15日，杨浦区江浦路街道总工会联手街道司法所，在荣广商务楼宇开展“法律接待日”活动，将法律援助服务送到楼宇企业职工身边。活动现场设“司法调解”“社区法官”“资深律师”3个接待席，提供有关企业生产经营管理、职工工作生活、劳动法律法规等方面的咨询服务，为咨询者解答释疑，现场还发放法律知识便查手册。“法律接待日”活动确定为每月15日下午2—4时定期在荣广商务楼宇举办，街道总工会、街道司法所将整合优质资源，邀请更多法律工作者提供法律援助服务。（曹理仰）

【黄浦区总工会深化维权服务】 在全市率先实行职工法律援助服务“零门槛”。制订《关于区总实行职工法律援助服务“零门槛”的实施意见》，搭建工会法律援助服务组织构架，做到应援尽援。发挥区总职工法律援助律师志愿者和工会劳动关系指导员作用，深入法律援助服务窗口、10个街道分中心、14个工作站开展法律宣传、咨询和援助。做好“黄浦工会”与“申工社”微信公众平台“我要维权”窗口对接，第一时间为职工提供法律服务。服务方式变律师定期坐堂单一服务为与社会志愿者一起到企业上门服务、线上线下结合的互动型法律服务。（吕诚陆）

【宝山区总工会积极开展职工维权服务工作】 开展《上海市集体合同条例（修正案）》的宣传培训，培训近3000人次。组织全区2500名工会干部和职工开展工会劳动法律知识竞赛活动。充分发挥工会法律援助作用，建立完善区职工法律援助律师志愿者队伍，积极参与区群体性劳资纠纷调处工作，做好法律法规的宣传工作，为职工搭建协商平台。制订并下发《宝山区职工援助服务中心全天候服务职工实施办法（试行）》。为15家援助分中心和31家基层服务站授牌，并对各分中心和基层服务站开展走访调研。职工咨询调解室接待来访74人（次），答复来电54人（次），法律咨询33人（次），仲裁庭独立审理案件16起，合议庭审理案件16起，涉及员工150余人，免费为职工代理仲裁类案件25起，为职工代理协商调解案件1028件。（宋　松）

【闵行区总工会开展工会系统法律援助工作培训】 5月31日至6月2日，闵行区总工会在区委党校举办工会系统法律援助工作培训班，来自全区14个街镇和莘庄工业区209名工会法律援助工作人员参加了为期3天的培训。培训课程涵盖《劳动合同法》《社会保险法》《安全生产法》《上海市集体合同条例》等多部法律法规，并通过大量案例传授操作方法技巧、流程步骤，为各级工会法律援助员开展工作提供借鉴和参考。参训人员考试合格后颁发市总工会印制盖章的劳动争议调解员和劳动法律监督员证书，参与全区劳动争议调解等相关工作。（王　凯）

【闵行区总工会加强工会法律援助工作】 制订《关于进一步加强工会法律援助工作的实施意见》，推进街镇联合调解中心建设，派驻工会工作人员参与劳动争议仲裁前和诉讼前调解，提供法律咨询和法律援助服务。加强工会法律援助工作队伍建设，先后举办工会劳动争议调解员和劳动法律监督员资格培训班、工会劳动争议调解员初任培训班，邀请上海工会管理学院教师和区人事劳动争议仲裁院资深仲裁员授课，并赴劳动争议仲裁院进行庭审观摩。年内，区职工法律咨询援助中心接待职工来访咨询5026件，涉及职工7005人次；开展劳动争议调解779件，其中集体劳动争议4件，涉及职工900余人；代写法律文书69件，代理劳动争议仲裁诉讼10件。（刘　健）

【松江区职工法律援助中心维权工作有成效】 一是亮出维权的名片。6月成立松江区总工会劳动争议调解中心，增设职工法律援助窗口。将职工法律援助工作拓展为“法律咨询”“代写法律文书”“参与协商调解”“代理仲裁诉讼”4项援助服务；9月，与4家律师事务所签约，并增聘30位律师为松江工会职工法律援助维权服务志愿团律师。二是维权工作显成效。截至年底，累计受理来电来访咨询1063件，1613人次；受理法律援助诉讼仲裁案件156件，已结案92件，为职工挽回经济损失210余万元；受理协商调解案件1018件，已结案924件，成功调解 784 件，调解成功率达 78%。为职工挽回经济损失 2700 余万元。三是多措并举解难题。在调解未果仲裁裁决后企业依旧拒付欠薪，法援中心通过调解—仲裁—调解—强制执行的多渠道法律援助方式，为职工进行有效维权；职工求助无门，法援中心利用区劳动监察、区建委等多方资源，辗转斡旋，实现职工诉求；面对企业群体纠纷，法援中心及时深入企业，逐一为职工解惑答疑，3 天便解决了企业一个月的难题。（丁　璇）

【奉贤区总工会加强完善工会维权体系建设】　奉贤区总工会进一步完善以法律监督、法律援助为主线的工会维权服务体系。运用三方联席会议、“两书”、群体性劳资纠纷“亮灯”等机制，发挥工会工作志愿者、劳动关系协调员队伍作用，进一步将工会维权的触角前伸到一线，覆盖到一线。镇、开发区层面职工法律援助分中心达到 12 个，工作站 32 个。全区百人以上建会企业劳动争议调解组织建制率达到 90%，创建 5 家工会劳动争议调解品牌工作室。在仲裁院设立工会服务窗口，为职工提供“零门槛”法律援助服务。在本区青年律师中招募法律援助志愿者到街镇、开发区总工会担任法律顾问，指导基层工会加强维权工作。全年共接待案件 1744 件、2163 人次，涉及金额 45.6 万元。与劳动监察大队、社保征缴中心联动，对 16 个涉嫌侵犯职工合法权益和欠缴保费数额较大的用人单位实施联合执法。（尹　奕）

【崇明区总工会强化法律援助力量】　一是延长服务时间。按照职工“生物钟”，职工服务窗口和群团综合服务站实行“5+1”“白加黑”工作制。二是借助各类力量。联手崇明区劳动人事仲裁院，开设工会法律援助窗口。与申江、海通、恒远律师事务所签订合作合同，聘请律师作为工会法律顾问。三是提供免费服务。按照“零门槛”服务原则，在区总工会所有服务窗口为职工提供免费的法律咨询、代写法律文书以及协商、调解服务，做到应援尽援。全年共成功调解劳动争议案件 111 起、代理仲裁案件 30 次，代写文书 8 件。（秦春华）

【中国移动上海公司工会推出法律援助服务】　9 月，中国移动上海公司工会“法律援助专线”在“和工社”我要援助栏目中开通。职工只需轻松一点，即可获得 7 * 24 小时免费线上法律问题的咨询。同时，还针对职工关心的诸如物权、合同纠纷等热点法律问题，开展了专题法律援助讲座，把专业律师请进来，与职工现场面对面咨询，及时抓取到职工群体法律维权诉求热点，第一时间为职工解难释惑。截至 12 月，共有 176 人次拨打了法律热线，满意度达 100%。（阮铭捷）

和谐劳动关系

【概要】　2016 年上海工会积极贯彻落实中央和市委关于构建和谐劳动关系相关文件精神，借助市劳动关系三方机制平台，着力凸显工会在协调劳动关系中的代表、维护职能。一是贯彻落实市委、市政府《关于贯彻落实〈中共中央、国务院关于构建和谐劳动关系的意见〉的实施意见》，积极参与本市和谐劳动关系创建活动。市三方联合下发了《关于完善本市和谐劳动关系创建活动的意见》，将工会组建、职代会民主管理和集体协商建制纳入创建活动整体指标体系。二是评选表彰一批 2014—2015 年度“上海市劳动关系和谐职工满意企事业单位”“上海市职工信赖的经营管理者”。此次评选依托大数据平台，细化评选指标，升级评选系统，提升职工满意度测评的有效性和真实性，更客观、清晰地反映出企事业单位劳动关系的实际状况。最终，共 174 家企事业单位被授予“上海市劳动关系和谐职工满意企事业单位”称号、131 位个人被授予“上海市职工信赖的经营管理者”。三是参与国家三方就《关于和谐劳动关系创建》贯彻落实情况的调研座谈会，市总工会就当前本市劳动关系形势和职工劳动权益维护等方面阐述工会的看法和建议。（金邓凯）

【黄浦区总工会创建和谐劳动关系四年行动计划圆满完成】　全区 3000 多家企业参与，其中国有集体企业参与面达 100%，有规模非公企业参与面达 80%。区属企事业单位职代会、厂务公开建制率达 100%，非公企业达到 85.3%。表彰命名区劳动关系和谐企业示范单位 551 家、达标单位 1547 家，13 个单位和个人荣获“市劳动关系和谐职工满意企事业单位”和“市职工信赖的经营管理者”称号。（吕诚陆）

【闵行区召开创建劳动关系和谐企业（厂务公开）领导小组会议】　1 月 28 日，闵行区召开 2016 年创建劳动关系和谐企业（厂务公开）领导小组会议，通报 2015 年创建劳动关系和谐企业（厂务公开）工作总结和 2016 年创建工作要点。会议指出 2016 年创建工作要坚持问题导向，聚焦全区重点纳税企业、百人以上建会企业以及劳动关系薄弱企业开展创建，将创新型小微企业纳入园区创建对象范围；不断加强创建队伍建设，完善创建活动体制机制；营造和谐劳动关系构建的良好氛围，加强对创建企业的支持和帮助。会上审议通过《闵行区劳动关系和谐企业及园区（村、楼宇）名单》和《闵行区劳动关系和谐企业及园区（村、楼宇）资金奖励方案》。（王　凯）

【松江区工会劳动法律监督委员会开展调研检查工作】　10 月中旬，松江区工会劳动法律监督委员会开展专项检查，前往 9 个镇、街道、开发区，18 家基层企业，对企业开展的民主管理、劳动法律的执行、女工权益保障和劳动保护等方面进行全面的检查。调研中发现一批工会工作典型。上海乐深电子有限公司设立意见箱、公开栏，并每年进行职工满意度调查和合理化意见收集，对于采纳的意见给予奖励；上海建伍电子有限公司开展季度劳资协商，罗列每季度需要沟通的事项，由工会方与资方进行沟通协商，畅通劳资双方沟通渠道；松江自来水公司开辟“一月一卷”沟通渠道，职工及时了解公司新动态，提出合理化意见，公司在第一时间内消化解决；松江区精神卫生中心通过向社会公开、向患者公开、向内部职工公开方式，多层次进行院务公开。上海泗泾大润发商贸有限公司自行成立调解工作室，方便职工遇到问题及时倾诉解决。上海合晶硅制造有限公司针对企业放射性污染的特殊性，严格按照职业病防护要求，每年

市纺织工会召开制订实施劳动定额标准现场交流会 （张智伟）

对职工进行2次体检，并定期将辐射量送至相关部门进行跟踪检测，维护好职工的生命健康权。 （丁 璇）

【市纺织工会召开行业劳动定额推进研讨会】 纺织工会为贯彻落实全国总工会关于加快劳动标准体系建设和加强劳动定额标准管理，推动中小服装企业建立与完善劳动定额标准体系要求，5月19—20日在上海华日服装有限公司召开上海纺织行业制订实施劳动定额标准现场交流会。会议听取上海华日服装厂制订实施劳动定额标准的做法与经验介绍；观摩该企业劳动定额现场测试；普陀、金山、奉贤、长宁等区交流了推进劳动定额标准的做法与经验。市总工会副主席朱雪琴、纺织工会主席吴光玉、华日服装有限公司总经理陈龙宝出席会议。

（林裕良）

【中国商飞上海航空公司建立“恳谈日”活动机制】 2016年，上航公司工会建立职工群众“恳谈日”活动机制，坚持“开放互动、广泛参与、平等交流、畅所欲言”的原则，确保职工群众意愿得到充分表达和尊重。每月定期组织开展，班子成员与职工群众面对面、零距离沟通交流，倾听职工群众心声和诉求。针对职位职级晋升、薪酬福利等职工群众关注度高、影响面广的工作，加强前期调研，依托领导恳谈日、职代会等平台和设置意见箱等多种方式，广泛征求意见建议。对恳谈中职工群众提出的意见建议及时梳理、会商、督办、反馈，明确各层级责任、问题整改时限和工作要求。全年共开展领导恳谈日活动8次，征集提案议案和合理化建议80余条，形成40余项行动项。 （刘文宏）

【中远海运集团工会在改革重组进程中构建和谐稳定的劳动关系】 2016年是中远海运集团改革重组的元年，各级工会一方面积极配合党政领导做好职工的思想工作，以通报会、座谈会等形式向职工介绍改革重组的背景、主要方向和目标，认真倾听职工心声，广泛收集职工意见，引导职工形成合理的心理预期，树立共建共享的理念；另一方面，依法依规履行民主程序，对涉及职工切身利益的薪酬分配实施办法、福利津贴调整方案、考勤管理办法、假期管理办法等事项，坚持职代会审议通过后执行，有效保障了职工对企业改革的知情权、参与权、表达权和监督权。公司工会进一步建立健全集体协商和集体合同制度，召开公司一届一次职代会，修订集体合同、爱心基金章程、职代会实施细则。各基层工会坚持企务公开制度，借助微信、OA等平台拓展企务公开的途径，接受广大职工的监督；通过集体协商，及时（续）签订集体合同、女职工专项集体合同，加强对职工合法权益的源头维护。 （钱 华）

2017上海工会年鉴

民主管理

综　述

2016年，上海市厂务公开民主管理，以构建和谐劳动关系为主线，着力在调处劳动关系矛盾、维护职工权益中发挥积极作用。一是深入推进厂务公开民主管理工作。专题布置2016年上海市厂务公开民主管理工作要点，推动相关工作落地。认真做好第九次全国厂务公开民主管理调研检查第四互检组来沪检查的相关工作，深入金山、上汽、科技等单位进行实地调研和现场指导。二是重点指导各区县工会和基层企业按照要素管理、阶段推进的原则，稳步推进非公企业职代会建制和规范运作，并通过强化激励约束措施，循序渐进提高非公企业职代会的运行质量。三是做好《上海市职工代表大会条例》修法调研工作。积极与市人大内司委沟通，确定了监督调研和修法工作重点，总结各地区、系统和基层单位推进《条例》贯彻实施的经验做法，梳理《条例》需要修改完善的若干问题，形成《条例》贯彻实施情况调研报告和《条例修正案(草案)》建议稿等材料。四是积极推进职工董事、职工监事制度建设。市总工会联合市委组织部、市国资委党委等单位下发《关于完善本市公司制企业法人治理结构，加强职工董事、职工监事制度建设的若干指导意见》《关于推进本市公司制企业加强职工董事、职工监事工作的通知》；举办职工董事监事工作培训班；开展课题研究，探讨破解工作开展中的难点问题，推进职工董事、职工监事工作。五是推动和谐劳动关系建设。贯彻落实市委、市政府《关于贯彻落实〈中共中央、国务院关于构建和谐劳动关系的意见〉的实施意见》，参与组织市三方召开全市构建和谐劳动关系工作推进会，参与接待国家三方关于和谐劳动关系创建工作调研座谈会，提出工会建议；评选表彰一批2014—2015年度“上海市劳动关系和谐职工满意企事业单位”“上海市职工信赖的经营管理者”。　（张　敏）

职代会

【概要】 2016年，全市各级工会督促企事业单位依法推进职代会制度建设，并取得积极成效。一是职代会建制面持续扩大。据上海工会年报统计，截至9月底，全市建立职代会制度的单位数为226044家(含区域性、行业性职代会覆盖数)，其中国有、集体及其控股的企事业单位职代会建制11061家，非公企业职代会独立建制33982家，已建区域性、行业性职代会7249家，覆盖非公企业180657家，其他组织职代会建制344家。二是重点工作推进有突破。全市各级工会着力抓好改革调整中规范履行职代会民主程序；重点指导基层非公企业稳步推进职代会建制和规范运作，并通过强化激励约束措施，循序渐进提高非公企业职代会的运行质量。三是修法工作有进展。年内启动各项修法前期准备工作，通过成立课题组，总结各地区、系统和基层单位推进《上海市职工代表大会条例》贯彻实施的经验做法，形成《条例》贯彻实施情况调研总报告，以及梳理《条例》需要修改完善的若干问题，确定修法工作重点，初步形成《条例(修正案草案)》，还完成修法参阅资料的编撰和立项工作报告，最终推动市人大纳入2017年立法计划，为《条例》修订奠定坚实的基础。

（王珍宝）

【青浦香花桥街道加大力度推进职代会制度建设】 一是加强宣传，营造氛围。通过走访企业面对面宣传、开展劳动法律沙龙、展板巡展、运用新媒体平台宣传、下发《职代会须知》等方式，营造建立职代会制度的浓厚氛围。二是加强培训，提高能力。开展基层工会干部业务知识培训，深入企业进行具体指导，让企业工会清楚明白职代会的操作流程，帮助企业工会干部掌握参加民主管理的内容、方式、程序，提高其履职能力。三是加强督查，注重推广。通过上门走访，召开座谈会、查阅台账、职工满意度测评等方式，积极开展自查，了解企业职代会建制情况。召开现场观摩会、经验交流会，让基层工会干部现场体验如何开好职代会，同时制作下发学习光盘，在微信公众号上推送职代会规范操作程序，让广大企业工会可以随时参考借鉴。　（朱建强）

【奉贤区总工会强化职代会建制】 奉贤区总工会加强以职工代表大会为主要形式的厂务公开民主管理。开展第十四次厂务公开民主管理大检查、《上海市职工代表大会条例》履行情况检查、劳动关系和谐企业创评、厂务公开民主管理星级单位评选，开展动员各方力量共创和谐劳动关系。全区公有制企事业单位建制率达到100%，非公企业建制率达到80%，独立建制的企事业单位达到88%；区域性、行业性联合职代会280个，覆盖企业4315家。积极推动集体协商制度建设。全区新签订集体合同2024份，覆盖企业6344家、职工26.3万人；新签订工资专项集体合同1603份，覆盖企业4694家，覆盖职工18.2万人。开展集体协商提质增效考核检查，在各街镇、开发区建立“上代下”协商指导小组，推动40余家企业按期完成建制整改。(注：“上代下”协商机制：针对下级工会“不会协商、不敢协商、协商不成”等问题，上级工会代替下级工会组织工资集体协商，下级工会提供必要帮助并参与协商。)　（李　浩）

【上海电气召开二届一次职代会】 3月28日，上海电气(集团)总公司二届一次职工代表大会召开。185名正式代表、30名列席代表出席会议。上海电气党委书记、董事长黄迪南出席并讲话。与会代表认真听取上海电气(集团)总公司党委副书记、副董事长、上海电气集团股份有限公司党委副书记、总裁郑建华作的题为《凝心聚力、攻坚克难，为上海电气转型发展多做贡献》的行政工作报告；大会表决通过并签订《上海电气(集团)总公司2016年集体合同》《上海电气(集团)总公司2016年工资集体协议》《上海电气(集团)总公司女职工权益保护专项集体合同》；表决通过《上海电气(集团)总公司职工代表大会实施办法》《上海电气(集团)总公司员工守则》等文件。会后，职工代表民主评议了上海电气领导干部和职工董事、职工监事。　（彭伟光）

【上海仪电集团召开首届职代会】 3月31日，仪电集团一届一次职工代表大会召开。175名代表听取上海仪电党委副书记、总裁蔡小庆所作的题为

《围绕战略重点抓推进促落地　聚焦实践难点补短板破瓶颈》的经营工作报告和副总裁蒋松涛所作的《上海仪电(集团)有限公司“十三五”发展规划》报告。审议通过《上海仪电(集团)有限公司集体合同(2016—2018年)》《上海仪电(集团)有限公司职工代表大会制度》《上海仪电(集团)有限公司职工技能培训技能升级奖励制度》和大会决议。集团一届一次职代会的召开实现了集团职代会建制的全覆盖。（邵秀根）

【市医药工会所属企业职代会实现全覆盖】 市医药工会所属企业在《上海市职工代表大会条例》颁布之前,都有职代会建制,只有中美上海施贵宝制药有限公司等外资企业原先以职工大会的形式来替代职代会职责。医药工会为此专门与施贵宝的外方领导进行沟通,要求建立职代会制度,也与市总工会民管部领导一起做施贵宝外方领导的工作。经过各级工会数年的不懈努力,5月27日,中美上海施贵宝制药有限公司一届一次职代会终于召开。随着施贵宝职代会的召开,标志着医药工会所属全部基层企业都建立了职代会制度。（赵一鸣）

【上药集团恢复集团层面职代会】 集团第二届第一次职代会于7月29日召开。此次大会的召开标志着集团中断近8年的集团职代会得以恢复。会议听取审议集团总裁所作行政工作报告、听取审议了集团新“三三三+一”发展规划;审议通过《上药集团平等协商集体合同工作实施细则》。（赵一鸣）

【市医药工会完善职代会“三报”制度】 医药工会从2015年开始,在基层企业中积极推行职代会“三报”(年度预报、即时预报、会后报告)制度。年度预报,一般要求精确到月份,每年3月底前预报完毕,医药工会将根据预报情况进行汇总登记,并每月进行检查;即时预报,在职代会正式召开前一周上报,需报告本次职代会主要议程、审议内容、表决方式等;会后报告,主要报告职代会召开情况,审议通过的文件,代表表决结果等。经过两年实践,医药工会能全面了解基层企业职代会运行情况,有力推动基层企业职代会提质增效。（赵一鸣）

【国网上海电力公司召开五届三次职代会暨2016年工作会议】 国网上海市电力公司五届三次职代会暨2016年工作会议于1月21—22日召开。市政府副秘书长俞北华、市经信党工委书记陆晓春、华东能监局局长潘跃龙、国网华东分部副主任李丹应邀出席会议。会上宣读中央政治局委员、上海市委书记韩正,市长杨雄,政协主席吴志明,副市长周波对公司工作作出的重要指示和批示精神;传达国家电网公司三届一次职代会暨2016年工作会议精神,审议公司总经理李桂生所作的《凝心聚力锐意进取为率先全面建成“一强三优”现代公司而奋斗》工作报告;对国家电网公司、上海市及以上先进集体(个人)和公司先进集体(个人)进行表彰。大会期间,与会代表分为9个代表团对总经理工作报告、专题报告及大会决议进行分组讨论。职工代表向全体职工发出了倡议。公司党委书记张俊利就如何贯彻落实大会精神提出具体要求。（潘　锋）

【宝武集团召开三届四次职代会】 1月20日,集团公司三届四次职代会召开,大会听取并审议陈德荣总经理所作的工作报告,听取并审议《集团公司2015年安全生产管理情况及2016年工作计划报告》《集团公司2015年能源环保工作情况及2016年工作计划报告》和《集团公司2015年宝钢企业年金运作和管理情况报告》,书面审议《集团公司2015年职工教育经费使用情况及2016年培训计划报告》《集团公司2015年职工需求与关注点信息管理情况报告》《集团公司2015年厂务公开民主管理工作综合报告》。集团公司党委书记、董事长徐乐江作重要讲话。（李士伟）

【宝钢工程工会开展职代会提案征集工作】 宝钢工程工会在职代会前期开展为期三周的提案征集活动。各基层单位广泛发动职工代表、历届“工程之星”获得者、宝钢集团以上荣誉获得者参与提案征集活动,积极为公司的改革、发展、稳定建言献策。提案征集活动共有13位职工代表及先进员工提出提案,另有28位职工代表对提案进行附议,参与人数达41人,占职工代表总数的20.8%。征集提案14项,主要涉及薪酬福利、运营改善、规划发展、后勤保障、技术创新、经营管理、企业文化、党建工作等8个类别。宝钢工程工会组织第二届职代会综合民主管理委员会及相关职能部门对提案进行审理,确定立案项目,形成提案审理报告提交职代会审议。（蔡兴目）

【上海石化公司开展职代会提案落实巡视评估】 2016年,上海石化公司围绕40件职代会提案跟踪落实,开展

7月29日,上海医药集团召开二届一次职代会　（王贤征）

巡视评估。根据提案征集、预审工作流程和巡视评估工作流程,形成专门委员会、巡视评估员及职能部室对口提案落实表。巡视评估员以实地考察和个人督办形式进行巡视评估,并形成提案落实情况表40份。至年底,职代会专门委员会组织32名巡视评估员和46名提案人,对13个提案落实部门(单位)进行满意度测评,满意率与基本满意率之和为99.1%,不满意率为0.9%。 (裘 玮)

【上海航天局工会加强职工代表履职能力积极落实职代会议案】 上海海天局工会持续推进职代会建设,筹备并召开上海航天局三届三次职代会。职代会强化职代会提案质量和落实,组织提案人与承办部门面对面的沟通,收到良好的效果。三届二次职代会11份提案中,10份已结案,提案人对承办落实情况满意率达100%。三届三次职代会共收到提案(草案)41份,局工会召开专题会议,让职工代表与局职能部门交流沟通,在此基础上召开提案工作委员会会议,进一步提出立案建议。积极发挥职工代表的监督作用,组织职工代表就上航工业实体化运行一年来取得的成效和803所军民融合发展情况进行巡视,实地察看了新跃联汇公司汽车传感器生产流水线,对上航工业后续聚焦"三智"主业、推进资产证券化、打造军民融合更大发展平台等方面工作进行深入探讨。组织开展以"国企改革中资产证券化相关政策"和上海航天局"十三五"规划为核心内容的职工代表培训,提升参政议政、履行职能的专业能力。根据《上海航天局职工代表大会代表述职评议实施意见》规定,按照本届职工代表20%的比例,组织开展职工代表述职评议,经统计,称职率为95.4%,基本称职率为4.6%。 (周 博)

【上海白玉兰烟草公司工会建立职工代表巡视活动机制】 2016年,上海白玉兰烟草材料有限公司工会组织10余名职工代表,围绕安全生产、食品安全,深入巡查职工食堂、危险化学品存放点。巡视活动形成了"一听、二查、三谈"的长效机制。一听,听取安保负责人就安全生产、劳动保护、食品安全等方面工作情况的汇报,通过查资料、问题提答,使职工代表与职能部门面对面交流沟通。二查,职工代表们从食堂食材进货渠道、验收环节、食材存放、食品加工等环节进行深入、细致检查,详细了解相关食品安全的状况。三谈,检查结束后,职工代表与职能部门就检查中发现的问题交流看法,提出建议。 (徐晏菁)

【上汽集团开展职工代表巡视工作】 11月22—25日,由上汽集团工会领导带队,集团安全监察部、集团人力资源部、部分企业职工代表参与的职工代表巡视组,分别来到上海纳铁福、上海菲特尔莫古轴瓦、上海赛科利、上海法雷奥、科尔本施密特活塞、大众变速器等企业,对企业生产安全、职业卫生、消防、规范用工情况、工会工作等进行巡视检查。期间,代表们听取了企业安全制度、安全责任落实、安全检查等全年重点安全工作安排,以及企业工会实事项目、"六室一厅"建设、妈咪爱心小屋等相关汇报,并实地调研各企业落实情况。 (潘 萱)

1月21—22日,上海铁路局召开十一届一次职代会 (虞 明)

【华东电力工会加强日常民主管理工作】 华东电力工会认真完成国家电网公司"两会"期间华东代表团代表培训、分组讨论安排等相关工作,组织收集并整理华东分部职工提案,做好代表更换、提案处理等工作。组织完成国家电网公司华东分部2017年职工代表大会暨年度工作会议的相关筹备工作,完成华东分部职工代表的改选,协同综合处开展职工代表资格审查工作。做好职代会闭会期间的民主管理工作。协调相关处室落实处理4件职工代表提案,组织提案专委会、安全监督委员会等专委会会议,收集员工在生活福利方面的诉求和反映,及时为员工关心的事宜释疑解惑或提出建议,开展食堂食品卫生安全检查等工作。组织召开分部分工会主席会议,由各分工会组织落实职工代表进行职代会相关制度的自学培训。 (施炜伟)

【上海铁路局召开十一届一次职代会】 1月21—22日,上海铁路局召开第十一届职工代表大会第一次会议,路局领导班子成员和来自全局各系统的283名正式代表及13名邀请代表、49名列席代表出席会议。会议听取了路局领导班子及成员述职述廉,审议通过了关于路局行政工作报告、2015年全局职工福利费使用情况及2016年全局职工生活福利工作安排等报告的决议,路局行政和工会签订《上海铁路局集体合同》,圆满完成各项会议议程。 (白 杰)

【上港集团工会注重发挥职代会民主管理主渠道作用】 一是开好职代会,做好代表提案落实工作。在年初召开的集团二届九次职代会期间,职工代表们认真审议集团2016年各项工作计划,协商签订《集团2016年度职工工资专项集体协议》,并向大会递交59份提案。经审查,确定46件提案立案,代表们对答复情况的满意率为100%。二是组织职工代表巡视活动。全年开展巡视活动15次,收集各类建议21条,均反馈相关单位整改落实。三是深化厂务公开,维护职工民主权利。集团下属32家基层单位以"公开解难题、民主促发展"为主题,积极运用新媒体方式增强与职工的交流。职工对企业的厂务公开工作满意率为91.87%,基本满意率为8.13%。另外,年内,集团所属沪东集装箱码头公司和复兴船务公司荣获上海市劳动关系和谐职工满意企事业单位;2位企业行政领导荣获"上海市职工信赖的经营管理者"荣誉称号。

(施文卿)

【上海邮政公司运用职代会落实员工的"话语权"】 上海邮政公司根据《上海市职工代表大会条例》和《全国邮政企业职工代表大会暂行办法》,1月21—22日,召开中国邮政集团公司上海市分公司第一届职工代表大会第五次会议。会议听取和审议行政工作报告、干部选拔任用工作情况、审计工作和员工职业发展通道实施方案等报告;通过职代会集体协商及福利、劳动用工、劳动安全卫生、提案工作、民主评议工作、维权工作等6个委员会工作制度;以无记名投票方式通过预算方案、工资集体协商专项协议等。上海市分公司领导班子及成员向职代会进行述职述廉报告、接受代表质询和无记名民主评议;行政方与工会方签订《工资集体协商专项协议》。职代会召开前,上海市分公司党委多次研究职代会制度落实,工会积极发挥职代会工作机构作用,与各部门沟通联系,确定会议讨论审议和表决事项,并将会议审议材料提前7个工作日,下发到每位职工代表手中,13个代表小组认真组织职工代表对会议材料进行讨论审议,职工代表对相关材料和事关企业发展等方面提出100多条意见,并组织召开一届四次职代会第二次代表组长联席会议,倾听代表意见。经过工会和综合办收集整理,及时送相关部门进行解答、整改和落实,充分尊重民意,职工代表参政议政、民主管理权利得到落实。

(陈千涛)

【上海邮政工会加强职工代表履职能力培训】 上海邮政工会着力提高职工代表履职能力,11月15—16日,在上海邮政培训中心举办二期职工代表培训班,来自各基层单位职工代表小组组长、职工代表(党政领导、工会主席、中层管理人员及基层一线员工)等160余人参加培训。培训班邀请市总工会劳动关系工作部专家就集体协商和专项协议、职代会条例进行专题辅导。

(陈千涛)

【中国电信上海市工会推进职代会提案工作常态化】 每年公司职代会召开后,工会即牵头组织召开职代会提案处理专题工作会议。2016年,公司提案审查委员会对收到的87件提案召集公司内相关专门部门,如人力资源部、市场部、安全管理部等单位进行专题讨论,并落实好每项提案的具体处理部门。根据提案工作常态化的要求,从2016年开始,除职代会集中提案递交时间外,职工代表们还可通过公司OA门户上的"职工代表提案"通道随时进行提案,提案审查委员会将动态收集处理和反馈。

(殷 茵)

【中国电信上海市工会组织2016年度职工代表巡视】 12月28日,中国电信上海公司工会举行2016年度职工代表巡视活动,来自公司30个单位的53名职工代表,就2016年公司《集体合同》履行情况听取工会和人力资源部的通报。巡视活动还邀请德律风餐饮分公司、邮电医院健康中心的负责人,分别就公司各局点员工食堂优化服务情况和2016年员工体检的总体情况进行介绍。同时也提出了一些意见和建议。活动结束前,职工代表对2016年《集体合同》履行情况进行无记名测评,现场统计综合评价的"很满意""满意"率达到100%。

(殷 茵)

【上海机场集团公司四届二次职代会暨年度工作会议圆满举行】 1月21—22日,集团公司四届二次职代会暨年度工作会议举行,来自集团公司各单位的职工代表和列席代表310余人出席会议。集团领导分别向与会代表作党政工作报告说明,厂务公开报告。人力资源部负责人通报了集体合同、工资集体协议等执行情况。大会审议通过《上海机场(集团)有限公司2016年度工资集体协议》和《职工安全生产劳动保护专项协议》,选举产生职工监事。7份聚焦集团公司信息化建设、人才培养、运营管理、员工关爱等方面的代表提案被受理。

(张雯倩)

【上海机场集团工会组织开展职工代表巡视工作】 集团工会于11上旬分4个检查组,由集团工会主席、副主席及各大单位主席带队,对基层8家单位开展了2016年职工代表巡视检查工作。4个检查组重点检查受检单位对工会改革工作的推进情况以及基层单位员工福利保障落实等情况。巡视检查采取听取汇报、查阅台账、职工座谈、调查问卷等形式进行。集团4个巡视组每到一处,都要召开职工代表座谈会,详细询问和了解受检单位职工劳动作业环境、薪酬激励、福利发放、疗休养活动、健康帮扶保障、文体活动开展等方面情况。根据职工问卷抽样调查数据汇总,8家受检单位均已按照集团公司要求,认真传达群团改革相关精神,职工对工会改革举措知晓率达到98%以上,另外8家单位职工诉求渠道畅通,对职工提出的寻求均有回应,在福利保障、帮扶机制、活动开展方面得到职工普遍认可。集团工会就巡视中发现的不足及职工代表提出的意见建议进行分类汇总,拟定改进建议并提交相关职能部门予以研究整改,明确时间节点,落实责任人员、确保巡视工作形成闭环,取得实效。

(尹慧旻)

【上海建工集团召开四届一次、二次职工代表大会】 大会分别于1月11日、3月21日召开,集团第四届职工代表大会正式代表、特邀代表参加会议。四届一次代表大会听取并审议通过集团总裁杭迎伟所作的《行政工作报告》,听取《关于制定〈上海建工"十三五"发展战略规划〉的说明》,表决通过上海建工集团股份有限公司第四届职工代表大会《平等协商职工方代表建议名单》《职工代表大会各民主管理专门委员会成员建议名单》《劳动争议调解委员会职工方代表建议名单》,审议通过《上海建工集团股份有限公司四届一次职工代表大会决议》。四届二次代表大会听取并审议通过《上海建工集团股份有限公司核心员工持股计划说明》，采取无记名投票方式通过了《上海建工集团股份有限公司核心员工持股计划》。

（余轶群）

【市绿化和市容管理局完善职代会制度建设】 市绿化和市容管理局厂务公开工作领导小组深入基层，开展厂务公开民主管理工作调研检查，着力强化职代会3项职权的履行：一是强化审议建议权，将单位改革目标任务、阶段性工作措施等重大事项向职代会（职工大会）报告，让职工代表知情参与；二是强化审查监督权，将由政府及有关职能部门制订的涉及职工切身利益的人事、收入分配、社会保险等规定事项的执行情况提交职代会审议，接受职工代表的监督；三是强化审议通过权，凡单位内部自行制定的岗位聘用管理、绩效工资分配实施办法、考核奖惩办法、劳动规章制度，以及与职工切身利益相关的具体方案草案等，在经领导班子集体讨论、听取职工代表（全体职工）意见并修改完善后，应当提交职代会（职工大会）审议通过后实施。同时规定了职代会预审报告工作制度。

（唐鸿仙）

【沪上首家外资银行渣打银行成立职代会】 3月5日，渣打银行（中国）有限公司上海分行召开第一届职工代表大会，成为沪上第一家成立职代会的外资银行。2001年渣打上海分行在侨外资银行工会的领导下，率先成立工会，起到了很好的带头示范作用。因为海外员工多，各分支机构散落在多个区域，企业管理以条线形式，再加上银行机构改革，人员流动性大，给渣打上海分行选举职工代表带来一定的困难。针对这一情况，市金融工会、侨外资银行工会和渣打上海分行工会，经过一年多反复酝酿和积极准备，建立起以分支行为点、部门为面的职工代表选举制度，发挥职工代表大会民主管理和民主监督能力。在首届职代会上，渣打上海分行行长首先向职工代表们汇报工作报告，通过《渣打银行（中国）上海分行职代会细则》，细则规定职代会名额及各代表的比例，每年至少召开一次职工代表会议。职代会主席团任期5年，由主席团成员轮流担任执行主席。大会收到职工代表提案7条。

（凌小幼）

【锦江国际集团加强职代会制度建设】 集团已逐步建立了以职工代表大会为基本形式的民主管理制度，并将民主管理制度逐步融入企业法人治理结构和决策机制，一是企业工会主席参加党政联席会议，涉及职工利益的重要决定在决策源头参与维护，做到有计划、有方案。二是发挥职工代表大会的民主管理作用，涉及到企业的重大工程、重大事项、重要政策向职代会报告，做到有实施、有结果、有反馈。三是职代会制度、集体合同、工资集体协商机制向农民工群体延伸和覆盖，巩固了“按制度办事、以制度管人”的长效机制，维护了企业和职工的合法利益。从自查情况来看，原酒店、客运、旅游都建立了多级职代会制度，地产、金融、实业所属基层企业均有职代会或职工大会制度，职代会闭会期间工作职能均纳入在所属企业工会管理体系并每年按期召开。集团工会直管2家外资单位均按时召开职代会；酒店下属单位东锦江大酒店的员工工资调整方案、夜班费、两头班费的发放标准都是在职代会表决通过后实施，年终奖发放方案、员工福利，都会事先征求工会的意见，得到工会和行政同意后方可实施。

（张祥伟）

4月6日，新锦江大酒店召开三届十一次职代会　（孙　瑢）

【百联集团工会召开二届六次职工代表大会】 4月29日，百联集团二届六次职工代表大会在百联大厦召开。大会审议通过《百联集团有限公司二届六次职工代表大会决议》。集团党委书记、董事长、总裁叶永明作《百联集团2015年经济工作总结及2016年经济工作要点》报告，集团党委副书记王志刚主持会议，集团财务部部长杨阿国作《关于百联集团2015年度业务活动费使用情况和“六金”缴纳情况》报告。集团领导班子成员、集团职工代表等出席。

（姜　杰）

【城投集团召开2016年职工代表大会】 2月23日，城投集团召开职工代表大会。集团党政领导、监事会主席、各直属单位领导及集团职代会代表170余人参加会议。会议表决通过《上海城投集团职工代表大会正式代表调整的情况报告》；表彰2015年度市重大工程、城投“五比五赛”先进集体和个人；审议《2015年集团工作总结和2016年工作计划》；对集团行政领导班子进行民主评议。会议明确城投集团2016年“降本增效、提高核心竞争力”和“集成资源、形成持续平衡机制”重点任务及“确保重大工程建设、确保城市运行安全”的目标。

（陈　骏）

【上海城建国际工程有限公司工代会暨职代会召开】 5月，城建国际二届二次工代会暨职代会顺利召开。会上对公司党政领导班子成员进行民主测评，审议通过《上海城建国际工程有限公司2016年工资集体协议》等6个制度，表决通过《上海城建国际工程有限公司2015年行政工作报告》《上海城建国际工程有限公司第二届工会委员会增补委员暨补选副主席报告》等7个报告。通过无记名投票民主测评以及对各项文件的审议等方式，职工的知情权、参与权、监督权等民主权利获得了保障，同时也进一步增强了职工的企业主人翁意识。（潘　伟）

【上飞公司工会组织职工代表巡视】　9月29—30日，中国商飞上海飞机制造有限公司工会分别组织职工代表在浦东和大场两地进行巡视。上飞公司工会委员、职工代表，分工会主席代表及相关职能部门负责人等共计约40人参加。巡视前听取相关部门情况汇报。浦东基地主要巡视妈咪小屋、食堂、倒班宿舍楼小卖部、设施保障部锅炉房、复材胶接车间现场；大场基地主要巡视数控机加车间钳工组、设施保障部锅炉房、物流中心化学品仓库、热表处理车间现场和食堂。职工代表对此次巡视结果表示肯定，并向相关职能部门提出建议。

（俞一婴）

【号百公司召开第二届职工代表大会第三次会议】　2月29日，中国电信号百公司第二届职工代表大会第三次会议召开。会议听取、审议并同意王玮总经理作的《落实集团改革创新要求，加快号百转型发展》的行政工作报告、副总经理肖栋明作的《公司二届二次职代会提案处理情况报告》。大会审议并同意《2015年度公司培训经费使用情况报告》和《2015年度公司领导人员廉政建设情况报告》；以无记名投票表决方式通过《中国电信集团号百信息服务有限公司2016年度集体合同》和《员工奖惩管理办法》；行政方首席代表王玮和工会方首席代表刘苏南在会上签订《中国电信集团号百信息服务有限公司2016年度集体合同》。会议还进行先进表彰和工作交流。（沈　匀）

号百公司职工代表在职代会上投票表决　（权　丽）

【世纪出版集团召开一届五次职工代表大会】　1月29日，上海世纪出版集团一届五次职代会和中共上海世纪出版集团委员会2016年第一次扩大会议在上海科学技术出版社会议中心合并召开。大会邀请市委宣传部副部长、市社联党组书记燕爽作关于加强出版政治导向和有关理论问题的报告。集团党委书记、总裁祝学军作2015年工作报告。集团党委委员、副总裁张晓敏对集团“十三五”规划作了说明。会议通报《2015年度集团业务招待费使用情况》《集团职代会提案工作情况》《2015年度集团工会经费收支情况》《2015年度集团工会经费审查情况》《2015年度集团帮困基金收支情况》《2016年度集团先进职工疗休养活动计划》等。代表们讨论审议公司一届五次职工代表大会工作报告》；大会主席团成员听取各代表团团长汇报讨论、审议的情况；集团党委委员、副总裁李远涛作大会总结；集团党委书记、总裁高韵斐在会上通报了集团巡视整改等方面的情况。

（陆　迅）

厂务公开

【概要】　2016年，上海市厂务公开民主管理工作在积极推进厂务公开制度，深化企事业单位改革，促进劳动关系稳定和谐方面发挥积极作用。截至年底，全市国有、集体及其控股的企事业单位职代会建制11061家，实行厂务公开制度的11131家；非公有制企业职代会独立建制33982家，实行厂务公开34694家；已建区域性、行业性职代会7249家，覆盖非公有制企业180657家；其他组织职代会建制344家，实行厂务公开制度328家。

（庄若冰）

【本市开展第十四次厂务公开民主管理调研检查】　本次调研检查与市人大常委会《上海市职工代表大会条例》立法调研、新修订的《上海市集体合同条例》贯彻落实情况调研以及工会劳动法律监督相结合，聚焦两大维权制度规范化建设和运作。市总工会联合市人大、市人力资源和社会保障局等单位对上海纳米奇精密机电有限公司、上海夏普电器有限公司、诺基亚通信(上海)有限公司等非公企业开展监督检查，并指导和督促企业贯彻落实《上海市职工代表大会条例》。各区局(产业)和街道乡镇厂务公开领导小组也因地制宜，联合同级相关职能部门对全市各级企事业单位进行厂务公开调研检查。（庄若冰）

【全国第九次厂务公开民主管理调研互检组在沪检查】　根据全国厂务公开协调小组办公室《关于开展第九次全国厂务公开民主管理工作调研检查的通知》要求，由北京、上海和贵州组成第四互检组，于9月对三省市的厂务公开民主管理工作进行互查。来沪互检组先后赴上汽集团股份公司、上海医药集团公司、上海亨井联接件有限公司、上海中石化工物流股份有限

9月21日，全国第九次厂务公开民主管理工作调研检查第四互检组在金山区调研 （沈勇军）

公司、金山区纺织行业工会联合会、中科院上海硅酸盐所等13家单位调研，就落实职代会民主管理制度等情况进行检查指导。互检组在充分肯定本市厂务公开民主管理工作取得良好成绩的同时，也对新形势下进一步探索深化厂务公开民主管理工作核心问题进行研讨。 （庄若冰）

【杨浦区多措并举推进厂务公开民主管理工作】 杨浦区总工会突出问题导向，通过整合资源，完善体制机制，以厂务公开民主管理工作为抓手，倒逼企业依法规范劳动用工，将依法维护职工合法权益落到实处。区厂务公开民主管理工作领导小组在工作要点和调研检查通知中明确将推进集体协商和职代会建制作为重点研究课题，通过自查和抽查相结合的方式，突出抓好先进典型和劳动争议高发企业两个关键。对发现的先进典型和创新经验及时总结推广，做好宣传报道；对发现的普遍问题，认真分析研究，提出整改意见；对影响职工队伍稳定的突出问题，采取果断措施，限期整改。同时，将厂务公开检查与劳动监察有机结合，把推进和完善职代会作为重要内容，加强协调互动。同时，针对工会组建、职代会、集体协商建制等工作推进相对较弱，起色不大的企业，加大"反向推进"力度，指导企业工会加大工会三项基础工作的推进力度，通过工会劳动法律监督以及"两书"的运用，倒逼企业依法建立并规范运行工会三项基础工作。 （庄若冰）

【杨浦区中心医院"月月谈"活动推动民主议事管理工作的开展】 2月22日，杨浦区中心医院举行"月月谈——'同济临床课程'承前启后"座谈会，各科室负责人从科研教学工作出发，就如何改善和提升教学质量，充分发表意见和建议。"月月谈"活动作为区中心医院民主管理中非正式沟通的一种形式，搭建了领导和职工面对面交流的桥梁，拓展了"院长书记茶室"的沟通模式，延伸了"1+5"民主议事的平台，为进一步深化民主管理工作起到良好助推作用。 （曹理仰）

【金山区厂务公开领导小组下基层开展调研检查工作】 8月11日，金山区厂务公开工作领导小组会同区人大内司委走访上海通工汽车零部件有限公司，就非公企业、区域性行业性职代会、集体协商工作开展调研检查，并座谈听取朱泾镇、枫泾镇、吕巷镇、亭林镇、廊下镇、金山工业区及其属地非公企业、区域性行业性联合工会的工作汇报。8月18日，区厂务公开工作领导小组会同区人大内司委，再赴基层调研检查张堰镇、漕泾镇、山阳镇、金山卫镇、石化街道等街镇职代会和集体协商工作。 （沈勇军）

【崇明区开展第十四次厂务公开民主管理工作调研检查】 10月11—12日，崇明区厂务公开工作领导小组组成4个调研检查组，对区内24个区域、44家单位开展第十四次厂务公开民主管理工作调研检查。调研组通过听取情况介绍、查看台账资料、召开职工座谈、填写职工问卷等形式，了解基层企事业单位厂务公开民主管理、职代会、集体协商工作开展情况。通过调研检查，指导帮助基层不断完善民主管理制度，提高基层对厂务公开民主管理工作的认识，进一步推动职代会制度、集体协商制度规范运行。经统计全区建会企业中职代会建制率达到90.5%，签订集体合同206份，覆盖企业1188个，覆盖职工60784人。 （秦春华）

【国网上海电力工会扎实推进民主管理】 公司工会坚持和完善以职代会为基本形式的企业民主管理等相关制度，做好职工合理化建议和总经理联络员及职工代表巡视工作，扎实推进民主管理。一是厂务公开制度进一步充实和完善。公司系统31家建立工会组织的基层单位已全部建立厂务公开工作领导小组和日常工作机构，制订相关制度和规章，建制率达到100%，并将企业改革发展的难点和职工群众关心的热点作为厂务公开的重点，做到了"全覆盖，不遗漏"。二是职代会提案工作进一步加强。公司高度重视职工代表提案的办理工作，对各类提案均作专题研究，并逐一答复。三是"我为企业献一策"职工合理化建议活动蓬勃开展。年内共收到建议1977条，其中3条建议被评为国网公司优秀合理化建议，6条建议获上海市年度职工合理化建议优秀成果奖和先进操作法优秀成果奖。四是总经理联络员及职工代表巡视工作有序进行。组织31名总经理联络员及职工代表赴基层单位开展巡视检查活动，针对公司及基层单位面临的热点、难点课题进行深入调研。完成13项课题研究，形成《劳模选树及发展需求现状分析》《电网建设过程中遭遇的难题及破解策略》等6份有质量的调研报告。 （俞画屏）

【上海电力建设公司工会深入推进厂务公开民主管理工作】 2016年上海

电建公司从5个方面进一步深入推进了厂务公开民主管理工作。一是继续完善职代会三级平台，从提升公司职代会质量、增强职工对企业重大事项的话语权、规范基层单位二级职代会，拓展民主管理的覆盖面、有序推进项目、分支机构职代会，保障基层一线职工权益等这3个方面内容，为不同层面的职工提供表达利益诉求的渠道。二是落实长效管理，增进厂务公开民主管理工作实效。通过召开厂务公开民主管理工作推进会、开展集体协商、职工代表巡视制度、职代会前的民主恳谈会制度、发挥职代会民管委员会和专门小组活动作用等工作，发挥厂务公开民主管理在职代会闭会期间的参与监督作用，不断增进厂务公开民主管理工作实效。三是关注热点问题，构建职工利益保障机制。规范企业薪酬分配制度的制订。在新一轮集体合同签订中，明确职工收入与企业效益同步增长，建立职工收入增长指标完成情况的考核制度，增加关键岗位的职工收入。四是不断深化职代会干部民主评议工作。评议前听取职工意见，评议中接受职工代表无记名测评。企业后备领导干部选拔经职工代表无记名推荐，不断强化领导干部的民主意识。五是保障派遣制职工民主权益。在职工代表中明确派遣制员工的名额；在后备干部培养、中层干部竞聘等过程中，为派遣制员工创造公平竞争的机会，有效保障了派遣制员工的经济地位和政治地位。（傅　诚）

【宝武集团公司举行2016年厂务公开专题报告会】 8月17日，集团公司在宝钢大厦组织召开2016年厂务公开专题报告会，第三届职代会综合民主管理委员会委员、部分集团公司职代会代表、各单位职代会民管委正副主任等50余人参加。代表们听取了集团公司财务部、纪委监察部、办公厅、安全生产监督部、能源环保部等职能部门有关负责人关于上半年经营绩效、党风廉政建设工作以及领导人员履职待遇、业务支出管理、安全生产和节能环保等情况的汇报。与会代表根据会前收集到的职工反馈，提出25条各类意见和建议，并对各部门报告情况进行满意度测评，满意度均在89%以上。（李士伟）

【宝武集团举行第十次“职工代表看宝钢”活动】 10月26日，集团公司以“聚焦市场看成本，立足现场看行动”为主题，开展第十次“职工代表看宝钢”活动及座谈会。百余名职工代表分五组来到宝钢股份、八一钢铁、宝钢特钢、宝钢金属、宝钢工程、宝钢化工、宝钢发展等公司的基层单位，巡视各单位在职工工作环境改善、降本增效和安全基础管理方面的工作实际情况，走进操作室、休息室、更衣室、食堂、厕所和生产现场巡视并作现场评估。职工代表在巡视和座谈过程中提出各类意见建议58条。（李士伟）

【宝钢发展工会加强厂务公开和民主管理】 宝钢发展工会推进职工民主管理，切实维护职工权益。一是加强公司改革调整中民主管理工作的跟踪服务，及时指导相关单位规范履行民主程序。二是加强职代会的运行管理，对基层单位职代会方案做好预审，确保多级职代会规范运行。三是广泛开展职代会提案议案征集活动。四是履行《集体合同》、职代会代表增补等事项的民主程序。五是开展《宝钢管理者问卷》调查，形成调研报告。六是建立职工思想动态反馈制度，每个月及时了解、掌握职工队伍的思想动态，有针对性地做好思想引导、教育工作，并形成专题报告报公司领导。（朱　宏）

【上海石化公司开展厂务公开民主管理调研】 7—10月，公司厂务公开民主管理评估监督小组开展厂务公开民主管理调研，了解相关民主管理制度和《公司厂务公开民主管理实施运行表》落实情况，听取部室和二级单位有关厂务公开民主管理形式、内容意见和建议。调研检查显示，公司厂务公开民主管理取得较好成效，职工群众知情权、表达权得以落实，职代会各项职权得到强化，职代会整体运作水平提升。（裘　玮）

【上海铁路局工会加强厂务公开民主管理工作】 2016年，上海铁路局工会召开路局十一届一次职代会。加强路局厂务公开民主管理监督员队伍建设，印发《关于聘任上海铁路局厂务公开民主管理监督员的决定》，聘任15名路局职工代表为上海铁路局厂务公开民主管理监督员。印制《民主管理工作文件选编》一书，共收录17个铁路总工会文件、12个上海局文件、8个地方省市法规文件。抓好全局厂务公开网络建设，动态维护路局厂务公开网页内容，明确路局、站段、车间厂务公开清单。进一步探索创新厂务公开载体建设，运用“上铁工园”APP，打造移动公开平台，提升厂务公开实效性。围绕标准化车间建设、普速站车客运服务、基层“三线”建设等中心工作，开展职工代表巡视活动。召开路局党政主要领导与职工代表民主恳谈会。按照市总工会关于开展国有及国有控股公司制企业职工董监事制度建设情况调研工作要求，对局非运输企业在新形势下推进职工董事、职工监事制度建设情况进行调研。路局被授予上海市“2014—2015年度上海市劳动关系和谐职工满意企事业单位”。（周业瑛）

【中国移动上海公司工会企务公开工作持续推进】 2016年，中国移动上海公司工会从多方面持续推进“企务公开”相关工作。一是完成了以职代会为基本形式的公开，有效履行职代会的审议，建议、表决等相关职权，建立企业与员工有效的沟通渠道。二是完成公司OA网上公开。按照公司司务公开实施办法和司务公开实施一览表的要求，收集重大项目招投标制度建立及执行情况等9项企务网上公开的内容，在公司OA网上企务公开栏目内实施公开。三是落实集团工会企务公开“互检互学”活动的检查。集团企务公开“互检互学”检查小组由集团工会领导带队莅临上海公司检查指导，上海公司汇报了“企务公开”的工作总体情况，并提供历年的台账资料备检。浦东分公司和南区分公司分别作了经验介绍并组织召开现场员工座谈。（徐莉萍）

【市绿化和市容管理局开展厂务公开民主管理调研抽查工作】 市绿化和市容管理局厂务公开工作领导小组办公室，于9月中旬至下旬，从3个方面对上海动物园、上海市林业总站、上海市野生动植物保护管理站、上海市公园管理中心等4家单位进行了厂务公开民主管理工作调研抽查。一是厂务公开民主管理在维护职工合法权益、构建和谐稳定劳动关系、加强党风廉政建设、促进单位和谐稳定、改革发展等方面发挥的主要作用，局直属单位在厂务公开民主管理、贯彻《条例》和职代会预审报告等工作过程中的采取主要做法、措施、取得的主要成效及体会。二是深化事业单位改革给劳动关系和职代会制度带来哪些影响和挑战；当前在实行厂务公开民主管理过程中遇到的主要问题、难点及对策建议等。三是对局系统做好厂务公开民主管理工作的意见和建议等。通过检查，推荐上报市厂务办上海动物园为上海市厂务公开民主管理工作先进单位。 （唐鸿仙）

【第九次全国厂务公开民主管理工作调研检查座谈会在科技系统召开】 根据市总工会安排，9月21日，市科技系统在上海自然博物馆（上海科技馆分馆）召开座谈会，接受第九次全国厂务公开民主管理等相关工作的调研检查。检查组组长、贵州省总工会巡视员程安主持会议。市总工会副主席李友钟出席座谈会并讲话。市科技党委副书记、市科技工会主席陈龙出席并座谈。上海科技馆党委书记王莲华、市科技工会、上海科技馆、中科院上海硅酸盐研究所等有关负责人出席座谈会并分别向检查组汇报相关工作。 （杨 莹）

【光明食品集团工会依法维权促和谐】 2016年，光明食品集团工会坚持推进厂务公开制度，依法规范履行职代会民主程序，进一步畅通职工了解改革、理解改革、支持改革、参与改革、共享改革发展成果的渠道和方式，参与审核13家企业的公司制改革和企业关停并转实施方案，涉及员工959名，并协调参与企业转改制中淘大厂职工上访事件的妥善处置。年内，各基层单位厂务公开和职代会建制率达到100%，累计签订集体合同224份，女职工专项集体合同215份，覆盖职工近8万人。 （桑树德）

【市民政局工会推进厂（院）务公开民主管理】 9月，市民政局工会认真贯彻市厂务公开工作领导小组的工作部署，在局属各单位中开展第十四次厂（院）务公开民主管理工作调研检查。各基层单位高度重视，认真开展自查并上报自查工作书面总结。全局3家二级单位和42家基层单位都建立了职代会和厂（院）务公开民主管理制度。这些单位凡涉及重要决策都提交职代会审议，凡职工切身利益的重大方案都提交职代会表决通过，凡中层以上领导干部都接受职工代表的民主评议，并将审议通过的结果经公开栏、简报、电子屏、局域网、黑板报、内刊、班组园地等多种途径，切实保障职工群众的知情权、参与权和监督权，基本做到组织健全、制度完善、公开透明、程序规范、形式多样、运行良好、成效显著、职工满意。 （胡积伟）

号百公司工会组织召开“双月沟通会” （权 丽）

【锦江国际集团加强厂务公开民主管理工作】 一是成立专门机构，完善制度，组织落实，形成管理网络。二是加强工会组织民主政治建设，及时公开重大决策、人事任免、生产经营中的重要问题。三是工作中不断拓宽民主管理的范围和途径，对职工入党、干部提级、评选先进等事项先进行公示，对大宗物料的采购实行公开招投标。四是凡涉及职工切身利益的问题以及与企业领导班子建设和党风廉政建设密切相关的问题，充分听取职工意见和建议，保障集团广大职工享有更多更切实的民主权利。 （张祥伟）

【百联集团工会开展职工代表巡视活动】 6月23日，百联集团工会开展职工代表巡视活动，二级公司、中心工会主席及职工代表组成的9个巡视组，对集团系统18家基层企业工会进行了集中巡视。巡视工作的重点是职代会建设、企务公开、职工技能竞赛、立功竞赛活动和班组建设情况等5个方面内容。巡视工作的方式是听取被巡视单位工作汇报、召开职工代表座谈会以及发放调查问卷征求意见。巡视组共形成了18份情况报告，回收188份有效调查问卷。 （姜 杰）

【上海联通企务党务公开深化企业民主管理】 4月29日，上海联通在浦东办公区举行2016年第一次企务公开暨党务公开发布会，公司党委书记、总经理蔡全根担任发布人。来自各基层单位的工会委员、职工代表、党支部委员、党员代表、骨干员工以及职能部门负责人共计202人出席发布会。发布会通报2016年第一季度生产经营情况，一季度重大项目投资以及招投标情况，“四风”问题整治及“回头看”总体情况，公司领导第一季度“三公经费”使用情况，党委和各党支部“三严三实”专题民主生活会有关情况，干部员工年度考评及职级薪档调整情况。企务发布会作为上海联通企业民主管理的一项重要内容，在实行5年的时间里，得到了公司领导的重视和广大员工的认可。 （康 迪）

【号百公司年内组织召开四次“双月沟通会】 5月、7月、9月、12月，号百公司工会分别就不同主题组织召开4次“双月沟通会”。会上,公司领导层向与会人员通报公司业务发展情况,职工代表对公司发展提出意见和建议。“双月沟通会”是公司民主管理的重要形式。目前,公司已形成了222的员工沟通立体架构,包括双月热点征集、职工代表提案2个意见建议反映渠道,OA、“号百人”2个信息发布平台和双月沟通会、职代会2个会议平台。 (沈 匀)

职工董监事

【概要】 2016年,市总工会联合有关方面积极推进职工董事监事制度建设。一是联合市委组织部、市国资委等单位,共同对推动职工董事监事制度进行沟通协调,年内下发《关于完善本市公司制企业法人治理结构,加强职工董事、职工监事制度建设的若干指导意见》《关于推进本市公司制企业加强职工董事、职工监事工作的通知》,深入推进职工董事监事制度建设。二是举办职工董事监事培训班。本市企事业单位和部分区县局(产业)工会的近百人职工董事、职工监事和工会干部参加培训。三是抓好试点单位。积极推动市运输工会、上汽集团工会、上港集团工会、市机电工会、市仪电工会、上海铁路局工会6家单位联合开展课题研究,探讨破解工作开展中的难点问题,扎实推进职工董事监事工作。据上海工会年报统计,截至9月底,已建工会的公司制企业建立董事会的有4103家,共有职工董事1739人,其中工会主席或副主席进入董事会970人;已建监事会的有2914家,共有职工监事1505人,其中工会主席或副主席进入监事会717人。 (王珍宝)

【市有关部门共同下发《关于完善本市公司制企业法人治理结构,加强职工董事、职工监事制度建设的若干指导意见》】 年初,市总工会联合市委组织部、市国资党委、市国资委、市经信工作党委、市金融工作党委等单位在联合调研的基础上,共同下发《关于完善本市公司制企业法人治理结构,加强职工董事、职工监事制度建设的若干指导意见》,并对全市推进现代企业制度中的职工参与工作进行部署。文件指出,职工代表进入董事会、监事会参与企业决策和监督,是其作为劳动者代表行使参与职能、维护职工权益,推动企业发展的法定行为,其职数不应当受到企业性质和股比结构的影响。国有及国有控股公司应当率先依法建立职工董监事制度;其它有条件的公司制企业,要在坚持职工监事制度的同时,加速建立健全职工董事制度。公司董事会应当每年至少一次在定期会议或年度会议上,专题审议企业年度有关劳动关系方面的议案,并将这些事项列入公司社会责任报告和对外披露。董事会在研究决定可能会给公司劳动关系和职工切身利益重要事项产生重大影响的包括但不限于公司经营计划和投资方案,制定公司合并、分立、解散或者变更公司形式方案,制定公司利润分配方案或弥补亏损方案等事项时,应当事先征求职工董事意见,职工董事应当出具书面认可意见。职工董事、职工监事应当每年一次向公司职代会作述职报告。文件要求,各级党政工组织要重点为职工董监事履职提供信息保障、待遇和费用保障、服务保障。各级厂务公开工作领导小组要探索建立职工董监事履职评估制度,通过对职工董监事履职的作用、效能等评价以及与工作业绩考核挂钩等举措,不断促进职工董监事增强责任意识,提升参与能力。 (王珍宝)

【市有关部门联合下发《关于推进本市公司制企业加强职工董事、职工监事工作的通知》】 8月,为进一步推进职工董事、职工监事工作,市总工会联合市委组织部、市国资党委下发《关于推进本市公司制企业加强职工董事、职工监事工作的通知》,明确各企业党组织当前要重点做好3项工作:一是督促公司董事会从2017年年初起每年至少一次在定期会议或年度会议上,专题审议公司有关劳动关系方面的议案,由职工董事向董事会报告公司劳动关系总体状况,董事会要研判影响企业劳动关系和谐稳定的各类问题,完善涉及职工合法利益、民主权利方面的制度等,并将这些事项列入公司社会责任报告对外披露。二是督促董事会在制订公司合并、分立、解散或者变更公司形式方案,制订公司利润分配方案或弥补亏损方案等事项时,对出现整体或者部分职工劳动关系变更、实施减薪等事项时,应当事先听取职工董事、监事的意见,并严格按照集体协商和职代会民主程序规范行事。三是督促职工董事、职工监事严格按照《指导意见》要求,切实履行各自工作职责,规范职工董事、职工监事向职代会述职行为,并接受职工代表的民主评议。 (王珍宝)

关于加强农民工尘肺病防治工作的意见

国卫疾控发〔2016〕2号

各省、自治区、直辖市卫生计生委、发展改革委、科技厅(委、局)、工业和信息化主管部门、民政厅(局)、财政厅(局)、人力资源社会保障厅(局)、国资委、安全生产监督管理局、总工会,新疆生产建设兵团卫生局、发展改革委、科技局、工业和信息化主管部门、民政局、财务局、人力资源社会保障局、国资委、安全生产监督管理局、工会:

为贯彻落实《职业病防治法》,切实保障劳动者健康权益,根据农民工尘肺病防治工作需要,国家卫生计生委、国家发展改革委、科技部、工业和信息化部、民政部、财政部、人力资源社会保障部、国务院国资委、安全监管总局和全国总工会联合制定了《关于加强农民工尘肺病防治工作的意见》。经国务院同意,现印发给你们,请认真贯彻落实。

2016年1月8日

关于加强农民工尘肺病防治工作的意见

农民工已成为我国产业工人的主体,截至2014年底,我国农民工人数达2.74亿,是推动国家现代化建设的重要力量,为经济社会发展作出了巨大贡献。党中央、国务院高度重视农民工的职业健康。近年来,我国先后公布了《职业病防治法》等一系列法律法规、规划和职业卫生标准,监管力度逐步加大,职业病防治能力和服务体系持续加强,诊断服务的可及性和诊断水平不断提高。但是,由于一些用人单位不履行防治主体责任,健康监护不到位,加上部分农民工缺乏职业防护和维权意识,农民工罹患尘肺病的势头并没有得到有效控制,病后得不到及时诊断、救治和赔偿的问题也没有得到有效解决。为进一步深入贯彻党的十八大和十八届三中、四中、五中全会精神,落实《国务院关于进一步做好为农民工服务工作的意见》(国发〔2014〕40号)有关要求,预防、控制和消除尘肺病危害,切实保护农民工职业健康和相关权益,提出以下意见:

一、着力加强农民工尘肺病源头治理

用人单位要建立健全粉尘防治规章制度和责任制,落实粉尘防治主体责任。要建立健全粉尘防治管理机构,配备专职管理人员,负责粉尘防治日常管理工作。严格执行建设项目防尘设施"三同时",确保新建设项目粉尘防护设施齐全有效。按照要求开展工作场所粉尘日常监测和定期检测,加强防尘设施设备维护管理,配备合格有效的个人粉尘防护用品。强化职业病危害告知和职业卫生宣教培训,提高农民工的粉尘防范能力和自我防护意识。各地要抓住国家经济转型和产业结构调整契机,强化新技术、新工艺、新设备和新材料的推广应用,淘汰粉尘危害严重的落后产能,主动关闭粉尘危害严重、不具备防治条件的小矿山、小水泥、小冶金、小陶瓷、小石材加工等企业。各级安全监管部门要会同能源等行业管理部门,深入开展矿山开采、建材生产等粉尘危害严重行业领域的专项治理。加大对用人单位粉尘防治工作的监督检查力度,依法查处违法违规行为,对工艺落后、粉尘危害严重且整改无望的企业,要提请地方政府依法予以关闭。要建立粉尘危害企业黑名单制度,对违法违规企业坚决予以曝光。加大尘肺病事件的查处力度,对出现群体性尘肺病的用人单位,依法从严从重查处并追究相关责任人的责任。

二、大力推进农民工职业健康检查工作

用人单位要为农民工建立个人职业健康监护档案,依法对农民工进行上岗前、在岗期间和离岗时职业健康检查,书面告知检查结果,并为离开本单位的农民工提供档案复印件。不得安排未经上岗前职业健康检查或有职业禁忌的农民工从事粉尘作业,在岗期间职业健康检查发现有职业健康禁忌的,应当调离有健康损害的工作岗位。对疑似尘肺病农民工应当及时安排进行诊断,离岗前未进行职业健康检查的农民工不得与其解除或终止劳动合同。地方各级卫生计生行政部门要根据工作需要,统一规划、科学布局、合理设置职业健康检查机构。职业健康检查机构要优化检查流程,加强质量控制,为用人单位和农民工提供方便高效的服务,并可根据需要,在登记机关管辖区域范围内开展外出职业健康检查。发现疑似尘肺病和职业禁忌的应当及时书面告知农民工和用人单位,并将疑似尘肺病报告用人单位所在地的卫生计生行政部门和安全监管部门。

三、认真做好尘肺病诊断鉴定和医疗救治工作

劳动者有粉尘接触史且临床表现以及辅助检查结果符合尘肺病特征的,医疗机构应当及时作出尘肺病相关临床诊断。符合职业性尘肺病相关诊断标准的,职业病诊断机构应当加强有关部门协调,提高效率,尽快作出职业性尘肺病诊断。没有证据否定职业病危害因素与病人临床表现之间的必然联系的,应当诊断为职业性尘肺病。各级卫生计生、人力资源社会保障、安全监管等部门和工会组织要针对当前农民工尘肺病诊断过程中存在的实际问题,研究制订具体办法,简化诊断程序,缩短诊断时间,切实解决农民工尘肺病诊断的实际困难。对诊断有争议的,按照有关规定进行鉴定。要按照"方便治疗、疗效可靠、价格合理、服务周到"的原则,优化尘肺病定点医疗机构设置。有关科技行政部门要将尘肺病防治技术和产品的研发列入有关科研计划,组织产学研医等方面的优势力量,加大科研攻关力度。各级人力资源社会保障和卫生计生行政部门要及时按规定将疗效可靠的尘肺病治疗药品列入各类基本医疗保险药品目录。各级卫生计生行政部门要加强医务人员培训,规范尘肺病救治工作,提高尘肺病治疗技术水平。

四、有效保障符合条件的尘肺病农民工工伤保险待遇

要大力推进《劳动合同法》和《工伤保险条例》的贯彻落实,规范用人单位劳动用工管理,督促其依法与农民工签订劳动合同,按时足额为农民工缴纳工伤保险费。对于不依法签订劳动合同、不按规定缴纳工伤保险费的,各级人力资源社会保障行政部门要及时查处。各级人力资源社会保障行政部门要按规定及时进行工伤认定和劳动能力鉴定,依法落实其各项工伤保险待遇。对于未参保尘肺病农民工,由用人单位依法支付其各项工伤保险待遇。用人单位不支付的,工伤保险基金按规定先行支付,并由社会保险经办机构依法向用人单位追偿。

五、切实解决特困尘肺病农民工医疗和生活问题

未参加工伤保险,且用人单位已经不存在或无法确认劳动关系的尘肺病病人,参加基本医疗保险的,按规定享受基本医疗保险相应待遇,并可向地方人民政府民政部门申请医疗救助和生活等方面的救助。各地要落实大病保险和医疗救助制度,及时将符合条件的尘肺病农民工纳入大病保险和城乡医疗救助体系。上述保障制度仍不能解决医疗救治问题的,要采取多种措施,使其获得医疗救治。各级民政部门要将符合条件的尘肺病农民工纳入最低生活保障、临时救助等社会救助范围。对尘肺病农民工遭受突发性、紧迫性、临时性基本生活困难的,应当按规定给予临时救助。各地要出台优惠政策,鼓励企业、社会团体和个人弘扬中华民族"扶危济困"的传统美德,为尘肺病农民工献爱心、送温暖,逐步形成政府救助与社会关爱相结合的工作格局,共同解决尘肺病农民工的生活困难。

六、全力维护尘肺病农民工职业健康权益

各级工会组织要加强基层组织建设,努力把农民工组织到工会中,依法对农民工尘肺病防治工作进行监督。通过政府与工会联席会议、协调劳动关系三方机制、集体协商、职代会等途径,反映农民工尘肺病防治诉求,推动解决农民工尘肺病防治突出问题。加强平等协商和签订劳动安全卫生专项集体合同工作,督促用人单位保障农民工职业卫生保护权利,对用人单位尘肺病防治工作提出意见和建议。在农民工相对聚集的行业企业,深入开展群众性职业危害隐患排查活动。

七、全面强化政府落实责任

各地要高度重视农民工尘肺病防治工作,将其纳入本地国民经济和社会发展计划以及职业病防治规划,纳入本地健康城市的创建工作,加强领导协调,研究落实解决农民工尘肺病防治的重大问题,加强尘肺病防治能力建设,保证尘肺病防治工作的经费。各级卫生计生、安全监管、发展改革、科技、工业和信息化、民政、财政、人力资源社会保障、国资、能源等有关部门和工会组织按照职责分工,密切配合,落实防治监管、医疗服务、经费保障等责任,确保各项防治措施落实到位。

2017 上海工会年鉴

经济权益

综 述

2016 年，上海工会围绕工会改革创新的工作要求，创新推进工会服务职工的工作体系建设，提高工会组织维护职工劳动经济权益的保障力度，增强职工群众的归属感和获得感。一是源头参与重调研。开展本市最低工资调整机制评估，对最低工资标准调整幅度进行测算，总结并指导环卫行业职工收入与福利变化状况和工资集体协商内容，不断完善职工收入分配制度。积极参与计生条例的修改制定；落实工伤保险政策，推动建筑业工伤保险扩面工作；开展本市建筑行业农民工劳动保护状况的调研和开展本市职工劳动经济权益情况的调研，对上海市困难职工帮扶工作满意度情况开展了测评调查；联合开展住房公积金执法检查，不断扩大住房公积金制度覆盖面。二是服务职工重机制。夯实完善实事项目的统筹化机制，优化上海工会服务职工实事项目征集遴选和评估机制；拓展上海工会会员服务卡覆盖面；推进职业安全卫生防护“工具包”试点工作；推进上海工会职工疗休养行动等实事项目。创新发展帮扶援助的品牌化机制，出台《关于进一步加强困难职工解困脱困帮扶工作的实施意见》；积极开展元旦春节送温暖活动；继续开展农民工关爱行动；夯实就业服务和技能培训。协调优化上海工会对口援助的项目化机制，制订《2016 年—2018 年上海工会对口援助项目计划表》，建立援外干部关心关爱长效机制。三是安全生产重理念。推进《上海工会劳动保护三年行动计划(2015 年—2017 年)》；推进“安康杯”竞赛活动；开展高温慰问送清凉活动；开展安全生产事故隐患和职业危害排查，确保一线职工特别是高温作业岗位职工的身体健康。

（陈美琴）

实事项目

【概要】 年内，市总工会全面开展工会会员服务卡、职工疗休养行动、职工健康体检行动、职业安全卫生防护“工具包”推广行动、会员个人休养度假补贴等 5 个实事项目。会员服务卡着力扩覆拓面，提高使用率，整合资源拓展功能，完善会员服务卡“月季年”等长效活动机制。会员疗休养由市总工会给予 1/3 补贴，以市总沙家浜、西山、黄山等疗休养院所为主要疗休养基地，面向基层一线职工，并向公共服务行业职工、有毒有害特殊从业人员和各类先进工作者等群体倾斜；职工健康体检以市工人疗养院和流动体检车为主要体检场所，本市非公企业职工优先，参加流动体检的给予 1/2 补贴，参加院内体检的给予 1/3 补贴；以“工具包”项目为载体，搭建服务中小企业劳动保护工作平台，形成中小企业劳动保护监督机制，推动中小企业改善职业安全卫生和工作条件。

（余嘉毅）

【工会会员服务卡实施情况】 全年共办理工会会员服务卡 86.2691 万张，其中集中入会农民工办理工会会员服务卡 6.1156 万张。对 212.3235 万名 2015 年度有效会员进行注册，完成注册 192.4252 万人，注册率为 90.92%。其中，集中入会农民工完成注册 2.7665 万人。截至年底，累计制卡 3088972 张，有效会员达 2793239 名，覆盖 117 家区县局(产业)工会。2015 年度会员专享基本保障总计给付 4046 人，给付金额 4194 万元，其中重病给付 3972 人，意外给付 74 人。2016 年度会员专享基本保障总计给付 955 人次，给付金额 1408 万元，其中重病给付 853 人，意外给付 14 人，疾病身故给付 94 人。2016 年工会会员服务卡借记卡累计刷卡消费 52.98 万笔，消费金额 12.11 亿元；卡内储蓄业务破 10 亿元；工会会员服务卡借记卡累计激活量达 30.45 万张，其中本年度激活量达 21.75 万张，占总激活量的 71.43%。工会会员服务卡工会服务设施全年消费总金额共计 78.82585 万元，较 2015 年增加 59.85%；其中，西山和沙家浜疗休养院表现最为突出。工会会员服务卡团购优惠商户全年消费总金额共计 3398.134463 万元，较 2015 年同比增长 48.32%；消费金额最高的三家商户依次为是东方购物、苏宁电器、携程。

（汪佳侃）

【工会会员服务卡优化办卡流程扩大宣传面】 2016 年会员服务卡将传统宣传手段和新媒体相结合，在制作易拉宝、宣传单页、会员日海报的基础上，借助卡通代言形象“卡卡”，携手“申工社”微信以及“申工社”APP 等新媒体，拓展宣传渠道。覆盖面继续扩大，共突破空白 14 家，市总工会下属 123 家区局(产业)工会，已有 117 家办卡，办理覆盖率达 95%。建立办卡进度监督通报制、注册办理分离制等，优化流程，有效提高办卡效率。改变原有培训模式，通过订制培训、周五课堂培训等方式，为尚未启动办理工作的各级工会组织提供业务培训，累计培训 26 场，覆盖 90 个区局(产业)工会 1388 人次。开展“卡卡学院开心之旅”工会会员嘉年华活动等，扩大宣传效果。

（汪佳侃）

【工会会员服务卡围绕“三惠”原则，让会员有获得感】 围绕“普惠、特惠、商惠”理念，不断充实和发挥会员工会服务卡的功能和作用。一是聚焦职工多元需求，让广大职工获实惠。建立需求调查机制，听取基层工会和广大职工的意见，开展公益培训类、文化健体类、生活用品优惠购类活动，如世界读书日购书、中高考志愿填报讲座和高温急救培训活动，以满足不同需求。二是充分挖掘多方资源，利合作平台赢实绩。进一步加强与上海农商银行和合作，整合工会现有资源并充分吸纳社会资源，年内共有 14 家工会服务设施单位和 41 家团购优惠商户为广大会员提供服务。三是组织开展多类活动，促项目宣传得实效。深化“月季年”长效活动机制和工会会员服务日活动机制，不断扩大项目渗透率，充分依托“申工社”微信、手机 APP 等新媒体互联网社交平台，为职工提供专属优惠产品和专享优惠服务 15 期，覆盖会员 46408 人次，市总工会补贴资金 236 万余元；四是引导叠加多种功能，鼓励引导各区局(产业)工会，丰富拓展休闲娱乐、购物消费等多项增值服务。

（殷崇莉）

【上海工会会员专享基本保障类型拓展为 A、B 两类】 2016 年度，上海工会会员服务卡在原有的 A 类工会会员专享基本保障计划的基础上，拓展推出 B 类工会会员专享基本保障计划，将保障的范围从 4 类大病（恶性肿瘤、终末期肾病、良性脑肿瘤、重大器官移植术或造血干细胞移植术），增加到 12 类大病（恶性肿瘤、急性心肌梗塞、脑中风后遗症、重大器官移植术或造血干细胞移植术、冠状动脉搭桥术、终末期肾病、急性、亚急性、中晚期慢性重症肝炎、良性脑肿瘤、心脏瓣膜手术、严重Ⅲ度烧伤、重型再生障碍性贫血、主动脉手术）。保障力度从"大病 1 万元，意外全残或身故 3 万元"，提高到"大病 2 万元，意外全残或身故 3 万元，疾病身故 1 万元"。基层工会可以根据需求从 A、B 两类中任选其中一类参加，让职工受益更多。本年度工会会员专享基本保障 A 类投保 1771006 人；B 类投保 1022233 人，共计 2793239 人。市总工会共计补贴专享基本保障经费达 4962.849 万元。（汪佳侃）

【开展 2014 年度上海工会会员专享基本保障资金返还工作】 2014 年度上海工会会员专享基本保障（2014 年 7 月 1 日—2015 年 6 月 30 日）各区县局（产业）工会共筹资 13592418 元，市总工会补贴保障费 13325994 元，期间利息收入 238330 元，合计收入 27156742 元。给付工作于 2016 年 3 月全部结束，2014 年度获得保障金的会员人数为 2410 人，金额 25040000 元，收支相抵，会员专享保障专户结余 2116742 元。根据《上海工会会员专享基本保障资金管理办法（暂行）》和《上海工会会员专享基本保障资金返还和追加的实施办法》的规定，2014 年度会员专享保障结余资金由市总工会及各区县局（产业）工会按投入资金所占比例同比例进行了返还。返还后会员专享基本保障专户资金剩余 93 元，经上海工会会员专享基本保障资金管理委员会第三次会议审议通过转入 2015 年度工会会员专享基本保障专户。（汪佳侃）

【开展"卡卡学院开心之旅"工会会员嘉年华活动】 12 月底，创新开展寓教于乐的"卡卡学院开心之旅"工会会员嘉年华活动，以"五大功能展示、工会知识普及、工会形象推广、公益元素叠加、线上线下结合"为宗旨，将会员服务卡功能和工会知识融入活动，广受职工好评，参与人次达到近 3000 人。本次活动招募一批工会会员服务卡忠实"粉丝"作为第一批"卡路里"志愿者，实现会员从"享受实惠"到"付出贡献"的良性互动模式。（殷崇莉）

【召开会员服务卡会员专享基本保障资金管理委员会第三次全体会议】 3 月 11 日，上海工会会员服务卡会员专享基本保障资金管理委员会第三次全体会议召开，市总工会副主席侯继军出席并主持会议。会议听取《2014 年度上海工会会员专享基本保障资金收支的情况汇报》和《2014 年度上海工会会员专享基本保障资金决算的情况汇报》，并对 2014 年度专享保障金的管理情况进行讨论。会议通过《2014 年度上海工会会员专享基本保障资金决算报告》。（汪佳侃）

【召开会员服务卡工会组织服务设施及团购优惠商户管理委员会第二次全体会议】 3 月 11 日，在市总工会召开上海工会会员服务卡工会组织服务设施及团购优惠商户管理委员会第二次全体会议，会议由市总工会副主席侯继军主持。与会人员听取《关于 2015 年度上海工会会员服务卡工会组织服务设施及团购优惠商户管理的情况汇报》《关于 2016 年度上海工会会员服务卡工会组织服务设施及团购优惠商户推荐的情况汇报》，并对 2016 年团购优惠商户推荐名单进行了讨论。会议最后通过了《2016 年上海工会会员服务卡工会服务设施及团购优惠商户推荐名单》。（汪佳侃）

【召开会员服务卡工会组织服务设施及团购优惠商户管理委员会第三次全体会议】 12 月 28 日，在市总工会召开上海工会会员服务卡工会组织服务设施及团购优惠商户管理委员会第三次全体会议。会议由市总工会副主席姜海涛主持，会议听取 2016 年度上海工会会员服务卡工会组织服务设施及团购优惠商户管理情况和 2017 年上海工会会员服务卡工会组织服务设施及团购优惠商户拟新增、续约及退出的商户情况。会议原则通过《2017 年上海工会会员服务卡工会服务设施及团购优惠商户新增、续约及退出名单》。（汪佳侃）

【上海工会服务职工实事项目评估工作取得实效】 2016 年第四季度，市总工会根据《上海工会服务职工实事项目征集、实施管理办法（试行）》的要求，委托第三方组成工会服务职工实事项目实效调研小组，对 2016 年度上海工会十大实事项目实施情况进行了评估。评估通过项目自查、现场调查、电话调查、电邮调查等，共获得有效调查问卷 5668 份，并进行 22 场次和 20 人次的交流访谈。本次实事项目评价结果主要从项目确立、项目投入、项目运行、项目结果、项目效应等五大维度展开，总体评价优良。其中，会员服务卡、疗休养和体检参与度最高，单位满意度总体达到优秀，职工满意度总体达到良好；截至 12 月底，十大实事项目基本完成年度既定目标，全年覆盖职工约 358 万人次，市总补贴经费将近 1 亿元。（殷崇莉）

【开展 2017 年服务职工实事项目征集工作】 9 月初，上海工会启动 2017 年度服务职工实事项目征集工作，根据"职工所需、工会所能、普遍受惠、立足长远"的原则，市总工会在广泛听取基层工会及职工意见和建议的基础上，通过线上线下征集工作，形成了维权服务、技能晋升、文体服务、健康服务、生活服务、帮扶救助等 6 大类 12 个项目，即职工维权服务、职工晋升技师、高级技师带教师傅奖励、职工晋升技师、高级技师奖励、一线职工授权发明专利奖励、公益乐学服务、职工疗休养行动、职工健康体检行动、会员个人休养度假补贴、女职工"爱心妈咪小屋"助推计划、会员服务卡推行、大病职工慰问行动、困难企业女职工免费"两病"筛查项目。（高大兴）

【上海工会职工疗休养行动】 2016 年，市总工会继续在全市范围内开展"劳动光荣、休养快乐——上海工会职工疗休养行动"。按照"市总工会补一点，区局（产业）工会贴一点，基层单位出一点"的原则，以市总工会沙家浜、西山、黄山等为主要疗休养基地，面向基层、面向一线职工，特别向公共服务行业从业人员、有毒有害等特殊工种职工和各类先进工作者等职

市工人疗养院为基层职工提供健康体检服务　（曹　雷）

工群体倾斜。根据职工需求进一步优化原有9套疗休养计划，将杭州疗休养点调整为庐山休养院，同时在各项疗休养计划中，优化内容，提升疗休养计划的吸引力。在实施优惠价格的基础上，市总工会给予1/3的补贴。截至年底，共有78784名职工赴市总工会疗休养院所参加疗休养活动，补贴资金共计29003211元。　（余嘉毅）

【上海工会职工健康体检行动】 2016年，市总工会继续在全市范围内实施“劳动光荣、健康生活——上海工会职工健康体检行动”，对全市已建立工会组织的企业一线职工参加上海市工人疗养院体检实施补贴。调整优化原有7套工人疗养院内健康体检计划，共形成12套健康体检计划。在院内体检计划上，增加CT、肝肾等检查项目，并利用1—2月体检淡季推出特惠体检计划，在市总工会1/3补贴比例上，工疗再补贴1/3，基层自负1/3；在流动体检车计划上，新增一辆体检车增强为农民工服务能力，新增适合农民工需求的流动体检车计划L4、L5，补贴后最低为80元/人。全年共有近33773名企业职工参加健康体检活动，补贴资金约8975295元，较上年增长约37%。　（余嘉毅）

【工会会员个人休养度假补贴】 为进一步满足职工个性化休息休养需求和拓展疗休养院所市场经营能力，市总工会从2016年起实施工会会员个人休养度假补贴。对持有效上海工会会员服务卡的到市总工会沙家浜、西山休养院休养度假的，房价在根据淡旺季按各类的4—8折确定特惠房价的基础上，再由市总工会补贴1/3，淡季会员实付房价最低为100元/间/天。每张会员服务卡可享受特惠房最多2间、特惠入住最多7晚的服务。持卡会员在院内用餐和参观当地景点还可享受“折上折”特惠。全年共有926名会员享受补贴，补贴总计178500元。　（余嘉毅）

【浦东新区总工会多渠道、精准化服务职工】 坚持项目化推进帮困关爱、高温慰问等传统工作，通过资源下沉、工作重心下沉，形成区总、直属工会、基层工会纵向三级联动的工作格局。年内通过各类渠道共筹集资金3836万元，开展落实政策帮困、节日生活帮困、重大病帮困、助学帮困等，共计为6.4万余名有困难的职工送去关爱。为4.6万余名在浦东的“外来建设者”提供免费健康体检，为2800余名外来务工的女职工开展健康体检。拓展“职工微心愿”等创新服务，为困难职工家庭实现838项服务需求。在女职工聚集的企业、楼宇及公共场所新建爱心妈咪小屋50家，全区累积已建109家。与新区女医师协会联合，为2200余名在浦东工作的中外企业女职工举办健康讲座，义诊服务。截至年底，全区近20万人办理工会会员服务卡。　（陈　维）

【普陀区总工会扎实开展“1+10+X”服务职工实事项目】 普陀区总工会坚持以职工需求为导向，通过问卷调查、实地走访座谈、网上征集等多种形式了解职工需求，确定了“1+10+X”服务职工实事项目：1即服务区域转型发展主题立功竞赛；10即职工晋升技师、高级技师奖励、女职工“爱心妈咪小屋”建设、企业一线职工授权发明专利奖励、工会会员服务卡实施、职工疗休养行动、职工健康体检行动、职业安全卫生防护“工具包”推广行动、会员休养度假补贴、职工EBA培训、职工数字书屋建设等10项实事项目；X即根据社区、园区、楼宇实际情况量身

流动体检车赴建筑工地为农民工体检　（余嘉毅）

浦东新区举办困难职工微心愿圆梦活动 （赵立荣）

定制的特色项目，如劳模讲堂“四进”、职工福利午餐、工地午间食堂等活动，进一步扩大实事项目的覆盖面、受益面。 （陆 蕾）

【杨浦区121名职工获工会会员服务卡专享基本保障金】 12月16日，杨浦区总工会向区公安分局患大病职工送上工会会员服务卡10000元专享保障补助金。工会会员服务卡于2012年在杨浦区试点，2014年起在全市推广，服务内容遍及互助保障、衣食住行、健康教育、文化生活和金融服务等，日常办理接待工作由区总工会职工援助服务中心负责。工会会员服务卡项目分别纳入上海工会和杨浦区政府实事项目，每年投入专项资金用于持卡会员的保障计划办理和补助金发放工作。在保障年度内，持卡职工患恶性肿瘤、终末期肾病、良性脑肿瘤、重大器官移植术或造血干细胞移植术等四大类疾病，可获得专享保障补助金1万元；意外全残或意外身故，可获得3万元。 （曹理仰）

【工会流动体检车进杨浦新江湾城社区】 11月30日，杨浦区新江湾城街道总工会举办“劳动光荣、健康快乐”职工健康体检活动。工会流动体检车开进新江湾城社区，为基层企业职工现场提供X光、内科、外科、彩超、心电图、血生化、肿瘤标志物筛查、血常规、尿常规、呼气试验等检测项目。活动采取“流动体检、工会买单、职工免费”的方式进行，体检费用由工会承担，体检名额优先分配给从事有毒有害工种、脏苦累险工作的基层一线职工。 （曹理仰）

【黄浦区总工会2016年七项实事项目全面完成】 黄浦区区总工会投入349.42万元，重点帮扶全区困难职工4507人。举办春风行动专场招聘会，组织用人单位提供就业岗位1050个。全区101611名在职职工和240203名退休职工参加互助医疗保障计划，40974人获得理赔6655.2万元。办理工会会员服务卡121779人，新增22712人，201人获得重病和意外理赔225万元。举办39场职工心理健康讲座。组织了7777名203批次职工参加疗休养，组织了61名在职劳模和40名退休劳模参加疗休养，组织“1+10+X”重点区域环境综合治理中的139名一线人员参加疗休养，组织1783名非公企业职工参加市工人疗养院体检。慰问困难退休职工和老劳模110394人。进社区开展为老服务10场，受益老人10012人次。为基层工会职工书屋配送图书5136册。文体事业单位为82家基层工会提供“零场租”公益服务，惠及职工5947人次。 （吕诚陆）

【宝山区总工会全力做好会员卡服务工作】 全年新增办卡25668张，新增专享保障人数26113人，单位注册410家，注册人数68426人。组织94539人参加工会会员卡专享保障计划，为184人申请了会员专享保障金，给付金额148万元。区总工会共发放补贴资金30.78万元，补贴非公企业职工5.17万人。向困难农民工发放助医金3万元，向留沪过年农民工赠送亲情电话卡700张。组织1866名一线职工参加市总工会疗休养和健康体检，举办心理健康讲座25场，为4782名女职工赠送“女职工团体互助医疗特种保障计划”。全年新建“爱心妈咪小屋”28家，申请市总专项资金补贴86623元，为新建爱心妈咪小屋提供专项补贴10万元。 （宋 松）

【嘉定区工会会员卡新增5家合作商户】 11月29日，嘉定区工会会员服务卡合作签约授牌仪式在区工人文化宫举行。区人大常委会副主任、区总工会主席陆晞，市总工会权益保障部部长陈美琴，市职工援助服务中心主任高越，区总工会党组书记、副主席金伟荣等有关领导以及各直属工会、合作商户代表等150多人出席仪式。截至目前，全区工会会员卡已发行12万多张。持有效的工会会员服务卡，可以在全市33家签约商户获得消费优惠。 （黄点点）

【崇明区总工会拓宽工会服务职工范围】 2016年，区总工会做实职工实事项目，不断增强工会组织吸引力。一是承接市总工会服务职工的实事项目，扎实推进市总工会10项实事项目。办理工会会员服务卡1.2万张，累计注册5.6万名职工，有111人享受会员卡大病专享补贴121万元，区总工会共补贴22万元。实施职工体检和疗休养实事项目，共有5092多名职工参加体检，1653名参加职工疗休养，区总工会共补贴71万元。二是拓宽服务范围，提高工会组织在各类群体中的影响力。加强对女职工的关爱工作，新建18家“爱心妈咪小屋”，为处于特殊时期的女职工提供帮助。在上海船厂开展欢送外来务工人员平安返乡活动，投入资金20余万元。高温期间，投入专项资金60余万元，深入企业车间慰问一线职工2万余人。关心关爱退休职工，为1355名困难退休职工发放“送清凉”物品，联合北门居委、湄洲居委开展了重阳节系列活动，累计服务2000多名退休职工。三是做好职工互助保障工作,缓解职工医疗费支付压力。全年共有92502名职工投保,投保金额1498万元;给付19059人,给付金额1889万元。

(秦春华)

【市仪电工会为全系统工会会员办理专享基本B类保障】 按照市总工会2016年工会服务职工实事项目的通知要求,市仪电工会为系统内16279名工会会员办理专享基本B类保障,根据相关保障条款,2016年度的保障期内已有28位患大病或意外、疾病身故会员,获得上海工会组织给予的一次性保障金共54万元。 (高正峰)

【市医药工会启动新一轮三年会员休养工作】 为贯彻市总工会实事项目——“劳动光荣、休养快乐”的行动计划,抓好会员休养工作的推进,2016年市医药工会继续推进会员休养补贴的第二轮三年行动计划。全年,下属单位工会共组织4900余名员工休养,市医药工会按照市总“三个一点”的补贴要求,补贴休养金额达140万元。各级工会组织员工赴市总工会下属西山、沙家浜、黄山疗养院及市总工会指定的其他省市工人休养院开展疗休养活动。 (方 尉)

【宝武集团解决职工“三最”问题,履行社会责任】 集团工会围绕公司改革发展和职工关心的难点、热点和焦点题,完善职工需求与关注点信息管理,形成服务职工“三最”管理体系。年初,集团工会下发《关于申报2016年职工“三最”实事项目的通知》,对职工需求信息分层、分类汇总分析,设立集团“三最”重点项目和基层“三最”实事项目,共设立基层“三最”实事项目889个,其中生活后勤类项目676个、现场环境类项目182个、人文关怀类项目17个、薪酬福利类14个。二季度集团工会开展“三最”实事项目专题推进交流会,并到湛江钢铁等单位实地了解“三最”项目实施情况,认真推进和落实职工“三室一堂一所”(休息室、浴室、更衣室、食堂、厕所)等一线职工工作环境改造项目的实施,年内889个项目已全部按期完成。 (陆 庆)

【宝钢股份工会扎实推进实事项目】 宝钢股份工会会同公司有关部门,按照“必需、可行、合理、经济”的原则,在广泛听取员工意见的基础上,确立205个实事项目,其中,公司层面49个项目,各事业部、子公司、直属厂部156个项目,累计投入近1700万元,全部按计划完成。为员工营造良好的工作、生活环境创造了条件。股份工会还加强湛江钢铁支撑服务,协调解决湛江支撑员工异地医保就医、报销等难题,医保关系转移92人次,湛江医保看病报销35人次,让湛江支撑人员充分感受到公司的关心。此外,股份工会为466余名员工办理了首套房首付优惠借款,累计放款1.38亿元,极大缓解了青年员工的购房压力。 (胡建中)

【上海航天局工会落实“十全十美”服务项目关爱职工】 局工会坚持职工有所呼,工会有所应的原则,认真落实10项服务职工实事项目。元旦春节期间,局及各基层单位开展了多层次、多种形式的帮扶慰问工作,共走访慰问困难职工543人次,发放帮困慰问金49.6万元。“五一”期间,慰问困难职工130人次,发放帮困慰问金14.5万元。大力推进工会会员服务卡工作,新增会员服务卡3766张,基本实现基层工会组织和职工会员2个全覆盖的目标;上半年,投入71.732万元,为17933名会员购买了会员专享保障B类计划,大幅提高了保障力度。与此同时,各基层单位积极组织职工参加市总工会大病保险、住院保险、女职工专项保险、综合保险等,继续保持投保、续保率100%。组织5批特殊职工家属体检。完成3批先进职工疗休养、9批航天家属看航天、6家基层单位职工之家复验等工作。

(周 博)

【中远海运集运工会深化服务职工实事项目】 年内完成服务职工三大实事项目:一是在公司5楼建立职工活动中心,开设健身房和活动室;二是设立职工法律援助点,聘请专业律师为合法权益受到侵害的职工提供无偿法律援助服务;三是进一步改善职工食堂的硬件设施,提高伙食质量和服务水平。具体落实6项工作:一是做好对困难职工、一线职工、劳模、离退休职工以及基层单位和船舶的慰问工作,全年共发放慰问金327.76万元;二是对“职工电子书屋”进行改版和扩容,累计阅读点击数为188万人次;三是做好2016年度工会会员卡的办理工作,共计办理新卡7800张,帮助6名患大病职工做好专项基本保障给付金的申领工作;四是组织安排职工体检,举办压力管理讲座;五是对133名会员实施医疗互助,共发放互助款50.54万元;六是用好爱心基金,重点对患大病职工进行爱心帮扶,并继续做好对崇明三星镇北桥村的对口扶贫工作,共计支出33.2万元。

(钱 华)

【上港集团工会多渠道落实工会会员卡专项工作】 一是做好2016年工会会员卡注册、办卡和参保工作。为集团17590名工会会员进行会员注册,为904名新进职工办理会员卡,为18494位会员完成工会会员专享医疗保障B计划的参保工作,共支付保险费用共计73.976万元。二是做好2016年工会会员专享计划理赔工作。全年共有69人次申请理赔,获理赔款53万元。三是做好2016事实项目优惠购和养生讲座工作。利用集团内部资源,为工会会员提供进口海鲜、水果、饮料、厨卫商品优惠购和“六一”特惠等活动;开办会员健康养生讲座,联系市医务工会邀请上海知名医院专家授课,普及防病知识,传播健康理念,并组织专家团队为职工搭脉问诊,受到广大会员群众的普遍欢迎和好评。 (袁旭芳)

【上港集团工会扎实推进服务职工实事项目】 年初确定并实施“企业年金调整、“十三五”职工激励计划、职工技能登高奖励计划、职工帮困金管理使用办法、参加了工会会员专享基本保障B计划、职工互助综合保障B计划、工会会员普惠服务、职工补充住房公积金、职工补充医疗保险”等9项服务职工实事项目。为让集团广大职工都能知晓这9件实事,专门制作集团服务职工实事项目宣传手册,召开培训沟通会,与基层单位工会负责人进行交流沟通。集团所属各基层单位工会则组织了服务职工实事项目宣讲446场次，参加职工达14515人，使广大职工群众的共担共享意识得到进一步强化。制订实施《关于进一步加强和改进职工食堂管理的若干意见（试行）》。组织开展食堂督查，推动各项要求真正落地，有效地提高职工食堂的饭菜质量和职工群众的满意度。（袁旭芳）

【市运输工会力推工会会员服务卡开卡使用率】 市运输工会注重一手抓办卡、一手推开卡，积极为会员职工打通服务卡开卡使用的“最后一公里”接口，推动实事工程落地。主要做法：一是在统一思想方面下功夫。为有效提高持卡会员职工的开卡率，运输工会积极与农商银行静安支行联系协调，共推上门开卡服务活动，得到了农商银行领导的大力支持。同时，运输工会分批在集团基层单位选点开展集中上门开卡服务系列活动，大幅提升持卡会员职工的开卡率。二是在齐抓共管方面下功夫。召开基层单位工会主席专题会议，全力推进日常性开卡工作。通过主席带头开卡，宣传工会会员服务卡的基本功能、保障福利和专享优惠，以及企业公告栏、微信平台、会员之间互助宣传等措施，提升工会会员服务卡的开通率。三是在活动形式方面下功夫。运输工会与农商银行联合，在市汽车修理有限公司举行工会会员服务卡集中开卡服务的启动仪式，并推出“开鑫工会、玩转红卡”首场活动。活动当日，就有6家单位近百名职工开通了工会会员服务卡。（夏文庆）

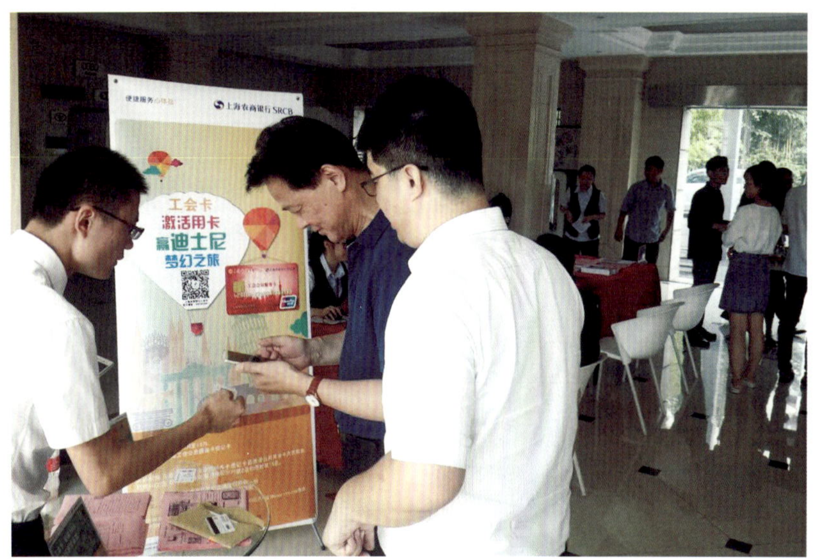

9月23日，市运输工会举办工会会员服务卡集中开卡活动 （夏文庆）

【上海邮政工会开展服务职工实事项目征询调查活动】 上海邮政工会为了更好地服务员工群众，利用“企业号”微信平台进行2017年工会服务职工实施项目征询调查活动，全公司有7618名员工参与调查。其中，针对当前员工工作和生活压力，是否要建立员工心理辅导体系，员工选择占比为84.73%；需要工会给予帮助和支持的包括心理疏导为44.95%，岗位教育培训为51.80%，技能才艺展示为36.70%，维权辅导与帮助为55.43%，卫生保健讲座33.04%等，从中可以看出员工需求的重点，为工会2017年更好地为员工做实事办好事提供依据。（陈千涛）

【中国电信上海公司奉贤局工会为员工打造休闲活动“小天地”】 为了解员工实际需求，改善一线员工工作环境，缓解工作压力，奉贤局工会采取“OA通知”和“工会易信群”2种方式征求员工对办公环境品质提升的意见。汇总意见后，局工会发现员工对在忙碌工作之余能够放松身心有比较大的期盼。根据员工需求，奉贤局工会克服办公场所紧张的困难，率先在局维护中心内为员工开辟了两间小活动室，活动室配有军旗、象棋、五子棋、乒乓球台等活动休闲物品。活动成为员工在繁忙工作之余的加油站。（殷　茵）

【中交上海航道局工会做好会员服务卡专享保障工作】 中交上海航道局有限公司工会认真做好工会会员服务卡专享基本保障A、B两类工作，经公司工会全委会成员讨论决定：为全体职工投保B类保障。2016年，公司工会完成了4086张工会会员卡的注册和新办工作，保障金额为148480元，保障期限为一年。B类保障投保的范围从A类的四类重大疾病增加到十二类，支付标准从A类的1万元增加到2万元，让职工获得更多的工会会员卡专享保障。（全　晶）

【上海机场集团工会开通EAP心理关爱咨询服务热线】 8月底，机场集团工会委托第三方心理专业机构开通EAP员工心理咨询热线电话。第三方咨询专家将根据员工不同需求，相应提供职业生涯发展、婚恋情感、亲子教育、情绪压力调适以及心理困惑等方面咨询服务。（尹慧旻）

【海洋石油局工会开展“走基层访万家”活动】 2016年，为贯彻落实中国石化集团公司工委认真开展“走基层、访万家”活动的具体部署，海洋石油局工会认真组织基层走访活动。各级工会选择困难职工家庭、各类先进职工家庭、特殊职工家庭等重点对象进行走访慰问。全年各级领导和工会干部227人次参加走访，走访基层班组112个，征集班组意见118条，帮助解决实际困难57个，投入经费56.93万元；走访职工570人次，解决职工困难79个，帮扶困难职工81人次，投入帮扶救助金12.77万元。在活动的基础上，定期调研分析职工思想动态，为党政决策提供参考，为服务职工提供依据。（耿卫军）

【市绿化市容局工会（行业工会）元旦春节推出关爱职工10项举措】 市绿化市容局工会、行业工会在2016年元旦春节期间，开展以“心系职工情·温暖满绿容”为主题的帮困送温暖活动，并根据“普惠+特惠”的服务理念，推出了关爱绿容职工10项温暖举措，包含温暖进工地、爱心一日捐、定向帮困和档案管理、帮助困难职工、帮扶困难企业、走访慰问、关爱农民工、新春拜年、陪同职工过大年、爱心接力站等10余个送温暖项目，让各类职工都能度过一个温暖祥和的春节。2016年元旦春节期间，通过局工会、行业工会送出各类帮困资金和慰问品合计393260元，惠及职工1447人。

（耿　静）

【上海公交行业关爱环卫工人“爱心接力站”揭牌】 2月3日，市绿化市容行业工会、市交通工会在漕溪路公交枢纽49路公交终点站举行上海公交行业关爱环卫工人“爱心接力站”揭牌仪式。市绿化和市容管理局党组副书记、市纪委驻局纪检组组长崔丽萍，市交通委员会党组副书记、市纪委驻局纪检组组长蔡军等出席仪式。由市绿化市容行业工会、市交通工会共同创设的上海公交行业关爱环卫工人“爱心接力站”，利用公交站点原有的场所、设施为环卫工人提供了一处歇脚、续水、热饭和遮风挡雨的港湾，让环卫工人在工作间隙有了一个温暖的“歇脚点”。2015年底起，市绿化市容行业工会面向全社会发出公告，开展创设“爱心接力站”活动，得到社会各界的积极响应、关注和参与。至2016年底，全市社会单位按规范程序申报验收并挂贴了统一标识的“爱心接力站”共计1600余家，其中包括公交站点443座、中石化加油站250座、肯德基169家、兴业银行80家、中国电信360家等，形成社会各界为环卫工人献爱心的良好局面。

（冯　磊　耿　静）

【鲁中矿业有限公司工会为职工群众办实事好事】 鲁中矿业有限公司工会以“职工所需”为重点、以“普遍受惠”为基础、以“工会所能”为条件、以“立足长远”为目标，推出一系列服务职工、会员的实事好事。一是为到龄退休职工拍摄一张班组“全家福”照片，召开一次座谈会，送上一份社保卡转接及相关保险办理指南，发放一份纪念品。二是联合莱芜市总工会，为职工办理发放“赢惠卡”1100余张，职工购物、就医等可享受多项优惠政策。三是为在岗的4818名工会会员办理上海工会会员服务卡，鲁矿工会每年为职工缴纳会员卡B类保障参保费20万元。四是保障女职工的特殊利益，为1036位女职工进行健康体检。

（李宗峰）

【市金融工会组织实施多项职工健康实事项目】 年内，市金融工会组织开展多项关心职工生产生活的实事项目。全年共组织12场“上海金融职工身心健康大课堂”每场课后都会组织安排授课专家为现场参与的职工答疑解惑，加强健康知识科普及宣传，满足金融职工的健康需求。在此基础上，新增“上海金融职工急救培训”和“上海金融系统送医上门”2个延伸服务。经急救培训考试合格的员工授予《现场初级急救培训合格证》，参与培训的员工成为金融工会急救志愿者。“上海金融系统送医上门”则在金融机构集中的片区直接邀请专家上门为职工开展一对一巡诊，把“关爱职工健康”工作落到实处。

（卓　赟）

【市税务工会落实工会会员服务卡工作】 为更好地落实服务职工实事项目，按照市总工会有关工作部署，市税务工会从3月底启动了工会会员服务卡相关工作。截至5月31日，市税务工会共为系统各直属单位1700余名职工进行了工会会员服务卡的注册以及新办，并在系统内开展了“工会会员服务体验日”等活动。

（娄晓辉）

【市新闻出版工会以“温馨行动计划”为主题为职工办实事】 一是加大帮扶救助力度，2016年向各集团、基层工会下拨帮扶款56万元，受助608人次。二是高温慰问行业一线职工，拨出9.87万元专款用于购买防暑用品，慰问行业一线职工。三是拨出22.4万元，为系统42家单位、5606名会员办理注册工会服务卡会员专享基本保障险B类。同时8名患重病职工各获得新闻出版工会6000元资助。工会帮助1家困难企业全员参加市总工会综合类保险，目前系统有5335名职工参加综合保险，占系统职工总数的85%。

（陈宏华）

【市经信系统工会为职工做好实事项目】 年内，经信工会先后组织4次系统39家直属单位的150名劳模、优秀工作者、班组长、一线职工，参加市总赴南京、黄山疗休养活动。落实2016年工会会员服务卡办理、注册、保障给付工作；完成51家单位2万多张工会会员卡办理、发放工作，为基层购买职工保障金近30万元。组织系统职工微视频培训，邀请上影集团专家讲授微电影组织、导演、拍摄、剪辑等方面的知识技能，促进职工用微电影的手段记录身边人、身边事，传播正能量。

（黄　俭　周斌锋）

【光明食品集团五四公司构筑民生工程长效机制】 曾荣获“全国模范职工之家”称号的光明食品集团所属五四有限公司工会，始终坚持“发展依靠职工，发展为了职工、发展成果让职工共享”的理念，在党政组织的高度重视和有力支持下，公司已连续5年累计投入3亿多元资金，使各项惠民实事项目落实到位。2016年，公司再次明确“党委用情用意引领民生工作，行政用劲用力支撑民生工作，工会用爱用心做好民生工作”的“三位一体”举措：一是明确实现员工增收目标、加大助困捐资力度、解决历史遗留问题、共享经济发展成果、重视职工素质教育、落实员工社保福利等6大方面16项具体内容，让每一个生活工作在五四区域的人都能感受到幸福和自豪。二是坚持企业工资集体协商制度，建立健全一线职工工资增长与企业发展同步机制，确保实现一线职工收入年平均增长10%以上目标。三是通过建立保持每年1000万元以上的“公司帮困基金”，进一步构建“上下联动、分层分类，广开渠道、形式多样，标准明确、机制长效”的帮困救助体系。与此同时，组织职工代表、党代表、老干部代表等开展“职工实事”巡视活动，以确保实事项目落地生根开花，让职工在共建共享中有更多的获得感。

（桑树德）

【城投集团工会实施10项实事项目】 集团工会为落实市总工会2016年上海工会服务职工10项实事项目，在征询广大职工会员意见的基础上，推出10项“劳动光荣　服务职工”实事项目。分别是——“劳动光荣，选树工匠”项目，实施一线职工发明专利、技师晋级等奖励，助推高技能人才队伍建设。“劳动光荣，快乐会员”项目，实施会员专享保障计划，丰富工会会员服务卡功能。“劳动光荣，体面休养”项目，实施劳模先进、特殊工种定期疗休养补贴计划，保障职工身心健康。组织“劳动光荣、保健安康”项目，实施巡回医疗进班组，推进职工健康全覆盖。“劳动光荣，子女共享”项目，落实城投之夏电影专场，开展职工子女暑期电影夏令营活动。“劳动光荣，生活保障”项目，落实冰箱（柜）进班组，为职工增添生活便利。“劳动光荣，学习分享”项目，落实《劳动报》《城投报》进班组，推进“班组学习，职工读书”活动。“劳动光荣，活力班组”项目，落实运动用品（器材）进班组，助力职工业余生活。“劳动光荣，情牵劳防”项目。“劳动光荣，温暖帮扶”项目，落实2个基金会平台，推进城投人帮城投人行动。（罗　兵）

【上海隧道股份工会会员叠加保障实事项目卓有成效】 2016年，隧道股份工会贯彻中央、市总工会“精准帮扶”精神，在全员办理工会会员服务卡的基础上，加强重病大病以及重大突发事件职工的帮扶力度，推行工会会员专项叠加保障计划。会员发生重大疾病或突发事故，获赔市总工会十二类重大疾病或因病身故保障的，股份工会再给予一次性帮扶金3000元；获赔市总工会意外伤害全残或身故保障的，股份工会给予一次性帮扶金10000元。全年共有36名职工受益，帮扶金额达14.3万元。（董　颖）

【上海联通首个员工宣泄场区搭建完成】 8月3日，上海联通西区分公司宣泄区建设工作的完成，标志着上海联通“七彩心晴”EAP项目中第一个基层工会宣泄区搭建完成。宣泄区域的搭建将为西区分公司员工提供释放不良情绪，保持身心健康的场所，同时也进一步落实2016—2017年度EAP工作。下阶段，公司工会将在各区县分公司工会、网管工会、信息化工会、客服中心等一线单位的职工之家场所搭建起“宣泄区”，在这里，员工可以通过身体强烈运动的方式，将内心压抑的郁闷、烦躁、愤怒等不愉快的情绪情感进行宣泄，达到心理调适的目的。（康　迪）

【上海飞机客户服务有限公司工会开展“十心百事”职工关爱工程】 2016年，客服公司以“打造暖心客服”为主题，贯彻落实《中国商飞公司党委关于实施职工关爱工程的决定》的要求，以“十心百事”职工关爱工程“帮扶慰问暖人心、安居安全和人心、关爱健康得人心、职业发展赢人心、青年英才融人心、清风廉韵正人心、先进典型激励人心、保障权益惠人心、文体活动聚人心、社会公益润人心”为抓手，细化职工关爱100件工作任务指标，形成制度，细化落实，抓实抓常，建立了“党委领导、行政支持、工会牵头、部门合作、齐抓共管”的工作格局。通过落实专项帮困经费、走访慰问长期驻守外场职工家属、启动职工租赁房项目建设、开展体质达人测试、上海市女医师协会“走进大飞机”爱心义诊、评选年度十大青年英才等，有效实施了“十心百事”工程。工作中着力发挥职工生活委员会作用，在职工食堂、人才公寓宿舍文化、租赁房设计方案和工装款式选样等方面听取职工代表意见，体现了“围绕型号研制和公司发展，以职工群众需求为导向，以职工群众满意度为标准，不断服务好中心任务和广大职工群众的工作理念。（徐　雷）

【上海飞机设计研究院工会做细做实职工关爱工程】 2016年，院工会积极协调院内资源，重点为职工办了10件实事并创新工作方式。除了生日慰问、专项慰问、高温慰问等关爱，还推动院行政开通临港班车，牵头组织安装新能源车充电桩，推进总长度1200米的职工健身步道建设和足球场及跑道建设，新建5个“爱心妈咪小屋”、3个“职工小家”，开展大飞机品牌职工文化活动。同时，围绕型号研制和飞机安全运营，做细做实“三大战区、两场会战”职工关爱，制定对参战人员专项慰问保障方案，理清会战职工家庭情况，落实精准帮扶。院工会组织到C919飞机系统集成试验现场、浦东祝桥基地C919总装车间、C919飞机静力试验现场、大场ARJ21飞机总装生产现场、成都ARJ21飞机示范运行技术保障工程中队等型号一线慰问20余次，慰问4000余人次。特别是C919飞机机上功能试验期间，工会专人对接调研现场需求，开展专项慰问3次，为参试人员及时送去加班食品和药品，受到了现场参试人员的欢迎与好评。（施　思）

【市工人疗养院增加体检运能为基层送健康】 为贯彻落实党的群团工作会议精神，切实加大工会组织对职工的关心关爱力度，市工人疗养院在原有一辆职工流动体检车的基础上又新增一辆。体检套餐由原来的3个套餐，再增加2个专门为农民工设计的套餐，人数从原来的1.6万人增加到了2.8万人。两辆体检车载着医疗小分队先后走进崇明、奉贤、松江、金山、闵行等区，为隧道公司、水星家纺、崇

上海联通搭建首个员工宣泄区（康　迪）

上实集团职工赴黄山休养院疗休养 （余嘉毅）

明环境、松林工贸、上海夏普等单位的职工提供健康体检服务。 （路佳燕）

【西山休养院探索网络营销新模式】 为进一步探索网络营销新模式，市总工会西山休养院充分依托苏州海鸥湖心岛度假村（市总工会洞庭西山休养院）官方微信公共服务平台，定期介绍最新职工疗休养资讯、当地风土人情和休养线路推介；注重在西山花果、太湖水上下功夫、做文章，定期推送游览胜景、水产瓜果、人文古迹等方面的休养旅游服务咨询；春节期间，推出新春祈福之旅活动，营业额同比增长10%；定期推出职工自驾专享计划，通过赠送门票、住宿让利等方式，不断拓展客源市场。结合度假村官网，以构建整体性物联网为主要目标，建立EDI数据交换系统和互联网营销后台管理系统，引入“微支付”“支付宝”等在线支付平台载体，深化个性化定制服务，努力实现“精准营销”。同时，推出携程价4—8折和折后市总工会补贴房价1/3的专享优惠计划，惠及会员职工。截至12月底，微信平台拥有粉丝数量已达6000多人，且日均“吸粉”量近100人。

（夏鹤麟）

收入分配

【概要】 2016年上海工会以全面实现十八大提出的居民收入翻番为工作目标，从源头参与入手开展工会收入分配工作。一是在市劳动关系三方协商机制平台上，对最低工资标准调整幅度提出合理建议。二是通过两会提案形式，呼吁完善本市企业工资增长指导线制度，得到政府部门的积极回应。三是深化最低工资评估课题研究，开展最低工资标准调整对企业的影响调查。四是从制造业工人收入变化入手，分析研究本市制造业职工队伍变化状况，为推进产业职工队伍建设建言献策。五是依托“上海工会企业收入分配调查网”开展有关职工收入分配状况基础研究。六是指导、推动部分有条件的区县局（产业）工会开展有关收入分配状况的调研。

（胡　敏）

【参与最低工资标准调整等有关职工收入分配政策调整三方协商】 在听取基层工会和职工对2016年最低工资标准调整幅度，并根据对相关数据的分析研究，市总工会在市劳动关系三方协商最低工资标准调整方案时，就最低工资标准调整幅度提出工会的建议和主张。根据三方协商结果，报经市政府批准，从4月1日起，上海最低工资标准调整为每月2190元，绝对额增加170元，增长8.4%。就企业提出的本市企业工资增长指导线发布时间过晚，削弱了其在工资集体协商中的指导作用问题，市总工会在提交两会提案基础上，积极与政府相关部门沟通，同时充分运用各类经济数据，做好2016年企业工资增长指导线测算工作，并在三方协商时提出将企业工资增长指导线提前至与最低工资调整同步发布的建议，得到了政府部门的积极回应，实施结果得到企业方的好评。 （胡　敏）

【开展职工收入分配状况监测】 依托“上海工会职工入分配调查网”，开展有关职工收入分配状况基础研究。通过一年两次对本市50个区县局（产业）工会所属511家用人单位的生产经营状况、用工人数变化、职工收入增长、职工参保和福利等情况开展调查，研究用人单位生产经营状况对职工就业岗位稳定、收入增长等方面的影响，为工会参与最低工资等民生政策标准调整和收入分配制度改革服务。

（胡　敏）

【开展企业工资增长指导线对职工收入的影响评估研究】 为贯彻落实十八届三中全会提出的完善企业工资集体协商制度精神，增强企业工资增长指导线对工资集体协商的指导作用，开展《企业工资增长指导线对职工的影响》专项调查，从职工角度对“十二五”时期本市企业工资增长指导线的知晓率、执行率，以及对职工收入增长的影响程度进行评估，为进一步完善市企业工资增长指导线提出建设性建议。 （胡　敏）

【深化最低工资评估研究课题】 在2015年开展最低工资标准调整对职工收入影响调查的基础上，开展最低工资标准调整对企业的影响调查，深化最低工资评估研究课题。从企业角度了解最低工资标准调整对企业生产经营、人工成本变化、劳动用工等方面的影响，并根据对劳资双方的调查结果，就本市最低工资调整机制进行客观评估，为工会更好地参与“十三五”时期最低工资标准调整工作，进一步完善本市最低工资标准调整机制提供理论依据。 （胡　敏）

【总结环卫行业最低工资制度建立以来职工收入与福利变化状况】 为进一步完善环卫行业最低工资制度，对环卫行业最低工资制度在提高职工收入水平改善职工福利，特别是一线职工收入增长与福利改善方面所起的作

市绿化市容行业工会开展环卫行业收入正常增长机制研究　（鲍　斌）

用进行总结，并对2016年工资集体协商内容进行指导，为本市养护行业贯彻落实《关于深化养护行业市场化改革提高一线职工工资水平的意见》（沪府办〔2016〕26号）树立典型。（胡　敏）

【上海市环卫行业收入正常增长机制改革发展研究】为了系统总结和综合评估5年来本市环卫行业建立工资集体协商机制的经验做法和实践效果，提出下一步改革的具体思路，市绿化市容行业工会组织开展本市环卫行业收入正常增长机制研究，自7月以来，历时4个半月，对黄浦、徐汇、静安、闵行、松江、宝山、嘉定、奉贤、浦东等区的市容绿化管理部门及下辖的18家环卫企业进行调查走访，以召开专题座谈会、个别访谈等多种形式收集研究资料，经汇总分析整理形成了《上海市环卫行业收入正常增长机制改革发展研究》和《上海市环卫行业工资集体协商机制和效果评估》报告，并于12月2日通过专家组评审。（鲍　斌）

就业援助

【概要】2016年，上海工会贯彻落实全总的部署和要求，落实"天天网上招聘、月月小型招聘、四季主题招聘"活动的工作机制，夯实和完善常态化工会就业服务工作机制。在市总工会层面，完善上海市总工会就业服务网上平台，通过网站、电话、APP等渠道的"网上职场"，提供就业岗位；牵头举办四季专场招聘会等，并依托各区县总工会职工援助服务信息化平台，为职工及职工子女提供常态化就业援助服务。协助政府职能部门联合开展"春风行动""民营企业招聘周"等活动。同时，深化上海工会困难职工家庭大学生社会实践工作，进一步完善大学生和实践基地人岗匹配机制。（余嘉毅）

【上海工会"元旦春节送温暖"专场招聘会举行】2015年12月26日，市总工会在市工人文化宫举行2016年上海工会"元旦春节送温暖"专场招聘会，主要面向困难职工家庭的毕业大学生等群体。现场共有193家用工单位进场设摊招聘，涉及机械制造、市场营销、行政管理、广告会展和餐饮服务等10多个行业（工种），提供就业岗位3669个，当天入场人数约800人，达成初步就业意向330人次。同时，市总工会依托就业服务网（www.sh12351job.org）同步开展网上职场服务，线上线下为求职者提供岗位信息匹配。（余嘉毅）

【开展2016春风行动】为更好地服务节后来沪人员就业需求，2—3月，市总工会会同市人力资源社会保障局、市妇联联合举办以"搭建供需平台，促进转移就业"为主题的"春风行动"，集中为来沪务工人员提供就业服务。活动期间，各级工会主办或协办专场招聘会89场，提供免费就业服务7.4万人，成功介绍1.29万名农村劳动者就业，组织2812名农村劳动者参加职业技能培训，为1.89万人提供维权服务和法律援助。（余嘉毅）

【开展工会就业创业援助月活动】为更好地满足广大农民工、城镇下岗失业人员、高校毕业生等群体的求职需求和企业用工需求，市总工会继续开展2016年上海工会就业创业援助月活动。就业援助月活动期间，全市各级工会共组织专场招聘会128场，

市总工会职工援助服务中心积极参加2016全国工会就业创业援助月活动　（桂祎清）

提供免费就业服务10.65万人，成功帮助4.32万人实现就业；共组织9374人参加职业技能培训（其中，享受政府培训补贴4573人），家政服务培训692人、创业培训843人，为1.8万人次提供劳动维权服务和法律援助。
（余嘉毅）

【开展民营企业招聘周活动】 4月18—24日，市总工会会同市人力资源社会保障局、市教委、市工商联等部门联合举办以“帮人才就业，促民企发展”为主题的2016年上海民营企业招聘周活动。活动期间，以正在求职的高校毕业生为重点，本市各区县结合企业需求和求职人员类型，共组织开展30余场民营企业专场招聘会，提供招聘岗位近1万个，有2400余名求职者与用人单位当场达成录用意向，发放就业政策等宣传资料1.5万份。此外，还根据实际需要将招聘活动延伸到高校和中等职业学校、街镇和社区，为用人单位和求职者搭建双向选择平台，充分体现部门联合、资源整合、供需见面、注重实效的特点。招聘周活动现场还提供职业指导、职业技能培训、青年职业见习、创业扶持、失业保险、劳动仲裁、法律援助等多种政策咨询服务并发放各类宣传资料。
（余嘉毅）

【开展上海工会大学生社会实践工作】 在积极推进“金秋助学”活动和“困难职工家庭高校毕业生阳光就业行动”工作基础上，市总工会进一步夯实上海工会大学生社会实践工作，重点完善大学生社会实践基地的岗位匹配和管理模式，通过依托“上海市总工会就业服务网”加强社会实践工作的管理；17个区县、6个局（产业）工会所属困难职工家庭大专院校学生根据自己所学专业、职业规划、居住地等情况，在涉及机械制造、商业地产、管理咨询、建筑工程等10多个行业领域129个“实践基地”300余个实践岗位中，自主申报暑期实践岗位。区县局（产业）工会根据实际情况自主开展审核、实践基地录用、实践补贴发放等工作。各实践基地单位高度重视困难职工家庭大学生社会实践工作，指定技师、工程师结对带教，从工作、学习、生活上实现困难职工家庭子女全面帮扶。在社会实践期间，市总工会为实习学生提供每人每月500元的补贴（含意外伤残互助保障计划参保费用），部分实践基地及所属的区县局（产业）工会也提供一定的补贴，学生每月最高能获得3000元的补贴。全年共有251人次大学生参加工会大学生社会实践，补贴总计达12.55万元。
（余嘉毅）

【开展技能培训促就业行动】 2016年，上海工会根据全总要求，切实以下岗失业人员、农民工和困难职工家庭高校毕业生等就业困难群体为重点对象，开展“技能培训促就业行动”。各级工会共筹集就业培训资金329.7万元，实施就业技能培训4.29万人（其中，获得人保部门颁发职业技能证书的有1.58万人），提供免费就业服务7.7万人，共帮助近1.2万人实现就业。
（余嘉毅）

普陀区举办民营企业招聘周主题活动　（许王丽）

【普陀区总工会举办“春风行动”专场招聘会】 3月11日，区总工会与区人社局在桃浦职介所联合举办2016年“春风行动”专场招聘会。15家知名企业提供100余个岗位，约200人求职者参加，其中20余人求职者现场与企业达成初步用工意向。此外，招聘会现场还为求职人员提供了就业登记、技能培训、法律援助等咨询服务。
（陆 蕾）

【普陀区总工会助阵民营企业招聘周活动】 4月21日，由区人社局、区总工会等联合主办的“同心共筑 助推就业——区2016年民营企业招聘周主题活动”顺利举行，70家民营企业参与，提供岗位近800个，吸引求职者近300人前来应聘。据初步统计，招聘周活动期间130余人求职者现场与企业达成初步用工意向。之后区总工会将继续为就业困难人员提供就业平台，做好就业援助服务。
（陆 蕾）

【徐汇区援助服务深入基层】 徐汇区职工援助服务中心先后与枫林、康健和长桥社区联合举办大型招聘会3场，共有318家用工单位参加，提供工作岗位4031个，共接待求职者2110人次，达成就业意向786人次。招聘会上继续设法律咨询、心理咨询及各类政策咨询、便民志愿服务项目，区总工会心理咨询中心面向基层开展心理技术系列培训活动，对心理咨询师、志愿者、企事业单位职工学员等进行相关的心理服务技能培训，帮助志愿者掌握基本的心理援助志愿服务技能，更好地为本区职工提供心理服务。
（聂 磊）

【杨浦区总工会举行就业创业援助月大型招聘会】 3月17日，杨浦工会2016就业创业援助月活动大型就业招聘会在长白社区举行。上海欧尚超市有限公司长阳店、上海肯德基有限公司、滔搏体育（上海）有限公司、上海联华快客便利有限公司、同济君禧

3月17日，杨浦区总工会举办2016就业创业援助月大型就业招聘会
（曹理仰）

大酒店、东方有线网络有限公司、满记甜品（上海）有限公司等32家用工单位入场招聘，共推出830余个就业岗位，吸引1000余人前来求职问询，包括高校毕业生、社区失业人员、来沪务工人员，帮助93名求职者实现就业。现场还提供免费就业技能培训报名、工会会员服务卡咨询办理、互助保障、心理咨询、法律援助、医疗健康等服务。（曹理仰）

【静安区总工会助力百家民营企业招聘会】 5月29日，静安区百家民营企业招聘会在“800秀”举行。招聘会由静安区政协主办，区人社局、总工会、工商联、侨联、上海香港联会等单位承办。本次招聘突出新业态新成长企业、新兴就业岗位。招聘会共有111家企业参与，其中新业态企业、新成长企业不少于50%，招聘岗位近500个，招聘总人数1600余人，各岗位平均工资在6200元，较去年上涨了44.19%，尤其是互联网科技领域，月薪高达万元。区总工会联系用人单位21家，包括戴德梁行房地产咨询有限公司、仲量联行测量师事务所（上海）有限公司、上海北方城市发展投资有限公司等企业现场提供岗位近200个。在区总工会联系的岗位中有40人当场达成了初步录用意向。（陆 蕾）

【宝山区总工会举办春季大型招聘会】 3月19日，由宝山区总工会主办，市总工会职工援助服务中心协办，上海绿竹园职业介绍所承办的“百企千岗进社区，真情援助你我他”——2016年宝山工会春季大型招聘会在宝山区体育中心举行。市总工会副主席侯继军，区人大常委会副主任、区总工会主席王丽燕等领导来到现场指导。共有214家招工单位提供3400余个工作岗位，有1019人达成求职意向。（宋 松）

【嘉定区总工会开展职工就业援助服务活动】 6月5日，由嘉定区总工会主办，嘉定区职工服务中心、马陆镇总工会、嘉定新城（马陆镇）劳动保障服务中心承办的“营造良好就业环境，构建和谐劳动关系”嘉定区总工会职工就业援助服务活动在嘉定区工人文化宫举行。当天前来招聘的企业主要分布在嘉定新城（马陆镇）周边地区的商场、餐饮等32家服务性企业，共推出300余个岗位，吸引了500余名职工现场求职。招聘会现场设有就业政策以及劳动保障政策法规等咨询摊位，引导求职人员依法合理维权，指导他们进行职业选择，参与技能培训等。（黄点点）

【奉贤区总工会举办“春风送岗位”公益招聘会】 2月27日，由奉贤区总工会主办、奉贤区职工援助服务中心、创凡教育培训中心承办的2016年“春风送岗位”公益招聘会在南桥镇文化广场举行。区总工会通过微信公众平台、微博、网站等多种形式进行前期宣传，吸引区内环保科技、汽车零配件、网络通信、生物科技、制药、纺织等行业180多家企业参与，提供包括工程师、化验员、销售代表、主管储备干部等岗位3500余个，吸引13000余名求职者前来应聘，1500多人当场达成意向。（祝笑成）

困难帮扶

【概要】 2016年，为全面贯彻中央坚决打赢扶贫脱贫攻坚战和全总关于做好困难职工解困脱困帮扶工作的精神，以《中华全国总工会关于进一步做好困难职工解困脱困工作的实施意见》为指导，上海工会进一步创新发展帮扶援助的品牌化机制。一是坚持政策帮扶和项目服务相结合，加强政府相关政策的源头参与，加强与政府相关职能部门的政策衔接，为职工提供政策咨询，宣传和推动落实民生政策。二是聚焦重点、强化服务，实现帮扶对象精准化。出台《关于进一步加强困难职工解困脱困帮扶工作的实施意见》，明确精准建档帮扶的新要求，全面开展困难职工状况调查排摸，做到一户一档案，建立健全上海工会困难职工动态化管理机制。三是扎实推进日常帮扶工作，提升工会帮扶实效。重点围绕生活保障、子女就学就业、医疗救助等方面，坚持“三定三助”的帮扶模式，深入开展元旦春节送温暖活动，加大关心关爱力度，建立健全工会帮扶工作的常态化、长效化机制。（李丽逸）

【上海工会深入开展元旦春节送温暖活动】 2016年元旦春节期间，通过开展形式多样的帮困救助、援助服务项目和活动，不断健全完善以“心系职工情，温暖进万家”为主题的送温暖工作的长效机制。一是多渠道筹措资金，广泛开展走访慰问。“两节”期间，各级工会共筹措送温暖资金1.82亿元，慰问困难职工家庭7.41万户。市总工会继续开展集中走访慰问活动，市总主席室分9路深入到40多个区县局（产业）工会、基层企业走访慰问，让困难职工、农民工家庭切实感受

到党和政府的关爱。二是重点关心工会帮困对象。注重节日帮扶与定向帮扶相结合，在继续做好"三定三助""千个党支部与千名困难职工子女结对助学"等常态化定向帮扶的基础上，针对因患大病重病等影响致困的职工以及受产业结构调整等因素影响生产经营困难企业中的困难职工，集中开展一次性节日生活帮扶，惠及1.17万名困难职工，让困难职工家庭度过一个温暖祥和的春节。三是重点关爱农民工群体。继续开展"电话诉亲情、温暖进万家"向农民工赠送通讯费、农民工"平安返乡返城"行动和农民工健康医疗、体检行动等活动，覆盖25000名农民工。四是精心组织普惠服务活动。以"送温暖"为主题，充分依托上海工会会员服务卡这一载体，加大力度普惠工会会员，推出5大板块的年终惊喜活动，即"微信绑定送""爱心健康暖""援助服务约""品味文化赏""优惠专享购"，既大力推动以"四送四进"("送政策、送岗位、送技能、送健康，进社区、进园区、进企业、进家庭")为重点开展线下实体形式的援助服务活动，也崭新开辟了针对会员的线上服务模式，提升活动趣味，扩大工会影响。 (卫 敏)

【全国总工会慰问团来沪开展送温暖活动】 1月6—8日，全国总工会副主席、书记处书记焦开河率领全总慰问团一行来到上海开展慰问。6日，慰问团先后走访慰问困难职工和困难劳模家庭，送上慰问金和工会组织的关心及问候。7日，焦开河率领全总慰问团前往中国商飞上海飞机制造有限公司、上海飞机设计院，并慰问了全国劳模姚增培。当天下午，慰问团一行来到了上海普环实业有限公司，慰问环卫职工，并向绿化市容环卫行业工会送上慰问金。 (卫 敏)

【市总工会领导集中走访慰问困难劳模、困难职工和困难企业】 春节前夕，市总工会领导集中走访慰问困难劳模、困难职工家庭，慰问困难企业。市总工会领导洪浩、肖堃涛、杜仁伟、侯继军、何惠娟、李斌、姜海涛、宋钟蓓、桂晓燕率机关干部分9路深入到40多个区县局(产业)工会、基层企业走访慰问，实地了解困难职工生活情况和困难企业的实际需求，加强信息对接，采取多种措施帮助他们解决实际困难和问题，让困难劳模、困难职工(农民工)家庭切实感受到党和政府以及工会组织的关爱。 (卫 敏)

【开展农民工系列关爱行动】 春节前后，市总工会充分抓住"农民工集中入会"行动的有利契机，服务先行，一方面积极配合政府部门加大对春节前农民工工资权益的维护力度，将农民工群体中的困难农民工纳入工会帮扶范围，积极参与农民工工资支付情况专项检查工作，把工资清欠工作作为送温暖活动的重要内容；另一方面，继续开展"电话诉亲情、温暖进万家"农民工通讯费补贴、"平安返沪"农民工火车票补贴和农民工健康医疗补贴等3大关爱行动，惠及农民工25000人。 (顾 佳)

1月5日，市总工会主席洪浩慰问困难职工 (吴良荣)

【深入开展"金秋助学"和"阳光就业"活动】 上海工会贯彻落实全总办公厅《关于开展2016年困难职工家庭高校毕业生阳光就业行动和金秋助学活动的通知》的统一部署和要求，进一步凸显工会维权和服务职能，通过三个"精准"，三个"注重"，有效推进2016年上海工会金秋助学和阳光就业行动。截至8月底，全市各级工会共发放助学资金6732.72万元，资助5.93万名困难职工家庭子女和农民工子女。其中，市总工会通过市职工帮困基金会筹资286.41万元，直接定向助学1453名困难职工家庭子女，并全部通过银行卡发放。各级工会在关心困难职工、农民工家庭子女的生活和学业的基础上，进一步关注他们的心理健康和品德培养，注重凸显精神和智力帮扶，帮助他们树立正确的人生观、世界观和价值观，增强他们的自信心和责任感。同时，充分利用暑假，针对助学、社会实践学生、就业援助等重点帮扶对象，按照实际困难通过定向助学、结对助学、结对补习、社会参观、互动体验、培训讲座、主题活动、社会实践、职业咨询、职业培训、职业介绍、法律援助等形式，提供个性化、精准化、实效化的系列帮扶服务工作。其中，市总工会安排在档困难职工家庭大专院校学生在暑假期间参加社会实践251人次，发放实践补贴12.55万元。 (顾 佳)

【开展上海市困难职工帮扶工作满意度测评】 为落实《全国总工会改革试点工作责任分工》的指导精神，切实掌握困难职工帮扶工作推进情况和实施效果、改进工会帮扶工作水平、健全完善帮扶工作机制。市总工会委托上海零点市场调查有限公司，对上海市困难职工帮扶工作满意度情况开展了测评调查，通过测评调查，进一步掌握信息，发现问题，总结经验，打通服务职工"最后一公里"。调研结果显示，一是总体满意度良好，普通职工与困难职工评价同异共存；二是困难职工的覆盖率与普通职工的知晓率与满意度呈偏离；三是学历与满意度呈现正相关，学历越高满意度越高；四是帮扶力度的大小直接影响了困难职工对工会帮扶工作满意度的高低；五是宣传力度的深浅直接影响了普通职工对工会帮扶工作满意度的高低。同时也为进一步做好下阶段帮扶工作提出了如下建议：一是加大帮扶力度，提升帮扶精准化；二是创新宣传方式，强化宣传目标性；三是提高帮扶水平，实现措施全方位。（李丽逸）

【市职工帮困基金会换届改选产生新一届理事会】 4月7日，市职工帮困基金会先后召开第六届理事会全体会议和六届一次会议。会上简要回顾基金会5年工作所取得的实效，确定了今后5年以精准帮扶为重点的工作目标。会议审议通过《上海市职工帮困基金会第五届理事会工作报告》《2015年度审计报告和2016年度经费预算》，选举产生新一届理事、监事、理事长、副理事长、秘书长。（顾　佳）

【开展支援外地建设退休（职）回沪定居人员帮困补助工作】 截至12月底，支援外地建设退休（职）回沪定居人员帮困补助总人数达到42.18万人，其中1.4万人享受分档低补，全年共发放帮困补助10.2亿元。2016年由市财政列支，市总工会核拨给各区县总工会一次性特困补助171.5万元，对4658名生活特别困难的支援外地建设退休（职）回沪定居人员发放一次性特困补助。（余嘉毅）

【徐汇区总工会走访慰问困难劳模和困难职工】 春节前夕，徐汇区四套班子、区总工会领导分别走访慰问徐汇区老劳模、困难职工，向他们送上节日问候和新春祝福。区委书记莫负春，区委副书记、区长方鲍炳章，区人大常委会主任陈高宏，区政协主席韦源等区领导先后走访慰问了区部分上海市劳模、困难职工。元旦春节期间，区总工会针对区内困难劳模、困难职工、节日在岗外来务工人员，加大关爱力度。年内帮困人数达2318人次，帮困金额达234.88万元。（余燕萍）

【普陀区总工会深入开展送温暖系列活动】 2016年，区总工会继续以“十送”（即送关爱、送助学金、送岗位、送培训、送医疗卡、送体检、送保险、送服务、送慰问、送祝福）帮扶项目为重点，组织开展了“心系职工情　温暖进万家”元旦春节帮困送温暖活动。聚焦“困难企业、困难职工、困难劳模、农民工、环卫工人和困难工会干部”6类群体，通过发放慰问实物、医疗帮扶卡、开辟返乡专车等方式，共计发放慰问物资280余万元，关爱帮扶3600余人。区总工会主席室领导兵分几路，上门走访慰问劳模和困难职工，向普陀职工送上了工会“娘家人”的深切关怀。各系统、街镇工会也在区总工会的示范引领下，在同级党委、政府的支持下，组织开展形式多样的帮扶活动，层层传递党和工会组织的温暖和正能量。（陆　蕾）

【虹口区总工会开展“有困难找工会”服务活动】 4月1日起虹口区总工会在区职工援助服务中心设立“有困难找工会”接待专项窗口，开展“有困难找工会”活动。每天安排区总工会机关工作人员定点值班，设立热线服务电话（25658856），工作时间段有专人接听，非工作时间段24小时开启录音电话值班，各基层工会也根据自身实际建立了接待制度，进一步畅通联系职工的渠道和手段；制订《关于开展“有困难找工会”工作接待服务的实施办法》及《操作手册》，组织各基层工会开展专题培训，明确窗口服务流程、要求，规范礼貌用语等。（徐　洁）

【杨浦工会劳模讲师团连续12年免费辅导优秀特困学生】 2月26日，杨浦区第十二期特困家庭优秀子女高三、初三学生免费升学辅导班在沪东工人文化宫开班。授课团队以全国劳模为骨干，由区内11位名师组成。辅导班采取学生自主申报、区教育工会审核、区总工会提供场地集中授课的模式进行，学生自2月下旬起，每周末两天免费接受语数外学科考前辅导，为期2个月。东宫进修学校在前期教材准备、师资队伍宣传、组织管理服务等方面制订详细计划；区总工会在授课过程中与教师、学生保持密切联系，掌握教师和学生需求。（曹理仰）

【静安区总工会开展“金秋助学”活动成效显著】 8月26日，静安区总工会召开2016年“金秋助学”推进会暨理事会第十次会议，总结静安工会金秋助学工作特色。一是精准帮扶。区总工会加强对困难职工档案的动态管理，及时将帮扶信息录入到系统，全面掌握困难职工家庭的生活状况，以及家庭子女的升学、就业情况。二是规范运作。加大公开透明力度，严格遵守相关财务制度，专款专用，健全银行卡发放帮扶资金的管理制度，确保帮扶资金如实打入困难职工本人的账户。三是资源整合。区总工会自2007年成立静安工会金秋助学理事会以来，从最初的体制内5、6家单位，发展到34家。2014年还与区慈善基金会、Burberry（博柏利）公司联手启动“50名初中生三年助学计划”，实现了对静安困难学子从初中到本科学业的助学全覆盖。会上向优秀受助学生代表颁发“2016年静安工会金秋奖学金”。据统计，2016学年区总工会计划助（奖）学362人次，发放助（奖）学金75.7万余元。（陆　蕾）

【嘉定区总工会走访慰问困难劳模和职工】 春节前夕，嘉定区人大常委会副主任、嘉定区总工会主席陆晞率工会主席室、机关部室分6路，集中走访慰问困难劳模和职工。共走访慰问全国劳模和困难劳模44名、困难职工12名，发放慰问金及慰问品共计4.44万元，并向他们送上鲜花、水果和节日问候。（黄点点）

【金山区工会走访慰问困难劳模、困难职工】 金山区总工会在切实安排好元旦春节帮困送温暖的帮困送温暖资金的基础上，主席室领导兵分5路，率领工会各职能部门走访慰问18名患大病重病的困难职工、11位困难劳模和1家特困企业。元旦春节期间，区总工会直接帮扶1298名困难职工（困难农民工500名），发放各类帮困金达69.7万元。同时，全区各级工会分别帮扶慰问3700多名困难职工，帮困金额达99.41万元。（沈勇军）

【奉贤劳模助力困难帮扶】 奉贤区总工会成立了一支由12名企业家劳模组成的劳模帮困志愿者服务队，开

2月3日,金山区总工会主席朱喜林走访慰问困难职工 （钱海东）

展各项帮困活动。6月1日,上海凯灵空调设备有限公司董事长赵欢荣在区总工会党组、常务副主席王森龙,区总工会副主席樊国红、柘林镇工会主席石伟杰等一行人的陪同下,给困难职工沈洪芳送上5000元慰问金。6月6日,上海东洋燃油燃气厨房设备厂董事长王洪根在奉贤区总工会副主席樊国红、金汇镇总工会副主席陈林华等一行人的陪同下,给困难职工夏明送上慰问金。9月7日,东奉集团企业家陈庆峰的代表和百富勤集团的企业家唐秋荣,在区总工会党组书记、常务副主席王森龙的带领下,为南桥镇的悦华大酒店和多棱电器厂的两位困难职工分别送上慰问金5000元。

（祝笑成）

【奉贤区总工会开展节日帮困送温暖活动】 2016年元旦春节帮困送温暖共设计项目8个,市区两级工会投入资金89.85万,基层工会进行帮困送温暖工作投入资金217.52万,合计307.37万,涉及职工5217人。“三八”妇女节送温暖活动帮困人数达120人,发放每人500元的帮困款。5月,对区卫生系统内困难职工合计103人实施帮困。9月8日,区人大常委会副主任、区总工会主席陆建国,区总工会党组书记、常务副主席王森龙,区总工会副主席樊国红分成两组,先后慰问了4名教师,并送上慰问金。教师节帮困活动共惠及全区115名大病重病困难教师,给予帮困救助金115000元。 （夏 伟 祝笑成）

【奉贤区工会开展“金秋助学”活动】 7—8月,各级工会采取逐一入户走访的形式对困难职工家庭及子女上学情况进行摸底调查,建立困难职工档案,做到学生考试情况清,家庭收入情况清,困难情况清,为金秋助学活动做好准备工作。同时,区总工会加强了对助学资金的管理,做到专款专用,公开透明,各级工会投资40万元,共救助困难职工子女285名,其中农民工子女100名,单亲女职工困难子女70名。 （胡 嘉）

【崇明区总工会实施精准帮扶】 2016年,崇明区总工会响应国家脱贫攻坚任务,实施精准帮扶,2017年元旦春节困难帮扶金共发放356.93万元,慰问5700名职工,劳模“三金”共发放157.86万元。一是调查摸底。9月中旬,在各乡镇、委局等工会系统下发困难职工调查摸底通知,要求各级工会织明确四类帮扶对象,广泛开展排摸工作,将所属的困难职工准确上报。二是建档立卡。按照一人一档的原则,为每一名困难职工填写《困难职工档案表》和《工会解困脱困联系卡》,做到一户一档案,助力困难职工脱困解困。三是组织慰问。针对基层困难职工,在港沿镇举办“心系职工情·温暖进万家”元旦春节帮困送温暖援助服务日暨会员服务日活动,为困难职工送上慰问演出、送上春联、送上便民服务;机关干部分组走访慰问困难职工和劳模,覆盖所有乡镇、园区,将工会的温暖送到家。针对返乡农民工,在群团综合服务站长兴点和上海船厂举办“暖暖回乡路”返乡农民工慰问仪式,欢送农民工回家过年。针对崇明进城务工人员,举办“努力奋斗·再创佳绩”崇明进城务工人员迎春联谊会,为崇明“的哥”“的嫂”带去家乡的温暖。 （秦春华）

【市纺织工会开展“金秋助学”,情系职工子女】 市纺织工会在各级组织的领导和支持下,本着“助一人成才,帮全家脱贫”的工作目标,在推动困难职工子女上学、升学,促进保障和改善民生中发挥积极作用。纺织工会在上海国际时尚中心报告厅,与来自基层10家单位的困难职工子女代表和工会干部,开展以“拥抱希望、生活越来越甜美”为主题的2016年上海纺织金秋助学活动。纺织工会主席吴光玉代表纺织集团领导班子希望同学们怀感恩之心,作孝敬父母、奉献社会的好人;要自立自强,作敢于迎接各种挑战的勇士。同时,希望纺织工会和基层工会深刻认识开展助学帮扶工作的重要性,切实增强做好助学工作的责任感、使命感、紧迫感。 （陆 益）

【市纺织工会聚焦重点对象,提高帮扶精准性】 年初,纺织集团下属59家企业向纺织职工救急救难基金捐款176余万元。全年慰问困难企业及“爱心驿站”共17家,慰问金额达48万元。元旦、春节期间送温暖活动慰问救助890人,慰问补助金额87.7万元。“五一”期间帮困送温暖活动,帮困总人数268人,慰问补助金额14.39万元。秋季助学活动,支持和帮助286户困难家庭子女读书,慰问补助金额29.73万元。“十一”国庆节期间,帮困总人数135人,慰问补助金额11.36万元。职工首次患重大疾病医疗救助人数达68人,发放救助金额34万元。帮困总额达225.18万,帮困总人数共1647人。 （陆 益）

【宝武集团关注职工需求,大力开展帮扶活动】 开展帮困慰问、金秋助学活动,实施精准帮扶,服务困难职工。2016年元旦春节期间,宝钢各单位共投入帮困慰问资金943.156万元，各级领导班子成员、管理人员和工会工作者走访慰问各类对象8271人次，慰问节日期间坚守岗位职工13224人次，慰问劳模132人次；开展金秋助学共投入资金51.16万元，帮助困难职工子女184人，集团工会为63户困难职工申报了市总工会定向帮困助学金；集团全年共实施帮困47572人次，帮困总金额3883.46万元，其中生活帮困42098人次，帮困金额3109.77万元；助学帮困1136人次，帮困金额142.54万元；医疗帮困4338人次，帮困金额631.15万元。组织在沪各单位职工开展了“一日捐”活动，共计捐款370余万元。

（陆　庆）

中远海运集团中波公司开展慰问活动　（侯转运）

【上海石化工会开展女职工手工作品义卖活动】 “三八”前夕，公司工会开展“巧手筑梦，美丽石化”女职工手工作品义卖活动，共征集女职工原创手工作品197件，有数字油画、剪纸、绒线编织、水墨画、贴钻饰品、西点等，3月3日下午举行义卖活动，义卖所得共计5033元，全部用于资助退休困难女职工。（潘萍萍）

【上海铁路局工会落实职工医疗和帮扶救助机制】 2016年起局工会实施新的企业补充医疗保险和“三不让”帮扶救助管理办法，截至12月底，企业补充医疗保险补助金额2.78亿元，同比增长4.2%。“三不让”困难补助37675人次2179.05万元；医疗补助10.15万人次5634万元，其中大病补助622人470万元；就学补助158人39万元；职工大病延伸救助180人54万元。完成路局职工医疗补助自助查询系统研发，并投入使用。上海、杭州、南京、徐州4个地区实现与地方基本医疗保险数据对接，覆盖职工总数的60%。（陈国华）

【中国远洋海运集团工会认真做好帮扶工作】 春节前后，工会陪同集团领导在上海、北京、广州、深圳、大连五地举办离退休领导团拜会及慰问活动，共慰问离退休老领导314人。落实上海市总工会2016年元旦春节困难职工一次性生活帮困金和困难企业一次性节日帮困金（共计18万元）的发放工作。组织中海工业、上海海运等单位工会做好上海工会五一大病定向帮困工作，向因病致困职工发放帮困金，并组织落实受助对象信息维护、帮扶信息更新等工作。共筹集资金105.95万元，资助困难职工和困难农民工子女893人，发放助学款105.95万元；年内集团工会向437名困难职工发放各类帮困金62.2万元；帮扶各类困难职工1.59万人次，发放帮困金2361.8万元；共慰问一线职工15万人次，发放慰问金3146.6万元。

（张　洁）

【上港集团工会认真做好各类帮困送温暖工作】 一是落实好“元旦春节”期间的慰问工作。在2016年“元旦春节”期间，集团领导共上门慰问患病有困难劳模和特困职工24人，并向每人送上了2500元慰问金和慰问品，合计使用帮困金60000元。此外，各基层单位也认真细致地做好帮困送温暖工作。元旦春节期间，集团所属各单位共慰问一线职工9735人次、困难家庭833户、困难承包工171人次、困难劳模42人次，发放款物总额达228.66万元。二是继续组织好“8.15”职工献爱心捐款活动。2016年组织开展了第二十次集团职工“8.15”爱心捐款活动。共募集爱心捐款495.5358万元（2015年为475.5057万元，同比增长4.21%），集团45家单位的17672名职工和12456名业务承包工参加了爱心捐献，捐款总额和职工人均捐款额均为历史最高。三是做好集团“三定”帮困和助学人员的调整工作。对基层单位上报的困难职工家庭情况、经济情况和困难情况等相关内容进行审核，共确定2016年度集团“三定”帮困职工123人，2016年共帮困1098人次，支出81.6万元。四是实施一次性助学帮扶工作。受助职工67人，支出9.8万元；另外还实施了向贵州省黔南州百名家庭经济困难大学生助学199人次，支付助学金90.3万元。（袁旭芳）

【上港集团工会持续推进“8.15”爱心基金会各项工作】 一是召开集团“8.15”爱心基金会理事会和监督委员会会议，审议并通过一年来爱心基金的运作情况、职工爱心捐赠情况、预算报告、爱心基金管理规定修改说明等事项。二是开展了第二十次集团职工“8.15”爱心捐款活动。共募集爱心捐款495.5358万元（2015年为475.5057万元，同比增长4.21%），集团45家单位的17672名职工和12456名业务承包工参加了爱心捐献，捐款总额和职工人均捐款额均为历史最高。三是做好爱心基金帮困和助学人员的调整工作。对基层单位上报的困难职工家庭情况、经济情况和困难情况等相关内容进行审核、调整，2016年集团“8.15”爱心基金帮困1098人次，支出81.6万元；助学103人，支出34.5万元。四是认真做好原小学学籍在集团爱心基金所援助的贵州两所

希望小学的在读家庭经济困难大学生的2016年助学工作，共资助困难大学生29名，发放助学金12.1万元。（袁旭芳）

【上海港复兴船务公司工会认真做好元旦、春节帮困送温暖工作】 为更好地落实上港集团开展“心系职工情、温暖进万家”为主题的帮困送温暖活动要求，2016年元旦、春节期间，复兴船务公司工会积极开展“爱心帮扶、走访”活动，通过认真排摸本单位困难职工现状，确保实现精准帮扶。春节前夕，公司两级领导和工会干部走基层、探家庭，多渠道、多途径、多层面、多对象地慰问职工，将企业党政工组织的温暖关怀送到了职工的心中，保证公司困难职工能度过一个温暖祥和的春节。据统计，公司两级领导共对53名困难职工进行节日帮扶，对11名历届劳动模范进行节日慰问，对35名职工进行家访，发放慰问金57000元。（白玉娟）

【市运输工会帮困送温暖活动突出重点精准帮困】 市运输工会帮困送温暖活动呈现4个方面的特点：一是明确“三个重点面向”（即困难职工，困难退休劳模职工，困难农民工），做到重点对象重点帮，一般对象主动帮，实现帮困送温暖活动全覆盖、不遗漏。二是做到“三个及时到位”：即帮扶资金及时到位、家访慰问及时到位、政策帮困及时到位，让各类困难职工及时获得到各级企业与组织的援助和温暖。三是落实“三个帮困精准”：即致困原因与动态状况信息精准、困难类型与困难重点分析精准、帮困形式与具体举措实施精准，有效缓解了困难职工家庭的突出困难和急难矛盾。四是严格“三个发放规范”：即帮困资金下拨走账规范、统一银行卡发放手续规范、慰问物品发放签收规范，全方位规范和监督帮扶资金的操作发放，确保帮扶资金及时足额发放到位。（夏文庆）

【上海邮政工会关心员工生产生活】 邮政工会高度重视做好帮扶救助工作，根据上海邮政《关于做好2016年元旦、春节期间送温暖、献爱心工作的通知》，组织基层工会做好2016年元旦、春节期间“帮困送温暖”及“献爱心、一日捐”工作。同时，邮政工会在调查的基础上，健全469名困难职工档案，并组织对1094名先进劳模、困难职工等进行慰问，金额达170万元，劳动节和国庆节期间对56名困难员工进行补助，金额为8.15万元，让困难员工安心过好节。“六一”期间，组织近20名单亲和困难员工家庭携子女参加“东方绿舟”亲子一日游活动。金秋助学24人，金额3万元。认真落实员工体检、体测工作，在职员工参加体检9459人。改善投递员工雨具条件，部分单位为投递员购置舒适、防水功能较好的雨具，得到投递员的好评。（陈千涛）

【市交通委工会帮困送温暖】 工会管理使用好上海慈善基金会“行易基金”，关心行业重病大病职工，为80个困难职工家庭送上慰问金近21万元。与市慈善基金会“挚爱明眸公益专项基金”签约设立首笔善款30万元的“公交行畅基金”，帮助公交行业职工接受眼病筛查，并提供眼病治疗手术费用的减、免援助服务，提高公交行业职工的眼健康水平。购置近10万元慰问品，慰问行业高温一线职工。为执法总队远郊道口站点添置冰箱、洗衣机等生活设施，改善职工生活工作环境。（王 芳）

【市绿化市容局工会系统举行“爱心一日捐”活动】 1月5日，在市绿化市容局属各基层单位工会本部举行了“人人奉献爱心，共创美好生活”——2016上海市绿化市容局工会系统“爱心一日捐”活动，共有27个基层单位的1640名干部、职工参与活动，共捐款177194元。局工会要求所有捐款全部留在各级工会，用于建立和充实本单位工会的各类帮困专项资金，对困难职工开展生活帮困、医疗帮困、助学帮困等工作，并做到专款专用、汇总登记、公开公示、接受监督。1月15日，局工会就各单位工会的爱心一日捐情况在局网站和行业工会网站上进行公示。（耿 静）

【市人社局工会帮扶助困工作落到实处】 局工会高度重视困难职工帮扶工作，制订《局系统困难职工帮扶助困工作的暂行办法》，为系统内职工或职工家属因患病或发生其他特殊困难确需帮扶的，建立长效帮扶的运作机制。春节前夕，局工会委员会集体审议，对局属单位中因患各类重（大）病的职工或职工家属共47人进行帮扶助困，帮困金11万余元。分管工会工作的局领导和局工会主席分别上门走访慰问部分患病职工和困难职工家属，送上春节慰问和慰问金。（杨征宇）

【市科技工会困难帮扶惠及职工】 市科技工会落实做好实事项目，通过“夏送清凉”“冬送温暖”给基层单位职工送去关爱；通过住院、重大病帮困等工作为困难职工送上心意；组织艺术走进职工等活动，为职工送上实惠。全年，累计完成下发工会会员服务卡近21000张，发放对93名困难职工住院、特种重病补助37.6万元。（顾 铭）

【市卫生计生系统开展春节“送温暖”活动】 2016年，市卫生计生系统春节“送温暖”活动覆盖各类困难职工、劳模以及退休困难职工、退管干部等635人次，共发放慰问金约67.9万元。为表达对春节期间广大一线医务职工辛勤工作的慰问，市医务工会对40家直属基层工会的一线医务职工发放慰问金45.6万元。在“元旦”期间，针对儿科秋冬季就诊高峰，医护人员加班加点应对就诊的情况，市医务工会对儿科医院、儿童医院、新华医院、上海儿童医学中心定点发放慰问金4万元。同时，各基层单位党政工领导深入困难职工家庭，了解困难职工家庭的实际需求，慰问走访一线医务职工及患大病重病的困难职工近6400名，筹集春节送温暖款物近240万元。（赵 静）

【“守护生命”大型义诊活动在宝山举行】 5月28日，市卫生计生系统近百名劳模专家在宝山体育中心篮球馆参加“守护生命”大型义诊活动。在两个多小时的义诊活动中，劳模专家为近1600人次的当地群众提供免费医疗服务和健康咨询。此次“守护生命”上海市卫生计生系统劳模专家大型义诊活动由宝山区卫生和计划生育

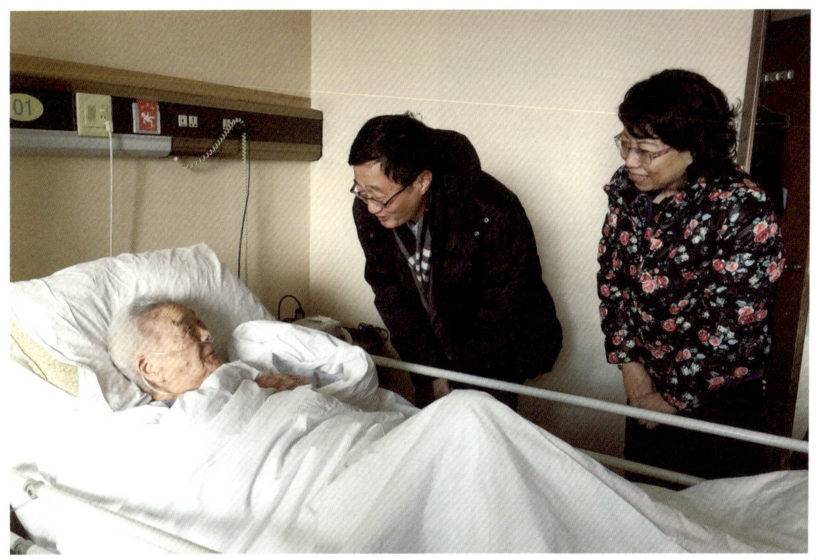

1月3日,市卫计委主任、市医务工会主席邬惊雷慰问儿科医院老专家刘湘云 (童秀妹)

委员会、宝山区医务工会承办。市总工会巡视员杜仁伟,市卫生计生委党委书记黄红,宝山区人大常委会副主任、区总工会主席王丽燕到活动现场亲切慰问劳模专家并与他们合影。参加此次义诊活动的有:全国劳模、华东医院院长、内科专家俞卓伟,中国工程院院士、第九人民医院口腔颌面外科主任医师,邱蔚六及其团队,市肿瘤医院乳腺外科专家沈镇宙教授,市儿科医院儿科专家郑珊和2015年度上海市劳模年度人物、彭浦镇社区卫生服务中心主治医师严正等一批知名劳模和专家。这些专家涉及内科、外科、肿瘤科等30多个科别。 (池朝霞)

【市经信系统工会做好帮扶送温暖慰问活动】 系统工会加大高温慰问和帮困、大重病定向帮扶、结对助学、节假日走访慰问等工作力度,打造好"送温暖""一日捐""金秋助学"等富有工会特色的帮扶品牌,完善工会帮扶长效常态工作机制,认真落实帮困送温暖工作,分别开展慰问劳模、帮扶工作和"金秋助学"活动。组织协调经信两委领导对高温高危的12家企业开展现场高温慰问,完成7000份高温慰问品的采购,合计开支74万元。经信系统帮困基金支出2016年元旦、春节困难职工生活帮困金,涉及申请单位56家,困难职工353人,帮困金共计36.5万元。金秋助学核批上报单位11家,其中大型央企2家、直属单位9家;上报人数65人,帮困对象65名,帮扶金额11.45万元。

(黄 俭 周斌锋)

【光明食品集团工会多渠道多层次地推进帮扶工作】 光明食品集团工会始终把落实"员工第一"的价值理念作为工会工作的重心,结合集团党委开展的"串职工门、知职工情、凝职工心"活动,2016年各级工会组织共计走访慰问职工35581人次(其中离退休职工29318人次),多渠道筹集帮困慰问款物2666.12万元,累计发放慰问款物共计2302.56万元;继续实施"金秋助学"帮困活动,集团工会对本系统60户困难职工家庭子女进行资助,帮扶总金额达到22.5万元,有效地解决了困难职工家庭子女求学难的问题;按照集团帮困基金会章程,继续做好对困难职工的精准扶贫工作,2016年对首次患大病及医药费开支比较大的49名因病致贫的职工开展精准帮困,共计金额达31.7万元;除自行安排职工健康体检和疗休养外,全年还落实了1662名职工参加市总工会的体检计划、2459名职工参加市总工会的休养计划;集团工会还组队前往青岛、南京等域外企业开展慰问活动,让域外企业职工也感受到光明大家庭的温暖。 (桑树德)

【市民政局工会开展多项关爱职工、服务职工工作】 元旦、春节期间,市民政局工会通过市总工会、市帮困基金会筹集114万元帮困款下拨各基层工会,增强了基层工会帮困工作经济实力,其中近70万元下拨到局属困难福利企业,用于下岗残疾职工、困难职工的"送温暖"及日常的助困、助医、助学活动。组织局属各级工会广泛开展"爱心一日捐"和走访慰问活动,深入困难职工、大病职工、残疾职工和单亲女职工等家庭,向他们送上慰问金和慰问品,实现帮扶送温暖全覆盖,不遗漏,确保困难职工过上欢乐祥和的新春佳节。按照市总工会的统一部署,为51家基层单位3751名职工办理了会员服务卡B类保障计划,为职工健康撑起了"保护伞"。

(胡积伟)

【市监狱管理局工会实施多举措为会员排忧解难】 局工会积极做好帮困、助学和高温慰问工作。元旦春节期间,对1000余名困难民警职工进行走访慰问,慰问金额达100万元。高温季节,由局党政领导带队分赴各单位亲切慰问奋战在高温一线的广大民警职工、驻监武警队伍官兵。秋季开学前夕,对199名家庭困难群众的子女进行帮困助学,金额20.03万元。做好职工保障互助工作,为全局在职和离退休人员34806人次续保,共有17638人次获医疗救助金459.867万元,10名会员获得专享保障计划给付金10万元。做好新一年度的工会会员卡的年度注册和会员卡大病保险续保工作。全部完成20家单位8000余名会员工会会员卡的年度注册工作。做好民警、职工晋升技师、高级技师申报奖励工作,共申报奖励297人,每人1000—2000元奖励,共奖励资金171000元。 (江海群)

【锦江国际集团工会做好帮困送温暖工作】 集团工会在每年"七一、春节"两大节日,积极开展送温暖、送清凉活动。此项工作已成为工会工作的品牌,成为集团党政工联系困难职工的有效举措。2016年集团共组织救助帮困305人次,帮困资金总计92.5万元。各基层工会建立送温暖工程基金37个,资金达256万,有319位领导干部结对帮助517户困难职工家庭。 (张祥伟)

10月12日，上影集团工会举办爱心集市义卖活动 （徐祖明）

【百联股份公司工会积极开展送温暖活动】 9月28日，百联股份公司工会与各成员企业工会同步开展帮困送温暖活动，以“一封诚挚暖人的慰问信、一份简单实用的节礼、一份略表心意的慰问金”等形式，为患重病、生活有特殊困难，以及部分离退休全国、市级劳模先进等159位职工送上节日慰问品、慰问金共计92000余元，让困难职工和特殊贡献的老职工在节日之际感受到企业的关爱与温暖。

（姜 杰）

【百联集团人力中心工会为离岗职工子女开展助学帮困活动】 8月22日，百联集团人力中心工会集中精力，认真细致地做好离岗职工子女秋季助学帮困工作。在37摄氏度的高温下，全体工会专职干部、工会小组长顶烈日、冒酷暑，对相关困难离岗职工进行家访，上门对离岗职工生活困难家庭的子女就学情况，进行逐人核准确认，向69名家庭困难的离岗职工子女给予助学帮困，助学金额总计为5.76万元。（姜 杰）

【上海城建国际工程有限公司工会为海外职工父母体检】 从2013年起，上海隧道股份城建国际工会推出了“每年为60岁及以上的海外职工父母体检”的关爱措施，即为居住在上海的适龄海外职工父母统一办理体检卡，为居住在外地的适龄海外职工父母年底报销体检费。8月，随着一张张体检卡的寄出，居住在上海的适龄海外职工父母体检覆盖率达到100%。今后将逐步扩大关爱面，继续为职工排忧解难，做职工的“贴心人”。

（潘 伟）

【上海飞机制造有限公司工会打造职工关爱平台】 上飞工会根据中华全国总工会相关文件精神，分别在端午、中秋、国庆、元旦节前为全体职工发放慰问品，总金额328.5万余元，惠及职工5000余名。根据一司两地的实际情况，在大场和浦东两地同时发放，送达公司对职工的问候和祝愿。工会分类分层级掌握困难职工状况，从病困帮扶、意外帮扶和助学帮扶等方面细分帮扶对象，为105名困难职工建档立册，2016年全年帮扶困难职工107人次，发放帮扶金近10万元；通过大飞机爱心基金，帮扶25名职工，发放帮扶金近30万元；职工医疗互助保障会报销122人，发放医疗报销金额近29万元。（于杰爽）

【号百公司连续8年开展“捐一日工资、献一份爱心”活动】 1月5日，公司在13楼多功能厅举行“捐一日工资、献一份爱心”捐款仪式。据统计，共收到捐款金额41550元，员工参与率达100%，人均捐款金额达111.69元。公司工会把捐赠资金全部注入公司专设的帮困基金，用于公司困难员工的帮扶慰问。（沈 匀）

【上影集团工会举办爱心集市义卖活动】 10月12日，上影集团工会举办“携手温情、传递爱心”上影职工爱心集市义卖活动，共卖出捐赠的各类商品764件，170多人次参加义卖活动，义卖所得17627元，全部汇入上影集团困难职工帮困资金。集市的爱心商品主要是职工自己创作的书画、十字绣等艺术品、家中闲置的日用品、小家电、书籍、服装、工艺品等，义卖活动集职工艺术品展示、爱心捐赠为一体，深受职工的欢迎。（高 昇）

【五冶集团上海有限公司持续开展帮困助学送温暖活动】 五冶集团上海有限公司工会每年秋季开学前，提前组织各分工会排摸困难职工家庭，在调查摸底基础上，2016年对公司33户特困家庭子女进行助学帮困，解决了他们的后顾之忧。除此之外，部分二级公司也通过困难补助形式对特困家庭进行助学帮困。公司工会自2011年起已持续6年坚持开展帮困助学送温暖活动，累计帮困助学201户特困家庭。（王 娟）

【东方网工会为困难员工子女发放助学金】 9月，为体现公司和工会对员工的关怀，东方网工会全委会讨论并通过助学帮困计划，对有具体困难的员工进行帮扶。凡单亲子女家庭可获得助学金：小学一至四年级500元/学期，小学五年级至初中800元/学期，高中市重点1500元/学期，区重点1200元/学期。符合条件的员工子女均可获得资助。（朱敏之）

【世纪出版集团工会认真落实“冬送温暖、夏送清凉”工作】 元旦春节期间，上海世纪出版集团工会向96名身患大病、生活困难的在职职工发放补助款11.4万元。向市级机关工会申请帮困基金1.8万元，走访慰问少儿社等9家单位的部分特困职工，并发放帮困金。高温季节，向76名身患大病、生活困难的在职职工发放补助款11.15万元，向37家单位1500多名在职职工发放17万多元的清凉慰问品。集团所属各单位工会也在元旦春节帮困送温暖的活动中，通过走访慰问和面对面交流等形式，向困难职工送上慰问金、补助款，传递单位党组织及工

会组织的关怀,使他们在受到物质帮扶的同时得到精神上的慰藉。（陆　迅）

【市工人文化宫举办“五一”书画义卖活动】 5月1日,由市工人文化宫主办、东方书画院承办的“五一”书画义卖活动在市宫3楼举行,此项义卖活动是市宫公益性文化品牌项目,已坚持了20年。活动现场,东方书画院16位书画家挥毫泼墨,最终13幅作品筹得善款15000元,悉数用于补助本市贫困职工家庭。（王超颖）

【市职保中心、市职保会开展帮困送温暖活动】 市职保中心和市职保会履行社会责任,积极开展帮困送温暖活动。市职保会每年对参保职工中的困难职工进行统计,2016年,市职保会共对201个困难家庭开展帮困送温暖活动,帮困资金10.05万元,共对51名困难职工子女提供助学金8.64万元。每年春节前和新学年开学前,市职保中心党总支都到结对助学的职工家中慰问,送上助学金,关心他们的学习和生活。党总支还积极参加江宁路街道“帮助他人,阳光自己”慈善活动,为10名社区困难低保户提供参加“城镇居民医疗保险”的50%费用,为2名驻区部队来自偏远地区、家庭困难的战士提供帮助。（顾艳斐）

【西山休养院开展帮困助学爱心捐款活动】 12月6日,西山休养院开展“帮困助学,爱心捐款”的活动,全院19位党员在党支部书记的带领下,为金庭镇的两户结对帮扶困难家庭募集善款3050元,全部善款用于慰问该两户家庭和购置学习用品,全体党员用实际行动投入到"两学一做"教育活动中,展现了党员互帮互助、扶贫济弱的优良作风。（夏鹤麟）

【西山休养院开展职工志愿服务活动】 西山休养院组建职工志愿服务队,在工程项目技术攻坚、重要团队接待服务和企业文化塑造等方面发挥“一人多岗”的作用。其中,前台、客房和餐厅的志愿者休养院整体工作需要,分别充实到兼职导游和领队队伍中,为休养职工外出参观提供服务便利。9月25—27日,80多名党员领导干部、普通职工对1000多米的木栈道进行油漆粉刷,直接节约外聘养护费用5万多元。同时,实施扶贫帮困、“爱心一日捐”、无偿献血和赴金庭镇敬老院开展为老服务等活动,取得良好的社会效应。（夏鹤麟）

权益保障

【概要】 2016年,上海工会加大源头参与和依法维权力度,切实维护职工劳动经济权益,密切关注有关民生政策的制度和调整,反映职工诉求,加强参与和督促落实。一是继续跟踪社保政策改革,积极推动外省市户籍女职工在“综保”转“城保”5年过渡期后满同步享受本市生育保险政策,提高待遇标准。二是积极响应国家政策,及时参与“全面二孩”有关政策调整,推动女职工生育二孩同等享受有关假期、待遇。三是积极参与工伤保险政策,推动建筑业工伤保险扩面,配合市人社局组织基层工会参与工伤保险知识竞答活动。四是跟踪本市住房保障体系建设,联合开展住房公积金缴存执法检查。五是推动提高本市支援外地建设退休(职)回沪定居人员帮困补助标准。六是开展本市职工劳动经济权益实现情况调研。（余嘉毅）

【上海工会职工权益保障工作会议召开】 2月25日,上海工会职工权益保障工作会议召开,会议全面部署今年四方面重点任务,来自各区县局(产业)工会的近200人参加会议。群团改革后新整合的市总工会权益保障部提出以强化宏观参与、提高服务职工为导向,加大推进服务更广泛职工群众工作的体制机制创新,更大力度地保障职工劳动经济权益,罗列出参与政策制订、援助帮扶等20多项相关工作。会上,市总工会副主席侯继军指出,明确目标、突出重点,不断深化工会职工权益保障工作的针对性和有效性,要善于把握,敢于主张,积极参与政策法规的制订、修订和待遇标准调整,进一步提高工会源头参与的深入性和成果的落实,明确源头参与的重点,提升源头参与的能力,落实源头参与的成果;要转变方式,拓展渠道,使职工群众能更方便地联系到、感受到工会组织,进一步提高工会维护职工权益服务职工需求的精准性,要着眼特惠,夯实困难职工帮扶工作,着眼普惠,深化服务职工实事项目建设,着眼实效,推进工会劳动保护工作落实,着眼整合,推进职工服务站点建设;要创新机制方法、统筹资源力量,进一步着力增强工作开展的能力水平和有效性,增强问题意识,统筹资源力量,健全工作机制,拓展工作手段。（余嘉毅）

【参与单位住房公积金缴存情况执法检查】 2016年是市住房公积金管理委员会、市总工会、市住建委、市住房公积金中心联合开展住房公积金缴存情况执法检查的第四年,本次联合执法检查自4月自查自纠阶段就取得良好效果,截至8月底,全市共新增住房公积金缴存职工约79万人,净增住房公积金缴存职工约25万人。9月起,对未完成自查、自纠的单位进行重点核查和上门检查。本次执法检查对象为本市符合《住房公积金管理条例》规定应当缴存住房公积金的机关、企业、事业单位、民办非企业单位和社会团体。重点检查以下三类对象:一是尚未设立住房公积金单位账户的单位;二是已设立住房公积金单位账户,但未为所有职工办理住房公积金个人账户设立手续的单位;三是已设立住房公积金单位账户,但未为职工正常、及时、足额缴存住房公积金的单位。通过对以上三类对象有针对性地进行函告、督促和检查,不断扩大住房公积金制度覆盖面,以切实维护职工合法权益,提高职工住房消费能力,让更多职工共享改革发展成果。（殷崇莉）

【参与生育保险待遇调整】 4月,本市“综保”转“城保”5年过渡期满,外省市农村户籍职工完全被纳入本市城镇职工社会保险体系,市总工会积极参与有关生育保险政策调整。市总工会及时推动有关部门调整了生育保险的计发方式,通过由用人单位先行垫付缴费不足的待遇部分,保障外省市农村户籍女职工生育保险待遇不受影响。此外,市总工会还根据2016年女职工生育医疗费用的上升,积极推动生育医疗津贴由3000元增加到3600

元,有力保障了女职工的生育待遇。

(余嘉毅)

【参与婚育假期政策调整】 2016年,为全面贯彻落实“全面二孩”政策,上海市开始修订《计划生育条例》等地方性法规,在机制上对女职工生育二孩享受相应待遇给予政策保障。在市人大、市计生委等有关部门制订政策中市总工会积极反映职工在晚婚假、晚育假、护理假等多项婚育假期待遇方面的意见和诉求,通过深入调研提出了及时调整生育管理机制、再生育应当同样享受生育假期和待遇等政策建议,还及时组织落实女职工座谈会,邀请来自机关事业单位、国企、外企、港澳台企、私企等各种所有制和制造、交通、教育、酒店、零售、食品、投资等各种行业的女职工参加座谈。在市总工会的积极参与下,2月25日,《上海市人口与计划生育条例》经市人大审议通过颁布施行,条例确定的女职工生育一孩、二孩同等享受生育本市婚假7天、生育假30天,配偶陪产假10天假期和有关待遇,与座谈会上女职工反映的意见和诉求基本一致。

(余嘉毅)

【开展职工劳动经济权益实现情况的调研】 8月,市总工会开展关于本市职工劳动经济权益实现情况的调研。本次调研采用问卷调查、个案访谈、座谈交流、文献分析相结合的方式,共计发放职工个人问卷1100份,回收有效问卷1045份,有效率达95%;同时,召开基层单位工会干部和职工座谈会3场,并对部分个案中的职工进行访谈。调查结果显示,本市广大职工在劳动就业权、劳动报酬权、社会保障权、劳动保护权等权益实现均有提高,但依然存在思想认识不到位、机制建设不完善、工会运作不正常、服务项目不渗透等问题,并提出了“抓宣传指导,搭好四种平台,不断增强职工权益维护的意识性,解决‘愿不愿’的问题”“抓源头参与,建好四种机制,不断增强职工权益维护的规范性,解决‘敢不敢’的问题”“抓服务项目,塑好四种维度,不断增强职工权益维护的常态性,解决‘能不能’的问题”“抓队伍建设,扮好四种角色,不断增强职工权益维护的实效性,解决‘会不会’的问题”等建议。

(殷崇莉)

【举办2016年上海工会干部保障政策培训班】 根据《2016年上海工会干部教育培训计划》的安排,5月19日,市总工会举办了2016年上海工会干部保障政策培训班,邀请工伤保险、工会劳动保护等方面的专家就工伤保险、生育保险最新政策以及工会劳动保护工作进行业务培训。各区县局(产业)工会相关分管主席、部长、基层工会干部210余人参加培训。

(余嘉毅)

【市纺织工会为驻外员工投递一份保障】 继纺织驻外员工在享受企业为每位员工购买的在职职工综合补充医疗、意外互助保障计划和工会会员卡提供的专享基本保障之外,工会为驻外员工再增加一份从业人员意外互助保障。2016年为申达股份、龙头股份、时尚物业、时尚地产、时尚公司、上实、原料、华申、裕丰等9家单位的127名驻外员工购买保险,其中驻国内的员工109名,驻国外的员工18名。

(陆 益)

【宝钢股份工会实现职工合理表达诉求】 为发挥职工代表的监督作用,股份工会组织职工代表对食堂餐饮供应点、职工夏季防暑降温用品领用点进行巡视和检查,发挥职工代表在公司生活后勤方面的参与作用。针对新一轮员工健康保障计划调整,股份工会组织员工座谈会,让员工理解和支持弹性福利的“弹下”调整,并及时引入性价比更高的弹性福利项目,提高员工的感知度。在对夜班岗位固定时段有序休息试点的基础上,通过调研和评估,向公司提出了第二批试行的单位和岗位,在员工中取得良好反响。

(胡建中)

【宝钢工程工会编制《职工保险(保障)责任一览表》】 为了更好地服务员工,让员工了解到自身在保险(保障)方面的权益,宝钢工程工会对保险(保障)责任进行系统梳理,编制《宝钢工程职工保险(保障)责任一览表》。一览表采用清单化的形式,纵向为生病住院、生育住院、大病门诊、急诊、观察室留院观察、家庭病房、33类大病、疾病住院津贴、疾病身故、意外身故残疾、烧伤、意外伤害医疗、意外住院补贴和意外骨折津贴等类别,横向为本单位行政、上级工会及政府提供的保险(保障)的类别,纵横交错的坐标中列出患病或意外类对应可以办理保险(保障),整体简洁直观、一目了然,便于员工对应。完整提交理赔所需的材料是快速办理保险(保障)的关键,为此工会还将理赔所需材料进行归类,并提练了易于记忆的“身”“收”“记”“账”四字口诀(即:“身”——被保障人的身份证复印件。“收”——医保医院的收据原件、住院医药费清单复印件。“记”——出院小结或门诊大病登记回执或家庭病床(证明或小结)复印件、住院前有关门诊病史复印件。“账”——银行账户<卡>复印件),以提升理赔一次性提交成功率,减少理赔过程中间的反复,把服务员工工作落实到“细、小、实”处。

(蔡兴目)

【宝钢不锈工会“暖心服务五有五化”助推员工转型发展】 2016年,宝钢不锈面临“生产经营模式调整、员工转型发展、产业发展规划推进”等三项任务,各级工会组织聚焦员工转型发展工作,以“有团队”,工作落实责任化;“有培训”,学习内容丰富化;“有疏导”,咨询辅导专业化、“有平台”,暖心服务多样化;“有保障”,困难帮扶精准化“五有五化暖心服务”为抓手,以“争做员工心灵陪伴者、情绪疏导者和关怀服务者”为目标,找准工作定位、明确工作责任,坚持依法维护,强化暖心服务,帮助员工渡过“情感关”“家庭关”“入职关”,促进员工转型发展工作顺利实施推进。全年,共1741名员工实现转型。

(潘 彦)

【宝钢发展工会完善服务职工工作体系】 宝钢发展工会进一步完善服务职工工作体系,倾力为职工做好事、办实事、解难事。全年共征集生活后勤、环境改善、劳动保护、薪酬福利等各类职工诉求169条,并将职工诉求转化为81个实事项目推进落实;公司层面落实了优化职工生日礼包、增加电子直乙肠镜和胸部CT扫描两个职工体检项目等实事;同时推动基层单位重点落实"三室一所"的环境改善实事项目,并全面顺利完成。汇编《职工劳动保障权益实用手册》,开发并运行"宝钢发展困难职工帮扶系统",完善《职工帮困送温暖工作实施办法》,全年共计帮困慰问3935人次,发放帮困慰问金468.60万元。完成《在职职工住院补充医疗互助保障计划》《特种重病团体互助医疗保障计划》及《女职工团体补充医疗特种保障计划》的续保工作,全年为526名在册职工办理保险给付。加强身心健康教练队伍建设,举办心理疏导技能培训,为一线职工和各级管理者普及心理健康知识。积极参与维稳和转岗职工培训工作。 (朱 宏)

【上海石化公司4万余人次职工参加补充医疗保障计划】 2016年,公司共有17807人次职工参加"综合补充医疗、意外(工伤)互助(B类)保障计划",20902人次职工参加"住院补贴(A、B类)保障计划",288人次参加"特种重病团体医疗互助保障计划",1144人次参加从业人员意外伤残团体保障计划。公司工会贴补金额100.09万元,全年共有2127人次获保障理赔312.84万元。 (潘萍萍)

【上海邮政工会认真做好员工互助保障工作】 经上海市邮政分公司党委审议通过,从2016年起,新一轮员工重病和员工住院医疗互助保障会保障期限为一年一轮次,经调整后的员工重病医疗互助保障会和员工住院医疗互助保障会入会费仍按50元/年和80元/年收取。2016年,新一轮重病医疗互助保障会入会人数21360人次,全年员工住院医疗互助保障会人会人数20556人次。员工重病医疗保障会对88名患重病及在职死亡员工支付105.6万元,员工住院医疗保障会为766人次,支付保障金177.2余万元。积极为广大工会会员办理工会会员服务卡,年内完成11000名会员卡注册工作,为4700名会员申请工会会员服务卡,有31名工会会员获得医疗保障金。 (陈千涛)

【光明食品集团职工参保人数逐年上升】 本着"广覆盖、保基本、少重复、不遗漏"的原则,2016年光明食品集团工会组织集团系统内职工参加上海市在职职工住院补充医疗、特种重病保障计划、女职工特种保障计划等6种互助保障计划的人数再创新高,达到81554人,投保金额达到630余万元,累计保险赔付404余万元,共计惠及因病致贫职工1733名。工会会员卡新办、续办累计达到59475人,截至年底,集团系统有194人获得大病理赔,10人获意外理赔,2人获病故理赔,共计获赔234万元。 (桑树德)

【市职保会优化在职职工互助保障计划】 经市职保会第四届第十六次常务理事会审议通过,从7月1日起,调整部分在职职工保障计划:一是扩大"特种重病保障计划"的保障范围,从现有的12种重病扩大到22种重病,特别是根据参保职工的愿望,将原先除外责任中的原位癌纳入保障范围。二是针对"在职住院保障计划"保障金支付额逐年递增,给付率已逾120%的情况,适度提高缴费标准,从50元/年提高到65元/年,实现保障计划收支平衡,推进该计划可持续发展。三是提高"女职工特种保障计划"保障金给付标准,将患乳腺原位癌或女性生殖器官原位癌的保障金给付标准由5000元/份提高到1万元/份。四是继续向参加"综合保障计划"的职工附加1万元"疾病身故保障",参加多项"综合保障计划"最高可获2万元"疾病身故保障"。五是将两年期的保障计划统一调整为一年期,方便参保单位根据企业变化和职工流动情况,及时调整参保。六是面对不同的职工群体,推出多样化的保障组合,保障组合的总保额最高可超过50万元。 (顾艳斐)

【市职保会4月1日起调整"退休住院保障计划"缴费标准】 根据"退休住院保障计划"筹资正常增长机制,经市职工保障互助会第四届第十五次常务理事会审议通过,决定于4月1日起调整"退休住院保障计划"缴费标准。具体如下:一是参加"在职住院计划"或"综合保障计划"的单位组织退休职工团体参保,其缴费标准为每年252元/人。二是未参加"在职住院计划"或"综合保障计划"的单位组织退休职工团体参保,其缴费标准为每年267元/人。三是社区参保对象中的续保人员、新退休一年内首次参保人员,以及断保后一年内再参保人员,其缴费标准为每年267元/人,退休一年以上未参保或断保超过1年(不超过2年)的人员,缴费标准为534元/人;退休2年以上未参保或断保超过2年的人员,缴费标准为801元/人。其中,未参保或中断参保的年份,不享受保障待遇。 (顾艳斐)

【市职保会启动退休职工保障金"直接给付"通道】 8月1日起,凡参加"退休住院计划"且在保障有效期内,持有上海市银行养老金账户的退休人员,前往各区社区事务受理服务中心(或街镇工会互助保障服务点)办理直接给付登记手续。除了民政"一站式"医疗救助人员等5种特殊情况外,自登记次日起,市职保会将根据医保信息,将其住院保障金直接发放到本人养老金账户中,实现退休住院保障金"自动报销"。针对部分退休职工养老金账户不在8家指定银行的情况,通过上海银行实现跨行给付,打通"直接给付"的绿色通道。 (顾艳斐)

【市职保会在5个区实现社区业务"一口受理"】 根据《上海市人民政府办公厅关于进一步加强社区事务受理服务中心标准化建设的意见》(沪府办发〔2013〕50号)精神,市职保会8个互助保障项目将在社区事务中心实现"一口受理"。年内,市职保会在静安、长宁、闵行、嘉定、奉贤等5个区试点完成社区新老业务系统切换和相关培训,实现了社区"一口受理"的阶段性目标。 (顾艳斐)

【市职保会面向基层举办互助保障年度培训】 为进一步方便社区开展互助保障工作,市职保会改变以往集中统一培训的方式,送服务到基层,按区域分片开展培训。4月19—27日先后举办6场互助保障业务培训,约250名来自基层的互助保障工作人员参加培训。会议重点对2016年社区参保的系统操作要求、散户代扣款的注意事项作了详细说明,还重申了社区参保、给付的财务操作口径等。 (顾艳斐)

劳动保护

【概要】 2016年,上海工会牢固树立"以人为本、安全发展"的理念,认真贯彻落实"安全第一、预防为主、综合治理"的方针,进一步完善工会劳动保护工作长效机制建设,坚持把维护职工生命权、健康权作为工会维护职工合法权益的第一要务,聚焦农民工、外来务工人员等重点人群,大力加强安全生产源头预防。积极推进《上海工会劳动保护三年行动计划(2015—2017)》,以"12355"为重点,通过开展宣传教育行动、能力提升行动、隐患排查行动、监督检查行动、法律援助行动,着力维护职工群众的安全健康权益,确保不发生有严重社会影响的重特大事故,为确保全市安全生产"总体平稳、基本受控、趋于好转"做出积极的贡献。 (邬明亮)

【继续深入推进"安康杯"竞赛活动】 按照全总和国家安监总局的总体要求,市总工会会同市安监局,继续深入推进2016年本市"安康杯"竞赛活动。竞赛过程中,各级工会围绕"创新驱动发展、经济转型升级",牢固树立安全生产"红线"意识,坚持"底线"思维和安全发展理念,积极组织职工开展群众性隐患排查和安全文化普及教育活动,加强企业安全文化建设,增强职工安全健康意识和技能。本市各参赛单位不断丰富竞赛内容、拓展竞赛内涵、创新竞赛形式,用安全文化、安全科学和安全技术积极推动安全生产健康发展。在坚持做好"安康杯"竞赛的"规定动作"的同时,还针对本单位安全生产工作的薄弱环节,认真设计、策划"自选动作",切实解决、改善企事业单位内存在的安全生产普遍问题或突出问题,推动各项安全预防措施落实到位,控制和减少各类伤害事故发生。据统计,2016年参加市一级的"安康杯"竞赛的单位达到8500余家,共有近250万名职工参赛,覆盖本市各个行业。 (邬明亮)

【即时授予在"安康杯"竞赛中成绩突出的优胜单位和个人为"上海市五一劳动奖状(奖章)"】 近年来,本市各级工会按照《上海工会劳动保护三年行动计划(2015—2017)》总体要求,"安康杯"竞赛活动紧紧围绕"教育培训强基础,隐患排查保安康"主题,牢固树立"以人为本、安全生产、体面劳动、和谐发展"理念,在提升参赛单位安全管理水平和增强职工安全意识等方面取得了新进展,为防止各类安全事故的发生,促进城市安全、平稳、有序、和谐的运行发挥积极的作用。为进一步提升"安康杯"竞赛品牌的社会影响力,积极引导本市各企事业单位和广大职工踊跃加入"安康杯"竞赛活动中,按照全总要求和参照全总做法,结合连冠次数和年末回访打分情况,市总工会对在全国"安康杯"竞赛活动中做出突出贡献的、获得全国"安康杯"竞赛优胜单位五连冠(含)以上的市客运轮船有限公司、中国石化上海石油化工股份有限公司塑料部2家单位授予"上海市五一劳动奖状"荣誉称号;对在全国"安康杯"竞赛中表现突出的上海电力安装第一工程公司姜毅授予"上海市五一劳动奖章"荣誉称号。 (邬明亮)

10月20日,全国"安康杯"竞赛表彰暨经验交流电视会议(上海分会场)召开 (吴良荣)

【召开上海工会服务职工"工具包"实事项目专题会】 6月21日,市总工会召开上海工会服务职工"工具包"实事项目专家组专题会,市总工会侯继军副主席、市安监、市疾控相关专家出席会议。侯继军指出,2015年上海工会将改善职业安全卫生和工作条件,提高劳动生产率实用"工具包"项目列入工会实事项目,其目的就是要进一步激发基层工会组织履行职责,更好地维护职工权益。做好2016年度"工具包"项目指导工作,一是要通过专家的宣传指导引导中小企业进一步树立社会责任意识,鼓励企业在提升经济效益同时要维护职工的劳动权益;二是要帮助中小企业提高现场管理能力,工效学管理不同于企业质量管理,要通过行业专家的指导,推动企业达到行业领军高度,促进企业增效和提高劳动生产率;三是权益保障部要做好专家、企业的服务对接工作,切实把服务企业发展,服务职工职业健康的工会实事项目做实做强。会上,对2015年度"工具包"推广试点企业进行了评审,上海华新合金有限公司等28家单位评为"上海工会"工具包"资助项目单位"。 (高大兴)

【积极推广职业卫生防护"工具包"项目】 2016年,上海工会积极响应全总推广应用国际劳工组织中小企业安全卫生防护"工具包"项目,以落实《上海工会劳动保护三年行动计划》为目标,以推广"工具包"项目为载体,搭建服务中小企业劳动保护工作平台,逐步形成中小企业劳动保护监督机制,推动中小企业改善职业安全卫生和工作条件,不断提高劳动生产率,切实维护职工劳动经济权益,市总工会会同市安监局、市疾控中心等部门在本市存在职业危害的中小型企业中继续试点推广“工具包”项目,改善企业职业安全卫生和工作条件,累计投入资金150余万元,带动试点中小企业投入资金2000多万元。本年度列入“工具包”项目推广试点企业105家,涵盖民营、国企、外资企业中具有职业危害因素的企业,其中列入市级试点企业62家,区级试点企业43家,覆盖本市所有16个区县的82个街镇及园区工会,惠及职工总数29972人。

(高大兴)

【开展高温慰问工作】 7—9月,上海工会拨出高温慰问专项经费120余万元,购置防暑降温用品,市总工会领导带队分12路对本市造船、建筑、石化、医院、出租汽车和私营企业进行高温慰问。高温期间,本市各级工会组织主动关心职工,尤其是一线职工和农民工的工作和生活,积极组织开展高温慰问送清凉活动,各级工会主要领导亲自带队深入基层,慰问奋战在高温岗位的一线职工,尽工会所能,确保职工能够吃好、睡好、休息好、工作好,发挥好工会组织“娘家人”作用。在高温慰问的同时,各级工会还认真倾听职工的反映和呼声,及时了解和掌握职工面临的困难,使职工的合理诉求得到及时的处置,受到广大职工的欢迎。据不完全统计,本市各级工会在高温期间共开展22119次送清凉专项慰问活动,慰问企业和工地59814家;慰问职工3036869人次,其中农民工938177人次;发放和赠送防暑降温慰问金21821.2428万元。

(高大兴)

【2016年度本市生产安全(工矿商贸)事故情况】 本市地域内企业发生生产安全(工矿商贸)事故203起,同比下降6.88%;死亡219人,同比下降3.10%;发生4起较大事故,未发生重大及以上事故。具体情况包括:按经济类型分类,私营企业发生死亡事故153起,同比上升4.38%,占事故总数的75.37%;国有企业发生死亡事故11起,同比上升54.17%;外商投资企业发生死亡事故11起,同比上升10.00%;外省市在沪企业发生死亡事故26起,同比上升18.18%;集体企业发生死亡事故2起,与上年持平。按规模分,大型企业发生死亡事故23起,同比上升15.00%;中型企业发生死亡事故36起,同比下降23.40%;小型企业发生死亡事故144起同比下降4.64%。按事故类型分,发生触电死亡事故30起,同比上升130.77%;发生中毒和窒息死亡事故7起同比上升16.67%;发生其他爆炸死亡事故2起,同比上升100.00%;发生淹溺死亡事故2起,与上年持平。按死亡人员地域分,外来务工人员死亡186人,同比下降4.12%;占死亡总人数的84.93%,较上年下降0.91个百分点。

(汪佳侃)

【开展工会劳动保护干部业务知识培训工作】 为进一步提升本市各级基层工会劳动保护干部理论水平和业务能力,更好地发挥工会组织在服务于生产安全和城市运行安全过程中独特的作用,2016年依照《上海工会劳动保护三年行动计划(2015—2017)》要求和市总工会工作部署,继续对规模以上(是指职工人数超过100人的单位)基层单位工会开展劳动保护业务知识的专项培训,要求本市各区县局(产业)工会对符合条件的基层单位工会主席和劳动保护干部组织举办劳动保护业务知识专项培训。培训工作坚持做到“四个统一”,即统一培训大纲,统一培训教材,统一师资认可,统一考试颁证。市总工会还出资提供教材和证书,并根据需要提供送教上门,计划通过三年时间,基本做到全覆盖,将进一步发挥工会组织在服务于生产安全和城市运行安全过程中的积极作用。年内本市共举办52期工会劳动保护业务知识培训班,4410名工会干部参加了培训,4339名工会干部经考试成绩合格,取得了市总工会发放的《上海市工会劳动保护干部业务知识培训合格证》,将作为本市今后工会劳动保护干部上岗依据。(邹明亮)

【举办2016年上海工会职业安全卫生防护“工具包”项目培训】 根据《2016年上海工会职业安全卫生防护“工具包”项目培训计划》的安排,6月22日,市总工会举办2016年上海工会职业安全卫生防护“工具包”项目培训班,邀请市职业健康安全专家就预防控制职业危害、保护劳动者安全健康权益以及基层企业工会开展2016年上海工会职业安全卫生防护“工具包”项目的工作方法进行业务培训。各区县、街(乡)镇、企业工会相关分管主席、部长、基层工会干部以及“工具包”推广企业负责人140余人参加培训。

(高大兴)

【杨浦区定海路街道总工会送安全生产培训进企业】 6月27日,杨浦区定海路街道总工会在东海制药股份有限公司举办安全生产知识培训班,邀请区安全监督管理局相关同志作安全生产培训。该公司党政负责人及全体职工参加培训。培训针对日常生产中的有毒有害防范、滚筒操作安全、消防逃生、安全知识等内容进行形象而生

11月16日,虹口区总工会举行劳动保护干部培训班 (徐　洁)

动的授课，并通过安全事故案例，告诫企业和职工安全生产工作的必要性和重要性。同时，结合企业生产特点，对触电保护、防火防盗、制药安全等事项的安全预防处置进行重点讲解。 （曹理仰）

【黄浦区总工会推进夏季劳动保护工作】 区总工会开展“五个一”劳动保护，即：开展一次安全隐患大排查，开展一次高温慰问惠及1万名一线职工，开展一次职工安全生产教育培训，开展一次职工职业健康体检，开展一次“安康杯”竞赛，提高安全生产月和高温慰问实效。 （吕诚陆）

【闵行区总工会举办劳动保护干部业务知识培训班】 11月23—25日，闵行区总工会举办“闵行工会第二期劳动保护干部业务知识培训班”，邀请市总工会与上海工会管理职业学院，以及兄弟区县从事安全生产劳动保护方面的专家开展培训，为学员系统讲解劳动保护法律法规、班组安全建设和职业安全健康、职业安全卫生防护“工具包”等安全管理专业知识。基层企事业单位工会主席和劳动保护干部200余人参加培训。 （王　凯）

【金山区召开“工具包”项目专家与企业联席会议】 7月15日，金山区总工会在上海汇得化工有限公司召开2016年金山区职业安全卫生防护“工具包”项目联席会议。会上，专家组与试点企业进行了分组对接，并考察了该公司申报的“工具包”项目的改造情况。 （沈勇军）

【青浦区总工会赴基层一线开展高温慰问】 7月下旬以来，青浦区总工会领导班子成员带队奔赴全区21家高温作业的企事业单位，为奋战在高温岗位的7000余名职工送上工会组织的关爱。区总工会党组副书记、副主席朱俊华带队分别前往赵巷、重固、香花桥、夏阳等地，为高温中仍坚守在岗位的一线职工送上毛巾、清凉油等防暑降温用品。其他班子领导也深入企业车间、困难职工家庭开展高温慰问活动，重点了解各单位防暑降温和劳动保护落实情况，并要求各单位积极采取措施，组织开展好安全生产隐患大排查、职工急救专题培训、高温慰问送清凉和职工职业健康体检等活动，确保广大职工平安度夏。与此同时，各镇、街道，有关委、局区级公司工会也相继开展各种形式的高温慰问活动。 （朱建强）

【奉贤区总工会加强工会劳动安全监督与培训】 2016年区工会出资36.85万元推动“工具包”“健康体检车”等实事项目，覆盖企业44家，2.1万职工受益。7月8日，奉贤区总工会职业安全卫生防护“工具包”现场推进会在上海双木散热器制造有限公司召开。9月21日，奉贤区总工会举办的工会劳动保护业务培训班开班式在工会学校举行，来自全区各工会、基层工会约100名劳动保护专兼职干部参加培训，主要内容有企业安全文化与安全班组建设、工会劳动保护监督检查员的职责和任务、安全生产事故的调查与处理、施工现场安全管理等。授课辅导结束后，对所有参训人员进行了书面考试。11月17日，奉贤区企事业安全干部培训班举行开班仪式。25家基层单位近90名工会干部参加。培训内容涵盖安全生产的有关法律法规、安全生产技能及劳动保护和职业健康的专业知识。 （胡　嘉）

【市化学工会积极开展安康杯竞赛活动】 集团工会以“安全环保万里行”活动为载体，不断深化工会劳动保护工作。组织召开化学工会劳动保护监督检查委员会会议，分析集团安全生产形势，部署2016年工会劳动保护工作。确定“六无”（无死亡、无重伤、无重大职业危害事件、无重大交通事故、无中暑、无食物中毒等情况发生），杜绝“三违”（无违章指挥、无违章操作、无违反劳动纪律）的“安康杯”竞赛目标，“安康杯”竞赛参赛单位达60家，参赛员工15000人次，达到了二级单位和三级生产型企业的全覆盖。经华谊集团竞赛办公室推荐，2016年全国“安康杯”竞赛（上海赛区）集团内企业和个人获得优胜单位4个、优秀班组3个、先进个人2名，集团“安康杯”竞赛办公室也被推荐为优秀组织单位。 （张雪莲）

【市纺织工会开展劳动保护业务培训】 6月14日，为期3天的上海纺织工会劳动保护业务知识培训班在龙头股份培训厅顺利结业。来自纺织集团下属企业及各园区工会主席、劳动保护干部等60余名学员参加培训，通过培训在纺织集团内已基本实现工会劳动保护干部持证上岗。 （郑鹨峰）

【市医药工会开展劳动保护专项培训】 为贯彻市总“上海工会劳动保护三年行动计划”，切实履行工会劳动保护的职责。市医药工会制订了工会主席和劳动保护干部的劳动保护业务知识培训计划，并在2016年全面予以落实。计划要求医药工会下属二级单位工会主席、副主席和劳动保护干部，三级单位工会主席应全部参加培训。培训由工会管理学院担当教学，医药工会下属104名工会主席和劳动保护干部参加培训，其中103名获得培训证书。 （方　尉）

【上海电力建设工会举办工会劳动保护监督员培训班】 6月24日，上海电力建设工会劳动保护监督员培训在公司培训中心举办。来自基层单位的56名一线劳动保护员接受专题培训。公司安保部专家解读了在建项目存在的各类安全隐患和事故风险，介绍公司目前所面临的安全形势和任务，通过各种案例分析各类安全事故的原因和预防方法。公司工会劳动保护专家介绍工会劳动保护监督检查员基本职责、工作内容和方法。培训后，组织学员进行劳动保护业务知识考试，对合格的学员颁发上海电建“劳动保护业务培训合格证”。 （傅　诚）

【上海电力安装第一工程公司工会强化安全文化建设】 2016年，上海电力安装第一工程公司工会在连续10年被评为全国“安康杯”优胜单位的基础上，以争创“十一连冠”作为品牌活动的契机，扎实开展各项安全活动，推进企业安全文化建设。一是紧扣主题，寓教于乐，强化安全教育。在施工项目举办安全运动会，比赛包括“安全接力答题”“两节消防水带连接”“用干粉灭火器灭火”等项目。二是安全论坛，情景模拟，夯实安全基础。公司多个项目通过“班组安全论坛”这个品牌活动，把“舞台”搬到施工现

上海电建劳动保护检查员指导农民工正确佩戴安全帽 （杜英宏）

场，由一线职工的本色出演，真实再现施工现场的安全隐患情景，在模拟互动的过程中强化职工的安全意识。三是"互联网+"，宣传互动，提升安全意识。公司工会组织开展"微"言大"义"安全警句征集上"头条"活动，发动职工通过手绘安全卡通图案或者漫画，并在公司微信公众号实时进行宣传与投票互动来增强安全教育管理的亲和力和感染力。四是社会责任，参与重视，彰显央企形象。在安全月交通整治教育活动背景下，科室工会邀请警员来公司授课，参与助推上海市的"安全行车"活动。（刘细华）

【上海电力建筑工程公司工会积极构建"职工安康之家"】 2016年，上海电力建筑工程公司以争创"职工安康之家"为竞赛主题，用好用活劳动保护员，其形成"3+4"劳动保护员队伍建设模式，亮点鲜明，成效显著，为公司连续3年摘得"全国'安康杯'竞赛（上海赛区）优胜单位"。一是注重3方面培训。第一日常培训，包括学习安全生产文件，交流劳动保护工作情况。第二专项培训，公司工会组织"劳动保护员"参加劳动保护专项培训，系统学习安全生产专业知识和各种现场安全隐患识别技能，确保劳动保护员取证上岗。第三"实战"培训，定期组织劳动保护保护员开展"安全生产巡视检查""安全合理化金点子""劳动保护运动会""安全随手拍"等富有特色的安康系列活动，实地查找、消除隐患，总结交流经验，提高岗位技能。二是明确4项职责。公司工会"劳动保护员"做到"四勤"（眼勤、嘴勤、腿勤、手勤），切实将事故苗头发现遏制在萌芽状态。（杜英宏）

【宝武集团工会激发班组细胞活力，夯实基层基础管理】 集团公司工会、安监部、团委、企管协会联合开展的安全"1000"班组建设活动，评选出100个集团公司安全"1000"标准化示范班组。集团公司工会与安监部、人才开发院、团委组织开展安全"1000"标准化示范班组研修活动，通过专题授课、经验交流、专题研讨，来自各单位80多名基层优秀班组长，对宝钢基层基础安全管理中主要存在的问题，以及班组安全管理下一步努力的方向有了更明确的认识。集团工会、安监部、人才开发院挑选部分安全"1000"标准化示范班组录制安全管理短片，在集团范围内传播共享，起到了示范引领作用。（徐　卫）

【宝武集团工会加强工会劳动安全保护工作体系建设】 集团公司工会发挥自身组织优势，依靠工会劳动安全保护工作体系，依法组织职工参加本单位安全生产民主管理和民主监督。职工参与各级工会劳动安全保护监督检查16503次，提出整改建议27859条，在保障生产现场的安全顺行和员工人身安全方面，取得了一定成效。9—10月，集团公司工会牵头组织开展工会劳动安全保护督查行动，在自查的基础的，集团工会组织职工代表对各单位督查行动落实情况进行终端验证。（徐　卫）

【宝钢发展加强工会劳动安全保护工作】 宝钢发展工会进一步加强工会劳动安全保护工作，促进公司安全生产顺行。开展工会劳动安全保护督查行动，各级工会围绕"管理者的安全履职行为、员工标准化作业行为养成、安康代表信息整改的及时性和有效性、安全'1000'班组创建落实情况"4项内容开展督查，查找并完成整改隐患117项。开展职工代表现场巡视活动，及时发现问题并督促整改落实，发挥职工代表民主管理和民主监督作用。发挥安康代表现场监督作用，利用安全例会、班组学习、交流座谈等形式提高安康代表履职能力，全年共上报信息3817条。在工业公司纸木制品加工部试点推行基层单位管理者安全履职公开述职活动，促进基层管理者安全履职工作闭环。组织开展"战高温、促生产、安全无事故"专项劳动竞赛活动，发动广大职工做好高温期间"八防"工作，努力实现"四无"目标，竞赛期间共评选表彰87个优胜班组。（朱　宏）

【上海船舶工会开展高温送清凉活动】 7月20日，中船上海船舶工业有限公司工会开展高温送清凉活动，给系统内各企事业单位生产现场送清凉，慰问奋战在高温一线的干部职工，并认真听取各单位党委、工会、安环保卫部、生产保障部等关于落实劳动保护和防暑降温工作的情况介绍。今年还首次采用招标竞标的方式进行高温送清凉用品的采购，购置毛巾和清凉5件套共计362860元，下拨4家主要造船企业高温慰问金90000元，为优秀班组购置降温电器。（陶庆翌）

【上海化学工业区公共管廊有限公司工会深入推进"安全生产1000班组"创建活动】 上海化学工业区公共管廊有限公司工会在"安康杯"竞赛活动中，加强班组安全管理与建设，深入推进"安全生产1000班组"创建活动。一是开展班组达标考核工作，制订班组日常工作流程，规范班组员工

5月24日，上海化学工业区召开"安康杯"竞赛活动总结表彰暨工作推进会 （郭　晔）

行为，把班组达标考核与"安全生产1000班组"考核有机结合。二是加强应急演练和安全教育，持续开展班组安全培训教育和技能培训，深入开展"青安岗"建设，引入"四懂四会"学习方式，强化桌面演练和实操演练，不断提高事故突发状态下的应急处置能力。三是发挥班组主观能力性，注重发挥班组的主动性和创造性，思考和总结安全管理内容，积极开展交流分享活动，提升班组安全管理水平。

（张　俊）

【上海铁路局工会深化群众保安全活动】 2016年，上海铁路局工会积极创新群众保安全活动载体，组织开展"隐患大家找，现场随手拍"专项活动，发动一线职工盯关键、查隐患。组织职工手机拍照、视频采集，发现并上报安全隐患。通过制作易企秀、开辟"随手拍"、图片"随手报"栏目，畅通反馈渠道。加强隐患整改闭环管理，保证活动的有效性。全局职工共参与活动14.7万人次，上报隐患3429件，查实1950件，整改1730件。

（王茂盛）

【中国远洋海运集团各级工会做好夏季劳动保护和防暑降温工作】 中国远洋海运集团工会结合夏季气温变化特点和所属单位安全管理、生产经营、一线作业等具体情况，认真部署落实2016年夏季劳动保护和防暑降温工作。一是认真履职，加强安全宣传，集团工会系统共组织职工参加防暑降温劳动保护培训逾1.7万人次。二是落实措施，加强监督管理，各单位共组织职工开展事故隐患和职业危害排查2200余次，查实问题6200余个，督促整改6000余个，涉及职工近1.6万人；高温期间组织职工代表进行专项防暑降温检查570余次。三是关心职工，深入基层慰问，高温期间，集团工会主要领导先后11次带队赴25家基层单位和船舶。集团系统各级工会累计走访慰问750余家企业和工地；慰问职工逾5.57万人次。劳动保护和防暑降温工作取得预期成效，全系统未发生职工中暑等安全事故。（张　洁）

【长江轮船工会组织职工代表现场巡查安全】 长江轮船公司工会主席带领部分职工代表，深入基层一线，分别对闵南船厂、杨家渡船长游轮码头，进行安全巡视和现场劳动保护情况督查，督促企业进一步加强安全管理，规范现场作业。职工代表巡视检查的内容主要包括：安全管理制度落实、设备管理安全状况、安全生产隐患排查等。每到一处，检查组成员都认真检查相关单位保障职工安全生产措施准备及落实情况，对职工的安全意识、自我保护能力及安全执行情况进行现场监督，对检查中发现的一些问题和不足，当场向所在单位安全部门负责人进行通报，并提出整改意见和建议。

（章　伟）

【上海长江轮船公司安康杯竞赛活动凸显成效】 公司下属上海长航船员劳务合作公司在开展船舶"安康杯"竞赛活动中，以人为本，在船员中开展重安全、抓质量、增效益的竞赛活动。针对新船员业务技能差、船舶情况不熟的问题，以大副、轮机长带头，采取以老带新、现场教学、查岗提问等方式培训，让每个新船员迅速掌握自己的职责范围和工作标准。轮机部在强化正常检修的基础上，成立日检、周检、月检、季检的巡回检修工作制度，力保设备高效率运转。同时，建立完善了安全隐患排查制，坚决杜绝违章指挥、违章作业现象，提高船员的自我保护意识。公司下属上海长江汽车服务有限公司以每月一主题的方式，积极开展"安康杯"竞赛，确保一方平安。

（章　伟）

【上海长航船舶工业有限公司开展体感式安全教育】 上海长航船舶工业有限公司开展"安康杯"竞赛出新招。改变传统安全教育模式，开展体感式安全教育。公司列支专项资金建立安全体验室。安全体验室主要有安全教育室、急救演示室、爆燃演示室、触电演示室、灭火器材使用体验区及安全体验平台六部分组成。自采用安全体验室开展安全教育培训后，共计有400余人次接受了体感式安全教育。通过体感式安全教育，职工安全意识明显提高，安全事故明显降低。

（章　伟）

【上海邮政工会做好夏季劳动保护防暑降温工作】 6月，为有效预防和杜绝中暑及生产安全事故的发生，邮政工会下发通知，要求做好宣传教育，落实各项劳动保护措施，切实保障广大员工的安全与健康。工会组织职工代表到11个生产一线单位进行劳动保护和防暑降温工作检查。7—9月，邮政工会深入基层生产一线，组织对47个支局（生产科）员工生产生活情况进行检查调研，督促基层单位做好防暑降温和员工劳动保护工作，并对6300余名战高温一线员工进行慰问。"双十一"期间，对奋战"双十一"的1820名一线员工进行慰问，对奋战旺季5500员工进行慰问，激励了员工生产积极性。同时，组织开展"安康杯"劳动保护竞赛活动，全分公司有32个单位，1367个班组和29514人参加"安康杯"劳动保护竞赛活动，并组织各二级单位开展全国职工安全卫生消防应急知识普及竞赛和开展全国"安康杯"竞赛安全文化宣传活动，强化了员工劳动保护和安全生产意识。

（陈千涛）

【中国电信上海公司浦东局工会“小小医药箱”进班组】 中国电信上海公司浦东局工会坚持“以人为本”,定期赴基层调研员工工作环境,关心员工生活困难;通过调研,浦东局工会决定一次性投入9万余元,为10人以上营业厅、装维点、局站设立“小小医药箱”56只。局工会采用专人保管制度,对每个医药箱药品使用情况严格记录,根据使用情况确保及时补缺,为员工健康保驾护航。 (殷 茵)

【中国电信上海公司中区局工会举行“安康杯”运动会】 8月22日,中区局在市商贸旅游学校举办2016年中区局“安康杯”运动会。运动会共有189名中区员工和领导参加比赛,同时还邀请2名客服中心的员工参加触电急救的比赛。运动会共设有团体广播操、灭火机消防接力、排障换胎、光纤布放、触电急救和拔河等6个比赛项目。中区局“安康杯”运动会起到了“弘扬企业安全文化,加强班组安全管理”的效果。 (殷 茵)

【中交上航局工会“安康杯”竞赛活动显亮点】 中交上航局工会开展“安康杯”竞赛活动坚持“职工安康,和谐发展”的理念;按照“教育培训强基础,隐患排查保安康”的竞赛主题,积极开展创建“安全生产1000班组”创建活动,有效推进公司安全生产稳步发展。公司所属的全国“安康杯”劳动保护竞赛优胜单位上海交建公司开展了“二严守、二强化”竞赛主题活动,坚持每半月一期“安全工作要点”摘编,全年编撰140多期。下发《全国职工安全卫生与消防应急知识普及》及考试答卷1000余份。竞赛坚持做到“二多、二细、二有”。即“日常检查多安排、多总结,整改情况细落实、细复查,节日检查有重点、有步骤”。努力做到“三结合”。一是“安康杯”竞赛活动与工程建设相结合。二是“安康杯”竞赛活动与技术创新相结合。三是“安康杯”竞赛活动与日常管理相结合。全国“安康杯”劳动保护竞赛优胜单位中港疏浚公司把安全管理信息化平台开发纳入公司“钱杰寐劳模创新工作室”研究课题,提升公司安全管理水平。围绕“十个一”和“五个一”,开展系列活动。一是“查一起事故隐患或违章行为”,共收到上报内容252条;二是“看一场安全生产录像或电影”;三是“接受一次安全生产知识培训”,参加培训约500人次,下发200多本教材;四是“当一天安全检查员”;五是“开展一次群众性安全技术改进活动”;六是“组织一次安全生产应急演练”。竞赛活动助推企业的安全发展,取得了显著的成绩。 (杨建平)

【上海建工集团召开2016年度施工现场劳动保护业务培训动员会】 会议6月27日在建工医院举行,各单位工会主席、行政科长、第一期培训班学员约110人参加培训动员会。本次劳动保护业务培训活动由集团工会联合总裁事务部、建工医院组织开展,培训内容主要有创伤急救技能、施工现场食堂和宿舍卫生注意事项、季节性常见传染病预防、心肺复苏操作步骤、建筑装修性呼吸道疾病预防、高血压等常见病的生活方式干预、心理疏导咨询等,来自集团所属各单位760余名工会劳动保护干部和项目部急救员报名参加培训。 (余轶群)

【市绿化市容行业工会关爱职工送清凉】 盛夏高温期间,绿化市容行业工会协调市领导、市总工会领导、局党政工领导深入到班组、工地、船队、码头、作业场所,兵分9路慰问高温期间坚持岗位的1000余名行业一线职工,并赠送了防暑降温慰问品。同时,行业各单位开展1601次送清凉专项慰问活动,慰问企业和工地313家(个),慰问职工210194人次,其中女职工82490人次,农民工113359人次,发放和赠送各类防暑降温慰问品累计1278.03万元。组织发动行业职工开展事故隐患和职业危害排查734次,查实问题233个,督促整改233个,涉及职工14284人。行业各单位工会还借助微博、微信等新媒体渠道,及网站、讲座、展览、培训等传统方式,多渠道、多手段、多层次地加强对职工劳动保护和防暑降温宣传教育,共组织行业职工开展防暑降温劳动保护培训29893人次。 (耿 静)

【鲁中矿业公司工会扎实开展班组“安康杯”竞赛】 鲁中矿业有限公司工会以创建安全标准化班组为重点,持续深化“安康杯”竞赛。一是确保“安康杯”竞赛活动的参与面,参赛班组279个,参赛职工占职工总数的98%。二是开展“安全重于泰山”职工漫画展,把企业发生的安全、劳动保护的案例,通过漫画的形式在安全生产月期间,组织巡回展览。三是开展“提一条安全生产合理化建议、查一次事故隐患、当一天安全员、召开一次安全生产主题班会、写一篇安全生产体会”的班组“五个一”活动,夯实班组安全管理基础,提升职工的安全生产技能和安全文化素养,征集职工安

8月29日,中交上航局中港疏浚公司在交通船上开展安全知识竞赛活动 (王荣丽)

全合理化建议1045项、安全生产体会5000余篇。（李宗峰）

【市科技系统召开“安康杯”竞赛活动动员推进会】 4月21日，市科技党委在科学会堂海洋能厅，召开2016年市科技系统开展“安康杯”竞赛活动动员推进会暨上科院系统2015年度竞赛活动总结表彰会。市科技党委副书记、市科技工会主席陈龙出席会议并讲话。系统70多家单位近120位行政部门负责人和工会负责人参加会议。陈龙宣读《关于成立市科技系统“安康杯”竞赛工作领导小组的通知》，并就做好安全生产和劳动保护工作提出要求，希望各参赛单位建立健全各项规章制度，确保机构、人员、经费、设施四到位，不断推进“安康杯”竞赛活动深入开展。（顾　铭）

【市经信系统工会加强劳动保护依法维护职工安全健康】 为进一步提高本系统基层工会劳动保护干部理论水平和业务能力，市经信系统工会于3月28—30日在上海工会管理学院举办了规模以上基层企事业单位的工会主席和劳动保护干部劳动保护业务知识专项培训班。培训班邀请市总工会专家授课，培训内容有劳动保护法律法规、上海市工会劳动保护三年行动计划、工会劳动保护概论、“安康杯”竞赛、班组安全建设、职业安全健康、生产安全事故报告和处置、相关行业安全管理专业知识。培训结束后组织了考试，对成绩合格者，颁发《上海市工会劳动保护干部业务知识评培训合格证》，作为本市劳动保护干部上岗依据。60余名工会主席和劳动保护干部参加培训。（黄　俭　周斌锋）

【市监狱管理局工会加大劳动保护监督力度】 深入开展抓隐患、纠违章、防火灾的活动，加大劳动保护监督力度。一是积极投入安全生产月活动，到基层进行安全生产大检查，发现隐患及时要求相关部门整改。二是开展形式多样的安全生产教育宣传活动，如黑板报评比、演讲征文比赛、知识竞赛、安全讲评、案例分析、专题培训等，提高全员安全意识。三是高温期间，对基层单位的防暑降温工作进行重点检查。配合局领导分8路前往局属各基层单位进行高温慰问，慰问金达71.8万元。四是重点加强对租赁场所和特种设备的管理，并抓好管理人员安全教育和岗位培训等工作，切实保障从业人员的健康和生命安全。（江海群）

【锦江国际集团工会开展“安康杯”竞赛上海赛区活动】 集团工会积极参加安康杯竞赛活动，在集团各级企业形成主要领导亲自抓，分管领导重点抓、工会和安保部门具体抓、全体职工齐参加“安康杯”竞赛活动良好局面。锦江乐园制订应急预案手册，对举办的“锦江士林夜市”严格管理，规范操作，确保食品安全。对防火、防盗、防止游客拥挤事故、游乐设备运营安全、夜间运营安全、防大面积停电及突发事故等方面都做了充分的预案准备并实施演练。吴泾冷藏有限公司举行了氨气泄漏抢险救援实战演练，使参战演练人员更近一步掌握和使用消防面具、防雾服的穿戴与操作，圆满完成各项演练预定内容。集团各基层工会建立劳动保护监督检查委员会27个；聘任28名职工节能减排义务监督员；工会小组劳动保护检查员229人；各级工会与行政部门联合开展安全生产检查683次，查实问题95个，督促整改95个，对检查中发现的事故隐患和职业危害因素，均采取切实有效的整改措施，防止各类生产安全事故的发生，切实保障职工的身体健康和生命安全。（张祥伟）

7月28日，上海水产集团举办“安康杯”知识竞赛（韩　毅）

【市级机关工委领导高温慰问一线劳模和干部职工】 7月18—27日，市级机关工作党委常务副书记应雪云、副书记徐善良、纪工委书记任勤相、秘书长杨建国、副巡视员华路等领导，分别深入露天施工现场、口岸边检、检验站（室）等场所，亲切慰问坚守在高温一线的市规土局、市环保局、市质监局、市检察院、市戒毒局、市保安总公司、上海海关、上海出入境检疫检验局、上海出入境边防总站、市气象局等单位的劳模、干部职工，为他们送上清凉解暑用品，向他们战高温、斗酷暑的精神表示敬意。高温期间，市级机关工作党委领导和市级机关工会干部共走访慰问市级机关系统的一线服务窗口、露天作业的基层单位共16家、25个工作点，慰问干部职工3000余名、劳模35名，体现了市级机关工委领导和各级工会组织对广大干部、职工的关怀。（王　颖）

【上海水产集团举办2016年“安康杯”知识竞赛】 7月28日，2016年上海水产集团“安康杯”知识竞赛活动在科技管理学校举行，参加本次知识竞赛团体赛（决赛）代表队是在各基层单位选派代表参加集团“安康杯”知识竞赛个人赛（初赛）、复活赛的基础上脱颖而出的8支队伍。此次竞赛活动是一次生动的安全生产知识普及和教育，对水产集团的安全生产起到积极的推动作用。（韩　毅）

【申通地铁集团工会开展安全生产管理建议征集活动】 7—12月，申通地铁集团工会按照“管建并举，管理为重，安全运营为本”的指导方针，切实发挥新一轮班组建设“一个体系，三个平台”作用，围绕“寻找身边风险源，我为安全献一计”主题，在一线班组、职工中征集安全生产、管理建议。本次征集活动在线上、线下同时进行，职工既可以登录“申通地铁之家”APP，点击“合理化建议”，参与“寻找身边风险源，我为安全献一计”专题讨论；也可以随时随地向所属工会递交在安全生产、安全管理中的新点子、新想法。在各单位工会的精心组织、广泛动员下，共1410个班组、19784名职工参与了讨论，产生安全生产管理建议1073条，择优向集团推荐200条。集团工会会同业务部门，经专家评委评选，“关于齿轮箱更换润滑油工艺改进的建议”等5条建议获一等奖。（姜 雪）

【临港产工委开展“安康杯”安全大检查】 为了进一步强化临港产业区入驻企业安全生产工作，维护广大职工的合法权益，7月6日，临港产工委邀请临港集团安全管理部和4位安全专家组成检查组在产业区内开展“安康杯”竞赛大检查。为确保竞赛顺利实施，临港产工委设置了自查、抽查、总结3项措施，并在产业区内选择3家非公企业作为检查对象。检查组深入生产车间，详细了解安全生产情况和职工保障措施，全面听取相关汇报，对检查中发现的安全隐患提出整改意见。3家单位负责人感谢检查组的指导意见，并表示立即按要求整改，加强各项安全基础工作，做到警钟长鸣，为企业的安全运营和职工健康工作创造更好条件。（陈 浩）

【国盛集团工会召开“安康杯”暨安全生产“啄木鸟”活动总结会】 12月2日，集团工会召开“国盛集团2016年度‘安康杯’竞赛暨安全生产“啄木鸟”活动总结推进会”。集团工会委员、各直属单位工会主席、安委办主任、获奖代表共40余人参加会议。会议由集团工会主席沈松龄主持。会上，总结了2016年度“安康杯”竞赛暨安全生产“啄木鸟”活动，宣读《关于国盛集团2016年安全生产“啄木鸟”活动获奖单位、个人的通报》。（颜 妍）

【绿地集团工会印发防暑降温安全生产清凉手册】 面对夏季高温，绿地集团工会及时印发防暑降温、安全生产夏日清凉手册，从防暑降温基础知识、夏日饮食安全、安全生产等多方面进行温馨提示。同时，结合绿地集团单位和员工分散在全国甚至世界各地的特点，他们及时在微信公众号上作出推送，得到了员工的热烈欢迎和积极转发，推出半日阅读量就超过2000多条。做好夏季防暑降温送清凉工作，是绿地集团落实“3+3+X”员工关爱体系、推动高温季节安全生产、凝聚激励干部员工共谋发展的重要举措。（王洋洋）

对口援助

【概要】 2016年，上海工会按照《2015年—2018年上海工会对口援疆（援藏）工作规划》，紧紧围绕社会稳定和长治久安的总目标，坚持发挥工会优势，推动经济社会发展，促进民族团结的基本思路，坚持从实际出发，以“产业发展、人才培养、民生保障、文化建设”为重点，推动受援四地工会在促进本地区繁荣发展和和谐稳定的进程中更好地发挥工会组织的重要作用。市总工会积极与喀什、日喀则、果洛、迪庆四地工会协调沟通，按照“中央要求、属地需求、上海所能”原则，分别制订了《2016年上海工会对口援疆（援藏）工作方案》及《2016年上海工会对口援疆援藏项目计划表》，积极统筹安排预算资金，并按时间节点规范资金拨付，有序推进项目落实，全年援助四地工会项目34个，援助资金3145.152万元。（高大兴）

【上海工会扎实推进对口援助地区工会干部的培训】 上海工会扎实推进受援地工会组织提高干部工作水平，建立受援地工会干部来沪培训机制。本年度为日喀则、迪庆、果洛三地举办3期为期15天的工会干部培训班。培训班紧密结合中央群团改革的要求，安排《坚持“三性”原则开拓工会工作新局面》《以法治思维、法治方式推进法治工会建设》《从国际工运的变革看中国特色工会的发展》《工会工作的方法与艺术》《工会干部的情商》《工会干部的心理压力调适》等工会理论与实践知识课程，总计培训工会干部87名；同时，建立送教培训制度。本年度选派5名上海工会优秀师资赴喀什举办了一期工会干部培训班，培训当地各级工会干部50名。（高大兴）

【上海工会开展对口援助地区的帮扶工作】 2016年，上海工会围绕改善民生的总体要求，进一步向一线职工倾斜，向帮扶项目倾斜，努力改善职工群众的生产生活条件，积极帮助受援地开展工会解困脱困工作，努力解决职工群众的实际困难，通过系列的帮扶措施，为职工办实事解难事做好事。一是开展“元旦春节送温暖”“大病救助”“女职工关爱行动”项目，对喀什、日喀则、果洛等三地2257名困难劳模、困难职工、困难工会干部、单亲困难女职工及患大病职工给予一次性帮扶256.7万元。二是开展“金秋助学”项目，对喀什、日喀则、果洛等800名困难职工子女给予一次性帮扶175万元。三是开展劳模疗休养项目，援助青海果洛地区28名劳模先进代表团来沪进行疗休养。（高大兴）

【上海工会支持对口援助地区职工文化建设】 进一步丰富当地职工群众的业余文化生活，促进民族团结与社会稳定，上海工会积极做好对口援助地区的职工文化建设。一是落实职工服务中心及文化场馆改建项目。2016年援助完成迪庆市文化宫改造项目，迪庆州职工服务中心装修工程遗留项目及新增迪庆工会大会议室附属工程建设项目；同时，继续推进落实新疆巴楚县、莎车县、泽普县、叶城县总工会按计划完成相关工人文化宫建设项目。二是落实职工书屋建设项目。在喀什援建4个、果洛和迪庆各援建2个职工书屋。三是落实配套设施设备购置项目。2016年完成日喀则市、江孜县、萨迦县、迪庆市职工服务中心相关设施设备购置项目，完成喀什地区30个学校职工活动室设备购置项目。（汪佳侃）

【上海工会加强援外干部的关心关爱工作】 2016年，上海工会主动与市合作交流办对接，建立上海援外干部关心关爱机制，对上海市委组织部外派干部开展关心关爱工作。一是建立走访慰问机制。市总工会领导赴对口援助地区交流时，对上海援外干部开展慰问工作，慰问援滇干部15人；二是建立疗休养机制。在援外干部统一回沪休假期间，按每三年安排一次三天带家属疗休养活动。全年，安排援外干部赴沙家浜、西山疗休养236人次；三是建立工会活动经费支持机制。支持援助地区建立工会，丰富援外干部工会活动。（汪佳侃）

8月22—25日，市总工会赴云南对口援助云南藏区座谈会（汪佳侃）

【上海工会赴云南迪庆开展对口援助工作】 为进一步落实对口援藏工作，深化和加强沪滇两地工会对口援助工作的交流和合作，8月22—25日，市总工会副主席侯继军带队，一行6人，赴云南省总工会及迪庆藏族自治州总工会学习考察，分别与昆明市总工会和迪庆州总工会开展工会工作座谈，学习交流昆明市总工会帮扶、就业援助等工作经验，了解迪庆工会援助项目的落实推进情况，签订《2016年—2018年上海市总工会—云南省迪庆藏族自治州总工会对口援助项目协议》，并实地考察了迪庆州职工之家大会议室装修和职工书屋的建设情况。学习考察期间，侯继军一行还专门看望慰问了上海援滇干部。（汪佳侃）

【金山区总工会与云南省普洱市总工会缔结友好工会】 11月29日，上海市金山区总工会与云南省普洱市总工会缔结友好工会签约仪式暨两地工会工作交流座谈会在漕泾镇总工会鑫港湾群团基层服务站举行，双方签订缔结友好工会协议。两地工会本着平等互助友好帮带、相互促进的原则，全面加强业务沟通、工作互动和人员来往等合作事宜，并不断拓宽交流渠道、创新交流方式，携手共促工运事业创新发展。在职工素质提升、服务体系构建、职工权益维护、基层工会建设、工会干部培养等方面达成合作意向。（钱海东）

7月4日，中远海运集团工会主席张善民到对口援藏洛隆县参加体育场交付揭牌仪式（张洁）

【奉贤区总工会与务川仡佬苗族自治县总工会结对共建】 11月30日，奉贤区总工会与贵州省遵义市务川仡佬苗族自治县总工会在区总工会会议室举行结对共建座谈会。会上签订了《上海市奉贤区总工会、务川仡佬族苗族自治县总工会合作交流框架协议书》，确定2017—2019年合作内容：建立互访和联席会议制度，合作开展工会干部学习培训，共同开展困难职工帮扶、就业援助、农民工关爱、职工法律援助等项目，在职工和劳模疗休养、职工科技创新、职工文化交流等方面合作。之前，奉贤区人大常委会副主任，区总工会主席陆建国率奉贤区总工会代表团一行，赴务川县考察工会工作，并捐赠务川县总工会20万元作为困难职工帮扶资金。区总工会基层部部长张匀被选派为援黔干部任务川县扶贫办副主任（挂）。（薛思涵）

【宝武集团工会切实做好云南定点扶贫和工会援藏工作】 宝武集团认真落实中央精准扶贫工作要求，2016年在普洱3个县和文山州广南县实施各类扶贫协作项目14项，实施第三期乡村医生培训项目，共投入资金982万元；工会对口援藏仲巴县50万元、八宿县40万元。（陆庆）

【中国远洋海运集团赴云南临沧考察慈善捐助及扶贫工作】 4月13—16日，中国远洋海运集团总会计师、中远慈善基金会副理事长孙月英和集团工会主席张善民赴云南临沧市，组织开展对中远慈善基金会“远航·追梦”临沧教育捐助项目实施的考察，并赴集团定点扶贫的永德县指导扶贫工作。中海集团自2006年开始对永德县开展定点扶贫工作，在基础设施建设、产业扶持、教育及医疗帮扶等方面累计投入了资金3160多万元，受益农户2万户，受益人口8万多人，有力推动了永德县域经济发展和民众生活条件改善。（钟远海）

【上海建工集团党政工领导赴黄山市和庐江县开展帮困助学活动】 11月7日、8日，上海建工集团党委书记、董事长徐征，集团党委副书记、工会主席张立新等赴安徽省黄山市和庐江县，参加上海建工集团向黄山市祁门县历口镇叶田村扶贫捐赠仪式及上海建工希望小学建校20周年主题活动。徐征拜会黄山市委副书记、市长孔晓宏，就支持扶贫帮困工作交换意见。建工集团一行考察了叶田村扶贫项目建设情况，并向叶田村捐赠人民币50万元，用于支持当地扶贫项目建设，向希望小学捐赠人民币10万元，帮助学校进一步改善教学环境和设施。（余轶群）

【云南省总工会医务人员上海培训基地揭牌】 10月20日，沪滇两地工会在市第一人民医院举行云南省总工会医务人员上海培训基地揭牌暨培训班开班仪式。云南省总工会党组书记、常务副主席王惠萍，上海市总工会副主席何惠娟共同为云南省总工会医务人员上海培训基地揭牌。培训基地的成立，确立了上海对云南医务人员进行培训的长效机制，对于拓展两地职工的协作交流，提升云南受训医院业务骨干的业务能力，整体提高云南地区的医疗水平，具有重要意义。来自云南地区的20名医护人员将在市第一人民医院开展为期3—6个月的培训学习。（陆卫超）

【上海城建国际工程有限公司工会组织助学公益活动】 9月，城建国际工会在公司党委的号召下，帮扶四川省凉山彝族自治州会理县三地乡中心小学。工会组织公司全体员工积极参与助学计划，通过捐款捐物、添置图书及一些课座椅、床铺等，为贫困地区带去关怀和帮助，改善贫困地区学校学生的学习生活环境。（潘伟）

女职工工作

【概要】 2016年，各级工会女职工组织紧紧围绕党和工会工作大局，围绕广大女职工需求，找准工会女职工工作着力点，继续深入推进建功立业、提升素质、权益保障、幸福关爱、组织建设等“五大行动”，以改革创新精神努力推进工会女职工工作。一是积极推进群团改革，架设组织新机构、明确工作新格局、提升履职新能力，女职工工作机制不断创新。二是大力弘扬先进典型，切实提升女职工素质，女职工岗位建功活动成效明显。三是深挖紧抓维权源头，积极开展专项普法宣传，大力提升女职工专项合同协商质量，女职工各项权益得到有效维护。四是积极拓展服务内容，持续推进妈咪小屋实事项目，深入细致关爱特殊女职工群体，全面落实女职工专属服务，女职工组织的凝聚力得到增强。（朱莉颖）

【上海工会庆“三八”表彰首批市五一巾帼创新工作室】 3月7日，上海工会纪念三八国际劳动妇女节106周年主题活动暨上海市五一巾帼创新工作室表彰会在海鸥饭店举行。市总工会主席洪浩代表上海市总工会，向全市广大女职工和工会女职工工作者们致以节日的问候和衷心的祝愿，向受到表彰的五一巾帼创新工作室表示热烈的祝贺。洪浩希望，全市广大女职工以五一巾帼创新工作室等为载体平台，积极参与“践行新理念、建功‘十三五’”劳动竞赛和职工科技创新活动，立足岗位、创先争优，在创新转型的主战场上充分展现职业女性的时代风采；积极践行社会主义核心价值观，广泛参与“培育好家风——女职工在行动”主题实践活动。他要求各级工会要切实增强性别意识，把女职工工作作为自己的的份内事来抓，全力维护好广大职工的各项权益，把工会女职工组织真正建成可信赖的“女职工之家”。大会表彰首批30个上海市五一巾帼创新工作室。部分上海市五一巾帼创新工作室与本市的劳模创新工作室进行联盟签约，形成水资源保护工作室联盟、智慧交通运行工作室联盟、光明使者工作室联盟和服务创新工作室联盟等四大创新联盟。市总工会副主席肖堃涛、巡视员杜仁伟，市妇联副主席黎荣，市总工会副主席何惠娟、李友钟，纪检组组长高黎萍，经审会主任、组织部部长桂晓燕出席会议。（朱莉颖）

【爱心妈咪小屋工作持续推进】 2016年上海工会“爱心妈咪小屋”实事项目取得新进展。市总工会女职工委员会从着眼于服务职工个性化需求出发，促进小屋建设由量化到质化的健康发展。一是规范化星级评比提升服务质量：3月下发《关于开展2016年上海工会爱心妈咪小屋星级评定工作的通知》，启动小屋第二轮星级评定工作。共评选出五星级小屋67家、四星级小屋128家、三星级小屋206家。另外，有48家小屋从三星升级至四星，36家小屋从四星升级至五星。二是多元化资源筹措增加覆盖数量。下发《关于实施2016年上海工会女职工“爱心妈咪小屋”助推方案有关事项的通知》，为全市499家新建小屋提供建屋资金补贴共计231万元。与此同时不断吸纳新的爱心公益企业加入到小屋建设中来。其中，惠氏公司和爱婴室为小屋提供了1.5万份爱心妈咪大礼包；博露雅迩公司向67家五星级爱心妈咪小屋捐赠了空气净化器。三是主题型交流互动延伸小屋功能。全国母乳喂养日，举行“职场女性，喂爱助力”爱心妈咪小屋主题活动，20位“爱心公益使者”受到表彰。世界母乳喂养周期间，举行“职场妈妈‘喂’爱坚持”主题活动，把妈咪课堂、亲子沙龙等服务送给有需求的企业。另外，为促进爱心妈咪小屋进一步规范化发展，开展《关于上海“爱心妈咪小屋”建设运行的调研》。四是信息化广泛普及打造品牌效应。充分利用小屋官方微信和申工社官方微信，开展“爱心妈咪小屋”秀一秀展示活动，先后有多家妈咪小屋展现了风采。截至年底，全市“爱心妈咪小屋”规模达到1756家。（郜晶）

【举办2016年上海工会女职工干部履职培训班】 12月6—8日，市总工会女职工委员会、市总工会组织部共同举办“2016年上海工会女职工干部履职培训班”。市总工会副主席、女职工委员会主任何惠娟出席开班典礼和结业仪式并作重要讲话，市总经审会主任、组织部部长、直属机关党委书记桂晓燕，上海工会管理职业学院院长吴萌出席开班仪式。市总工会女职工委员会委员、区局（产业）工会女职工干部、市总工会女职工工作联络员等近百名女职工干部参加培训。在为期3天的培训中，桂晓燕就上海工会改革工作情况做全面详尽的介绍，尤其对女职工组织的设置变化和带来的新课题作了阐述。女职工干部们还聆听了有关提升心理素质、冥想与职业女性减压等方面的专题辅导。何惠娟对女职工干部提出3点希望和要求：一是切实增强新形势下做好女职工工作的信心和决心，二是切实转变新形势下做好女职工工作的理念和方法，三是切实提升新形势下做好女职工工作的能力和水平。（朱莉颖）

【举行“职场女性，喂爱助力”爱心妈咪小屋2016全国母乳喂养日主题活动】 5月20日，“职场女性，喂爱助力”爱心妈咪小屋2016全国母乳喂养日主题活动在美罗城举行，来自全市各区县和系统工会的女职工干部和爱心妈咪小屋负责人代表300余人参加了活动，市总工会副主席、女职工委员会主任何惠娟等领导出席并讲话。2016年，市总工会投入200万元，按照每家5000元的标准为全市400家爱心妈咪小屋提供建屋资金补贴。与此同时，市总工会将连续3年开展《上海工会女职工“爱心妈咪小屋”助推计划》，投入资金助推妈咪小屋建设完善。在活动现场，上海移动公司工会、静安区石门二路街道交流了小屋建设推进经验，20位在推进小屋建设中做出贡献的“爱心公益使者”受到表彰。（朱莉颖）

【启动关爱女职工健康实事工程】 8月18日，市总工会在崇明工业园区，举行关爱女职工健康实事工程启动仪式。市总工会副主席、女职工委员会主任何惠娟出席仪式，来自多家非公企业的百余名女职工参加活动。仪式上，何惠娟为“关爱女性健康实事项目体检基地”天伦医院授牌。天伦医院将专门开辟体检绿色通道，开通“健康直通车”，配备专业检查设备，走进企业上门服务，为女职工进行体检和妇科咨询。仪式结束后，天伦医院的医生为女职工进行了免费的妇科检查，并现场开展健康专家咨询，为女职工答疑解惑。（朱莉颖）

【浦东新区总工会加大对女职工的关爱引领】 2月29日，浦东新区总工会召开“职业梦想·浦东启航——浦东工会纪念‘三八’国际劳动妇女节106周年主题大会”。来自浦东新区各行各业的职业女性代表近300人参加。活动现场，浦东新区总工会发布了《自贸区时代浦东职业女性职业能力成长的探究》报告，表彰4名通过拼搏和努力在浦东圆梦的女职工代表，积极倡导新时期女职工职业发展理念。活动前，“创·享”幸福集市为周围群众提供3大主题11项服务。包括工会会员卡现场开卡、女职工权益法律咨询、免费体适能综合检测、家政服务等。（陈　维）

2月29日，浦东新区召开“职业梦想·浦东启航”职业女性主题大会
（赵立荣）

【徐汇区总工会深化“爱心妈咪小屋”建设】 2016年，徐汇区新建成爱心妈咪小屋16家，截至年底全区已建屋74家。区总工会为新建小屋添置杂志、报架、爱心礼包等，进一步拓展“爱心妈咪小屋”服务功能。在全市开展的第二轮爱心妈咪小屋星级评定中，徐汇区有2家小屋被评为五星级小屋、有2家小屋被评为四星级小屋、还有17家小屋被评为三星级小屋。市第八人民医院工会副主席、百雁爱心妈咪小屋负责人潘文新被评为“2016年度上海工会爱心公益使者”。（侯　怡）

【宝山区总工会着力为女职工办实事、解难事】 三八节期间，宝山区总工会女工委会同劳动监察、妇联等相关部门对女职工密集企业开展专项检查。共抽查用人单位5家，涉及女职工975人；特邀东航高级培训师周蝶为大家讲授“性格色彩与人际沟通”专题讲座，帮助女工干部们掌握人际沟通的技巧；全年新建“爱心妈咪小屋”28家，小屋总数达到65家。全年申请市总专项资金补贴86623元，区总工会为新建爱心妈咪小屋提供专项补贴10万元，全年共完成2074名困难女职工免费“两病筛查”，新开辟罗店医院、大场医院体检点为方便女职工就近体检。区总工会还安排专项资金，为4782名困难女职工赠送女职工团体互助医疗特种保障计划。（宋　松）

【闵行区总工会举办纪念三八国际劳动妇女节106周年活动】 3月4日，闵行区总工会举办“构筑幸福梦想·携手让爱联结”——纪念“三八”国际劳动妇女节106周年暨“爱心妈咪小

屋”工作推进会，启动2016年“爱心妈咪小屋”建设工作。2016年全区新建妈咪小屋60家，成功创评5家五星级、1家四星级、11家三星级小屋，全区星级小屋总数增加至18家。 （金　靓）

【嘉定区新增两家五星级爱心妈咪小屋】 9月6日，嘉定区“第一电子工业（上海）有限公司第一妈咪小屋”和“沃尔沃汽车爱心妈咪小屋”2家单位荣获市总工会授予的“五星级爱心妈咪小屋”荣誉称号。嘉定区总工会从2014年开始在全区范围积极宣传、培育“爱心妈咪小屋”。至2016年，已有20家小屋建成投入使用。其中，3家小屋被市总工会命名为“五星级小屋”、17家为“三星级小屋”，另有10家单位正在筹建“三星级爱心妈咪小屋”。 （黄点点）

【金山区总工会召开爱心妈咪小屋工作推进会暨小屋授牌仪式】 9月23日，金山区总工会女职工委员会召开爱心妈咪小屋建设工作推进会暨星级爱心妈咪小屋授牌仪式，全区各直属工会女职工委员会主任、女工干部及爱心妈咪小屋的负责人参加会议。区总工会副主席、女职工委员会主任沈美娣出席会议，并为获得三星级、四星级荣誉称号的爱心妈咪小屋授牌。区总工会已建立各类“爱心妈咪小屋”17家，其中企事业（机关）类11家，楼宇区域类2家，公共空间类4家。在今年市总工会对爱心妈咪小屋的星级评定中，全区有2家小屋被授予“四星级爱心妈咪小屋”荣誉称号，14家小屋被授予“三星级爱心妈咪小屋”荣誉称号。 （雷　霆）

【松江区总工会举行“三八”节女职工培训】 为纪念三八国际劳动妇女节106周年，丰富广大女职工的业务文化生活，展示巾帼文明的风采，松江区总工会于3月11日在区工人文化宫进行“与人交流和说话艺术”和“美化生活——插花技巧”两方面的培训，区总机关、区工人文化宫、工惠服务中心有60多名女职工参加培训，让女职工们度过了一个健康快乐、温馨、难忘而有意义的节日。 （徐文健）

【松江区总工会开展女职工周末学校培训】 12月14日，松江区总工会在广富林街道开展女职工周末学校培训，全区各街镇、开发区总工会、委局和直属公司工会女工委主任、女工干部、女职工代表近100人参加培训。2016年，为进一步加强松江区女职工周末分校建设，区总工会研究决定在广富林街道工会工作委员会建立第三批女职工周末学校广富林街道分校，通过采取挂牌带动、典型推动等工作措施，引导女职工树立终身学习理念，建设一支与松江创新驱动、转型发展相适应的高素质女职工队伍。培训特邀享受国务院政府特殊津贴、全国五一劳动奖章获得者、市劳模、松江区方塔中医医院妇科主任骆春作女性的中医调养和冬令膏方调治讲座，从女性各生理期的保健、女性的中医调养、女性的膏方调治等方面为女职工普及健康知识，受到了女职工们的普遍欢迎。 （张谢瑛）

【青浦区工会组织丰富多彩的三八节活动】 三八国际劳动妇女节期间，青浦区各级工会组织结合实际，广泛开展形式多样、内容丰富的庆祝活动，为女职工送上节日祝福。青浦区总工会开展《女职工劳动保护特别规定》知识竞赛，吸引6000多名女职工参加。赵巷镇总工会组织开展“三八”维权周活动，为职工提供维权、血压测量、法律咨询，开展插花、烘焙、观影等系列活动。华新镇总工会进企业开展中医养生知识讲座，邀请专家为职工提供中医健康养生咨询。香花桥街道总工会召开女工工作会议，组织开展丝巾系带培训和健康讲座进企业活动，增强女职工礼仪和健康知识。区级机关工会开展多肉植物DIY培植与养护培训，学习多肉植物日常养护的基础知识和技能，用绿色妆点生活。区民政局工会开展“我为福彩点赞”“我为慈善点赞”主题活动，以讲座、座谈、游戏的形式，让民政女性掌握基本的自我保健知识。区绿化和市容管理局工会开展“从我做起，拒绝垃圾乱扔、杂物乱堆，共同营造整洁有序的市容环境”主题活动，倡议与承诺支持垃圾分类，向一切不文明陋习说再见。 （朱建强）

【市机电工会召开“三八”先进表彰会】 3月2日，市机电工会在上海东方艺术中心召开“纪念三八国际劳动妇女节106周年暨先进表彰大会”。上海电气（集团）总公司党委副书记李健劲出席并致词，机电工会主席朱斌宣读表彰决定。一批先进集体和个人受到表彰。2015年度，机电工会系统涌现了一批女职工先进集体和个人。上海汽轮机厂有限公司刘霞荣获“全国三八红旗手”，上海电机厂有限公司张斌梅荣获“上海市巾帼建功标兵”，上海发电机厂制造部综合工区驾驶二班和上海博格曼有限公司质保部检验组荣获“上海市巾帼文明岗”，上海汽轮机厂有限公司“刘霞创新工作室”荣获“上海市五一巾帼创新工作室”。还有一批女职工集体和个人分别获得机电工会系统“五一巾帼奖”“优秀女工工作者”。 （彭伟光）

【上海兴浦工艺品有限公司工会建立女工特殊利益维权机制】 上海兴浦工艺品有限公司女职工占职工总人数的83%，工会女职工委员会将女职工特殊权益如女职工在孕期、产期和哺乳期等特殊时期的劳动保护和休息，休假及劳动报酬、对已婚女职工每两年进行一次妇科病、乳腺病筛查等具体项目费用与行政协商，签订《女职工特殊利益专项集体合同》《工资专项集体合同》《职业病防治专项集体合同》。工会还注重解决困难、单亲女职工的生活问题，为她们建档立卡，按困难程度给予帮助，对患大病动手术、遭遇大的变故、因子女求学发生生活困难的职工，工会都会给予补助，并将相关制度写入合同里。 （黄玲妹）

【市纺织工会稳步推进创建“爱心妈咪小屋”工作】 市纺织工会积极推进落实“爱心妈咪小屋”建设，为职场备孕期、怀孕期和哺乳期的女性提供一个私密、干净、舒适、安全的休息场所。纺织集团11家“爱心妈咪小屋”全部通过由市总工会、上海橙丝带公益项目管理委员会联合开展的星级评定工作，其中申达外贸、原料公司等2家的爱心妈咪小屋评定为五星级，纺研院、时尚中心、尚街LOFT等3家单位的爱心妈咪小屋评定为四星级，华申进出口、新联纺、双创园区、新纺联、

集团本部、M50园区等6家单位的爱心妈咪小屋评定为三星级。（陆 益）

【市医药工会持续做好关爱女职工实事项目】 2016年市医药工会女职工委员会进一步扩大“爱心小屋”覆盖面，从二级企业向三级企业延伸，并且推进至沪外企业，全年共创建“爱心小屋”11家，其中包括沪外企业上药东英、上药康丽各1家；在2016年市总工会开展的全市爱心妈咪小屋星级评定中，和黄药业获评五星级爱心妈咪小屋，成为上药集团第三座市五星级“爱心小屋”；借助市总工会女职工周末学校平台，组织集团180名女职工参与“五一巾帼讲堂”培训；关注适婚大龄女职工的婚恋问题，组织60名男女嘉宾参加第八届万人相亲会。关心特种重病困难女职工，对集团内5家企业的10名患病女职工开展“关爱行动”。（陈 蓉）

【市医药工会举办“拥抱幸福 梦缘上药”主题活动】 3月13日，市医药工会女职工委员会以“拥抱幸福 梦缘上药”为主题把女同胞们聚在一起，让大家感受上药大家庭的和睦与温暖，集团150余名女劳模、女先进、女职工参与活动。活动分别对获“上海市巾帼文明岗”的两个团队及8位获得2014—2015年度“上药三八红旗手标兵”的员工进行表彰。8位标兵以“幸福之水”为引，以“酸甜苦辣”为题，分享了各自对工作生活中种种感悟和收获。参加活动的8支企业代表团队紧扣“酸甜苦辣”的活动主题，献上精美厨艺，展开一场愉悦的美食派对。（陈 蓉）

【上海电力建设公司工会开展“展智慧，同进步”主题活动】 2016年，上海电力建设公司工会女职工委员会通过开展“展智慧，同进步”主题活动，引导女职工爱岗敬业，促使女职工在公司转型发展、深化改革的进程中，发挥自己的聪明才智，不断推动女职工的创新和发展。一是动员女工干部和女职工认真学习、深刻领会党的十八届五中全会和中央群团工作会议的精神，引导女职工深刻认识到当前在公司转型发展中自己所承担的责任和使命，使女职工工作与时俱进，求实创新。二是围绕公司工会“新常态 新动力”的主题活动，继续以上海电建职工技能系列竞赛、“五小成果”等活动为契机，为女职工搭建施展才智、提升技能的平台，为女职工创造学习、交流、展示的机会，促进女职工不断学习，不断进取，为企业的发展注入创新的动力。三是以纪念国际“三八”妇女节为契机，开展“舞动个性魅力 放飞人生梦想”活动。活动组织女职工参加“性格色彩与沟通技巧”的互动培训，为女职工打造了“精彩一天”。四是以中电建股份有限公司组织的“书香三八”读书征文活动为契机，组织女职工积极参与，为女职工搭建了一个“悦”读、的平台，让阅读成为女职工的一种生活方式，让书香浸染每一个人、每一个家庭。（章美芳）

3月13日，市医药工会女职工委员会举办“拥抱幸福梦缘上药”主题活动 （王贤征）

【宝钢发展工会推进女职工“丝带关爱行动”】 宝钢发展工会推进女职工“丝带关爱行动”，激励女职工立足岗位、建功立业。一是组织开展宝钢发展2014—2015年度“优秀女职工工作者”“女职工工作最佳实践”评选表彰工作和集团公司2014—2015年度“玫瑰培育、玫瑰绽放最佳实践”推荐工作，推荐2名女职工参加集团公司2015—2016年度“玫瑰绽放”擂台赛。二是开展以“开拓视野、感知发展”为主题的参观学习活动，组织女职工代表40余人参观中国商飞上海飞机制造有限公司，进一步开阔女职工创新视野，增强自主创新意识。三是举办“职业女性形象设计与管理”专题讲座，提升女职工文化修养，塑造自信、优雅的职业女性形象。四是指导基层工会建立3个“爱心妈咪小屋”。（朱 宏）

【上海石化公司女职工周末学校活动精彩纷呈】 2016年，公司女职工周末学校活动开展丰富，课程设置新颖。全年共举办瑜伽班4期，545人次参加；举办“让家庭更和谐”“女性职业形象管理”“家庭插花”等专题讲座，325人次参加；举办“花艺·美丽生活”插花花艺比赛，40名选手参加。二级单位女职工周末学校举办摄影、剪纸、插花、西点制作等培训班44个，1184人次职工参加；举办各类讲座19场，共有1278人次参加。（潘萍萍）

【上海航天局开设“女职工四季讲堂”】 4月20日，以“培育好家风，女职工在行动”为主题的2016年上海航天“女职工四季讲堂”在电子所报告厅全新开讲，首季推出母婴健康知识讲堂，邀请上海市爱心妈咪小屋特聘讲师、新华医院产科副主任医师张琳就“三期”女职工常见健康问题及应对进行讲解，吸引了16家单位的孕妈咪、备孕妈妈、准爸爸，以及部分爱心妈咪小屋负责人共60多人参加。女职工四季讲堂，设计以婚恋幸福、母婴健康、亲子关爱、家庭和谐为内容的开

放式讲座，向女职工传递积极健康知识和正能量。（周　博）

【中船上海船舶工业有限公司工会举办三八节系列活动】 3月，中船上海船舶工业有限公司工会结合自身实际和女职工需求，开展丰富多彩的女职工主题活动。其中，3月9日，来自系统内基层单位优秀女性代表50余人参加了由船舶工会组织并依托市妇联巾帼园举办“精彩一天”活动。3月24日，开展“健康生活”中医调理讲座和健康义诊。还有女职工特殊劳动保护专项检查和“三八”节活动优秀案例征集，受到系统内广大女职工的好评。（陶庆翌）

【上汽集团召开纪念三八妇女节大会】 3月8日，以“情暖巾帼，未来有你”为主题的上汽集团纪念三八国际劳动妇女节106周年大会在上汽活动中心举行。上汽集团工会主席钟立欣、副主席马龙英以及集团工会女职工委员会委员、各企业工会主席、工会女干部、女先进代表等共约280人参加会议。大会对2015年度上海市巾帼建功标兵、市五一巾帼创新工作室、市巾帼文明岗进行表彰，并对爱心妈咪小屋及市总星级妈咪小屋进行授牌，其中对外服务妈咪小屋2家，五星级小屋6家、四星级小屋5家、三星级小屋10家。上汽大众、销售公司、泛亚技术中心、上汽大通分别作交流发言。（潘　萱）

华虹集团女工委开展数学油画绘制活动（汪　芸）

【华虹集团工会开展巾帼文明岗创建活动】 为进一步调动华虹女职工立足岗位创先争优的积极性，充分发挥女性职工在华虹新一轮发展过程中的积极作用，推动集团各项工作顺利实施。集团工会开展了2016年华虹集团巾帼文明岗位创建评选活动。3月，符合条件的争创班组自愿提出创建申请，共有15个班组参加了创建。9月，在各创建班组开展自查的基础上，集团工会女职工委员会将对所有创建班组进行检查。10月，对符合要求的创建班组授予“华虹集团2016年巾帼文明岗”称号。（汪　芸）

【华虹集团女工委开展“我为芯路添色彩”数字油画绘制活动】 2016年是华虹集团成立20周年，为展现华虹20年的辉煌成果，集团工会女工委员会开展了“我为芯路添色彩”数字油画绘制活动。活动分成“巧手绘生活”“巧手绘华虹”2个主题。“巧手绘生活”通过组织华虹系统全体女职工，每人制作一份数字油画，在提高自身艺术修养和审美水平的同时，展现其积极的生活态度。“巧手绘华虹”通过组织集团系统近50名女职工代表，以女性的角度捕捉不一样的华虹风景，绘制表达对华虹的热爱。集团工会集中展示优秀作品。（汪　芸）

3月7日，市运输工会女工委举办第六季爱心拍卖活动（袁俐俊）

【中国远洋海运集团工会召开第一次女职工代表大会】 7月27日，中国远洋海运集团第一次女职工代表大会召开，来自集团总部及32家直属单位的66名女职工代表参加会议。会议选举34人为集团工会第一届女职工委员会委员，选举产生集团工会第一届女职工委员会主任、副主任，讨论通过《中国远洋海运集团工会女职工委员会工作条例》，为保护集团广大女职工的合法权益和特殊利益提供了组织基础和制度保障。（马瑞杰）

【市运输工会女工委开展第六季“爱心拍卖”活动】 市运输工会女职工委员会举办的“爱心拍卖活动”曾荣获“上海市总工会女职工工作十大品牌”之一。为了持续开展好这项特色活动，工会女职工委员会每年将此活动列入年度计划，并精心策划、丰富活动载体。“三八”期间，市运输工会女工委组织开展了第六季“手拉手、心连心”爱心拍卖活动，本次活动主题是“温暖、绿色、和谐”，征集绿色小植物、小盆景作为拍卖品，共筹集到资金3030元，全部用于资助集团内单亲困难女职工家庭和子女，切实为特殊群体的女职工办实事、解难事。

（王　勤）

【上海邮政工会庆祝三八国际劳动妇女节】 根据市总工会和集团工会工作要求，上海邮政工会下发通知，指导广大女职工以“关爱女性　爱岗敬业”为主要内容，积极组织开展纪念活动。各基层工会结合本单位实际，开展内容丰富、形式多样的各类活动。客服中心工会、崇明区分公司工会分别邀请邮电医院、新华医院的主任医师做女性健康知识专题讲座；实业公司工会、信息技术局工会为女职工投保了团体互助医疗特种保障计划；徐汇区分公司工会联合上海植物园开展“绿意盎然”插花培训专题活动，特邀花艺老师授课。系列的活动及举措丰富了女职工的业余生活，缓解了工作压力，激发了广大邮政女职工立足岗位、乐于奉献的工作热情。

（陈千涛）

【中国移动上海公司工会女职工工作再创佳绩】 为充分发挥占比52%的女职工半边天作用，中国移动上海公司以“职场丽人、生活强人和爱心超人”三大品牌，不断深化女工工作，让女员工有更多的获得感和幸福感。一是“职场丽人”，通过搭建学习成长和评先树优的平台，信息系统运营部易东溟、计划发展部许闱帷、宝山分公司姚卫青等三人荣获2015—2016年度上海市“三八”红旗手称号；浦东分公司民生路旗舰店荣获2015—2016年度上海市“三八”红旗集体称号。二是“生活强人”，通过组织开展公司“建功‘十三・五’巾帼勇前行”女职工健步走暨家庭日主题沙龙活动，更好地普及公司“十三・五”规划及大连接知识，丰富女职工业余文化生活，并通过家庭日活动共同分享公司工会及女职工委员会带给员工及家属的快乐。三是“爱心超人”，在爱心妈咪小屋创建工作中再创佳绩。2016年，南区分公司、西区分公司、崇明分公司、网络优化中心等4家直属单位的爱心妈咪小屋被评为市级五星级小屋，浦东分公司等9家直属单位获评市级四星级爱心妈咪小屋，工会办公室钟频荣获2016年度“爱心公益使者”。

（曹　颖）

【中国电信上海公司举行庆“三八”表彰交流大会】 3月7日，中国电信上海公司举行2016庆“三八”表彰交流大会，公司副总经理、工会主席常朝晖代表公司管理层向全体女职工们致以节日的问候。表彰会上，公司女职工委员会主任董海燕做2015年度女职工工作总结和2016年工作部署。常朝晖为2015年度上海巾帼文明岗标兵、上海巾帼文明岗班组、集团优秀女店长、女渠道经理颁奖；副主席徐伟、陈晓军分别为2015年度公司巾帼建功先进集体、个人以及巾帼岗位能手颁奖。信息网络部工会、东区局渠道运营中心、账务中心业务拓展处分别代表各级女职工先进作交流发言。上海市女职工周末学校讲师团成员、高级形象管理师蔡嫣作题为《如何打造职场魅力女性》女性讲座。“三八”节期间，公司以“天翼丽人精彩无限”为主题开展系列活动，通过2场技能练兵、3场DIY秀和现场表彰交流活动，全方位展示了公司女职工在企业发展中勇担重任，在文化生活中丰富多彩的精神风貌。

（殷　茵）

3月4日，市建设交通行业召开“奋战十三五，巾帼共筑梦”纪念三八国际劳动妇女节106周年大会

（钱　蓉）

【中国电信上海公司崇明局爱心妈咪小屋获评上海市“五星级爱心妈咪小屋”】 8月初，崇明局“爱心妈咪小屋”经上海橙丝带公益项目管理委员会和市总工会“爱心妈咪小屋”创建推进办公室实地核查评定，获评上海工会五星级“爱心妈咪小屋”，成为上海公司第一家获此荣誉的单位。同时，公司的信息大楼、奉贤局、政企部、金山局和网运部5家爱心妈咪小屋获评“三星级爱心妈咪小屋”荣誉称号。截至8月，公司共有1家五星级、2家四星级和17家三星级“爱心妈咪小屋”，分布在公司各生产经营单位，为女职工提供便捷、贴心的育儿便利服务。

（殷　茵）

【市建设交通行业举行纪念“三八”节106周年大会】 3月4日，市建设交通工会召开了“奋战十三五，巾帼共筑梦”——上海市建设交通行业纪念三八国际劳动妇女节106周年大会。市建设交通工作党委副书记田赛男、市总工会副主席姜海涛、市妇联组织部部长竺倩伟、隧道股份公司党委副书记陆雅娟，以及建设交通行业各单位工会女职工组织负责人、女职工先进代表和女职工代表约200余人出席大会。田赛男在大会上致辞，她代表市建设交通工作党委，向与会的各位代表以及奋战在建设交通行业各条战线上的广大女职工和女职工干部致以节日的问候，并希望女职工向先进学习，立足岗位建功立业。（钱　蓉）

【市绿化市容局工会组织开展纪念三八妇女节系列活动】 为纪念第106个国际劳动妇女节，丰富女职工兴趣爱好和节日文化生活，市绿化和市容管理局工会女职工委员会组织开展系列活动。3月10日起，局工会女工委以“我的时尚·我做主”为主题，分6批组织开展拼布艺术实践体验活动；组织女工委员、巾帼文明岗代表和先进女职工代表参加“奋战十三五·巾帼共筑梦”上海建设交通行业纪念三八国际劳动妇女节106周年主题大会，领略建设交通行业各条线女职工依靠劳动创造幸福、立足岗位成就梦想的时代风采；组织近150名直属工会女工干部、先进女职工和一线女职工代表参加由市妇联、巾帼园、市总工会联合开设的“魅力女性·公益讲座周”活动。（冯　磊）

【市水务局（市海洋局）工会举办“女性智慧与社会文明”讲座】 为纪念三八国际劳动妇女节106周年，引导女职工进一步提升自身修养、促进自身发展，3月10日，市水务局（市海洋局）工会邀请华师大心理咨询中心高级咨询师陈默为女职工作“女性智慧与社会文明”主题讲座。陈默老师从剖析女性心理状态、生理特征、价值体现等方面切入，讲授现代女性如何处理好工作与生活、工作与家庭以及父母与子女等关系，给每位女职工带来启迪。（赵　秀）

【中建八局工会女工委召开四届四次全委（扩大）会暨巾帼建功先进表彰会】 4月1日，中建八局工会女工委四届四次全委（扩大）会暨巾帼建功先进表彰会在总承包公司世博绿谷项目召开。会议总结2015年女工工作，对2016年重点工作进行部署，增替补局工会四届女职工委员会委员，通报女职工特殊疾病互助保险金使用情况，表彰上海市巾帼文明岗、巾帼建功标兵及书香三八优秀征文，展播“书香三八”优秀作品，进行特色工作经验交流和“身边榜样、成长故事”先进典型分享，并举行“中建八局巾帼法律服务志愿团”成立仪式。中建总公司工会、市建交委工会、中建八局工会的领导及局工会女工委委员、先进代表、志愿者代表50余人参加会议。（袁丰宝）

【市教育工会女工委举办第六届优秀青年女教师发展论坛】 10月14日，由市教育工会女工委和上海市优秀青年女教师联谊会主办的“教学相长　探索创新——第六届上海市优秀青年教师发展论坛”在上海第二工业大学学术交流中心举行，上海第二工业大学校长俞涛致欢迎辞，4位优秀青年女教师作主题发言，上海市教育工会常务副主席、教育系统妇工委主任王向群作总结讲话。会后，参加论坛的优秀青年女教师、妇女干部和教育工会机关干部参观了“包起帆创新之路”展示馆和“雪龙号”极地考察船。（朱小娟）

【市卫生计生系统举行“魅力女性·花漾生活”插花比赛】 5月6日，由市卫生和计划生育委员会妇女委员会、市医务工会女职工委员会联合举办卫生计生系统“魅力女性·花漾生活”医务女性插花比赛在市精神卫生中心举行。来自各直属基层单位39支队伍，117名女职工参加比赛。（赵　静）

【市医务工会启动系统女职工专属礼盒公益新项目】 “五一”前夕，市医务工会引入社会资源，正式启动新的公益项目——通过向广大怀孕医务女职工赠送母婴用品实物礼盒的形式，使大家享受“家”的关爱，提升她们的幸福感。该公益项目是由合作方即所有提供母婴用品的爱心企业负责向全系统怀孕医务女性提供“上海宝宝　天使宝贝”专属礼盒，由市医务工会负责、各基层工会配合做好礼盒的派发工作。截至11月底，“天使宝贝”专属礼盒发放39家单位，1846名孕妇妈妈受益。（赵　静）

【市卫生计生系统举办“天使宝贝“亲子公益活动】 6月4日，由市医务工会、市儿童健康基金会联合举办的市卫生计生系统“天使宝贝“亲子公益活动在市第十人民医院举行。市卫生和计划生育委员会党委书记黄红、市儿童健康基金会理事长李忠尧、市医务工会常务副主席张浩等领导出席活动。40余家医院工会踊跃参与此项活动，其中36家向“天使宝贝援助基金”捐款，加上市医务工会捐赠的20万元，共募集善款304850元。此次活动吸引了200多户医护职工家庭携子女在现场摆出30多个摊位进行义卖，“医二代”们热心公益事业的身影，极大地感染活动参与者，大家慷慨解囊，义卖品很快销售一空。（赵　静）

【市经信系统工会开展巾帼风采展示活动】 3月11日，市经济和信息化

5月22日，市医务工会送出首批“怀孕女职工专属礼盒”（童秀妹）

系统妇女工作委员会、市经济和信息化工作系统工会女职工委员会举办主题为“聪慧时尚、自信坚韧、创新进取”的巾帼风采展示活动。市经济和信息化工作党委书记陆晓春，市妇联主席徐枫，党委副书记张锡平，党委副巡视员、系统工会主任陆琪出席活动。会上宣读了获得2015年度上海市巾帼文明岗、巾帼建功标兵、巾帼创新奖、五一巾帼创新工作室的集体和个人的名单，对获奖代表进行表彰。活动中，系统各单位选派的女职工代表表演了精彩的文艺节目。系统各单位分管妇女工作的领导、工会女职工委员会负责人、获奖代表、历年“三八”红旗集体（手）代表等400余人参加活动。（黄　俭　周斌锋）

【市民政局工会庆祝三八国际妇女节】 3月7日，市民政局女劳模、女先进和历届巾帼文明岗获得班组的代表欢聚一堂，以“巾帼展风采，同心建民政”为主题，举行纪念三八国际劳动妇女节106周年暨巾帼文明岗风采展示会议。会上表彰了获得2015年度上海市巾帼文明岗的班组。7个曾获全国及市级巾帼文明岗的班组通过演讲、情景剧或快板书等方式进行交流发言和才艺展示，15个班组精心制作了宣传展版，介绍女职工工作先进经验。（胡积伟）

【市监狱管理局工会突出四个“新”加强女工工作】 市监狱管理局工会加强女工工作，发挥女民警女职工“半边天”作用，主要抓好四个“新”：一是开展目标管理考评，力求女工工作新突破。对各基层工会女职工工作进行量化考核，共评选出优秀基层女职工委员会6个，促进监狱局女工工作的整体发展。二是维护妇女特殊权益，寻求工作新亮点。对77名困难女职工进行定向、助学和节日帮困；争取到专项帮扶资金5万元，用于50名困难女职工的临时帮困；向62名孕期及哺乳期的女职工，开展馈赠“爱心妈咪大礼包”活动；积极开展妇科体检工作，“女职工团体特种保障计划”参保率达100%。三是加强自身建设，展现工作新面貌。定期召开工会女职工委员会会议，及时制订工作计划部署相关工作；开展女工干部培训，参加市总工会组织的女工干部培训班；配合部分基层工会做好女工组织的调整工作；监狱局工会网站及时宣传和报导女职工活动信息等。四是融入工会改革，巾帼工作室争取新创新。积极传达学习市群团改革试点方案、市总工会改革实施方案，积极融入市总工会女工部工作的转型；三八节开展“妙手汇聚美丽生活”艺术插花专题培训等沙龙活动；南汇监狱“心航工作室”不断创新，被评选为上海市五一巾帼创新工作室。（江海群）

【市级机关工会举办女工干部培训班】 7月20—22日，为期3天的市级机关女工干部培训班在机场集团培训中心举行。市级机关纪工委书记任勤相参加动员仪式并讲话，市级机关工会副主任、妇委会主任陈玲主持开班仪式，市级机关系统近80名女工委主任、女工干部参加培训。培训班开设“学党章，讲党性，守规矩”“聚焦上海‘十三五’规划，实现创新转型发展”“新形势下如何做好工会妇女工作”“关爱女职工健康讲堂”等课程。（王　颖）

【城投集团工会开展纪念三八妇女节活动】 三八节期间，城投集团工会以“城投巾帼牢记使命建岗立业”为主题开展系列纪念活动。通过开展“2016年城投系统巾帼示范岗”先进集体和先进个人评选工作，表彰一批为集团发展做出贡献的女职工先进集体和个人。同时，集团工会还开展了女职工劳动权益维护落实情况自查活动，重点做好劳模先进、因病致困、单亲及二胎家庭等女职工的权益维护和关怀工作。此外，集团工会还牵头组织“三个一”纪念活动，即组织一次女职工先进代表登高上海中心大厦参观座谈活动，一次女工干部插花沙龙活动，一次女职工“岗位秀”微信互动活动。各基层工会也围绕主题开展了形式多样的三八主题活动和三八志愿活动共计98项。（朱文慧）

【上海联通开展庆祝“三八”节系列活动】 上海联通工会于“三八”节期间开展了“健康随行　关爱随心”庆“三八”系列活动。3月7日，工会联合行政服务中心在市区长宁和浦东2个大楼的员工餐厅内开展了“包饺子　学厨艺　品生活”“三八”节特别活动，有近100名女职工积极参加。3月8日，长宁和浦东大楼2个员工餐厅午餐时为女同胞免费送上木瓜银耳莲心汤。3月10日在长宁大楼9楼活动室，工会女工委组织了一次“爱护颈椎　健康随行！”——三八妇女节主题活动。（康　迪）

【上海飞机制造有限公司纪念“三八”国际劳动妇女节表彰会暨第四届“书香三八”读书活动】 会议3月11日在浦东基地制造工程技术楼举行。会上向女干部、女主席、上海市“三八”红旗手、巾帼建功标兵赠送女职工优秀读物，表彰2015年上海市巾帼文明岗、巾帼建功标兵及上飞公司2015年度“三八”红旗手和“三八”红旗集体。启动上飞公司第四届“书香三八——智慧女性·书香家庭”读书活动。与会代表共同观看上飞公司“巾帼之花”女职工视频短片。上飞公司各条战线上的女干部、女书记，分工会女主席、女委员，先进女职工和集体代表近90人参会。（陈　敏）

【世纪出版集团工会和女职工委员会举行纪念三八妇女节先进表彰大会】 3月7日，上海世纪出版集团工会和女职工委员会在朵云轩艺术中心举行以“做快乐女性、建和谐集团”为主题的三八妇女节先进表彰活动，表彰人民社历史与文献中心第一编辑室、音乐社发行（市场）部、书画社总编办公室、译文社词典教材编辑部、上图公司财务部等5个上海市巾帼文明岗集体；少儿社幼教读物编辑室、文艺社文学图书编辑室、科技教育社教辅图书编辑室、公司发行中心华北销售部、制单部等5个集团巾帼文明岗集体。获奖代表人民社历史与文献中心第一编辑室主任楼岚岚作交流发言。集团领导、颁奖嘉宾和获奖集体代表合影留念。集团工会女职工委员，所属单位党政工领导，女职工代表等200多人出席会议。（陆　迅）

农民工权益

【概要】 上海工会制订并下发《关于2016年上海工会推进农民工入会和

服务双提升工作的通知》,大力推进农民工入会和服务工作。一是深入开展"农民工集中入会行动"。全年净增农民工会员36.5万名,同比增长11.2%。二是扎实推进农民工技能培训和就业援助服务工作。组织各类职业技能培训12509人次;组织专场招聘会128场,成功帮助4.32万人实现就业。三是维护农民工的劳动经济权益。配合劳动保障监察机构开展农民工工资支付情况专项检查活动,欠薪单位支付1.4万名农民工工资8027万元。四是加强农民工安全生产和职业健康权益保护。共有83个区局(产业)工会组织农民工参加上海工会职工疗休养行动、健康体检行动、会员休养度假等3项行动。五是切实为农民工提供多样化帮扶与服务。各级工会向困难农民工发放帮扶资金近2400万元,补贴农民工春节返沪火车票等共计300余万元。六是多方位关爱女农民工群体。七是依法保障农民工的民主政治权利。在模范先进评选方面坚持向一线职工和农民工倾斜。八是丰富农民工的精神文化生活。组织发动农民工参与各类文体活动,命名30家全国工会职工书屋示范点。九是创新农民工工作宣传模式。市总工会与东方卫视联合策划制作相关电视节目,通过宣传农民工先进典型引领广大农民工提升素质、有序融入城市。

(杨　驹)

【敦促对在沪就业的滇籍农民工入会、法律援助等工作开展跨省合作】　6月15日,上海市总工会与云南省总工会在沪召开了农民工合作维权座谈会,对在沪就业的滇籍农民工入会、法律援助等工作开展跨省合作:一是两地总工会共同负责滇籍农民工建会、入会、会籍管理等有关组织工作的协调合作,共同组织实施农民工维权合作,开展日常协调联系。二是云南省总工会向上海工会提供滇籍农民工在沪就业信息,上海工会根据实际情况协调所在单位积极稳妥推进滇籍农民工入会。三是上海市总工会将滇籍农民工纳入上海工会职工法律援助范围,依法维护滇籍农民工合法劳动权益。四是在上海市范围内发生涉及人数较多的滇籍农民工群体性劳资纠纷时,上海工会及时与云南省总工会沟通联系,由云南省总工会组织相关部门了解情况,通过协调劳务输出组织,派员协助上海工会参与化解群体性事件,引导农民工依法、理性维权。五是双方建立农民工维权合作互访机制。定期或不定期深入农民工输出或输入地调查研究、相互交流学习,共同破解难题,切实把农民工组织起来并依法维护其合法权益。

(杨　驹)

【各区局(产业)工会大力提升服务农民工的能力】　一是推进服务新阵地建设。如黄浦老码头园区服务站聚焦复兴地块工地和中山南路地下通道工地,推出每两月一次的"农民工关爱"系列活动,为农民工兄弟送图书并提供免费理发、测量血压血糖等服务。二是开辟入会新渠道。如浦东新区在各街镇、开发区建立综合性联合工会,年内全区共吸纳体制外入会的农民工2415名;杨浦定海街道工会抓住为网上申请入会的农民工办理入会的契机,与企业沟通建会事宜,共3家企业建会,吸纳67名农民工入会。三是探索工会组建新方法。如静安区聚焦农民工相对集中的眼镜市场、服装市场等,建立楼宇工会联合会,消灭空白点;奉贤区成立工会工作志愿者服务队,推进区内"老大难"企业组建工会,试点的两家规模较大、职工数较多的企业均递交了组建承诺书。四是拓展服务职工新内容。如上海隧道加强"一线(一条网线)、两堂(食堂、课堂)、三室(阅览室、活动室、保健室)、四房(淋浴房、洗衣房、晾晒房、充电房)"等设施建设,为农民工提供更好的生活条件;上海机场以"同工同酬"为导向,实现由"身份管理"向"岗位管理"转变,为农民工打通成长、晋升的通道。

(杨　驹)

【徐汇区为环卫职工设立"爱心加油站"】　徐汇区委宣传部、区总工会共同发出倡议,联合区域党建促进会、区社会工作党委、区市容局在全区推广为环卫职工设立"爱心加油站",给环卫职工提供热水、热饭、如厕、休息等各种服务,经过多方动员,有103家单位参与活动,设立爱心加油站,为环卫职工做实事、献爱心。1月9日,在徐家汇公园举办"徐汇区环卫职工爱心加油站启动仪式暨公益路跑活动"。

(宋抒音)

【普陀区总工会举办关爱环卫工人活动】　1月28日,普陀区总工会联合区国资委工会、区市容环境行业工会、区城投公司工会,在上海普环第三分公司开展"带副春联回家乡　红红火火过大年"关爱环卫工人活动。邀请劳模书法家陈小康及职工书法爱好者现场创作春联,赠送给外来务工人员。出席活动的领导向环卫工人致以新春慰问和祝福,并送上主办方准备的八宝饭和保温盒。活动现场同时提供法律咨询、常规医疗保健、工会会员卡宣

1月28日,普陀区总工会开展赠送春联给环卫工人回家过年活动

(许王丽)

传等服务。（陆　蕾）

【普陀区总工会为农民工送健康】 3月21—23日，普陀区总工会组织300余名困难职工体检前往普陀区中心医院体检，体检内容涵盖肝功能、血压、内科、五官科、血常规等20余项。7月20—21日，在长风项目工地开展暑期农民工免费体检活动。流动体检车直接驶进工地现场，对该项目工地150人农民工进行体检服务。送健康活动作为区总工会“十送温暖”特色项目之一，受到包括农民工在内的职工的一致好评。（陆　蕾）

【市总工会领导向杨浦区一线电力工人送清凉】 7月12日，市总工会党组书记莫负春看望慰问上海东鑫电力工程安装有限公司维修中心一线电力安装工人，向职工们送上防暑降温用品礼包，询问大家日常生活及工作情况，叮嘱公司管理人员务必高度重视夏季安全生产工作。市总工会、区总工会还为该企业职工们添置冰箱、空调等夏日硬件设施。该公司为民营独资企业，主要承接110KV及以下变配电安装、调试、检修、电缆排管和敷设工程，属高危行业，现有职工310人，其中外地来沪职工184人，该公司已连续12年获评全国“安康杯”竞赛优胜企业，并曾获上海市五一劳动奖状和全国“安康杯”竞赛示范企业。（曹理仰）

【市纺织工会实行3个必须维护农民工权益】 纺织工会在配合企业加强对农民工管理的过程中，要求各级工会干部思想上重视、措施上保证，技能上提高，收入上保障，生活上关爱，情感上体恤。工会主席必须参加新农民工入职教育，宣传工会；农民工入职试用期满必须发展其入会；职工之家创建必须考核农民工入会率、搭建服务平台等措施。目前集团2374名农民工，已入会2247名、入会率95%，已办工会会员卡2239名、办卡率99.6%；在12家农民工集中的企业，有41名农民工代表；获企业先进65名、集团先进19名、市级先进17名，发展党员24名；推荐多名农名工选手参加全国大赛获得好成绩，并培养了一批生产骨干。（林裕良）

【中国电信上海市工会为“营维合一”员工发放防寒保暖三件套】 1月，上海遭遇35年难遇的最强韩流，申城最低气温达-7度，郊区更低至-10度，一场面对极寒天气的“大作战”在公司开展起来。上海电信工会及时为一线“营维合一”员工们配备防寒保暖三件套。一双绒手套、一副加厚护膝、一个加长版戴耳口罩，加上“五升一降”岗位创新宣传资料一同发放到员工手中，让员工既了解自身成才和创新的重点，又感受组织的关切之心，得到了营维一线员工的好评。据统计，本次公司工会共向员工发放防寒三件套4580余份。（殷　茵）

7月12日，市总工会党组书记莫负春慰问杨浦区重大工程一线职工（曹理仰）

【陆家嘴公益城进工地活动在上海建工一建集团上海船厂工地举行】 9月14日，由陆家嘴街道党工委、办事处主办，陆家嘴街道社区党委、社区党建服务中心承办，陆家嘴街道总工会、一建集团协办的“情系浦江　爱满中秋”——“金色纽带”陆家嘴公益城进工地活动在上海船厂2E2-3工地举行。活动除了以文艺汇演形式给300余名农民工送去节日欢乐外，还开展了“点亮微心愿”活动，并提供健康咨询、理发、电影放映等10多项爱心服务，受到了农民工的欢迎。（余轶群）

【上海建工五建集团工会积极参与“工地午间食堂”活动】 为进一步丰富一线建设者的业余文化生活，五建集团与普陀区总工会等单位携手推进“工地午间食堂”，即以工地职工食堂为主阵地，通过招募具有一定技能的职工志愿者在午餐期间开展文艺演出、便民服务等活动。还开展《手机通通会》培训，帮助一线建设者熟悉使用申工社APP。（余轶群）

【市绿化和市容管理局举行“关爱环卫工人·共建洁净家园”专项行动暨颁奖典礼】 10月26日，“关爱环卫工人·共建洁净家园”专项行动颁奖典礼在北蔡文化中心举行，来自本市环卫行业的劳模先进、一线职工代表，以及社会各界关爱环卫工人的单位和志愿者代表600余人参加活动。市绿化和市容管理局党组书记、局长陆月星、中国海员建设工会分党组领导张景义、市总工会副主席何惠娟、市建设交通工作党委副书记田赛男、市绿化和市容管理局副局长鲁建平等领导出席典礼。在颁奖典礼上，揭晓了2016年度上海市“十佳城市美容师”“十佳爱心接力站”“十佳关爱环卫工人实践案例”。（冯　磊）

退休职工权益

【概要】 全市各级退管组织围绕全市退休职工的实际需求，加大为老服务力度，积极组织各级退管会为退休人员在老有所养、老有所医、老有所学、老有所为、老有所乐上，建章立制、搭建平台、提升管理。年内,主要开展了退休人员的参保、帮困救助、信访接待、千名老人免费体检、银发无忧投保(参保人次超过27万,投保金额达540多万元)、尊老社会一条龙和社区为老服务等工作,发放高龄老人优待证近10万张,全市共有49家爱心企业作为尊老窗口单位参与其中,提供更多为老服务项目;在搭建多渠道活动平台方面,精心组织了适合老年人参加的棋牌类、竞技类比赛等体育活动;摄影展、申城老人看上海、九九重阳歌会等活动,丰富了退休职工的精神文化生活。同时,还组织开展全市退管系统的退管干部业务培训、退管工作先进集体和先进个人的评选、退管工作者和为老服务志愿者的疗休养等活动,通过不断完善退管工作机制,努力提升服务能力和服务水平,主动适应新形势下退休人员的新要求和新期待。 (刘　青)

10月9日,上海市"老年节"大型宣传咨询为老服务活动在复兴公园举行 (黎　颖)

【全市退管系统积极开展两送工作】 全市各级退管组织积极开展"冬送温暖夏送清凉"系列帮困关爱工作,建立和健全帮困慰问制度,坚持普惠与重点帮扶相结合,精准化做好走访慰问工作。在全年的两送及系列帮困工作中,各级退管组织分别对长期生活困难、患大病的退休人员、退管干部、为老服务志愿者等进行慰问,慰问人数达112.4万人(次),慰问金额超过4.1亿元。 (黎　颖)

【举办上海市"老年节"大型宣传咨询为老服务活动】 10月9日,市退管办联合市老龄办、市老龄事业发展中心、黄浦区总工会、老龄办、退管办等6家主办单位和一批支持单位在复兴公园举行2016年上海市"老年节"大型法律宣传咨询为老服务活动。活动现场共设5项内容:一是邀请近60名专家到场开展法律、医疗保健、养老保险等20个方面的政策咨询。二是有百余名为老服务志愿者参加的深受老年人欢迎的理发、小家电维修、修伞、量血压、白内障预检等25项为老便民服务。三是老年文化作品展示,共展出摄影作品50件。四是邀请多位著名表演艺术家参加的文艺演出。五是邀请中山医院、瑞金医院、中医药大学等三甲医院的10位医务专家进行现场义诊。活动当天,共有近400名志愿者参与其中,服务人次约15500名,得到了老人们的充分肯定,社会反响良好。 (黎　颖　吕诚陆)

【组织开展退管系统疗休养活动】 市退管办为基层一线的退管工作者和为老志愿者提供疗休养服务,共有58家区局(集团公司)退管会的近200家基层单位的500名退管工作者分七批参加了赴西山、黄山和汤山的疗休养活动。疗休养活动的开展充分展现了退管系统一级关心一级的良好传统,激励着更多的退管工作者和为老服务志愿者甘于奉献,用心工作,为广大退休人员提供更好的贴心服务和关怀。 (黎　颖)

【举办多项文体活动,丰富退休职工生活】 市退管办精心组织适合老年人特点的各类文体活动,丰富退休职工的精神文化生活。5月14日,市退管办在东华大学举行上海市退休职工第三届中国象棋比赛。42个区县局(集团公司)退管会共66支队伍,约300名退休职工报名参加比赛,参加人数较上两届有了显著提高;9月上旬,联合市老龄办、市老年基金会开展2016年"申城老人浦江游——上海新高度、浦江老情怀"专项一日游活动,参观上海中心和看百年外滩新面貌。全市退管系统共计46家区局(集团公司)退管会的800余名退休职工参加活动;协同市老年基金会、市科技助老中心举办"党和祖国在我心中"——2016九九关爱重阳歌会。来自上海市老年基金会各分会、退管系统各条线、各级老年大学、各社区街道的78支合唱队参加歌会。全市退管系统共有21支队伍报名参加,11支队伍进入决赛;10月27—28日,主办"上海市退休职工首届乒乓球比赛",共有38个区县局(集团公司)退管会67支队伍,约300名退休职工参加;举办上海市退休职工第十届"清凉杯"扑克牌比赛,吸引56个区县局(集团公司)退管会163支队伍,约550名退休职工报名参赛;与市老年基金会、市老龄办联合主办的第六届上海市老年摄影展,活动以"美的绽放、久久绽放"作为主题,42家区县局(集团公司)退管会的550余名老年摄影爱好者分3批分赴金山鱼嘴村和枫泾古镇进行创作采风活动,收到作品12000余件,摄影佳作在11月4—7日开幕的第六届老年摄影展上展出。 (黎　颖)

【举办退管干部业务培训,提升能力水平】 9月6—9日,市退管办组织四期退管干部业务培训,来自79家区局(集团公司)退管会共计800余名退管工作者报名参加。培训课程包括《上海市老年人权益保障条例》解读、老年心理学解读和退管干部工作实务等。每门课程均邀请业内专家、学者及资深从业人员授课,内容紧凑实用,

达到了预期的培训效果，受到学员们广泛好评。（黎　颖）

【开展退管工作先进评选活动】　市退管办组织全市退管系统120家区局（集团公司）退管会开展三年一度的退管工作先进评选活动。经推选和评审，最终评出先进集体71家、先进工作者58人和优秀块组长82人。通过评选活动的广泛宣传和逐级开展，那些长期工作在退管一线无私奉献、业绩突出的先进集体和先进个人的优秀事迹得到了宣传，他们努力为退休人员办实事、做好事、解难事的奉献精神得到了弘扬，榜样的作用也得到了进一步发挥。（黎　颖）

【开展退休职工理论研究工作】　市退管办积极发挥市退休职工管理研究会的作用，组织各会员单位开展社会调研和理论研讨活动，拟定了与退休人员紧密相关的18个议题，在全市退管系统中进行广泛征稿。各级退管组织经过内部初赛，共选送288篇论文参加评选。经专家组的初评及复评，最终评出各类获奖论文80篇并编印《优秀论文选集》。（黎　颖）

【加入市级信访系统做好退休人员信访工作】　1月起，市退管办加入市信访系统统一平台，及时妥善地处理经由系统转至市退管办的信访案例。同时，开通退休职工住院医疗保障计划的查询专线，有效提高退休职工查询单位信息的速度和准确率。全市各级退管组织全年共接待处理各类来信来访来电近3.6万件，为确保退休人员队伍的稳定起到了积极的作用。（黎　颖）

【静安区退管会举办庆祝敬老节文艺演出】　9月29日，静安区退管会在静安区青少年活动中心举行"夕阳红彤彤 同圆静安梦"2016年静安区退休职工庆祝敬老节文艺演出暨2015—2016年优秀退管干部、块组长表彰活动。区委常委、副区长、区退管会主任刘燮，区人大副主任、区总工会主席叶坚华等领导出席，30名优秀退管干部和块组长受到表彰，500多名退休职工和为老服务志愿者观看了文艺演出。2016年是上海市第二十九个敬老节，也是闸北、静安二区合并后第一个敬老节，合并后两区的区属企业退休职工达到8.5万人，其中80岁以上占22.49%，百岁以上有61人，他们对新静安的发展充满信心和期望。（戴和康）

【宝山区总工会积极开展退管服务工作】　年内全区基层退管组织走访慰问23377人次，慰问金额1076.1854万元，参加慰问人数3247人次。区退管会走访慰问困难退休职工233人，慰问金额13.02万元。为4803名高龄老人制作、发放了高龄老人优待证；在吴淞街道、友谊街道、张庙街道和顾村镇开展社区为老服务，举办为老服务活动12场，参加志愿者577人（次），服务项目269个，服务社区老人6990人（次），投入资金4.6万元；开展"送健康讲座"服务活动，为退休职工进行传统中医养生讲座。在顾村镇开展中医刮痧技巧系列讲座和垃圾分类环保讲座，共10余场，近600人受益；继续为退管块组长、为老志服务愿者和困难退休人员送健康体检和报刊杂志，组织50人参加市公惠医院体检，区退管会连续5年为60名为老服务志愿者提供免费体检；组织729人参加"银发无忧"保险；组织10名优秀为老服务志愿者参加疗休养，区选派笛子独奏节目《春到湘江》参加市行业老年教育第一届艺术教学成果展演。（宋　松）

【奉贤区总工会开展为老服务志愿者活动】　3月25日，奉贤区总工会在文化广场开展"为老服务"活动。据统计，本次活动共接待181人次。为老年人提供健康护理咨询、理发、电器修理、雨伞修补等服务，并根据老年人的特殊情况如财产、婚姻等问题开展法律咨询等9项服务。重阳节前夕，奉贤区总工会联合纺织、餐饮、物业、建筑、农业合作社等行业工会，迅速集结到大米、长寿面、蜂蜜、冬衣被、毛巾等物资，送往各镇、街道、社区。（陈凌云）

【上海汽轮机厂工会为退休职工送祝福】　9月，上海汽轮机厂工会要求各部门分会，为即将退休的职工组织欢送活动，为退休职工送上一份祝福和关爱。为表达工厂对即将退休职工的尊重和敬意，厂工会从人情关怀出发，组织各部门工会开展以座谈会为主要形式的"暖心"活动，温暖职工职业生涯"最后一公里"。各工会小组积极组织该职工工作的班组、工段中熟悉的同事和朋友参加座谈会，有的部门主管亲自到场，热情褒扬退休职工在职业生涯中为企业和部门做出的贡献，并祝福在今后的退休生活中心情愉快、身体健康。（王　勇）

【上海邮政工会拓展为老服务工作新领域】　随着社会老龄化日趋加剧，上海邮政工会把为老服务工作作为中国邮政集团公司上海市分公司年内30项重点工作之一。为了更好地开展此项工作，进一步丰富为老服务内容，邮政工会组织相关人员对企业退休职工的基本情况及所思、所想、所求和政治、经济及生活等问题进行全面调查研究，在此基础上，制订《为老服务办法》。各级行政和工会共同参与，联系所在地的老年大学等社会机构，组织离退休老同志参与社会活动，实现"为老服务"项目常态化。通过整合邮电医院、培训中心等专业和支撑单位优势资源，丰富社区"为老服务"资源，打造集合多个行业资源的组团式社区"为老服务"，让邮政退休职工和社区百姓共同体验到一站式的便民服务。（陈千涛）

【市监狱管理局工会做好退管会工作，关爱老人身心健康】　积极为退休老人办实事，开展"两送"工作，对社区和企业生活困难的退休职工进行慰问，慰问金30万余元。专门对农场两个敬老院100余名老人和基层退管会工作人员开展慰问；组织40名困难退休职工参加上海市公惠医院的免费体检，共有B超和心电图等8大项目，受到了退休职工的欢迎；开展退管干部培训工作，组织退管干部和退休职工参加市退管办疗休养及"浦江一日游"活动；参加上海市退休职工乒乓球比赛、中国象棋比赛和中老年摄影、采风活动等，丰富退休职工生活。（江海群）

【城投集团积极开展敬老爱老助老服务工作】　重阳节前夕，城投集团广泛开展了敬老爱老助老服务工作，为广大退休职工送上节日的关爱和祝福。2016年的重阳节紧邻国庆长假，为做好敬老爱老助老服务工作，城投集团及早启动，先后完成了助老项目申报、助老对象资格审核认定、助老工作部署、助老资金拨付、重阳糕的采购等一系列工作。9月，各级工会、退管会以及有关部门即行动起来，组织人员深入退休职工家庭、医院、敬老院、助老服务中心等场所，为2016年首发大病、上半年住院、80岁以上的退休职工送上了帮扶金、慰问金，同时，还为300名90岁以上的高龄老人送上了重阳糕和慰问信。在本轮敬老爱老助老服务工作中，城投系统直接受益的退休职工达3150人次，累计发放助老资金近55万元。（罗　兵）

【绿地集团工会开展重阳节走访慰问活动】 重阳节来临之际，绿地集团党委副书记、工会主席黄健带领集团工会分别来到在沪外派中层以上干部父母家中（70周岁以上），代表集团向他们送上节日的祝福和问候。由于工作关系，绿地驻外员工长期奋战在一线，甚至常常放弃休假，放弃回家探亲的机会。为了体现对他们的关爱，尽可能为其解除后顾之忧，集团工会提出“3+3+X”员工关爱体系并明确重点做好“三个专项关怀”。重阳节慰问活动作为驻外员工专项关怀内容之一，已连续三年在集团开展，成为服务保障企业发展、凝聚激励干部员工的重要举措。（王洋洋）

【世纪出版集团工会走访退休劳模慰问特困老人】 7月25日，上海世纪出版集团退管会走访慰问了上海文艺出版社退休职工、上世纪50年代的老劳模汪银槎，向她转达了集团党委的问候，并送上清凉慰问品。退管会还向15名高龄、重病、特困的集团退休职工送上慰问信和慰问金。（陆　迅）

【西山休养院开展“情满重阳节，爱在夕阳红”活动】 九月初九重阳节，西山休养院开展首届“情满重阳节，爱在夕阳红”活动——为金庭镇敬老院的30多位老人过节。活动现场，院领导带领20多位党员、入党积极分子热情迎接老人，在党员们的细心搀扶和耐心陪伴下，老人们欣赏了沿太湖风光并拍照留念。同时，厨师志愿者们还专门为老人们烹制了午餐。饭后，老人们欢聚一堂，载歌载舞，庆祝节日。（夏鹤麟）

上海市职保会各区县服务处(点)一览表

单位	电话(办公)	地址	邮编
浦东新区总工会服务处	38475088-805　806	樱花路429号	201214
浦兴社区工会服务点	38420748	凌河路69号	200129
金杨社区工会服务点	50370500-191	银山路330号	200136
洋泾社区工会服务点	38992119	巨野路219号1号楼	200135
潍坊社区工会服务点	51029075-8015	潍坊路131弄1号	200122
塘桥社区工会服务点	58737200	峨山路488号	200127
南码头社区工会服务点	50905272	南码头路400号	200125
上钢社区工会服务点	51923211	昌里路335号	200126
周家渡社区工会服务点	50788875	南码头路1136弄35号乙	200126
东明社区工会服务点	50842255　50845307	上南路4206弄1号	200124
陆家嘴街道工会服务点	68767121-2033	栖霞路120号206	200120
沪东社区工会服务点	58505256	兰城路247号	200129
花木社区工会服务点	50452710-8135	梅花路289号	201204
川沙镇工会服务点	68397955-8106	妙境路1336号一楼	201200
高桥镇工会服务点	50406511	张扬北路5168号	200137
北蔡镇工会服务点	68926111-1009	沪南路1105号	201204
三林镇工会服务点	58415367 找工会	长清路2188号	200124
张江镇工会服务点	58956721	张江江东路1458号7号窗口	201203
曹路镇工会服务点	50683818	龚丰路85号	201209
唐镇镇工会服务点	58965096-773 68798525	唐兴路495号116室	201203

续 表

单位	电话(办公)	地址	邮编
合庆镇工会服务点	58976868	东川公路7777号	201201
金桥镇工会服务点	58545450	佳林路585号1号楼401室	201206
高东镇工会服务点	58486217-1061 58482837	光明路433号	200137
高行镇工会服务点	68975853	新行路340号	201208
惠南镇工会服务点	68090376	人民西路555号	201300
周浦镇工会服务点	20922217	祝家港路190号	201318
六灶镇工会服务点	58166429	崇溪路90号	201322
宣桥镇工会服务点	58186410	六奉公路128号	201314
康桥镇工会服务点	20913221	沪南公路2538号	201315
航头镇工会服务点	68221965-8118 58221102	航头路1538号	201316
新场镇工会服务点	58171717-8152	新奉公路331号	201314
祝桥镇工会服务点	58108833-6208　6217	南祝公路5058号	201323
老港镇工会服务点	58053082	建中路556号	201302
大团镇工会服务点	68082756	永春东路10号	201311
万祥镇工会服务点	58041107	万和路188号	201313
芦潮港镇工会服务点	20943150	芦硕路298号	201308
书院镇工会服务点	58190037	新卫路8号	201304
泥城镇工会服务点	58072950	鸿音路3152号	201306
申港社区工会服务点	68283330	环湖西路869号大厅	201306
徐汇区总工会服务处	54205129　54182060	桂林路46号底楼大厅	200233
湖南路街道工会服务点	64330573	淮海中路1788号	200031
天平街道工会服务点	54658110	衡山路17弄1号	200030
斜土街道工会服务点	64045999-2206	茶陵路38号	200032
田林街道工会服务点	64839361	宜山路655弄3号	200233
康健街道工会服务点	54210576-8029	浦北路268号	200235
凌云街道工会服务点	64552736-8018	老沪闵路1039弄48号	200237
长桥街道工会服务点	64771771-138	罗秀路616号	200231
龙华街道工会服务点	54121093	天钥桥南路399号	200232
华泾街道工会服务点	54821212-124	华泾路505号	200231
徐家汇街道工会服务点	64417384-801	斜土路2431号	200030
枫林街道工会服务点	64416109	小木桥路680号	200032
虹梅街道工会服务点	34207920-0	虹梅路2017号	201103

续 表

单位	电话(办公)	地址	邮编
漕河泾街道工会服务点	34140991	冠生园路211号	200235
长宁区总工会服务处	62310913	愚园路1250号2楼	200042
天山街道工会服务点	62598183	天山二村64号乙大厅	200051
北新泾街道工会服务点	52163723 62389379	新泾一村144号	200335
华阳街道工会服务点	32201205	长宁路396弄79号	200050
新华路街道工会服务点	62944625	法华镇路521号503室	200052
江苏街道工会服务点	62256600-126	江苏路563弄8号	200050
周家桥街道工会服务点	52061155-128	长宁路1488弄6号2楼	200051
仙霞街道工会服务点	62959244	虹古路206号	200336
虹桥街道工会服务点	22850927 22850754	中山西路1030弄51号	200051
程家桥街道工会服务点	22300113	虹桥路2282号	200336
新泾镇工会服务点	62386651 52160606-1019	泉口路66号	200335
普陀区总工会服务处	32250855	兰溪路182号安居兰庭10楼	200062
曹杨新村街道工会服务点	62167000-8101	枫桥路8号	200062
甘泉新村街道工会服务点	66251663	宜君路9号	200065
长寿街道工会服务点	62277887-1153	胶州路1095号	200060
真如镇工会服务点	52791214	铜川路1809号103室	200333
长风街道工会服务点	62430029	中山北路3500号	200062
宜川新村街道工会服务点	66610109	华阴路298号底楼	200065
石泉新村街道工会服务点	60837527	宁强路25号	200061
桃浦镇工会服务点	66267866	绿杨路225号	200331
长征镇工会服务点	62063773	清峪路127号(社保中心二楼)	200333
万里街道服务点	51987655-5911	真金路459号	200333
静安区(北)总工会服务处	56309576 63802657	西藏北路770号	200070
彭浦新村街道工会服务点	56477367	安泽路78号	200435
大宁街道工会服务点	56033336	彭江路188号	200072
宝山街道工会服务点	56301203-8025	宝昌路519号	200071
芷江西街道工会服务点	66583382-109	芷江西路151号	200070
彭浦镇街道工会服务点	66313084-809	灵石路725号	200072
临汾街道工会服务点	36601636	临汾路335号	200435
共和新街道工会服务点	56332621	平型关路487号	200072
北站街道工会服务点	63173396	南星路40号	200070
天目西街道工会服务点	66283561-7222	沪太路150号	200070
虹口区总工会服务处	25658877	飞虹路380号103室	200086

续 表

单位	电话(办公)	地址	邮编
凉城街道工会服务点	65287439	凉城路465弄41号甲	200434
曲阳街道工会服务点	55881931-2104	伊敏河路88号	200437
欧阳街道工会服务点	65083927	曲阳路483弄1号	200081
四川北路街道工会服务点	56662498	新广路296号	200081
嘉兴街道工会服务点	65794535	三河路388号	200082
广中街道工会服务点	51812224	水电路120号	200083
提兰桥街道工会服务点	65851296	新建路195号	200082
江湾镇工会服务点	65612083	奎照路280号	200434
杨浦区总工会服务处	65846612	靖宇东路118号	200082
四平地区总工会服务点	65139206	鞍山路158号	200092
江浦地区总工会服务点	55572352	许昌路1180号	200082
长白地区总工会服务点	55832029	延吉东路107号	200093
延吉地区总工会服务点	65341133-147	延吉中路77号	200093
定海地区总工会服务点	65670011-2050	长阳路3066号	200090
平凉地区总工会服务点	65850951-8083	吉林路18号	200082
五角场地区总工会服务点	65481769	政通路100弄11号	200433
控江地区总工会服务点	55803685	周家嘴路3209号	200093
大桥地区总工会服务点	65191987	平凉路1730号	200090
殷行地区总工会服务点	65881593	国和路1049号	200438
五角场镇总工会服务点	65582183	国和路425号	200433
新江湾城地区总工会服务点	55252939	政悦路329号	200438
黄浦区总工会服务处	53832096	重庆南路229弄5号	200025
豫园街道工会服务点	63365917	梧桐路50号	200002
南京东路街道工会服务点	63271866-5522	江阴路101号	200003
小东门街道工会服务点	33150036	白渡路252号	200010
老西门街道工会服务点	63769098	大吉路71号	200011
外滩街道工会服务点	63298977	河南中路568号	200002
半淞园路街道工会服务点	63120055-1097	西藏南路1360号	200011
五里桥街道工会服务点	53023712	瞿溪路768号	200023
淮海街道工会服务点	53831172	马当路349号	200025
瑞金二路街道工会服务点	53061199-8084	皋兰路6号	200020
打浦街道工会服务点	63041102-8116	南塘浜路103号	200023
静安区(南)总工会服务处	62672387	昌平路888号职工服务中心	200040
南京西路街道工会服务点	62897062	延安中路955弄67号	200040

续 表

单位	电话(办公)	地址	邮编
江宁街道工会服务点	52527948	常德路818号一楼	200040
石门二路街道工会服务点	62562682	武定路139号	200041
静安寺街道工会服务点	54035567	常熟路115号	200040
曹家渡街道工会服务点	62112892-805	万航渡路676弄46号	200042
宝山区总工会服务处	36071834	友谊路50号104室	201999
泗塘街道工会服务点	56766139	泗塘二村108号	200435
吴淞镇街道工会服务点	56572073	淞清路151号	200940
大场镇工会服务点	61671008	沪太路2518号	200436
月浦镇工会服务点	36303757	德都路111号	200941
淞南镇工会服务点	66186370	长江南路583号	200441
庙行镇街道工会服务点	56476890	长江西路2700号	200443
友谊街道工会服务点	56122053	永清路899号	201999
顾村镇服务点	56042969	电台南路7号	201906
罗店镇工会服务点	66860113	祁北东路209号	201908
杨行镇工会服务点	36020265	松兰路826号	201901
高境镇工会服务点	66793005	河曲路108号	200439
罗泾镇工会服务点	56733980-804	陈行街125号	200949
闵行区总工会服务处	33885232	闵行区莘东路505号	201100
江川路社区(街道)工会服务点	64632352	鹤庆路398号	200240
浦江镇工会服务点	34302496	浦瑞路326号	201112
梅陇镇工会服务点	54289346	莘朱路1925号	200237
华漕镇工会服务点	62214122	平乐路25号	201107
古美街道工会服务点	54163600-623	古龙路1139号	201102
七宝镇工会服务点	64611008	沪松公路577号	201101
吴泾镇工会服务点	64520590	宝秀路555号	200241
虹桥镇街道工会服务点	64658822-2108	合川路2885号	201103
新虹街道工会服务点	52962110　64215151	航东路368号、申滨路777号	201105
莘庄街道工会服务点	34709930	莘西南路158号	201100
颛桥镇工会服务点	51987090-1015	联农路297号	201108
马桥镇工会服务点	64092867	银春路2016号	201111
莘庄工业区工会服务点	34909876-1106	春光路710号	
嘉定区总工会服务处	59523738	嘉戬公路118号2-3总工会窗口	201800
嘉定镇工会服务点	59928107-8003	塔城路360弄8号	201800
新城路街道工会服务点	39980262	新城路155号	201822

续 表

单位	电话(办公)	地址	邮编
真新街道工会服务点	59197619	清峪路985号	201824
菊园新区街道工会服务点	69016002	平城路811号	201800
安亭镇工会服务点	69578879	民丰路988号	201805
江桥镇街道工会服务点	69110550	华江路129号	201805
南翔镇工会服务点	39120108	古猗园路358号	201802
奉贤区总工会服务处	37185525	南桥镇环城西路455号	201499
奉城镇工会服务点	57520547-862	奉城镇兰博路2009号1-8号窗口	201411
西渡社区服务点	67157875	西渡社区西闸公路1272号11号窗口	201401
松江区总工会服务处	57819333	乐都西路867-871号2号楼	201600
永丰街道工会服务点	67816119-119	仓华路623号	201600
中山街道工会服务点	67748167	茸梅路139号	201613
泖港镇工会服务点	57863365	泖港镇中南路35号	201607
方松街道工会服务点	37021537	文涵路733号	201620
九亭镇工会服务点	57632481	九新公路219号	201615
泗泾镇工会服务点	37610068	文化路298号	201601
九里亭镇工会服务点	67890295	涞坊路617号4楼	201619
岳阳街道工会服务点	57716655-109	松江区人民北路73弄1号	201600
广富林街道工会服务点	37655605	人民北路3456号1号楼	201620
金山区总工会服务处	57280065-8022	石化杭州湾大道601号	200540
朱泾镇服务点	57320225	朱泾镇健康路31弄15号	201599
石化街道工会服务点	57951843	石化临潮二村18号202室	200540
张堰镇工会服务点	57213173	张堰镇东贤路951号	201514
枫泾镇服务点	57351503	枫泾镇朱枫公路9880号	201501
金山工业区服务点	57276941	金山工业区恒顺路280弄15号	201506
青浦区总工会服务处	59732688	青浦区车站路35号	201700
盈浦街道服务点	69223619	胜利路119号	201700
徐泾镇工会服务点	56765378	徐泾镇明珠路800号	201702
朱家角镇工会服务点	59240498	沙家埭路18号2号窗口	201713
崇明县总工会服务处	69693900	崇明县城翠竹路1501号	202150
堡镇工会服务点	59426492	堡镇灵山路14号	202157
庙镇工会服务点	59361150	宏海公路1831号	202153
长兴工会服务点	56856643	长兴镇海舸路509号4号楼北楼	201913

2017上海工会年鉴

宣传教育

综　述

2016年，上海工会宣教工作贯彻党的十八届六中全会精神和习总书记系列重要讲话精神，以培育和践行社会主义核心价值观、弘扬劳模精神为主线，推进工会宣传教育工作创新发展。一是弘扬劳模精神，宣传先进典型。制作拍摄了《上海工匠》第二季电视宣传片。开展"劳模风采五一巡展进地铁"活动。二是做好劳模服务管理工作。做好劳模"三金"发放工作。会同有关部门联合制订了进一步做好劳模关心关爱和帮扶服务工作的实施意见，继续做好在沪全国劳模的体检工作，各类劳模疗休养。三是积极推动职工宣传教育工作。首先加强职工职业道德建设。开展2015—2016年度上海市职工职业道德建设"双十佳"评选表彰活动。其次推进上海职工素质工作建设工作。制订上海职工素质工程建设五年规划(2016—2020年)和任务书，确保上海职工素质工程建设落到实处。再次开展振兴中华读书活动。举办"悦读修身，书香上海"为主题的第十八届上海读书节，开展"凡人荐书"书评征集活动、"那些年，我们读过的书"上海读书故事征文大赛等活动。最后推进职工书屋建设。对全市2000余家职工书屋进行《闪光的群体》《大国工匠》等文化产品配送，命名了30家2015年全国工会职工书屋示范点。四是加大职工文化建设力度。首先举办上海市班组(团队)文化网络大奖赛。开展了"徒步健身赛""好歌达人赛""知识闯关赛"三项活动，大赛期间，申工社APP的粉丝量下载量从7.4万人增加到16.6万人，专栏点击量达530.9万次。其次举办第二届上海职工网络文化艺术节。通过网上体验、参与竞技、听课辅导等载体，形成线上线下互动，开展职工书画展、摄影活动、微电影大赛。再次围绕重要节庆开展活动。举办2016年上海市庆祝五一国际劳动节特别节目、纪念中国共产党建党95周年职工工业摄影特色采风活动。五是积极推进职工体育工作。首先优化和完善网络职工文化体育平台。以网络为平台，实现社会化报名，吸引非公企业，尤其是楼宇园区的微小企业职工广泛参与。其次积极探索与民间俱乐部共同办赛模式。今年的羽毛球、台球、篮球、排舞、棋牌、趣味定向活动非公企业职工参与率达到70%。六是推进申工社APP建设。完善申工社APP的书刊亭、民星榜、减压仓、欢乐谷、申工院等栏目。（宋　昶）

主题教育

【概要】　为大力弘扬、传承、践行"工匠精神"，进一步落实《中国制造2025计划》、实现从制造大国向制造强国转变的必然要求，践行上海实施创新驱动转型的发展战略、打造具有全球影响力的科创中心。2016年，职工思想主题教育以在全社会进一步弘扬"工匠精神"为重心而全面展开。市总工会根据《关于推动一线职工岗位创新促进"大众创业、万众创新"的若干意见》，于2016年起全面实施"上海工匠"培养选树千人计划。本年度共评选出88名具有突出工艺专长、掌握高超技能、体现领军作用、做出卓越贡献的"上海工匠"。通过多平台、多载体、多渠道传播工匠故事，提升工匠人物的知名度、美誉度和影响力，在职工中推动形成学习工匠精神的热潮，引领"劳动最光荣、劳动最崇高、劳动最伟大、劳动最美丽"的社会风尚，进一步在全社会形成共识、合力推进，引导广大职工从自身做起、立足岗位，学习工匠人物、塑造工匠精神、提高职业技能，让"工匠精神"深入人心，成为人们的价值追求。（郝翔宇）

【广泛开展"工匠精神"大讨论】　为弘扬"工匠精神"，打造"工匠偶像"，充分发挥"上海工匠"的示范引领作用。市总工会组织全市各类企业及相关事业单位，在职工中广泛开展"工匠精神"大讨论活动。活动围绕"弘扬工匠精神，推动创新发展"主题进行讨论，将加强职工队伍的创新创业素质建设和技术技能素质建设有机结合。通过深入实践、岗位建功，使广大职工成为"工匠精神"的倡导者、传播者和践行者。同时加大宣传、展示成果，在全社会进一步营造学习工匠、尊重工匠、崇尚工匠、争当工匠的良好氛围，让"工匠精神"深入人心，并成为职工的价值追求，为打造知识型、技术型、创新型的高素质职工队伍，为推进上海创新发展提供强有力的人才支撑。（郝翔宇）

【《上海工匠》第二季正式推出】　国庆假期前，市总工会召开"上海工匠工选树活动新闻发布会"暨"《上海工匠(第二季)》大型电视纪录片开播仪式"。活动向本市各主流媒体及有影响力的新媒体介绍本届上海工匠选树活动主办的背景、活动的特点与亮点。《上海工匠》第二季通过"丝路弥新、涅磐重生、兼容并蓄、精益求精、科创求实、海纳百川"6个篇章展示了12位"工匠偶像"，弘扬"上海工匠"们严谨细致的高超技艺，创造极致的崇高精神，攻坚克难的优秀品质，并以点带面地展示每个工匠背后所代表的上海各行各业的新发展、新变化和新成就。《上海工匠》第二季六集大型纪录片于东方卫视陆续播出，全市地铁、公交、车站、商场、楼宇等公共场所进行滚动播放。同时，互联网各大视频平台均有投放，便于该片传播。（郝翔宇）

【徐汇区总工会开展红色主题系列活动】　围绕纪念建党95周年、红军长征胜利80周年主题，徐汇区工人文化体育中心先后举办"永远跟党走"吴睿睿和她的学生们音乐会、"两学一做"学习教育暨纪念建党95周年党史知识竞赛和纪念建党95周年暨红军长征胜利80周年诗歌朗诵歌唱赛系列红色主题活动。携手康建新村街道办事处举办"英雄史诗　不朽丰碑"——纪念中国工农红军长征胜利80周年合唱音乐会，著名指挥家郑会武先生指挥徐汇区总工会城市合唱团，演绎《长征组歌——红军不怕远征难》中10个经典历史场景，歌颂红军艰苦卓绝、英勇奋战的英雄气概，缅怀先烈不忘初心、重温誓词继续前进。（王　圆）

【普陀区总工会开展劳模讲堂"四进"活动】　6月28日，普陀区总工会劳模讲堂"进社区、进园区、进楼宇、进企业"活动推进会暨真如镇街道星河世纪城社区联合工会共筑"五心"家园现场会在真如镇街道生活服务中心举行，近百名工会干部和职工代表参

6月28日，普陀区启动《劳模讲堂》"四进"活动　（许王丽）

加。区人大常委会副主任、区总工会主席欧阳萍和劳模代表徐虎、曹道云、杨兆顺、于井子、朱雪芹、杨明辉、陈扣娣、杨奇勇、胡怀忠共同启动劳模讲堂"四进"活动。知名劳模徐虎、金晶、朱雪芹、陈扣娣先后深入社区、园区、企业，分享自己的成长历程和工作感悟，与职工代表互动交流，并勉励大家爱岗敬业，不断创新。　（陆　蕾）

【2016年上海职工红丝带健康行动在奉贤举行】 11月30日晚，"携手抗艾　重在预防"2016年上海职工红丝带健康行动在上海人本集团拉开帷幕。此次活动由市总工会、市疾病预防控制中心主办，奉贤区总工会、奉贤区卫生和计划生育委员会、奉城镇总工会承办，奉贤区疾病预防控制中心、上海人本集团协办。会上授予人本集团"上海职工红丝带健康行动服务点"称号，并向职工代表赠送防艾宣传品。市总工会、区总工会、区卫计委、奉城镇、上海人本集团等有关领导出席，500余名职工参加。　（祝笑成）

【市纺织工会编写《历史的回响》，寻找优秀文化基因】 纺织工会配合纺织集团企业文化建设年活动，广泛发动职工参与"历史的回响"征文活动。干部职工参与面之广、热情之高充分展现了活动取得的实效。为了深化活动效果，纺织工会选取其中108篇征文汇编成《历史的回响》一书，展示了上海纺织发展史上值得纪念的精神、值得传承的文化以及对纺织悠久历史、深厚企业文化的理解和诠释，为集团文化建设创新奠定了深厚的群众基础。　（张智伟）

【中国电信上海研究院举行第三届"员工日"活动】 4月上旬，中国电信上海研究院如期举行"员工日"活动。第三届员工日活动以"闪亮人生"为主线，以简朴的形式，挖掘成果亮点，吸引员工广泛参与；弘扬先进典型，激发正能量；开展多方沟通，营造和谐氛围，激发队伍活力。研究院以荣誉墙的形式展示历年来科研奖项、专利等荣誉，在长廊摆放优秀员工事迹，弘扬先进，以身边人、身边事感动员工。讲述了新员工、技术专家、后备干部、在职干部四种人才成长与培养路径。"身边的达人"风采展示，通过各部门海选后推荐的"马拉松达人""电子达人""微信达人""军事模型达人"等8位"达人"，分别展示他们在各自领域里的精彩和成就。　（殷　茵）

【市建设交通工会举办"家文化"主题微电影大赛活动】 为充分展示市建设交通系统开展"家文化"建设的成果，深入推进建设交通行业文化建设，不断提升职工之家建设水平，市建设交通工会举办了"家文化"微电影大赛。本次大赛以"党的温暖，家的情怀"为主题，分为知识培训、拍摄实践、作品征集评审3个阶段进行。经过几个月的实践，各级工会共制作和报送了54部微电影作品，经专家评审，各项奖项已脱颖而出。微电影作品以小见大，彰显了"党的温暖，家的情怀"这个主题。微电影大赛的举办也为广大职工搭建了展示文艺才华的舞台，培育了一支职工微电影爱好者队伍，推动建设交通行业职工文化的繁荣和发展。　（钱　蓉）

【中铁二十四局集团公司工会与昭通市总工会携手开展"走进中国铁建夏令营"活动】 7月16日，中铁二十四局集团公司工会与昭通市总工会携手，在上海开展以"快乐成长，铁建相

11月30日，"携手抗艾 重在预防"2016年上海职工红丝带健康行动在奉贤举行　（祝笑成）

伴”为主题的“走进中国铁建夏令营”活动，来自云南昭通巧家县“8.03”地震灾区的18名小学生，神圣地为中铁二十四局集团公司上海嘉闵高架项目部9名建设工匠光荣地戴上红领巾，并互敬少先队队礼。中铁二十四局集团公司施工的上海嘉闵高架立交桥项目部为同学们送上书包等学习用品，组织他们进行该桥桥梁模型拼装。作为中国铁建旗下的在沪央企，近年来，中铁二十四局集团公司在云南省参与了麻昭高速公路、昭通巧家县“8.03”地震灾后重建等众多工程，建设了一批精品工程和满意工程，在昭通市树立起良好的央企形象。（钱 蓉）

【市绿化市容行业工会、东广新闻台联合举办“爱心接力站·主播来点赞”活动】 为了号召社会各界共同关注关爱一线环卫工人，2月2日，市绿化市容行业工会、东广新闻台（FM90.9）在中石化宛平路加油站联合举办“爱心接力站·主播来点赞”活动。市绿化市容行业工会主席肖龙根、东方广播中心和广播新闻中心副主任吴纯钢、中国石化上海石油分公司零售管理处处长鲁志荣等领导和徐家汇女子清道班的环卫工人代表、东广新闻台主播代表出席活动现场。活动现场向全市首批250座中石化加油站授予了“爱心接力站”铭牌，东广新闻台主播们还向现场的环卫工人代表赠送了暖心的保温杯。（耿 静）

2月2日，市绿化市容行业工会、东广新闻台联合举办“爱心接力站·主播来点赞”活动（耿 静）

【市税务系统开展“培育好家风，传承好家训”主题征文、书画、摄影比赛】 根据《中央精神文明建设指导委员会2016年工作安排》和全国税务工作会议提出的“把传承优良家风家训作为税务文化建设的重要组成部分”的要求，市税务工会联合市税务局党办、团委于2016年在市税务系统举办“传承好家训，培育好家风”主题征文、书画、摄影比赛。自比赛开展以来，系统各单位精心创作各类作品，共征集到征文、书画、摄影三大类作品400余件。（娄晓辉）

【市科技系统举办职工合唱音乐会】 7月22日，由市科技工会承办的“庆祝中国共产党成立95周年、红军长征胜利80周年　科技系统职工合唱音乐会”在上海音乐学院贺绿汀音乐厅举行。合唱音乐会以《长征组歌》开场，通过回顾中国共产党95年来走过的光辉历程，缅怀革命先烈，讴歌建党以来的光辉业绩和伟大成就。整场音乐会展现了科技系统职工对党最虔诚的献礼，激发了系统职工的爱国主义豪情和庄严肃穆的民族之魂。（冯 莺）

【市经信系统工会纪念红军长征胜利80周年健步走活动】 10月29日，市经信系统工会组织系统职工在上海长兴岛郊野公园举办重走长征路健步走活动。本次活动以“不忘初心继续前行”为主题，吸引系统55家单位、1200多名职工踊跃报名参加。开幕式上，市经信工作党委书记陆晓春致辞，并带领全体运动员集体诵读毛泽东的《七律·长征》，重温80年前的峥嵘长征路；市总工会副主席李友钟、市经信工作党委秘书长肖文高分别向代表竞速组和健步组的“第一方面军”和“第二方面军”授旗；市经信工作党委副巡视员、系统工会主任陆琪主持开幕式。跟随着旗帜，两组运动员走完了全程，并在途中完成了有关长征知识的答题卡。（黄 俭 周斌锋）

【市经信系统工会组织“共话家风”系列活动】 9月19日起，市经济和信息化工作系统工会女职工委员会会同市经济和信息化工作系统妇工委组织开展“共话家风”女职工书画展、家庭文化讲座、家风交流座谈等系列活动。国庆前夕，迎国庆“共话家风”书画展在上海贝尔公司《职工画廊》开幕。活动展现了广大女职工传承优秀家风，展示书画艺术才华的主题，现场展出来自系统各单位女职工优秀书画作品近百幅。（黄 俭 周斌锋）

【首届光明职工微电影大赛凸显“爱与尊重”主旋律】 2016年，光明食品集团工会与团委、宣传部联袂举办了以“爱与尊重”为主题的首届光明职工微电影大赛，组织基层工会和职工以身边人、身边事为原型，通过微电影的样式真实记录和准确反映广大职工群众参与集团改革发展、创造美好生活的生动故事。经过评委会专家对42部参赛作品的评审，最终遴选出30部优秀作品在集团微信公众平台、官方微博上进行为期一个月的同步展播，不仅扩大了活动影响，而且使许多鲜为人知的感人故事得到了广泛传播。（桑树德）

【市监狱管理局警官合唱团成为文化建设对外交流的窗口】 市监狱管理局工会配合政治部，做好监狱局警官合唱团的集训、排练和演出活动。采取定期和不定期结合、工作时间和业余时间结合、合唱练习和乐理培训结合的集训方式，保证每两周训练1次，提高演唱质量。作为监狱局文化建设

市监狱管理局警官合唱团参加演出 （沈 勃）

对外交流和展示的窗口，警官合唱团多次受邀参加各类大型比赛和活动汇演，充分展现了监狱局文化建设的成果和监狱人民警察的精神风采。 （江海群）

【中国商飞上海飞机客户服务有限公司工会深入开展“两学一做”学习教育】 客服公司工会加强自身建设，主动顺应群团改革新要求，制订“两学一做”学习教育实施计划，结合实际开展活动。组织491名职工观看《起飞在即》话剧；组织分工会主席和班组长代表在上海解放日，参观中共二大会址、五卅运动的先驱顾正红烈士纪念馆、南京路上好八连事迹展览馆；举办“那些年感动过我们的书和诗”为主题的红色经典诵读大赛、以“红歌抒壮志，蓝天谱新篇”为主题的纪念红军长征胜利80周年红歌大赛。系列活动使工会干部回顾学习党的历史，增强直观感受，坚定了干好大飞机事业的信念和决心。 （徐 雷）

【临港松江科技城成立20周年图片展】 临港松江科技城值成立20周年之际，举办了“二十年回眸”主题图片展。图片展从5月份开始筹备，向全体员工征集“老照片、老物件、老故事”。广大员工积极参与收集整理，共筹集到百余张照片、物件。展览根据公司发展历程分为初创期、成长期、转型期3个版块，从不同角度回顾公司贯彻落实“区区合作、品牌联动”发展战略，打造“升级版”产业园区过程中的点点滴滴，活动激起了员工的强烈共鸣。 （陈 浩）

职业道德建设

【概要】 2016年，市总工会持续深化职工职业道德建设内涵，推动上海市职工职业道德建设工作，不断总结职工职业道德建设的成果经验，并通过基层调研，及时发现并攻关工作开展中急需解决的若干问题。同时，市总工会积极探索“互联网+工会”在职工职业道德建设工作中的实际应用，结合“申工社”这一互联网平台，在全市范围内开展2015—2016年度上海市职工职业道德建设“双十佳”评选表彰活动。通过评选表彰培育宣传一批弘扬职业道德、践行价值取向、诠释志愿精神的先进典型，在广大职工中进一步加强职业道德和价值取向宣传教育，引导职工认真践行职业道德规范、职场行为准则、文明创建标准和社会价值标杆。以此推动落细、落小、落实社会主义核心价值观教育，提高广大职工职业道德素养，为“十三五”经济社会发展建功立业，为上海继续当好全国改革开放排头兵、创新发展先行者作出贡献。 （郝翔宇）

【职业道德“双十佳”首开网络票选】 职工在工会、职工也在网上。“网上工会”建设能够更好地为职工提供服务。在2015—2016年度上海市职工职业道德建设“双十佳”评选表彰活动的评审阶段，市总工会对参评的82家集体与61名个人进行遴选，推荐20家先进单位与20名先进个人于“申工社”APP中进行网络票选。邀请大众评审、专业评审、专家评审进行网络投票。评审在“申工社”投票页面中，不仅可以查看到参选单位与个人的详细信息，还可浏览参选单位与个人的事迹视频与多媒体介绍。经过近两周的网络票选，近两万余张的选票统计，最终产生了2015—2016年度上海市职工职业道德建设十佳标兵单位与十佳标兵个人。本次“双十佳”网络票选渠道的开通，极大地提升了评选工作的开展效率与社会影响力，值得后续工作的借鉴与深入推广。 （郝翔宇）

【职业道德“双十佳”表彰大会召开】 9月28日，市总工会召开上海市职工职业道德“双十佳”（2015—2016年度）表彰大会。会中肯定了65个区局（产业）工会报送的61家单位和82名个人的先进事迹，并集中表彰2015—2016年度职业道德建设十佳先进集体与十佳先进个人。市总工会洪浩主席会上强调，职业道德“双十佳”评选是一项弘扬核心价值观、加强职工职业道德建设的有效工作载体，今后要继续做好并不断推进出新。在活动中也涌现了许多很好的先进典型，希望全市各区局（产业）工会带头践行社会主义核心价值观，充分发挥先锋模范作用，用榜样的力量凝聚广大职工共同进步。 （郝翔宇）

【长宁区举办劳模志愿者宣讲活动暨长宁职工“道德讲堂”活动】 5月5日，长宁职工“相约时代楷模”劳模志愿者宣讲活动暨长宁职工“道德讲堂”活动在上海凝聚力工程博物馆举办，来自长宁区的志愿者团队代表、各系统（集团、公司）、街道（镇、园区）、直属单位工会干部100余人参加此次活动。活动现场，全国劳动模范吴尔愉与职工们分享自己的成长经历。当日，“上海职工志愿者服务基地”在上海凝聚力工程博物馆正式挂牌。 （王亚文）

【普陀教育系统首发工会主席谈心工

作手册】 4月21日，区教育工会举行基层工会主席谈心手册首发仪式。要求各基层工会必须在校内建立“阳光驿站”，定时定点深入一线教职工开展多种形式的谈心活动，共同解决在工作、生活中遇到的实际困难和问题，认真履行好工会面对面、心贴心和实打实的服务工作。《基层工会主席谈心工作机制》明确了“新教师、新职工入会、教职工岗位变动”等“六必谈”内容，力求通过谈心活动，疏导教职工心理压力，关注和维护教职工切身利益，凝聚起教职工的团队精神和学校改革发展的向心力。 （陆 蕾）

【上海铁路局工会加强敬业爱岗教育】 2016年，上海铁路局工会以“建功十三五、创新促发展”为主题，先后组织开展“我的故事——我与企业共发展”征文、在阳光下前行——“感恩铁路，敬业爱岗”主题巡回演出、“企业给了我什么，我为企业做了什么”大讨论等系列教育活动。共征集作品1335篇，主题教育巡回演出13场，12000名职工现场直接观看演出。41家单位开展“企业给了我什么，我为企业做了什么”大讨论，774名职工撰写了观后感和讨论文章。各单位又运用线上线下资源，以辩论会、主题演讲、学习交流、微秀展示等多种形式，开展大讨论，把主题教育活动推向高潮。 （崔怀清）

【鲁中矿业有限公司工会开设“职工讲堂”】 4月1日，鲁中矿业有限公司工会经过前期准备推出了“职工讲堂”。“职工讲堂”以“身边人讲身边事，身边事教育身边人”为主要内容，按照每月不少于一课的要求，着力进行优秀成果展示，传播“珍惜有限、创造无限”的企业文化和“工匠精神”，倡导爱国、爱矿、文明的良好风尚。讲堂先后举办9期，750人次聆听讲座交流工作经验。鲁矿工会将努力把“职工讲堂”打造成为职工喜闻乐见、主动参与的学习品牌，成为推动职工队伍整体素质提高的重要平台。

（李宗峰）

【市医务系统“人文关怀、医道传承”诗歌征集获奖名单揭晓】 在纪念中国共产党成立95周年之际，由市医务工会主办，曙光医院承办的“人文关怀、医道传承”诗歌征集比赛活动，经评委们评选，获奖诗歌名单揭晓。此次诗歌征集收到系统内诗歌爱好者创作的98首诗，其中曙光医院许丽莉的《讲故事》和杨浦区医务工会叶磊的《如若你的生命是首歌谣》获得一等奖。所有作品体现了医务工作者守护生命、爱岗敬业的理想和追求。

（池朝霞）

【市监狱管理局工会坚持核心价值观，引领弘扬新时代“红烛精神”】 举行“凝心聚力谋发展·红烛引领续新篇”五一劳动奖状（章）暨群团组织先进集体和个人表彰大会。中国农林水利工会主席盛明富、副主席孙涛、市总工会副主席何惠娟、共青团上海市委副书记刘伟应邀出席大会。局长吴琦主持会议，局党委书记钟杰作了重要讲话，盛明富为监狱局颁发了2016年全国五一劳动奖状。会议还对荣获上海市五一劳动奖状、奖章、工人先锋号等集体和个人进行了颁奖。在3、4月份，局工会组织民警、职工分两批观看话剧《邹碧华》，并根据市总工会的部署开展“远学邹碧华，近学朱惠国和十大感动人物”的剧评活动。

（江海群）

鲁中矿业有限公司工会开设“职工讲堂” （李宗峰）

学习培训

【概要】 2016年，上海工会进一步深化职工素质工程，制订下发《上海职工素质工程建设五年规划（2016—2020年）》，启动“上海百万在岗人员学力提升行动计划”，有效推动职工教育培训。深入推进EBA培训，继续实施EBA培训奖励实事项目，并与上海开放大学紧密合作，扩大培训面和覆盖面，确保培训效果。加大职工书屋工作力度，实现实体职工书屋和数字职工书屋协调发展。命名6家全国职工教育示范点和36家全国工会职工书屋示范点。对口援建新疆喀什、云南迪庆和青海果洛三地8个职工书屋。 （陈 洁）

【出台《上海职工素质工程建设五年规划（2016—2020年）》】 深入研究市场经济规律和产业发展规律，按照上海深化改革、转型发展的具体要求，会同市总有关部门共同制订出台《上海职工素质工程建设五年规划（2016—2020年）》，进一步明确职工素质工程建设的总体规划和具体任务、技能指标和实现路径，着力于职业技能提升、文明素养提高、社会福祉共享，实现职工体面劳动、舒心工作、全面发展。同时，制定下发《上海工会职工素质工程领导小组成员部门（单位）职工素质工程建设五年规划（2016—2020年）任务书》，确保上海职工素质工程建设落到实处。

（陈 洁）

【启动“上海百万在岗人员学力提升行动计划”】 与市教委联合下发《关于开展“上海百万在岗人员学力提升行动计划”的通知》并出台相关实施方案，提出“到2020年，推进100万名在岗人员完成相应的理论知识学习和职业技能、职业资格培训”的目标，对进一步提升本市在岗人员的学力水平进行了具体的部署。市总工会将充分利用工会系统资源，联合行业企业的力量，整合社会资源，倡导专业学习与工作场所学习相结合，聚焦职业培训，结合在岗人员的实际，根据行业企业的岗位要求，有计划有步骤地安排不同行业、不同工种、不同岗位在岗人员参加相应的职业培训，从而提升在岗人员的职业能力和综合素质。

（陈 洁）

【上海工会职工EBA培训助推项目有序推进】 2016年，为深入推进职工素质工程，扩大职工受惠面，市总工会决定继续实施上海工会职工EBA培训助推计划，对本市范围内已建工会所在单位的报名参加EBA培训并考试合格的一线职工，一次性奖励全部学费420元。全年奖励申报人数为824人，奖励金额为346080元，得到广大职工和基层工会的好评。

（陈 洁）

【杨浦区定海路街道总工会职工夜校开班】 5月12日，杨浦区总工会2016年劳动法律知识培训班暨定海路街道总工会职工夜校开班。职工夜校课程全部免费开设，面向基层工会组织和职工个人报名。首期课程分为2个部分，一是“职场加油站”，培训课程包括劳动保障、办公自动化、社会保险、消防安全等；二是“生活源动力”，培训课程包括美容礼仪、茶艺鉴赏、心理保健、乳腺病防治等。开班仪式后，首堂劳动法律课随即进行，邀请区劳动人事争议仲裁院专家讲授劳动法律法规知识。来自街道辖区内50余家基层企业的80余名职工报名听讲。

（曹理仰）

【杨浦区举办工会会员服务卡宣传、应用系列培训班】 10月13日，杨浦工会2016首期工会会员卡宣传、应用培训班在东亚进修学院开班，主题为“一卡在手，工会服务在身边，工作生活更精彩”。首期课程由区总工会职工援助服务中心、长白新村街道总工会联合举办。区总工会新媒体平台网宣干部、职工援助服务中心会员卡专职干部、农商银行工作人员分别授课，内容包括“卡卡”开通应用及服务项目解读、“卡卡”团购优惠及工会微信平台解读、“卡卡”金融知识普及和“卡卡”趣味知识问答，并通过PPT演示和上机实务操作等形式活跃课堂氛围，使学员们加深理解为什么要办理及开通、怎么使用、如何拥有工会会员服务卡。来自基层企业、居民区的40名职工和工会干部参加培训。

（曹理仰）

【杨浦工会开办餐饮职工文明礼仪服务技能培训班】 11月22日、23日，杨浦工会2016年第四期餐饮职工文明礼仪服务技能培训班顺利举行，至此全年四期培训班圆满结业。该培训班邀请国际饭店资深礼仪培训师授课，以如何做到让顾客宾至如归为切入点，详细讲解餐饮服务员的工作职责、仪容仪表、接待顾客标准及食品卫生安全操作等内容，并教学员们折叠各式餐巾折花。此外，新增“学讲上海话、了解上海市情”课程内容，帮助来沪打工的餐饮服务员尽快融入上海。该培训班于9月开班，定海、四平、殷行街道总工会协助举办，做到送教上门、主动服务、免费培训、优质师资、贴合实际，四平路街道总工会还根据餐饮企业和职工良好反响，主动承办两期培训班，共有近200名餐饮行业职工参加培训。（曹理仰）

【松江区总工会举办班组长岗位培训】 9月2日，首场2016年松江区班组长岗位培训（泖港专场）在泖港镇拉开帷幕。此次活动由松江区总工会主办，泖港镇总工会承办。本次培训由松江区班组长培训师资库中的优秀教师进行授课，来自泖港镇的15家企事业单位近90名企事业班组长参加了培训。2016年度区总工会共举办17场班组长岗位培训，分别由全镇各、街道、开发区总工会和正泰公司工会承办，共有来自全区各街镇、开发区和直属公司的1300多名企事业班组长参加，参加培训并通过考试的学员将获得由市总工会、市经信工作党委、市国资委和市工商联联合颁发《上海市班组长岗位资格证书》。（张谢瑛）

【松江区总工会强化基层工会组织干部培训】 11月24—25日，松江区总工会在上海工会管理职业学院首次举办区域性、行业性工会主席培训班。本次培训班的内容围绕工会法律法规展开，具体包括加强“小三级”工会组织建设、工会协调劳动关系体系建设解读、工会法与上海工会工作条例等。培训班还组织了学员论坛，分别来自车墩镇、新桥镇、新浜镇、佘山镇和石湖荡镇的5名工会主席交流了培训心得。9月23日，松江区非公企业新任工会主席培训班在区行政二中心举办，本次培训班邀请了上海工会管理学院老师、国基电子工会主席、区总宣教部工作人员分别就职代会建设、工会法律法规、非公企业工会工作实务和新媒体培训作了系统的培训。通过培训，非公企业新任工会主席进一步明确工会工作职责和任务，进一步提高工会干部理论水平和工作能力。

（朱 慧）

【松江区总工会举行科普讲师团进企业活动】 4月15日，松江区总工会在上海市凯达公路工程公司组织2016年上海职工科普讲师团进企业活动松江专场，邀请国家级非物质文化遗产保护项目智库专家、上海职工科普讲师团成员、上海市律师协会知识产权业务委员会主任、上海市法学会知识产权研究会理事、高级经济师刘峰作题为“揭开刑事案件的神秘面纱”的科普讲座，约150名职工参加。讲座运用案例方式介绍一些国有企业可能涉及的罪名、公司的对外合同及行为中应该注意的事项、司法机关的办案程序等。生动的讲解和独到的分析，使职工们深受启发。（杨 韵）

【市化学工会开展百名班组长安全管理技能讲师培训】 市化学工会会同安环部、党校联合举办“百名班组长安全管理技能讲师培训”。此次培训对象在集团现有班组长队伍中挑选有意愿、有能力的代表，有针对性地开展安全管理技能讲师培训，使他们达到“四会”（会讲、会写、会做、会指挥）的标准，能够胜任对同类型班组开展岗位隐患识别、防范措施、落实执行，事故案例举一反三教育培训的工作，更好地发挥班组长安全生产带头作用、示范作用、表率作用。全年已举办培训班3期，共有100名班组长参加了培训。双钱公司还把学员组建成安全讲师团。经统计，百名班组长已在各单位开班讲课90多场次，参加员工近4000人。并把优秀班组长讲课的课件编辑成册印发到一线班组。
（张雪莲）

【上海凤凰自行车公司工会着力培养“四有”员工队伍】 公司工会始终把培养有理想、有道德、有文化、有纪律的“四有”员工作为抓好企业精神文明建设的目标要求。具体做法：是从新员工的入职教育、岗前培训到在岗员工的岗中教育与培训，投入了大量的人力和物力。在学习形式上，把个人自学、参加培训、实地考察、外出取经等结合起来，以此提高员工的综合素质和实际操作技能；在学习内容上，把法律法规、职业操守、职业技能和安全技能等纳入学习范围；在学习氛围上，连续2年出资采购专业书籍，办“职工书屋”，开展全员读书学习活动、“企业品牌与我的青春故事”征文活动等。每年还多次在全国范围开展凤凰自行车“骑行活动”，使员工了解凤凰的历史以及企业发展情况。累计组织56次知识技能培训课程，参加学员达404人次。（钱公展）

【上海航天局工会举办班组创新论坛】 8月17日，航天局工会邀请国家众创空间——蘑菇云创客空间的创始人夏青来到八院报告厅，以“创客——无法停止的创造”为主题，分享了一名资深创客的经验和感悟，与现场班组长进行了互动交流。各基层单位工会主席以及150余名班组长代表现场参与。后续，局工会还将通过多种形式，搭建多个平台，积极落实集团公司、中国国防邮电工会对上海航天局班组建设的工作要求，积极推进班组创新文化建设，努力为职工创新做好“最前一公里”服务。（周 博）

【中船上海船舶公司工会举办班组长岗位任职资格培训】 6月3—4日，近100名来自上海船舶系统各企事业单位的班组长在上海轨道交通培训中心参加了由中船上海船舶工业有限公司工会举办为期2天的岗位任职资格培训。本次培训班针对学员们的岗位特点和成长需求，以“管理”为主题，就当前经济社会形势对班组长的有效工作方法、企业和谐劳动管理的构建、六型特色班组的建立、班组现场管理、对下属的培养与激励等内容进行了详细解读。教培中心还邀请了航天系统的全国劳模唐建平为学员们讲述其带领班组的切身体会。顺利通过培训考核的参训人员将获得由市总工会、经信委、国资委、工商联等联合颁发的上海市班组长岗位资格培训合格证书。
（陶庆翌）

【上海烟草高扬公司让车间班组现场课堂成为职工技术交流新阵地】 2016年，高扬公司工会将车间现场班组课堂固化为一线职工技能比拼、经验共享、成果输出的技术交流新阵地。一是以创新思路、改善成果、操作方法等一点课程为主体，形成了定期分享讨论制度，让班组成员互相取长补短；二是实现了车间跨条线、跨班组授课，讲义内容化繁为简，案例分析、视频制作、现场观察，让每一位听讲者都有收获；三是搭建了线上资料共享平台，提供自主下载、主动学习、问题答疑等课后服务，确保将现场分享转化为全员共享。（王 自）

【上汽集团工会首期班组长训练营开班】 5月26日，由上汽集团工会、集团人力资源部、培训中心主办的2016年第1期上汽工会班组长能力提升培训研讨班开班。本次培训班为期3天，共有来自上汽通用、检测中心、皮尔博格、安吉物流等20家企业的近50名工会班组长参加。课程主要内容包括如何利用新媒体推进工会班组长工作的开展、民主管理与职代会制度的运作、工会班组长的语言艺术与沟通技巧等。（潘 萱）

【华东电力工会举办华东电网优秀班组长培训班】 8月29日—9月2日、9月12—16日，华东电力工委举办了第二十一期、二十二期华东电网系统优秀班组长培训班，来自华东四省一市电力公司、华东分部机关等单位近100名优秀班组长参加培训。两期培训围绕班组长角色定位、价值观念、能力素质、地位作用等方面精心设计了内容和形式。借助工会培训平台，首次聘请国网领军人才进行讲课，普及特高压、全球互联电网知识，进一步锻炼了国网领军人才，又拓宽了基层员工的知识面。通过培训，大家进一步掌握了现代班组管理理念、技巧和方法，学习借鉴了各单位班组管理的经验，增强了班组长的团队精神和进取意识。（施炜伟）

【中国电信上海市工会启动“手机通通会”项目为一线城市建设者服务】 8月18日，由市总工会宣教部、中国电信上海市工会、徐汇区总工会联合举办的《手机通通会》活动，送福利到工地，受到一线城市建设者们的欢迎。市总工会宣教部部长陈必华和公司劳模代表吴文巍为志愿者基地揭牌；公司工会副主席徐伟、徐汇区总工会副主席孙小林等为职工代表赠书。年初，上海市总工会与中国电信上海市工会联手启动“手机通通会”项目，活动紧贴基层职工需求，着力发挥职工志愿者作用，通过电信志愿者现场手机授课、服务，帮助基层职工学会使用智能手机推广“申工社”APP等应用软件操作，让职工认识工会、了解工会、熟悉工会、营造“工会就在身边”的氛围，获取与信息时代同步的本领。根据市总工会的安排，“手机通通会”活动将在全市各区县陆续推进。公司的志愿者们也将继续把电信的优质服务与产品带到基层，服务职工。
（殷 茵）

【上海机场集团班组长协会骨干成员赴广州学习交流】 为促使一线班组长在班组管理、队伍建设、企业文化等方面进行深入思考和创新实践，机场集团股份公司班组长协会根据年度计划，组织骨干成员赴广州机场和广州南航开展学习交流活动。广州机场与上海机场同属大体量机场，此次学习交流活动不仅给班组长们提供了一次深入探讨的珍贵机会，更分享了班组管理成果，建立了线上结对的平台。使一线班组长在班组管理、员工激励、品牌打造、企业文化等方面学到了宝贵的知识和经验，切实提升了班组管理水平。（宗宵寅）

【市教育工会举行第二期青年工会干部素质提升活动】 为进一步贯彻落实中央群团工作会议精神，做好新形势下工会工作，加强本市教育系统工会干部队伍建设，提高青年工会干部的思想素质与业务能力，11月24—25日，市教育系统第二期青年工会干部素质提升活动在上海海洋大学举行，来自各高校、直属单位、区县教育工会及市教育工会机关共90余名青年工会干部参加了培训和拓展活动，培训由市教育工会副主席吉启华主持。上海海洋大学党委副书记、工会主席何雅欢迎词。市教卫工作党委副巡视员、市教育工会常务副主席王向群作开班动员。市总工会宣教文体部部长陈必华为全体学员作《新形势下进一步提升职工素质工程建设的思考》主题报告，上海交通大学工会主席、上海市教育工会兼职副主席贾金平作《学校教代会运作与实务操作》讲座。培训班还安排了拓展训练和交流环节。

（张　芳）

上海机场股份班组长协会赴广州交流学习　（陈丽运）

【市经信系统工会坚持班组长岗位培训，创新办学模式】 6月14—16日和9月18—20日，市经信系统工会2016年第一期、第二期（专场）班组长岗位培训班分别在市无线电监测站培训中心和上海工会管理职业学院举行。培训班结合深化改革开放中的班组建设、当前企事业单位员工中普遍存在的心理压力和安全生产的严峻形势，特邀市工会管理职业学院教授、市总工会班组建设培训专家和心融集团德瑞姆机构资深心理学培训专家等具有丰富经验的优秀师资，采用理论讲解、案例分析等系统讲授课程，教学互动。特别是第二期（专场）班组长岗位培训班，为进一步适应深化改革新形势，持续推动“学习型、技能型、创新型、管理型、效益型、和谐型”六型班组建设，本着“服务基层、服务职工”的原则，系统工会送培训上门，在上海工会管理职业学院，为中石化上海石油分公司举办了专场班组长岗位培训班。两期班组长岗位培训班培训时间虽短，但对学员知识面的拓宽、理论水平的提升、实际工作能力的提高、打造服务型明星班组奠定了一定基础。两期培训班共有91位一线优秀班组长参加了培训。

（黄　俭　周斌锋）

11月24日，市教育系统第二期青年工会干部素质提升活动举行

（张　芳）

【光明乳业组织员工参与“中国首个航天日”活动】 2016年4月24日是首个“中国航天日”，光明乳业股份有限公司工会联手企业行政，积极组织员工参与“中国首个航天日”系列活动，并派代表会同探月与航天工程中心、嫦娥奔月科技（北京）有限责任公司等单位，一同前往北京航天城看望慰问航天老专家和一线研制人员。“中国航天日”源于1970年4月24日，我国首枚运载火箭长征一号将我国第一颗人造地球卫星“东方红一号”成功送入预定轨道。光明乳业借助与中国航天、中国探月工程的合作，多次将菌株送入太空，探索开发研究科技成果，成为培育员工科技创新意识，打造光明乳业品质大厦的重要基石。

（桑树德）

【城投集团工会开展班组长、劳动保护干部培训】 11月7、8、10日，城投集团工会按照市总工会《关于做好2016年上海市班组长岗位培训有关工作的通知》精神，围绕城投“集团化、专业化、市场化”战略发展的目标和全面深化改革的要求，开展了为期3天的班组长、劳动保护干部培训，有116人参加。培训邀请市总工会质量协会、工会学院资深讲师授课。重点围绕“在城投三化改革中如何做好班组长”“班组如何确保安全生产、城市运营”等内容进行学习、讨论和交流。通过培训，提高了班组长、劳动保护干部综合素质，强化了基层班组建设，进一步团结凝聚城投1200多

中国商飞上海飞机制造有限公司工会工会开展班前会军事化管理培训 （孙培毅）

个班组为推进市重大工程建设和确保城市运行安全贡献智慧和力量。 （陈　骏）

【中国商飞上海飞机制造有限公司工会召开班组建设暨群策群力专题例会】 在上飞公司党委的领导下，上飞公司建立了班组建设例会制度，并纳入党委专题会议体系，每月部门组织部门负责人、班组长分享班组工作交流、讲如何抓质量的方法和举措，让一批班组长分享班组工作交流、讲如何抓质量的方法和举措，一批班组长和所在部门党政领导进行分析点评，以此进一步提升班组长抓班组的思想认识、工作作风和工作能力。为了开出高质量的班组建设专题例会，例会的形式和内容一直在不断改进和完善中，从最初的会议室讨论改进为下沉到一线、直接进班组召开专题例会。全年召开6次专题例会，为班组长搭建了学习、分享和探讨的良好平台，也"检阅"了一线班组能力提升和改进创新的成果。 （邹建军）

【临港产业区举办文化艺术节系列讲座】 5月25日，2016年临港产业区文化艺术节首场系列讲座在临港豪生酒店开讲。复旦大学经济学院教授、博士生导师马涛教授应邀，以"国学智慧与现代企业管理"为主题为广大干部员工授课。临港产工委主任王跃代表活动主办方致辞，产业区相关单位的老总、职工共110余人聆听了讲座。 （陈　浩）

【号百公司工会基层工会工作者应知应会系列培训班开讲】 4月27日，号百公司工会举办的面向基层工会工作者应知应会系列培训班，号百公司和黄页公司基层部门工会主席、委员和班组长共20余人参加了培训。第一课由公司工会主席刘苏南开讲。讲座从当前社会经济形势，电信运营商改革，到中央对群团改革的总体要求，引申出号百公司"一体两翼"的新战略布局下，工会工作面临的新局面和新任务。系列培训班从4月开始，每月一课，至9月底前结束。 （沈　匀）

读书活动

【概要】 举办"悦读修身，书香上海"为主题的第十八届上海读书节暨首届上海职工网上读书节。开展"凡人荐书"书评征集活动、"那些年，我们读过的书"上海读书故事征文大赛、上海职工"中国梦　爱国情　劳动美"经典诵读大赛、邹碧华剧评、中华全国总工会女职工委员会"写家书　传亲情"活动。活动通过网上读书、网上发布、网上征集、在线投票评选等方式开展，社会反响十分良好。 （徐　赜）

【"悦读修身，书香上海"第十八届上海读书节开幕】 4月22日，以"悦读修身，书香上海"为主题的第十八届上海读书节在上影集团海上5号棚开幕。开幕式以现场访谈、读书成果展、新书和纪录片《上海工匠》首发等多种形式，展示上海读书风采。来自全市各行各业的读书活动先进单位组织者、积极分子、示范项目单位代表和职工书屋代表400余人参加了开幕式。上海市人大常委会副主任、市总工会主席洪浩出席开幕式并作讲话。本届上海读书节申报项目近150项，最终确定112项为示范项目，其中"示范引领项目"36项，"经典传承项目"28项、"基层优秀项目"48项。这些群众性读书活动集中在4—10月间展开。 （徐　赜　王超颖）

【观摩话剧《邹碧华》，争做时代'燃灯者'"剧评活动】 为积极宣传"新时期公正为民的好法官、敢于担当的好干部"邹碧华的先进事迹，扩大主旋律话剧《邹碧华》的社会影响，市振兴中华读书指导委员会自3月至5月，在全市范围开展"观摩话剧《邹碧华》，争做时代'燃灯者'"剧评活动。该项活动由市总工会、解放日报、上海《支部生活》杂志、东方网主办，市振兴中华读书指导委员会办公室、市职工文化体育协会、黄浦区总工会、解放日报理评部等承办，黄浦区工人文化

3—5月，市总工会等主办观摩话剧《邹碧华》，争做时代"燃灯者"剧评活动 （王锡颖）

宫协办。剧评活动共收到应征稿件500多篇，征稿紧扣“弘扬‘燃灯者精神’，践行社会主义核心价值观”主题，从剧评角度分析论述，客观评价话剧《邹碧华》的现实意义和艺术特色，最终评出获奖征稿38篇，并在黄浦区工人文化宫举行了颁奖仪式。

（徐 畴）

【上海职工“中国梦·爱国情”经典诵读大赛举行】 为纪念中国共产党成立95周年，进一步弘扬社会主义核心价值观，实现中华民族伟大复兴的中国梦，市总工会联合上海市精神文明建设委员会办公室、市教育委员会、市语言文字工作委员会、市学习型社会建设与终身教育促进委员会办公室、东方网等，自4月起共同举办上海职工“中国梦·爱国情”经典诵读大赛。活动共甄选出来自闵行区总工会、上海广播电视台、中国电信上海市工会、上海话剧艺术中心、华东空管局等14家区、县、产业局工会的25部诵读作品，内容涉及传统经典和优秀原创等，体现职业特色，共抒家国情怀。获奖作品在东方网和上海读书网全部展示。

（徐 畴）

【全国工会职工书屋领导来沪调研职工书屋建设】 5月18—19日，全国工会职工书屋建设领导小组办公室主任张爱民一行3人来上海市对职工书屋建设进行调研，调研组实地走访了市北新泾监狱、上海上药第一生化药业有限公司等多家职工书屋，了解基层职工书屋建设情况，同时就进一步加强实体职工书屋建设、全国工会电子职工书屋建设等事宜进行了交流。

（徐 畴）

【“那些年，我们读过的书”上海读书故事征文大赛揭晓】 12月2日，由市振兴中华读书指导委员会与市总工会、市文明办、上海图书馆等单位联合举办的“那些年，我们读过的书”上海读书故事征文大赛评比结果正式揭晓。本届征文活动通过新民晚报、劳动报、东方网、上海读书网等多家媒体，广泛宣传征集优秀读书故事，共收到来自全国各地的稿件2082篇，最终评出佳作77篇。获奖作品以《那些年，我们读过的书》为名，入编“振兴中华”系列丛书，由上海科学技术文献出版社出版。

（徐 畴）

第十八届上海读书节现场访谈 （陈 鸿）

【“悦读修身，书香上海”第十八届上海读书节落幕】 12月5日，被上海市民称为“我们的文化节日”的第十八届上海读书节，在上海建工大厦报告厅正式落下帷幕。经严格评审，最终20个读书项目被评为2016年度上海市振兴中华读书活动优秀项目。市总工会巡视员杜仁伟、副主席李友钟等出席闭幕式。本届读书节紧紧围绕纪念建党95周年、红军长征胜利80周年、市民修身等主题，开展各类读书活动项目112项，累计参与50万人次以上。“互联网+”成为本届读书节的一大亮点，诸多读书活动积极尝试通过新媒体、新技术、新模式传播主流正能量和弘扬上海精神。其中包括推出首届上海职工网上读书节；开设内有电子图书5万余册、期刊百余种的申工社APP“书刊亭”，供广大职工阅览、下载；“中国梦·劳动美”上海市班组文化网络大奖赛，吸引近20万职工参与。

（徐 畴）

【长宁区总工会启动“魅力长宁 书香同行”第三届长宁职工读书节】 为倡导全区职工多读书、好读书、善读书的学习氛围，由长宁区总工会主办的“魅力长宁 书香同行”——第三届长宁职工读书节开幕式暨读书项目推介会正式启动，100余名基层工会干部、职工群众参与读书节开幕式。活动期间举办第四届长宁职工“微镜头、微感言、微电影”系列大赛读书系列活动及“光辉的旗帜”纪念建党95周年原创诗歌征集活动。同时联合社会团体开展系列旅行分享会品牌活动，推广基层读书项目。本届长宁职工读书节于4月启动，共征集到读书项目50余项，并确定其中16项作为第三届长宁职工读书节精选项目。

（王亚文）

【闵行区总工会开展职工读书系列活动】 闵行区总工会开展“那些年，感动过我们的书和诗”职工读书系列活动，利用“闵行工会”微信平台进行微书评征集，收到投稿近700篇；组织红色经典诵读大赛，38个基层企事业单位报名参赛，从中选出2名优秀选手，参加上海职工“中国梦，爱国情”经典诵读大赛，最终分获二、三等奖。

（金 舰）

【金山区第十一届职工读书节暨第二届职工文化艺术节顺利闭幕】 11月26日，金山区总工会在金山万达广场中庭举办了金山区第十一届职工读书节暨第二届职工文化艺术节闭幕式。本届职工读书节和文化艺术节开幕以来，共组织开展45项内容丰富、形式多样的职工读书和文化艺术项目，吸引了6万多名职工群众参与。活动当天还开展了“鑫工梦想，为爱助力”公益拍卖活动，精选18幅职工优秀作品用于慈善公益拍卖，共募集资金近2

7月27日，“那些年，感动过我们的书和诗”2016年闵行职工读书系列活动——红色经典诵读大赛（李乘风）

万元，所得款项将全部用于帮助困难职工。颁奖仪式上，与会领导为“上海工匠”“上海工匠”提名奖和职工读书和文化艺术活动优秀组织奖、直属工会人气微信公众号颁奖，为职工文化活动基地授牌。（钱海东）

【松江区总工会举办2016年全国工会职工书屋揭牌仪式】 11月28日，松江区总工会在上海华侨城投资发展有限公司举办2016年全国工会职工书屋揭牌仪式。为推进工会职工书屋建设，经松江区总工会推荐，市总工会审核，全国总工会批准，华侨城工会职工书屋作为2016年全国工会职工书屋示范点，由全总授予全国工会“职工书屋”称号。目前全区共有全国、市级“职工书屋”10家，区级“职工书屋”79家，“职工书屋”遍地开花，营造了快乐读书，热爱读书，崇尚读书的良好风尚。（张谢瑛）

【航天局工会举办第八届上海航天职工读书节】 恰逢中国航天事业创建60周年，上海航天成立55周年，为了进一步回顾历史，展望未来，激发广大职工建功立业的激情，局工会举办了“回顾·分享·展望”——第八届上海航天职工读书节，通过“重温发展路，了解历程”——护航工社APP线上约跑活动、“传递漂流瓶，交流感悟”——青年职工读书活动、“中国梦、航天梦、爱国情”——经典诵读大赛等活动，凝聚文化力量，弘扬用航天梦铸就中国梦的力量。（周 博）

【上海船研所工会开展读书启迪智慧智慧引领创新主题活动】 2016年，上海船研所工会以“创读书启迪智慧，智慧引领创新”为主题，通过“读”“写”“讲”系列活动，开展“优秀读书心得”“读书之星”评比，为职工搭建一个读书、感悟、交流的互动平台，多渠道引导职工多读书、读好书，有效提升职工文化素质。读书节活动得到了广大职工的热情支持，先后收到读书心得35篇、读书故事5篇，举办“书香船研”第七届职工读书节之“我的读书故事”讲演暨优秀读书心得分享会。（顾霞琴）

【中海党校工会读书分享活动形成特色】 中海党校工会注重服务职工，凝聚员工，强化职工素质教育，以培训学习、读书活动等形式推进学习型组织建设，取得良好工作成效。“读书分享会”活动已成为中海党校工会组织的品牌活动之一，形成了特色，受到广大员工欢迎。自2013年以来，中海党校已累计举办了14期读书会活动。一是时间固定化。读书活动贯穿全年，每季度确定一个主题，分自主研读准备和集中学习讨论两个阶段，集中学习时间为半天。二是要求制度化。每年年初制订年度读书计划，每季度确定一个领读人，由领读人推荐主题阅读书目，主持该主题读书分享活动。三是内容、形式多样化。内容上重点围绕党的基本理论和企业经营管理、职工综合素质提升等，以服务党校中心工作任务为原则，发挥职工主动性和创造力，引导职工在阅读中增长知识、开阔视野。形式上针对不同主题安排不同形式，采取领读分享、专题讲解、小组研讨、问答交流等。四是全员参与。要求校领导带头示范，全体职工共同参与，共同思考，共同提升。（李 瑶）

【中国电信上海市工会举办原创文艺节目展评决赛电子书首发仪式】 12月20日，上海公司工会举办“扬电信

中国电信上海市工会举行第十届全员读书日（殷 茵）

品质精神，颂身边最美工匠”原创文艺节目展评决赛暨《2016“匠心品质”故事汇》电子书首发仪式。会上，来自基层单位的15个原创文艺节目登台角逐，他们以具有匠心品质精神的人物事迹为创作原形，一线员工自编、自导、自演，通过朗诵、小品、快板、沪说、情景剧等形式多样的文艺作品再现了电信人的点点匠心。会上，还举办了《2016匠心品质故事汇》电子书首发仪式。上海公司副总经理、工会主席常朝晖和全国劳模、上海工匠徐珺共同为《2016匠心品质故事汇》主人公及撰写者赠送电子书。（殷　茵）

中交上航局举办第五届“我阅读、我快乐、我成长”读书主题活动

（全　晶）

【中交上航局工会打造读书品牌项目】 中交上航局各单位创建“书香室（角）”打造书香上航，2016年，公司工会、团委开展了以“知识促成长转型谋发展”为主题的第五届“我阅读、我快乐、我成长”航道职工读书活动。活动中，司属各单位机关、项目部、船舶纷纷开展了“书香室（角）”的创建活动，在办公集中的区域利用一室、一角、一橱，摆放职工爱读的好书，以一线职工作为重点服务对象。另外，公司工会开展了“航道情、劳动美——我的成长故事”微电影大赛，举办了航道职工五年读书活动总结会暨微电影大赛评审发布会。12月，在上海市振兴中华读书指导委员会举行的第十八届上海读书节闭幕式上，中交上海航道局有限公司工会荣获“那些年，我们读过的书”上海读书故事征文大赛优秀组织奖，航道职工黄奇钧的《书香之梦》荣获大赛优胜奖。

（全　晶）

【市新闻出版工会组织开展“读书，让生活更精彩”系列活动】 在2016上海书展期间，市新闻出版工会分别组织由系统工会主席、工会干部、优秀农民工会员代表、行业女编辑3批近750人参与上海书展的各项活动。在8月21日优秀农民工会员代表专场中，新闻出版工会落实专车，将在青浦工作的4家企业、50名优秀农民工会员代表送往书展现场，让农民工兄弟姐妹感受读书的氛围和快乐。还结合上海振兴中华读书会开展的“凡人荐书”活动，为职工购买书籍，组织职工参与荐书活动，并将优秀书评推荐报送上海振兴中华读书会。上海中华印刷有限公司荣获第十八届上海读书节上海职工“中国梦·爱国情·劳动美”经典诵读大赛三等奖。上海新华文化创新科技产业有限公司选送的“让梦远航”微电影，荣获“上海电器杯”第二届上海职工微电影大赛优秀作品奖。

（陈宏华）

【上海报业集团工会举行“纪念红军长征胜利80周年职工读书活动”】 10月20日，由上海报业集团工会主办、文学报社承办的“纪念红军长征胜利80周年职工专题读书活动”在上报集团43楼举行。职工读书讲座系集团第三届职工文化艺术节系列活动之一，邀请上海著名女作家王小鹰以“信仰的力量”为题作专题讲座。集团近60名读书爱好者到现场聆听。

（刘玉平）

【市监狱管理局工会开展读书活动】

以职工书屋为载体，坚持开展读书交流、观书展、书画摄影展以及各类文体活动。目前，全局共建立“职工书屋”19家，已有全国总工会挂牌的书屋9个，各基层工会通过读书协会和“书香警营”等形式开展读书活动；积极参加在上海展览中心举行的“2016上海书展暨书香中国‘上海周’”活动，共组织1000名会员群众参观书展；在黄浦区图书馆召开读书创作协会年会暨《知心》工作交流会。对去年的先进集体和个人进行了表彰，并邀请中国作家协会会员、上海市作家协会理事、《新民周刊》高级记者沈嘉禄为与会代表讲课；开展群众性论文评选和《知心》杯征文比赛活动，主题是“忆光辉历史，看百年监狱——纪念中国共产党建党95周年暨中国工农红军长征胜利80周年读书创作活动”，此项活动被列为市总工会开展的“悦读修身·书香上海”第十八届上海读书活动示范项目。（江海群）

【申通地铁集团职工在第十八届上海读书节多个项目中获奖】 12月5日，第十八届上海读书节闭幕式暨上海职工“中国梦·爱国情·劳动美”经典诵读大赛举行，申通地铁集团在多个项目中获奖。上海申通地铁资产经营管理有限公司举办的“了解地铁历史，展示申城未来”职工读书活动，以及上海地铁第一运营有限公司工会举办的“倡导全民读书，享受阅读快乐”职工读书活动，被评为2016年度上海市振兴中华读书活动优秀项目。上海地铁维护保障有限公司职工吴春亚的征文作品《捉螺蛳，读童话》获得“那些年，我们读过的书”上海读书故事征文大赛一等奖；上海地铁第一运营有限公司职工俞晨晔获得“中国梦·爱国情·劳动美”经典诵读大赛二等奖，上海地铁维护保障有限公司职工李文勇、上海地铁第四运营有限公司职工黎伟等获得诵读大赛三等奖，申通地铁集团获优秀组织奖。

（姜 雪）

【上海航空工业（集团）有限公司举办读书交流会活动】 为了响应“全民阅读”的号召，上航公司财务与审计中心分工会开展了“心愿书单”读书交流会活动。分工会通过为会员购买他们喜爱的图书、设定一个月的阅读时间后进行交流等方式，激发职工的读书愿望，通过交流会和现场互评投票，大家在分享中进一步体验了“阅读”的快乐、读书的收获，纷纷发表感言，并在公司工会的关心支持下，将读书的氛围感染到整个上航公司，激发了广大职工崇尚读书的良好氛围。

（刘文宏）

【临港集团获上海市职工书屋引领示范项目】 4月22日，以“悦读修身，书香上海”为主题的第十八届上海读书节正式开幕。开幕式上表彰了各区县（产业）局职工读书活动的优秀项目，其中临港集团“细品生活，与书一路同行”主题读书活动从全市150个申报项目中脱颖而出，成为36个上海市示范引领项目之一。2016年，工会借助举办产业区文化艺术节活动的契机，在临港集团内部大力开展“细品生活，与书一路同行”主题读书活动。工会借助职工读书角、工会微信号和微信群职工之家三大渠道为平台，通过网络平台实现职工读书、荐书、分享心得的功能，同时汇总线上的信息，在线下成立读书角，购置好书供广大职工借阅，逐步培养阅读习惯。同时，根据职工需求，通过讲座、沙龙等形式多样的活动，邀请知名作家现场与广大职工分享读书和创作的乐趣，营造了浓厚的学习氛围。

（陈 浩）

【世纪出版集团工会评选职工读书之星】 上海世纪出版集团工会举办了职工读书之星评选活动，集团所属26家单位、32名职工获得职工读书之星的荣誉。集团工会同时编辑出版了《静心品读——上海世纪出版集团职工读书笔记》。

（陆 迅）

职工文体

【概要】 打造“互联网+”职工文化服务模式，满足不同职工群体个性化、差异化、多元化的文化需求，探索与社会网媒共同运作的服务方式和路径，以公益性定位、菜单式服务、项目化运作、品牌化打造、社会化推进为基本思路，体现数字化、微信化、网络化，举办上海职工歌手大赛、上海职工摄影大赛、上海职工微电影创作比赛、上海职工书法绘画大赛。职工体育健身四季大联赛以班组（团队）为主体，开展职工羽毛球、篮球、台球俱乐部（班组）等级联赛、职工定向越野等赛事。结合职工体育竞技活动开展裁判员、技战术培训和职工业余教练员培训，探索建设一支由工会干部、基层群众文体工作者和职工文体志愿者组成的工作队伍。

（宋 昶）

【举办2016年上海市庆祝五一国际劳动节特别节目】 4月29日，在上海东视演播厅，举行2016年上海市庆祝五一国际劳动节特别节目。本台节目即以“大城小梦”“上海工匠”与“创新创造”为三大篇章，通过相应的人物故事与文艺节目进行呈现，反映上海劳动者们在当好“改革开放排头兵、创新发展先行者”的征途中，坚持“改革”、服务“民生”、勇于“创新”，体现了“上海智造”“上海精造”“上海创造”的宏伟气象，生动演绎上海工人阶级的主人翁精神风貌和主力军时代风采，激励动员广大职工群众为上海创新驱动、转型发展，为实现伟大的“中国梦”而努力奋斗。

（宋 昶）

【举办第二届上海职工网络文化艺术节】 为了推进网上工会建设，实现线上线下互动的网络时代服务方式和模式，在依托工会组织的同时，努力实现职工文化建设的社会化，市总工会举办第二届上海职工网络文化艺术节，共设摄影、书法、绘画、微电影3个文化项目。上海职工网络文化艺术节网上平台总点击量达39.2万次。摄影共收到作品6000余幅；微电影共收到作品近300部；书画共收到作品300部，此外，所设项目均有市总工会相关区产业工会联合主办，在推进过程中，坚持服务职工，注重出成果、出作品、出人才，同时运用社会化报名方式，吸引非公企业职工、白领群体、青年职工参加，社会效应不断持续拓展。

（高国强）

【举办第二届“黄浦杯”上海职工台球俱乐部团体赛】 第二届“黄浦杯”上海职工台球俱乐部团体赛初赛于8月11—20日举行，在市区具有一定影响力的楼宇台球俱乐部和黄浦区工人体育馆乒乓球馆举行8场资格赛，每场均由24支参赛队进行比赛，各场前8名的参赛队伍获得进入总决赛的资格，去年获得前10名的团队直接进入今年的总决赛。初赛一共有192支队伍、806人参赛。74支参赛队于9月10、11日在黄浦区工人体育馆乒乓球馆举行总决赛。

（余洪海）

【举办上海职工定向越野活动】 6月

4月29日，在上海东视演播厅，劳模先进接受采访 （吴良荣）

5日,"牛元杯"上海职工定向越野活动在顾村公园举行,来自全市各行各业的近千名职工参加健身活动。本次比赛线路设置在顾村公园内,分别为同心协力组、团队奋斗组。主办方还根据参赛选手的不同组别以及专业和非专业选手体能差别,特意为各类组别设置了独特的定向线路。

(余洪海)

【上海职工首届足球超级联赛开赛】 11月12日,上海职工足球嘉年华暨首届"森河杯"职工足球超级联赛在静安区工人体育场举行。联赛由市总工会、市体育局主办,市足球协会、市职工文体协会、上海森河体育发展有限公司等共同承办。市总工会巡视员杜仁伟,静安区人大常委会副主任、区总工会主席叶坚华,市总工会宣教部部长陈必华,市职工文体协会副会长、市工人文化宫主任侯伟康等出席开幕式。本次赛事共有64支队伍参赛,人数超过1200人次,参赛规模覆盖上海16个区,赛程2个月。

(姚　迪)

【浦东新区总工会举办首届自贸区职工长跑等系列赛事】 4月10日,隆重举行第十五届金桥碧云国际社区主题长跑暨首届自贸区职工长跑比赛。金桥碧云国际社区主题长跑活动已连续开展了15年,2016年的主题为"美丽金桥园活力自贸区",在"创新转型新战略,自贸扩区新金桥"的大背景下,碧云主题长跑已成为凝聚开发区广大职工建设自贸区热情和干劲的一项重大体育赛事,已成为浦东职工"四季彩虹"体育系列比赛的重要组成部分。另外,作为浦东职工体育品牌,还举行了第三届"康桥工业区杯"羽毛球大赛、第四届"张江杯"自行车赛、"陆家嘴金融城杯"第四届楼宇职工暨首届自贸区职工趣味运动会等多场运动大赛。

(陈　维)

【浦东新区总工会举办首届职工文艺创作汇演】 4月21日,"劳动托起中国梦"浦东新区首届职工文艺创作汇演在周浦镇文化服务中心隆重举行。来自全区各级职工260余人观看了演出。首届职工文艺创作汇演以"劳动托起中国梦"为主题,展现上海浦东改革开发开放的伟大成就,新时期浦东工会工作的新开拓、新发展,以及浦东工人崭新的中国梦和精神面貌。参与创作和演出的人员中有公务员、有教师、有医生、有农民工兄弟等来自全区各个行业和领域的工会职工。自2015年11月起,浦东各工会组织的积极响应和踊跃参与文艺创作,先后收到原创节目30多个,经活动组委会审核选拔、专业老师的精心指导和创作者、表演者的共同努力,其中10个原创节目参与汇演。

(陈　维)

【徐汇区总工会创新职工文体活动组织形式】 徐汇区总工会借助"徐汇工会"双微平台,积极探索工会文体活动新模式,本着"绿色、低碳、健康"的理念,7月初开始,利用微信公众号平台发起第二届"绿动一夏——职工低碳健步走"活动。活动历时3个月,从活动发动、活动报名、奖项评选、心得分享、健步随手拍活动等所有环节全部通过"徐汇工会"微信公众号实现,活动分散开展,无需专业裁判、赛事保障等人员,实现了高效、有序、便捷、节约人力成本等预期,突显工会新媒体平台的服务性、互动性、便捷性,成为利用新媒体举办职工文体活动的一个成功案例,实现了职工文体工作方式的扁平化、网络化、项目化。

(徐艳杰)

【徐汇区总工会开展职工文化家园品牌建设】 徐汇区工人文化体育中心全力打造"徐汇职工文化家园"品牌。搭建平台,普及高雅艺术。全年共举办包括"春·颂歌"音乐会、"古典浪漫"歌剧赏析音乐会、等高雅艺术普及演出12场,场均观众350余人。文艺四进,填平文化洼地。推进职工文化精品化、精品文化群众化,深入开展"文艺四进"(进企业、进社区、进工地、进园区),主动服务企业职工、社区居民和外来务工者,举办包括"关爱建设者　实事暖人心"文艺进工地演出等9场文化服务活动,组织33家企业的100名职工走进上海大剧院观看演出。举办赛事,展示职工风采。举办了第四届"我眼中的徐家汇"摄影比赛,为摄影爱好者搭建了一个记录美、分享美、展示美的平台,比赛设置了"变·幻徐家汇""劳动之美""善在身边"3个组别,共收到了1800多幅参赛作品,达历年之最。主题展览,弘扬传统文化。举办了"墨韵迎新春"书画展,共展出作品58件,其中书法作品28件、绘画作品30件,让职工群众感受墨韵熏陶。文化共建,实现资源共享。携手康健街道办事处、上海师范大学音乐学院共建"康健音乐汇"文化品牌,成功举办了"夏之声"杜园园师生音乐会和潘幽燕独唱音乐会,为大学生走出校园、服务社区、奉献社会提供了良好的实践平台。

(王　圆)

【长宁区举办第二十七届长宁区"三八"姐妹运动会】 3月4日,由长宁

4月10日,浦东新区举办首届自贸区职工长跑活动　(赵立荣)

区总工会、区体育局、区妇联主办，区工人文化宫承办的“金猴祥瑞喜迎春”——第二十七届长宁区“三八”姐妹运动会，在上海国际体操中心圆满落幕。本届运动会由第九套广播体操展示及“金猴渡河”“金猴穿越”和“金猴献桃”等3个游戏项目组成，吸引全区各行各业137支队伍及千余名女职工踊跃参加，参赛队和人数均为27年之最。（王亚文）

【普陀教育工会举办欢乐艺术节】 5月25日，“师情飞扬 同心筑梦——普陀区教职工欢乐艺术节开幕式暨合唱音乐会”在区文化馆五楼剧场举行，教育系统基层单位240余人参加。艺术节持续6个月，通过组织开展“合唱、摄影、绘画、微视频、三笔字、烹饪、我是演说家、点赞教师团”等多项文体活动，充分展示教职工才艺风采，营造和谐奋进的校园氛围，引导广大教职工学习了解普陀历史、感受普陀魅力、抒写普陀情怀、歌颂普陀风采。（陆蕾）

【杨浦区总工会举办教师板书·书法·钢笔字大赛】 3月18日，杨浦区总工会联合区教育局，在铁岭中学体育馆举办“教苑书法展风采，中华文化共传承——2016杨浦区教师板书·书法·钢笔字大赛”。3月初，各基层学校推荐229名教师参赛，经初审，遴选出47所学校的58名教师参加决赛。根据命题内容和自选内容，选手们在45分钟内各书写一件作品。评委从整体布局、字形结构、个人特色等方面进行现场综合打分。参赛选手们还聆听“书法艺术的魅力”微讲座，观摩书法家们当场挥毫泼墨，感受汉字书写的艺术魅力。（曹理仰）

【杨浦区总工会举办“弄堂里的回忆·五子登堂”趣味运动会】 5月13日，“弄堂里的回忆·五子登堂”2016年杨浦职工文化圈（中圈）活动——趣味运动会在黄兴全民体育公园开赛。活动由杨浦区总工会主办、区医务工会承办，得到黄兴体育运动公园和各相关单位大力支持，来自各行业、街道（镇）的500余名企事业单位职工报名，共组成28支队伍参赛。活动现场仿照老上海弄堂风格搭建，成列着老式大画幅相机、复古留声机、黑白电视机、老旧皮箱等装饰物品，设有滚轮子、造房子、套圈子、刮片子、踢毽子等团体比赛项目，以及“充气飞镖”“临门一脚”“趣味投篮”“幸运大套环”等个人游戏项目。（曹理仰）

【杨浦区第十个职工文体活动基地在殷行社区成立】 5月26日，杨浦区总工会联合殷行街道举办“五月的荣光”——殷行职工文艺汇演暨职工文体活动基地揭牌仪式。杨浦区第10个职工文体活动基地正式落户殷行社区文化活动中心。该基地是集职工夜校、职工书屋、职工健康房、职工议事厅、职工SHOW场于一体的“综合体”，委托小蝌蚪社区文化发展中心参与日常建设与管理，并整合市、区级文体场馆、辖区单位资源，开展文艺鉴赏、健康养生、厨艺展示、语言艺术、家庭生活、学习培训等各类职工喜闻乐见的培训和文体活动，“全覆盖”打造服务职工文体活动阵地。（曹理仰）

5月13日，杨浦区总工会举办“弄堂里的回忆·五子登堂”趣味运动会（曹理仰）

【杨浦区总工会举办“接力奥运 快乐运动”健身运动会】 9月2日，“接力奥运 快乐运动”——2016杨浦区职工文化服务圈（南圈）健身运动会在江湾体育馆举行。活动由区总工会、区国资委共同主办，区各委办局、街道（镇）、区属（集团）公司工会负责落实宣传报名和推进实施工作，共组成15支参赛队伍，252名职工选手参赛。运动会将竞技与娱乐相结合，着重体现职工参与及合作，设有“众星捧月”“同舟共济”“瑞虎添翼”“勇往直前”“平板支撑”等5个团体比赛项目，以及“MINI高尔夫”“激流勇进”“愤怒的大鸟”“贴鼻子”等个人嘉年华游戏项目，充满趣味性、挑战性、互动性。（曹理仰）

【杨浦职工艺术团进重大工程建设工地慰问演出】 9月8日，杨浦区总工会、区建管委携手杨浦职工艺术团，在淞沪路三门路下立交重大工程工地现场举办慰问演出，为项目工地百余名一线职工、建筑工人送上晚间露天表演。此次活动作为杨浦职工文化圈（北圈）的活动项目之一，呈现了花式调酒《火焰》、魔术《见证奇迹》等趣味节目。路桥集团总承包二部职工还编排了吉他弹唱《平凡之路》，展现建设者风采。把演出舞台搬入工作现场，让演出时间不影响工作，使演出活动深入职工内心，区总工会以“接地气”的方式让更多一线职工共享文化发展成果。（曹理仰）

【黄浦区总工会举办第四十二届南京路马路运动会】 11月8日，由黄浦区总工会等主办的第四十二届南京路马路运动会在“中华商业第一街”南京东路步行街上拉开序幕。来自黄浦区商业系统的3000名职工及社区居民，在清晨的街头开展趣味横生的冬季健身活动。南京路马路运动会以“简朴、充实、融和、欢快”为实施原则，围绕“活力南京路，健康你我他”的主题，融职工群众体育、社区大众体育于一体，开展了“快乐员工擂台”“特色拳操汇展”“门前职工活动”“职工体质测试”以及“即时摄影比赛”等五大板块的活动，内容包含旱地龙舟、拔河对抗、托盘障碍接力、滚圆台面接力等40项。精彩纷呈、形式多样的活动为南京东路步行街增添了一个体育文化景观。（吕诚陆）

7月23日，上海市第三十五届庆“八一”军民长跑举行（吕诚陆）

【上海市第三十五届庆“八一”军民长跑在黄浦区举行】 7月23日，由上海市总工会、上海市双拥办、上海市体育局、上海警备区政治部、黄浦区人民政府主办，上海市社会体育管理中心、黄浦区人民武装部、黄浦区总工会、黄浦区体育局承办的第三十五届庆“八一”军民长跑在黄浦区举行。清晨7时，各支长跑队伍云集在原上海世博会中国船舶馆绿地广场。从龙华东路苗江路口出发，跨越苗江路望达路、花园港路、半淞园路原世博城市最佳实践区，回到出发地，全长5公里。市总工会、上海警备区、黄浦区委、区政府、区总工会的领导在队伍最前面领跑。由驻沪陆、海、空和武警部队等10个方队所组成人民子弟兵500人，跑在长跑队伍前列。16个区县和机关企事业单位的125支职工长跑队伍2000人紧随其后。队伍中还有许多两新组织的新上海人职工和外籍职工。沿途吸引许多市民驻足观看。（吕诚陆）

【黄浦区总工会等举办区第五届农民工运动会】 5月18日，黄浦区总工会、黄浦区建设和管理委员会、黄浦区体育局主办，黄浦区建设工程项目工会联合会、黄浦区体育事业发展指导中心、黄浦区卢工体育场、黄浦区工人体育馆承办了以“我运动、我快乐，我健康”为主题的黄浦区“建设杯”第五届农民工运动会。黄浦区建设和管理委员会的18个建设工程项目部、绿化市容局、中城集团、永业集团和淮海集团及南京东路、外滩、五里桥、打浦桥、瑞金二路等街道40个运动队500名农民工运动员参加。运动会根据农民工及其岗位特点设置5大竞赛项目：拔河、扔沙包、滚轮胎接力、点定投篮和负重接力。农民工运动员在比赛中努力拼搏，赛出了风格和水平。（吕诚陆）

【静安区总工会举办职工书法篆刻展】 10月20日，“长征颂 静安梦”——纪念红军长征胜利80周年静安职工书法篆刻展在静安区工人文化宫开幕。区总工会副主席谭振勇出席，全区广大职工书法爱好者近百人参加。自7月启动以来，活动得到了全区各街道总工会、各系统集团公司工会以及各级书法爱好者组织的积极响应，作品征集历时两个月，共征集到约50家单位的参赛作品220件，展出佳作80件。（郭　燕）

【闵行区总工会举办“中国梦·劳动美”系列职工文化活动】 7—9月期间，闵行区总工会相继举办“中国梦·劳动美·幸福颂”为主题的闵行职工文化大舞台——声乐、器乐、舞蹈比赛，各级工会推荐80个优秀的声乐、器乐及舞蹈作品参赛；举办“聆听历史回声·唱响红色经典”戏曲专场演出；选送36幅摄影作品参加“劳动光荣·筑梦伟大”沪苏浙三区三市职工摄影大赛。（金　靓）

【松江区第一届业余足球联赛开赛】 11月6日，松江区第一届业余足球联赛在松江区三新体育场隆重开赛。区体育局副局长秦梓辛主持仪式。陈军康为足球联赛开球，孔林德宣布活动开始，丁汀致辞。本赛事由区总工会、区体育局和团区委联合主办，上海着意体育赛事策划有限公司承办。经全区各街镇、开发区总工会、委局、直属公司工会推荐的9支业余足球队近180名一线职工参与活动。（张谢琰）

【青浦区香花桥街道总工会荣获全国工会“职工书屋”示范点】 4月27日，全国工会“职工书屋”示范点揭牌仪式在青浦区香花桥街道总工会举行。青浦区总工会党组副书记、副主席朱俊华向香花桥街道总工会荣获全国工会“职工书屋”示范点称号表示祝贺并强调，各级工会要把“职工书屋”建设作为维护职工精神文化权益的有效载体和解决职工基本文化需求的重要工作来抓，不断创新贴近职工的文化形式和活动载体，把职工书屋建设成弘扬社会主义核心价值观的平台阵地。日立电梯（上海）有限公司工会主席金世伟代表职工发言，区总工会、香花桥街道相关领导分别为6位职工代表赠书，为示范点揭牌。（朱建强）

【青浦举办第十五届沪苏浙三区三市职工文化交流活动】 9月22—23日，“劳动光荣·筑梦伟大”第十五届沪苏浙三区三市职工文化交流活动在青浦举行，三区三市（青浦、太仓、闵行、义乌、嘉定、昆山）总工会主要领

4月27日，青浦区香花桥街道总工会职工书屋被命名为全国职工书屋示范点 （朱建强）

导、分管领导、宣教部长、文化宫主任等参加了此次活动。在23日上午举行的三区三市工会工作交流会上，青浦区总工会围绕突出主业主责，依法维护职工群众合法权益，分别就推进集体协商提质增效、动态管理群体性劳资纠纷事件、建立健全职工法律服务体系等工作开展情况进行交流。太仓、闵行、义乌、嘉定、昆山总工会也都围绕各自特色、品牌工作进行交流和探讨学习，共同推进工会工作不断改革创新发展。此外，本次职工文化交流活动期间，全体与会人员还观摩了“同一片蓝天”青浦工会为企业职工送法律、送健康、送文艺活动，隆重举行了三区三市职工摄影大赛作品展开幕仪式。 （朱建强）

【奉贤区总工会举办第二届职工文化节】 5—10月，第二届职工文化节举行。奉贤区总工会充分发动街镇、社区、开发区层面总工会的“枢纽”作用，先后开展“相约滨海之夏”纳凉晚会、海湾森林公园健康跑等活动，为职工搭建履行社会责任、参与志愿服务的平台，提升职工热爱奉贤、服务奉贤、感恩奉贤的获得感和正能量。职工文化节的参与人数达到10万人次，覆盖基层工会1200多家。组建职工文化指导员和志愿者队伍，为会员单位提供文体活动策划、传统非遗项目（滚灯、风筝、剪纸、布艺）制作、工间操等方面的服务。 （尹 奕）

【市机电工会举行“电气杯”职工棋牌赛】 12月17日，市机电工会在上海电气职工培训基地举行2016“电气杯”职工棋牌比赛。34家单位包括劳务工在内的350余名职工分别参加了中国象棋（团体）、围棋（个人）、大怪路子（团体）和“三打一”（个人）4个项目的比赛。经过一天紧张激烈的较量，决出各项比赛的冠、亚、季军。同时对上海发电机厂工会、上海电机厂有限公司工会等7家单授予优秀组织奖。 （彭伟光）

【市仪电工会开展“快乐工作、健康生活”文化体育节系列活动】 市仪表电子工会传承传统的文化、体育赛事，开展了“快乐工作、健康生活”文化体育节系列活动。活动贯穿全年，先后进行了乒乓球、羽毛球、保龄球、大怪路子、广播操、拔河、六人趣味、双人跳绳、田径等体育项目的团体、单项比赛，各重点子公司和基层企业参赛运动员达到了750人次。仪电工会还通过“仪电互联”微信公众号组织职工对“最喜欢的体育项目”进行了投票，共有2162人次职工参加了该项投票活动。通过活动丰富了企业文化、增强了团队意识，振奋了职工精神，进一步激发了职工为仪电未来发展作贡献的积极性和创造性。 （邵秀根）

【市化学工会举办职工纪念红军长征胜利80周年文艺演出】 为庆祝中国共产党建党95周年、中国工农红军长征胜利80周年、中华人民共和国成立67周年，集团工会联合团委于9月19—20日，在上海交响乐团音乐厅举行了两场“可爱的中国”——华谊集团职工迎国庆，纪念红军长征胜利80周年文艺演出。集团和下属子公司领导、职工和家属，集团老领导、老干部、退休职工代表，京津沪渝四市化工工会代表，以及长期关心关注华谊集团建设发展的各组织机构代表等近2000人观看了精彩演出，在职工文化艺术的展示过程中，重温了两万五千里长征的波澜壮阔，提升了民族自豪感，进行了一场别开生面的爱国主义教育。 （张雪莲）

11月5日，上海仪电文化体育节颁奖仪式 （鲁守华）

【上海益民食品一厂(集团)有限公司举办职工文化节】 上海益民食品一厂(集团)有限公司工会在企业在转型中创新发展,积极发挥工会优势,举办以"同心同行汇益民情,创新诚信圆光明梦"为主题的职工文化节。文化节分"激情奉献、爱与尊重、和谐共享"3个章节,开展16项活动。组织职工学习宣传企业新三年发展战略规划,举行"爱与尊重"职工微电影拍摄、"唱响我们心中的歌"职工歌唱大赛、"知行合一"军民共建读书活动、"品质生活与品牌消费"品牌论坛、"奋进的益民人"职工摄影比赛,"歌剧其实'恒'有趣"蕴初讲堂、以及"职工体育风采展示"——广播体操、健身操比赛、足球、乒乓球、羽毛球、保龄球、棋牌、垂钓等比赛。 (吴晓红)

【市纺织工会创新活动形式,满足职工多样化精神文化需求】 市纺织工会深入企业贴近职工,找准不同职工群体的工作特点、兴趣、爱好、特长,创新职工业余活动形式。通过完善管理制度、增加资金投入、加速培养骨干等措施,努力满足职工多层次、多方面、多样性的精神文化需求。通过策划形式新颖时尚、融入较多运动元素职工网络文化赛、动起来 & 往前冲、建功"十三五"职工励进营等活动,吸引广大职工特别是青年职工参加。同时,纺织工会还注重加强职工业余兴趣协会建设,纺织京剧团、集邮协会、摄影协会、纺织爱乐合唱团等兴趣小组,逐步成为职工陶冶情操、提升精神境界、展示纺织形象的重要平台和窗口,扩大了工会组织的社会影响力。

(张智伟)

【上海电力公司工会开展职工优秀文学创作活动】 2016年,电力公司工会积极响应国网公司三届一次职代会精神、落实《国网公司职工文学创作重点选题立项与实施工作方案》,制订出台《国网公司职工文学创作重点选题立项与实施工作方案》,并要求各网省公司开展选题创作,积极推送文学人才,繁荣壮大电网文学创作队伍。3月24日,上海公司工会召开首次文学创作研讨会,确定2016年公司工会文学创作选题立项及总体发展方向,为公司的文学创作拉开了序幕。会议邀请上海市文学创作领域专家,与公司基层单位30多名文学爱好者座谈交流。会后,文学骨干们围绕13个选题创作重点,结合上海公司的实际情况,创作作品。在此基础上,公司工会选报了3篇精品创作上报国网公司。 (王曙华)

【上海电力公司工会举办职工游泳比赛】 9月2日,由上海电力公司工会、文体协会主办,浦东供电公司承办的2016年国网上海市电力公司职工游泳比赛在浦东游泳馆正式拉开战幕,来自公司26家基层单位共120名员工参加比赛,比赛分别设置了壮年组、青年组的男子50米蛙泳、女子50米蛙泳、男子50米自由泳、女子50米自由泳8个单项比赛和团体接力赛。

(王曙华)

【宝钢股份工会开展丰富多彩的文体活动,增强企业凝聚力】 宝钢股份工会结合集团运动会,制订了全年文体赛事计划,相继组织了大众体育活动和走进现场演唱活动等系列文体活动。积极开展员工绘画、书法、摄影、篆刻、手工作品征集活动,征集员工作品400余件。股份员工积极参与集团运动会,共有3000多人次参加上海赛区、梅钢赛区、湛江赛区的各项赛事。各基层工会开展了形式多样的活动,梅钢公司的"好声音"活动,湛江钢铁的"运动会赛场"、宝钢国际各地区公司因地制宜形式多样的活动,极大地丰富了员工业余文化生活,提升了士气,充分展示了股份员工的精神风貌。

(胡建中)

【宝钢工程工会积极组织寓教于乐的文体活动,增强团队感召力】 结合《宝钢工程党委意识形态工作责任制实施细则》要求,宝钢工程工会梳理公司各协会状况,统计协会会员,挖掘具有文体特长的员工,充实文体协会会员队伍。按照"月月有活动"的要求,结合宝钢第十届职工运动会的赛程安排,策划宝钢工程年度的文化体育活动。充分发挥各文体协会力量,举办迎新送春联、猜灯谜、桥牌、象棋、羽毛球、乒乓球、网球、足球和"翰墨丹青,献礼七一"手抄党章书法展等寓教于乐的文体活动,增强团队的凝聚力。 (全 敏)

【宝武集团以职工运动会为契机,丰富职工的精神文化生活】 宝武集团组织开展了第十届职工运动会和第九届老年运动会,采取协会组织与单位组织相结合、线上线下相结合、点和面相结合、活动与知识普及相结合等形式,不断创新组织形式和项目内容。设立了上海、梅山、新疆、韶关、湛江5个赛区,设置了4大类、23个项目,实现了"全覆盖、多层次、重参与、安全顺行"的目标。集团工会持续加强职工文体协会建设,已建立各类文体协会300多个,协会"服务企业、服务员工"的作用日益凸显,全年开办体育

宝武集团举办"运动与美"摄影展 (刘 杰)

5—11月，上海石化工会举办“石化新声代”职工歌唱比赛　（石小建）

健身、音乐艺术等各类培训班、讲座320个，参加人数达2100人次。　（陈佩红）

【上海石化工会举办“石化新声代”职工歌唱比赛】　5—11月，上海石化公司工会、团委、投发公司工会联合举办“石化新声代”职工歌唱比赛。活动以“唱响石化，为美好生活加油”为主题，搭建职工展示自我、释放激情的舞台，经过海选、复赛、决赛，共有18家单位70多名选手参与，以绚丽的舞美效果、新颖的赛制安排、精彩的歌手演绎，打造了一次石化音乐盛宴，进一步丰富了职工业余生活、活跃了企业文化氛围。　（石小建）

【中船上海船舶公司工会举办第八届“腾飞杯”乒乓球比赛】　4月23日，由中船上海船舶工业有限公司工会主办，沪东中华造船(集团)有限公司工会承办的第八届“腾飞杯”乒乓球比赛，在上海杨浦区体育活动中心顺利开赛。2016年的“腾飞杯”乒乓球比赛首次采用系统内基层单位承办的方式操作，主题是“船舶梦、健身美、我为集团公司转型发展作贡献”。共有来自上海及苏皖地区的20个企事业单位、200余名运动员、教练员参加。　（陶庆翌）

【上海烟草职工积极参与“五月歌会”主题活动】　围绕“劳动者伟大”“工匠精神”主题，唱响“劳动最光荣”“爱我中华”心声。市烟草工会举行“爱我中华”职工主题活动之“扬工匠精神，劳动最光荣”五月歌会，来自集团各工商单位的900多名职工参加歌会。2016年，上海烟草职工文体活动以“群众性、趣味性、参与性”为导向，由市烟草工会牵头组织，将办成“季季有主题、月月有活动”，注重主题与重点、趣味与特色、传统与创新、区域与条块相结合，职工喜闻乐见、积极参与。活动突出丰富多彩、轻松愉快、趣味活泼，积极营造和谐拼搏的集团文化氛围，在丰富员工业余文体生活的同时，也不断深化“体面劳动、舒心工作、全面发展”的理念。　（邹允文）

【2016上汽集团职工足球锦标赛开幕】　5月7日，上汽集团“爱上汽车·行安吉梦”安吉杯——2016上汽集团职工足球锦标赛在前滩体育发展中心隆重开幕。本次活动由上汽集团工会主办，安吉物流承办。市体育局、市足协、市总工会和上汽集团工会的领导和来自各大媒体的代表和相关领导，以及上汽集团旗下38支球队出席开幕式。市体育局黄永平局长代表全体嘉宾致辞，鼓励集团企业把足球运动做大做强，推向一个新的文化高度。安吉物流球员代表李翔和市足协裁判员、本次赛事的裁判长葛留善分别代表球员和裁判员郑重宣誓。市总工会李友钟副主席和市足协左秀娣副主任一同为本次“安吉杯”揭晓特别定制的冠军奖杯。上汽集团工会钟立欣主席宣布赛事开幕，并亲自为开幕赛开球，现场礼花齐放，把整个活动推向了高潮。　（潘　萱）

【华虹集团工会开展健康徒步，携手“芯”路活动】　华虹集团工会徒步协会成立已近3年。3年来，协会一直致力于人文徒步活动的理念，以每年4次的频度开展活动。2016年，协会分别组织了“光辉芯路”“印象虹口”“印象长兴”“探寻明国遗迹”等活动。在活动中，还增加了微感言评比环节，让会员们以美文、美图、集点赞等形式，记录此次活动中的点滴感悟和精彩瞬间。　（汪　芸）

市烟草工会举办“五月歌会”主题活动　（邹允文）

【上海化学工业区工会举办第四届运动会】 10月28日，上海化学工业区第四届运动会胜利闭幕。运动会历时175天，共有48支代表团、51家单位、2000多人次参加了篮球、游泳、乒乓球、羽毛球、网球、棋牌、拔河、广播操、迷你马拉松等11个大项、28个小项的比赛。运动员们在赛场上发扬了"更高、更快、更强"的奥林匹克精神，展现了积极进取、顽强拼搏、奋发向上的精神风貌，推动了化工区职工健身活动和体育文化的开展。（张 俊）

【上海铁路局工会举办第九届运动会】 9月24日，以"振奋、聚力、争先"为主题的第九届运动会开幕。全局各系统、各单位8000多名职工分别参加了篮球、羽毛球、中国象棋、游泳、大众体育、乒乓球和足球7个大项和88个小项的42场预赛，近900名职工进入决赛。上海市副市长赵雯、中华全国铁路总工会副主席索河和路局领导班子成员，以及上海市、铁总有关方面领导出席开幕式。开幕式上举行了广播操展示和大型团体操表演。全体参赛人员在赛场上顽强拼搏、勇创佳绩，充分激发了广大干部职工参与体育运动的热情，展现了一线职工良好的精神风貌。（崔怀清）

【中远海运集团工会举办企业文化节系列活动】 为进一步推动企业文化建设，丰富职工业余生活，中远海运集团工会开展了"纪念上海海运成立67周年企业文化节"系列活动。举办2016年"海运杯"职工羽毛球、乒乓球比赛；举办篆刻、摄影讲座。通过系列活动，进一步提升企业文化感召力和吸引力。（陆莹莹）

【中国远洋海运集团第一届集邮巡展圆满落幕】 为展现中远海运深厚的文化底蕴，推进"四个一"理念的深入人心，促进职工集邮文化的普及与提高，中国远洋海运集团第一届集邮巡展11月21—24日在集团总部大楼和上海地区部分办公大楼巡回举行。本届集邮巡展由集团工会主办，集团集邮协会协办。展品共计20框，包括传统类、专题类、邮政用品类。巡展展品全部由集团员工制作，部分展品曾在全国、上海各级集邮展览中获得奖项。集邮巡展的举办，不仅为集团广大集邮爱好者提供了经验分享、携手提高的交流平台，也是集团职工文化生活丰硕成果的展示。（龚 轩）

【中国远洋海运集团工会选送作品获第三届全国职工微影视大赛金奖】 11月19日，在第三届"中国梦·劳动美"全国职工微影视大赛颁奖仪式上，由中远海运集团工会选送、中远海运散货运输有限公司所属中远散运公司制作的《索马里大营救》荣获纪实类微影视金奖。本片讲述了1991年索马里内战爆发时，原中远集团永门轮冒着战火，克服重重困难，顺利完成105名中国驻也门侨民和工作人员撤离任务的故事。大赛于4月启动后，全国共有800多家单位参赛，涵盖交通、石油、金融、电力等多个行业，参赛作品达1500余部。此次参赛并获得金奖，对在全国范围内宣传中远海运集团企业形象，宣传远洋战线广大船员职工的精神风貌也起到了积极作用。（马瑞杰）

【中国远洋海运集团工会召开首届职工运动会】 8—10月，中国远洋海运集团工会举办了第一届"中远海运杯"职工运动会。本届运动会共设游泳、乒乓、足球和羽毛球四大比赛项目，共有800余名职工运动员参加了比赛。本届运动会是新集团成立后举办的第一次大型职工体育文化活动，比赛中激发出来的团体荣誉感和顽强拼搏的竞技精神，极大地激励了广大员工在集团"一个团队、一个文化、一个目标、一个梦想、"理念的引领下，同舟共济、砥砺前行。（马瑞杰）

【上港集团工会组织开展第三届"上港杯"职工足球锦标赛】 5月4日，上港集团工会举行第三届"上港杯"职工足球锦标赛的开幕式暨揭幕战。集团党委书记、董事长陈戌源为揭幕战开球，党委副书记、总裁严俊宣布"上港杯"职工足球锦标赛开幕。参与本届职工足球锦标赛的有集团总部机关以及31家基层单位，共有394名职工运动员组建了22支职工足球队伍参加比赛。在揭幕战后的2个多月时间里，这些球队共进行54场比赛的角逐。此外，针对集团职工观看上港集团足球队比赛的热情，集团工会还积极与俱乐部协调，做好球票订购、数据汇总和沟通协调等工作，组织集团职工到现场观看比赛，为"上港集团足球队"征战中超、亚冠比赛加油助威，进一步营造集团良好的足球文化、企业文化，丰富了集团广大职工的业余文化生活。（袁旭芳）

【上港集团工会围绕集团整体上市十周年组织系列活动】 一是开展摄影、书画、篆刻和征文等项活动作品征集，并制作职工摄影书画册和征文汇编。二是举办职工羽毛球、斯诺克、乒

中远海运集团举办"海运杯"职工羽毛球比赛（陆莹莹）

乒球、拔河、扑克大怪路子和厨艺、趣味运动会等体育比赛活动，共有842名职工参加了各项赛事。三是组织八期“上海市民看海港”活动。通过申工社微信平台进行报名和宣传，共安排了洋山深水港区、集团开发的宝山区长滩地产项目、东方绿舟(上港集团足球俱乐部基地)、海通汽车滚装码头等4条线参观线路，有千余名上海市民参观了上港集团下属的引航11轮船、北外滩尚九·一滴水、国客中心游轮码头和商务地产、足球训练基地等景点，全方位了解上海港的建设、改革和发展成就。四是策划举办了“十年同路行、共铸强港心”为主题的职工文艺汇演，以职工自编自演的文艺汇演方式，生动形象地反映上海港的百年历史，回顾集团的发展历程，充分展示集团上市10年来的发展成果，共同展望集团未来的发展前景。此次职工文艺汇演，分设主、分会场，共计有千余名集团职工观看了演出。

（袁旭芳）

【市运输工会开展职工文化活动　营造企业和谐氛围】 市运输工会坚持“上下和谐、左右领先”交运核心价值理念，积极发挥职工文化在组织、凝聚、宣传、服务职工方面的独特作用。年内组织开展演讲、消防演练、健康走、踢毽子、拔河、欢乐三打一、集邮、摄影、垂钓、羽毛球等10项职工文化活动，累计参加达850余人次。文化活动呈现“项目设计合理、职工参与踊跃、企业氛围和谐”的特点。

（袁俐俊）

【上海邮政机关本部举行运动嘉年华】 7月13日，上海邮政机关本部举行2016年“激情一夏”职工运动嘉年华活动。市分公司各职能部室运动员近120余人，组成8支战队，协力呈现一场团队协作、酣畅淋漓的时尚运动盛会。本次运动嘉年华积极贯彻市分公司党委、工会“全民素质提升工程”号召，选择在本部周三“健康日”时段举行，并着力在“创新”上下功夫。主要体现在：活动形式“新”，将个人竞技类的趣味套圈等和团队协作类的风火轮、众星捧月等传统拓展项目相结合，设计了适合各年龄阶层参与的竞赛项目，进一步拓展了全民运动的覆盖面；组队方式“新”：由赛事组委会将所有参赛运动员按年龄、性别随机配对，重新组合成8个由各部室运动员随机组成的战队，配置8色队服，贴上姓名贴，进一步活跃了部室间沟通交流的方式。积分方式“新”：设置参赛分和获胜分，并增加领导参赛有限加分环节，使团队前三名的得分在最后一刻揭晓，在增加赛事趣味性的同时，考验了各队合理配置资源，争取最大优势的战略能力。经过2个单人、1个双人、2个多人项目的竞技，有3支队伍分享了运动嘉年华的前三名。

（陈千涛）

【上海邮政合唱团积极参加社会公益活动】 组织上海邮政合唱团参加社会公益活动。4月27日参加市建交委“放歌中国梦，共创新生活”上海市建设交通行业庆祝五一国际劳动节主题歌会，在中心舞台演唱上海邮政行业歌曲《鸿雁之歌》。在市建交委廉政文化建设展示大会上，上海邮政合唱团在最后压轴演出混声合唱曲目《江山》《走向复兴》。为确保演出质量，上海邮政合唱团认真排练，最终出色地完成了演出任务。

（陈千涛）

上海邮政合唱团赴基层慰问演出　（陆　彬）

【中国移动上海公司工会开展“月有活动　季有比赛”工作】 为进一步深化关爱员工，提升员工身心健康，中国移动上海公司积极开展“幸福1+1”活动，引导员工开展“1”项体育运动，培养“1”项兴趣爱好。2016年以“月月有活动，季季有比赛”为目标，全面开展员工喜闻乐见的文体活动，举办了包括“网络优化杯”飞镖比赛；“幸福1+1”乒乓球联合赛、“北极星杯”公司第六届网球联谊赛、咪咕健康接力跑活动等大型活动。

（高诗颖）

【中国移动上海公司工会举办公司第五届文化艺术节】 第五届文化艺术节以“文化绽放添幸福　互联先行成梦想”为主题，经过前期近半年的策划筹备，于6月13日隆重开幕、9月28日圆满闭幕。本届文化艺术节历时107天，共设移动歌王、家庭达人秀、员工艺术展、文化大讲坛、艺术鉴赏等五大项目。公司第五届文化艺术节积极秉承自主、创新、节俭的原则，并充分运用“互联网+”元素进行承载，艺术节开幕式采用了“幸福1+1”APP在线直播方式，近1000名员工通过线上线下同时观看。此外，从艺术节Logo评选、比赛项目设置、艺术鉴赏抢票到“移动歌王”“家庭达人秀”评选等，均采用线上投票的方式，其中“移动歌王”选拔赛、家庭达人秀、员工艺术展参与“幸福1+1”APP投票总计2248人次，“和工社”微信公众号艺术节板块关注度19653人次，还以“预告+回顾”的方式在移动之窗上开辟了“走近艺术节”专栏。本届文化艺术节直属单位参与率100%，员工参与人数4622次，参与率达60%以

中国移动上海公司工会举办第五届文化艺术节　（阮铭捷）

上，为历届最高。（高诗颖）

【中国电信上海市工会举行“健身走进办公室”活动】 3月，中国电信上海市工会举行“活力一刻，健身走进办公室”活动启动仪式。首场健身活动分别在信息园区的10000号、理想公司、上海NOC的活动及办公区域，在健身教练的统一带领下进行一刻钟的健身操活动，通过现场运动及APP的线上互动、线下激励，逐步培养员工每天坚持锻炼的好习惯，摆脱身体亚健康。后续，工会还将把活力工间操送到楼宇送进班组，让更多的员工享受运动的快乐，拥抱健康。（殷　茵）

【中交上航局工会举行“健康徒步　走进2016”第一届迎新年徒步活动】 2月2日，中交上航局机关工会、团委为了丰富公司机关职工的文体生活，促进职工之间的了解和交流，举办“健康徒步　走进2016”第一届迎新年徒步活动，机关职工的踊跃报名，积极参加，参赛人数达80余名。整个徒步总长共计3.4公里，所有选手都完成了规定路线，并且成绩较去年大幅度提高。2016年，中交上航局机关工会、团委还开展羽毛球、乒乓球、篮球、牌类等职工活动，营造良好的工作氛围，提高职工的身体素质。（金　晶）

【2016年上海机场职工健身节开幕】 5月14日，2016年“虹桥安检杯”上海机场职工篮球联赛在职工篮球馆开幕，至此上海机场2016年职工健身节的各项比赛拉开帷幕。上海机场集团工会主席张永东致辞并宣布健身节开幕。此次赛事共吸引了来自集团各单位的600多名职工参加，将持续半年多时间，包含12个大项比赛，在职工中掀起全名健身的新高潮，进一步展现上海机场和谐文明、积极向上的企业文化。（沈梦菲）

【上海海事局职工文化建设下沉阵地打造特色】 上海海事局工会把建设一支优秀完成本职工作之外，多才多艺的职工队伍作为一项重点工作来抓，助推职工文体队伍向高层次、多元化的方面发展，着力打造充满活力，充满魅力的“品牌”队伍，充分展现各个职工文体队伍的风采。年内，海事局工会以体育兴趣小组为单位开展篮球、足球、羽毛球等专项兴趣小组活动和行业友谊比赛。文体活动主题突出“多元化”“系列化”并下沉一线职工，如开展摄影作品征集、观摩上海书展、黄浦江文化寻访、女职工烘焙DIY、青年读书计划、厨艺大赛等活动。

（陆智静）

【市建设交通工会举办“建设交通杯”第三届职工龙舟赛】 9月3日，市建设交通工会在市水上运动中心举办了“凝心聚力、奋战‘十三五’、共筑中国梦”“建设交通杯”第三届龙舟赛。本次比赛得到建设交通行业各单位的积极响应，市住建委、市交通委、久事集团、城投集团、隧道股份、市绿化市容局等建设交通行业34个单位共组建了30个队参赛。（钱　蓉）

【市建设交通行业举行庆五一主题歌会】 4月27日，2016年市建设交通行业庆祝五一国际劳动节暨“放歌中国梦　共创新生活”主题歌会在上海儿童艺术剧场隆重举行，来自市建设交通行业的1600余名职工通过主题歌会的形式，尽情抒发和展现了广大劳动者开拓创新、勇于奉献的豪情壮志和精神风貌。市总工会副主席姜海涛、团市委副书记王力为、市妇联副主席黎荣出席。市建设交通工作党委书记崔明华致辞。整台主题歌会分“回

5月14日，上海机场集团工会举办职工篮球联赛　（沈梦菲）

眸”“创新”“圆梦”三大篇章。由中建八局、中铁上海工程局、交委、建工集团、国核工程公司、邮政公司、航道局、申通地铁、水务局、隧道股份10家单位组成的行业歌曲大联唱气势浩荡,表达了行业职工积极投身“十三五”规划建设的豪情壮志,歌会在全场千人大合唱《走向复兴》《共筑中国梦》中进入尾声,推向高潮。(钱　蓉)

【上海建工集团举办第三届职工健身行动暨羽毛球大赛】 上海建工集团2016年职工健身行动暨羽毛球大赛于5月28日开幕,历时一个多月。来自集团24家单位约330名选手参加了比赛,近80人次获奖。在6月25日举行的团体比赛中,市政总院获得冠军,二建集团、建工设计院分获亚季军。本次大赛是一次全民健身的盛会,是一次职工精神风貌的大检阅。大赛涌现出一批优秀选手和先进典型,取得了运动成绩和精神文明的双丰收,达到了预期效果。(余轶群)

【鲁中矿业有限公司举办“迎新年”美术、书法、摄影展】 12月28日,鲁中矿业有限公司“迎新年”美术、书法、摄影展开幕,公司领导、书画摄影爱好者300余人参加了开幕式。本次展览共收到美术、书法、摄影作品241幅,入展作品191幅、特邀展出作品9幅。鲁矿工会从入选作品中各评出一等奖3名、二等奖6名、三等奖9名。优秀作品结集成册。展览前后持续一周时间,1500余人次观看了展览。(李宗峰)

【上海市水务局(上海市海洋局)举行第四届职工健身运动会】 10月15日,市水务局(市海洋局)在杨浦体育馆举行第四届职工健身运动会。市水务局(市海洋局)党政领导出席运动员入场仪式和颁奖仪式,局机关、局属单位领导职工近300人一起观摩入场仪式和比赛。第四届职工健身运动会的运动项目设置,在秉承第三届职工健身运动会乒乓球、羽毛球、拔河、踢毽子、跳绳、篮球、游泳他看和广播体操等8个项目的基础上,结合上海水务海洋工作的实际,增设了全国游泳锻炼等级标准达标项目。各级工会组织广泛动员、认真组织,参赛运动员达1500多人次。(王佐仕)

【中建八局冠名的“铁军杯”上海职工摄影大赛圆满收官】 10月14日,中建八局冠名、并与《劳动报》、上海建设交通委工会联合主办的“铁军杯”上海职工摄影大赛决赛在八局总部多功能会议室完成评审,经过来自中国摄影家协会、上海摄影家协会专家的严格评审,一二三级奖和优秀奖合计19幅作品全部产生。上海市建设交通党委副书记田赛男,中建八局党委副书记、工会主席于金伟出席决赛评审会并讲话。劳动报社总编辑王厚富主持了决赛评审会,劳动报社副总编辑王诗富代表评委会对比赛活动概况进行了回顾介绍。上海市摄影家协会副主席曹建国、林路、李为民,《上海摄影》艺术总监杨元昌等10名评委分三轮对通过初评进入决赛的100幅作品进行了评议表决。(袁丰宝)

10月15日,市水务局(市海洋局)举办第四届职工健身运动会(吴思全)

【“金融人劳动美”职工微电影创作大赛举行】 由上海市金融工会举办的职工微电影创作大赛以“金融人劳动美”为主题,开展了历时5个月微电影创作培训、创作拍摄、征集展播、专家评选活动,46部参评作品全部由金融职工自编自导自演,作品反映了金融人平凡而又多彩的一天,真实记录上海国际金融中心的建设成果,一幕幕画面,将上海金融人的“敬业美”“创新美”“服务美”“品德美”“公益美”原汁原味地展现到大众眼前。在“上海金融”官网和“网易号”(手机APP)上进行展播和点击投票期间,共有52万人次浏览观看了影片,2千余条留言。经过电影集团和SMG纪实频道专家的评选,共有20余部作品获得“评委会特别奖”“最佳导演奖”“最佳女主角奖”“最佳男主角奖”“优秀组织奖”等各个奖项。上海浦东发展银行选送的《拾忆》,通过现场观众投票得到现场更多观众的喜爱,获得“最佳影片奖”该项大奖。(卓　赟)

【市税务系统开展红色经典诵读比赛】 为纪念中国共产党建党95周年、长征胜利80周年,结合第二届上海市民诗歌节暨第十届市民诗歌创作活动的有关要求,市税务工会于2016年在系统内举办了红色经典诵读比赛,干部职工以工会提供的红色作品为参考,以单人朗诵、集体朗诵等多种方式积极参与比赛。同时市税务工会将优秀作品推送第二届上海市民诗歌节暨第十届市民诗歌创作活动,最终金山区税务局集体朗诵作品《祖国啊,我亲爱的祖国》获视频类一等奖,单人朗诵作品《我爱这土地》获音频类三等奖。(娄晓辉)

【市人社局工会围绕三个坚持开展工会文体活动】 一是坚持“以人为本”,践行“三个注重”(注重服务、引导、凝聚职工),不断提升干部职工的凝聚力。结合职工特点,全年开展瑜伽、舞蹈、太极拳、烹饪等“第二课堂”；与区图书馆合作共建职工阅览室，开展图书漂流计划，每季度图书更新量达到800本，丰富了职工的文化生活。二是坚持制度建设，补齐制度短板，找准工会工作的着力点。结合本局职工年轻化、外向型的特点建立“党支部—团支部—工会”三位一体的工作机制，将工会工作融入党团活动，做到月月有活动，次次有收获。三是坚持“文化引领”，加强人文关怀，提升干部职工的精气神。贴近职工需求，开展各类文化建设，切实做到年初一张排片表、年中一张进度稿、年末一份成绩单，确保精而不繁、实而不空、学有所成、学有所乐；各基层工会大多建立了文体活动室，为职工开展活动提供服务。（瞿葆仁）

6月15日，上海高校教工合唱展示演唱会在上海交通大学举行
（沈　瑶）

【市教育工会举办上海高校教工合唱展示演唱会】 6月15日，为纪念中国共产党建党95周年、中国工农红军长征胜利80周年，以“弘扬革命精神，共圆中国梦想”为主题的上海高校教工合唱展示演唱会在上海交大闵行校区菁菁堂举行。来自23所高校、25个合唱团队的1200余名教职工参加演唱会。（沈　瑶）

【市科技工会举行“追寻名人足迹”定向赛】 11月27日，2016年市科技系统“追寻名人足迹，感受榜样力量”定向赛活动在科学会堂国际会议厅举行。市科技工会常务副主席王震主持开幕式，市科技党委副书记、科技工会主席陈龙致辞，市科技党委书记刘岩出席活动并宣布开赛。38家单位组队105支团队参加活动，在近5个小时的赛程中，队员们途径徐汇、长宁、黄埔、静安、普陀和杨浦等5区，寻访郭沫若故居、刘海粟美术馆、钱学森图书馆、柯灵故居、国歌展示馆、左联纪念馆、普希金纪念碑、1920毛泽东寓所、张乐平故居、周公馆、邬达克纪念室、光启公园、常德公寓等。借此次活动，科技系统在科技工作者中积极倡导健康、时尚的运动方式，寻找并发现城市的历史、文化与乐趣，引领大家追寻那些名人的足迹，鉴证上海发展的历史，感受他们的精神力量。

（杨　莹）

【市医务职工文化活动中心启用】 3月15日，市医务工会职工文化活动中心揭牌。市医务工会常务副主席张浩在揭牌仪式上讲话。近百名医疗单位的工会干部和首期退休职工声乐培训班学员参加揭牌仪式。该活动中心位于公兴路175号，面积近2000平方米，一楼设有练功房，能满足舞蹈爱好者练舞基本需求，同时提供较为完美的健身空间；二楼设有展览厅、阅览室、摄影棚和培训室，能立体多元化地为职工提供文化休闲服务；三楼设有烘焙室，设施齐全、先进，为职工学习烘焙技术、制作各类西点创造条件。中心开办以来举办的声乐班、瑜伽班、芳香班和烘焙班，已吸引近600名在职、退休职工报名参与。（赵　静）

【市新闻出版工会举办创意手工艺作品展】 以倡导绿色环保理念，追求环保低碳生活为主题，上海市新闻出版工会、举办的“绿色·环保”——上海出版界职工、女编辑创意手工艺作品展，在上海朵云轩文化艺术中心博物馆拉开帷幕。本次创意手工艺作品展，上海出版界有37家单位、182名职工选送200余件手工作品参展。在为期4天的展览中，新闻出版系统各集团基层单位、世纪出版集团、社会大学出版社的职工、女编辑等近1000人次参观了展览。（陈宏华）

【市经信系统工会举办职工趣味运动会】 9月10日，市经信系统工会在卢湾体育场组织了以“激情运动，素质提升”为主题的系统职工趣味运动会。60家单位500多名职工踊跃报名参赛。活动设置“百舸争流”“急速追击”“有的放矢”“摸石过河”“雷霆战鼓”和“滚滚向前”等6个趣味性与团队协作性兼备的项目。通过趣味运动会，促进了各单位职工之间的交流，增强了团队的凝聚力，展现了系统职工的风采。（黄　俭　周斌锋）

【市经信系统工会举行纪念建党95周年文艺活动】 6月25日，市经信系统庆祝中国共产党成立95周年大会召开。会上举行了《绽放党旗下，建功“十三五”》文艺演出，系统各单位自编自演了《鼓舞经信》《我们的中国梦》《我们是信息化的主力军》等形式丰富、内容精彩的文艺节目，抒发市经信系统干部职工爱党爱国的真挚情怀，展现创新实干的亮丽风采。500余名市经信系统干部职工观摩。

（黄　俭　周斌锋）

【光明食品集团第五届职工运动会精彩纷呈】 以“凝聚力量、挥洒激情、展现风采、成就梦想”为主题的光明食品集团第五届职工运动会，在集团工会精心组织和各承办单位工会的大力支持下，从5月中旬正式启动到12月16日圆满闭幕，历时7个月时间，共进行了乒乓球、羽毛球、篮球、台球、

12月16日，光明食品集团第五届职工运动会举行闭幕式 （桑树德）

保龄球、男子足球以及消防接力、拔河、垂钓、棋牌和十公里健康跑、半程马拉松、团体健身操等13大类的17项比赛，吸引了近5万名体育爱好者的踊跃参与，同时也得到了集团和基层单位党政领导的广泛赞誉和积极参赛，其运动项目、比赛规模、参与人数和专业水准均超过了历届水平，取得了运动成绩和精神文明的双丰收。

（桑树德）

【市民政局工会举办职工广场舞比赛】 6月17日，市民政局工会举行“律动民星”——2016上海市民政系统广场舞比赛，得到各基层单位积极响应和广大干部职工的踊跃参赛，来自局属基层单位的22支代表队计340余名干部职工同场竞技，展示风采。市民政局领导观看比赛并为获奖代表队颁奖。通过表演比赛，激发广大职工群众积极参与职工文化活动的热情，为推进全局精神文明建设，加快构建现代民政提供强大的精神动力。

（胡积伟）

【市监狱管理局工会开展群众喜闻乐见的文体活动】 监狱局工会立足基层，开展富有特色、群众喜闻乐见的文体活动，对缓解民警工作压力，愉悦身心健康，增加工作热情起到了促进作用。分别举办监狱局第十二届乒乓球比赛、第十六届“两棋两牌”比赛和“蓝盾杯”篮球友谊赛。举办第二届“我是歌王”歌唱大赛、“为你逐梦”——纪念建党95周年暨长征胜利80周年城市定向赛。组织参加市总工会文化网络大奖赛，参加由市司法局组队、监狱局乒乓球和羽毛球队员为主力的上海市第二届市民运动会，均取得好成绩。 （江海群）

【市级机关工会举办主题音乐会】 10月18日，市级机关工会在上海交响乐团音乐厅举办音乐会，隆重纪念中国工农红军长征胜利80周年。市级机关工作党委领导应雪云等领导与市总工会工人文化宫的领导、市级机关系统的先进代表和党务干部、工会干部、职工代表等1000余人参加了活动。音乐会以“长征路上民歌行”为主题，邀请上海民族乐以民乐和合唱的形式，歌颂党、歌颂红军长征可歌可泣的史诗，弘扬伟大长征精神。

（王 颖）

【市级机关工会举办第五届智力运动会】 12月24—25日，市级机关工会在市委党校五分校举办“上海市市级机关第五届智力运动会”。自2012年起，市级机关工会每年年末举办一期智力运动会，截至目前已连续举办五届，与羽毛球、乒乓球等赛事活动一并成为工会年度品牌活动之一。本届运动会共设比赛项目5个，分别为：围棋、中国象棋、“大怪路子”、80分、桥牌。来自市级机关系统的41家单位、近500名运动员参赛，不少单位局级领导也积极参赛。比赛活动增强了系统单位部门之间、干部职工之间的交流，增进了友谊，提振了精神。

（王 颖）

【百联职工乒乓球队勇夺“商业工会杯”冠军】 8月27日，市商业行业工会联合会在娄山中学乒乓楼举行2016年“商业工会杯”乒乓球友谊赛，百联职工乒乓球队奋勇拼搏，勇夺“商业工会杯”冠军。集团工会按照商业行业工会的具体要求，在二级公司、基层企业的支持下，从联华股份、百联股份、物贸股份、新路达工会遴选了6名参赛选手，依托集团职工乒乓球协会开展备战训练。队员们全部利用业余时间，冒着高温酷暑挥汗如雨，在集训中提高了技战术水平。

（姜 杰）

【上海水产集团举办“第三季水产好声音”比赛】 12月23日，上海水产集团“第三季水产好声音”比赛圆满落下帷幕。本次比赛，在基层单位选拔的基础上，共9家基层单位、派出15名选手参加角逐。集团工会、党工部、团委以及基层单位分管领导、工会主席、政工部门负责人、团组织书记等出席比赛。经过紧张激烈地角逐，由专业评委和群众评委组成的评审团通过无记名打分、按照得分高低确定了此次“好声音”比赛的名次。“好声音”比赛充分展现了上海水产职工积极向上的精神面貌。 （韩 毅）

【上海地铁年度风采人物颁奖典礼暨职工文艺汇演举行】 2017年1月24日，上海地铁2016年度风采人物正式揭晓，申通地铁集团领导班子成员、集团老领导应名洪、朱沪生，集团各部门、项目公司、各直属单位的领导、劳模先进、职工代表、退休职工代表，风采人物候选人、集团优秀员工代表以及轨交总队的职工代表参加活动。集团党委书记、董事长俞光耀致新年贺词，党委副书记、总裁顾伟华宣读2016年度集团优秀员工表彰决定并为优秀员工颁奖。运营一公司设施部严如珏、12号线电客司机刘源等10位个人和集体获评风采人物，上海市公安局城市轨道和公交总队“四乱”整治行动队、上海市人民对外友好协会欧美处被授予风采人物特别奖，另有2人获风采人物提名奖。颁奖典礼通过歌曲、舞蹈、器乐、人物造型等形式，展现地铁人争创卓越，为实现“国内领先，国际一流”目标，敬业、奉献、求实、创新的精神风貌和品格。上海地铁2016年度风采人物评选颁奖活动自10月20日启动，经人选预报、专家评审、群众投票3个环节，自下而上产生。（姜 雪）

【申通地铁集团第三届职工才艺大赛及职工体育赛事圆满结束】 申通地铁集团工会于4—11月分别举办“申通地铁，演绎梦想”上海地铁第三届职工才艺大赛及2016年集团职工体育单项赛事活动。赛事活动分为才艺、体育两大赛事8项独立比赛。第三届职工才艺大赛涵盖“传承地铁历史 携手共创未来”上海地铁职工职业道德主题演讲征文比赛、声乐比赛、舞蹈比赛、摄影展等4个项目；体育赛事设篮球、羽毛球、乒乓球、游泳4个项目。赛事安排紧凑、比赛秩序井然，展示了地铁职工的才艺，引导了积极健康的生活方式，受到职工的广泛欢迎。（毛 磊）

【城投集团工会举办第六届职工运动会】 以“快乐城投 健康城投”为主题的城投集团第六届职工运动会，自8月正式开赛，于11月6日在同济大学田径场成功闭幕。先后举办“城投环境杯”羽毛球赛、“城投公路杯”三打一赛，“城投控股杯”城投RUN比赛和健康走嘉年华活动、“城投水务杯”七人制足球赛以及全民广播操比赛。期间还借助“城城帮你忙”工会微信组织发动职工自主组队参与市总申工社APP“中国梦 劳动美”上海市班组(团队)文化网络大奖赛。整个活动共计吸引近6000名城投职工直接参与赛事，涌现出一批优秀运动选手和优秀团队，摘得单项奖项35项、团队奖项22项。（朱文慧）

【上海联通工会举办2016年职工体育节】 11月11日，由上海联通工会牵头组织的“上海联通2016年职工体育节总决赛”在浦东杨思中学揭开战幕。来自26个基层工会组成的8大赛区运动员代表队、啦啦队、“阿拉联通人”创新工作室航拍队成员们，共计300余人参加总决赛。上海联通2016年职工体育节于7月20日启动，总报名及参与人数超过1000人次。体育节先后举办了投篮团体比赛、乒乓板托球障碍物行走混合接力、踢毽子跳短绳组合接力赛、乒乓球、篮球、足球等6个团体项目。（康 迪）

城投集团举办第六届职工运动会——城投RUN比赛（刘秀国）

【绿地集团工会举办第八届家庭日】 5月29日，以“奔跑吧绿地”为主题的绿地集团第八届家庭日活动火热举办。来自集团总部和江苏、江西、武汉、海南、韩国等驻外事业部(公司)的40余个员工家庭，近140位员工及家属参加了当天的活动。集团党委副书记、工会主席黄健出席活动并为孩子们送上礼物和祝福。一年一度的家庭日活动是集团工会的一项传统保留节目，活动加深了企业、员工、家庭之间的联系，是集团系列企业文化活动当中不可缺少的一部分。（王洋洋）

【五冶集团上海公司工会举办新员工迎新晚会暨首届“十佳新员工”颁奖晚会】 8月9日晚，由五冶集团上海有限公司工会、人力资源部、团委主办，检修分公司、机电分公司工会、团委承办的“新力量·正青春”2016届新员工迎新晚会暨首届“十佳新员工”颁奖晚会在公司科技楼举行。中国五冶集团上海有限公司领导及有限公司部门负责人、二级公司党政主要领导出席晚会，与新员工们欢聚一堂。晚会以2016届新员工自导自演的微电影《五冶，我们来了》拉开帷幕。会上，宣读了由公司行政、工会、团委联合发文的表彰文件，授予徐倩倩、张建、田文春等十名近三年入职的新员工“五冶集团上海有限公司十佳新员工”光荣称号，同时欢迎125位新员工加盟五冶。（苏凤仪）

【第一届“地产集团杯”乒乓球团体赛举行】 7月30日，第一届“地产集团杯”乒乓球团体赛在虹口体育馆举行。此次比赛分为争冠赛和超霸赛两轮，共有13支队伍参赛。经过激烈鏖战，建材集团、中星集团、申江公司分别荣获争冠赛冠、亚、季军。在集团队和市总工会、市发改委、市国资委、市住建委、市规土局5支邀请队的超霸赛中，集团一举荣膺冠军，充分展现了地产集团奋发昂扬的团队斗志和积极进取的团队精神。（汪姣钰）

【上海飞机客户服务有限公司工会开展职工体质测评及体能挑战赛活动】 2016年是全民健身“十三五”规划实施的起始之年，为倡导“全民参与、全民运动、全民健康”，维护职工身心健康，营造“快乐工作、健康生活”的氛围，公司工会组织开展“我参与、我运动、我健康”——职工体质测评及体能挑战赛活动。活动内容包括体质检测11项，共计27个部门约400余人参加测评。在“体能达人”颁奖典礼上，邀请上海体育学院教授、博士生导师曹振波为与会职工做了题为“身

7月30日，第一届"地产集团杯"乒乓球团体赛举行 （汪姣钰）

体活动与健康促进——运动是良医"的专题讲座，并现场学做办公室人员脊柱保健操，让职工受益匪浅。 （徐 雷）

【上海飞机设计研究院有效发挥大飞机职工文化品牌的作用】 在充分调研了解职工精神文化需求的基础上，上飞院工会结合职工队伍特点，持续加强设施建设，提升文化"软实力"，形成"年年有亮点、月月有活动、周周有培训、天天有欢乐"职工文化建设氛围。充分发挥"大飞机艺术团"品牌的文化引领作用，坚持定期排练，为商飞公司和上飞院的各类演出输送了旗袍秀《国色芳润》、现代芭蕾舞《红色娘子军》、民族舞《云南印象》、古典舞《墨舞》和现代舞《上海滩》等优秀节目。组织书画、诗歌比赛，选送40余位职工的170余幅作品，参与商飞公司"民机梦·商飞情"文化艺术节暨首届"大飞机杯"书画展。职工文体协会还成立了篮球、羽毛球、瑜伽、太极拳、旗袍、合唱团、游泳等15个分会，进一步丰富职工文化生活。 （施 思）

【上海航空工业(集团)有限公司开展职工健步走主题活动】 2016年，上航公司工会结合实际，组织开展"每天一万步，健康我做主"——职工健步走主题活动。活动采用线上虚拟路线和线下实际行走相结合的方式，每季度公布一次当季成绩排名情况，激励职工再接再厉，创造新纪录。为鼓励全体员工自觉自愿参与，健康走活动将对团队和个人以实际步数和虚拟里程相结合的方式予以激励。同时，对每个节点最快累计虚拟线路步数到达的职工授予"健走达人"称号和每年度评选一次团队奖。活动逐步形成了一季度一总结，一季度一表彰的常态化活动机制。自开展以来，职工参与率均保持在90%以上。 （朱 莎）

【试飞中心工会制订并实施《职工全年健身计划》】 试飞中心现有职工583人，其中35岁以下青年员工占比78%，通过近3年的年度体检报告显示，亚健康职工占比较大。为增强职工的身体素质，试飞中心工会制定和实施了《职工全年健身计划》，制订了《职工"万步走"活动方案》，从制定计划目标，鼓励全体职工积极参与，到增加体育类活动、加强体育软硬件建设、强化保障措施等，逐项落实。力争到2018年，职工经常参加体育锻炼的人数比例达到80%左右，以更好的状态投身于"三大战役"，高效完成各项试飞任务。 （许晓明）

【临港产业区文化艺术节摄影活动开幕】 4月26日，由上海临港产业区工会工作委员会主办、临港浦东新经济发展有限公司承办的2016年临港产业区文化艺术节——摄影活动开幕式暨摄影讲座在临港泥城公司多功能会议厅隆重举行，各开发园区企业60多名摄影爱好者参加了开幕式。本次开幕式特邀请了摄影高级技师谢荣生为广大摄影爱好者作了"光影神韵"摄影技巧讲座。4月26日至6月17日，摄影比赛通过组织集体采风、自选地点拍摄和网络评选展示等环节，在产业区内全面推开。期间，共有60多位摄影爱好者投递了101组作品，最终有3幅作品获得专家奖，同时有30幅作品进入网络评选，并产生了一二三等奖。 （陈 浩）

【临港产业区职工书画比赛颁奖典礼暨精选作品展落幕】 8月31日，"临港翰墨——临港产业区职工书画比赛颁奖典礼暨精选作品展"在上海南院发展有限公司多功能厅举行。来自产业区各位书画爱好者的百余幅参赛作品，为现场的观众送上了一场艺术盛宴。本次大赛历时3个月，期间来自产业区各单位的书画爱好者共提交作品100多幅，经过专家评委评审，从百余幅参赛作品中遴选出12幅(组)获奖作品与12幅(组)入围作品。 （陈 浩）

【号百公司举行第八届全员健身日活动】 8月26日，中国电信号百公司第八届"全员健身日"活动在中国电信学院乒羽馆举行，包括运动员和员工啦啦队在内共有员工200余人参加。活动共有8支队伍参赛，在入场式、摸石过河、足式保龄球、双人跳绳4个项目展开角逐。本次健身日活动开赛前，工会广泛听取员工意见，征集比赛项目，突出了安全、协作、趣味的特色。各基层单位积极组织，有近50%的员工参与训练和比赛。 （沈 匀）

【五冶集团上海有限公司举办宝山城市定向挑战赛】 5月28日，上海有限公司在宝山城区举办"展现五冶新风采 凝聚发展正能量"城市定向挑战赛活动。本次活动由上海有限工会主办，由宝钢工程分公司工会和建筑分公司工会全力承办，共有12支队伍报名参加了本次活动。比赛共分为五个赛点，每个赛点分别设定了一项主题任务由团队通力协作完成，各参赛队伍需完成5个赛点的任务，全程用时最少者获胜。本次赛事主办和承办方精心选取了"有限公司赛区""临江公园""炮台湾湿地公园""宝乐汇商场""半岛1919创意园区"等宝山的5个最具代表性的自然和人文景观,参赛的12支队伍均安全、圆满完成了全程比赛,体现了团队协作的力量。

（刘晓龙）

【世纪出版集团工会举办"中国梦·党旗红"职工摄影大赛】 在中国共产党建党95周年之际,上海世纪出版集团工会举办了以"中国梦·党旗红"为主题的集团职工摄影大赛。参赛作品内容分为重大成果、创新亮点、爱心帮困、文明创建和社会责任5个部分,集中展示了广大职工围绕主业,为集团改革和事业发展积极奉献的精神风貌。本次摄影大赛共收到参赛作品218幅,经评委认真评选,40件作品分获一至三等奖、优秀奖和入围奖。获奖作品在集团网站和微信公众号上进行了集中展示。 （陆 迅）

【世纪出版集团工会开展《家风家训故事》征文活动】 "六一"儿童节前夕,上海世纪出版集团工会女职工委员会在职工子女中开展以"弘扬中华传统文化,共谱文明家庭新风"为主题的"家风家训故事"征文活动,在一个月时间里收到作品近百篇。经评委认真评选,有60篇征文入选《家风家训故事》一书。6月1日,集团工会女职工委员会在朵云轩艺术中心举行庆"六一"亲子电影招待会,来自集团所属各单位近200名《家风家训故事》一书的小作者及家庭成员应邀出席。

（陆 迅）

【爱乐空间举办"长征组歌"情景合唱会等音乐演出活动】 8月1日,上海市工人文化宫"爱乐空间"系列音乐会之《长征组歌》纪念长征胜利80周年大型情景合唱音乐会在茉莉花剧场上演。合唱会以《告别》《突破封锁线》《遵义会议放光辉》《四渡赤水出奇兵》《飞越大渡河》《大会师》等10个篇章的长征组歌歌颂了红军艰苦卓越英勇奋战的英雄气概,描绘了红军两万五千里长征爬雪山过草地的艰辛以及冲破敌军围攻胜利会师的一幕幕场景。年内,爱乐空间共组织举办12场系列专场演出,如"我们的歌声多嘹亮——庆七一专场演唱会"、宫崎骏动漫之旅——久石让经典作品音乐会、"童声飞扬 梦想起航"音乐公益活动、世博园及浦东国际机场航站楼公益音乐会等。 （王超颖）

8月1日,市工人文化宫举办"爱乐空间"《长征组歌》情景合唱音乐会

（吕荣麟）

【第四届"上海邮乐园"开幕】 由上海市工人文化宫、上海市集邮协会主办的第四届"上海邮乐园"于6月14日拉开帷幕。本届邮乐园举办"光荣与梦想——纪念中国共产党成立95周年"第八届上海职工班组一框邮展,展出由40多个基层邮协选送的150部邮集,同时展出的还有原地封研究会30周年会庆展出的47部邮集。邮乐园期间,还举行邮趣娱乐、邮谜竞猜、邮品交流等活动,为广大集邮爱好者和市民提供服务。除市宫主会场外,浦东新区、徐汇、医药、铁路、闸北、虹口、杨浦、交运、化工等区、产业设立分会场。 （王超颖）

【上海市第二届职工网络文化艺术节开幕式暨职工好声音歌王风云会举行】 由市总工会主办,市工人文化宫、市职工文化体育协会承办的2016年上海市第二届职工网络文化艺术节开幕式暨职工好声音歌王风云会于1月20日晚在上海共舞台ET聚场举行。市总工会巡视员杜仁伟启动了2016年上海市第二届职工网络文化艺术节开幕仪式。9位来自上海各行各业的歌手现场比拼,最终通过现场700名大众评审的微信投票,来自上海独秀会展服务有限公司的郭启蒙凭借一曲《我是一只小小鸟》勇夺桂冠成为"年度歌王",来自上海市工人文化宫的葛晓菲获得"最佳场外人气奖"。 （王超颖）

【上海职工微视频大赛落幕】 1月26日,由市总工会"申工社"和市总工会电视制作中心共同举办的"我的家园,我的梦——2015上海职工微视频大赛"颁奖典礼在市工人文化宫茉莉花剧场举行。此次公益微视频大赛历时6个月,共收到来自上海地区参赛作品104部,参与者涵盖了安检、运输、物流、制造、电子信息、传媒等各个行业,高达8580人在"申工社"网络对参赛作品进行投票。最终10部参赛作品获得三等奖,7部影片获得二等奖,《"机器猫"交警诞生记》《永不退休的民警》《大上海崇明的"的哥"》等三部作品荣获一等奖。另外,《电杆家族的故事》获得最佳编导奖,《快乐WinKing》获得无限创意奖,《大爱无疆》获得传播正能量奖。（王超颖）

【市工人文化宫持续开展"品味上海楼宇园区行"系列活动】 2016年,"品味上海"项目继续开展9场进楼宇系列活动,包括"心系环卫人"静安专场义诊活动、"品味上海 走进上海交响乐团"高级女医师义诊活动、"走进历史 不忘初心"系列微展进

张江、“中国梦　劳动美‘中国电信杯’上海市班组(团队)文化网络大奖赛”张江园区系列推广活动、“品味上海　舌尖上的滋味”静安楼宇专场活动等。（王超颖）

【市工人文化宫推出主旋律话剧《邹碧华》】 3月1日，由市工人文化宫与上海话剧艺术中心联合出品的话剧《邹碧华》在上海共舞台ET剧场首演。市人大常委会副主任、市总工会主席洪浩，市人大常委会副主任薛潮及市委组织部、市委宣传部、市委政法委、市总工会、市级机关党工委、市高院等6家主办合作单位的领导与基层工会干部，企事业职工代表、法律工作者，邹碧华亲属等700余人观看了首演。该剧共演出31场，近2.2万人次观摩。这是一部配合当前司法改革大局的充满正能量的舞台剧，讴歌了时代楷模邹碧华的“燃灯者”精神。人民日报社等21家主流纸媒、电视台、网站、新媒体平台进行报道。同步推出“观摩话剧《邹碧华》，争做时代燃灯者剧评活动”，收到来稿450篇。（王超颖）

【首届上海市职工主持人大赛总决赛举行】 6月6日，由市总工会主办、市工人文化宫承办的“大城小梦　未来星主播”首届上海市职工主持人大赛总决赛在上海共舞台ET聚场举行。上海海洋大学的赵明和中国商飞公司总部的赵晓曦获得了首届上海市职工主持人大赛金话筒奖，上海监狱管理局的鲁佳欢获得了网络最佳人气奖。市总工会巡视员杜仁伟，市总工会副主席李友钟等领导出席了活动。总决赛赛事不设置主持人，12位选手轮流担任主持人、才艺表演者、100秒竞答选手三种角色。总决赛后，12强选手将有机会成为上海茉莉花艺术团签约主持人，担任市总工会大型文艺活动主持、成为申工社APP形象大使、劳动报“动视”主播、加盟市宫“星空剧社”等。（王超颖）

上海海关工会

上海海关工会是上海海关党组和上海市市级机关工会工作委员会领导下的群众组织，成立于1950年2月9日。1987年2月18日召开首次职工代表大会，选举工会委员。第六届职工代表大会于2012年9月7日召开，选举工会委员会委员13名，其中主席1名；选举女职工委员会委员13名，其中主任1名；选举经费审查委员会委员5名，其中兼职主任、副主任各1名。

2016年，海关各级工会认真学习宣传贯彻习近平总书记系列重要讲话精神和中共中央关于加强和改进党的群团工作的意见，坚持政治性、弘扬先进性、增强服务性、彰显群众性、提高规范性，统筹推进工会工作项目化开展、制度化保障、规范化操作，充分发挥工会组织作用，引领全关干部职工主动适应经济发展新常态，为海关“十三五”开局起步做出新贡献。

举办第六届体育运动会——“洋山杯”学军聚神健康行活动

组织庆祝六一儿童节主题游园会

开展三八节花艺学习活动

举办第六届文化艺术节

举办第四届风采人物颁奖典礼暨2017年新春团拜会

上海市医药工会

2016 年，上海市医药工会正确认识和适应经济发展新常态，紧紧围绕集团发展目标，努力发挥工会组织团结引领作用，在持续深化群众性经济技术创新活动、加强先进群体与工会组织自身建设、构建和谐劳动关系等方面开展了一系列工作。

——持续深化群众性经济技术创新活动。总结 2015 年同线劳动竞赛中的好经验与好做法，全面开展 2016 年全剂型劳动竞赛。开展全员持续改进提案征集活动，引导员工从本职工作入手，从身边小事着眼，鼓励职工献计献策。结合上海医药集团精益六西格玛等专项工作，授予相应项目组上海医药集团“工人先锋号”称号。发挥职工岗位建功、见效和创新的积极性，多个项目获市级各类奖项。

——加强先进群体建设。继续推进各类先进创新工作室的创建，规范上海医药集团劳模先进创新工作室的创建和管理。积极申报上海市劳模创新工作室、技师创新工作室，毕琳丽中药传承创新工作室被评为上海市劳模创新工作室、神象首席技师工作室等 2 个工作室被评为上海市技师创新工作室。

——加强班组建设和高技能人才

上药医械工会召开第四次代表大会

上药新亚召开第一届七次职工代表大会

上海罗氏制药有限公司召开第二届职工代表大会第二次会议

上药第一生化举行家庭开放日活动

上药控股举行2016年职工运动会

上药信谊举办“信谊梦之声”歌手大赛

队伍建设。举办第二届卓越班组长培训班。开展集团技能大赛，吸引包括沪外企业在内的80余名职工参赛。

——加强劳动保护培训和职工实事服务工程。贯彻市总“劳动保护三年行动计划”，开展医药工会劳动保护业务知识培训。贯彻市总实事服务项目，继续推进会员休养补贴的第二轮三年行动计划，下属单位工会共组织4900余名员工进行休养。

——认真抓好民主管理工作和工会组织自身建设。消灭基层企业职代会建制空白点，恢复集团三级职代会架构，职代会运作更规范。

上药第一生化举办第三届职工乒乓球比赛

上药药材举行2016年职工运动会

上海汽车集团股份有限公司工会

上海汽车集团股份有限公司工会直管企业工会58个，集团工会设经费审查委员会、女职工委员会、工会资产监督管理委员会，综合管理部和权益保障部。

上汽集团工会在集团党委和上级工会的领导下，紧紧围绕集团工作主题，以新的愿景、使命、价值观为引领，以网上工会建设为抓手，强化集团意识、形成集团合力、发挥集团优势，发挥员工主人翁作用；加大工会维权力度和关爱服务的内容和覆盖面，坚持普惠原则，不断提高职工的获得感；运用互联网思维，发挥工会志愿者作用，营造“我为人人、人人为我”的大爱氛围；坚持党建带工建，落实工会企业清理规范工作。

集团工会全委会选举新常委委员

上汽大通G10创新工作室工作场景

职工优秀发明表彰

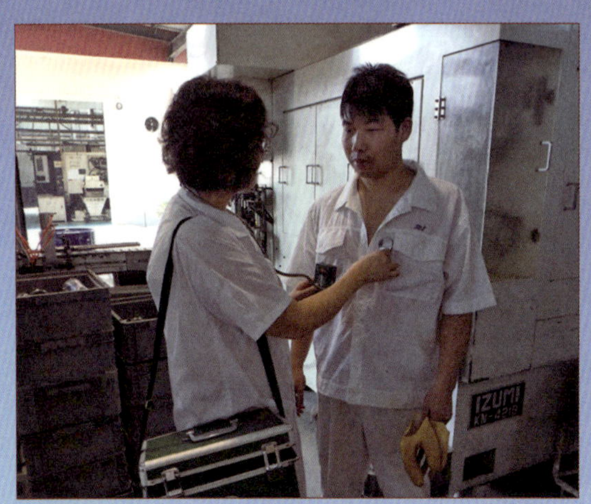

高温期间流动药箱进车间，保障职工生产安全

搭建 88 共享出行平台，为职工上下班提供安全、实惠、便捷的出行选择

为职工点亮心愿，改善职工工作环境

提倡健康生活理念，举办健康训练营

举办巾帼讲堂，提升女职工整体素质

举行安吉杯职工足球比赛

上海城投集团工会

送清凉进班组

安全竞赛中途交流推进

“城投工匠”展示

2016年，城投工会在“十三五”开局之年围绕企业“集团化、专业化、市场化”战略发展目标和全面深化改革的要求，一是以北横通道、金泽水库等市重大工程为抓手，重点推进“建设精品工程 保障城市运行”为主题的立功竞赛活动、“安康杯”竞赛活动和以“降本增效”为重点任务的群众性科技创新活动，涌现8家市优秀公司、12名市建设功臣；6家集体和3名个人五一劳动奖状(章)；4家全国“安康杯”优胜单位，7个集体、2位个人获上海市“安康杯”竞赛先进；市28届科技节上城投职工获2项银奖、5项铜奖、2项专利。二是继续完善多级职代会架构机制，系统内53家单位签订工资专项合同、52家单位签订女职工专项合同；并不断完善“双通道”民意民情渠道，坚持每季度收集、反映职工思想动态工作。三是组织实施“劳动光荣、服务职工”10项实事，全覆盖升级会员专享保障计划、落实技师晋升、先进疗休养、巡回医疗、送清凉送活力等实事项目。四是以慈善基金会和老年基金会两大平台为依托，深化大病职工医保范围内的自负医疗费“零自负”工作。五是开展首届“城投工匠”评选活动，通过直属单位初评、城投集团复评、城投工会微信投票等环节，最终6名参赛者成功当选，并举办“城投工匠”展示活动。六是成功举办以“快乐城投、健康城投”为主题的第六届职工运动会。开展羽毛球、三打一、健康走、足球、“公益乐学”瑜伽、太极讲堂及全民广播操赛，吸引近6000名职工直接参与赛事活动。七是以“劳动美、城投美，共筑城投梦”为主题，以“劳动最光荣 使命在城投”为系列，以“城投人讲城投故事”为形式，虚实结合地开展宣传活动，并探索“互联网+”工作模式，扩展“城城帮你忙”微信平台功能。八是着力培育城投工会工作志愿者队伍，以宣传教育、法律援助、帮困补助、文化建设等为主要服务内容，提升工会服务职工的影响力和凝聚力。

群众性科技创新活动巡展

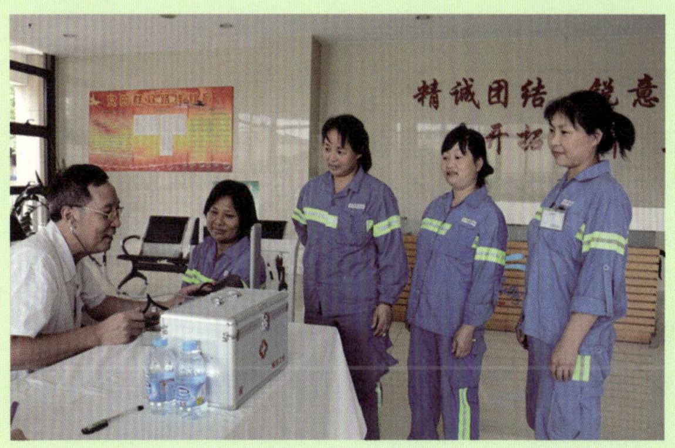

巡回医疗进班组

城投第六届职工运动会

上海城投集团工会

上海西岸开发（集团）有限公司工会

上海西岸开发（集团）有限公司成立于2012年，是经上海市徐汇区人民政府授权，全面负责并实施上海“十二五”时期六大重点开发区域之一——徐汇滨江地区综合开发建设的国有独资企业。目前拥有14家二级企业及13家三级企业，企业员工300余人。

2013年8月，在上级领导及集团党政班子的领导和支持下，集团工会正式成立。集团工会以十八大精神为指导，紧紧围绕推动“黄浦江（徐汇段）8.4公里贯通工程”“上海梦中心”“西岸文化走廊”“西岸传媒港”“上海国际航空服务中心”“龙华地区综合改造”等“十二五”时期重点产业项目投资建设的中心工作和任务，充分发挥工会组织维护、参与、建设、教育的职能。积极开展“不辱使命勇担当，凝心聚力保贯通”主题实践活动和“为企业共谋发展”职工献计献策活动，充分调动广大职工立足岗位、奉献智慧、创先争优的积极性。切实加强职代会建设，建立完善职工董事、监事制度，发挥职工代表参政议政的作用。着力加强和谐企业建设，签订了《集体合同》和《女职工专项集体合同》，坚持每年开展集体协商工作，形成协商机制，在保障职工利益、推进和谐企业建设上取得新成绩。结合企业发展，开展学习型企业建设，通过建立读书兴趣小组、企业内部交流等形式，提升职工学习兴趣、综合素质和工作能力。积极加强企业文化建设，组织集团首届职工运动会、趣味运动会、西岸艺术文化观展活动，以及各类文体兴趣小组活动，丰富职工精神文化生活。不断加强企业凝聚力建设，全面落实关心、慰问职工的各项工作；以群团改革为契机，积极联系徐汇滨江建设之家开展志愿者服务、为建设者送慰问等工作，为推动企业发展充分发挥工会组织积极的作用。

集团召开一届六次职代会暨工代会

各级领导在徐汇滨江贯通工程现场调研

上海市劳模李鹏在现场勘测并指导工作

上海市五一劳动奖章获得者叶可央带领开展内部团队交流活动

①组织职工参加城市定向挑战赛 ②集团足球队参加比赛 ③庆祝滨江开园5周年春季长跑比赛
④结合群团改革，与龙华街道、徐汇滨江建设者之家共同为建设者送慰问送服务活动

上海市五一劳动奖章获奖者韩瑞强在现场指导工作

组织开展职工插花活动

为贯通工程（徐汇段）联合办公职工送慰问

组织职工参观“逐梦新时代，上海2012-2017”展览

组织女职工开展三八妇女节活动

组织职工前往黄山疗休养

上海静安置业（集团）有限公司工会

召开职代会

集团公司董事长荣获五一劳动奖章

检查美丽家园工地

考察新静安北块小区

召开轨交14号线工作推进会

上海静安置业（集团）有限公司成立于1996年，下属共有24家二级投资控股、参股、管理企业，从业人员3500余人。集团工会设主席、副主席各1人，工会委员9人，全集团共有21名专、兼职工会主席，成立女职工委员会和经费审查委员会，并按需配备了16名兼职女工主任和5名经审委员。

集团工会紧紧围绕集团党政提出的工作重点，发挥工会"党政所需、职工所盼、工会所能"的作用，以建"四器工会，促四轮驱动"为工作目标，努力使工会成为"促进企业发展的'助推器'、和谐劳动关系的'稳定器'、关心关爱职工的'暖风器'、职工全面发展的'催化器'"。

在创新驱动发展、经济转型升级大背景下，置业集团统揽物业服务管理、房产开发置换、商业地产运营、建筑装饰装修四大产业。在开展民生服务实事中，通过"美丽家园"全项目修缮工程，发动职工开展劳动竞赛活动，探索建立了居住物业小区标准化指标体系；探索"互联网＋特色民宿"经营模式，形成新的业务亮点和利润增长；重点围绕"一园三路一广场"，即张园、威海路、吴江路、茂名路、静安寺广场，打造集团商业品牌；在推进轨交项目建设中，率先完成地铁14号线静安区段武定路、武宁南路、静安寺站点的实质性交地，并高标准完成轨交施工临时道路景观绿化、声障屏安装及人行道铺设等工作；建筑装饰装修坚持高端精品，形成市场竞争力，同时发扬保护保留特色，立足新静安，拓宽上海市场，出色完成丰盛里E幢（洋房）复建项目、愚园路608弄190号等众多优秀历史建筑修缮工程。集团荣获2015—2016年度上海市文明单位、2017年上海市五一劳动奖状、集团董事长时筠仑荣获2016年上海市五一劳动奖章。

高温慰问一线职工

慰问农民工

标准化劳动竞赛成绩榜

举办三八节活动

开展志愿者服务

设立基层职工书屋

组织职工开展户外拓展活动

组织职工参加区广播操比赛

申通快递有限公司工会

上海片区工会联合会揭牌仪式

召开职代会大会

上海片区申通网点

组织员工参加培训

申通快递有限公司工会于2008年10月成立。目前工会有5名专职人员，总部工会会员1268人，入会率达到91%以上，总部工会为工会联合会，兼管上海片区工会联合会及总部直属的转运中心工会组织。

在市、区、镇各级工会的领导下，在公司领导大力支持下，工会工作开展规范有序，在履行工会职责、促进企业发展、维护职工权益、开展文体活动、促进文化建设、温暖关爱员工、实施帮困扶助、推动分公司农民工入会等项工作取得一定成绩。工会成立后每年均被镇总工会在工作目标考核中获得优秀，近三年都被评为一等奖。先后被青浦区总工会授予“青浦区非公有制企业工会规范化建设示范单位”“青浦区企业职工文体活动中心示范点”“十佳企业工会”等荣誉称号。2016年4月，公司被上海市总工会授予五一劳动奖状，这是在沪的快递行业中唯一获此殊荣的，2017年4月，公司副总裁邹建生被上海市总工会授予“五一劳动奖章”。

公司工会始终把组织建设放在首位，先后两次换届，每年召开一次职代会，为公司的发展献计献策。按照上级总工会要求，签署“三项合同”，为维护职工的权益履行工会职责。

公司专门下发了《申通快递有限公司全员福利制度》。自2010年以来，每年为工会会员春节探亲补贴每人200元车费，每年三八节为女员工送上慰问品，每年八一节组织复退军人活动。每两年为直属员工进行一次健康体检。从2015年9月份开始，公司下发了《申通快递有限公司帮困扶助实施方案》，由工会审核、办理上报，先后发出扶助款近230万。今年又拨100万专款入青浦区慈善分会。

公司投资200多万元建立员工活动中心，设有健身房、台球室、KTV、乒乓球室、阅览室、舞蹈室等，活动中心深受员工喜爱。组建“申行俱乐部”，设篮球队、足球队、舞蹈队、游泳队、乒乓队、骑行队、羽毛球队、登山队等8支队伍。每年举办一次综合运动会和两至三次的单项运动竞技赛。公司上下形成了“快乐工作、健康生活”的良好氛围，有效增强了团队的凝聚力。

拔河决赛

趣味运动会

趣味运动会部门代表队风采展示

参加青浦区职工健身大赛

员工活动中心（一）

员工活动中心（二）

中通快递股份有限公司工会

2016年，中通快递股份有限公司工会紧紧围绕工会工作更好地服务经济建设这个中心，开拓进取，与时俱进，以构建和谐中通为己任，保护和调动了广大职工的工作积极性和创造性。

工会带领职工学习《工会法》《工会章程》，完善职工的法律知识；积极参加职工代表大会，维护职工合法权益。工会干部参加培训，用于指导和规范工会工作。制订通过《中通快递股份有限公司集体合同》《中通快递股份有限公司工资专项集体合同》《中通快递股份有限公司女职工特殊利益专项集体合同》等集体合同。积极组织广大会员进行遵纪遵法和社会公德教育，加深对国家有关政策和本单位有关规章制度的理解。

工会开展为职工谋福利的送温暖运动。一是组织会员体检；二是向公司行政提出增加职工住房公积金缴存额和增加退休人员补助的建议并得到实行。三是关心会员生活困难并加以解决；四是每逢节日，工会都会对会员送去关怀。工会向区总工会申请工会服务卡300多张，内含赠送意外伤害保险等。

工会积极开展各项文体活动，丰富职工文化生活。中通工会组织篮球队，参加由青浦区香花桥街道组织举办“黑马杯”篮球赛。中通舞蹈团参加了第十二届华东地区国际标准舞公开赛，摘得桂冠并在120余支国标舞中获得第四的骄人成绩。通过多项文体活动，丰富了职工文化生活，增强了职工凝聚力。中通工会同时组织职工进行业务技能和企业文化学习培训。

中通快递15周年庆典暨2017年集体婚礼仪式

参加2016年快递行业“黑马杯”篮球邀请赛——中通VS申通

中通舞蹈团正在排练

中通舞蹈团在华东国标舞公开赛中荣获拉丁舞第一

中通快递信息中心组织开展员工户外拓展活动

中通足球俱乐部成员合影

上海市松江区永丰街道总工会

街道总工会被授予上海市五一劳动奖状

上海松江埃驰汽车地毯声学元件有限公司维修班组被授予上海市工人先锋号

永丰街道地处松江区中部，总面积 24.385 平方公里，人口 8.6 万，永丰又名仓桥，2001 年撤镇建社区后，撤销原来的仓桥镇人民政府，建立永丰街道办事处，整个街道区域内还辖有工业区和 1 万多亩农田，因此，街道的实地实体型企业较多，百人以上规模的劳动生产型企业 53 家。目前已建成基层工会 131 家，发展工会会员 5.5 万人。

永丰街道总工会以服务为主题，通过聚焦“四个一”工程，努力打造为职工服务的职工之家。几年来，在上级工会的关心和支持下，紧紧围绕服务社会、服务企业、服务职工的宗旨，在推进基层工会组建、健全企业工会体制机制、提高职工技能素质、加强会员维权保障方面做出一定的成绩，也多次获得市级、国家级的荣誉。

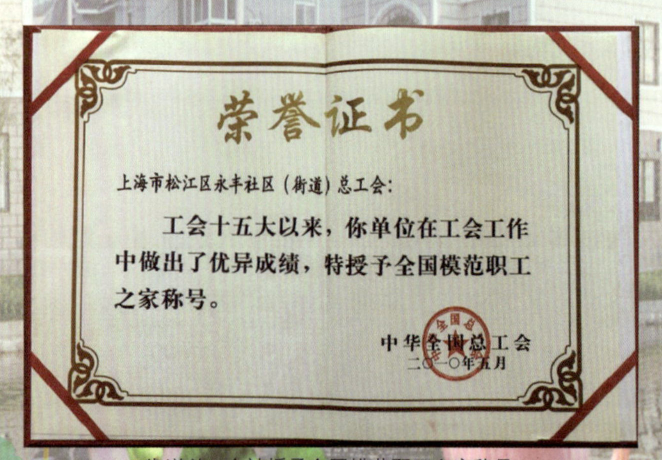
荣誉证书

上海市松江区永丰社区（街道）总工会：

工会十五大以来，你单位在工会工作中做出了优异成绩，特授予全国模范职工之家称号。

中华全国总工会
二〇一〇年五月

街道总工会被授予全国模范职工之家称号

永丰街道职工张丽丽作为上海市十大工人发明家代表在第二届松江职工科技节开幕式上发言

庆益公司工会举办劳动竞赛

永丰街道为农民工写春联

企业职工文化秀

永丰街道总工会积极参加“春风行动”送温暖

永丰街道信息员和摄影爱好者摄影培训及采风活动

浦东新区陆家嘴街道总工会

陆家嘴街道总工会服务范围内有各类商务楼宇42幢，企业单位2400余家，主要为商贸、现代服务和金融企业。截至2016年底，建会数达1469家，会员21347人，其中农民工会员7697人。街道总工会坚持围绕中心、服务大局，牢牢把握"加快推进工会规范化建设、全力构建和谐劳动关系、全面提升职工素质、全心服务职工需求"的工作主线，不断扩大工会组织覆盖面和影响力，着力增强职工群众获得感和归属感，成功打造"我的陆家嘴"系列品牌活动、建立三级组织体系、开通"陆家嘴职工之家"公众微信号、打造线上线下职工书屋、开展法律服务进楼宇，2015年被全国总工会授予"全国模范职工之家"的称号。

召开工会第三次代表大会

服务进工地，吸引农民现场申请入会

开展庆三八女职工公益插花活动

开展活力陆家嘴楼宇职工趣味运动会

举办职工家庭亲子嘉年华活动

职工书屋进驻楼宇企业

浦东新区周浦镇总工会

“美好生活 悦跑周浦”健康跑活动

周浦镇总工会以打造党政满意、职工信赖、企业认同、社会关注的服务型工会为前提，连续多年获得“模范工会”等荣誉称号。目前镇总工会所辖基层工会799家，会员达23122人。辖区内638家企业签订工资集体协议，907家签订集体合同和女职工专项集体合同，总覆盖人数达25685人，在建工会集体企业职代会建制率达85%，切实维护职工合法权益。镇总工会组织开展各项文体活动丰富职工业余生活，开展各种培训提升职工技能素质。开展扶贫帮困送温暖活动，切实解决职工生活。

召开周浦镇工会代表会议　召开镇总工会工作部署会

开展困难劳模慰问行动　举办劳动法公益咨询活动

黄浦区南京东路街道总工会

①市总工会领导向全国五一劳动奖章获得者黄宪祖表示祝贺
②召开非公企业工会改革推进会，并为楼宇工作室揭牌
③ 金佰利（中国）有限公司荣获市五一劳动奖状
④开展职工体育活动
⑤召开街道工会第二次代表大会

黄浦区南京东路街道总工会在街道党工委的领导下和黄浦区总工会的指导下，深入学习贯彻习近平总书记系列重要讲话精神，积极适应群团改革的新形势新要求，奋发进取，改革创新，街道工会工作实现了新跨越。

构筑群团服务载体取得成效，推进非公企业工会改革。依托街道资源，在商务楼宇建立起八片区工会工作室，转变职能，下沉服务，倾情打造白领身边工会，逐步实现“组织、工作、服务、管理”四覆盖。有3家企业工会被评为上海市“模范职工之家”。

“以上代下”接好地气，提升依法建会管会和维权能力。工会组织覆盖面不断扩大，辖区建会数290个（家），在62幢商务楼宇中已有32幢楼宇建立工会组织，覆盖职工4.2万人。基层民主管理不断夯实，法律服务进楼宇，零门槛援助，维权服务机制不断强化。

把凝聚职工、助推经济发展作为主战场，发挥主力军作用提升职工素质。弘扬劳模精神、推进劳动竞赛取得新成果。在辖区企业单位中，涌现出3名市劳动模范，1人全国五一奖章获得者，1家企业和4名职工分获市五一劳动奖状、奖章。持续深化主题竞赛、技能竞赛、安康杯竞赛和技师资质晋升奖励计划，推选“首席职工”。

深化服务职工工作，实现零距离服务增强职工获得感。推出6大改革服务举措和工会10大工作品牌。实事项目对接需求，形成“8+2”系列推送项目，帮困扶贫扩大覆盖面。集聚社区、单位和企业资源，推出68项服务内容，依托街道“中央厨房”资源，服务进楼宇进社区，辐射企业职工共享联动红利。文体活动内容纷呈，精心构筑职工文化新高地。

中国石化上海石油化工股份有限公司工会

召开公司六届四次职代会

召开职代会联席会议

2016 年，在上海市总工会、中国石化工委和上海石化党委的领导下，上海石化各级工会组织坚持"促进企业发展、维护职工权益"的工会工作原则，履行工会组织的维护、建设、参与、教育四大职能，进一步突出"三个转变"（转观念、转思路、转方式），注重"两个结合"（服务职工与教育引导职工相结合，满足职工需求与提升职工素养相结合），团结动员广大职工发扬工人阶级识大体、顾大局的优良传统，教育引导广大职工在建设"国内领先、世界一流"炼化企业进程中发挥主力军作用，积极有效推进年度工会工作各项目标任务的全面完成。

召开上海石化工会二届十一次代表会议

举办第九届全球健康促进大会国家日现场参观活动

承办市总工会"工人、工厂、工运"工业摄影采风活动

举行"石化新声代"职工歌唱比赛

中船上海船舶工业有限公司工会

中船上海船舶工业有限公司工会（以下简称"上海船舶工会"）辖基层工会20个，工会会员61426人，其中女会员7572人，农民工会员30864人。

2016年，上海船舶工会深入学习贯彻党的十八大，十八届三中、四中、五中、六中全会精神和习近平总书记关于工人阶级、工会工作系列重要讲话精神，进一步落实推进中国工会十六大、上海工会十三大工作部署，紧紧围绕集团公司转型发展战略和"十三五"发展各项任务目标，立足工会职能，转变思想观念，明确工作重点，谋求工作实效，积极引领船舶系统各级工会组织、全体工会干部和广大职工群众认清形势、直面挑战、创新实践、奋勇拼搏，在创新方式方法、拓展工作路径、强化自身建设、提升工作能力、围绕形势任务、助推经济发展、维护职工权益、促进和谐稳定等方面取得良好工作业绩。

开展高温送清凉活动

开展2016厂务公开民主管理监督检查

召开庆祝五一先进表彰暨劳模创新工作室、技师创新工作室命名授牌大会

组队代表中船集团参加"嘉克杯"国际焊接大赛

举办第八届"腾飞杯"乒乓球比赛

参加经信系统"七一"汇演

中国船舶工业集团公司第七〇八研究所工会

六届三次职工代表大会

工会干部、职工代表培训

2016 年先进表彰

第十三届职工运动会

中国船舶工业集团公司第七〇八研究所（以下简称“七〇八所”）始建于 1950 年 11 月，是国内成立早、规模大、成果多的综合性舰船及海洋工程研发设计机构，被誉为中国舰船设计的摇篮。隶属于中国船舶工业集团公司（CSSC），是集团公司船舶与海洋工程研发中心，建所 65 年来荣获各类科技成果奖励近 500 项，其中国家科技进步特等奖 3 项，国家科技进步一等奖 9 项。被中共中央、国务院、中央军委授予“高技术武器装备发展建设工程重大贡献奖”。先后荣获中央文明委全国文明单位、国资委中央企业思想政治工作先进单位、上海市文明单位、上海市五一劳动奖状、上海市劳动关系工作和谐职工满意企事业单位、上海市治安安全示范单位等荣誉称号。

七〇八所工会在集团公司、市科技工会和所党委的领导下，认清形势，把握大局，凝心聚力促改革，砥砺奋进谋发展，更好地贴近所的中心工作，贴近基层部门，贴近职工群众；进一步发挥职工代表大会作用，切实维护职工的合法权益；积极组织职工参加各项文体活动，每两年开展一次职工文化艺术节和职工运动会；主动为职工冬送温暖、夏送清凉，解决职工的后顾之忧；加快推进所的改革发展进程，团结和动员全所职工立足本职工作，为完成七〇八所十三五发展规划确定的各项目标和任务作出贡献，更好地发挥各级工会组织在两个文明建设和服务职工群众中的作用。

设计研发的亚洲第一、全球第二的半潜式运输船“新光华”

中国能源化学工会华东电力工作委员会

第四轮技术技能竞赛决赛

中国能源化学工会华东电力工作委员会（国家电网公司华东分部工会）是中国能源化学工会在华东地区的派出机构，履行华东电网产业工会和大型企业工会职责，领导上海、江苏、浙江、安徽、福建省（市）电力工会及直管（代）单位工会。

学雷锋一日捐活动

2016年华东电力工委认真贯彻上级工会各项要求，围绕企业中心工作，服务大局，进一步促进了企业和员工的共同发展。一是弘扬劳模精神，积极组织引导职工深化建功立业活动。举办华东电网第四轮调度系统技术技能竞赛（继电保护专业）；二是加强日常民主管理工作，服务企业稳定发展大局；三是关心关爱职工，完善帮扶长效机制。组织开展华东电网劳模疗休养活动，关爱劳模、先进的工作、生活；四是组织文体活动，促进职工身心健康。征集华东机关摄影书画作品，征集读书征文；举办职工文化大讲坛，邀请专家进行健康、文艺鉴赏以及心理咨询等专题讲座。举办华东电网系统第十四届“团结杯”网球友谊赛；五是加强工会自身建设，举办培训班，提升工作水平。华东分部吴敏获上海市五一劳动奖章称号，华东电网有限公司信息中心获上海市工人先锋号称号，华东电力调控分中心电能计划小组荣获2014—2015年度上海市巾帼文明岗称号。

英大杯国网在沪单位运动会

健步走健身活动

2016新春职工文艺演出

国药控股股份有限公司工会

国药控股股份有限公司是中国医药集团总公司所属核心企业。2003年1月16日，由中国医药集团总公司与上海复星高科技（集团）有限公司在上海共同出资组建。2009年9月在香港上市（01099.HK），注册资本27.67亿元，截止到2016年12月31日，公司总资产达1575亿元。

上海地区工会主席培训班

国药控股作为全国第一的药品、医疗保健产品分销商及领先的供应链服务提供商，拥有400余家子公司（含国药股份、国药一致两家上市公司），药品分销及配送网络覆盖全国31个省、自治区、直辖市。公司形成了医药健康产品医药分销、医药物流、零售诊疗、医疗器械与院内医疗服务、化学试剂、电子商务、金融服务等多元业态协同发展的一体化产业链。2005年以来，连续蝉联中国医药商业企业销售额榜首。

“夏送清凉”公司领导慰问一线职工

国药控股股份有限公司工会上海地区辖基层工会19个，会员4198人。2016年国药控股工会在上级工会和公司党委的领导下，按照市总工会的整体工作部署，服务中心工作，积极渗透到提高企业职工素质的需求中，最大限度地调动广大职工在企业改革发展中的积极性和创造性，增强企业的凝聚力，提高企业的竞争实力，促进企业和员工“双赢”的协调发展。

公司领导、工会主席慰问劳模

工会会员卡大篷车活动

国药控股秋季健康走跑赛

中国远洋海运集团有限公司工会

中国远洋海运集团工会坚决贯彻落实集团党组和上级工会的各项决策部署，充分发挥桥梁纽带作用。在企业改革重组中，认真履行民主管理程序，广泛听取广大职工的意见建议，有效维护职工合法权益，确立企业与职工共建共享、共同参与、互利共赢的理念，为改革保驾护航；在服务企业中心工作中，组织广大员工控成本、提技能、比贡献，有效应对严峻的市场考验；在推进企业文化建设中，积极落实新集团提出的“一个团队、一个文化、一个目标、一个梦想”的理念，深入推进员工的文化融合和感情融合，集中展现新集团的精、气、神；在加强工会自身建设上，坚持抓基层打基础，理顺工会管理体制，建立健全工会组织，制订建立各项工会工作制度，在深化企业改革过程中，确保工会组织不断层、工会工作不断线、工会会员不流失。

工会领导参加对口援藏洛隆县体育场交付揭牌仪式

企业改革重组中迎接异地职工

在积极履行工会各项职责的同时，集团工会认真完成集团对口扶贫援藏工作任务，着力在精准施策上出实招、在精准推进上下实功、在精准落地上见实效，体现了高度的的政治责任感和历史使命感。

组织劳模疗休养活动

举办“中远海运杯”职工羽毛球比赛

举办“中远海运杯”健身健步走主题活动

中国移动上海公司工会

中国移动上海公司行政、工会首席代表签订公司新一期两个集体合同

公司工会下属29家基层工会，会员8043人。公司工会在上海市总工会、集团工会和公司党委领导下，围绕“为员工服务、为企业分忧、为发展助力”的目标，不断深化“互联网＋工会”的内涵。一是提升民主管理水平、构建和谐劳动关系。坚持职工代表大会制度，持续推进企务公开，由行政、工会首席代表共同签订公司新一期两个集体合同。二是激励员工内在动力、助力企业发展提升。结合公司重点发展业务，开展各类劳动竞赛，弘扬树立劳模精神，培养选树移动工匠，获首批上海工匠1名，依托班组建设“2+N”模式，深化 “三大品牌”项目的拓展。三是深化“幸福1+1”理念，促进员工身心健康。开展“月月有活动，季季有比赛”为目标的“幸福1+1”文体活动，结合公司“十三五” 战略规划，开展女职工健步走暨家庭日主题沙龙活动，举办公司第五届文化艺术节。四是创新服务紧贴需求，关心关爱落到实处。关注员工权益和健康，组织部分先进员工参加疗休养，落实职工小家建设“暖心工程”，4家直属单位的爱心妈咪小屋荣获市级五星级、9家荣获市级四星级“爱心妈咪小屋”称号。五是争创模范职工之家，加强‘互联网＋’工会建设。积极开展“模范职工之家”评比和会员评家工作，开展内部制度梳理，加强工会干部队伍建设，坚持“工会主席巡回联系日”和拓展“互联网＋” 工作方式。由公司工会牵头组成的“互联网＋”工会团队荣获2016年度中国移动上海公司卓越团队称号。

全国劳模、上海工匠水涌牵头成立劳模创新工作室

举办公司第五届文化艺术节

公司工会主席梁志强、副主席刘德彪等来到浦东分公司开展工会主席巡回联系日活动

“互联网＋”工会运营团队获公司卓越团队称号

中国联通上海市分公司工会

举行公司领导与劳模及异地员工代表迎新春茶话会

举办公司先进事迹展

中国联合网络通信有限公司上海市分公司（简称：上海联通）工会是上海联通各级工会组织的管理机关，是在中国联通集团工会、上海市总工会、上海联通党委领导下的企业工会。

2016年，工会在上海分公司党委的领导和行政的支持下，在集团工会和上海市总工会的指导下，以学习贯彻十八大和十八届三中、四中、五中全会精神为主线，以“发展、维护、服务、凝聚”为目标，从支撑经营发展、加强民主管理、启动员工帮助计划、员工关爱工程加强自身建设等方面入手开展工作，不仅促进企业快速、健康、和谐发展，而且贴近员工，贴近一线，以具体行动将公司的关爱传递给了广大员工，进一步增强了企业凝聚力，提升了工会组织在员工中的影响力和号召力。

举办职工体育节

搭建第一个宣泄区

开展六一家庭日活动

中国电信集团工会上海市委员会

2016年，作为全面深化改革和推进互联网化转型的重要一年，中国电信上海公司要求将“品质精神”融入经营和管理的各个环节。为此，中国电信上海市工会提出“100%履行职责+精准服务”的工作目标，聚焦职工需求的热点，让职工拥有更多幸福感。

中国电信上海公司召开行政方和工会方集体协商会议

随着“互联网+”时代的到来，同时在中国电信企业转型3.0的新形势下，公司各级工会组织把全体职工团结在企业党组织周围，坚持以人为本，始终遵循关爱职工的宗旨，保障职工主体地位；用活激励机制，激发职工的内生动力；坚持用“品质标准”服务职工，通过实施各类接地气、惠职工的实事，提升服务职工的水平，推动职工共享企业发展成果，并不断赋予其生命活力，将企业打造成倍受职工群众喜爱的温馨家园。

举行庆三八表彰交流会

公司外线员工高温天气坚持施工

举行新入职员工入会仪式

举行第十四届全员健身日活动

中国电信集团工会
上海市浦东电信局委员会

中国电信集团工会上海市浦东电信局委员会认真贯彻中共中央关于加强和改进群团工作的意见精神，紧紧围绕企业“发展领先、转型率先”目标，开展模范职工之家创建工作，努力使工会成为党组织的得力助手、员工思想教育的引导者和员工贴心的“娘家人”。

浦东电信局工会以“组织起来”为基础，建职工“和谐之家”；以“双争”为目标，建职工“思想之家”；以“软环境建设”为载体，建职工“文化之家”；以“建功”为抓手，建职工“本领之家”；以“厂务公开”为重点，建职工“民管之家”；以“切实维权”为关键，建职工“维权之家”。先后获得上海市文明单位、市服务诚信先进单位、获得全总和集团公司模范职工之家、上海公司“员工最满意”单位等称号。2017年成为上海市模范职工之家红旗单位。

职代会每年订立行政与工会平等协商协议

建立20多个员工创新工作室

女职工文化建设

多彩多姿的员工活动吸引员工的热情参加

“阳光星期五”员工心理自我管理项目成为第二届上海职工素质工程“十佳”品牌之一

组织员工开展多项健身活动

中国电信集团工会
上海市金山电信局委员会

中国电信股份有限公司上海金山电信局于1998年12月24日注册成立，主要经营信息通信业务及服务。工会下属有13个部门工会，会员258人，入会率100%。

近年来，金山电信局工会坚持以人为本，切实维护员工合法权益，围绕中心，推动发展，加强文化建设，深化文明创建，巩固和落实职代会、厂务公开、帮困救助等“三项制度”，建设和推进建功立业、素质提升、幸福企业等“三项工程”。区局工会为丰富员工文化生活，组建了羽毛球、乒乓球、摄影、钓鱼、瑜伽和健走6个俱乐部，开展“人人锻炼、人人健康”实事项目，增强员工满意度与归属感，提高团队凝聚力。获得2015—2016年度上海市文明单位称号，实现市文明单位“七连冠”，此外还获得上海市模范职工之家、上海市工人先锋号等荣誉。

举办“我健走，我快乐”金山电信局“一季一赛”暨全员健身日活动

参赛队员在金山区第五届运动会开幕式上

参加金山区石化街道第五届运动会“中国电信杯”广播操比赛

开展女职工三八妇女节健康徒步活动

六一儿童节员工子女绘画展

参加金山区第五届运动会乒乓球比赛

中交上海航道局有限公司工会

在横沙七期召开竞赛动员大会

中交上海航道局有限公司是一家拥有111年历史的、国内规模最大的航道、堤筑施工企业。公司下属共有13家单位，有工会会员5650人（包括劳务派遣员工）。公司工会在上海市总工会、公司党委的领导下，在行政的大力支持下，紧紧围绕“改革创新、转型升级、再次创业”的战略部署，以改革创新为动力、以转型升级为抓手，情系职工促和谐，维护大局促稳定，充分发挥了纽带和桥梁作用。在和谐企业建设、企务公开民主管理、劳动竞赛、“安康杯”竞赛、推进职工素质工程、帮困送温暖、维护职工合法权益、职工文化建设等方面都取得了可喜的成绩。近年来，公司多次荣获全国优秀施工企业、全国模范劳动关系和谐企业、全国模范职工之家等荣誉。

举办第五届“我阅读、我快乐、我成长”读书主题活动

召开职代会联席会议审议职工岗位薪酬方案

中港疏浚公司开展安全知识竞赛活动

施卫星技师创新工作室被市总工会命名为上海市技师创新工作室

举办第三届职工羽毛球团体赛

参加第三届中交集团绳结、编结及棕绳插接工艺比武

中交上海三航科学研究院有限公司工会

市建交委工会主席参观劳模工作室

王成启工程材料劳模创新工作室

吴锋新型结构劳模创新工作室

连续三年举办“我运动、我健康、我快乐”冬季长跑比赛

马振江智慧工程劳模创新工作室

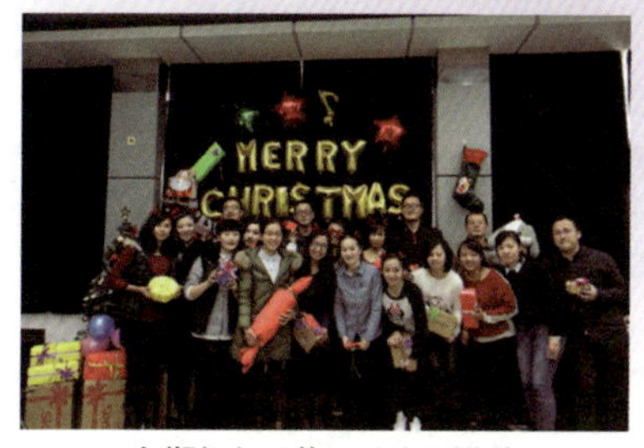

定期组织“英语沙龙”活动

中交上海三航科学研究院有限公司工会坚持以构建和谐企业为主线，切实履行代表和维护职工合法权益为职责，以提升职工技能为目标，造就一支高素质职工队伍；以推进自身建设为重点，不断增强工会组织凝聚力和感召力。

近年来，院工会先后获得“上海市模范职工之家”和“全国模范职工之家”荣誉称号，2016年获得全国“职工书屋”荣誉称号，院公司连续四次荣获上海市立功竞赛优秀公司称号，一批优秀员工被评为上海市建设功臣和记功个人，设计所获得巾帼示范岗，材料所成功申报上海市劳模创新工作室，全院连续8年蝉联上海市文明单位。

上海市城乡建设和交通工会工作委员会

慰问工地一线员工

上海市城乡建设和交通工会工作委员会在市总工会、市建设交通工作党委的领导下，认真学习贯彻党的群团工作会议精神，始终坚持政治性、先进性、群众性的总体要求，始终坚持代言、维权、谋发展的基本职能，始终坚持立足系统、面向行业、服务中心、服务群众的工作原则，充分发挥先进模范的引领作用，劳模创新工作室创建工作成效明显；认真抓好两个条例的贯彻落实，厂务公开民主管理工作深入发展；广泛开展技能比武劳动竞赛，广大职工的劳动热情技能水平不断提高；认真组织各类培训展示活动，广大职工能力素质得到提升；用心做好服务基层关爱职工的工作，切实维护保障职工群众的正当权益；切实加强工会组织自身建设，不断提高工会干部能力素质工作水平。通过一系列切实管用的举措和精准贴心的服务，让工会组织真正成为职工之家、温暖之家，团结引领广大职工群众，为上海建设交通事业的发展贡献智慧和力量。

上海市劳模创新工作室推进工作现场会在辰山植物园举行

召开农民工专题调研座谈会

举办市建设交通行业庆祝五一国际劳动节暨“放歌中国梦 共创新生活”主题歌会

上海久事（集团）有限公司工会

集团领导慰问一线职工

上海久事（集团）有限公司目前拥有直属企业10家，员工7万余人，是从事城市交通、体育产业、地产置业和资本经营等产业投资管理和经营的市属特大型公共服务类国有企业。

久事集团工会在党政的坚强领导和大力支持下，围绕集团"四位一体和两翼支撑"的发展战略，保持稳中求进的工作总基调，坚持维护、建设、参与、教育四大基本职能，眼睛向下、面向基层，以高度的责任感与自觉性，对接职工多元化、多层次、多方面的需要，加强源头参与，着力在宣传教育、权益保障、民主管理、培育先进、关心服务、加强队伍建设等方面开展工作，真正使工会成为职工的知心人，企业与职工的桥梁纽带。各项工作的开展，进一步发挥了工会在引领职工、服务大局、立足本职、建功立业等方面的优势和作用，工会的影响力和号召力不断扩大，凝聚职工的能力水平得到提高，在职工心目中的地位作用明显提升。

群团工作专题培训

健康跑活动发令

广播操比赛

劳模旗袍秀展示

上海上实（集团）有限公司工会

召开集团第四次工代会，选举新一届工会领导班子

召开集团“五一”先进表彰会暨经营情况通报会

上实集团工会辖基层工会 39 个、职工 3307 人，其中女职工 1081 人、农民工 998 人；工会会员 3304 人，其中女会员 1080 人、农民工会员 998 人。

2016年集团工会开展立功竞赛和合理化建议活动。结合业务拓展、项目开发、服务质量、窗口建设等重点工作，通过竞赛，不断激发职工创新创造活力；加强企业民主管理，完善以职代会为基本形式的民主管理制度，引导职工参与企业管理，切实维护职工各项权益；深入推动企业文化建设。通过举办职工文艺汇演、女职工东滩素质拓展等活动，陶冶职工艺术情操，增强向心力凝聚力。大力弘扬新时代劳模精神，营造良好氛围；加强工会自身建设。做好基层工会的组建、调整、换届工作。深化建家活动，强化工会干部培训，不断提升工会工作的整体水平。

“爱上实·爱生活”女职工东滩素质拓展活动

“不忘初心，砥砺前行”上实集团迎国庆职工文艺汇演

上海国盛（集团）有限公司工会

二届二次职代会

合理化建议表彰会

新春慰问劳模和困难职工

成功创建劳模创新工作室

举行2016年度游泳比赛

上海国盛（集团）有限公司工会成立于2010年1月，多年来，在集团党委和上海市总工会的领导下，集团工会立足大局，突出维护，团结协作，锐意进取，注重服务大局与服务职工相结合，维护权益与促进和谐相结合，主动作为、积极进取、创新发展。

集团工会以维护职工合法权益为根本，加强职代会建设，进一步提升企业民主管理水平，连续两届被评为上海市厂务公开民主管理先进单位；以"劳模创新工作室"创建工作为抓手，发挥劳模示范引领作用，鼓舞和凝聚广大干部员工；以"学做结合，知行合一"为目标，组织开展职工合理化建议活动，充分调动和发挥职工的积极性、主动性和创造性，为集团发展贡献智慧和力量。

近年来，在集团建设和发展中，涌现出了一大批先进集体、先进个人，其中全国劳模1名，全国五一劳动奖章1名，上海市劳模7名，上海市劳模集体2个，上海市劳模创新工作室1个，以及上海市五一劳动奖状（章）、上海市工人先锋号，全国"安康杯"竞赛示范企业等多项荣誉。

大怪路子比赛

现代设计 创意成就梦想
creation accomplishes dreams

华东建筑集团股份有限公司工会

华东建筑集团股份有限公司（以下简称“华建集团”）是一家以建筑设计为主的现代科技型企业，下设华东总院、都市总院、上海院、建设咨询、水利院、环境院、Wilson等数十家分、子公司和专业机构。上海现代建筑设计（集团）有限公司通过将核心主业华东建筑设计研究院有限公司注入华建集团（股票代码：600629），实现了集团设计咨询主营业务的整体借壳上市。作为建筑设计行业的龙头企业，2016年位列ENR全球建筑设计企业第66位。

荣誉称号

公司领导高温慰问一线职工

集团立功竞赛金杯公司受到市级表彰

华东建筑集团股份有限公司工会所辖基层工会15个，工会会员5312人，其中女会员1989人。工会紧扣集团“十三五”发展主题，坚持“发展为先、职工为本、基层为重”的工作导向，全面提升服务企业中心工作的贡献率、广大职工的满意度和工会工作的影响力。

召开一届一次职代会

出席第九届全球健康促进大会的中外专家及领导莅临集团参观

举行“华健身，绿色行”职工健步走活动

上海市建筑科学研究院（集团）有限公司工会

党史知识竞赛

2016 年，集团工会按照中央和上海群团改革工作要求，紧密围绕集团国资改革和集团发展大局，进一步完善集团多级职代会，依法推进基层民主建设；深化重点立功竞赛、发挥先进人物的引领作用；保障职工权益，活跃职工文化活动，增强工会工作的活力与凝聚力。

乒乓球赛

七届四次职代会召开

半程马拉松

集团工会深化民主管理，厂务公开，选举职工董事、职工监事，使职工意愿通过多级职代会、集体协商等形式得到充分反映，职工参与权、知晓权也得到充分体现；围绕上海市重点工程立功竞赛目标，结合“两学一做”，坚持外赛带动内赛，在十三五开局之年，发挥了工会在重大工程立功竞赛项目中的积极作用；集团工会坚持开展职工素质工程建设，通过劳模创新工作室创建工作，发挥劳模引领和示范作用，提升企业和班组整体的学习力、创造力和竞争力，以“奋进建科，和谐家园”为主题，唱响建科文化主旋律，充分发挥各分工会和文体协会的作用，通过建科健康跑大赛、主持人大赛、五一歌会、龙舟赛、家文化微电影比赛等活动，进一步引领和推动职工队伍整体素质提升。

红歌赛

足球比赛

中国建筑第八工程局有限公司工会

2016年，中建八局工会在局党委和上级工会的领导下，围绕企业转型发展的目标任务和“一室三赛”重点工作，突出主业主责，激发组织活力，凝聚职工力量，各项工作有序推进，取得了积极成效。局工会先后4次在上海市总工会、上海市建设交通党委和中国海员建设工会召开的有关会议上介绍经验。在中建广场召开了立功竞赛暨上海地区农民工集中入会推进大会，11个集体、15名个人受到上海市政府的表彰。举办了第四届劳模创新论坛，探索成立了总承包管理、超高层技术、建筑科技、绿色建筑、商务管理等5个创新工作室联盟。广西公司“工友村”的创新做法得到全总领导的充分肯定。全年工会系统共获得地市级以上荣誉337项，其中全国荣誉21个，省部级荣誉155个，并推出了3个农民工典型和1名上海工匠，获奖数量和级别均创历史新高，彰显了八局先进典型的群体效应。

全总领导率全国工会观摩团，考察参观广西文化艺术中心项目工友村

局工会在上海市厂务公开民主管理工作会上介绍经验

市总工会领导等为获得上海市五一劳动奖章的农民工颁奖

市总工会、市建设交通党委领导为局2016年上海市五一劳动奖状获奖单位颁奖

对荣获全国五一劳动奖状的先进模范群体进行表彰

第三届施工技能大赛决赛现场

中建八局总承包公司工会

中建八局总承包公司是中建八局旗下的直营公司，公司总部位于上海，现有员工 2000 余人，下设 10 个经理部，经营区域辐射江浙沪、北京、安徽、福建等省市，以及阿尔及利亚、泰国等海外市场。多年来，公司工会以促进公司发展为主线，推进民主管理，开展立功竞赛及安全生产宣传活动，探索劳模创新工作室联盟新模式，通过成立工会联合会、兴趣协会，建立工会工作站，坚持“四送”帮扶机制，调动员工工作热情，打响服务职工关爱品牌。目前，公司已连续 12 年蝉联全国“安康杯”竞赛优胜企业、连续 6 年位列中建总公司直营公司十强，还先后荣获全国五一劳动奖状、全国模范职工之家、中华全国总工会“工人先锋号”、上海市实事立功竞赛金杯公司、上海市文明单位、上海市厂务公开民主管理先进单位等多项荣誉。

开展劳动竞赛活动

建立工会工作站、工友村

公司吉祥物“8 包”在职工运动会与运动员齐跑

第九届职工运动会拔河比赛

开展准军事化活动

中建八局投资发展公司工会

中建八局投资发展公司隶属于世界五百强中国建筑的骨干企业——中建八局，现有员工300多人，以成为“中建领先、国内知名的城市综合投资运营商”为发展定位，主要从事大型基础设施、城镇综合建设和公建服务配套等项目的投资运营，投资建设了G20主会场－杭博中心、上海重固镇新型城镇化、广西体育中心等一大批有影响力的工程，年投资合同额超过800亿元。

公司工会认真履职，充分发挥桥梁纽带作用，激发企业内在活力。积极参加立功竞赛和劳模创新工作室创建活动；持续加强民主管理，切实维护员工利益；积极推动企业文化建设，不断提升员工职业素养；用心关爱和丰富员工生活，不断增强企业凝聚力。先后荣获全国工人先锋号、上海市五一劳动奖状、上海市职业道德建设先进单位等称号，为推动企业健康发展做出了重要贡献。

公司董事长、党委书记储小彬接受上海电视台采访

公司党委副书记、纪委书记、工会主席胡晓华接受上海电视台采访

通过培训、座谈提升员工素养和归属感

开展丰富多彩的职工文体活动

投资建设的G20峰会主会场——杭州国际博览中心

中建八局第二建设有限公司工会

公司工会领导在郑州奥体项目劳动竞赛启动仪式上为劳务队伍授旗

为农民工“送温暖”

中建八局第二建设有限公司始建于1952年，前身为基建工程兵，于1983年集体改编为企业。当前公司具有年承接合同额400亿元以上，实现营业收入200亿元以上的综合能力，拥有房屋建筑施工总承包、市政公用施工总承包双特级资质，以及建筑甲级设计资质和人防甲级设计资质等专项资质。总部设于山东济南，经营区域覆盖山东、京津、上海、河南、广西、广东等全国14省30多个地市。公司主要经济指标平均增速连续5年保持30%以上，主要承接以高、大、难、新、特为主的高端业务。在发展的过程中，公司工会认真履行参与、维护、建设、教育四项基本职能开展劳动竞赛及安康杯竞赛活动，关心关爱职工生产与生活，开展各项文化体育活动，活跃职工生活，凝聚企业力量。先后荣获全国优秀施工企业、全国五一劳动奖状、全国模范职工之家等多项国家级殊荣，连续17年被评为“山东省文明单位”。

公司十一届二次职代会暨2017年工作会

青岛分公司举办集体婚礼

上海区域重点工程立功竞赛暨“安康杯”竞赛推进会

第二届“五福杯”篮球友谊赛

上海广播电视台（上海文化广播影视集团有限公司）工会

2016年，上海广播电视台（上海文化广播影视集团有限公司）工会贯彻落实党中央对群团组织改革要求，紧紧围绕年初制定的工作目标，从“维护职工合法权益，继续推进职代会制度落实；创新工会组织动员方式，团结广大职工在改革开放、创新发展中发挥好主力军作用；深化服务职工工作，办实事解难事彰显工会基本职责；继承传统活动精髓，打造品牌文体活动；切实加强工会自身建设，夯实基层基础、扩大有效覆盖”五项重点，推进各项工作开展。包括：召开一届二次职代会，审议并通过事关职工切身利益的若干重要文件；开展百名“SMG工匠”评选活动，弘扬“SMG工匠”的示范引领作用；继续完善服务职工的实事项目；开展丰富多彩的职工文体活动，推动职工阅读活动，首次举办“书香SMG”职工诗歌朗诵会，在SMG营造多读书、好读书、读好书的读书氛围。

选举新一任SMG工会主席，新老主席顺利交接

SMG一届二次职代会

“劳动最光荣 一线最精彩”工会夏季慰问演出

“今猴报春柜”迎春汇展开幕式

《我们朗诵吧》职工朗诵会

自身建设

综 述

2016年，市总组织部按照《上海市总工会改革实施方案》目标任务，立足“增三性”“去四化”，围绕“转职能、转方式、转作风”要求，落实工会干部管理体制改革举措，做好机关系统选人用人工作专项检查整改，进一步规范和创新工会干部人事工作。一是积极探索干部管理体制创新，建立工会挂职干部选派制度，拓宽优秀干部交流渠道；开展工会专职干部公开遴选工作，拓宽专职干部来源渠道；实施“减上补下”，拓宽年轻干部基层历练渠道；提高基层一线委员比例，拓宽工会领导机构议事决策的渠道。二是配合做好市委巡视选人用人工作专项检查，围绕执行干部选拔任用政策规定、执行干部监督管理制度、推进专项治理工作、规范干部工作基础材料等4个方面，积极开展自查自纠，认真配合专项检查。根据检查中存在的具体问题，制订详细整改措施，明确整改期限，确保件件有着落、事事有回应。三是深化干部教育培训工作，以工会学院剥离学历教育为契机，进一步强化干部教育培训功能，不断提升工会干部履职能力和群众工作本领。四是规范落实工会干部协管工作，加强与相关单位党委组织部门沟通协调，健全完善干部协管规范和相关流程。五是推进直管事业单位人事管理工作，按行业分类调控事业单位绩效工资总量，配合市人社局核查调整部分市总直管事业单位绩效工资总量；指导事业单位进行工作人员公开招聘工作，做好市总直管事业单位岗位管理工作，完成市总机关及直管单位领导干部的干部人事档案专项审核工作。六是做好老干部工作，认真落实好老干部的政治待遇和生活待遇，不断提升老干部工作水平。（庄 勤）

组织体制

【概要】 认真履行干部协管职责，坚持工会干部配备的要求和标准，完善工作规范和流程。全年完成建工、信息化行业等4家工会换届选举以及黄浦、机电等81家工会届中调整的协管工作，共涉及调整工会领导班子成员198人次。（王继平）

【静安区总工会召开工会第一次代表大会】 5月27日，静安区工会第一次代表大会在市政协会场召开全区各界工会代表近700人参加大会。市人大常委会副主任、市总工会主席洪浩，中共静安区委书记安路生，区委副书记、区长陆晓栋，区人大常委会主任李葳萍，区政协主席陈永弟，区委副书记王醇晨，区委常委、组织部部长顾云豪等领导出席大会。区人大常委会副主任叶坚华作了题为《改革创新 服务职工 努力开创静安区工会工作新局面》的工作报告。大会全面总结原闸北区、静安区工会近年来的工作，明确今后五年静安区工会的主要工作和目标，选举产生第一届工会委员会、经审委员会以及静安区总工会领导班子，大会选举叶坚华为区总工会主席，郑志勇、谭振勇、金惠英、徐晔、安从真为区总工会副主席，张伟为区总工会经审主任。（蒋康乐）

【普陀区总工会选举产生“一挂两兼”领导班子成员】 5月27日，区总工会召开五届十一次全委会，会议选举产生任颖清、于井子、钟频3人为区总工会第五届委员会常委、副主席，其中任颖清为挂职副主席，于井子、钟频为兼职副主席。区人大常委会副主任、区总工会主席欧阳萍主持会议，她指出选举产生“一挂两兼”副主席是落实群团改革的重要举措，推进和落实工会工作要坚持4个“结合”，即：坚持集中内力与巧借外力相结合、坚持全面覆盖与突出重点相结合、坚持深化品牌与开拓创新相结合、坚持服务指导和强化保障相结合。（陆 蕾）

【普陀区总工会召开五届十次全委（扩大）会议】 4月7日，区总工会五届十次全体委员（扩大）会议召开，传达市总工会十三届七次全委（扩大）会议、区委九届九次全会以及区委党的群团工作会议精神，总结2015年工作并部署2016年工作要点。区人大常委会副主任、区总工会主席欧阳萍和全国劳模、市总工会兼职副主席朱雪芹共同为“朱雪芹职工法律援助工作室”揭牌。会上还表彰了全国职工之家（小家）、全国优秀工会工作者、2014—2015年度上海市劳动关系和谐职工满意企事业单位、上海市职工信赖的经营管理者以及普陀区示范工会等先进集体和个人。（陆 蕾）

【虹口区总工会召开五届六次全委（扩大）会议】 5月25日，区总工会召开五届六次全委（扩大）会议，区总工会第五届委员会30名委员参加会议。大会审议通过替补、增补区总工会第五届委员会委员、常委、第五届经费审查委员会委员候选人名单（草案）。选举胡军为区总工会第五届委员会主席，黄建军、陈寅为挂职、兼职副主席。区总工会五届七次经费审查委员会选举蒋红心为经费审查委员会主任。（徐 洁）

【闵行区总工会召开五届五次代表大会】 2月3日，闵行区总工会五届五次代表大会在莘城学校召开。会议主要任务是确认有关人事任免事项，通过闵行区总工会改革实施方案，回顾总结2015年工作，展望谋划2016年工作。区人大常委会副主任、区总工会主席俞莉红主持会议。会议听取并表决通过2015年工作报告以及财务、经审和女职委等工作报告，听取届期内有关任免事项的决议、提案情况等报告，对《闵行区总工会改革实施方案》作了说明。会上表彰全国模范职工之家、职工小家、优秀工会工作者以及闵行区“上海市模范职工之家”、网络人气工会主席。各镇、社区（街道）、莘庄工业区、委、局党委的分管领导，区工会第五次代表大会的代表，区总工会五届经审委员、女职委委员，区五届政协工会界别委员，区域党建联席会议成员单位工会的负责人以及区总工会直属事业单位负责人参加会议。（王 凯）

【嘉定区总工会召开五届十二次全会】 6月30日，嘉定区总工会召开五届十二次全会。区人大常委会副主任、区总工会主席陆晞主持会议并作工作报告。会议增补王天奇、申河、朱卫东、朱永明、李炜、陈其康、周安泽、俞月琴、宣玲、倪月红、徐军熠等11人为区总工会第五届委员会委员，选举李炜、陈其康、徐军熠3人为区总工会

2月3日，闵行区工会召开第五届第五次代表大会　（李乘风）

第五届委员会常委、副主席。其中，徐军熠为挂职副主席，李炜和陈其康为兼职副主席。区总工会五届委员、经审委员，区总工会各直属工会主席（主任），街镇总工会专职副主席，区总工会机关全体工作人员及直属单位负责人共120人参加会议。

（黄点点）

【金山区总工会召开四届十一次全委（扩大）会议】 6月14日，金山区总工会召开四届十一次全委（扩大）会议。区总第四届委员会委员、各直属工会主要负责人、区总各机关部室负责人、区工人文化宫领导班子成员等80余人出席会议。区委副书记程鹏出席会议并讲话。会议由区人大常委会副主任、区总工会主席朱喜林主持。会议选举汪敏良为区总工会第四届委员会常委、副主席，至此，区总工会"1+2+1+2"的领导班子结构调配到位，推进了工会改革进程。（钱海东）

【松江区总工会召开四届八次全委（扩大）会议】 2月3日，松江区总工会召开四届八次全委（扩大）会议。区委副书记黄冲，区人大常委会副主任、区总工会主席冯萍出席会议并讲话，区总工会党组书记、副主席陈军康，党组副书记、副主席高兴欢，党组成员、副主席王斌等出席会议。陈军康作《全力聚焦工会改革，紧密联系职工群众，进一步发挥工会组织桥梁纽带作用》的工作报告。会议表决通过梅志芳、韩春丽2人为区总工会第四届委员会委员，免去常广国、徐维勇2人松江区总工会第四届委员会委员职务。（韩春丽）

【松江区总工会召开四届十一次全委会】 11月1日，区总工会举行四届十一次全委会。根据区委决定，经市总工会同意，大会表决通过冯萍不再担任松江区总工会第四届委员会主席、常委、委员职务，大会选举徐卫兴为区总工会主席。会上，区委组织部副部长肖镛宣布区委关于调整区总工会主席人选的任免决定。全体委员参加会议。（韩春丽）

【市仪电工会召开六届八次全委（扩大）会议】 6月22日，仪电工会在集团本部召开六届八次全委会（扩大）会议，会议按照民主程序，选举顾文为上海市仪表电子工会第六届委员会主席，原主席陈靖因工作需要不再担任工会主席职务。集团党委书记、董事长王强在会上讲话。市总工会组织部副部长庄勤，集团副总裁、仪电工会原主席陈靖，仪电工会新任主席顾文分别发言。仪电工会陶丽娟副主席主持会议，相关产业集团工会主席列席会议。（高正峰）

【宝武集团工会召开全委会选举新一届工会领导班子】 12月9日，中国宝武集团工会召开全委会，根据《中国工会章程》及工会组织工作有关规定，经宝武集团工会常委会审议、全委会表决，审议通过《关于调整中国宝武钢铁集团有限公司工会委员会主席、常委、委员的决定》，增补傅连春等11人为宝武集团工会委员会委员。经全委会无记名投票选举，傅连春当选宝武集团工会主席、常委。市总工会党组副书记、副主席肖堃涛，宝武集团党委副书记伏中哲等出席会议并讲话。（李士伟）

【中远海运集团召开工会第一次代表大会】 1月4日，经国务院批准，中远集团与中海集团重组成立中国远洋海运集团有限公司。3月30日，中远海运集团在沪召开工会第一次代表大会，集团37家直属单位的87名代表参加会议。集团董事长、党组书记许立荣出席会议并讲话，集团党组成员、副总经理王宇航主持会议，张善民代表集团工会筹备委员会作题为《凝聚团队力量，融合企业文化，坚定目标信念，构筑梦想高地》的工会工作报告。市总工会党组副书记、副主席肖堃涛、中国海员建设工会海员工作部副部长王建兰等应邀出席大会，集团直属各单位党组织负责人参加会议。会议选举产生集团工会第一届委员会委员和经费审查委员会委员，选举张善民为集团工会主席；是铮为集团工会副主席兼工会经费审查委员会主任。

（胡如月）

【上海机场集团工会增补充实一线委员】 10月18日，机场集团工会召开四届四次全委会，选举全国劳模，虹桥机场公司顾鹏飞为集团工会兼职副主席，增补来自基层一线岗位的股份公司朱慧慧、施卫君、虹桥机场公司吴娜、实业公司谢思颢、货运枢纽事业部徐江等5人为集团工会委员会委员。增补后的集团公司工会委员会，基层一线委员比例由原来的23%提高到44%，让更多基层一线优秀职工参与工会的议事决策，使工会各项工作更具广泛性和群众性。（尹慧旻）

【上海建工集团工会召开第六次代表大会】 大会于10月28日举行。会上，集团党委副书记、工会主席张立新代表集团工会第五届委员会作题为《聚焦三个坚持　锐意创新发展　团结动员广大职工为实现集团共同愿景而努力奋斗》工作报告。大会表决通过《上海建工集团股份有限公司工会第五届委员会工作报告》《上海建工集团股份有限公司工会第五届委员会财务工作报告》《上海建工集团股份有限公司工会第五届经费审查委员会工作报告》，选举产生27名工会委员会委员和7名经费审查委员会委员。市人大常委会副主任、市总工会主席洪浩出席大会并讲话。市总工会党组成员、经审会主任、组织部部长桂晓燕，市国资党委、集团领导等出席会议。213名正式代表、34名列席代表、9名特邀嘉宾出席大会。会后，分别召开集团工会第六届委员会第一次全体会议和集团工会第六届经费审查委员会第一次全体会议，选举张超、张立新、张国蓓、柏善勇、顾琦、黄琪、盛丽敏、廉永梅、缪云明（按姓氏笔画为序）为集团工会第六届委员会常委。选举张立新为集团工会第六届委员会主席，选举张超、廉永梅为集团工会第六届委员会副主席；选举张超为集团工会第六届经费审查委员会主任，选举张志亮为集团工会第六届经费审查委员会副主任。（余轶群）

【市绿化和市容管理局工会、市绿化市容行业工会召开二届五次全委（扩大）会议】 8月23—24日会议召开。市绿化和市容管理局党组副书记崔丽萍出席会议并讲话。崔丽萍在讲话中对局工会、行业工会上半年的工作给予充分肯定，并对进一步做好工会工作提出要求。市绿化和市容管理局工会、市绿化市容行业工会主席肖龙根作工作报告。根据《中国工会章程》，会议增替补李刚、董丽红、唐红军、蒋永莲、周伟、杨锦等6人为市绿化市容行业工会第二届委员会委员。局工会和行业工会委员和经审委员、来自局直属各单位、各区绿化市容局、市绿化市容行业相关单位的工会主席、工会干部等60余人参加会议。（冯磊）

【鲁中矿业有限公司工会召开第八次代表大会】 10月12日大会召开。鲁中矿业各单位211名代表及党政工团领导出席会议。市总工会副主席李友钟、山东省总工会副主席魏丽、中国五矿集团公司工会主席刘雷云出席会议并讲话。会议审议通过工作报告、财务工作报告、经审工作报告，明确今后5年公司工会工作的指导思想和目标任务。选举产生鲁矿工会第八届委员会委员与经费审查委员会委员。李洲当选为鲁矿工会第八届委员会主席，李祥生、李永梅当选为副主席，王辉当选为第八届经费审查委员会主任。（李宗峰）

【市水务局（市海洋局）工会召开三届九次全委（扩大）会议】 4月8日会议召开。会议传达市总工会2016年度工作要点，部署市水务局（市海洋局）工会2016年度工作任务。增补市水务局（市海洋局）工会第三届委员会副主席。市水务局（市海洋局）党组成员、副局长王华杰出席会议并讲话。市水务局（市海洋局）工会主席徐永康主持会议，局工会委员、局工会经审委员和局属单位工会主席参加会议。（赵秀）

10月12日，鲁中矿业有限公司工会第八次代表大会召开 （李宗峰）

【市人社局工会加强工会组织建设】 根据《中华人民共和国工会法》和《中国工会章程》的有关规定，市人社局工会在局党委的领导下和市总工会的指导下，依法开展局工会换届选举工作。成立换届选举工作筹备组，制定选举工作方案，明确代表产生的原则、办法及条件，起草大会有关文件，并严格按照民主程序，召开局工会第二次代表大会，选举产生局工会第二届委员会和第二届经费审查委员会。根据《工会女职工委员会工作条例》的有关规定，制订《组建局新一届女职工委员会工作方案》，由局工会委员会提名，按照民主集中制原则，在民主协商基础上，组建局第二届女职工委员会。（瞿葆仁）

【市医务工会召开八届九次全委会】 12月14日，市医务工会第八届委员会举行九次全委会，经无记名投票选举，市卫生和计划生育委员会党委副书记郑锦当选为市医务工会八届委员会主席，市疾病预防控制中心党委书记宋耀君增补为副主席，方秉华、何永祥、宋耀君、郑锦、俞荣强、姚政、高源7人增补为常委。（马艳芳）

【市经信系统工会加强工会自身建设】 2016年系统工会直属单位有17家换届改选、4家新组建工会，增补工会主席（副主席）有8家。组织筹备市信息化行业工会联合会第二届换届大会，吸收会员单位36家，其中非公单位20家，进一步充实和健全了基层工会的组织机构和干部队伍，扩大了对信息化行业小微企业的有效覆盖。（黄俭 周斌锋）

【光明食品集团工会产生新的领导班子】 11月7日，光明食品集团工会召开七届十二次全委（扩大）会议。全会以无记名投票方式选举潘建军为光明食品集团工会七届委员会主席。集团党委书记、董事长是明芳，集团党委副书记、总裁董勤出席会议。集团党委书记、董事长是明芳在讲话中对集团工会新领导班子和各级工会组织提出要求。（桑树德）

【临港集团工会第三次会员大会举行选举产生新一届工会委员会】 1月20日，上海临港经济发展（集团）有限公司工会第三次会员大会在庄严的国歌声中隆重举行。集团领导班子及全体会员157人共同审议《集团工会第二届委员会工作报告》《集团工会第二届委员会经费审查报告》，并通过无记名投票选举产生新一届工会委员会。王跃、王麟、叶娣、吴春光、陈英、罗胜、秦效等7人当选为工会委员，阳家红当选为经审委员。（陈　浩）

【世纪出版集团工会选举产生工会领导班子】 9月13日，上海世纪出版集团工会召开三届二次委员会会议，增补集团工会第三届委员会委员和工会第三届女职工委员会委员，选举产生集团工会主席、工会副主席、女职工委员会主任。（陆　迅）

【上海工会管理职业学院剥离学历教育】 为贯彻落实《中共中央关于加强和改进党的群团工作的意见》和《上海市群团改革试点方案》要求，根据4月13日市委专题会议精神，上海工会管理职业学院剥离学历教育，从事学历教育的教职工（共计188人）整体划入上海城建职业学院。11月23日，市机构编制委员会批复同意（沪编〔2016〕543号），上海工会管理职业学院的240名编制划转上海城建职业学院，人员编制从320名调整为80名。（邵丽倩）

【上海工会管理职业学院学历教育由上海城建职业学院承接托管】 6月29日，上海城建职业学院承接托管上海工会管理职业学院学历教育会议在学院召开。市总工会副主席姜海涛，市教委规划处处长李蔚，城建职业学院院长徐辉，学院党政领导班子成员、全体教职工参加会议。会议由工会学院党委书记王厚富主持。本次承接托管会议的召开，标志着学院为贯彻落实中央、市委、市总群团改革精神，学历教育剥离工作取得阶段性的成效，也标志着工会干部教育基地建设迈入新的阶段。（徐振珏）

6月29日，上海城建职业学院承接托管上海工会管理职业学院学历教育会议召开（刘一民）

干部管理

【概要】 深入贯彻落实中央、市委群团改革工作要求，立足“增三性、去四化”，围绕“转职能、转方式、转作风”，落实工会干部管理体制改革举措，做好机关系统选人用人专项检查整改，进一步规范和创新工会干部人事工作。（凌　颖）

【提高基层一线人员在工会全委会中比例】 上海工会改革方案提出，工会代表大会、全委会、常委会的组成人员充分体现广泛性和代表性，提高基层工会工作者、先进模范人物、生产和工作一线人员的比例。基层一线人员在市总工会全委会委员中占40%以上，在市总工会常委会委员中占15%以上。为此，市总工会对全委会人员构成进行了分析，补选了38名市总委员，2名市总常委。38名委员中有32名来自基层一线，市总基层委员比例由20.7%提高到了40.1%，市总常委中基层一线人员的比例由11.8%提高到25%。这次补选的市总委员注重向“小三级”工会干部倾斜、向非公企业工会干部倾斜，为基层工会工作者直接参与市总工会议事决策拓宽了渠道。32位基层委员中，来自街道、镇总工会的4人，开发区、园区、楼宇、行业工会联合会的7人，小区、村联合工会的2人，来自“两新”组织的工会干部和职工代表11人，充分体现了基层委员来源广泛、更接地气的特点。同时，这些基层委员中有13人曾获得全国、市级荣誉称号，其中全国、上海市劳模5人，全国、上海市优秀工会工作者4人。（庄　勤）

【市总工会领导班子实行专挂兼】 《上海市总工会改革实施方案》明确，改革市、区县总工会领导班子结构，按专职、挂职、兼职干部各占一定比例配备领导班子，其中专职成员不超过50%。2月底，市总工会召开十三届七次全委会，宝山区委宣传部副部长、区新闻办主任李友钟当选为上海市总工会挂职副主席，协助分管市总研究室和宣传教育部、网宣办工作等。全国劳模、全国优秀农民工、上海华日服装有限公司工会主席朱雪芹当选为上海市总工会兼职副主席。充实调整后的市总工会领导班子中，设主席1人、专职副主席4人、挂职副主席1人、兼职副主席2人，2位兼职副主席均为全国劳模。（庄　勤）

【开展工会专职干部公开遴选工作】 市总工会按照市委组织部、市公务员局统一部署，设立工会系统专业遴选办公室,组织实施市、区两级专职工会干部遴选工作。全市工会系统共推出12个科级及以下工会专职干部职位,共346人报名。通过集中资格审核、笔试、面试、集体面谈、资历评定、集体无记名票决等程序,最终确定12名聘用人选。本次遴选将学历条件放宽至大学专科以上,年龄放宽到40周岁以下,注重个人工作履历、群众工作经历和工作实绩等方面的考察,创新优化了工会专职干部的招录方式,拓宽了来源渠道。（凌 颖）

【建立工会挂职干部选派制度】 根据群团改革方案"减编不减力量"和建立"2+1"机关工作人员使用机制要求,制订《上海市总工会机关挂职干部和志愿者管理办法(试行)》,按照挂职干部选派程序,通过市委组织部推荐安排、产业(集团)工会和事业单位组织推荐、社会工作党委组织选派体制外优秀人才、市总直管单位调配等途径,注重与推荐人选面谈沟通、听取意见,积极物色各行各业热爱工会工作、有能力专长的优秀人才到市总工会机关挂职,拓宽优秀干部交流渠道。已有23名干部在市总机关7个部室挂职。（凌 颖）

【工会改革中干部队伍建设情况研究】 8—9月,市总工会组织部先后召开挂职干部、机关下基层任职干部、区总工会挂职副主席、兼职副主席、工会系统遴选聘任干部等座谈会,并通过发放问卷、个别访谈等形式,听取、了解各类工会工作者对参与工会改革的感受和体会,推进工会干部管理体制改革的意见建议,查找工作推进中存在的主要问题,研究探讨下阶段深化工会干部队伍建设的思路和方法,并形成《关于工会改革中干部队伍建设情况的调研报告》。调研报告从工会改革前干部队伍存在的突出问题、工会改革中干部队伍建设的主要举措、改革推进中存在的问题、深化改革的思路和建议等4个方面作出具体阐述。（庄 勤）

【配合做好市委巡视选人用人工作专项检查】 根据专项检查有关要求,围绕执行干部选拔任用政策规定、执行干部监督管理制度、推进专项治理工作和规范干部工作基础材料等四方面,积极开展自查自纠,并制定整改措施,明确整改期限,认真落实整改。进一步规范因私出国(境)管理、领导干部企业(社团)兼职等工作台账和流程;在市总直管单位开展"三超两乱"专项整治工作,进一步遏制相关问题反复反弹,切实增强严格执行干部人事政策法规的自觉性和坚定性。（邵丽倩 凌 颖）

【开展干部人事档案专项审核工作】 根据上海市干部人事档案专项审核工作有关要求(沪委组〔2014〕发字83号),市总工会组织部按照审核登记、汇总分析、调查核实、组织认定、问题处理、材料归档等规定程序,认真梳理和审核直接管理的干部人事档案。市总工会共管理干部人事档案137卷,其中公务员和参照管理人员干部人事档案88卷;事业单位干部人事档案47卷;企业单位干部人事档案2卷。8月,市总工会组织部完成干部人事档案专项审核工作,未发现假履历假档案等造假情况。（邵丽倩）

【虹口区总工会领导班子实行专挂兼结合】 根据《区委群团改革方案》精神,按照"1+2(专职)+1(挂职)+2(兼职)"的配置要求,5月、9月,虹口区总工会分别召开区总工会五届七次、八次全委会,选举胡军为区总工会主席,黄建军为区总工会副主席(挂职),陈寅、潘荣为区总工会副主席(兼职)。区总工会根据市总工会的职能调整,对领导班子分工进行调整和优化,班子成员分别参与区总工会的各项工作。（徐 洁）

【闵行区总工会优化机构配置,提高一线代表比例】 对接市总工会调整后的机构设置,闵行区总工会机构调整为三部一室,即基层工作部、宣传教育部、维权保障部和办公室,根据工作职责配备人员。区总工会领导班子按专挂兼3∶1∶2组成(专职主席和副主席3名,挂职副主席1名,兼职副主席2名)。增补两名兼职副主席均为来自生产一线的全国劳动模范和上海市劳动模范,切实提高基层一线人员在区总工会常委、委员中的比例。区总工会基层代表在常委会、全委会和工代会代表的比例分别提高到63.6%、45.7%和90.5%,使工会决策更能反映基层实际和利益诉求。（王 凯）

【崇明县总工会选举产生挂兼职副主席】 6月16日,崇明县总工会召开十二届八次全委会,选举县总工会挂职副主席和兼职副主席。经过选举投票,挂职副主席由县教育局专职副主席陆杰担任,兼职副主席由上海宝岛务工人员服务中心主任施烨和上海明珠湖生猪专业合作社董事长沈斌担任。按照县委群团改革工作的要求,县总工会以不唯年龄、不唯学历、不唯身份、不唯职级的原则,从基层单位中推荐3位思想素质优秀、群众工作能力强、基层经验丰富的基层工会干部、劳模代表和社会组织代表。（秦春华）

【上海铁路工会配齐配强基层干部队伍】 2016年,上海铁路局工会开展全局工会干部配备情况调研,了解各系统、各地区基层工会干部配备情况,加强基层专职工会干部配备,共有19个基层工会配备副主席。制订印发《加强工会积极分子队伍建设指导意见》,不断增强工会组织的生机和活力;加强工会干部培训,举办多期工会主席、工会干部岗位培训班,全局共有424名专兼职工会干部接受培训。开辟路局工会"学习园地"网页,方便工会干部自学;坚持外出培训与自主培训相结合,选送6名基层工会主席和工会机关干部参加省市总工会的岗位培训;注重路局工会机关干部作风建设,抓好路局工会部门负责人联系班组制度,推动工会干部联系服务职工常态化。（周业瑛）

【号百公司工会推行基层工会主席直选】 号百公司搜索业务部、新媒体部共有会员129人,平均年龄33岁。工会筹备组按照党组织、工会小组推荐和个人自荐的原则,确定工会主席候选人。在竞选演说中,候选人与员工面对面阐释本人的工作理念和工作目标,现场接受员工的提问。最后经全体会员大会直选,选举胡恒志、陈江昊为搜索业务部和新媒体部第一届工会委员会主席。陈江昊是号百公司一线员工走上基层工会领导岗位的第一

人。（沈　匀）

【绿地集团工会开展工会干部考评】　为进一步加强绿地集团基层工会干部队伍建设，引导和培养一支政治素质高、业务能力强、工作作风好的工会干部队伍，绿地集团工会会同集团各直属党组织联合开展2016年度工会干部考评工作。考评采用“四维度”考评方法，即“个人自评—领导评价—党员（员工）代表评议—集团党务部门（工会）评审”的方式对被考评人进行考评。集团直属工会干部中，张力、张英辉、曹玉霞等10人获“绿地集团2016年度优秀党群干部”称号，并在集团党群工作年度会议上受到表彰。（王洋洋）

教育培训

【概要】　2016年，上海工会干部教育培训工作深入贯彻习近平总书记系列重要讲话精神特别是关于群团改革的重要指示精神，落实《中共中央关于加强和改进党的群团工作的意见》，按照中共中央印发的《干部教育培训工作条例》和市总工会《关于进一步加强上海工会干部教育培训工作的意见》有关要求，牢固树立主业主责意识，以维护为根本和核心，进一步加强和拓展工会干部教育培训工作，为推进工会改革和各项工作提供人力资源支撑。一是开展上海工会法律专业知识培训，促进工会干部更好地把握立法宗旨、理解法律条款、知晓法定程序、了解法律实务，提升工会干部依法履职、依法维权能力，为推动工会工作法治化提供专业人才支持。二是结合工会改革，组织新增补的市总基层委员和区总挂兼职副主席进行为期5天的培训，帮助他们较全面地了解、掌握工会组织职能和业务知识，提升履职能力和群众工作本领。三是以工会管理职业学院剥离学历教育为契机，进一步强化干部教育培训功能，着力加强对非公企业工会干部、职业化社会化工会工作者、乡镇街道工会主席、200人以上单位新上岗主席、社会组织领军人才的培训，进一步拓宽学员视野，促进工作交流与能力提升，全年共举办各类培训活动230期（场），培训15175人次。根据对口支援工作要求，认真组织好日喀则、果洛、迪庆工会干部培训班。四是认真完成有关调训任务。根据市委组织部和市委党校第四分校调训要求，全年组织37人次参加有关专题班、研讨班、培训班。同时组织机关干部参加相关报告会和“干部在线学习城”网络培训。（王继平）

【普陀区长征镇加大工会干部培训力度】　6月15日，长征镇总工会举办“激发新状态，展现新作为——做好新形势下的企业基层工会工作”工会干部培训班，来自长征工业区工会联合会两委委员、中环国际公司直属企业工会干部和园区非公独立企业工会主席等50余人参训。培训邀请上海工会管理职业学院副教授朱虹讲课。6月30日，长征镇工会干部“三法三条例”培训班第二讲开课，全面解析二胎政策及女职工劳动权益保护典型案例。7月7日，长征镇工会干部“三法三条例”培训班第三讲开课，为工会干部解析《工伤保险条例》，帮助其全面了解、掌握和运用好政策法规。（陆　蕾）

【普陀区总工会举办劳动保护培训班】　11月23—25日，普陀区总工会、长征镇总工会联合举办“区规模以上企事业单位工会劳动保护干部业务知识培训班”。邀请国家注册安全工程师、市安全培训专委会委员、疾病预防控制中心主任医师、全总劳动保护监督检查员等专家授课，培训内容涉及《工会劳动保护概论》《“安康杯”竞赛生产安全事故报告和处置》《工伤认定、赔偿及争议处理》《职业安全卫生防护“工具包”》《劳动保护法律法规》《班组安全建设》等。全区100多名工会劳动保护干部参加培训。（陆　蕾）

【虹口区总工会举办劳动保护干部培训班】　11月16—18日，“虹口工会劳动保护干部培训班”在区文体中心小剧场举行。8个街道总工会、行业、直属企业工会共99名劳动保护干部参加培训。区总工会副主席黄守虎出席开班仪式并讲话。培训根据市总工会“职工劳动保护三年行动计划”要求，结合区总工会规模以上基层企事业单位的劳动保护工作实际进行，来自上海工会管理职业学院4位培训师讲解“安康杯”竞赛生产安全事故报告和处置、劳动保护法律法规、职业安全卫生防护“工具包”、《工会劳动保护隐患和危害报告奖励实施办法》等课程。（徐　洁）

【杨浦区总工会举办全区工会干部主题培训班】　11月22日，杨浦工会“学习贯彻区第十次党代会精神，推动工会工作创新发展”主题培训班在杨浦区委党校举办。区总工会委员、经审委员，各街道（镇）总工会主席、专职副主席，各行业工会主席，直属工会主席、主任，区总工会所属事业单位党政班子成员，杨浦工蕴社会工作服务中心负责人，区总工会机关全体干部共80人参加培训。培训班专题解读区第十次党代会精神和有关情况。各行业、街镇、直属工会围绕“如何认真学习领会区第十次党代会精神，进一步增强工作的责任感和使命感”等3个议题，开展分组讨论。（曹理仰）

【黄浦区总工会开展劳动保护业务知识培训】　10月25—26日，黄浦区总工会在区工人文化宫举行劳动保护业务知识培训班。培训班是根据市总工会关于《上海工会劳动保护三年行动计划（2015—2017）》精神，结合黄浦工会近年来劳动保护工作实际，以区规模以上基层企事业单位的工会主席和劳动保护干部为对象而举办的。239名基层工会干部参加培训，其中100名通过上海工会管理职业学院组织的业务知识考试并取得证书。（吕诚陆）

【闵行区创新非公企业工会干部培养培训模式】　闵行区总工会探索通过非公企业工会主席“训练营”，加强基层工会组织尤其是非公企业工会的建设和效能发挥，提升企业工会主席的素质和能力。前期深入闵行区典型街镇（园区），对非公企业工会主席开展调研，采用问卷调查、个案访谈、关键事件分析等方法展开研究，从街镇工会、园区工会等上级工会的角度以及工会会员的角度，设计推出非公企业工会主席核心能力训练体系。全套训练以提升“工会主席领导力”为核心理念，开设“觉察力、动员力、行动力、团队力和感染力”五大方面课程，从非公企业工会主席角色定位出发，推出工会版“大富翁”，让工会主席通过游戏“摸清家底”，全方位感受工会活动，激发对工会工作的热情。在闵行区6个街镇(园区)开办“新任非公企业工会主席训练营”，培训学员400余人次，满意度超过98%，赢得了基层工会主席的欢迎和好评。（王　凯）

【闵行区举办新任村居(园区)工会主席培训班】 7月6—7日，闵行区总工会举办2016年闵行区新任村居工会主席培训班，全区村居(园区)工会主席、各街镇工会专职副主席、新任干事及相关人员等240人参加培训。培训班体现3个特点：一是突出工会工作的实务操作；二是突出工会的主责主业，围绕职工的权益维护、争议调解、工会服务等方面开展培训；三是突出群团改革，结合改革工作要求，启发学员更好的认清形势，把握群团改革在基层工会工作中的关键点。区人大常委会副主任、总工会主席俞莉红出席培训总结会并对学员提出希望和要求。（王　凯）

【市化工工会承办第三十五届京津沪渝四市工会工作培训交流会】 9月20—21日，第三十五届京津沪渝四市化工工会工作培训交流会在沪顺利召开。来自4个直辖市化工系统的80余名代表齐聚一堂，商讨工作对策，分享成果经验。四市化工工会代表以大会交流和书面报告2种形式进行工作交流，代表们围绕“互联网+工会工作”和“说说工会主席心里话”2个主题，以观点陈述、提问采访、互动交流的论坛形式，展开交流和探讨。代表们还参观了上海化工区，欣赏华谊集团职工文艺演出，并聆听上海音乐学院院长王勇教授的培训讲座。集团党委书记、董事长刘训峰，中国能源化学地质工会副主席郭振友和上海市总工会副主席肖堃涛应邀出席会议并作重要讲话。（张雪莲）

【上海电力建设工会召开工作会议暨工会干部培训开班】 3月10日，上海电力建设工会召开2016年工会工作会议暨工会干部培训开班。公司工会主席、经审委主任、公司工会委员、经审委委员、基层单位工会主席和部分工会干部共30多人参加。会议回顾总结2015年工会工作，介绍部分基层单位工会开展的特色工作，部署2016年的工会工作。公司工会主席与各基层单位工会主席签订2016年《工会工作目标责任书》。各单位工会主席就2016年的工作思路进行交流。会上邀请有关工会专家就群团工作改革、工会干部能力提升、上海市职工代表大会条例等方面内容授课。（傅　诚）

9月20—21日，市化工工会承办京津沪渝四市工会工作培训交流会（韩　英）

【宝武集团工会举办工会主席研修】 12月21日，中国宝武集团举行2016年工会主席研修，宝武集团董事长、党委书记马国强以《团结奋进、扬帆起航，合力铸就中国宝武集团新辉煌》为题现场授课，宝武集团党委副书记伏中哲主持研修。150余名各级工会干部现场听课，沪外105名工会干部通过视频听课。与会工会干部结合“在供给侧结构性改革背景下，工会如何发挥作用，建设和谐劳动关系”“集团工会如何进一步加强工作传承、融合、创新、发展”以及“2017年集团工会工作思考及建议”等议题展开讨论。武钢集团、宝钢股份、韶关钢铁、宝钢不锈4家单位工会作交流发言。（李士伟）

【宝武集团工会举办“新媒体·新活力”工会工作者专题研修】 7月12日，为切实贯彻落实中央党的群团工作会议精神，打造网上网下相互促进、有机融合的群团工作新格局，提高网上群众工作水平，持续推动工会组织体系能力提升，策划实施了以“新媒体·新活力”为主题的新媒体知识与应用研修班，240多名沪内外基层工会工作者参加。研修聚焦工会新媒体应用、微信公众平台运营实践等专题，通过新媒体应用知识讲解、企业新媒体实践案例分享，加强各级工会工作者对新媒体的了解，促进新媒体在工会工作中的应用和推广。（李士伟）

【上海航天局工会举办3期工会干部集训】 年初，上海航天局工会制订了工会干部集训营培训计划，并将此项工作纳入工会年度重点工作。工会干部集训营与以往的工会干部培训相比，有三方面特点：一是履盖面广。把培训对象由厂(所)工会层面延伸到分工会层面，年内共有253名专、兼职工会干部参加了培训，培训率达95%以上。二是针对性强。在课程选择上，紧扣提升工会干部服务中心、服务职工的能力和技巧，开设相关课程。三是效果良好。通过培训，工会干部对工会组织强“三性”，去“四化”有了更深刻的认识，同时，对进一步助推企业发展、维护职工权益、服务关爱职工具有较强的指导性和可操作性。（周　博）

【上海船舶工会举办劳动保护干部培训班】 7月13—15日,48名来自上海船舶系统各企事业单位的工会及劳动保护管理人员在上海工会管理职业学院参加了为期3天的封闭式培训。本次培训班邀请市总工会、中船上海公司的领导和专家及工会管理学院教授等5人授课。课程包括《班组安全建设》《工会劳动保护概论》《工会劳动保护三年行动计划对隐患和危害报告奖励实施办法》以及工会劳动保护工作内容、工伤事故认定处理等理论和实务。 (陶庆翌)

【上海船舶工会举办工会干部培训班】 根据年初工作计划,中船上海船舶工业有限公司工会于12月14—16日,在上海工会管理学院举办为期3天的工会干部培训班。上海船舶系统18家企事业单位的各级工会干部50余人参加培训。本次培训还首次开设室外拓展活动,增强了工会干部团队合作的意识。 (陶庆翌)

【华东电力工委举办基层工会主席培训班】 10月17—21日,华东电力工委举办基层工会主席培训班,来自全网基层单位近60名工会主席参加学习培训。培训班讲授如何在新形势下做好企业基层工会工作以及加强职工文化建设、提升职工综合素质2个专题。学员们围绕专题开展了深入地交流、研讨,培训内容对于加强工会干部能力建设,提升工会工作水平具有指导作用。 (施炜伟)

【上港集团工会举办工会保障工作业务培训班】 上港集团工会邀请市医保中心老师介绍上海市医保政策、详解"减负申请、城乡居民大病保险申请"等各类业务的办理流程;邀请市职保中心老师介绍上海市职工互助综合保障B计划、工会会员专享保障B计划办理、赔付等流程;集团工会保障工作负责人介绍集团"8.15"爱心基金和集团职工帮困救助的管理办法。集团所属各基层单位的工会主席、工会保障干部和部门工会主席、集团8.15爱心使者近百人参加培训。 (袁旭芳)

【上海邮政工会举办工会干部培训班】 上海邮政工会按照年度教育培训计划,以及工会实际工作需要,于10月19—21日,在上海邮政培训中心举办3期工会干部培训班。本次培训共计240余人参加,培训以内部和外部授课相结合的方式,分别从劳动合同法与工会维权、职代会制度、工会权益保障工作以及逐级受理信访工作几个方面切入,向工会干部传递工会法律知识和实务操作指南,为依法开展工会工作起到推动作用。 (陈千涛)

【中国电信上海市工会举办基层工会小组长应知应会培训班】 7月14—15日,中国电信上海市工会在中国电信学院举办2016年中国电信上海公司基层工会小组长应知应会培训班,来自33个单位工会共计101名基层工会小组长参加培训。本期培训班是上海公司近年来第一次面向基层工会小组长的系统全面的培训,通过聚焦"三个力"(活力、能力、学习力)的提升,打通工会联系职工群众的"最后一公里",充分激发基层工会小组活力、稳步提升基层工会小组长履职能力、全面调动基层工会小组长的学习力,在企业转型发展中,充分发挥基层工会小组作用。本期培训班充分体现了公司领导重视、培训师资强大、培训内容实用、培训形式新颖、员工反馈佳等5个特点。公司工会力争在3年内通过上下联动对基层工会小组长实现培训全覆盖。 (殷茵)

【中交三航局工会举办工会干部培训班】 4月15日,三航局工会针对工会新任工会干部比较多、业务能力不足等问题,组织举办工会干部业务培训班。培训班为期3天,特邀市总工会劳动关系工作部、财务资产管理部、基层工作部、经审办等部门领导和上海工会管理学院的专家作专题辅导。13个基层单位的工会主席、工会干部及项目部工会负责人共60余人参加培训学习。公司党委副书记、工会主席王成出席结班式并讲话。 (黄书展)

【上海机场集团工会举办新任基层工会主席实务培训班】 10月21日,机场集团工会在青浦培训管理公司组织开展集团工会新任基层工会主席实务培训。集团公司及各大单位主席、副主席、女工主任、工会办主任、新任工会主席、集团工会基层一线委员近50人参加培训。培训首次采取以邀请具有丰富工作经验的工会干部作主题讲解,新任工会主席互动提问交流的形式进行。内容选取新任主席最关注的组织建设、民主管理、职工素质、先进典型、职工文化、经费使用、帮扶保障、女工工作等9大主题、22项具体工作进行交流。 (尹慧旻)

【上海建工集团工会举办工会干部培训班】 7月20—21日,上海建工集团2016年工会干部培训班在教育培训中心举行,集团党委副书记、工会主席张立新出席开班仪式并讲话。在两天的培训中,集团工会先后邀请专家教授就厂务公开民主管理、职工保障等为工会干部作专题辅导,讲解《工会基本理论》《调查研究与调查报告》《劳动争议热点问题》等理论与实务知识,较好地满足了参训工会干部的学习需求。120余名来自各基层单位的新任工会干部参加培训。 (余轶群)

【中建八局工会召开半年工作会暨工会干部培训班】 8月20—21日,中建八局工会2016年半年工作会暨工会干部培训班在上海工会管理职业学院召开。中建八局党委副书记、工会主席于金伟,上海工会管理职业学院党委书记王厚富出席会议。会上10家单位做了特色工作交流,并安排新闻宣传、安全生产、基层工作、素质修养、务实创新等5个方面的课程,培训结束还为参加此次培训的学员代表颁发结业证书。 (郝国元)

【市教育工会举办工会主席培训班】 10月20—21日,2016年上海市教育系统工会主席培训班暨九届八次全委扩大会在上海应用技术大学举行。教育系统各级工会干部120余人参加培训和会议。培训班上,市总工会秘书长宋钟蓓作《上海工会改革与实践》的专题报告,市总工会经审办主任倪伟琦主讲《发挥经审监督作用,为工会职能发挥保驾护航》,市教委人事处处长周景泰作《人事制度改革与师资队伍建设》辅导报告，上海交通大学工会主席、市教育工会兼职副主席贾金平作《学校教代会运作与实务操作》讲座。参会人员还围绕工会在科创中心建设中如何发挥作用及近期工会工作的难点进行交流研讨。（张　芳）

【市科技工会举办科技系统工会干部培训班】 8月30—31日，市科技工会在上海科技管理干部学院举办2016年科技系统工会干部培训班。市科技党委副书记、市科技工会主席陈龙，市科技工会常务副主席王震，市科技工会兼职副主席汪显坤，市科技管理干部学院党委书记华庆城出席。各基层单位工会干部100余人参加培训。此次培训，邀请市总工会原民管部部长刘卫新、市科委总工程师傅国庆和上海图书馆馆长、教授吴建中，讲授课《工会劳动保护概论》《上海"十三五"科技发展规划与科创中心建设》《国际科技创新趋势与中国社会活力》等专题内容。（冯　莺）

【市医务工会举行工会干部培训暨新任工会干部培训】 4月28—29日，市医务工会在市人口与发展中心举办为期两天的2016年上半年工会干部培训暨新任工会干部培训。市医务工会直属基层工会、各区县医务工会、有关企业职工医院、民营医院工会主席、副主席、专职工会干部及新任工会干部等百余人参加培训。此次，市医务工会首次将培训对象扩展到所有直属基层工会的新任工会主席、副主席及委员等。市医务工会常务副主席张浩作开班动员。市总工会副主席侯继军应邀就工会会员服务卡作专业培训和指导，市委党校罗俊丽教授作"网络新媒体与工会工作"的讲座。华山医院工会常务副主席苏家春结合自己多年工会工作实践，向大家介绍心得和体会。工会干部结合培训体会，对开展工会工作提出了意见和建议。（柯　婷）

【市医务工会开展工妇退培训EAP专题受欢迎】 9月27日、29日，市医务工会举办了为期2天的2016年度第三季度工妇退干部系列培训班暨EAP专题培训班。培训由市医务工会联合市职工文化体育协会职工心理健康专业委员会主办，上海亚太EAP中心承办。市医务工会何园副主席在培训班上作开班动员。本次培训特聘请东方卫视《幸福魔方》《东方直播室》《情有可缘》心理学嘉宾、同济大学心理咨询中心临床心理督导、上海市职工文化体育协会职工心理健康专业委员会专业秘书长林贻真老师担任主讲，培训内容围绕EAP（员工心理管理）系列知识展开，课程设置包括幸福心理学、工会中的心理学、职工援助之家庭支持系统、"察言观色"咨询式沟通技术、工会中的心理干预等等。市医务工会直属基层工会、各区县医务工会、有关企业职工医院、民营医院工会主席、副主席、专职工会干部等百余人参加。（马艳芳）

11月3—4日，市经信系统工会举行2016年工会主席培训班（黄　俭）

【市经信系统工会开展直属单位工会主席培训】 年内，市经信系统工会选送17位直属单位新当选工会主席（副主席）参加市总工会举办的新任工会主席岗位培训班培训，通过搭建教育培训、交流学习、广泛联系的平台，扩大工作视野，提升素质本领，为工会角色转变打下坚实基础。11月3—4日，市经信系统工会主席培训班在上海开放大学举行。市经信工作党委副书记张锡平作动员讲话，市经信工作党委副巡视员、系统工会主任陆琪主持开班仪式。此次培训班的课程主要安排了群团改革、社会热点问题、情绪管理、微电影制作等。结业仪式上，陆琪主任对系统工会近期的工作进行了部署和安排，系统83家直属单位工会主席（副主席）参加学习培训。（黄　俭　周斌锋）

【市经信系统工会组织培训提升女工干部履职能力】 9月20—21日，市经信系统工会女职工委员会、市经信妇工委在上海开放大学培训中心举行为期2天的系统女工干部培训班，系统90名女工干部参加培训。市经信工作党委副书记张锡平作开班动员。此次培训班内容涵盖政治经济、女干部素养提升、婚姻家庭规划等方面知识，内容丰富，契合女干部需求。上海石化、华东电力设计院2位女工干部在培训班上分别作了交流发言。（黄　俭　周斌锋）

【市级机关系统举办工会主席培训班】 4月13—15日，市级机关工会在上海工会管理职业学院举办系统2016年工会主席培训班。上海工会管理职业学院副院长张炜在开班式上致辞，市级机关纪工委书记任勤相作学习动员，70余名工会主席参加培训。培训班分别邀请工会学院教授张建新、王贤森，市政府发展研究中心周师迅等专家学者，就机关工会工作暂行条例、群团改革、上海供给侧结构性改革及"十三五"发展等内容作专题讲座。（王　颖）

【上海工会管理职业学院承办巢湖市

工会工作领导干部培训班】 4月19日，巢湖市工会工作领导干部培训班在上海工会学院开班，来自巢湖市各乡镇、街道、开发区分管（联系）工会的37位领导干部参加为期5天的培训。巢湖市总工会主席朱莲芳作开班动员讲话，学院副院长张炜出席开班式。作为全总特色班，学院在前几期特色班的基础上，结合巢湖市乡镇街道工会工作的特点在课程设置、师资配备、课余活动等方面作了改进与完善，在培训方式上，着重突出对学员能力提升以及视野开拓。 （徐振珏）

10月24日，上海工会管理职业学院承办全国总工会企事业单位负责人培训班 （刘一民）

【上海工会管理职业学院承办全国总工会企事业单位负责人培训班】 10月24日，由全总资产管理监督部与组织部主办的全国总工会企事业单位负责人培训班在学院开班，来自全国31个省市，98家工会企事业单位的107位负责人参加培训。全总副主席焦开河，全总资产部部长李庆堂、副部长李艳清，市总副主席肖堃涛、姜海涛，学院党委书记王厚富、院长吴萌出席开班式。本次培训班旨在深入学习贯彻中央党的群团工作会议精神，落实全总十六届四次执委会和全总改革试点方案对工会资产和企事业工作提出的新要求，提高工会企事业单位负责人政治理论素质和业务工作水平，加强和改进工会企事业资产管理，推进工会企事业改革发展，强化工会服务职工阵地的功能与作用。 （徐振珏）

【上海工会管理职业学院承办上海工会女职工干部履职培训班】 12月6—8日，2016年上海工会女职工干部履职培训班在学院开班，来自本市各区、局、产业工会女职工干部近80人参加为期3天培训。市总工会副主席何惠娟，经审会主任、组织部部长、直属机关党委书记桂晓燕，学院院长吴萌、副院长张炜等出席开班动员和后期的有关培训。学院邀请了上师大、市精神卫生中心、市中医医院、市总工会多位专家学者为学员授课。 （徐振珏）

【上海工会管理职业学院承办首次全国非公快递企业工会干部培训班】 5月23—27日，首次全国非公快递企业工会干部培训班在工会学院开班，来自顺丰、申通、圆通、中通、韵达等10多家知名快递企业的64位工会领导干部参加为期一周的培训。全国国防邮电工会巡视员黄敬平出席开班式并讲话。学院为本次培训采用了专题讲座、现场教学、交流研讨等多种形式的教学模式，得到学员的普遍好评。 （徐振珏）

【上海工会管理职业学院承办市总工会首期社会组织领军人物培训班】 11月21日，市总工会首期社会组织领军人物培训班在学院开班，上海地区诸多服务职工类社会组织的42位负责人参加为期3天的培训。市总工会副主席何惠娟、基层部部长丁巍、学院副院长张炜等出席开班式。本次培训班是市总工会首次尝试组织此类培训，并特别采用"申工社"APP网上报名的方式，突破体制壁垒，开放参与渠道。学院邀请市社团管理局、市社区发展研究会、工会学院多名专家学者授课。在教学模式上，采用现场教学、"学员沙龙""学员论坛"等形式，搭建起学员交流和展示的平台。 （徐振珏）

【上海工会管理职业学院承办新任市总委员、区总挂兼职副主席培训班】 11月21日，"新任市总委员、区总挂兼职副主席培训班"在学院开班。来自市总工会14位新任委员、16个区总工会挂兼职副主席和市总工会有关人员参加为期5天的培训。市总工会组织部副部长庄勤主持开班式，经审会主任、组织部部长、直属机关党委书记桂晓燕作开班动员。工会学院党委书记王厚富出席开班式。学院作为承办单位，着力从解读当前中央党的群团工作会议精神、工会基础知识与核心业务、工会干部的素质能力提升等方面进行培训课程设计，邀请市委党校、市总工会各部室负责人、工会学院专家授课，并设置现场教学互动交流环节。 （徐振珏）

【上海工会管理职业学院承办云南省迪庆州工会干部培训班】 10月10—24日，来自云南省迪庆州的30位工会干部相聚上海，参加为期15天的上海工会对口援助云南省迪庆州工会干部培训班。本次培训班是根据2016年市总工会对口援助工作安排，由市总工会组织部牵头，学院承办的第三期援助类培训班。开班式上，市总工会组织部副部长庄勤致辞，云南省迪庆州总工会副主席杨翠英作开班动员讲话，学院副院长张炜出席并主持开班式。学院结合云南省迪庆州工会干部工作的特点及具体工作内容，不仅安排了理论课程，还增加了互动交流的课程以及人文素养类课程，并赴杨浦区总工会、闵行区总工会、中国电信集团上海市工会进行现场教学。 （徐振珏）

机关建设

【概况】 2016年,以“服务中心、建设队伍”为工作主线,认真抓好直属机关党组织思想建设、组织建设、作风建设、党风廉政建设、制度建设,进一步增强党组织的凝聚力和战斗力。一是开展“两学一做”学习教育,加强思想政治工作。二是围绕中心,认真贯彻落实年度重点工作。完善党建工作责任制,严格党内组织生活,不断推进机关系统党风廉政建设。三是强基固本,认真完成基层党建重点任务。强化各级党组织换届选举工作,完成市总机关部室调整后的支部选举工作,成立市纪委驻市总机关纪检组支部。在市总机关系统党员中开展党员交纳党费自查工作和复联党员的党籍管理工作。认真梳理市总工会为业务主管单位的社会组织情况,完成“两新组织”(新经济组织、新社会组织)双覆盖。（黄建军）

【扎实开展“两学一做”学习教育】 市总直属机关党委把开展“两学一做”学习教育作为党性教育必修课,引导全体党员学深悟透,不断增强党的意识和党员意识,牢记宗旨,坚定信念,补足“精神之钙”。一是完成党章党规、系列讲话通读。市总机关系统各级党组织结合“三会一课”,组织每位党员联系思想和工作实际,逐条逐句读党章,领会党的纲领,牢记党的宗旨;举办《中国共产党纪律处分条例》《中国共产党廉洁自律准则》学习辅导讲座,组织领导干部学习《中国共产党问责条例》,进一步强化党规党纪意识,使党员干部“知敬畏、守规矩”。二是落实党课教育。按照市总直属机关党委《关于在市总机关系统全体党员中开展“学党章党规、学系列讲话,做合格党员”学习教育实施方案》要求,结合纪念建党95周年活动,发动机关系统各级党组织开展内容丰富、形式多样的学习教育活动。市总机关系统各级党组织通过党员大会、组织生活会、座谈会、红色场馆现场上党课等多种形式,组织党支部全体党员和入党积极分子、单位班子成员、中层以上干部参加党课教育。三是组织专题研讨。组织直属机关党组织书记谈“两学一做”体会,召开党建联络员会议交流开展学习教育的做法和经验。机关系统各级党组织紧密结合本单位、本部门承担的改革任务,联系思想和工作实际,通过中心组学习、党委班子扩大会议、专题讨论会等多种方式学习交流研讨。（黄建军）

【广泛开展“改革先锋 岗位建功”主题活动】 市总机关系统各级党组织结合群团改革工作要求和“两学一做”学习教育,认真开展“改革先锋 岗位建功”主题活动,取得了阶段性成效,在转职能、转方式、转作风过程中,党组织凝聚力和战斗力进一步增强,党员先锋模范作用进一步凸显。基层工作部党支部为破解企业建会难题,创新职工入会方式,探索实施网上入会工作。市工人文化宫党委根据本单位文化服务职能,不断创新公益项目,打造服务品牌,惠及广大职工。劳动报社党委以立足职工立场和工会视角为基本定位,不断提升办报质量、特色和水平,《劳动观察》栏目推出的《职工状况调查》成功将纸媒的特刊形式和新媒体的视频形式融合运作,得到市委市总领导的指示和批示,获得市委宣传部走转改优秀作品二等奖。在主题活动中,职工技协党总支引导党员开展新四技活动,以活动促进学习教育开展和工作落实,搭建十大创新服务平台,积极引领全市职工开展科技创新活动。职保中心党总支举办“职保讲坛”、创建“星级服务岗”和征集“优秀服务事例”引导党员岗位建功。海鸥集团所属单位党组织结合工作实际,把党员先锋模范作用与促进企业生产经营有机结合起来,积极开展特色岗位建功活动,不断提高服务能力和水平。（黄建军）

12月17日,中共上海市总工会直属机关第七次党代会召开 （吴良荣）

【开展征文及“两优一先”评选推荐工作】 一是举办主题征文活动。为坚定党员干部理想信念,突出思想引领,强化4个意识,对照“四讲四有”标准,市总直属机关党委在机关系统的党员中开展“说说身边共产党员”征文活动,积极发掘和宣传身边共产党员的优秀事迹和先进典型。二是开展“两优一先”评选工作。在建党95周年之际,为充分展示市总机关系统各级党组织和党员干部在推进上海工会改革发展中做出的积极贡献和先锋模范作用,对近年来党建工作成效显著、党员模范作用明显、完成党务工作突出、群众基础优良的党组织和党员干部进行表彰,开展了市总机关系统“先进基层党组织、优秀共产党员、优秀党务工作者”(简称“两优一先”)评选推荐。有10个先进基层党组织、18名优秀共产党员、10名优秀党务工作者受到市总直属机关党委奖励和表彰,其中1个先进基层党组织、2名优秀共产党员、2名优秀党务工作者获得市级机关表彰。（黄建军）

【上海市总工会直属机关召开第七次党代会】 12月27日,中共上海市总工会直属机关第七次代表大会在海鸥饭店召开。大会分别由市总直属机关党委书记桂晓燕和专职副书记宫运利主持,桂晓燕和机关纪委书记张红先后作了党委和纪委工作报告,大会选举产生中共上海市总工会直属机关第七届委员会和第五届纪律检查委员会。会后,分别召开中共上海市总工会直属机关第七届委员会和第五届纪律检查委员会第一次全体会议。经选举,桂晓燕当选为中共上海市总工会直属机关第七届委员会书记,宫运利当选为专职副书记,张红当选为中共上海市总工会直属机关第五届纪律检查委员会书记。

（黄建军）

【开展党费收缴及党费和党建经费使用管理情况专项整治】 根据《中共上海市委组织部转发〈中共中央组织部关于在“两学一做”学习教育中开展党费收缴工作专项检查的通知〉的通知》精神及上级有关党建工作规定和要求,市总直属机关党委结合落实市委巡视组“关于对市总工会党组巡视情况的反馈意见”,在市总机关系统党组织中开展党费收缴及党费和党建经费使用管理情况的专项整治。一是依据《关于中国共产党党费收缴、使用和管理的规定》(中组发〔2008〕3号)文件精神及上级有关文件规定和要求,检查2008年4月以来党员个人党费交纳情况,2013年1月以来单位党费使用管理情况。二是检查2013年1月以来,党建经费预算编制与开支列报情况。同时制订下发了《关于加强党费收缴、使用和管理工作的暂行办法》。市总机关系统各级党组织坚持查、改、立并举,充分发挥每个党员主观能动性,高标准、严要求,合力搞好自查和检查。党员个人未足额交纳党费的,按照有关规定和市总党组的要求进行补交;违规违纪使用党费、党建经费的,于规定日期前主动整改清退。 （黄建军）

【市级机关党工委督查组到市总工会督查党建工作】 3月28日,市级机关党工委督查组在任勤相副书记带领下,到市总工会听取市总直属机关党委党建工作开展情况汇报。市总经审会主任、组织部部长、机关党委书记桂晓燕,机关纪委书记张红,机关系统工会主任夏勇参加汇报会。机关党委副书记宫运利汇报了2016年党建工作计划及开展情况。督查组还仔细观看了市总机关党建工作宣传展板。通过督查,市级机关党工委督查组对市总机关系统党建工作给予充分肯定。

（黄建军）

【市总机关召开系统党风廉政建设大会】 2月22日,市总工会召开2016年机关系统加强党风廉政建设大会,传达学习习近平总书记系列重要讲话、十八届中纪委六次全会和十届市纪委五次全会精神。市总党组书记、主席洪浩出席会议并讲话。洪浩强调,要认清形势,进一步增强党风廉政建设和反腐败工作的思想自觉和行动自觉;要认真抓好主体责任的落实,强化责任追究;要坚持从严治党管会,全面落实好党风廉政建设的各项措施;要推动履职尽责新实践,坚持不懈打造忠诚干净担当的监督执纪干部队伍。市总工会党组副书记、副主席肖堃涛主持会议并指出,要抓好学习教育,把握一个“深”字;落实“两个责任”,即党委主体责任和纪委监督责任,把握一个“实”字;强化纪律规矩,突出一个“严”字。市总机关干部、直管单位处级以上干部、纪检干部、海鸥集团下属单位党政负责人、机关离退休党支部负责人参加会议。

（黄建军）

【推进党风廉政建设主体责任和监督责任落实】 为贯彻落实市纪委和市总机关系统加强党风廉政建设大会精神,进一步强化党组织主体责任和纪检组织监督责任,推进责任落实,市总党组成员分别与分管部室、直管单位负责人进行集体廉政谈话,进一步梳理、查找2016年着重加强防控的廉政风险点,研究、明确防控措施等,对全年目标任务逐项进行细化。各部室、直管单位制订《2016年度市总工会落实“一岗双责”防控廉政风险一览表》,确保风险防范无一遗漏、责任分解不留死角;严格执行中央八项规定精神,坚持“中央八项规定”月报制度,市总直管单位每月向机关纪委报送《受理违反中央八项规定精神问题件情况月报表》。市总机关系统纪检组织积极参与廉政风险较大的工作或项目的决策、执行过程,全程监督评先评优、物品采购、工程项目、工会机关专职干部遴选录用等工作。积极配合市纪委驻市总机关纪检组开展工作,加强党内监督,有效促进市总机关系统党风廉政建设。

（黄建军）

【深化反腐倡廉宣传教育,加强党员干部廉洁自律意识】 市总直属机关党委、纪委坚持把维护党的政治纪律、政治规矩放在党风廉政建设首位,开展以党规党纪、警示教育为重点的党风廉政教育,制订下发《关于认真组织学习〈习近平关于严明党的纪律和

2月22日,市总工会机关系统加强党风廉政建设大会召开 （吴良荣）

规矩论述摘编〉的通知》和《关于纪检系统认真学习贯彻习近平总书记在十八届中央纪委第六次全会上重要讲话精神的通知》，以及发放《党员干部“禁令”手册》《中国共产党问责条例》等廉政教育书籍，集中组织观看《华谊、光明集团贪腐案件》《金山区副区长腐败案件》等教育警示片，邀请市纪委领导作《中国共产党廉洁自律准则》《中国共产党纪律处分条例》专题辅导报告。通过学习教育，筑牢党员干部拒腐防变的思想道德防线，进一步增强反腐倡廉工作的思想自觉和行动自觉，努力打造意志坚定、风清气正的廉洁工会。

（黄建军）

【浦东新区总工会机关干部“一线工作法”常态化】 根据群团改革提出的全面解决群团组织和群团工作“机关化、行政化、贵族化、娱乐化”等脱离群众问题的目标要求，浦东新区总工会提出“推动工会机关干部全年有50%的工作时间在基层开展现场指导、服务一线职工”的工作措施，进一步促进机关干部更多地下基层了解情况、服务组织和职工，使“办公地点在基层一线、了解情况在基层一线、解决问题在基层一线、成效体现在基层一线”成为工作常态。为此，区总机关党总支牵头研究制订了“一线工作法”日常管理办法，制作完成《浦东新区总工会机关干部“一线工作法”足迹展示板》，设计制作了一批基层调研工作笔记本下发到各位机关干部，同时要求机关干部“带着问题下基层、带着课题回机关”。

（陈　维）

【长宁区总工会召开直管单位工会工作交流会】 1月19日，长宁区总工会召开2015年直管单位工会工作交流会，联合利华、联邦快递等区内非公有制企业工会负责人、区建筑及纺织行业工会负责人出席会议。区人大常委会副主任、区总工会主席余小雄，区总工会党组书记、副主席王友晓出席会议。会上，各直管单位工会负责人分别围绕各自年度工作“关键词”进行阐述并提出新一年的工作设想。同时以互评推荐和职能部室评分的形式，对各直属单位年度工会工作进行考评。

（李悦琳）

【黄浦区总工会积极深化“两学一做”学习教育】 一是“两学一做”学习教育深入开展。组织区总工会11个党支部142名党员推进“两学一做”学习教育。在巩固“三严三实”学习成果基础上，坚持问题导向、抓好基础工作，解决党员、干部在思想、组织、作风、纪律等方面的问题。二是党风廉政建设“两个责任”层层落实。严格落实党风廉政建设党组主体责任、纪检监督责任，制订《2016年区总党组主体责任工作计划》，明确党组书记是第一责任人、纪检组长监督责任和其他领导班子成员“一岗双责”。并层层签订《党风廉政建设承诺书》，在工作中做到廉政建设与业务同部署、同落实。三是抓制度建设初见成效。结合群团改革，落实《区总关于推进党员干部直接联系群众行动计划的工作方案》。建立完善《区总预算管理办法》《区总建设装修工程项目采购试行办法》《区总财务监督管理制度》等财务内控制度，保障财政资金、工会经费规范使用及工会资产运作的安全和合规。完成区内7家国企工会企业的清理整顿，消除国有资产流失、工会财产损失的风险点。

（吕诚陆）

【闵行区建立工会干部常态化联系服务群众机制】 闵行区总工会建立常态化联系服务群众的工作机制，推行机关干部下基层“蹲点”制度、“法律咨询接待”制度和“工会服务平台全天候回应职工诉求”制度，确保职工群众随时随地“进得了门、找得到人、办得好事”。年内已接待工会组建、法律服务等各类咨询400余人次。与实地面对面服务职工对应，区总工会制订了《“闵行工会”微信公众号运营管理办法（试行）》等规范性制度，利用微信平台开展专题投票和职工思想动态、评先评优、工作意见建议的投票活动，参与粉丝13407人次，综合整理成8条工作意见，转由相关职能科室跟进处理。微信后台收到各类投诉、咨询120余件，全部答复并办结，充分适应了新形势下职工服务的需求，起到了线上线下齐头并进的效果。

（王　凯）

【嘉定区总工会开展机关干部下基层学习锻炼工作】 10月20日，嘉定区总工会召开机关干部进基层群团服务站服务职工群众、开展学习锻炼工作动员会。区人大常委会副主任、区总工会主席陆晞出席会议并讲话，区总工会党组书记、副主席金伟荣主持会议，区总工会主席室全体成员，区总机关、区职工服务中心、区工人文化宫、嘉定工仁社会工作服务中心全体工作人员参加会议。会上，区总工会副主席章华解读《区总工会关于机关干部进基层群团服务站服务职工群众、开展学习锻炼的通知》。区总工会宣传教育部、劳动权益部与组织基层部派代表对本次学习锻炼活动发言表态。结合群团服务站建设的工作实际，区总工会全体机关干部将由主席室成员带队，分成4个小组到全区16个基层群团服务站（点）直接联系服务职工群众。学习锻炼期间，各小组成员需结合“服务下沉清单”和“业务指导清单”指导基层群团服务站工作，每人每周至少半天时间在服务站工作，每3个月需形成一份书面报告。

（黄点点）

【松江区总工会举行党员投身工会改革发挥先锋模范作用的倡议活动】 3月18日，松江区总工会党总支举行党员在投身于工会改革中发挥先锋模范作用的倡议活动。区总工会要在群团改革中做表率，要有更高的大局意识，在机构设置调整、编制精简、夯实基层上，每位党员要以改革的精气神做典范。全体工会干部要做改革的宣传者、组织者和实施者，狠抓时间节点，确保改革任务顺利推进，以实际行动投身到群团改革中。增强改革意识、大局意识、服务意识和责任意识。党总支向全体党员发出倡议，要求每位党员加强党性修养，做维护大局的表率；大力解放思想，做开拓创新的先锋；强化宗旨意识，做服务群众的楷模；带头创先争优，做爱岗敬业的典范。全体机关党员和文化宫党员参加活动并在倡议书上签字。

（倪晓玲）

【松江区总工会举行“两学一做”系列学习教育专题活动】 为深入学习贯彻习近平总书记系列重要讲话精神，

巩固拓展党的群众路线教育实践活动和“三严三实”专题教育成果，推动全面从严治党向基层延伸，区总工会举行“两学一做”系列学习教育专题活动，集中学习党章。6月30日，松江区总工会党组书记、副主席陈军康以“深入‘两学一做’学习教育，立足岗位、服务大局、争创一流”为主题，为全体党员讲授一堂生动的党课。7月14日，区总工会前往富士康松江园区开展学习教育。7月19日，区总党组副书记、纪检组长、经审委主任高兴欢为全体党员讲授了题为《扎实开展“两学一做”，深入推进党风廉政建设》的党课。7月29日，区总党组成员、副主席王斌为全体党员作了题为《信念的坚定源于理论的清醒》的党课，结合当前时事政治和热点新闻，用浅显易懂的语言和形象生动的故事，为全体党员上了一堂内容丰富的党课。8月2日，区总工会党组组织工会全体党员干部赴陈云纪念馆参观学习。8月12日，区总工会副主席孙禄君旁征博引、结合生活感悟，为全体党员讲了题为《知行合一、学以致用》的党课。8月26日，区总工会邀请区委党校教师裴倩倩讲授题为《牢固树立党章意识，自觉遵守政治纪律》的专题党课。（倪晓玲）

【奉贤区工青妇开展党组(中心组)联组学习】 7月7日，奉贤区总工会、团区委、区妇联开展党组(中心组)联组学习，深入学习“两学一做”，交流学习感悟和改革工作进程，探讨“不忘初心，继续前进”的深刻内涵。区人大常委会副主任、区总工会主席陆建国主持会议。工青妇3家单位在学习座谈中表示：改革进程中要坚持道路自信、理论自信、制度自信、文化自信的信念，工青妇的服务要体现人文关怀。通过联组学习，工青妇组织要相互学习、求同存异，共同推进群团改革工作的深入发展，做好主责主业。（祝笑成）

【崇明区总工会转变工作运行方式】 为拉近与职工的距离，崇明区总工会探索建立以职工为主体的制度机制，打破工会内循环。一是深入基层联系群众。建立机关干部蹲点联系制度，主动联系乡镇、园区总工会、企业工会、困难职工、“双创”(创新、创业)标兵及劳模代表等5类基层组织和服务对象。年内下基层蹲点联系人员共计200余人次，平均每人蹲点时间不少于1个月。二是紧贴实际加强调研。开展“三同步”(工会组建、职代会建设、集体协商同步)调研检查及职工需求调查，进一步增强工作决策、项目实施的针对性和有效性。调查持续1个月，收回问卷3600份，走访企业80家，形成3份调研报告。三是完善考评工作机制。建立“自下而上”与“自上而下”相结合的考核评价机制，实施上级工会考核、第三方开展职工满意度测评各占50%的考核方式，切实把工会组织的综合评价权交到职工和基层工会组织手里。（秦春华）

【市纺织工会实施工会主席联系职工制度】 为贯彻落实中央群团工作会议精神，市纺织工会主动找短板、定措施、抓落实，制订下发《关于落实工会主席联系职工制度的通知》。要求各级工会每年至少听取30%以上职工的意见；定期分析汇总职工思想动态，对突出问题开展专题调研，提出整改措施、落实整改进度；搭建职工评议工会工作的平台，接受职工对工会处理职工意见、建议、诉求等工作的评议。经统计，全年各级工会按要求召开职工座谈会240多场，参加人数3500多人，工会领导个访人数762名，形成职工舆情分析报告16份。同时对舆情反映的热点和诉求予以整改，其中加强驻外员工的服务、农民工入会及生活关心、职工书屋建设、赠送健身器材、送文化进企业、为困难企业职工免费体检、组织职工疗休养等一批实事项目受到职工欢迎。（林裕良）

【宝钢股份加强自身建设提升综合能力】 2016年，宝钢股份工会成立专兼职工会干部研修会，围绕职工关心的话题，开展研修交流活动。持续举办“工会大讲坛”，全年共组织5次讲坛活动。为加强新常态下工会工作方法的探索，提高沟通效率，创建工作微信群，注重典型引路，营造创优争先氛围。同时，为规范工会经费管理，坚持工会财务盘点制度，结合上级组织的联合审计，修订4项工会经费管理制度；完成对15家基层工会的经费审计，有效推动各级工会经费的规范管理。（胡建中）

【宝钢发展工会多措并举加强工会自身建设】 宝钢发展工会召开五届二十二次、二十三次全委会，进一步深入学习中央群团工作会议精神，明确增“三性”和去“四化”工作作为工会干部常态化要求，不断改进工作作风；组织40余名工会干部开展“激发新状态，展现新作为，做好新形势下的工会工作”专题培训，并组织28名新上岗工会干部参加市总工会主席岗位资格培训，提高工会干部履职能力；开展工运课题研究与交流，向集团公司工会上报工会论文23篇；开展直属单位工会2015年度工作评价，评选出“好工会”5家，“较好工会”8家，同时修订下发《2016年度直属单位工会工作评价办法》；举行工会特色工作成果发布，产生最佳实践案例“TOP-6”；组织1617名职工代表对121名直管人员进行民主评议，70名工会会员对宝钢发展工会工作进行评价；对公司下属16家基层单位工会进行2015年度工会经费审查和财务检查，评选6家单位为“2015年度基层工会财务和经审工作先进单位”；开展基层团队建设活动经费使用及管理情况专项检查，进一步强化工会经费和财务管理的规范性。（朱　宏）

【上海航天局工会重心下沉服务基层】 上海航天局工会建立局工会常委项目分工负责机制；建立局工会干部与基层工会组织结对联系点制度；积极推进职工之家阵地建设，为基层职工活动场所、爱心妈咪小屋建设、职工书屋等，提供50%的经费支持，职工之家建设取得满意效果；举办2期工会干部集训和工会劳动保护专项培训，提升工会干部的综合能力。（周　博）

【中远海运集运工会营造融合共进的企业文化和职工文化】 2016年是中远海运集运的整合之年，公司工会在“一个团队、一个文化、一个目标、一个梦想”的指引下，以“相亲相爱一家人”为主题，组织开展“促进团队融合，感受行走力量”健康徒步行、“缘来一家人”“浓情端午，粽意新集运”

3月31日，中远海运党校举办“读书分享会” （李 瑶）

等大量丰富多彩的融合活动，共同成就A Better ONE。支持各级工会以职工文体协会为纽带，用社团运作的方式更好地满足职工精神文化的需求。各二级工会纷纷建立或完善书画摄影、声乐器乐、体育健身、读书、烘焙等各类协会，广泛开展“健身、健心、健智”的文体活动，依托协会汇聚正能量，促进职工快乐劳动、舒心工作、幸福生活，从而以更饱满的精神状态投入到持续创效的工作中。

（钱 华）

【市医务工会创新基层工会工作考核方式】 12月19日，市医务工会在第十人民医院举办直属基层工会工作考核，54家基层工会参加此次考核。特邀市总工会相关部室负责人，市医务工会八届常委担任评委。各基层单位按照综合、专科、站所3个块组进行工作交流，以PPT形式介绍了2016年工会工作及创新和特色。评委现场打分，市医务工会结合日常工作给出评定分。考核结果由市医务工会评定、评委打分及基层工会互评构成，评定结果更能真实、客观地反映基层工会工作实际。 （马艳芳）

【市监狱局工会重视工会自身建设】 市监狱局工会围绕局中心工作，做到月有计划，季有布置和督导，每周工作协调会。召开工会全委（扩大）会议和工会例会，学习传达局党委工作会议和上级工会会议精神，定期总结交流工作，民主讨论有关工会制度。举办2016年工会干部培训班，邀请中国农林水利气象工会主席盛明富、劳动报社总编王厚富和有关专家就当前工会工作面临的形势与任务进行授课。做好局工会委员、副主席和经审委主任的增补工作，并指导和配合基层工会做好工代会和换届选举工作。认真执行各项规章制度，持续抓好基层工会会计基础规范工作，把好工会经费的进出关。局经审委员会定期做好两级工会的经费预、决算审查。

（江海群）

【上海飞机制造有限公司工会建立班组沟通交流机制】 为贯彻落实群团改革精神，更好地服务职工需求，工会建立班组联系点工作机制，先期要求每名工会人员定点联系大客现场2—3个班组，每周保证一定时间到大客现场开展工作，与定点联系班组沟通交流，了解班组工作状态、组员思想动态、后勤保障需求等，思考解决办法；挖掘班组在型号攻坚过程中的典型案例，总结梳理班组在创建质量信得过班组过程中形成的好做法、取得的成效、涌现出的先进典型，并将根据实行情况不断改进，逐步拓展联系点范围和工作内容，形成长效机制。

（邹建军）

【市职保中心荣获“上海市五一劳动奖状”“2014—2016年上海市总工会机关系统先进基层党组织”称号】 一直以来，市职保中心党总支深入开展精神文明创建，大力弘扬社会主义核心价值观。一方面，开展创“星级文明服务岗”活动，举办年度优秀服务事例征集，实施客户服务满意度测评，倡导“跨前一步，主动服务”，另一方面，通过开设“职保讲坛”，开展高温慰问活动，建立“走基层，问保障，强服务”工作机制，不断提高互助保障服务职工群众的能力和水平。此外，还组织职工参加各类社区公益活动和志愿者行动，取得了良好的成效。

（顾艳斐）

2017 上海工会年鉴

理论研究

综　述

2016年，市总工会紧扣上海全面深化改革开放、深刻调整产业结构的时代背景，围绕工会改革及年度重点工作，认真组织实施改革调研及调查研究、理论研究各项工作，有力提升了工运和工会理论研究水平。一是全力做好工会改革课题调研工作。围绕上海工会改革工作中的重点、难点、瓶颈问题，组织开展了一系列改革课题研究，将非公中小企业工会工作研究、上海工会改革问题研究、工会履行主业主责研究、工会改革中干部队伍建设调研、职业化社会化工会工作者建设状况调研、《上海市职工代表大会条例》贯彻实施情况调研、职工劳动经济权益实现情况调研、网上工会建设研究、强化工会经费使用监督"全覆盖"研究、新形势下市总工会女职工组织运行机制研究等10项课题，纳入市总重点课题调研行列，由市总主席室牵头，整合各部室力量，分工合作、统筹推进，深入研究各项改革举措推进中遇到的新情况、新问题，广泛汇集整理可操作、可持续的经验做法，为全面推进改革、深化改革提供理论支撑与决策参考。二是加大工会调查研究工作力度。围绕党政工作大局和工会工作重点，制订年度调研工作计划，积极推动各级工会深入开展调查研究工作，认真做好对市总重点课题、工运研究会招标课题、市总委托课题的组织指导、跟踪协调和督促服务工作，建立了委托课题联络员制度，加强对调研课题的服务和指导力度。由市总主席室牵头、市总各部室负责的重点课题10项，比2015年增加66.7%；由各专业学科委员会及相关领域专家承接市工运研究会的招标课题9项；委托41家各区县局（产业）及基层工会承接市总工会13项委托课题，单位数和课题项目数分别比2015年增加57.7%和62.5%，形成了一批反映上海工会改革与工作创新的调研报告和研究成果。三是持续深化工会调研工作理论研究。结合全总《关于加强调查研究和理论研究的意见》要求和群团改革后工会调研工作的新特点、新情况，开展了"加强和改进工会调查研究工作"专项调研，全面排摸本市各级工会开展调查研究的机构现状、人员力量、机制制度、工作方法，深入分析当前工会调研工作中存在的瓶颈问题，对强化工会调查研究的工作指导、制度保障，健全配套制度、丰富工作手段、推进研究成果转化等，提出研究对策，为进一步开拓上海工会调研工作的新局面夯实理论基础。此外，认真做好重要文稿起草、内刊采编、工会统计、工会年鉴、《上海工会志》编纂等各项工作，为服务工会全局工作作出积极努力。　（杨伟良）

理论研究

【概要】 2016年，上海工会理论研究工作主要从三方面深入开展，取得积极进展。一是开展重点课题调研。围绕群团改革背景下上海工会改革创新各项重点工作，聚焦工会维护的主业主责，制订重点课题推进总体方案，召开市总重点课题研究部署会，明确由市总领导牵头、市总各部门分工负责，开展非公中小企业工会工作、工会履行主业主责、工会干部队伍建设、社会化工会工作者队伍建设、网上工会建设、工会经费使用监督、工会女职工组织运行机制研究等10项重点课题的调研工作，为进一步深化工会改革、推动工会工作创新发展夯实理论基础。二是开展委托课题调研。确定职工（基层）服务站建设和运行、非公企业工会主席履职激励保障机制、区域性行业性工会联合会建设和运行等13项课题，采取申报立项的方式，委托部分区局（产业）工会、市工运研究会团体会员单位、市总基层调研点单位开展调研。为做好委托课题调研工作，市总召开委托课题调研座谈会，并首次设立委托课题联络员制度，加强对各委托课题的跟踪和指导。三是开展招标课题调研。依托市工运研究会，确定建筑业农民工劳动保护、供给侧改革背景下劳动关系问题研究等9项招标课题，由工运研究会各专业学科委员会、社会研究机构等承接并开展相关调研，充分借助"外脑"和专家力量，推动工会调查研究和理论研究工作，取得良好效果。　（邹卫民）

【召开委托调研课题总结交流会】 2月3日，市总工会召开2015年委托调研课题总结交流会，市总工会党组副书记、副主席肖堃涛出席会议并讲话。肖堃涛对2015年委托调研课题成果给予充分肯定，指出承担课题的各单位工会高度重视，采取多种形式落实调研方案；各课题组紧紧围绕上海工会重点工作、围绕工会在维护和服务职工权益中遇到的新情况新问题，通过调查研究提出有针对性、有操作性的对策建议，形成一批质量较高的调研报告。就做好2016年工会调研工作，肖堃涛提出，要进一步重视调研工作，提高工会理论研究、工作研究的能力和水平；要进一步聚焦工会工作大局，拓展调研的深度和广度；要进一步加强调研成果的转化，扩大调研工作影响力和作用力。承担2015年市总工会8项委托调研课题任务的21家区县、局（产业）工会、基层工会分管主席及报告执笔人员参加会议。会上还表彰了获得2015年市总工会委托调研课题优秀成果奖的10家单位，浦东新区总工会、杨浦区总工会、运输工会、电信工会、自贸区工会等作交流发言。　（邹卫民）

【召开重点调研课题工作推进会】 6月15日，市总工会召开重点调研课题工作推进会，市总工会党组副书记、副主席肖堃涛，市总工会副主席李友钟出席会议并讲话。承担2016年市总工会10个重点调研课题任务的市总部室负责人及相关工作人员汇报了各课题的调研方案及进展情况。肖堃涛在会上强调，市总重点调研课题的推进，是落实上海工会改革试点方案，总结提炼可复制、可推广的改革经验的关键一环。各课题组一要牢牢把准课题方向，调研的指导思想、研究重点、调研方法、时间节点都应紧紧围绕改革试点方案的要求予以落实，通过调研推进解决工会改革发展中瓶颈问题、短板问题；二要强化成果转化意识，做到前瞻性、操作性相统一，突出调研的针对性、提高解决问题的实效性、体现对职工需求收集的精准度；三要进一步优化调研方法，要加强各课题组调研工作的统筹协调，群策群力完成好重点课题各项任务，形成一批高质量、高水平的调研成果。李友钟希望各课题组增强问题意识，在课题调研中提出问题要准、分析问题要深、解决问题要实；强调实践导向，通过调研去解决工会改革中遇到的实际问题，通过调研出台各条线指导性的实施意见；明确质量标准，做实做好各项调查，把调研作为推进工会工作创新的重要载体。（邹卫民）

【举行“新形势下工会改革研究”课题研讨会】 12月21日，市总工会、市工运研究会联合举行“新形势下工会改革研究工作”课题研讨会，邀请党政机关、高校院所的相关专家学者，对“新形势下工会改革研究”课题进行研讨交流。市总工会党组副书记、副主席肖堃涛主持会议，宝山区委副书记周志军，华东师范大学社会保障研究所所长、教授石云等相关领导和专家参加研讨。为跟踪研究群团改革这一重大历史事件，及时回顾总结工会改革试点的相关做法经验，市总工会于2016年4月成立课题组，聚焦机构设置、人员编制、干部队伍、履职尽责、运行机制、作风建设等重点领域，开展了相关调查研究工作。会上，各位领导和专家围绕进一步完善课题成果、进一步深化工会改革、进一步发挥工运研究会学会智库作用等方面，提出了对策建议。（邹卫民）

【关于推动上海市非公企业工会“建起来、转起来、活起来”的调研报告】 由市总工会基层工作部、研究室、组织部、劳动关系工作部、权益保障部等组成课题组，共同承担并撰写调研报告，是市总工会重点课题之一。报告回顾总结了本市非公企业工会“建起来、转起来、活起来”的探索实践，指出了非公企业工会存在的“六低”问题，即：非公企业工会组建率低、非公企业工会专职干部配备比例低、非公企业工会经费足额拨缴率低、工会会员会费缴纳率低、会员对工会认知度低、经营者对工会认可度低。在认真分析了造成上述问题的成因之后，报告指明了进一步加强非公企业工会建设的总体目标、基本原则、工作路径和工作要求，并提出了六大工作建议，即：坚持党的领导，依托行政力量，拓展依法建会有效路径；加强经费管理，强化依法管会，确保基层工会有效运转；坚持职工主体地位，强化职工会员意识，深入推进会员专享服务工作，使会员增强获得感和幸福感；合理界分各级工会职责内容，明确基本职责任务，保持非公企业工会良好运转；加强工会干部队伍建设，提升依法履职能力，健全非公企业工会主席产生和激励机制；总结若干可持续、可复制、可推广的非公企业工会工作模式和经验，提升其他非公企业的“看齐”意识。（武吉波）

【新形势下工会改革研究报告】 由市总工会研究室、组织部、基层工作部、劳动关系工作部、权益保障部、宣传教育部等组成课题组，共同承担并撰写调研报告，是市总工会重点课题之一。课题组立足群团改革的时代背景，以上海工会改革为重点，结合全总改革情况，通过广泛收集文献材料、总结重点改革措施推进落实情况、实地走访调研、召开专题座谈会、开展改革实施情况测评等工作，进行专题研究，最终形成调研报告。报告在分析工会改革时代背景、梳理新中国成立以来历次工会改革情况的基础上，从组织体系、干部队伍、履职尽责、运行机制等入手，重点阐述各项重点改革举措的实施情况，归纳总结改革经验和启示，提出有待继续深化研究解决的主要问题及持续深化工会改革的总体设想、推进方法和主要改进措施，以期为进一步深化工会改革、推动工会工作奠定理论和实践基础。（武吉波）

【关于上海工会履行主业主责情况的调研报告】 由市总工会办公室承担并撰写调研报告，是市总工会重点课题之一。报告梳理了工会干部对主业主责思想认识的基本情况，认为不同层级工会干部对于工会主业主责的认识存在不同，且宏观与微观层面的认识存在一些矛盾。报告总结提炼背后所反映的背景问题，包括：对“突出维护职能”与“突出主业主责”界定不清楚、不同层级工会主业主责定位不够明确、非工会业务兼职对工会履行主业主责产生一定影响、对工会工作模式未来发展方向的认识有待进一步提升。在此基础上，提出了关于工会履行主业主责的三大对策建议，即：从凝聚思想共识入手，强化工会干部主业主责意识；从加强制度安排入手，科学界定不同层级工会的主业主责；从加强科学考评入手，引入不同层级工会绩效评估体系。（武吉波）

【关于工会改革中干部队伍建设情况的调研报告】 由市总工会组织部、机关党委承担并撰写调研报告，是市总工会重点课题之一。报告分析改革前工会干部队伍存在的来源渠道较单一、交流渠道不畅通、工作作风不深入、全委会组成人员代表性不强、干部教育培训存在短板等突出问题，总结本次工会改革中干部队伍建设的主要举措，梳理改革推进过程中存在的主要问题，包括：挂职干部选派渠道还不够畅通、遴选流程和内容稍显复杂、兼职副主席和基层一线委员履职机制还不完善、干部考核机制还不够科学、双重管理意识有待增强等。在此基础上，提出了深化改革的5项建议，即：进一步拓宽挂职干部来源渠道、完善工会专职干部遴选工作、建立兼职副主席和基层一线委员履职机制、建立以职工满意度为导向的干部考核机制、规范工会干部协管工作等。（武吉波）

【上海社会化工会工作者队伍状况的调研报告】 由市总工会基层工作部、组织部承担并撰写调研报告，是市总工会重点课题之一。报告分析本市工会社会化工会工作者队伍的基本状况、综合素质和工作状况等，肯定社会化工会工作者在增强“小三级”工会工作力量、提高工会工作专业化水平、缓解企业工会维权难问题等方面发挥的重要作用。在指出当前社会化工会工作者队伍建设中存在的队伍管理模式不统一、区县发展不平衡等一系列问题之后，报告提出了进一步加强社会化工会工作者队伍建设的四项工作建议，包括：确立工会社工队伍的管理模式和发展目标、健全工会社工的薪酬标准和职业发展体系、提升工会社工队伍的专业水平和综合素质、推动社会组织的壮大发展和规范化建设等。（武吉波）

【《上海市职工代表大会条例》贯彻实施情况的调研报告】 由市总工会劳动关系工作部承担并撰写调研报告，

是市总工会重点课题之一。报告全面总结了《上海市职工代表大会条例》自2011年5月1日贯彻实施以来的主要做法、基本情况和主要特点。在此基础上,报告提出了贯彻实施过程中存在的一系列问题,包括:《条例》规定的各方主体责任尚未完全落实、职代会建制难的障碍尚未完全破除、部分企事业职代会职权尚未完全落地、《条例》与相关法律规范尚未完全配套、全面深化改革给职代会制度带来新的挑战等。据此,报告提出对《条例》进行修改完善的相关建议,主要有:强化有关各方的主体责任,进一步合力推进职代会制度建设;修改职代会职权部分,进一步明确非公企业重大调整中的职代会民主程序;修改调整职代会的组织制度和议事规则,进一步完善职代会的运作机制;修改区域性、行业性职代会的具体职权和运行规则,进一步规范小微企业民主管理行为;修改执法监督和违法处置程序,进一步增强《条例》的刚性约束力。 (武吉波)

【关于本市职工劳动经济权益实现情况的调查报告】 由市总工会权益保障部承担并撰写调研报告,是市总工会重点课题之一。报告系统梳理职工的劳动就业权益实现情况、劳动报酬权益实现情况、休息休假权益实现情况、社会保障权益实现情况、劳动保护权益实现情况以及职工对劳动经济权益实现情况的主观评价,并在分析职工劳动就业权益等方面存在的问题及在思想认识、机制建设、工会运作、服务项目等方面存在的一系列制约因素后,提出了把职工劳动经济权益实现融入和谐劳动关系创建的对策建议,主要包括:抓宣传指导,搭好四种平台,不断增强职工权益维护的意识性,解决"愿不愿"的问题;抓源头参与,建好四种机制,不断增强职工权益维护的规范性,解决"敢不敢"的问题;抓服务项目,塑好四种维度,不断增强职工权益维护的常态性,解决"能不能"的问题;抓队伍建设,扮好四种角色,不断增强职工权益维护的实效性,解决"会不会"的问题。 (武吉波)

【关于上海网上工会建设的调研与思考】 由市总工会宣传教育部、网宣办、办公室承担并撰写调研报告,是市总工会重点课题之一。报告立足网上问卷调查、召开座谈会及资料查询分析等工作基础,总结梳理了上海网上工会建设的探索实践经验。报告认为,网上工会工作虽然取得一定成绩,但与大局大势及职工群众的需求、工会事业发展的需要相比,仍然存在网上工会建设的重要性、紧迫性认识不足,网上工会建设的基层、基础薄弱,网上工会建设的融合深度不够,网上工会的影响力、黏性还不强等问题。基于此,报告提出了5项对策建议,主要包括:进一步将网上工会建设作为推进工运事业创新发展的重要举措摆上位置抓好推进;进一步加强网上工会建设的基层基础;进一步推进网上工会平台体系建设;进一步强化工会业务与互联网深度融合发展;进一步完善网上工会工作机制等。

(武吉波)

【群团改革背景下优化工会经审问题研究】 由市总工会经审办、财务资产管理部承担并撰写调研报告,是市总工会重点课题之一。报告认为,工会组织的"扁平化"改革及"减上补下"政策,对工会经审工作带来了巨大的影响,为了保障工会改革目标顺利实现,经审组织应当在巩固监督职能的基础上,进一步强化咨询职能。报告提出,要加强经审人员职业化管理,完善经审人员职业准入制度、构建层级化审计人才库、改善相应的职业考核和激励机制、完善职业培训制度。在分析了现行审计模式存在问题的基础上,报告建议建立风险导向经审模式,并不断完善工会经审的审计技术,在经审工作中加强控制测试和分析程序的运用。 (武吉波)

【新形势下上海工会女职工工作运行机制研究】 由市总工会女职工委员会办公室承担并撰写调研报告,是市总工会重点课题之一。报告立足中央和上海市委对群团改革工作的要求,系统梳理了上海工会女职工工作的运行机制及整体架构。在分析了当前上海工会女职工工作面临的对于改革变化的部分不适应、对于改革的必要性认识不足、改革中面临诸多新的难题与困惑、改革的目标与定位需要进一步明确等问题的基础上,提出了进一步加强工会女职工工作的总体方案、主要抓手和具体措施,主要包括:建立长效机制、转换工作观念、强调"纵""横"沟通、聚焦弱势群体、注重权益维护、打造品牌优势等。 (武吉波)

【加强改进上海工会调研工作的调研】 市总工会研究室承担并撰写调研报告,是市工运研究会招标课题之一。报告总结了近年来上海工会调研机构、工作力量、工作体系及工作开展的主要情况,认为上海工会已基本形成以调研课题制度为核心,以基层调研网络为基础,以调研成果评比制度为抓手,以调研成果转化为导向的调研工作体系,呈现出市、区、产业、基层工会调研工作多级推进的工作态势。报告指出,当前本市工会调研工作还存在资源整合协同的力度仍显不够、调研工作开展仍不平衡、调研工作力量总体仍显不足、队伍建设仍待加强、聚焦主业主责的定位仍待强化、调研成果转化成效仍待增强、社会力量参与力度仍需加大等短板问题,为此提出四方面对策建议:一是整合全会调研力量,合力推进调研工作;二是围绕主题主线、系统有序开展调研;三是完善社会力量参与、课题考核评价、常态多样化培训交流等调研工作机制;四是加强调研成果转化运用。

(邹卫民)

【上海工会文体场馆公益转型、改革创新调研】 市总工会宣传教育部承担并撰写调研报告,是市工运研究会招标课题之一。报告回顾了上海工会文体场馆的改革过程及基本情况,认为目前全市18家区工人文化宫承担了公益性文化服务职能,但其公益性事业单位的待遇尚未完全落实,在资金投入、政策待遇、硬件设施等方面与市区群众文化场馆相比,存在差距,主要表现在性质定位不明晰、经费投入不足、设备设施老化、专业人才缺乏等方面。报告认为,要使职工文体场馆真正成为"工人的学校和乐园",必须坚持工人定位、突出公益性要求、发挥公共文化功能,为此建议:一要进一步明确工人文化宫公益性事业单位性质;二要进一步做优做强文化服务主业;三要加强文化宫自身的阵地管理;

四要加强人才管理，深化工人文化宫人事、分配、培训制度改革。

（邹卫民）

【关于本市建筑业农民工劳动保护现状的调研】 市总工会权益保障部承担并撰写调研报告，是市工运研究会招标课题之一。调研采取问卷调查和实地调查相结合的方式，针对建筑业企业劳动保护状况、安全生产开展情况、农民工施工作业情况、企业工会建设和农民工入会情况等，对100家建筑业企业、500名农民工进行调查，并走访了本市部分建筑业主管职能部门及建筑业单位。报告认为，当前本市建筑业农民工保护状况整体平稳，但同时存在着劳动保护法规体系不健全、行政管理职能交叉重叠、行政监督执法力量不够、建筑施工企业对安全生产的认识不足、企业内部安全监管不到位、企业安全技术缺少创新、农民工劳动保护专业培训缺乏等问题。报告提出三大方面的对策建议：一是强化政府监管，要进一步完善本市劳动保护地方性法规和规章，加强行政监察执法能力，杜绝资质挂靠和“包工头”现象。二是明晰企业责任，要强化企业安全主体责任，落实安全资金有效投入，增强教育培训的实效性，推进安全技术创新。三是加强工会监督，要强化建设项目工会劳动保护监督职能，提升建筑行业工会劳动保护干部业务素质，继续做好对建筑行业农民工的维权工作。

（邹卫民 邬明亮）

【企业工资增长指导线对职工收入增长影响的调查】 市总工会权益保障部承担并撰写调研报告，是市工运研究会招标课题之一。报告对近年来本市企业工资增长指导线制度在工资集体协商中的作用，及对促进职工收入增长作用进行评估研究，报告数据显示，九成以上被调查者单位建立了工资集体协商机制，其中四分之三参考企业工资增长指导线；工资增长指导线成为企业制订增资计划和进行工资集体协商的首选参考因素；在各所有制类型中，国有企业对企业工资增长指导线及其应用最为重视；企业制订增资计划或进行工资集体协商时，对主要参考线的选择多由其经营状况决定的。报告同时分析当前工资增长指导线政策存在的主要问题，包括缺乏具有行业特征的企业工资增长指导线，是部分企业不参照指导线的主要原因；因企业工资增长指导线缺乏刚性，实际操作中部分企业不按指导意见要求制订增资计划或进行工资集体协商；企业工资增长指导线宣传力度不够，知晓率还不高。为此报告提出4点建议：一是加大宣传力度，提高企业工资增长指导线知晓率、准确率和应用率；二是开展企业工资增长指导线应用状况督促检查，提高参照率；三是探索建立行业工资增长指导线，完善企业工资增长指导线制度；四是建议以本市经济发展水平和物价调控目标为参照指标，调整现有企业工资增长指导线三条线的制订规则。

（邹卫民）

【供给侧改革背景下劳动关系问题的研究】 市总工会劳动关系工作部承担并撰写调研报告，是市工运研究会招标课题之一。报告分析了供给侧结构性改革对本市劳动关系的影响，认为在供给侧改革背景下劳动关系将呈现如下几方面的运行态势：一是市场经济下劳资矛盾的不可避免性，导致劳动争议数量易处于高位运行态势；二是群体性矛盾易发、突发和多发，矛盾激化程度和涉事人数有发展趋势；三是低端生产、服务企业欠薪欠保问题突显，纠纷逐渐向人数多、数额大方向发展；四是企业关停并转迁受时间空间资金局限，职工利益诉求的合理性较难平衡；五是非公企业经营管理中“资强劳弱”意识顽固，劳动者抱团抗争形式趋向极端；六是应对市场的灵活性和适应性，多业态组织对标准劳动关系带来的挑战。报告提出，在供给侧改革背景下研究劳动关系问题、预警劳动关系矛盾，要按照中共中央、国务院《关于构建和谐劳动关系的意见》的要求，思考和应对劳动关系领域的问题和情况，构建发展本市和谐劳动关系局面，包括：政府要履行好宏观调控劳动力市场的职责，企业要强化构建和谐劳动关系的主体责任意识，工会要主动发挥在调处劳动关系矛盾中的维权职能，要构建社会化调处劳动争议的多方合力机制。

（邹卫民）

【上海工会群团改革背景下工会法律援助创新研究】 市总工会劳动关系工作部承担并撰写调研报告，是市工运研究会招标课题之一。报告从上海工会群团改革前法律援助工作存在的问题出发，梳理了改革中对工会法律援助工作整体思考和路径设计，报告认为，当前本市职工法律援助工作推进中面临的主要问题和挑战有：职工法律援助工作合力尚待提升；基层工会法律援助工作基础相对薄弱，队伍力量不足；工会法律援助宣传力度需要进一步加强；工会法律援助信息化管理能力存在短板。报告提出进一步做好工会法律援助维权工作五方面的对策建议：一是加大沟通协调力度，努力构筑市总工会与市人社局、市高院、市司法局四方联动的工作格局；二是加大制度联动力度，进一步深化工会协调劳动关系体系建设；三是加大阵地布点力度，努力为职工全方位提供“零门槛”法律维权服务；四是加大队伍建设力度，不断夯实工会维权工作基础；五是加大宣传研判力度，不断提高工会“零门槛”法律维权的社会影响力和破解相关难题的能力。

（邹卫民）

【全面二孩背景下解决上海0—3岁托幼问题研究】 市总工会女职工委员会办公室承担并撰写调研报告，是市工运研究会招标课题之一。调研通过网上问卷调查、单位与职工实地问卷调查、座谈会等方式，探讨上海0—3岁婴幼儿托幼服务的主要状况、存在问题。调研显示，目前上海企事业单位自办托儿所不多，有少数企业开展托幼服务，但发展上尚存在一些问题；近一半单位认为街道（社区）联合开办托儿所模式比较好；近四分之三的职工希望孩子能入托，而目前上海幼托资源远远满足不了职工的需求。报告建议，要把解决0—3岁托幼问题放到关系上海人口均衡发展的战略高度，尽快开展深入调研，出台解决本市0—3岁托幼机构短缺问题的实施办法；要鼓励和支持企业参与解决0—3托幼问题；要探索建设以社区为依托的0—3岁托幼服务网络；政府应考虑增加投入，支持和鼓励发展各类幼托机构；应通过财政补贴的方式，鼓励保险公司设立专项上海市托幼意外保

险。（邹卫民）

【国外工会入会率下降的原因、对策及启示研究】 市总工会办公室承担并撰写调研报告，是市工运研究会招标课题之一。报告认为，自20世纪70年代末开始，除北欧和南美部分国家外，大多数国家工会的会员逐渐流失，尤其是一些发达国家，出现工会会员数锐减的情况。从原因上分析，一是随着经济全球化和高新科技发展，经济结构、生产体制和就业方式发生深刻变化，导致制造业工人等传统会员大量减少；二是一些国家政府通过修改劳动法等打压工会，企业主对工会权利加以削减；三是一些国家工会运动不适应新的形势，工会组织多元发展削弱了工会的力量。面对这一困境，许多国家工会对传统体制和运行机制加以变革，在工作内容、发展对象和组织形式上进行相应调整，在坚持斗争的同时采取多种创新的策略和举措，通过灵活多样的工作方法及各类服务来吸引职工入会，取得一定效果。报告提出，应重视国外工会入会率下降及其应对措施可给我国工会优化组织建设带来的启示，强化源头参与、切实维权、广泛服务，增强工会的吸引力和影响力；推进工会改革，拓展工作思路，创新组建方式；加强与国外工会的交流，促进工会组建等各项工作的开展。（邹卫民）

【非公中小企业工会组建问题探析】 市总工会基层工作部承担并撰写调研报告，是市工运研究会招标课题之一。报告提出，随着上海经济社会发展，产业结构整优化，非公企业占比越来越高。如何推动非公中小企业建立工会组织，并真正发挥作用，是当前工会组建面临的新挑战，也是上海工会改革亟需破解的新课题。报告认为，当前本市非公企业建会工作取得较大进展，但仍有许多非公企业游离于工会组织之外，从原因上分析，一是工会相关法律法规缺乏刚性，存在操作性不强、约束力不够的问题；二是社会认知偏差导致建会缺乏内在动力；三是工会社工队伍建设滞后，履职能力和业务素质有待提高；四是大量“空壳”“僵尸”工会的存在导致非公中小企业建会出现窘境。报告建议从四方面推进非公中小企业工会组建工作：突出用法重点，提升依法建会效力，提高依法建会的刚性和可操作性；善用政治优势，建立“党建带工建”等长效机制，形成推进建会合力；夯实基层工会，做好对会员的服务维权工作，切实激发建会动力；强化以职工为核心建会的思路，优化建会办法，增强基层建会能力。（邹卫民）

【上海工会建设基层服务站的实践与思考】 本报告是市总工会委托调研课题成果之一，由杨浦区总工会撰写。报告以杨浦工会的实践为基础，分析了基层服务站的建设模式、服务内容及其在吸引职工、服务职工方面发挥的重要作用。通过调研分析，报告认为，尽管基层服务站已经成为职工认知工会的渠道和让职工产生获得感的重要平台，但仍然存在一些影响可持续发展的问题，包括：服务站的硬件和软件建设的标准有待完善、服务站提供服务与职工需求有差距、参与服务站管理的志愿者队伍亟需培育等。基于此，报告提出了3项对策建议，主要有：建立基层服务站统一标准；破解难题，实现基层服务站均衡布局；抓好基层服务站运作队伍建设，实现可持续发展。（武吉波）

【构建非公企业工会主席能力训练体系的探索】 本报告是市总工会委托调研课题成果之一，由闵行区总工会撰写。报告认为，工会主席能力不足已成为非公企业工会作用发挥的重要障碍，而现有工会教育培训又未能实现对工会主席能力的有效提升。针对这种情况，在确定了非公企业工会主席“组织的领导者”“劳资关系的协调者”“当家理财人”及工会服务的“产品经理”等角色定位之后，报告提出构建非公企业工会主席能力训练体系的设想，并明确了宗旨原则、目标设置、内容设置、师资安排、培训评估等。在此基础上，课题组还进行了具体实践，在闵行区6个街镇（园区）招募工作一年以上的非公企业工会主席加入训练营，分批次实施了能力训练体系。结果显示，训练营整体满意度超过98%，赢得了基层工会主席的欢迎和好评。（武吉波）

【区域性工会联合会建设及运行机制研究】 本报告是市总工会委托调研课题成果之一，由金山区总工会撰写。报告在总结金山区区域性工会联合会建设现状的基础上，对区域性工会联合会建设工作中存在的主要问题及原因进行了探究。报告认为，从“建起来”方面分析，存在委员会班子不规范等问题；从“转起来”方面分析，存在工会工作规范化、制度化需加强等问题；从“活起来”方面分析，存在区域内所属非公企业“活力工会”创建遇瓶颈等问题。据此，报告提出了加强区域性工会联合会建设及运行的对策及建议，包括：抓工会领导班子、工会干部队伍等“五个建设”，使区域性工会联合会“建起来”；抓优化工会工作职能、规范工会工作制度等“四个必须”，使区域性工会联合会“转起来”；抓“活力工会”建设、“体制外入会”等“五个深化”，使区域性工会联合会“活起来”。（武吉波）

【职工董事、职工监事制度在新形势下推进中的问题研究报告】 本报告是市总工会委托调研课题成果之一，由市运输工会、上汽集团工会、建工集团工会、市机电工会、仪电集团工会、上海铁路局工会等组成联合课题组并撰写。报告在总结分析本市部分系统和基层单位依法推进职工董事、职工监事制度建设情况的基础上，指出了推进工作中存在的思想认识有待提高、工作机制有待完善、履职考核有待提高、责任落实有待跟进等一系列问题，并据此提出了6项工作建议，包括：提高思想认识，加快推进职工董监事建制覆盖；实行分层管控，建立职工董监事工作业绩考核；加强指导监督，推动职工董监事制度规范运作；协调部门功能，完善职工董监事制度内部流程；加大培训力度，提升职工董监事履职能力水平；突破工作瓶颈，推进落实职工董监事重点问题。（武吉波）

【试论“互联网+大数据”精准牵引工会工作的新模式】 本报告是市总工会委托调研课题成果之一，由中国电信上海市工会、静安区总工会、宝山区大场镇总工会等组成联合课题组并撰写。报告对互联网背景下工会工作的现状进行分析，提出打造“互联网+大数据”工会工作的全新模式，即：打破时空，主动嵌入，满足员工多元化的需求；服务升级，精准发力，发挥工会桥梁纽带作用；转变方式，点面结合，多方面引领职工成长；加强引领，健全系统，实现多维度的价值变现；突破传统，多层转变，形成工会与职工的交互共融；精准布局，共同推进，形成智慧工会的新生态。为推动实现“互联网+大数据”工会，报告提出3点建议，包括：上下协同配合，凝聚“互联网+大数据”工会的推进合力；探索开放渠道，共享“互联网+大数据”的工会数据信息；优势互补拓展，营造“互联网+大数据”工会的发展环境。

（武吉波）

【探索以“职工满意度”为导向的工会工作评价新机制】 本报告是市总工会委托调研课题成果之一，由隧道股份工会撰写。报告梳理了当前工会工作评价机制现状，总结了具体工作中存在的上级评价、自我评价、职工评价、社会评价等四种模式，并针对4种模式的利弊逐一进行了分析。在此基础上，报告指出，亟需构建以“职工满意度”为导向的工会工作评价新机制，把“职工满意度”作为工会工作评价的第一原则、最高原则，并提炼总结出5个可以改进和创新的方面，主要包括：改进“职工满意度”传统测评机制、创建“职工满意度”网络媒介测评新机制、上级评价应该以“职工满意度”为判定标准、从“职工满意度”出发引入第三方评价机制、从“职工满意度”出发进行自我评价。（武吉波）

【卫生计生基层单位“爱心妈咪小屋”建设运行的调研报告】 本报告是市总工会委托调研课题成果之一，由市医务工会撰写。报告在全面回顾全市卫生计生系统“爱心妈咪小屋”建设运行情况，以及了解医务女职工对“妈咪小屋”的需求等有关情况的基础上，提出了进一步加强“爱心妈咪小屋”建设的对策建议。报告提出，要积极争取行政支持，部门配合，完成创建；要拓宽方式，整合资源，重点解决小屋场地问题，比如对于医疗用房紧张的单位，讨论设计移动式“爱心妈妈小车”，切实帮助到特殊时期的医务女职工；要服务先导，拓展理念，全程关心医务职场妈妈；要总结经验，结合实际拟定《爱心妈咪小屋”建设指南（草案）》，为需要设立“爱心妈咪小屋”的单位提供参考。（武吉波）

【市烟草工会突出主题开展调研】 2016年，市烟草工会结合当前行业发展面临的客观形势和职工队伍的实际现状，组织各个基层单位工会带着问题、带着需求开展两级专题调研工作，重点关注职工队伍素质提升、劳模技术技能引领、职工民主权益维护和工会组织能力建设等，并通过课题实施逐步提高各级工会组织和专兼职工会干部联系实际开展群众工作的能力。本年度共有13家工业单位工会、3家商业有限公司工会参与课题研究，形成调研成果30项。经专家评定，本年度调研成果共评出一等奖1篇、二等奖2篇、三等奖4篇、优秀奖7篇，其中4篇推荐论文获得市经信系统工会调研成果评审优秀奖，储运公司、烟印公司、海烟物流3家工会荣获烟草工会2016年度调研工作优秀组织奖。

（邹允文）

【上港集团工会组织开展6项专题调研活动】 为进一步加强自身建设，深入推进各项工作，2016年上港集团工会重点组织开展了《关于上港集团职工代表大会建设的专题调研》《关于上港集团各级工会组织建设的专题调研》《关于业务承包公司工会组织建设及民主管理的专题调研》等6项专题调研。各调研课题组通过下发调研问卷、召开座谈会、研讨会和个别访谈等多种方式，全面推进各课题的调研工作。年内6个专题调研组都已完成课题调研，形成6个专题调研报告和一批相应的工作规范和指导意见，为下一步更规范、有序地推进集团工会的相关工作，打下了良好的基础。

（张晨琦）

【市教育工会召开推进工会理论研究工作专家座谈会】 10月9日，市教育工会召集市教育系统工会理论研究会专家组成员，在市教育工会召开了新形势下推进工会理论研究工作专家座谈会。市教卫工作党委副书记、市教育工会主席沈炜出席会议并讲话。市教卫工作党委副巡视员、市教育工会常务副主席王向群，市教育工会副主席吉启华出席会议。沈炜指出，教育系统工会理论研究应着眼现代大学制度建设中民主管理的推进落实、教育工会去“四化”增“三性”具体思路、创新教代会运行体制机制切实发挥作用等工作内容，通过理论支撑、智力支撑与制度设计，在全面推进依法治校、上海教育综合改革、科创中心建设等中心工作中，切实发挥工会的独特作用，维护好教职工的合法权益。专家组华东师范大学石云教授、上海大学顾骏教授等十余位专家与会交流了对工会理论研究的思考和建议。会议决定以本次座谈会为起点，定期召集专家就工会理论研究某一专题开展头脑风暴，发挥专家学者的智库作用，推进教育系统工会理论研究工作的发展与提升。（沈　瑶）

【市科技工会加大新时期工会工作调研力度】 市科技工会积极推动上海市工运研究会科技分会的组建，进一步提升理论水平和综合能力。科技系统“群团工作、立功竞赛、梦想家园、科研道德、经审规范化”等5个课题组正常运作，为深化群团工作积累宝贵经验，营造良好学术氛围。其中，群团工作、立功竞赛2个重点课题分别获得年度调查研究成果一等奖和优秀奖；所务公开课题获得上海工会优秀调研报告、论文课题二等奖；经审工作课题获得市总经审课题二等奖。

（冯　莺）

【10家基层工会各自领衔2016年度医务工会理论研究重点课题】 5月，市医务工会启动和部署了2016年度理论研究重点课题招标工作。结合全总、市总近期关注的理论热点，以及医务工会当年工作重点，课题招标范围并涵盖了“互联网+”工会建设、医务社工服务机制建设、医务系统非在编职工队伍状况、新形势下工会维权机制创新发展等十大方面。共有18家基层工会申报27个课题项目，综合申报情况，市医务工会组织进行初步预审筛选，最终确定参评单位16家，申报课题22项进入招标评审阶段。6月29日，市医务工会组织召开课题招标“擂台赛”，聘请市总工会、劳动报等相关专家担任第三方专业课题评

委。22项申报课题各自展示和发布了课题设计思路，6位评委对相关课题逐一提出完善的修改意见，并当场汇总确定了单项课题的中标单位。最终，第一人民医院工会、新华医院工会、第十人民医院工会等10家单位中标。各课题中标单位牵头成立课题组，邀请其他参与投标的单位共同参与，将采取项目化运作的方式，扩大承接课题的广覆盖。各课题中标单位与市医务工会签订课题招标协议书，明确课题进度任务，规范课题经费使用，有序组织实施调研。（马艳芳）

【市经信系统工会深入开展工会理论研究和调研工作】 市经信系统各级工会围绕产业和信息化工作重点，紧扣群团改革工作主线，以维护职工合法权益为根本，认真开展工会理论研究和调研工作，形成调研成果。聚集热点、把握重点、剖析难点，具有较强的针对性和可操作性。邀请专家对系统各级工会提交的69篇调研报告（论文）进行评审。经过认真审议，投票推荐，综合平衡，评选出一等奖3篇、二等奖5篇、三等奖7篇、优秀奖15篇。编撰专集，共有31篇文章收集在《成果集》，供大家阅读参考，进一步促进工会调研工作。

（黄 俭 周斌锋）

调研指导

【概要】 2016年，围绕工会改革和工会工作大局，市总工会加强对基层的调研指导，推动各项重点工作落地落细落实。一方面，通过召开基层调研点分组会议、设立委托课题联络员制度等方式，推动各区局（产业）工会、各有关基层工会加强调查研究工作；另一方面，针对基层工作实际，深入基层一线，就工会改革、非公企业工会改革、工会维权体系建设、服务职工实事项目、网上工会建设等重点领域进行具体而深入地指导，帮助基层工会更好地开展工作。（邹卫民）

【市总工会召开基层调研点街镇组专题会议】 5月4日，市总工会召开基层调研点街镇组会议，围绕群团改革下的街镇工会工作进行交流与研讨。市总工会党组副书记、副主席肖堃涛，市总工会副主席李友钟出席会议并讲话。肖堃涛指出，在全市各级工会的推进下，上海工会改革试点工作在机构设置、人员编制、干部队伍等方面采取了系列举措，取得了初步成效，要进一步深化改革试点，各级工会特别是街镇工会，要进一步深化改革，做工会改革事业的推进者；要进一步探索创新，做工会改革经验的创造者；要进一步加强调查研究，做工会改革发展的思考者。李友钟要求，作为市总工会基层调研点的各家街镇工会，要进一步贯彻落实各项工会改革举措，在改革实践中发现问题、解决问题、探索经验，做上海工会的一线信息源、改革试验田和创新先行者。来自市总基层调研点街镇组的31家成员单位参加会议。杨浦区五角场街道总工会、闵行区梅陇镇总工会、浦东新区潍坊新村街道总工会、黄浦区外滩街道总工会等，围绕街镇工会改革推进情况、遇到的问题及对策建议，进行交流发言。会上，25名基层调研点街镇组成员单位工会干部被聘为市总工会特约信息员。（邹卫民）

全国总工会主席李建国赴洋山深水港区调研慰问（张晨琦）

【李建国赴洋山深水港区调研慰问】 11月17日，中共中央政治局委员、中华全国总工会主席李建国一行到洋山深水港区考察慰问。中华全国总工会党组书记、副主席、书记处第一书记李玉赋，上海市委副书记、常务副市长应勇，市人大常委会副主任、市总工会主席、党组书记洪浩陪同考察。上港集团党委书记、董事长陈戌源在洋山港的上海盛东国际集装箱码头公司陪同李建国参观展示中心和中控室，并在盛东公司召开座谈会。座谈会上陈戌源介绍了上港集团的经营发展、洋山深水港四期自动化码头建设以及上港集团党建等方面的情况，上港集团工会主席庄晓晴介绍了上港集团工会工作情况。李建国对上港集团近年来改革发展以及洋山深水港区建设营运的成绩，尤其是洋山四期的开发建设表示充分肯定，并对上港集团工会开展的职工实事工程表示赞扬，希望上港集团进一步赋予和弘扬新时期的企业文化，解放思想、开拓进取，凭着努力、智慧和创造，拿下更多的世界第一，为国际航运中心建设和中华民族的伟大复兴做出更大贡献。会后李建国前往码头现场，亲切慰问了全国劳动模范、桥吊司机张彦等员工代表，并与一线工人亲切交流。（张晨琦）

【焦开河调研嘉定工会工作】 10月25日，全国总工会副主席、书记处书记、党组成员焦开河一行，在市总工会副主席姜海涛陪同下调研嘉定工会工作，并视察嘉定区工人文化宫。嘉定区委副书记周金林，区人大常委会副主任、区总工会主席陆晞，区总工会党组书记、副主席金伟荣及区总工会主席室全体成员参加调研活动。调研中，嘉定区总工会分别从基本情况、服务体系、“十大”公益项目、特色活动等4个方面，汇报嘉定区总工会依托嘉定区工人文化宫载体，在促进职工文化繁荣、推进职工文化建设以及引领职工，成为职工文化建设、素质建设主阵地所作的工作及努力。焦开河充分肯定了嘉定区委、区政府在大力支持嘉定工会事业发展和工人文化宫运作上的举措，同时肯定了嘉定区总工会及下属事业单位在开展职工群体性教育、活动、福利方面的各项工作。他表示，嘉定工会工作的经验和工人文化宫的运作模式值得学习借鉴，希望嘉定工会进一步创新发展，保持生命力。（黄点点）

【徐逸波调研市职保中心、市职保会】 3月10日，市政协副主席徐逸波等一行赴市职保中心、市职保会调研。徐逸波一行先视察办事大厅标准化建设情况，现场观摩办理参保、给付手续的操作流程，随后听取市职保中心主任顾学庆的工作汇报。徐逸波在听取了相关介绍后表示：市总工会在职工群众中的影响力、向心力越来越强，开展职工互助保障活动，体现了“我为人人，人人为我”的互助互济精神，提高了职工抵御疾病风险的能力，降低了因病致贫的概率，是为市委、市政府分忧。他希望市职保中心、市职保会不断自我完善，坚持创新发展，把这项惠民利民的实事做实、做优、做强。（顾艳斐）

【洪浩赴顾村镇总工会调研】 4月13日，市人大常委会副主任、市总工会主席洪浩一行，到宝山区顾村镇总工会进行调研，听取顾村镇总工会贯彻落实群团改革工作情况，并与4名非公企业工会主席进行一对一座谈。宝山区总工会党组书记、常务副主席吴华朗汇报了宝山区总工会贯彻落实群团改革工作情况及下一步工作打算。宝山区人大常委会副主任、区委办主任、区总工会主席王丽燕提出工作希望。区委书记汪泓简要介绍了宝山群团改革情况，并充分肯定了顾村镇总工会的“九化”工作经验，要求在全区工会范围进行复制推广。市总工会副主席李友钟、市总秘书长宋钟蓓、宝山区委常委、组织部部长吴延风、顾村镇镇长赵平等领导参加调研。（宋　松）

【洪浩、莫负春赴松江调研非公企业工会工作】 7月22日，市人大常委会副主任、市总工会主席洪浩，市总工会党组书记莫负春一行赴松江富士康国基电子（上海）有限公司调研非公企业工会工作。洪浩一行参观了国基电子的生活区和生产区，并听取了国基电子工会所做的汇报。洪浩肯定了国基电子工会工作的成绩。他指出，非公企业工会工作要继续发扬好的理念和方法，进一步加强规范化建设，基层工会要深入到职工群众中去，为职工群众服务，在服务中实现维权，在落实工会会员权利中增强工会组织吸引力。莫负春指出，做好工会工作要实现“三个靠”。一是靠各方支持，外部要有党建带工建的支持和开发区的支持，内部要有公司资方和行政方的支持。二是靠好的理念和方法。要人性化、精准化，有针对性地服务职工。三是靠优秀的工会干部队伍。要有更多有激情、接地气的人才加入到工会干部队伍中来。（朱　慧）

【莫负春赴建工集团调研工会工作】 8月1日，市总工会党组书记莫负春，党组副书记、副主席肖堃涛，秘书长宋钟蓓等一行赴建工集团调研工会工作。集团党委书记、董事长徐征介绍了集团当前发展情况。集团党委副书记、工会主席张立新汇报了近年来集团工会坚持重大工程“三精竞赛”、坚持民主管理“十项制度”、坚持宣传教育“五项措施”、坚持服务职工“四项机制”、坚持自身建设“四管齐下”、坚持“围墙之内是一家”理念维护服务农民工，努力提高工会工作整体水平的具体做法和成效，以及在推进农民工入会工作中的探索与思考。莫负春对建工集团工会各项工作给予了充分肯定。他强调在转型发展的大背景下，各级工会要更加重视服务职工，特别要注重充分发挥工会的优势，进一步完善维权服务机制，进一步创新探索新形势下扩大农民工建会入会方式，更多地为包括农民工在内的项目一线职工办实事、做好事；要在劳动保护、安全生产等方面发挥更大作用，切实维护一线职工的生命健康权益；要继续深入开展立功竞赛、群众性技术创新、技术比武等活动，让职工焕发劳动热情、释放创造潜能，通过劳动推动企业持续发展。市总工会有关部室领导、集团工会相关人员参加调研。（余轶群）

【莫负春调研嘉定区总工会】 8月3日，市总工会党组书记莫负春、秘书长宋钟蓓一行来到嘉定区总工会调研，视察了嘉定区工人文化宫并召开座谈会。莫负春表示，嘉定区工人文化宫是工会服务全区职工的重要阵地和广大职工开展文化活动的重要场所，要充分利用现有资源，将其融入区域文化体系建设，更好地满足广大职工的文化生活需求。嘉定区委书记马春

4月13日，市人大常委会副主任、市总工会主席洪浩等在顾村镇总工会调研（宋　松）

雷、副书记周金林,区人大常委会副主任、区总工会主席陆晞等陪同调研。在调研座谈会上,陆晞汇报了嘉定工会改革情况。马春雷表示,嘉定区委长期以来一直高度重视工会工作,并将继续全力支持工会的改革发展。他指出,工会工作要体现工会组织这个"职业群体"的核心特点,要占据主阵地、履行好主责主业,保障维护好职工群众的合法权益。在群团改革推进过程中,工会要起到带头作用,切实将改革的成效体现在基层中,实现群团改革的目的。莫负春充分肯定了嘉定工会工作。针对如何开展好地区工会工作,莫负春表示,要架构好地区工会的工作体系和服务体系,有效扩大建会面,提高服务成效。要主动把工建融入到党建中,充分利用党建资源布局,来解决工会发展中的问题。

（黄点点）

【莫负春调研普陀华日服装】 8月8日,市总工会党组书记莫负春到华日服装有限公司调研座谈,慰问全国劳模、市总工会兼职副主席朱雪芹,市总工会秘书长宋钟蓓,区人大常委会副主任、区总工会主席欧阳萍参加调研。在听取了解企业生产经营状况、农民工最关注最急需工会帮助解决的问题后,莫负春希望区国资委高度重视企业经营遇到的困境,充分发挥好"朱雪芹"品牌作用,切实履行工会组织主责主业,关注好、维护好农民工合法权益。（陆 蕾）

【莫负春调研市职保中心、市职保会】 8月8日,市总工会党组书记莫负春赴市职保中心、市职保会调研职工互助保障工作,市总工会副主席侯继军、秘书长宋钟蓓等参加了调研。在听取了市职保中心、市职保会的工作汇报后,莫负春肯定了职工互助保障工作的成效。对进一步推动互助保障事业发展,提出3点要求:一要坚持服务大局,紧紧围绕群团改革的要求,更好地服务基层,服务职工。二要坚持在服务中体现功能,充分发挥互助保障的互济功能、窗口功能和带动功能,直接有效地服务职工,成为基层工会发挥作用的保障和支撑之一。三要坚持推进改革,大力组织非公企业职工参加互助保障,在保持稳健运行的前提下,继续扩大互助保障规模,丰富保障项目,提高保障力度。（顾艳斐）

【莫负春调研百联工会工作】 8月9日,市总工会党组书记莫负春赴百联集团调研,市总工会党组副书记、副主席肖堃涛,市总工会秘书长宋钟蓓等随行。莫负春听取了集团党委副书记王志刚对百联情况的介绍以及集团工会副主席李书鸿对百联工会工作的汇报后,认为百联业态全、规模大、从业人员多,工会组织大有用武之地。莫负春希望百联工会在企业转型调整的进程中进一步做好两方面工作,一是促进和服务企业发展,引导职工增强主体责任感,要通过持续开展各类劳动竞赛、表彰宣传劳模先进等工作,增强职工的积极性。二是维护职工权益,依托百联较为完整的工会体系和较为完善的职代会制度,及时了解职工思想状况,引导职工理性维权,合理对待企业调整,同时探索研究具有百联特色的用工形式。（姜 杰）

【莫负春等调研市工人文化宫】 8月9日,市总工会党组书记莫负春、巡视员杜仁伟、秘书长宋钟蓓等一行赴市工人文化宫调研,视察市宫公共服务设施与场馆。莫负春指出,希望文化宫不忘核心职能,不断开拓创新。一是聚焦主业。紧紧围绕职工,紧密贴近职工需求和时代需要,为广大职工提供所需要的文化产品。二是抓住机遇。抓住群团改革机遇,争取把工人文化宫纳入区域公共文化体系;抓住工会系统产业和事业发展重要机遇,借鉴上海同类机构(艺术团队、艺术院团、文化团体)在发展过程中经验,进一步改革创新;抓住沪西文化宫重建机遇,深度介入,做好新宫功能定位。三是完善机制。进一步完善内部运作机制、上下联动机制和社会化合作机制,充分调动职工积极性,发挥好基层职工作用,运用好社会文化资源,共同帮助工会事业发展。四是提高能力。提高市宫团队自身的服务能力、统筹能力和创新能力,创造适应新时代需要的文化模式。（施杨欢）

【莫负春赴市绿化市容行业与一线职工调研座谈】 8月12日,市总工会党组书记莫负春在出席全总文工团慰问上海市绿化市容行业职工专项演出结束后,就行业工会工作运行和职工工资福利待遇保障等情况与行业工会、一线职工代表交流座谈,市绿化市容局党组书记、局长陆月星出席会议。莫负春在调研时强调,环卫事业是城市建设的重要组成部分,要动员全社会力量给予环卫工人更多的尊重和关心,进一步发挥工会对劳动者的保护作用,改善劳动者在劳动过程中的保障条件,同时要研究梳理行业工会在工会体系中的作用发挥。市绿化市容局工会、市绿化市容行业工会主席肖龙根汇报了市绿化市容行业工会的组织体制、行业工会近年来所做的主要工作以及行业工会面临的主要问题。市总工会、市绿化市容局相关部门领导参加了会议。（耿 静）

【莫负春调研市教育工会】 8月17日,市总工会党组书记莫负春,党组副书记、副主席肖堃涛等赴市教育工会调研座谈。调研座谈中,市教卫工作党委副书记、市教育工会主席沈炜做了题为《牢记使命 回应需求——积极助力上海教育事业改革发展》的教育系统工会工作汇报。复旦大学和华东理工大学的工会常务副主席代表基层工会介绍学校工会在改革中搭建新载体、用好信息技术创新工作方法的经验体会,交流了当前推动深化改革中面临的困惑和压力。莫负春肯定了教育工会当前的工作,并提出5点希望:一是围绕大局,有所作为;二是维护权益,反映诉求;三是夯实基层,创新工作;四是深化民主,扩大覆盖;五是发挥优势,服务社会。（张 芳）

【莫负春等调研静安工会工作】 8月25日,市总工会党组书记莫负春,党组副书记、副主席肖堃涛,秘书长宋钟蓓等来静安区调研工会工作。区委书记安路生,区人大常委会副主任、区总工会主席叶坚华,区总工会党组书记、副主席郑志勇,区总工会副主席谭振勇等参加调研。市总工会领导视察和调研了静安区白领驿家、凯迪克大厦、七浦路工会服务点的工会工作开展情况。座谈会上,叶坚华汇报了静安区总工会"撤二建一"以来,在加强原两区工会工作深度融合,着力推进工会群团改革等方面的工作情况,并介绍

8 月 25 日，市总工会党组书记莫负春等在静安调研 （裘梅芳）

了在楼宇工会建设、企业体制外职工入会、服务职工服务基层等方面的经验和做法。莫负春对区总工会在加快两区融合、全力推进工会群团改革的同时，切实有效地做好工会各项工作，并不断保留和开创自身的工作特色，给予高度肯定。同时他对工会的组织形式、工作方式以及党建带工建、工会自身作用发挥等方面提出要求。（蒋康乐）

【肖堃涛调研宝山工会改革工作】 6 月 24 日，市总工会党组副书记、副主席肖堃涛一行赴宝山区总工会，调研宝山工会改革推进工作。宝山区人大常委会副主任、区总工会主席王丽燕介绍了宝山区工会改革情况，顾村镇总工会主席吴振祥就顾村镇试点非公企业工会改革情况作了说明。肖堃涛对宝山区贯彻群团改革精神、推进工会改革的举措及取得的成效表示肯定，提出下阶段的改革中，要进一步在打通服务职工的“最后一公里”方面下功夫，推动非公企业“建起来、转起来、活起来”，不断夯实工会基础；要进一步在围绕职工建会方面下功夫，不断探索职工单体入会、网上入会等形式，增强工会在职工中的影响力和凝聚力；要进一步在履行工会维权主业主责方面下功夫，面向不同职工群体的不同需求开展有针对性的服务，以工会工作的有效作为激发各级工会活力，提升职工群众的获得感和感受度；要进一步在打造职业化社会化工会工作者方面下功夫，努力建设一支贴近职工、贴近基层的工会工作队伍。（邹卫民）

【肖堃涛赴长宁调研群团改革工作】 12 月 8 日，市总工会党组副书记、副主席肖堃涛到长宁调研群团改革工作。长宁区委副书记韩志强，区人大常委会副主任、总工会主席刘英，区总工会党组书记、副主席邱刚，新华街道党工委书记陆敏等出席调研。调研中，肖堃涛强调，工会改革要加大力度继续推进，逐步完善，进一步推动“三转”显示成果。一是要坚持党的领导，树立“跟党走”的意识，为党分忧；二是要明确维权主责，建立工会协调劳动关系“四位一体”的工作体系；三是要夯实基层建设，打通服务职工“最后一公里”；四是要创新工作方法，用网络化、新媒体的方式更好地增强对职工的吸引力；五是要不断加大服务职工、服务基层的力度，提升职工群众的“获得感”；六是要在自身建设上下功夫，配备好街镇一级的工会工作者。（周　君）

【全总基层建设部调研长宁党群工作者队伍建设情况】 5 月 25 日，全国总工会基层建设部副部长王英赴长宁区新华路街道总工会调研党群工作者队伍建设情况。王英充分肯定长宁区总工会及新华路街道总工会专职党群工作者同时履行社会化工会工作者职责这一做法，并希望长宁区能继续就完善“党工职责一肩挑，党工工作一口进，党建工建一起抓”的格局，形成可推广的经验。（周　君）

【静安区委书记安路生等调研区工会工作】 11 月 7 日，静安区委书记安路生、区委副书记顾云豪等一行到区总工会调研工作。区人大常委会副主任、区总工会主席叶坚华等区总工会领导班子成员参加调研座谈。叶坚华就 2016 年以来工会工作开展情况，及明年工会工作初步设想和原两区工会工作所形成的特色，向区委领导作了汇报。听取汇报后，安路生指出要着力打造一支过硬的工会干部队伍。区总工会班子领导要充分发挥好各自的作用，合力提升工作效能；要切实加强基层工会组织建设，做到“小机关、强基层、全覆盖”。针对非公企业职工占比高的情况，建立条块结合、行业联合、重心下移、全面覆盖的工作机制。继续推行党建带群建，从组织构架上保障党建工建全覆盖；要做好服务与激发两篇文章。通过服务调动广大职工的积极性、主动性，促进企业发展和经济社会的发展。要建设好“职工之家”，扩大基层服务站点建设，解决职工实际困难。要激发职工群众发挥主力军作用，在开展“六比六赛”劳动竞赛过程中宣扬劳模、工匠精神，树立典型，并从区层面培育和评选一批标兵和先进。（蒋康乐）

【嘉定区委书记马春雷调研区总工会工作】 3 月 4 日，嘉定区委书记马春雷赴区总工会调研工会工作并视察区工人文化宫。马春雷在调研座谈中充分肯定了嘉定工会工作，特别指出劳资矛盾预警平台建设等工作被全总、市总认可并推广非常不容易，要求嘉定工会在群团改革中发挥主力军作用。他对嘉定工会提出 3 点要求：一是要以改革为契机，切实增强工会组织凝聚力和活力；二是要以维护职工权益为核心，切实增强服务的实效；三是要以职工需求为导向，切实增强工作和服务的针对性。马春雷还指出，工会要切实承担起群团改革的主力军作用，在改革中为团委、妇联等群团组织提供更多帮助，在服务阵地、内容上开放整合。区委副书记周金林陪同调研并讲话，对嘉定工会工作给予了充

分肯定。区人大常委会副主任、区总工会主席陆晞陪同调研，区总工会领导班子全体成员参加了调研座谈会。（黄点点）

【金山区委书记赵卫星调研区总工会工作】 10月10日，金山区委书记赵卫星到区总工会开展工作调研，区委办、区政研室等相关职能部门负责人陪同。区人大常委会副主任、区总工会主席朱喜林及区总工会领导班子全体成员参与调研。朱喜林介绍了全区工会概况和区总机关、工人文化宫改革情况，汇报了区总工会2013年换届以来开展的主要工作情况和下一步围绕“四个面向、四个增强”开展工作的目标计划。赵卫星对区总工会工作予以肯定，强调工会工作要结合“四个面向”不断深化工作方式方法，在面向基层上，工作内容要更贴近基层一线，进一步提高工会覆盖面、消灭空白点、提高有效性，在改革完成硬件建设任务的“物理方式”基础上起好“化学反应”；在面向群众上，兼顾好各层面、各类型的职工群体，处理好小众和大众之间的关系，畅通基层一线反映情况的渠道，为党委政府制订决策提供参谋；在面向社会上，要从工作理念、工作作风上转变方式方法，树立好社会形象，引导发挥社会正能量；在面向区域上，要围绕中心、服务大局，发挥好工会的桥梁纽带作用。（钱海东）

【杜仁伟调研松江工会工作】 5月13日，市总工会巡视员杜仁伟等一行到松江富士康科技集团园区参观并进行实地调研，听取了企业工会主席的工会工作报告。调研围绕基层一线职工需求、工会下阶段工作思路与打算、网上工会建设实施方案等主题展开交流。（朱慧 杨韵）

【何惠娟调研松江工会工作】 7月8日，市总工会副主席何惠娟一行调研松江区总工会非公企业工会工作。松江区总工会汇报了区总工会改革情况及区总工会机构设置和运转情况，并对推动非公企业工会运作提出了建设性的建议。调研组人员来到国基电子有限公司，听取国基电子工会工作介绍。随后的座谈会上，由开发区、新桥镇、佘山镇总工会的副主席及下属的3个非公企业工会主席从不同角度，汇报非公企业在建会、经费收缴、及工作运作过程中的困难和问题。（朱慧 杨韵）

【姜海涛调研青浦工会法律援助工作】 7月14日，市总工会副主席姜海涛一行赴青浦，专题调研工会法律援助工作开展情况。会上，青浦区总工会、香花桥街道总工会、华新镇总工会介绍了在维护职工合法权益、开展工会法律援助工作等方面情况，并就工作中碰到的实际问题与市总领导交流沟通。姜海涛在听取大家发言后指出，维护职工合法权益是工会的主业主责，建设具有可操作性的维护体系是维护职工合法权益的核心问题。要注重正向推进与反向倒逼相结合，一方面要积极支持企业成立调解组织，指导帮助在企业内建立规范有效的维护体系；另一方面要关注调处过程中职工权益的维护及后续三项基础工作跟进，特别是要重点关注个体职工被侵权的行为是否涉及到其他职工群体，通过举一反三，及时发现群体性劳资纠纷隐患，并对其预防和化解工作予以督促整改。（朱建强）

【姜海涛调研静安工会工作】 11月17日，市总工会副主席姜海涛一行到静安区总工会开展农民工入会和服务工作调研督查，重点了解农民工入会和服务工作的进展情况、特色做法和遇到的困难问题及建议。调研中，区总工会介绍了“撤二建一”和群团改革情况以及静安工会工作特色和明年工作设想。姜海涛指出，机构、人员调整只是群团改革迈出的第一步，要落实“转职能、转方式、转作风”要求，不断夯实基层工会组织基础，注重资源、力量下沉，通过体制外入会、维权帮扶等举措倒逼做好农民工入会和服务工作，真正使基层工会建起来、转起来、活起来。（王立成）

【宋钟蓓调研青浦工会工作】 3月25日，市总工会秘书长宋钟蓓一行赴青浦调研督查《工会预防化解群体性劳资纠纷履职情况通报方案》实施情况。宋钟蓓在听取青浦区总工会专题汇报后指出，青浦工会认真推进“亮灯通报工作”，在控制、处置群体性劳资纠纷过程中做了大量工作，取得了明显的效果，有效促进了组建、集体协商、职代会三项基础工作深入开展。她强调，各级工会组织要明确定位，突出主业主责，积极主动维护好职工群众各方面的权益。（朱建强）

工运研究会

【概要】 2016年，市工运研究会筹备换届、日常工作两手推进，进一步完善规章制度，有序推进各项工作。一是进一步完善学会组织领导。在挂靠单位上海市总工会的指导下，贯彻上海工会群团改革精神，调整完善研究会新一届领导班子架构，为2017年学会换届奠定基础。二是进一步完善学会管理制度。根据换届要求及规范学会管理，进一步对学会规章制度进行梳理完善。三是以课题研究为中心，有序开展学会各项工作。包括面向各专业学科委员会及其他会员单位，开展研究会课题招标立项工作，确立9个招标课题，均形成调研成果，汇编《2016年工运研究会招标课题调研报告集》；组织2015年度上海优秀工运论文、调查报告评比工作，汇编年度优秀工运论文集；开展2016年度市工运研究会优秀团体会员评比，推动会员加强理论研究与工作研究；编辑出版内部调研交流刊物《上海工运研究》、《上海工运研究·资料专辑》各12期，免费向会员赠阅；结合上海工会群团改革等工会重点工作，开展系列课题调研，承接中华全国总工会工会理论研究会的委托课题《关于新形势工会改革问题研究》，为工会改革发展建言献策；加强与兄弟学会的交流协作，与上海市劳动保障学会、上海市人才研究会、市企业联合会等联合开展“中国劳动力市场灵活性和安全性研讨会”，就劳动领域热点问题开展研讨交流；积极参加市社联、市社团局组织的各项活动与培训。（邹卫民）

【浦东新区总工会工运研究会推进理论研究与调查研究】 浦东新区总工会工运研究会坚持发挥工运理论研究在指导推动工会工作发展、推进工会组织改革创新、提高工会干部队伍素质和工会工作水平等方面的重要作用，一是准确把握工运理论研究方向。坚持问题导向、理论联系实际，把党政关注的焦点、职工反映的热点、工会工作的难点作为研究的重点，着力贯彻中央党的群团工作会议精神，做好进一步增强“三性”、去除“四化”问题研究。二是深入基层一线调研。设立“爱心妈咪小屋”建设运行、职工法律援助实施、网上工会工作等10项区总委托课题，由区总主要负责人牵头，深入基层开展调查研究。三是着力凸显理论研究成果实效。高度重视研究成果的转化和宣传普及，推动优秀工会调查研究和理论研究成果大众化，转化为推动党政支持和改进工会工作的决策参考。（邹卫民）

【杨浦区总工会工运研究会围绕工会改革主线开展调查研究工作】 一是根据工会改革主线确定重点调研课题，引导全区各级工会广泛开展调研。承接市总委托调研课题《关于职工服务站建设与运行状况的调研》；面向区域所辖工会，下发调查研究工作通知，2015—2016年完成调研课题132篇。二是认真组织调研课题评审。每年对调研课题形成的报告成果，组织专家进行前后三轮评审，对优秀成果进行奖励。三是积极推动调研成果转化。对调研中发现的涉及职工切身利益的问题及时向党委、政府报送；通过市总工会《专报》《简报》《上海工运理论研究》和《杨浦论坛》等载体，宣传推广调研成果；把事关工会改革的研究成果切实转化为领导决策、工作思路、政策措施、创新方法，转化为工会改革的具体行动。（邹卫民）

【闵行区召开工会工作研究会年会】 3月30日，闵行区工会工作研究会召开2016年会。会议提出要聚焦工会的热点难点问题，深入开展专项课题调研，在实际工作中发现工会工作的规律，用研究工作推动工会工作的发展。会上进一步明确了当前研究会工会理论研究工作的重点：一是围绕区委重点工作开展工作调研，二是围绕创新创效项目开展工作调研，三是围绕三方协商议题开展工作调研。会议表彰了2016年度闵行区工会优秀调研报告（论文），三家获奖单位分别从职代会制度建设、维护职工权益和劳动关系和谐企业创建的角度进行交流发言。2016年度区工会工作理论研究收到基层单位上报调查报告（论文）69篇，评选产生一等奖5篇、二等奖10篇、三等奖15篇、鼓励奖39篇，在对基层申报的调研课题进行审核汇总的同时，组织系统工会干部和有关专家的联合评审，开展论文研讨交流，促进成果转化。（王　凯）

【闵行区工会工作研究会助推工会改革创新发展】 一是服务区委“推进群团改革试点”重点工作，承担“围绕保持和增强群团组织政治性、先进性、群众性这条主线，着力解决‘四化’突出问题，有序推进改革试点”的课题任务；同时，以《推进群团改革试点》为主题，申报区委创新创效项目，先后形成《闵行区创新运行机制》《在群团改革中履行工会主责主业凸显工会作用影响》《坚持“三性”要求，全力推进工会改革工作》等一系列调研成果。二是聚集改革难点问题，开展专项课题调研。先后开展工会基层服务站建设及运行机制研究、非公企业工会主席能力训练体系探索、试点搞活非公企业工会工作等专项调研。三是提升改革服务意识，加强研究会自身建设。不断规范研究会工作流程，完善研究调研队伍建设，结合工会改革热点，利用微信平台组建“改革坛”调研群，形成区、镇（街道、工业区）、村（居）委、企业四级调研网络。（邹卫民）

【机电工会工运研究会以课题调研促成果转化】 2016年，机电工会工运研究会结合企业改革发展、职工思想和工会工作实际，重点开展了转改制企业和非控股企业劳动关系状况调研、工匠精神宣传贯彻落地调研，均形成调研成果与调研报告，其中关于工匠精神宣传贯彻落地的调研报告引起集团的高度重视，根据调研形成的相关成果，集团对培养技术工人、培育工匠作出制度性安排。同时，研究会在集团全系统中组织开展课题调研和工运论文征集评比活动，2016年提出推进改革中职工合法权益、加强和谐劳动关系建设、探索“互联网+工会”等18个课题，全年累计征集优秀调研报告与论文56篇，评选出优秀论文24篇。（邹卫民）

【航天局工会工运研究会以课题为引领深化调研】 航天局工会工运研究会在2016年的理论研究中，围绕贯彻落实党的群团工作会议精神，研究探索新形势下工会工作的发展创新，将航天局20余家单位分成8个重点研究课题组，以多元投资公司工会组织与活力激发、如何管理用好工会经费、深化改革改革中工会组织在民主管理与职工维权中的作用发挥、工会工作如何有效利用“互联网+”平台等专题，组织开展调研。各课题组由一名局工会党委任课题组长，其他研究所、厂作为成员单位，研究会工作人员担任联系人，并吸引其他工会干部加入，定期开展调研主题活动，在集中力量做好课题调研的同时，促进了基层工会间的工作共享交流，形成的调研成果推进了相关工作的开展。（邹卫民）

【运输工会工运研究会强化课题调研助推创新发展】 一是聚焦重点确立规划。年初制订全年理论学习与课题研究计划，围绕群团改革、工会工作法制化、深化创新立功竞赛、推进职工素质工程、发挥劳模先进引领作用等，确立八大类的课题研究计划。二是成立专题课题组深化调研。由运输工会主席班子牵头，会同相关单位工会主席，成立3个专题调研课题小组，通过与基层工会开展共学会、组织主题研讨会等形式，进行系列调研，形成调研报告。三是加强研究成果的交流共享与推广运用。结合课题研究，深化工会法制化建设，与北京大成（上海）律师事务所联合举办工会主席法务沙龙；强化成果的宣传，全年编写运输工会情况信息40多期，《上海交运》报、运输工会微信群和SJY网宣小组用新媒体指导工会工作，取得良好反响。（邹卫民）

【市卫生计生系统工会工作理论研究会召开第十九届年会】 3月31日，市卫生计生系统工会工作理论研究会第十九届年会在上海市疾病预防控制中心举行。市总工会副主席李友钟出席会议并讲话。市医务工会常务副主席、理论研究会会长张浩在会上作第十九届年会工作报告。本届年会收到来自13个区县医务工会、23家基层工会推荐的127篇论文。经评审，华山医院工会苏家春的《上海市三甲医院临床医务人员职业压力与倦怠状况及心理健康援助对策研究》等5篇论文获一等奖；市第一人民医院吕雯倩的《我院员工敬业度的影响因素及提升对策探讨》等10篇论文获二等奖；华东疗养院王燕的《新形势下进一步深化基层院务公开民主管理的途径》等15篇论文获三等奖；另有36篇论文获得入围奖。会上，华山医院工会、第十人民医院工会、市儿童医院工会分别作交流发言。（柯 婷）

【卫生系统工会工作理论研究会以理论研究提升工会工作实效】 一是坚持目标导向，强化学会建设。年初制订工作目标，有序规划调研工作；设置重点课题和委托课题，每年在全系统工会中开展工会理论课题招标工作；每年召开上海市卫生计生系统工会理论研究年会，开展理论研究征文评比。二是坚持需求导向，从职工视角推进调研。力求从医务行业发展实际、职工队伍状况、职工需求实际出发，设置课题，开展调研，摸清实情，开展《新医改前后医务职工工作满意度差异的调查分析》等调研。三是坚持问题导向，助推工会工作创新发展。借助理论研究平台，梳理查找工作薄弱环节，剖析瓶颈，分析对策，提出建议，力求将调研成果转化为解决实际问题的良策，在《新医改背景下网上职代会管理平台的实践》成果下推出的“网上职代会”，有效改进了传统职代会的组织效率。（邹卫民）

【上海大学工会工运研究会整合高校资源深化理论研究】 上海大学工会工运研究会充分利用高校阵地优势，整合资源力量，依托校院两级工会组织，吸收社会学、法学、政治学、经济学、管理学等学科的专家、教授共同参与工会调查研究工作，有效拓展了学会理论研究的视野、宽度与深度。一是探索借助学科专家力量联合开展课题研究，承接市总工会委托调研课题，形成中期研究成果。二是发挥牵头单位作用，开展好基层调研点活动。作为市总基层调研点事业单位组组长单位，于10月中旬组织基层调研点事业组各成员单位在中科院上海分院开展交流研讨活动。三是加强学会管理，夯实研究会各项建设。每年定期组织讲座、研讨，开展征文活动，研究会理论研究成果多次获全国、上海市课题项目奖项。（邹卫民）

【上海工会管理职业学院学报《工会理论研究》获得多项荣誉】 9月，学院学报《工会理论研究》被全国高职成高学报研究会评为“2016年全国高职成高学报核心期刊”。同时，期刊的“热点透视”栏目被评为特色栏目，期刊的主编朱懂理被评为优秀主编。近年来，学报密切关注上海工会改革创新实践，紧紧围绕中国特色社会主义工会理论体系建设，积极发挥理论探索和先导作用，致力于在稿件质量、编辑精准度以及版面设计上进行全面的提升，力争做到稿件严格筛选、编辑准确规范、版面设计美观大方。此次获得高职成高类学报的最高荣誉，既是对学报以往办刊努力的肯定，也是对进一步提高期刊水平的激励。（徐振珏）

优秀论文

论文题目：迎接“互联网+”浪潮，浦东新区探索网上工会建设

作者：浦东新区总工会

内容摘要：报告总结了浦东新区探索“互联网+”工会转型升级的发展现状，认为当前工会工作“工会大数据”的价值尚未得到开发，线上线下的融合仍处于初浅层面的探索阶段，主要存在的问题表现为：平台建设力度仍不足，人力配备显欠缺，体制机制需再造，统一规划待加强，“互联网+”理念需普及。报告提出，要形成网上网下深度融合、互相联动的工会工作格局，需要整合工会系统网络资源，创建工会工作网上平台，发挥大数据、新媒体作用，建设统一完整、功能完善、技术先进、安全可靠的工会信息化体系，积极打造工会系统服务职工的网络载体，加强与职工群众的网上互动。在具体措施上，报告提出4点建议：一是加强“互联网+”时代的工会人才队伍建设，二是建设工会信息化制度，三是建设“互联网+”工会工作管理平台，四是有效整合工会内外资源。（邹卫民）

论文题目：宝山区非公企业劳动竞赛调研报告

作者：宝山区总工会

内容摘要：报告对宝山区非公企业开展劳动竞赛的现状和问题进行研究分析，形成调研报告。报告认为，当前非公企业开展劳动竞赛与国有企业相比仍有一定差异，存在的主要问题是：部分非公企业业主和职工对劳动竞赛的认识存在差异，有些企业态度较为消极；劳动竞赛的内容和范围存在局限性，没有实现从传统体力型竞赛向智力型竞赛、从单纯生产型竞赛向生产经营复合型的转变；劳动竞赛后续工作未被重视，将劳动竞赛成果转化为实际生产力的推广与应用不足，导致竞赛缺乏实际成效。报告提出三方面对策建议：一是突出基层，增强参与对象、活动领域的广泛性，全面提高劳动竞赛的广泛性；二是突出重点，坚持需求导向、问题导向和项目导向，切实加强劳动竞赛的实效性；三是突出管理，多方合作，统筹协调，不断增进劳动竞赛的科学性。（邹卫民）

论文题目：关于崇明职工需求状况调查的调研

作者：崇明区总工会

内容摘要：崇明区总工会牵头区人社局、工商联、市场监督管理局，选取80家基层单位、600余名职工，调查了解当前职工群众最关心最直接最现实的利益需求问题，形成调研报告。报告表明，从共性需求看，所有职工群体最关心最直接最现实的利益问题是工资收入、医疗、教育、民主权利等问题。从个性需求看，不同所有制企业职工、不同身份职工的关注点各有不同，国有企业职工更加关心职业成长、精神文化以及改革发展等社会问题；非公企业职工更加关心就业岗位、安全卫生以及精神文化问题；农民工更加关心社会保障、基本公共服务、职业安全以及社会公平等问题。据此，报告提出四方面对策建议，一是努力提高职工群众工资收入，健全劳资利益共享、共同发展的机制，健全职工工资决定和正常增长机制。二是大力推进社会保障体系建设，加快推进医疗、教育、文化等社会保障和民生事业发展。三是全面推进安全生产劳动保护工作，充分发挥工会群众性安全生产监督作

用。四是加快建设服务职工工作体系,创新服务职工的内容和方式,更好地满足职工群众的多层次需求。

(邹卫民)

论文题目:上海纺织制造企业职工技能培训专项调研分析

作者:纺织工会

内容摘要:纺织工会通过问卷调查、座谈调查等方式,对集团10家制造企职工技能培训现状开展调研,形成调查报告。报告显示,131名被调查对象中,96人持有等级证书,其中初级工33人,中级工34人,高级工17人,技师及以上12人;在参与培训情况上,职工主动参与培训的9人,企业安排培训的70人,其中参加企业内部培训的47人,社会培训机构培训的32人。从职工对企业培训效果反馈的情况看,职工最感兴趣的培训形式是岗位练兵和劳动竞赛,从调研反映的问题看,主要集中在:培训的目的性不够明确,培训的内容针对性缺乏,对培训的效果急于求成。报告提出三方面意见建议:一是充分认清技能提升对企业发展的意义和价值,抓好培训顶层设计;二是通过创新和调整方式和方法,突破培训的针对性、有效性的瓶颈;三是利用企业、集团自身优势,为职工技能培训与技能提升搭好平台、畅通渠道,做好服务。 (邹卫民)

论文题目:建设交通系统职工思想状况及发展需求调查

作者:建设交通工会

内容摘要:市建设交通工会联合上海社会科学院开展了建设交通系统职工思想状况及发展需求调查。通过对4861份有效问卷的数据和7个座谈会情况分析,了解系统职工对工作单位、改革改制、薪酬待遇、权益保障等的感受,形成调研报告。报告显示,被调查职工对所在单位总体满意,九成职工对单位改革、改制基本持肯定态度,多数职工对企业薪酬分配制度表示认可,职工对合法权益维护的满意度超过八成。同时职工表示,难以兼顾工作与家庭是当前面临的最大困难,其次是经济压力和职业发展。在调查中,职工提出:希望单位进一步完善管理机制,理顺改革、改制后各项制度及运作;希望单位工会进一步发挥民主监督职能,代表职工反映问题和需求,提升服务性与活力;希望上级单位进一步整合资源,加强系统内单位之间的沟通交流与业务培训,积极向有关部门反映职工关于探亲假、落户、福利待遇等政策想法和建议,不断提升职工的获得性、归属感和职业幸福感。 (邹卫民)

论文题目:集团属地化职工特征诉求与分析

作者:建工集团工会

内容摘要:为了解上海建工集团实施“全国化”“全产业链”“全生命周期”战略背景下,包括在沪外招聘、与集团各单位签订劳动合同并以招聘所在城市为主要工作地点的集团属地化职工群体的现状、诉求,建工集团工会通过问卷、座谈、访谈等方式,对属地化职工群体展开专题调研,形成调研报告。调查显示,当前属地化职工具有“新进职工多、成熟职工少,高学历多、高职称少,基础岗位多、领军人物少”的特点,“异地工作”比例接近50%。从这部分人群面临的主要困难与诉求看,在日常生活上,普遍面临住房、婚恋、子女教育等现实困难;在实际工作中,普遍在技能提升、职称评审和享受社保等方面存在不便;在身份认同上,部分用工方式为劳务派遣制,制约了属地化职工的发展积极性;在文化融合上,对于进一步获取信息和舞台、增强自身归属感抱有较高期待。报告提出如下建议:进一步加强对企业文化和品牌认同的培育力度,增强属地化职工的归属感;有针对性地帮助解决属地化职工的实际困难;在属地化人才建设中进一步发挥工会组织作用。

(邹卫民)

论文题目:运用新媒体推进基层工会工作创新发展的调查研究

作者:医务工会

内容摘要:报告对本市医务系统近年来开展的网上工会建设状况进行调研分析,并从职工角度调查了解对工会新媒体的感知情况,分析问题,提出建议。调查发现,职工最希望医院工会微信公众号发布的内容比重较大的为工会相关政策和动向,技能培训、学习讲座,各类专属优惠及线下活动等。而职工最希望工会微信账号实现的服务包括各类业务办理流程查询、院务公开查询、各类活动线上报名等。报告认为,当前职工利用新媒体交流互动、表达思想情绪的意愿日益增强;工会探索设立微信公众号的初衷与职工关注动机总体吻合;微信公众平台建设需兼顾信息标题和注重内容,同时拓展功能的开发;提高微信公众号关注率要找准服务群体和薄弱环节,对症持续改进。基于此,报告5点建议:一要健全完善工会新媒体运行的长效机制;二要培育一支善用新媒体的工会干部队伍;三要深挖服务职能,打造职工“身边的工会”;四要在工会新媒体运行维护中力求做到“快、准、常、新”;五要努力提高工会微信公众号关注率和粘性。 (邹卫民)

论文题目:市级机关系统劳动模范(先进工作者)调研

作者:市级机关工会

内容摘要:2016年市级机关工会开展了“市级机关系统劳动模范(先进工作者)调查”,形成调研报告。报告显示,截至2016年底,市级机关系统共有劳动模范(先进工作者)376人。近年来市级机关系统劳模管理工作推进良好,但仍需长效机制做保障;劳模宣传工作方式及成效满意度较高,但也存在宣传度、知晓度不足问题;劳模培训力度与效果较好,但交流学习仍显缺乏;劳模活动组织水平较高,活动内容的针对性仍待提高;劳模评选工作表现较好,评选方式的信息技术运用还有待加强;劳模们对自身生活情况总体满意,同时在住房、体检、疗休养、医保等方面诉求突出。报告提出加强劳模工作的3点对策建议:一是进一步加强劳模宣传、培训、活动、评选工作力度,着力解决存在的短板问题;二是努力在建立健全劳模关心慰问、社会保障、困难帮扶、动态管理机制上下功夫,满足劳模生活中遇到的迫切需求;三是继续巩固业已形成的劳模工作措施办法,不断营造有利于劳模群体工作生活的良好氛围。 (邹卫民)

论文题目:关于建立完善非公企业工会主席履职激励保障机制的研究

作者:上海工会管理职业学院

内容摘要:报告认为,在非公企业中,工会主席处在决策、组织、协调和管理的重要位置，是维护职工合法权益、构建企业和谐劳动关系的主要责任人，其发挥作用如何决定着非公企业工会工作的优劣。为此，工会学院调查分析了杨浦、浦东、虹口、闵行4个区250位非公企业工会主席的状况，形成相关报告。报告显示，获得职工认可是当前非公企业工会主席履职源动力的根本，企业的需要是履职源动力的保证，有助于自身发展是履职源动力的重要方面。而目前影响本市非公企业工会主席履职的问题，集中表现为在企业中地位不对称、兼职与本职的矛盾、能力与要求不匹配等方面。据此，报告提出4点对策建议：依法开展工会活动，保障主席履职；加强培训提能力，帮助主席履职；运用适当机制，落实主席履职；细化分析需求，精准激励主席履职。（邹卫民）

论文题目：现代大学制度下高校教代会参与治理研究
作者：上海交通大学工会
内容摘要：报告阐述了高校教会参与治理的理论依据与重要性，对我国高校教代会的发展进行了历史回顾，通过问卷调查、个案剖析等形式对高校教代会现状进行分析。报告认为，当前高校教代会存在参与主体缺乏主动性、参与制度缺乏均衡性、参与层次缺乏深入性、参与议程缺乏科学性、参与载体缺乏多样性、参与管理缺乏有效性等问题。据此，报告提出参与治理视角下强化高校教代会机制的六方面改革对策：一是强化民主观念，提高教代会代表素质能力；二是推进建章立制，优化教代会制度运行环境；三是整合各方资源，全面落实教代会参与职权；四是规范决策程序，提高参与议程科学化水平；五是深化平台建设，丰富参与治理内涵载体；六是全面深化改革，注重教代会参与实效管理。

（邹卫民）

《工会理论研究》2016年要目

类　别	题　　目	作　者	期　数
理论探讨	工资集体协商制度现存问题分析及完善路径	孙海涛	2016-1
	社会治理主体建设与工会的改革与创新	刘素华	2016-2
	群体性劳动争议的劳动法解释与应对	焦　娟	2016-3
	NGO参与劳资关系治理:理论演化与研究述评	甘春华	2016-3
	供给侧结构性改革中《劳动合同法》修改问题的思考——兼对财政部部长楼继伟“三批”《劳动合同法》的回应	王全兴	2016-4
	劳管冲突:劳资关系的新现象	何玉长	2016-5
	劳动关系管理的域外经验借鉴——来自日本的启示	阳代杰	2016-5
	地方政府处置劳资群体性事件的策略分析	谢炜聪　姚仰生	2016-6
	服务型工会的内涵研究——基于对比分析的探讨	陈　超	2016-6
热点透视	深化改革:用现代理念构建劳动关系和谐国企	张喜亮	2016-1
	国企实现“四力”目标中的劳动关系新命题	张　勇	2016-1
	国企公司治理与激发职工积极性探究	朱　媚	2016-1
	多策并举强化职工素质工程建设	吴　斌	2016-1
	上海应率先推进实现更高质量就业	王大犇	2016-2
	实现上海更高质量就业措施探讨	刘社建	2016-2
	当前就业形势下工会在维护职工就业权方面的定位和作用	李洪坚	2016-2
	1945年上海就业问题一瞥	徐　迟	2016-2
	关于供给侧结构性改革与工会工作的思考	李友钟	2016-3
	供给侧改革中劳动关系的前沿问题	刘金祥　高建东	2016-3
	供给侧改革下的工会农民工工作	曹　荣	2016-3
	去产能对劳动关系的影响及工会的作用	姚仰生	2016-3
	非公企业劳动关系非规范化运行的症结及其应对	杨鹏飞	2016-4

续 表

类 别	题 目	作 者	期 数
	非公企业工会工作:探索新理念拓宽新路径——以上海自贸试验区保税区为例	王剑明	2016-4
	建模范职工之家　创和谐劳动关系——以创建模范职工之家为抓手推进非公企业和谐劳动关系建设	丁泽英	2016-4
	“非公党建”:我国化解非公企业劳资冲突的新路径	胡晓东　周浩坤	2016-4
	1930年前后上海棉织业的劳资纠纷一瞥	徐　迟	2016-4
	工人文化与重塑中国“工匠精神”	陈周旺	2016-5
	在供给侧改革背景下谈发扬“工匠精神”	曹祎遐　何文清	2016-5
	弘扬工匠精神　培养上海工匠　助力科创中心建设	上海市总工会基层工作部	2016-5
	供给侧改革与工匠精神回归	王艳霞	2016-5
	“互联网+工会”与工会干部的素质要求	李素玲	2016-6
	上海市“互联网+”工会建设探析	张　路	2016-6
	“互联网+”工会的理论与实践研究——以上海自贸区保税区工会为例	王剑明　周正言　汪　琳　戈佳捷	2016-6
	浦东新区“互联网+”工会建设的实践与思考	上海市浦东新区总工会	2016-6
工运广角	“互联网+”高校工会促进青年教师成长成才的工作刍议	单鸿涛　施一萍　王　红　刘　瑾　钱广俊	2016-1
	工会干部要“忠诚、干净、担当”开创工会工作新局面	张志亮	2016-1
	人文是竞争力　幸福是生产力——关于升级“实事工程”坐标的探索与实践	卢超英	2016-1
	关心服务离岗员工　支撑助推企业转型	董荣富	2016-1
	应用新媒体提升工会服务能力的措施探讨	黄　涛	2016-2
	建设员工诉求表达机制的实践与探讨	陈干涛	2016-2
	加强企业基层单位班组建设的思考——以上海船舶公司工会为例	贾　晶	2016-2
	职代会在企业顺利平稳搬迁中的作用探讨	唐建卫	2016-2
	国家治理转型与工会去行政化改革	陈姣姣	2016-3
	理性审视工资集体协商　助推劳动关系和谐发展	薛晓霞	2016-3
	工会开展劳动保护工作的实践与思考	郭树鸿	2016-3
	班组长职业培训的创新与实践——以上汽集团为例	蔡璐璐　崔　琦	2016-3
	化解过剩产能中的职工权益维护	刘　瑛	2016-4
	论工会干部的角色平衡与转换	陆　明	2016-4
	公共服务购买的历史与现状分析	吕　纳	2016-4
	浅析职工文体活动的成效与不足	王蓓华	2016-4

续 表

类　别	题　　目	作　者	期　数
	高校机关职工群体工作压力现状与对策研究	骆轶姝　汤跃宁 姜　涛	2016-4
	基层工会在培育和弘扬工匠精神中的作为	郑永强	2016-5
	从"供给侧"角度谈高校工会服务质量的提升——以东北大学为例	李小禾　张国联	2016-5
	关于运用网络练兵模式提升职工技能的探索与实践	刘海平	2016-5
	新形势下科研事业单位工会工作现状与思考	虞庆荣	2016-5
	浅谈心理疏导在信访工作中的实际运用	刘　玲	2016-6
	高校工会推进教职工践行社会主义核心价值观的机制探析	罗会德	2016-6
	刍议"互联网+"工会干部培训	陈晓天	2016-6
	工会在非公企业民主管理中的作用	尚春霞	2016-6
国际工运 港澳台工运	浅析韩国职工持股制度	崔春吉	2016-1
	发达国家工会职业教育培训的经验与启示(上)	张国峰	2016-2
	发达国家工会职业教育培训的经验与启示(下)	张国峰	2016-3
	台湾工党的工会政策评析	黄安余	2016-4
	日本工会的独立与联合	吴敏捷	2016-5
	西欧的德国流亡者与19世纪早期的国际工运	文　丰	
封面人物	教育追梦　播种幸福——上海市劳动模范杨荣	龚　慧	2016-1
	桃李不言　大爱无声——上海首届"社会工作十大杰出人才"获得者陈蓓丽	龚　慧	2016-2
	情系职教育人　执着追求奉献——记上海市城市科技学校校长张巨浪	龚　慧	2016-3
	中国海洋科学领域的杰出科学家——全国"五一劳动奖章"获得者周怀阳	龚　慧	2016-4
	许身孺子成伟业——全国先进教育工作者卞松泉	龚　慧	2016-5
	"全国先进工作者"孙晋良院士	上海大学工会	2016-6
工运历史	从毛泽东相关文献看1950年代的工人历史	徐　迟	2016-1
	统一战争背景下的德意志工人运动	文　丰	2016-2
	关于李大钊赤色工运理论的追溯与总结	王永玺	2016-3
	1925—1935年大生纱厂的工人运动	花　雪	2016-4
	以革命为目的——刍论安源工运中的工人教育	丁乐静	2016-5
	《劳动界》与上海工会组织	徐　迟	2016-6

2016年增刊(第一期)

类别	题目	作者	出版年月
卷首语	创新发展,不断深化和推进工会理论研究工作	上海市卫生计生系统工会理论研究会	2016-3
思想素质建设	社会主义核心价值观在医务群体中的培育研究	刘林艳　蒋超瑛　张　娟	2016-3
	品管圈在提高职工书屋图书借阅量中的应用	陆　敏　秦嗣萃　郦梦南	2016-3
工会发展建设	新形势下医院工会服务职工体系建设创新发展研究	黄　敏　张　浩　乔　蓉　何　园　徐　艳　尹晶娴　柯　婷	2016-3
	医务工会巴林特小组工作坊培训的应用实践	复旦大学附属中山医院课题组	2016-3
	上海市医务工会组织建设和干部队伍的现状分析报告	张　浩　范理宏　何　园　瞿志奇　陶建民　陶黎英　秦　艺	2016-3
	新时期工会工作有效性方法探索	吴　昱　徐立刚　杨新潮	2016-3
	和谐医院建设的思考——基层工会在解决医患纠纷中作用的探索	钱明平　左克强　袁　静　朱伟宏　丁梅生	2016-3
	健康中国梦　医务工会迈进e时代	隗　祎	2016-3
	利用新媒体提升基层医务工会文化宣传工作的策略	李　青　贾　琦	2016-3
	关于工会服务职工创新做法的研究	上海市第一人民医院分院工会理论课题组	2016-3
	在科创中心重要承载区建设中工会作用的思考与探索	江欲红　许雯俊	2016-3
	杨浦区卫生计生系统职工代表竞选与履职考核机制建设初探	江欲红　蒋　燕	2016-3
	新常态下工会维护医务职工权益工作面临的问题及对策	吴闵弟　祁新花　张　丽　朱　宏　吴恩贞	2016-3
职工队伍建设	住院医生规范化培训学员职业感知调查及影响因素分析	陈　玮　费　健　龚震晔　邵　洁　沈宇辉	2016-3
	我院员工敬业度的影响因素及提升对策探讨	吕雯倩　钱　颖　蒋　勇　颜航群　吴　昱　徐立刚　杨新潮	2016-3

续 表

类 别	题 目	作 者	出版年月
	上海市医改政策实施的满意度调研报告——上海市2所专科医院医务人员职业满意度和职业倦怠情况分析	李 敏	2016-3
	职工满意度现状及其影响因素的调查研究	唐文佳	2016-3
	上海市某三级医院护士工作压力研究	贾 环 肖 斌	2016-3
	浅议当代医务女青年之“难”及新形势下的应对策略——以龙华医院为例	张仕岚	2016-3
	关于保障公立医院医护人员休息权的几点思考——基于上海市一家三级甲等医院医护人员休息状况的调查与分析	徐坚强	2016-3
	对护理人员工作场所暴力与工作倦怠的调查分析	王 霞 金志蓉 赵宝龙 施永斌 吴 容 陆彩萍 刘 娟	2016-3
医院文化建设	基于提升职工素质的医院文化建设实践探索	蒋 勇 吕雯倩 吴 昱 颜航群 徐立刚 杨新潮	2016-3
	关于加强医院文化建设的调查报告	王海云 周 韵 李 伟	2016-3
	关于医院开展法律咨询援助服务工作的实践与探索	徐 瑾 李 娟 杨振华	2016-3
	新形势下进一步深化基层院务公开民主管理的途径	王 燕 冯爱成	2016-3
心理健康园地	基于医务员工心理健康调查的三级综合性医院EAP研究	龚震晔	2016-3
	医务职工身心健康援助对策研究	严叶霞 叶 茂 刘金兰 陈亚文 杨嘉君 孙静怡	2016-3
	试探医院工会缓解职工心理压力的渠道和方法	汤 毅 张 瑾	2016-3
	上海市三甲医院临床医务人员职业压力与倦怠状况及心理健康援助对策研究	苏家春 耿道颖 柯颖达 卢 霏 樊 琪	2016-3
	上海市院前急救从业人员心理健康现状调查及干预	葛英军 邱 洁 奚国士 季新军	2016-3
光荣榜	上海市卫生计生系统工会工作理论研究会第十九届年会获奖名单		2016-3

2016年增刊(第二期)

类 别	题 目	作 者	出版年月
特稿	关于实地实体型企业工会组织凝聚力提升的研究——基于变与应变格局下工会主席领导力分析的视角	俞莉红 陈月梅 陈 超	2016-5
履行工会主业主责	关于新形势下工会法宣工作的探索与实践研究	陈红铭 许向东 刘 芳 郑 华 马传军 李萱葳	2016-5
	转型期开发区工会工作实践与探索	王利建 叶 敏 彭文权 徐忆青 马文明 洪 园 钱吉明	2016-5
	关于新形势下激发基层工会活力的思考	马玉国 唐 玲 周洪梅 汪文建 黄 娟 徐 萍 刘 媛 周煦玲	2016-5
	聆听每一朵花开——闵行区福利企业残疾职工现状调查	陆 群 张丽君	2016-5
	“互联网+”警营文体社团建设——移动互联网时代公安工会工作的探索与实践	杨 俭 张 兴 李 明 彭正锋 赵成晓	2016-5
	农民工,我们同城的兄弟姐妹——以“工社”合作模式探索为农民工服务	骆 平 吴 莹 张万平 吴 琼 乔俊杰	2016-5
	群体性劳资矛盾的发生机理及其应对机制探讨——以闵行区为例	严春华 曹民生 于 璐 潘 婷 屠灵君 朱懿晗 汤晓峰 张纯煦	2016-5
	关于群体性劳动争议调解处置过程中工会履职和作用发挥研究	谈权飞 何顺权 李 慧 吴亦鹏 倪翠雅	2016-5
	推进新常态下机关工会职能作用的实践与思考	杨 平 闵继祥	2016-5
	在机关职工思想教育中发挥工会组织主动作用的实践与思考	杨 平 郑晓珺 闵继祥	2016-5
构建和谐劳动关系	从维护与培育的视角看创建和谐劳动关系的必要性	徐小燕 胡新民 王丹凤 王 燕 刘金城	2016-5

续 表

类别	题目	作者	出版年月
	关于深化劳动关系和谐企业创建工作的调研	金 艺 龚燕琼 曹先海 邹 正 夏婷婷	2016-5
	关于深化和谐企业、和谐园区(村、楼宇)劳动关系创建工作的调研	唐彦令 张彩萍 张佳颖	2016-5
推进集体协商职代会制度建设	关于深入推进国资委系统企业集体协商和职代会制度建设的调研	袁 飞 韩培亮 王庆华 陆 燕	2016-5
	非公企业职代会制度建设的困境与对策	瞿建国 姚国章 赵春成 王 琳	2016-5
	社区企业职工代表会大会制度化规范化现状小议	陈 斌 陈君文 施佩玉 邹香菊 刘葛部	2016-5
发挥枢纽作用创新社会治理	工会发挥枢纽型社会组织作用参与社区共治的路径研究	潘 挺 戴亚琴 陈 菡 王爱华	2016-5
	关于新常态下园区工会提增社会化职能的思考	叶龙银 夏咏梅 朱美红 朱虹萍 戴雪珍	2016-5
	关于工会发挥枢纽型社会组织作用创新社会治理加强基层建设的研究	施汉荣 张运淳 吴宝祥 贺 佳 王晓贻	2016-5
	创新社会治理下非公企业工会角色扮演与定位的实践与探索	周 瑾 崔靖妍 张 蓓 冯光泓	2016-5
	发挥工会枢纽作用、促进企业社区共同发展——颛桥镇举办"企居联动在社区、颛桥百姓得实惠"活动的实践与探索	任燕飞 张 鹏 黄慧敏 孙 洁	2016-5
	枢纽型工会建设探索:整合资源、凸显职能	黄桂芳 杨 芸 聂景云 乔世苏	2016-5
	街镇基层工会经审工作规范化建设调查与思考	何永林 江春华 张 红 赵扣宝 桂 静	2016-5
光荣榜	2015年度闵行区工会优秀调研报告(论文)获奖名单		2016-5

2017上海工会年鉴

信息 信访 网络

网上工会建设

【概要】 年内,市总工会宣教部(网宣办)统筹协调市总工会新闻发布,及时采编基层工会网上信息,加强上海工会网络舆情监测,认真做好市总工会网站、微信、微博、APP等新媒体平台建设及维护等工作,深化"互联网+"工会建设。一是组织实施市总工会重点工作、重大活动和重要会议的新闻宣传,重点宣传上海工会改革的经验与成效,组织开展"上海市五一新闻奖"评选工作。二是做好网站(www.shzgh.org)更新工作,全年共上传各类信息近1000条。三是维护上海市总工会官方微信平台。市总工会官方微信"申工社"上线两年多来,累计了近30万粉丝,超过15万工会会员实现微信在线绑定。四是推出手机客户端"申工社"APP。年内用户下载量达到17万人次,在线为会员提供多样服务。五是官方微博@上海工会发布保持正常更新维护,并逐步转向以信息发布为主的宣传平台。同步对市总工会十三届七次全委会、2017年工会务虚会等重大会议活动进行微直播。六是统筹规划部署上海工会系统新闻网络宣传工作。建立健全市总机关部室、各直管单位、各区局产业工会新闻网络宣传工作联络员组织网络,加强信息员队伍的沟通交流。七是密切关注网络、新媒体平台上涉及工会、职工、劳动关系的舆论热点。定期编写"申工社"新媒体平台运营等舆情专报,供相关领导、部室参阅。

(孔孝元)

【市委宣传部、市总工会联合开展2016年度"上海市五一新闻奖"评选】 2月17日,由市委宣传部、市总工会联合开展的"上海市五一新闻奖"评选工作正式启动。此次评选活动共收到来自上海新闻媒体及中央有关新闻媒体组织推荐的参评作品49篇。4月13日,市总工会召开"上海市五一新闻奖"评选会。经过评选委员会认真评审,《改革的每一掌都必须集中"痛点"》(《解放日报》)、《35载紧握药匾,用心守护民族瑰宝》(《文汇报》)、《"中国制造"需要这样的工匠精神》(《新民晚报》)、《长风破浪会有时 直挂云帆济沧海——上海工会改革工作纪实》(《劳动报》)、上海广播电视台东方广播中心《寻找身边的工匠精神》等5篇作品获纸媒类一等奖;《首批"上海工匠"系列报道》(《澎湃新闻》)获新媒体类一等奖;《动物标本制作师:续写生命传奇》(《解放日报》)、《"水管家"冒着酷暑一线作业》(《劳动报》)等2篇作品获新闻图片奖。

(孔孝元)

【浦东新区总工会打造以"工会通"为核心的网上工会体系】 4月18日,"工会通"正式上线,试点推进了网上入会、网上维权、网上培训等工作创新内容,精心打造"我要咨询""我要维权""在线课堂"等服务模块,以"业务派单+限时反馈"的形式实现线下"专业化"服务,努力满足浦东全体职工的多样化需求。依托送流量、送宣传品、送资源、送工会会员服务卡、送平台等"五送"服务,自运行起8个月内"工会通"注册用户达到15.8万,受理网上入会、维权等各类服务诉求623件,访问量22.5万人次,官方微信、微博粉丝3.1万名。"工会通"坚持需求为导向,在"需求端"建立以大调研为基础的项目形成机制,在"过程端"建立沟通服务机制,在"评价端"建立职工为主的"自下而上"的网上工会工作评议通道,确保网上工会建设全面、客观反映广大职工的真切感受和实际需求。

(陈 维)

【杜仁伟、李友钟赴长宁工会调研网上工会建设工作】 6月14日,市总工会巡视员杜仁伟、副主席李友钟到长宁区总工会专题调研网上工会建设、"申工社"APP升级等工作。区总工会党组书记、副主席王友晓出席调研座谈会。会上,杜仁伟就当前区县工会如何做好与"申工社"APP的对接提出要求,一是各级工会组织要将共建网上工会作为主业主责,通过网络方式解决问题、吸引职工;二是各级工会组织要探究运用"申工社"APP平台展示工会各项工作;三是长宁工会可先行先试,对"申工社"APP矩阵等自定义模块进行开发,为"申工社"APP整体功能提升作出积极贡献。

(周 君)

【长宁区总工会举办微信公众号上线周年庆活动】 6月25日,长宁区总工会在虹桥文化中心举办"长宁工会"微信公众号上线一周年"周年庆"活动暨微信自定义菜单上线仪式,市区工会系统领导、工会网宣工作者、工会干部和微信粉丝近300人出席活动。"长宁工会"微信公众号以"职工为主、内容为王、互动为要"为理念,上线以来共推送图文消息50期、微信197条,重点聚焦市委群团改革以及区总工会全年工作方向,进一步开发"自定义"菜单功能,推进内部工作平台和外部网络平台的整合。(王亚文)

6月25日,"长宁工会"微信公众号上线"周年庆"活动暨微信自定义菜单上线仪式

(王亚文)

【普陀区总工会以“普工英”微信平台为核心加强网上工会建设】 普陀区总工会大力推进“普工英”微信平台建设，着力打造传音工会、服务工会、互动工会。紧贴发展热点，第一时间推送发布区“十三五”规划、建党95周年、劳模先进事迹等动态，聚焦群团改革、开设“工会群团改革进行时”系列报道。紧贴职工需求，推出“雪芹说法”栏目，及时受理职工法援诉求；线上调研职工文化艺术课堂，延伸职工福利午餐品牌服务；力推工会会员卡优惠购活动，为3000余人次职工提供优惠福利。大力开展各类线上专题活动，不断增强与工粉的亲密度。举办了“六一亲子主题活动”“普工英生日会”“有奖点评妈咪小屋”“征集服务职工实施项目”等互动活动。与区文化局合作，定期举办“小蒲送福利”活动，为职工提供文化福利。

（陆　蕾）

【杨浦区总工会线上线下同步开展高温送清凉活动】 7—8月，杨浦区总工会在“杨浦职工之家”微信公众号连续推出三期工会会员“清凉夏日”线上福利抢购活动。全市持上海工会会员服务卡的职工在指定时间段登录微信，即可参与特价抢购清凉饮品、防暑套装、五谷杂粮。区总工会充分利用新媒体平台优势，让“指尖上的福利”“送上门的清凉”变成现实，受到职工网友欢迎和点赞。此外，区总工会还安排工作组分批下基层走访慰问，向劳模先进、劳模讲师团成员、旧改征收、重大工程、家庭医生、科技企业立功竞赛一线职工以及公安消防员、市容环卫工人、社区居委干部、工会志愿者和企业一线职工等送上防暑降温慰问品。据统计，全区各级工会组织夏季累计走访慰问2000余家基层企事业单位的近30000名职工。

（曹理仰）

【闵行区总工会积极打造工会网上服务平台】 年内，“闵行工会”公众微信号推送闵行工会特色图文、职工热点话题553条，阅读数569897人次，粉丝人数近万名。利用“云数据”开展“职工文化大舞台暨声乐、器乐、舞蹈大赛”“红色经典书籍微书评征集”“带副春联回家乡”等活动，与市总“申工社”APP密切互动，在全区范围内组织发动279个班组、1345名职工参加“中国梦·劳动美‘中国电信杯’”上海班组（团队）文化网络大奖赛，实现各类赛事网上报名。组建一支由16名区、镇两级工会干部组成的网评员队伍，完善新媒体网评工作制度，增强工会干部学会适应和驾驭网络工作能力，学会走好网上群团路线，不断提升网络服务职工的能力和水平。

（王岑吟）

【崇明县总工会大力加强网上工会建设】 为适应职工在网上的新趋势，崇明县总工会加快推进网上工会建设，将工会工作拓展到网上和移动终端。7月开始改版崇明工会微信，将微信建设成具有宣传教育、素质提升、维权服务、工作评价等功能的工作板块，帮助职工更便捷地表达诉求。发展网上工作队伍，把开展新媒体技能培训纳入工会干部培训范畴，提高工会干部运用网络开展群众工作的意识和能力。

（秦春华）

【市仪电工会推进网上工会建设】 市仪表电子工会积极推进网上工会建设和网络宣传工作，结合仪电集团打造智慧城市和“互联网+”理念，推出了“仪电·慧幸福”APP项目，增强工会网上工作能力，创新工会工作方式新思路，开辟了便捷、高效、零距离的工作平台。职工可通过INESA资讯、心港湾、阅读荟、建言献策等栏目，及时了解仪电集团信息、工会制度和相关政策，阅读电子书刊，参加仪电工会组织相关活动等。“仪电·慧幸福”APP推动了工会工作网络化，实现了工会联系服务职工线上线下的有效互动。

（周黎俊）

【“上海石化职工之家”微信公众平台运行】 “上海石化职工之家”作为上海石化工会官方微信公众平台，发挥新媒体服务职工、引导职工功能，进一步探索工会微信公众平台运行和管理的新方式、新方法，全年不定期发布各级工会工作信息，共推送78期150篇图文消息，关注人数近4000余人，图文累计阅读总数达78429人、137071次。

（石小建）

【上海航天局工会打造线上、线下“职工之家”】 上海航天局工会以“服务普惠”为指引，推出“职工关爱工程”十个实事项目。既有面向全体会员的职工家属看航天、星级文体协会、职工技能等级晋升奖励等活动，也有面向特殊群体的职工EBA培训、特殊职工家属体检等项目，让职工群众有更多获得感。以“提供精准服务职工”为导向，打造了指尖上的职工之家——“护航工社”手机APP，将工会工作的主体搬上手机，成为新常态下“互联网+关爱平台”，为职工群众提供精准服务。通过线上（护航工社APP）、线下（实体建设）职工之家阵地建设相结合，为职工搭建各类关爱平台。

（周　博）

【烟印工会微信订阅号“烟印e家”正式上线】 上海烟草工业印刷有限公司工会“烟印e家”订阅号正式上线。开设“热点资讯”“工会讲堂”“互动空间”3个板块，内容涵盖工会资讯、近期热点、班组集锦、法律知识、服务指南、图书推荐、健康贴士、精彩活动、留言板等9个方面内容。年内，累计推送消息19次，各类消息52篇，关注数366人，阅读量达3363次，阅读人次超过1627人次。通过“烟印e家”订阅号更好地开展网上舆论引导，联系和服务好职工群众，逐步形成“文化氛围良性孵化效应”，促进职工素质全面提升。

（季　虹）

【上汽集团工会举办“上汽职工之家”周年表彰推进会】 4月26日，以“感恩与你同行”为主题的“上汽职工之家”上线一周年表彰推进会在上汽活动中心举行。上海汽车集团工会主席钟立欣、副主席马龙英以及各企业分管主席、工会宣传干部、粉丝代表等共约200余人参加会议。大会表彰“创新微电影”优胜单位、上汽“人气达人”、工会优秀宣传员以及“上汽职工之家”热心粉丝，向6位上汽工会志愿者进行了授聘仪式。“上汽职工之家”平台一年来共计推送信息353篇，28万余字，原创率91%，粉丝3.7万余名，单篇信息最高点击量4.1万人次。在去年由全国总工会主办的“首届全国最有影响力工会新媒体论坛”上被授予“全国最有影响力工会新媒

上汽集团工会为职工“点亮心愿”，改善职工工作环境　（范　融）

体”和“全国十佳典型人物宣传工会新媒体”称号。（潘　萱）

【“上铁职工家园”APP启动上线】 12月1日，上海铁路局工会举行“上铁职工家园”APP启动仪式，局工会主席孙曙光启动上线“上铁职工家园”APP，局工会各部室负责人、上海地区各单位工会主席、工会指导员、专兼职工会主席120人参加启动仪式。“上铁职工家园”APP上线，是适应“互联网+”发展趋势，全面推进“网上工会”建设的重要举措，对工会各项工作实施网络化流程再造，把服务职工的各项功能逐步加载到APP上，让职工在网上就能参加活动、得到服务，实现网上网下、线上线下的融合发展和全局工会上下、内外的工作联动，努力打造“网上职工之家”。（白　杰）

【中国移动上海公司工会探索实践“互联网+”思维下的立体式工会建设】 中国移动上海公司工会主动适应互联网时代的信息传播方式，给予“互联网+”思维，不断加强立体式工会生态圈的探索与实践，取得明显成效。一是通过“大连接”，夯实“互联网+”工会的基础层。二是建立“三朵云”（“和工社”微信公众号、“幸福1+1”APP、“工会之窗”网上工会信息平台），构建“互联网+”工会的平台层。三是立足“工会大数据”，整合“互联网+”工会的资源层。四是加强“五大职能”（民主管理、经济创新、宣教文体、权益保障、自身建设），扩展“互联网+”工会的应用层。通过线下活动、线上宣传的方式，增强工会的影响力和职工的参与度。（阮铭捷）

【中国电信上海市工会微信公众号“上海翼家人”上线】 2月4日，由上海电信工会主办的“上海翼家人”微信公众号正式上线。上线的1.0版本有“翼起来”“翼帮手”“翼风采”三大版块15个子栏目，集服务、宣传、娱乐、交流、学习和分享等功能为一体，是传递公司发展动态、展示员工才能才华的全新载体。今后还将根据员工需求，陆续推出“团购、抢票、员工自发组建活动”等内容，丰富员工的业余生活。（殷　茵）

【上海机场集团工会微信社区平台上线】 12月15日，上海机场集团工会微信社区平台正式上线。工会微信社区是一个面向上海机场全体工会会员的互动性交流平台，是一个内部信息聚合、深度沟通的自由网络空间。可用于发布工会最新动态和活动信息，提供更多的惠民福利，构建平台使员工自己设计活动、展示风采。同时专门设定的“民情直通车”为职工的意见建议直通集团层面打通渠道。（沈梦菲）

【上海建工集团工会在全国建筑系统工会“互联网+服务”研讨会上作专题交流】 11月3日，全国建筑系统工会“互联网+服务”工作交流研讨会在杭州召开，来自全国27个省（市）建设工会的86名代表齐聚一堂，共同研讨“互联网+服务”的优秀经验做法。上海建工集团工会副主席张超代表上海建工工会作了题为《运用“互联网+”服务职工群众》的发言，就如何顺应互联网发展趋势、学会运用“互联网+”服务职工群众等作深入交流，并介绍了集团工会“建工群英社”微信

中国移动上海公司工会打造基于“互联网+”工会思维下的立体式生态圈（阮铭捷）

公众号以及参与建设集团“网上学习平台”的经验。（余轶群）

【“上海交通工会”微信公众号上线】 “上海交通工会”微信公众号平台于12月28日正式上线运营，旨在扩大网上工会工作在本市交通行业的影响力和辐射力，把微信公众号平台建设成为“行业职工维权的新天地、服务行业职工的新窗口、联系行业职工的新渠道、教育行业职工的新平台”。（薛兆锋）

【上海海洋石油局工会打造“互联网+”工会体系】 6月6日，“上海海洋石油职工之家”微信公众号正式上线，标志着海洋石油工会在“互联网+”工会体系建设上进入一个新阶段。平台主要用于公布工会工作动态，接受公众监督，发布便民信息，吸纳公众意见和建议等方面，让广大职工群众可以通过文字、图片、音频、视频等方式直接与局工会工作人员进行对话交流，是一个在全系统各级工会工作者与广大职工共同参与、交流的信息共享平台。（耿卫军）

【市经信系统工会通过网上工会服务会员】 上海经信系统工会遵照“顺应互联网发展趋势，加强网上群团组织建设”要求，完成系统工会APP软件研发前期的调研工作。运用“互联网+”手段，试运行上线系统工会微信公众号。与上海市中小企业发展服务中心联合启动“经信系统工会内部共享计划”，遴选上海“专精特新”企业的优质消费品，以优惠价格服务经信工作系统工会直属、大型央企等100余家单位的30余万工会会员。（黄俭 周斌锋）

【“申通地铁之家”APP二期上线】 6月30日，申通地铁集团工会APP“申通地铁之家”二期上线。“申通地铁之家”设置资讯中心、工会服务、工会学校、员工风采、活动招募、场馆资讯、合理化建议、会员专享八大板块。为职工提供上海地铁最新信息、各类工会服务信息，多渠道工会学校资源、团班组员工风采展示平台、各类活动线上报名、体育场馆预约信息、合理化建议线上端口、工会会员福利专区等功能。（毛磊）

【城投集团工会开展互联网工作方法业务培训】 5月26日，上海市城投（集团）有限公司工会举办“互联网+”工会微信及APP培训，集团系统各级工会主席、工会干部、工会工作志愿者100余人以刷城投工会微信二维码确认签到的方式参与培训。培训会邀请了市总工会宣教部副部长张路、劳动报社新媒体部主任田静分别以《我们离互联网有多远》《工会微信的使命》为题，为与会者深刻剖析了互联网时代对原有工会工作思维模式和工作方式带来的冲击，以鲜活的案例解析了网上工会的发展趋势。会上，部署了集团工会组建工会网宣员队伍并推广“城城帮你忙”工会订阅号、下载注册“申工社APP”等具体工作。（朱文慧）

【“城城帮你忙”微信获全国工会微信排行榜首】 1月26日，上海市城投（集团）有限公司工会的“城城帮你忙”微信推送的《寒潮中，请回报供水人一份微笑》以过10万的阅读量登上全国工会宣教部和劳动报联合发布的第47期“全国工会系统微信公众号排行榜”第一。微信里记录的一线供水师傅在抗寒潮保供水中坚守岗位辛勤工作，导致双手被冻伤开裂的感人事迹，赢得了广泛关注和尊重。（朱文慧）

信息与督查

【概要】 2016年，市总工会信息工作注重加强信息针对性、实效性和时效性，重点围绕工会重点工作的进展动态、基层工会的创新做法和劳动关系领域的突出矛盾，为领导决策提供参考。编发《工会简报》42期、《专报》17期，上报全总信息24篇，3篇信息得到全总、市总领导批示；积极参与市总重点课题调研，对区、街镇小三级工会干部进行问卷调查，形成《关于工会履行主业主责的调研报告》。一是加强信息针对性。每季度根据市委、全总和市总工作重点制订季度信息需求要点，发放至各区县局（产业）工会，明确季度信息工作的重点。收集基层工会特色工作的信息线索，深入了解采编，为领导决策提供参考。推出工会简报系列——职工基层服务站建设。编发《上海工会探索女职工工作运行新模式》《浦东新区总工会延伸服务手臂服务职工“最后一公里”》等信息。二是注重信息实效性。结合工会预防化解群体性劳资纠纷履职情况通报工作，编辑报送职工维稳类信息。对掌握的群体性劳资纠纷、基层工会反映的现实困难等情况，进行综合分析研判，积极向党政反映普遍性、趋势性、倾向性的问题，发挥服务职工、稳定大局的作用。《2015年上海市群体性劳资纠纷情况分析》《危化品运输实行夏季“避高温”措施夜间运输司机缺乏相关保障》等信息得到市委、市政府主要领导批示。三是突出信息时效性。抓住重要时间节点、围绕全总及市总重点工作编辑报送信息。及时上报市总工会全委会信息及学习贯彻中央、全总有关会议和领导讲话信息。（戴菁）

【市总工会督查工作持续深化】 年内，市总工会督查工作围绕中央、市委、市府和全总工作重点，开展督促检查，全年编报18篇督查报告。一是重点工作督促检查。年初，根据市总全委（扩大）会议精神，以各项重点工作作为督查工作重点，印发《上海市总工会2016年重点工作督查项目》，确定11项重点督查项目。年中及年终分别对重点工作的推进落实情况进行督促检查，并形成督查专报报送市总主席室。二是重要会议贯彻情况督促检查。学习贯彻市委十届十一、十二、十三、十四次全会精神，部署完成各项工作。传达学习贯彻市委党的群团改革推进会议精神、全总十六届五次主席团会议、市总十三届七次全委会议精神，进一步把思想和行动统一到中央、市委决策部署上来，切实发挥工会组织的重要作用，全面推进上海工会改革工作。三是领导批示督促检查。按照《上海市总工会督促检查办法》，针对市总主要领导的重要批示，开展9次专项督查。对于领导高度关注的专项内容，督促相关部门及时报送书面材料。对于领导予以表扬的批示，及时将相关批示传阅到相关职能部门和相关工会，进一步激发做好工作的主动性与积极性。四是做好人大代表建议、政协委员提案督办以及提案办理回访调研和市委市政府督查考核工作，全年共督办人大代表建议12件、政协委员提案17件（其中主办4件）。（戴 菁）

【华虹集团工会举办“采、编、写”培训班】 为进一步加强集团各条线对外宣传力度，提高信息采编人员的专业技能，3月3日，华虹集团工会举办了2016年第一期华虹大讲堂“信息材料的采编与撰写”培训班。邀请市国资委组织处茅建东就如何进行信息的采编和撰写与各直属、协管单位近100人进行交流。活动中，茅建东结合自己的心得体悟和多年来的工作经验，从什么是信息，写什么，怎么写，写给谁看，有哪些注意事项和关键点等方面详细介绍了信息稿的写作过程和基本范式，其中贯穿各种小故事和生动的真实案例，赢得了大家的阵阵掌声。（汪 芸）

【市监狱管理局工会着力发挥信息宣传阵地作用】 一是利用工会《知心》刊物，及时报道宣传工会活动和民警职工的先进事迹。《知心》杂志出版12期，“五一增刊”1期，成为广大会员的重要精神食粮。二是加强同《劳动报》《上海工运》等社会媒体的沟通交流，积极宣传上海监狱工会工作，展示民警职工风采，先后8次对民警职工风采巡礼、廉政文化建设、局五一群团工作表彰大会等进行了报道。此外，还在《新民晚报》《生活周刊》等媒体刊登相关信息。三是丰富宣传载体，向中国农林水利网站、市总工会网站投稿30余篇，照片200多幅。还依托市总工会“申工社”APP平台，在矩阵板块开通上海监狱专版，通过各类活动信息介绍局工会情况。（江海群）

【市科技工会开展“一季一展示”活动】 为展示科技系统各单位工会工作的成效，提升科技系统工会工作整体水平，市科技工会在2016年的工作计划中策划安排了“一季一展示”工作项目，列出包括提案制度、建家工作、职工素质提升、建功立业、班组建设、职代会满意度测评、职工文化小组、职工俱乐部、参与院所文化培育凝练等内容的10项基层单位特色工作，以菜单式下发活动通知，让科技系统工会干部深入实地学习参观。（杨 莹）

信访与督办

【概要】 年内，市总工会受理和办理职工群众信访的总量为82506件（次），与上年相比上升31.25%。其中来信1044件，同比上升8.52%；联名信22件，同比下降15.38%；来访501批983人次，同比批次上升13.35%，人次上升45.85%；集访13批433人次，同比批次上升18.18%，人次上升129.10%；来电80961件（次），同比上升31.73%。一是加强工作规范，夯实工作基础。在处理来信、接待来访工作中，严格按照新修订的《上海市信访条例》中的有关规定规范操作，做到职工群众来信来访登记及时、事项准确、内容完整、符合规范，确保信访工作规范有序。严格审核转交办的信访件，对信访诉求事项切实强调重核实、重事实、重依据，未发生因信访程序问题导致职工群众闹访或越级上访等影响稳定的事件。二是坚持事要解决，促进矛盾化解。对于信访突出矛盾，在明确责任单位、工作方案和办理期限的同时，进一步加强跟踪督办的力度，及时掌握办理工作的进展情况，确保“督查督办一件，高效办结一件”。特别对一些群体性信访矛盾高发的企业，主动派员参与职工分流安置的前期风险评估工作，通过联合下访的方式协助企业做好职工疏导工作，切实防止矛盾的激化和升级。三是加强队伍建设，提升能力水平。有针对性地加强信访干部政治理论、政策法规和业务知识等培训，多形式、多渠道地提升工会信访干部办信接访和处理疑难问题的能力和水平。举办工会信访干部培训班，培训课程涉及信访工作实务、心理压力调适、沟通艺术等内容，具有较强的针对性、指导性和实践性。（丁贤颍）

【青浦区总工会开展“四个加强”做好信访工作】 一是加强组织领导，落实信访工作责任制。健全信访制度和畅通信访渠道，落实信访“一把手”负总责，分管领导具体抓，层层落实信访领导责任制，形成“上下联动，左右互动”的信访格局。二是加强工作意识，坚持“群众利益无小事”原则。对待来访的职工群众做到接待来访暖心、听取反映诚心、了解情况细心、排忧解难讲真心、处理问题不偏心。三是加强队伍建设，提高信访工作人员业务水平。强化信访工作人员的政治学习和业务培训，建设一支内强素质外塑形象的专业队伍。四是加强宣传工作，多形式广渠道地宣传法律法规。充分利用区总网站、微信、宣传栏等平台，宣传相关法律法规知识。依托“同一片蓝天”送文艺进企业等活动，发放宣传资料，增强企业与职工双方的法制意识。搭建各种诉求平台，让职工的呼声能够得到工会、劳动部门、企业的重视，尽可能地把问题解决在基层，避免越级上访。全年155件信访案件全部办结，信访查结率100%。（周洁瑾）

【崇明区总工会多举措做好信访工作】 领导重视，亲抓亲管。每一封来信区总主要领导都亲自批示，并在每次机关例会或者基层工会主席会议上强调做好信访工作的重要性。对复杂疑难、涉及面广的重大信访，区总领导亲自接访，研究解决方案，确保问题处理到位、矛盾彻底化解、信访人息诉罢访。明确乡镇、委局、园区工会负责人为本单位、本系统、本地区职工维稳工作第一责任人，定期排摸容易引起劳动争议、集体上访等不稳定因素，建立信息即时报告制度。多方协作，形成合力。对热点信访问题实行区总各部室和窗口服务中心联办的操作模式，提高了信访案件办结率。对疑难信访矛盾，主动向地方政府和市总信访办汇报情况和沟通联系，共同研究处置方案。对可能引起重复信访、越级上访的事项，积极发挥协调作用，在与信访人保持联系沟通的同时，及时向上级信访部门汇报，寻求上级部门的支持和指导。耐心向上访职工宣传解释政策，力争做到息案罢访。（陆婷婷）

【上海邮政工会切实做好工会信访工作】 一是加强逐级信访制度的落实。为进一步明确员工合理诉求和信访处理流程，设定了信访诉求行为和处理的逐级递进关系，落实和明确员工诉求表达的责任主体，促进职工信访诉求规范化和程序化建设。二是落实维权小组工作职责。健全完善“市公司—二级单位—支局（生产科）”三级维权工作组织，落实工作规范、工作责任制和责任人，从机制上、组织上和处理方式上形成了工作闭环，为有效处理职工信访诉求奠定组织基础。三是畅通信访诉求表达渠道。通过“职工权益维护”热线电话和工会主席信箱、支局（生产科）局务公开栏、建立召开民主恳谈会等方式，落实职工权益公开化和透明度。建立职工思想动态信息反馈制度，定期收集职工思想动态，及时把握分析职工诉求和劳动关系矛盾，积极协调解决职工合理诉求。四是加强信访业务培训。组织基层工会干部、工会小组长、民管小组组长等工会干部，进行信访业务操作实务培训，强化各级信访维权工作人员从思想上重视员工诉求和维权工作，树立自觉维护员工权益意识和责任。（陈千涛）

【上海邮政工会扎实做好员工诉求处理工作】 根据“属地管理、分级负责”和“谁主管、谁负责”的信访工作原则，上海邮政工会在注重员工诉求机制建设的同时，加强市分公司、区县分公司和支局（生产科）三级“维护员工权益协调推进发展”工作小组建设，将员工诉求处理工作关口前移，把苗头性问题解决在基层，解决在第一时间。通过拓展员工合理诉求表达渠道，打通了员工维权热线、工会主席信箱、民主恳谈会、员工思想动态信息反馈、局务公开栏和劳动争议等6个员工诉求表达渠道。全年，公司维权小组受理和处理员工诉求件31件次，处理办结率达100%；与基层工会协调解决因劳动关系、劳动合同和收入分配等引起的劳动争议6件次。三级维权小组积极维护好员工权益，强化依法治企导向，努力形成正确处理员工诉求和维护员工权益的工作机制，为企业和谐稳定发展发挥保驾护航作用。（陈千涛）

【市监狱局工会“三个坚持”做好信访工作】 上海市监狱管理局工会对每起来信来访都做到认真调查核实，分类解决，矛盾化解。一是坚持落实责任制，加强对信访工作的领导。健全完善两级工会信访管理网络，明确工会主席为信访工作第一责任人，做到“事事有回音，件件有落实”。二是坚持宣传融合，营造心齐气顺氛围。举办工会信访干部培训班，评选表彰工会各类先进典型，举办弘扬正能量专题讲座等活动，统一思想，凝聚群众，营造了心齐气顺的氛围，信访量同比有所下降。三是坚持与行政齐抓共管，借助行政力量，解决信访疑难问题，在构建和谐社会中发挥作用。（江海群）

《劳动报》2016年工会重要新闻要目

日期	篇目	作者	版面
1月1日	静安工会启动元旦春节送温暖活动	王枫	第3版
1月4日	《关于推动一线职工岗位创新促进“大众创业、万众创新”的若干意见》日前出台	徐晗	第4版
1月5日	市医务工会组织退休专家赴黔西南义诊侧记	王枫	第4版
1月6日	市总工会主席洪浩走访慰问困难职工、困难劳模	徐晗	第4版
1月7日	中交上航局多途径力促农民工入会	黄嘉慧	第4版
1月8日	寒冬天环卫工路边歇脚热水难觅	裴龙翔	第4版
1月9日	全国总工会慰问团来沪为困难职工送温暖	徐晗	第4版
1月11日	奔波二十年，只为“随手做公益”	赵竺安	第4版
1月12日	退休人员缴医保或将“做加法”	李轶捷	第3版
1月13日	自贸区工会创新诠释企业民主管理模式	李轶捷	第4版
1月14日	上海建工七建集团逸仙路公交项目部营造建设者之家	李貌	第4版
1月15日	上海工会宣教文体工作会议全面部署今年任务	徐晗	第4版
1月16日	“组建有新招　服务有新作为”上海工会不断提高服务职工群众能力	李貌	第3版
1月18日	市职工技协今年首期知识产权工作培训班开班	徐晗	第4版

续 表

日 期	篇 目	作 者	版 面
1月19日	冬日记事	赵竺安 徐 晗 李 貌 王 枫	第8、9版
1月20日	杨浦区总工会首次委托第三方评估评价工会工作	赵竺安	第4版
1月21日	市第二届职工网络文化艺术节开幕	徐 晗	第4版
1月22日	超级低温来临各级工会备战劳动保护	裴龙翔 赵竺安 郭翼飞 黄嘉慧	第5版
1月23日	上海工会建立和完善新型网上工作载体纪实	徐 晗	第3版
1月25日	长宁区总工会"五助"关爱职工需求	张锐杰	第7版
1月26日	返乡日记	宋长星 裴龙翔 李轶捷	第8、9版
1月27日	市总工会公布今年10项服务职工实事项目	徐 晗	第6、7版
1月28日	申之情,通之梦——上海地铁2015年度风采人物候选人事迹	王 枫	第8、9版
1月29日	市总分多路慰问困难劳模和职工	徐 晗	第7版
2月1日	培育千名职工成为"创新领头羊"	徐 晗	第4版
2月2日	守望春天	郭翼飞 张锐杰 黄嘉慧	第8、9版
2月3日	5.8万职工感受节日"温度"	李轶捷	第5版
2月4日	1300件保暖背心送给一线员工	李 貌 田久强	第4版
2月5日	"三多三少"让群团组织更接地气	王 枫	第4版
2月6日	人在旅途——连线4位走在回家路上的职工	裴龙翔 张锐杰 黄嘉慧	第3版
2月15日	华漕镇总工会构建劳动关系和谐企业纪实	徐 晗	第3版
2月15日	松江区产生新一批劳模创新工作室	张锐杰	第3版
2月16日	长宁区建筑业行业工会搭建温暖"农民工之家"	裴龙翔	第4版
2月17日	发红包成职场人甜蜜的苦恼	张锐杰	第4版
2月18日	形成四大特色 确立五项机制——杨浦区总工会揭开改革"路线图"	赵竺安	第11版
2月19日	市总主席洪浩与转岗青年座谈	陆 烨	第4版
2月22日	徐汇工会积极参与劳动争议调处	裴龙翔	第4版
2月23日	市总机关系统召开加强党风廉政建设大会	徐 晗	第4版
2月24日	闵行区总工会改革实施方案揭开面纱	徐 晗	第5版
2月25日	嘉定区总工会改革实施方案出台	裴龙翔	第4版

续 表

日 期	篇 目	作 者	版 面
2月26日	更大力度保障职工劳动经济权益	徐 晗	第4版
2月27日	资源"互联"提高就业成功率	王 枫 裴龙翔	第3版
2月29日	服务职工,我们不曾停歇	徐 晗	第4版
3月1日	2016年上海工会重点工作解读	徐 晗 陆 烨	第4版
3月1日	倾听一线职工呼声 聚焦基层工会工作	徐 晗	第5版
3月2日	整治派遣乱象考验政府治理能力	李铁捷	T1:劳权
3月3日	"全面二孩"考验女职工权益维护	徐 晗	第7版
3月4日	上海工会服务女职工一直在行动	徐 晗	第7版
3月5日	浦东新区发布职业女性职业成长报告	李铁捷 吴 明	第4版
3月7日	"将职工的事都当自己的事"	张锐杰	第9版
3月8日	市总工会发布《新时期上海职业女性创新能力探索》调研结果	张锐杰	第7版
3月9日	受访农民工最担心子女教育和工资问题	张锐杰	第6、7版
3月10日	海鸥汽车试点改革形成示范效应	黄嘉慧	第7版
3月11日	徐汇区总工会改革实施细则出台	裴龙翔	第6版
3月12日	沪上首家外资银行成立职代会	范国宁	第4版
3月14日	与"老赖"们"斗法斗智"	宋长星	第6版
3月15日	奉贤区总工会改革围绕职工群众唱响"四部曲"	赵竺安	第6版
3月16日	要让基层"有人办事""有钱办事"	张锐杰	第5版
3月18日	浦东新区工会改革实施方案细化工作机制服务重点	李铁捷	第4版
3月19日	职场人忙转型,整体流动性上升	张锐杰	第3版
3月21日	献锦囊妙计破大客流难题	吴韵容 王 枫	第4版
3月22日	维护为根本和核心 全面履行各项职能	徐 晗	第4版
3月23日	送文化下基层 两年惠及2万职工	王 枫	第5版
3月23日	首批150名家政服务员加入工会	宋长星	第5版
3月24日	让职工24小时都能找到工会	李 貌	第5版
3月25日	青浦区总工会公布工会群团改革方案	黄嘉慧	第4版
3月26日	更多工作时间和精力投放到基层	徐 晗	第3版
3月28日	浦东打造"工会社工"创新基层服务方式	李铁捷	第8、9版
3月30日	工会协调劳动关系建立"四位一体"格局	徐 晗	第5版
3月31日	让工会的钱更好地服务职工	徐 晗	第4版
4月1日	崇明工会改革实施细则出台	陆 烨	第4版
4月2日	16名挂职干部加入市总干部队伍	徐 晗	第3版
4月4日	在创新的天地里寻寻觅觅	郭翼飞	第3版
4月5日	十大创新项目获百万基金扶持	王 枫	第4版

续 表

日 期	篇 目	作 者	版 面
4月6日	用好互联网+ 工会工作翻花样	李铁捷 季怡蓓	第4版
4月7日	打通服务职工“最后一公里”	赵竺安	第7版
4月8日	市医务工会为职工建文化活动中心	王 枫	第4版
4月9日	上海白领体检不达标率94.91%	陆 烨	第3版
4月11日	风一样的“刀马旦团长”	郭翼飞	第4版
4月12日	巴林特小组“把脉”医务人员负情绪	王 枫 李 蓓	第4版
4月14日	服务职工投入将持续加大	徐 晗	第4版
4月15日	清理规范国有企业工会开办的企业	徐 晗	第4版
4月18日	认认真真卖好每一盒药	吴韵容 王 枫	第4版
4月19日	只要你有才,这些机制就能助你发光	徐 晗	第4版
4月20日	点亮纠纷预警信号灯	黄嘉慧	第4版
4月21日	设立五大目标涵盖十八项任务	赵竺安	第4版
4月23日	多元化展示劳动者的读书风采	徐 晗	第3版
4月25日	申城职工状况调查之厂区篇	工会新闻部记者集体	第1—4版
4月26日	贯彻落实群团改革精神凝聚职工力量为普陀经济社会发展建功立业		第5版
4月26日	申城职工状况调查之商区篇	工会新闻部记者集体	第1—4版
4月27日	申城职工状况调查之楼区篇	工会新闻部记者集体	第1—4版
4月28日	夯实工会组织的“金字塔”	张锐杰	第5版
4月29日	主动拥抱互联网 开创工作新局面	徐 晗	第2版
4月29日	上海市总工会“申工社”APP正式上线	徐 晗	第2版
4月30日	焕发劳动热情 谱写华彩篇章	徐 晗	第3版
5月1日	弘扬劳模精神 为建设上海国际航运中心建功立业		第4、5版
5月2日	最美劳动者,为何是他们?		头版
5月3日	引导激励非公企业职工岗位创新	徐 晗	第4版
5月4日	农民工边工作边圆大学梦	徐婧颖 李 貌	第4版
5月5日	职工自编自演讲述“我们和工会”	李铁捷	第5版
5月6日	拓展创新工作室 表彰职工“贤内助”	李 貌 李铁捷 王 枫 赵竺安 黄嘉慧 王 俊	第4版
5月7日	母亲节给母亲写信“感觉难为情”	黄嘉慧	第3版
5月9日	做创业者的“伯乐”记小马创业村”村长”马俊杰	张锐杰	第4版
5月10日	参与单位春游受伤,可算工伤吗	张锐杰	第5版
5月11日	用缝纫机“缝制”出工业4.0	黄嘉慧	第4版
5月12日	参与单位活动受伤算工伤吗?	张锐杰	第3版

续 表

日 期	篇 目	作 者	版 面
5月13日	“娘家”这条热线缘何能解职工所难	徐 晗	第4版
5月14日	闵行首家群团基层服务站正式揭牌	徐 晗	第3版
5月16日	用现代方法打开中药的“黑箱”	郭翼飞	第4版
5月17日	不出家门就能领取保障金	王 枫	第4版
5月18日	聚焦职工所需强化实事实效	宋长星	第4版
5月19日	人品有问题企业就能说“再见”?	裴龙翔	第4版
5月20日	一线职工创新热情逐年高涨	徐 晗	第9版
5月21日	市总将投200万推进妈咪小屋建设	王 枫	第3版
5月23日	为了“长征”而长征的航天人	王 枫	第4版
5月24日	创新展搬上网142项活动精彩纷呈	徐 晗	第6版
5月25日	群团工作跟着职工群众走	陆 烨	第4版
5月26日	职工创新成就精品工程	宋长星	第4版
5月26日	让工匠精神在80后、90后中间延续	郭翼飞	第4版
5月27日	2016年上海职工科技活动周闭幕	张锐杰	第6版
5月28日	乘群团改革东风开启发展新征程	王 枫	第3版
5月30日	专心做好一件事:帮助物流企业成长	黄嘉慧	第4版
5月31日	企业里的服务站人气旺	裴龙翔	第5版
6月1日	一个兴趣沙龙粘合一群白领员工	王 枫	第4版
6月2日	腾出更多精力做好主责主业	李轶捷	第5版
6月3日	让一线职工有个惬意的休息环境	李 貌 田久强	第4版
6月4日	匠人匠心筑就梦幻乐园	曾 实 周 桂 赵竺安	第3版
6月6日	人有所呼我有所应	张锐杰	第4版
6月7日	点对点服务国企改革调整工作	金邓凯 徐 晗	第4版
6月8日	新一批全国劳模有了“健康顾问”	徐 晗	第4版
6月10日	“奇葩规定”岂能让员工心服	张锐杰	第6版
6月11日	破解生命健康的“终极密码”	吴韵容 王 枫	第3版
6月13日	走进人民大会堂的金牌操作员	裴龙翔	第4版
6月14日	聚焊接技能人才搭学习交流平台	徐 晗 陆卫超	第4版
6月14日	女经理办公室变成了“妈咪小屋”	王 枫	第5版
6月15日	在国企改革中发挥工会源头参与作用	徐 晗	第5版
6月15日	国企改革过程中的工会源头参与和职代会民主程序的若干问题		第7版
6月16日	企业培训“含金量”越来越高	张锐杰	第4版
6月17日	调整工会服务职工的“生物钟”	赵竺安	第4版
6月18日	800余“微心愿”将变成温暖现实	李轶捷	第3版

续 表

日 期	篇 目	作 者	版 面
6月20日	昆仑山下有位上海好医生	裴龙翔	第4版
6月21日	“临时书店”牵起16家读书俱乐部	李轶捷	第4版
6月22日	小小笔记本蕴含关爱职工“芯”	王 枫	第4版
6月23日	活跃在职工“朋友圈”的工会	张锐杰	第4版
6月25日	我这样知道工会	裴龙翔	第3版
6月27日	“不缺钙”才敢“扛大山”	赵竺安	第6版
6月28日	以匠心精神铸就民族品牌	黄嘉慧	第4版
6月29日	崇明“的哥”异地审证试点工作启动	陆 烨	第5版
6月30日	精准帮扶技术援助连起沪滇浓情	陆卫超 徐 晗	第4版
7月1日	爱心渗透在每一页服务菜单中	李轶捷	第4版
7月2日	企业里有个解决烦恼的“树洞”	黄嘉慧	第5版
7月4日	长风破浪会有时 直挂云帆济沧海	王厚富 徐 晗	第2版
7月5日	为风雨中奔波的查勘员送关爱	范国宁	第4版
7月6日	聚集力量连接服务职工“最后一公里”	李轶捷	第4版
7月7日	小细节上传递“职工之家”温暖	范国宁	第4版
7月8日	你们为上海做出了巨大贡献	徐 晗	第4版
7月9日	打造一支高素质的劳动者队伍	徐 晗	第3版
7月11日	今年暑假:跟着爸爸妈妈上班去	李 蓓 胡玉荣 包璐影	第6、7版
7月12日	本市启动非公企业工会改革试点	徐 晗	第4版
7月13日	用500强的管理模式服务职工	李轶捷	第6版
7月14日	嘉加集团问计职工提升发展潜力	裴龙翔	第4版
7月15日	近百名职工志愿者定期“赴约”一线	赵思宇	第4版
7月16日	10%职工进入能工巧匠库	李 貌	第7版
7月18日	说着大白话干着实在事	黄嘉慧	第4版
7月19日	“你们要保重身体注重生产安全”	徐 晗	第4版
7月20日	聚焦工会改革 突出“建机制、强功能”	徐 晗	第4版
7月21日	“工匠精神”与你的行业有关吗?	郭翼飞	第4版
7月22日	工地上首现群团工作站	裴龙翔	第4版
7月23日	今年暑假有“小候鸟”幸福相伴	裴龙翔	第3版
7月25日	精准助学,让爱“不抽象”	郭翼飞	第4版
7月26日	全方位保障职工防暑降温工作	陆 烨	第4版
7月27日	培育“工匠精神”从“娃娃”开始?	郭翼飞	第5版
7月28日	“娘家情”洒满每一个最热角落	徐 晗	第4版
7月29日	市总工会开通农民工维权“快车道”	徐 晗	第4版

续 表

日 期	篇 目	作 者	版 面
7月30日	培训先行打通最“厚”一公里	徐 晗	第3版
8月1日	在每个战场上磨砺出最锋利的刃	叶佳琦	第4版
8月3日	静安体制外入会交漂亮“答卷”	王 枫	第4版
8月3日	工作15年从未听说过高温津贴	黄嘉慧	第5版
8月4日	你流无数汗我筑一个“家”	裴龙翔	第4版
8月5日	怀孕女白领赢回自己权益	裴龙翔	第4版
8月8日	我们让塑料“冲上云霄”	赵思宇	第4版
8月9日	逸晨公司补发三年高温津贴	黄嘉慧	第4版
8月9日	女性创业基金助推可持续发展	赵思宇	第4版
8月10日	职工夜校:旧瓶装新酒更对胃口	赵竺安	第4版
8月10日	松江区总工会给退休职工送去关爱	张锐杰	第3版
8月11日	从助学到助业,工会与你同行	徐 晗	第5版
8月12日	企业要搬迁,我们全程“快一拍”	张锐杰	第4版
8月12日	企业“富”了,职工收入跟着涨	王 枫 童伟忠	第4版
8月13日	工资专项集体合同实现全覆盖	王 枫	第3版
8月15日	菊香动人,总在不经意间	裴龙翔	第4版
8月16日	为职工科创活动提供一站式服务	徐 晗	第4版
8月17日	步行不超10分钟就有一家服务站	赵思宇	第4版
8月18日	精打细算“重签劳动合同”这笔账	赵思宇	第4版
8月19日	为职工挽回经济损失42万元	宋长星	第4版
8月19日	“三管齐下”加强基层工会建设	王 枫	第4版
8月20日	“我入会了,我是工会会员了”	王 枫	第3版
8月22日	与燃气表具来一场“职业长跑”	徐容莉	第4版
8月23日	探索推进市政道路保洁服务标准化	李 貌	第4版
8月24日	从“机关秀才”到“马路天使”	张锐杰	第4版
8月24日	上好“工会第一课”	王 枫	第4版
8月25日	奔波几十趟讨回职工工伤赔偿	赵思宇	第4版
8月26日	职工看病可到网上医务室	范国宁	第5版
8月27日	海归班组长带领团队“锂”想报国	王 枫	第3版
8月29日	浓浓墨香沁染淳朴心灵	徐容莉	第4版
8月30日	每天午休和下班时服务站人声鼎沸	黄嘉慧	第4版
8月31日	3000铺位流动人员入会“无死角”	裴龙翔	第4版
9月1日	107名工会干部集中坐进课堂	赵竺安 郝国元	第4版
9月2日	上海市班组文化网络大奖赛开赛	徐 晗	第4版

续 表

日 期	篇 目	作 者	版 面
9月3日	改善工作环境督促劳动保护	裴龙翔	第3版
9月5日	以爱育人,阐释现代版《师说》	郭翼飞	第8版
9月6日	建服务站之前,先“望闻问切”	徐 晗	第4版
9月7日	教师权益维护必须防这些“痛点”	李轶捷	T1—4版
9月8日	“我们终于拿回了拖欠工资”	徐容莉	第5版
9月9日	虽远隔千里也难阻温情传递	王 枫	第4版
9月9日	半年内238人实现体制外入会	郭翼飞	第4版
9月10日	“茉莉花”香飘职工生活区	张锐杰	第3版
9月12日	让职工群众过一个温馨干净的中秋佳节	本报评论员	头版
9月13日	这个中秋节怪我不能回家	王 枫 徐蓉莉 黄嘉慧	第4、5版
9月14日	工会源头参与保障改革平稳进行	工 汇	第5版
9月16日	让坚守岗位职工感受温情	徐容莉 苏凤仪	第6版
9月17日	专业摄影师现场授课手把手指导	李轶捷	第3版
9月19日	10万快递大军使命必达的背后	罗 菁 叶佳琦	B1—4版
9月20日	在改革中抓住问题的“牛鼻子”	郭翼飞	第4版
9月21日	让职工权益维护不留死角	徐容莉	第5版
9月22日	如何让多年不动的补贴“动一动”	裴龙翔	第9版
9月23日	企业建会一个也不能少	赵思宇 张永进	第4版
9月24日	让职工从“被入会”到“要入会”	王 枫	第3版
9月26日	香樟树下的“老家”	郭翼飞	第4、5版
9月27日	应援尽援,服务职工“零门槛”	郭翼飞	第4版
9月28日	工会吸收了我们这些“编外”力量	郭翼飞	第4版
9月29日	职业道德先进年轻化成为新亮点	陆 烨	第7版
9月30日	《上海工匠》第二季荣誉归来	陆 烨	第4版
10月8日	“原来工会的活动是这样的”	黄嘉慧	第3版
10月10日	“我觉得自己比较像萧峰”	郭翼飞	第4版
10月11日	职工从受益者变成志愿者	赵竺安	第4版
10月12日	有劳动争议,园区就地调处化解	李轶捷	第4版
10月13日	同乡羡慕我们会员福利好	徐容莉	第4版
10月14日	“如今我找到了父亲当时的感觉”	王 枫	第5版
10月15日	弘扬工匠精神展示职工风采	赵竺安	第3版
10月17日	在时间“金线”上赛跑	范国宁	第4版
10月18日	搜英公司不再“挟职工以求赔偿”	李轶捷	第5版
10月19日	用“午间一小时”让职工爱上工会	黄嘉慧	第4版

续 表

日 期	篇 目	作 者	版 面
10月20日	“那些细致的关照让我舍不得走”	赵思宇	第4版
10月21日	打造亚太领先的“互联网+”标杆城市		第6、7版
10月22日	千名市民看海港十载岁月话巨变	裴龙翔	第3版
10月24日	每一起案件都要经得起时间的检验	陈 煺	第6版
10月25日	文艺青年有了一方小天地	裴龙翔	第4版
10月26日	团队的变化一天天在发生	徐容莉	第4版
10月27日	为城市创新提供坚强智力支撑	徐 晗	第5版
10月28日	身边的榜样 现代的“鲁班”	徐 晗 陆 烨	第8、9版
10月29日	750米地下黑暗世界里的“光明”	张锐杰	第3版
10月31日	心中有个“4.0版”产业园区	张锐杰	第4版
11月1日	“四员”联动筑牢职业安全卫生防线	赵思宇	第4版
11月2日	不断提高工会系统党组织的战斗力	徐 晗	第4版
11月3日	120余家非公企业进入“进行式”	徐容莉	第5版
11月4日	市总法援中心为她赢得“情理之战”	李轶捷	第4版
11月5日	365个日夜“千锤百炼”	张锐杰	第3版
11月7日	事情不怕难，就怕每天不去干	裴龙翔	第5版
11月8日	三个月为职工挽回损失近700万	张锐杰	第4版
11月9日	弘扬工匠精神推动创新发展	徐 晗	第5版
11月10日	每3千名会员将配备1名工会工作者	李轶捷	第4版
11月11日	本市表彰数控焊接技能比武优胜者	徐 晗	第6版
11月12日	29年，于笔尖上淬炼匠心	郭翼飞	第3版
11月14日	运用政策红利助力企业发展	李轶捷	第8版
11月15日	勤练内功织紧维权“防护网”	徐 晗	第4版
11月16日	“终于有了我想上的瑜伽课”	张锐杰	第4版
11月17日	店长完不成指标要爬28层楼“检讨”	范国宁	第4版
11月18日	一生只做好玉雕这件事	王 枫	第4版
11月21日	工会改革，要让职工群众有实实在在获得感	王厚富 张 路 徐 晗	第1、2版
11月22日	在中心城区让农民工找到“家”	裴龙翔	第5版
11月23日	“能工巧匠”露脸国际舞台	阎梦华	第4版
11月24日	上海工会要争做地方群团改革的促进派和实干家	王 枫	第3版
11月25日	学生实习权益边界在哪?	黄嘉慧	第12版
11月26日	关爱送给最需要帮助的困难职工	徐 晗	第7版
11月28日	只有交心才能做好服务事业	赵竺安	第4版
11月29日	各级工会要高度重视劳动保护工作	徐 晗	第9版

续表

日期	篇目	作者	版面
11月30日	企业再困难也不让一名职工走人	赵竺安	第4版
12月1日	培育法治理念加强维权服务	李铁捷	第4版
12月2日	问计于职工问需于职工把服务做到心坎上	王　枫	第8、9版
12月3日	比赛落幕后，温暖和欢乐不打烊	郭翼飞　裴龙翔 张锐杰　黄嘉慧	第4、5版
12月5日	以贤惠坚韧撑起自己的一片天	徐容莉	第4版
12月6日	上海工匠示范引领技师创新工作室创建		第4版
12月6日	法律知识送到职工身边	王　枫　裴龙翔 张锐杰　黄嘉慧	第5版
12月7日	放假不发工资　休息就停社保	范国宁	T2、3版
12月8日	发掘优秀经验深化厂务公开内涵	李铁捷	第4版
12月9日	我们用"真"抓住观众的心	郭翼飞	第4版
12月10日	"职工俱乐部"开张满足职工各类需求	王　枫	第3版
12月12日	智能制造，改变你我	李铁捷	第4版
12月13日	市级劳模创新工作室也要"考核"	徐容莉	第4版
12月14日	为小候鸟筑"爱心鸟巢"	黄嘉慧	第4版
12月15日	职工赞工会维权速度快	裴龙翔	第4版
12月16日	一心一意推动工会事业发展	徐　晗	第4版
12月17日	浦东梦劳动美		第3版
12月19日	四十年坚守，成就冷轧"第一人"	裴龙翔	第4版
12月20日	一张工会会员证助他解了"老大难"	郭翼飞	第4版
12月21日	为职工办好事、做实事、解难事	徐　晗	第6版
12月22日	现场看伤情消弭索赔"持久战"	赵竺安	第5版
12月23日	紧抓两根红线提升基层工会活力	张锐杰	第4版
12月24日	深耕工匠培育助力企业创新	赵思宇	第3版
12月26日	用焊枪在超薄殷瓦钢上"刺绣"	赵思宇	第4版
12月27日	狠抓四项举措深化工会改革	徐　晗	第4版
12月28日	为上海工会改革发展提供坚强保障	徐　晗	第4版
12月29日	岁末年初时刻绷紧安全生产这根弦	徐　晗	第4版
12月30日	全程参与化解公司搬迁纠纷	郭翼飞	第4版
12月30日	网上工会，让温度从指尖传到心间	裴龙翔	第4版

2017 上海工会年鉴

财务资产与经审

综述

【财务资产工作综述】 2016 年，财务资产管理部以群团改革精神为指导，切实贯彻《上海市总工会改革实施方案》和市总十三届七次全委（扩大）会议精神，聚焦主业主责，突出“保障、服务、管理”基本职责要求，坚持改革创新，持续加大对一线职工、基层工会和工会重点工作的资金、资源投入，努力建立健全服务职工会员经费保障机制，为打通服务职工群众的“最后一公里”和工会改革创新提供财力和物质保障。一是强化工会主业主责的经费保障。坚持“控办公、惠会员、可持续”原则，严控“三公”经费，继续控制一般性行政支出，重点保障职工权益维护、技能提升、困难帮扶等方面工作经费，通过职工“零门槛”法律援助、工会会员卡专享基本保障、职工疗休养等服务职工 10 大实事项目的经费保障，进一步加大对一线职工会员投入。二是建立服务“两非一无”会员的经费保障机制。根据《上海市总工会改革实施方案》要求，为解决“两非一无”会员的经费保障问题，财务资产管理部会同基层工作部、劳动关系部、权益保障部等相关职能部门反复讨论，与市财政局、市审计局和市纪委等相关部门多次沟通，市总工会与市财政局联合印发了《关于服务非正规就业、非标准劳动关系和无单独建会工会会员项目经费使用管理办法（试行）》，切实保障“两非一无”会员权益维护、技能提升、困难帮扶、劳动保护等服务经费，有效扩大服务职工的覆盖面。三是研究探索非公企业工会经费保障机制差异化改革。多次到宝山区顾村镇总工会调研，研讨经费差异化改革方案，指导制定了《顾村镇非公企业工会经费收缴和管理办法》，对依法缴纳会费、非公企业工会经费差异化收缴、经费使用管理等工作进行了改革探索，将基层工会留存比例从 60% 提高到 80% 以上，工会经费使用进一步向基层和会员倾斜。四是加强市总机关及直属事业单位财务管理。为落实市委专项巡视和全总审计整改工作要求，进一步加强市总机关及直属事业单位的财务管理，切实强化内控，防范风险，出台了《关于加强上海市总工会机关及直属事业单位财务管理的若干意见》，明确了银行账户及各类基金清理、实行“全覆盖、全过程”预算管理、完善机关及直属事业单位以财务管理为核心的内部控制管理体系、建立直属事业单位财务综合管理平台（包括资金归集平台）以及建立直属事业单位财务负责人委派机制等各项工作。五是开展工会企业清理规范工作。根据市委相关要求，市总工会联合市国资委党委、市金融党委、市委宣传部对本市国有企业工会投资开办的企业开展清理规范工作。通过全面清查，全市共有国资工会企业 413 家，截至 12 月底，基本达成预定目标，有效规避工会企业存在的风险隐患。六是出台基层工会逢年过节慰问品标准调整办法。根据工会财务管理有关规定，结合本市工会情况，对市政协《关于提高上海市职工节日慰问品发放标准的建议》（十二届四次 0615 号）提案建议进行了研究，出台了将逢年过节慰问品标准调整为不超过基层工会留成经费 50% 的办法，进一步保障了基层工会会员应享有的权利。七是确保部门整合工作平稳推进。按照市总机构改革要求，原财务部和事业部两部合并成立财务资产管理部，部门人员由 13 人精简为 9 人。为了确保新部门职能有效整合，工作不断不乱，财务资产管理部及时理清部门职能，细化岗位职责，明确人员分工。（赵　伟）

【经审工作综述】 2016 年，市总工会经审办紧紧围绕市总工会的工作思路，依法履行监督职责，不断加强审计监督，不断加强规范化建设，主要工作体现在以下 3 个方面：一是开展审查审计，规范经费管理。审查审计监督市总工会 2015 年工会经费决算、2016 年工会经费预算和 2016 年上半年预算执行情况；对市总工会本级 2015 年工会经费预算执行情况及财务部核算相关账套的财务收支情况进行审计。审计监督市总工会直管单位的预算执行、财务收支、基建项目、部分领导干部的任期经济责任。审计 29 家区县局（产业）工会 2015 年的预算执行情况及财务收支情况；审计 6 家区县工会的专项资金情况。配合市委专项巡视组和全总经审会对市总的审计，开展对市总机关及相关单位“三公经费”“八项规定”执行情况的自查自纠工作。二是加强组织建设，夯实工作基础。根据全总经审会新修订的《省级工会经费审查工作规范化建设考核办法》和《省级工会经费审查工作规范化建设考核标准》，修订和完善市总工会经审工作考核标准。对参与对下审计的会计师事务所和特邀经审员开展培训；继续组织区局（产业）工会经审主任培训和新上任经审干部培训；配合组织部和工会学院为新上任工会主席进行经审知识培训；为有需要的区局（产业）工会进行工会经审干部岗位培训。三是开展对下指导，规范基层工作。开展了对 2015 年区县局（产业）工会经审工作的规范化考核。协助做好全总经审会对市总的审计和调研工作，进一步规范市总工会经费使用管理及制度建设；配合全总经审会做好全国工会优秀审计项目的评选工作，推荐上报 3 个工会优秀审计项目。与上海国家会计学院联合承接中国内审协会课题——《群团改革背景下优化工会经审工作研究》，深入研究工会经审工作的新思路、新举措。定期召开区局（产业）工会的经审互助组工作例会，建立经审互助组微信群，搭建交流、沟通平台。

（柴丽琼）

财务资产

【出台“两非一无”项目经费使用管理办法】 为贯彻落实中央党的群团工作会议精神，进一步创新工会工作机制，切实做好本市非正规就业、非标准劳动关系和没有单独建会（以下简称“两非一无”）工会会员服务的资金保障工作，有效扩大服务职工覆盖面，进一步夯实工会组织的基层基础，打通服务职工“最后一公里”，按照《上海市群团改革试点工作方案》的要求，根据《预算法》《上海市财政局、上海市审计局关于本市支持群团组织发展经费保障和管理办法（试行）》及相关经费管理制度，市总工会于 10 月 10 日出台《关于服务非正规就业、非标准劳动关系和无单独建会工会会员项目经费使用管理办法（试行）》。办法建立了会员会费、工会经费和财政经费 1∶1∶1.5 的经费保障机制。办法明确，项目经费的管理和使用应聚焦工会基层组织基础薄弱问题，着力把“两非一无”职工组织进工会，按照公开、公正、公平的原则，确保项目经费的规范使用。《办法》的出台对于扩大工会服务职工会员的覆盖面，提升服务职工会员能力具有积极作用。

（徐冬梅）

【出台基层工会逢年过节慰问品标准调整办法】 根据工会财务管理有关规定，结合本市工会情况，会同经审办，对市政协《关于提高上海市职工节日慰问品发放标准的建议》（十二届四次0615号）提案建议进行研究，对全国其他各省市标准汇总分析。切实贯彻中央八项规定精神，按照不搞“一刀切”、鼓励基层工会依法足额拨缴工会经费的原则，在与市纪委（监察局）、市审计局和市财政局多次沟通的基础上，出台了《关于调整〈关于落实中华全国总工会办公厅关于加强基层工会经费收支管理的通知的若干意见的通知〉相关标准的通知》，将逢年过节慰问品标准调整为不超过基层工会留成经费50%，进一步保障了基层工会会员应享有的权利。

（徐冬梅）

【出台加强市总机关及直属事业单位财务管理的若干意见】 为进一步提高上海市总工会机关及直属事业单位的财务管理水平，实现“权责明确、管理规范、监督到位、运行有效”的目标，市总出台《关于加强上海市总工会机关及直属事业单位财务管理的若干意见》，意见从加强全面预算管理、完善以财务管理为核心的内部控制管理体系、提高财务管理信息化水平、加强资金集中管理、建立直属事业单位财务负责人委派机制、完善公务卡制度等方面，对加强机关及直管事业单位工作财务管理工作提出更高的要求。

（陆　娟）

【研究探索非公企业工会经费保障机制差异化改革】 为深入贯彻中央党的群团工作会议精神，进一步推动非公企业工会工作，打通工会服务非公企业职工会员“最后一公里”，财务资产部多次到宝山区顾村镇总工会调研，研讨非公企业工会经费差异化改革方案，指导制订《顾村镇非公企业工会经费收缴和管理办法》，对会员依法缴纳会费、会费和工会经费的使用、非公企业工会经费收缴和管理差异化政策做出了制度性规定，将基层工会分成比例从60%提高到80%以上，进一步体现了经费使用向基层和职工会员倾斜，让更多经费用于服务基层工会会员，对规范工会经费收缴，提高《工会法》执行刚性，做实基层工会账户，促进基层工会切实“建起来、转起来、活起来”具有积极意义。截至年底，杨浦区长白街道和松江区石湖荡镇也出台了非公企业工会经费和会费收缴和管理办法。

（徐冬梅）

4月14日，市总工会召开本市工会企业清理规范工作会议　（吴良荣）

【积极开展预算绩效管理】 为进一步推进预算绩效管理工作，市总工会完成2016年度13个项目、1.22亿元的绩效跟踪管理。包括上海市劳模春节慰问金、特殊困难帮扶金、生活困难补助金发放项目等5个项目；上海工会企业一线职工授权发明专利奖励、上海工会会员休养度假补贴实施方案等三个实事项目；文化宫整体性绩效评价，上海市职工技协服务中心、劳动报社、上海市总工会职工援助服务中心、上海市退休职工服务中心等重点项目。同时，对2015年度10个项目开展绩效评价管理。年终接受市财政局考评，在全市党群机关中排名第二。

（陆　娟）

【部署本市工会企业清理规范工作】 4月14日，上海市国有企业工会开办企业清理规范工作会议召开，专项部署本市国有企业工会组织投资开办企业的清理规范工作，下发《关于对国有企业工会开办的企业开展清理规范工作的通知》。市人大常委会副主任、市总工会主席洪浩，市国资委党委秘书长程巍出席会议并讲话，市金融工作党委书记孔庆伟，市总工会副主席姜海涛出席会议。市委副秘书长、市委宣传部副部长朱咏雷主持会议。会议要求对全市国有企业工会开办的企业进行清理规范，指出工会兴办企事业，必须始终坚持以“三服务”为宗旨，更多地把社会效益和社会责任放在突出位置，把工会企事业办成为职工服务的非营利、公益性、服务型的社会企业，造福职工和社会，体现工会组织应有的责任担当，确保工会企事业始终沿着正确的方向发展。

（吴定俊）

【组织开展工会企业清理规范工作】 一是组织开展国企工会企业清理规范。2016年4月，根据市委部署要求，市总工会会同市国资委党委、市金融工作党委、市委宣传部等有关部门，对国有企业工会开办的企业开展了清理规范工作。为确保清理规范工作顺利进行，市委专门召开常委会进行专题研究，为工作开展指明了方向。在市委的关心和支持下，市总工会会同有关部门深入调研，稳步推进相关工作。经全面清查，全市共有国资工会企业413家。各相关国有企业工会在党委领导下，按照“积极稳妥、规范有序”的原则，通过加强组织领导、明确主体责任、建立协调机制、形成工作合力、创新工作方法、破解清理难题，全力推进此次清理规范工作。截至2016年12月底，413家国资工会企业中，关闭注销145家、行政回购82家、公开转让100家、行政托管43家、实质性清理43家，基本完成了清理规范工作，消除了国资工会企业存在的风险隐患。二是组织开展机关事业单位工会企业清理规范“回头看”。2016年5月，根据市委主要领导关于“机关和事业单位的工会不应办企业”要求，市总工会下发《关于对2015年本市机关及所属事业单位工会投资开办企业清理规范工作组织“回头看”的通知》，组织9家尚未完成清理的企业和49家“保留企业”开展“回头看”工作，要求相关企业通过清算注销、母体回购、股权转让3种方式进行清理，并于年内完成处置。相关企业均按照通知要求积极组织“回头看”，截至12月底，基本达成预定目标，有效规避工会企业存在的风险隐患。（吴定俊）

【市总工会重点工程项目进展情况】 沪西工人文化宫项目“控制性详细规划”于2016年初通过上海市规划和国土资源管理局审批。沪东工人文化宫项目于2016年6月1日正式启动基坑土方开挖工程。截至2016年底，地下室两层基本完成，地上部分两个塔楼中C1完成两层框架结构，C2完成一层框架结构。（祁铭峰）

【普陀区总工会开展预算管理系统操作培训】 11月25日，区总工会召开工会财务预决算工作会议，区各委、办、局、集团工会和街道（镇）总工会主席和财务干部出席会议。会议部署了2017年度工会经费收支预算和2016年度工会经费收支决算编报等工作。区总工会经审主任任春海介绍2017年工会经审工作思路；区总工会党组书记、副主席李戌渊要求大家强化预算管理，把预决算编报工作做细、做实、做好，进一步收好、管好、用好工会经费。为提高工作效率，区总工会在上海工会专版财务软件的基础上，开发了普陀工会预算管理系统，实行报表网上报送和审批。近60名工会财务干部参加了软件操作培训，提高了实务操作水平。（陆蕾）

【杨浦区总工会开展工会财务实务培训】 9月29日，杨浦区总工会在沪东工人文化宫举办2016年杨浦工会财务实务培训讲座，邀请市总工会财务资产管理部相关负责人，对工会经费管理和使用中的重点、热点问题进行辅导。培训班详细讲解了如何强化工会财务管理，更好地管理和使用工会经费，确保把更多工会经费用在职工群众身上，让工会经费真正惠及职工群众和工会会员。有近200名基层企事业单位专、兼职工会干部参加培训。（曹理仰）

【松江区总工会加强工会财务工作】

为加强工会经费预算管理，确保各级工会预决算工作有序开展，5月12日，区总工会召开工会财务工作会议。区总工会党组书记、副主席陈军康对2015年度财务工作予以充分肯定，要求工会财务干部认真学习贯彻落实中央“八项规定”和工会经费收支管理各项文件精神，并就如何做好2016年度工会财务工作提出3点意见：一是要进一步提高财务管理能力，加强工会财务干部队伍建设。二是要进一步强化工作能力，收好、管好、用好工会经费。三是要进一步创新发展，切实增强做好工会财务工作的责任感和使命感。会上，财务室通报2015年的财务工作并布署2016年的具体工作。经审办对基层工会2015年的审计情况及审计中存在的问题进行通报。12月15日，区总工会召开工会财务工作会议，布置2016年度经费收支决算和2017年度经费收支预算等工作。（尤志福）

【宝钢工程实施工会财务集中核算，规范工会经费使用和管理】 根据宝钢工程是集团型企业下属分子公司众多，各独立法人单位工会均未设立独立的财务机构和配置专门财务人员的实际情况，为了充分利用好公司财务内部资源，提高工会财务工作效率，夯实工会财务会计基础，防范工会财务管理风险，宝钢工程工会以行政财务集中管理为契机，推进工会财务集中管理，由财务共享中心覆盖行政单元的同时覆盖同单元的工会财务。宝钢工程工会协同财务共享中心从人员配置、应用软件、履职能力、制度建设等多方面入手，稳步推进工会财务集中管理，按不相容职务相分离的内部控制要求分别配置工会账务处理与资金核算人员，统一工会财务应用软件，组织新上岗的人员学习工会财务知识，同时加强制度建设，出台《工会预算管理办法》《工会经费收支管理办法》《工会经费收入专用收据、行政事业单位资金往来结算票据使用管理办法》《工会财务内部管理办法》《工会费用报销管理办法》《工会固定资产管理办法》等6项制度，规范了财务基础性工作。截至年底，财务共享中心已覆盖10家工会和3个责任中心，人事效率、会计信息质量均得到有效提升。（蔡兴目）

【上港集团工会注重加强工会经费收支管理和经费审查工作】 为进一步加强工会经费收支管理和经费审查工作，2016年集团工会制订下发了《上港集团工会经费收支管理办法（试行）》（2016年修订稿），根据上级工会的相关精神要求，在广泛听取基层工会和集团职能部门意见基础上，对2015年5月份下发的原《上港集团工会经费收支管理办法（试行）》进行了重新修订，主要涉及包括职工技师和高级技师奖励、文体活动荣誉奖励、送温暖费标准、节日慰问标准、召开会议开展培训、专项业务费、三公经费、会员福利待遇等几个大方面的修改。年内还下发了《关于认真做好2016年工会经费收支管理和经费审查工作的通知》，要求认真落实集团工会经审会2016年工作计划，切实根据集团工会经费审查工作要求，结合上级工会有关精神，认真做好本级工会的经审工作，确保经审工作的主业主责落到实处、取得实效。（张莉）

【上海水产集团召开2016年工会财务经审工作会议】 4月25日，上海水产集团召开工会财务经审工作会议。集团工会经审委员、各基层工会财务和工会相关工作人员出席了会议。会议对2015年各基层工会的经费缴交情况和报表完成的质量情况作了通报，对2015年工会财务经审竞赛中获得优胜的10家单位进行表彰。会议传达了市总工会2016年经审工作会议及财务资产工作会议的精神，并要求各基层工会的财务经审工作要以服务职工为大局，持续加大对职工会员服务力度，用好、管好工会资金资产。集团工会对各基层工会就贯彻全总、市总加强工会财经纪律的要求，结合市总经审办对集团工会2015年的审计中出现的问题，明确了整改的工作要求。同时，会议要求各基层工会经审和财务人员要不断学习提升业务能力和学识水平，遵守工会的财务制度与法规，全力做好2016年工会财务经审工作。 （韩 毅）

【中国商飞民用飞机试飞中心工会制定《物资采购管理办法》】 为加强工会自身建设，工会制订《试飞中心工会物资采购管理办法》，对采购形式、采购品类、采购流程、审批流程、归档内容等方面进行了规范，并成立由纪检、工会等部门人员组成的询价比价小组，全程负责物资采购，坚决做到阳光采购、规范采购，用制度和机制来防控采购中可能出现的问题，促进工会经费使用的规范化、制度化，强化了工会干部的廉政建设，防控了廉政风险。 （许晓明）

经 审

【市总工会经审会召开十三届七次全体会议】 2月23日，市总工会经审会主任桂晓燕主持经审全会并传达了全总经审会十六届五次全委会的会议精神。会议原则同意《关于上海工会2015年经费审查工作情况和2016年经费审查工作安排的报告》。会议认为，报告对2015年上海工会经费审查工作情况的总结是符合实际的。2015年市总工会经审会通过有效开展对本级审查审计、对区县局（产业）工会和市总工会直管单位审计等工作，进一步加强了对工会经费预决算管理监督，强化了对区县局（产业）工会的服务指导职能；进一步加强了对工会重大基建项目的全过程跟踪审计，强化了对市总工会部分直管单位内部控制制度建设和管理；进一步加强了对工会系统“三公”经费使用的审计力度，保证工会经费的正确使用方向；进一步加强了工会经审干部教育培训力度，深化规范化考核。经大会举手表决，同意免去李昉市总工会经审委员职务，同意倪伟琦担任市总工会经审委员。 （周 静）

【市总工会经审会召开十三届八次全体会议】 2月29日，市总工会经审会主任桂晓燕主持会议。会议通过有关人事事项，讨论并审议《2015年度工会经审工作规范化建设考核结果的通报》，听取2015年市总工会经审办对市总工会直管单位和区县局（产业）工会审计情况的汇报。选举倪伟琦任市总工会经审会副主任、经审会常委，免去黄银萍市总工会经审会副主任、经审会常委职务。会议原则同意《2015年度工会经审工作规范化建设考核结果的通报》。会议认为，规范化考核工作作为全市经审工作的重要抓手一定要常抓不懈，不能放松。几年来，经审工作规范化考核工作不断向纵深推进，在全市范围起到很好的作用。会议听取2015年市总经审办对市总工会直管单位和区县局（产业）工会审计情况的汇报。会议认为，市总经审办完成了既定的审计目标和任务，在审计过程中，严格执行审计程序，及时发现问题，特别是加入了对“八项规定”政策落实情况的审计，抓住了近阶段审计工作的重点，做到及时发现、狠抓整改，审计工作开展情况良好。 （周 静）

【市总工会经审会召开十三届九次全体会议】 5月11日，市总工会经审会副主任倪伟琦主持会议。会议审议并原则同意上海市总工会2015年经费收支决算，对预算执行情况基本表示肯定。会议认为2015年在市总工会的正确领导下，在各级工会组织的大力支持下，市总财务部门围绕工作重点，积极组织收入，规范经费转移，确保工会经费的稳定增长，拨缴经费收入完成预算的132.62%，全年支出完成预算的123.57%。重点支出项目比较合理，体现了向基层倾斜的目标，也符合上海市群团改革的要求。会议审议并原则同意了上海市总工会2016年经费收支预算（草案）。会议认为2016年度经费收支预算基本体现了“统筹兼顾、突出重点、服务大局、服务基层”的原则和“压缩本级、支持下级”的要求，更加注重对预算支出的控制。预算支出进一步向一线职工、重点工作倾斜，体现了服务大局的要求。 （柴丽琼）

【市总工会经审会召开十三届六次常委会会议】 10月20日召开会议，讨论审议《上海市总工会2016年上半年预算执行情况》和《上海市总工会2016年预算调整方案》。会议原则同意《上海市总工会2016年上半年预算

2月29日，市总工会经审委员在十三届八次全体会议上投票选举

（吴良荣）

执行情况》和《上海市总工会2016年预算调整方案》。会议认为,2016年工会经费使用方向进一步向重点工作倾斜、向一线职工倾斜,体现出工会改革对经费下沉基层工作宗旨的落实。（周 静）

【启动构建工会经审“四位一体”工作体系】 随着群团改革的不断深入,工会工作重心下移、资金下沉,这都对经审工作提出了新的要求。在新形势下,要进一步加强群团改革下的经审工作,上海市总工会启动构建工会内部审计、国家审计、社会审计和职工会员监督“四位一体”的立体经审监督体系,进一步加强工会组织的审计监督,保障工会经济活动规范有序,提高工会经费使用效益,促进工会系统党风廉政建设,充分发挥好工会经审组织的监督作用。（周 静）

【市总工会经审办开展2015年本级审计】 根据《上海市总工会本市各级工会经审会对同级工会年度经费预算执行情况审查审计监督的暂行办法》的规定,市总工会经审会于9月5日起对上海市总工会财务资产管理部2015年度本级核算的相关账户的财务收支和财务管理情况进行了审计。共审计了市总工会经费户、资产户、会计学会(筹)、女职工周末学校、行政户等5个账户;委托事务所审计了社会帮困基金会安民办、工人运动研究会、市劳模协会、退休职工管理研究会、振兴中华读书指导委员会等5个账户。审计结果表明,市总工会财务资产管理部的会计核算遵循了相关会计准则和会计制度的规定,会计报表反映了审计期间的财务状况和经营成果,与财务管理相关的内控制度基本健全有效,会计核算基本规范,收据管理规范。对审计中发现的问题,市总工会财务资产管理部高度重视,及时进行整改。（柴丽琼）

【市总工会经审办开展市总工会直管单位审计】 年内,市总工会经审办共对9家市总工会直管单位(工会管理职业学院、市工人文化宫、劳动报社、职工技协服务中心、幼儿园、职工援助服务中心、保障互助中心、退休职工活动中心和海鸥集团)年度预算执行情况和财务收支情况等内容进行审计。对劳动报社原法人代表进行任期经济责任审计。对工会管理职业学院、市总工会幼儿园、职工援助服务中心等单位的31个固定资产投资项目进行工程结算审计,送审价2226.97万元,审定价1961.67万元,核减额265.30万元,核减率11.91%,有效节约了基建资金。同时,继续对沪东工人文化宫改扩建工程进行跟踪审计,实现项目动态管理、资金严格控制、审计关口前移。（柴丽琼）

【市总工会经审办开展对区局(产业)工会的预决算和专项资金审计】 年内,市总工会经审办共对29家区局(产业)工会开展了2015年预算执行情况和财务收支情况的审计,分别是:宝山区总工会、闵行区总工会、嘉定区总工会、金山区总工会、青浦区总工会、崇明县总工会、仪表电子工会、轻工工会、上海电力工会、航天局工会、化工区工会、上海港务工会、长江轮船工会、运输工会、邮政工会、建工集团工会、绿化管理局工会、华东建筑工会、金融工会、新闻出版工会、上海报业工会、监狱局工会、城投工会、东方国际工会、隧道股份工会、东浩兰生工会、公安局工会、绿地工会、世博发展工会;对其中的6家区县工会2015年专项资金情况进行了审计;对其中13家区局(产业)工会(6家区工会和7家上市公司工会)探索委托会计师事务所进行第三方审计,市总工会经审办做好受托会计师事务所的培训、管理以及与被审单位的协调、沟通工作。（柴丽琼）

【市总工会开展经审工作培训】 2016年,市总工会经审会采用多种形式,对经审干部进行分类培训。在上海国家会计学院组织了为期3天的脱产和网络相结合的区县局(产业)工会经审主任培训班,共培训经审主任106名,提升经审主任综合素质;继续开展新上任经审干部培训,培训新上任经审干部100名,明确工作目标和要求;配合组织部和工会学院为新上任工会主席进行经审知识培训,提高他们对工会经审工作的重要性和必要性的认识;同时,继续为有需要的区县局(产业)工会进行工会经审干部岗位培训,为基层工会提供更多服务。（柴丽琼）

【市总工会召开2016年度上海工会经审工作会议】 3月30日召开。会议总结市总工会2015年经审工作,部署2016年工作。市总工会经审会主任桂晓燕出席会议并讲话,要求各级工会认清群团改革背景下工会经审工作面临的新问题,进一步增强工作的责任感、紧迫感和使命感。各区县局(产业)工会经审会主任、经审干部、市总经审会委员、市总特邀经审员、市总直管单位内审负责人参加会议。市总工会经审会副主任倪伟琦主持会议。（柴丽琼）

【市总工会开展2015年经审工作规范化考核】 根据《上海市区县局(产业)工会经审工作规范化建设标准》的要求,经过单位自评、小组核定和市总工会经审办最终审定,并经市总工会经审会常委会审议通过,上海市浦东新区总工会经审会等69家单位获工会经审工作规范化考核特等奖(考核达到A级标准);上海市普陀区总工会经审会等30家单位获一等奖(考核达到B级标准);上海市公安局工会经审会等4家单位获二等奖(考核达到C级标准);上海市通信管理局工会经审会等2家单位获三等奖(考核达到D级标准)。（柴丽琼）

【市总工会参与内审协会课题调研】 2016年,市总工会经审会承接了中国内部审计师协会立项的《群团改革背景下优化工会经审工作研究》的课题报告,通过中国内部审计师协会组织的专家验收评审结题并获得入围奖。课题报告从当前工会系统的实际工作出发,对群团改革背景下工会经审工作进行分析,深入研究工会经审工作的新思路、新举措。（周 杰）

【长宁区总工会召开2016年经审工作会议】 4月8日,召开各系统(集团、公司)、街(镇、园区)、直属工会经审主任、区总工会五届经审委员、特邀经审员共30人参加会议。会议通报长宁区总工会2015年度经审工作规范化建设考核结果,总结2015年长宁工会经审工作，并对2016年长宁工会经审工作做具体布置。区总工会党组书记、副主席王友晓出席会议。会后，开展工会审计工作培训。（贲　放）

【宝山区总工会2016年经费审查审计工作情况】 年内召开区总六届十三、十四、十五次经费审查委员会（扩大）会议。对区总2015年经费决算情况、2016年度经费预算情况、2016上半年度经费预算执行情况、2016年度预算调整情况进行了审查，形成审查纪要4篇。对区总工会本级、2个直管事业单位和4个专项资金（劳模协会、职工帮困基金、退管会、三产技协）的财务收支情况进行了审计；对15个直属工会及23个基层工会的经费拨缴和财务收支情况进行审计；对原工人文化中心主任徐仁耀的离任进行审计；对16家上一年度接受审计的单位进行审计回访，推进审计建议的落实到位。（宋　松）

【市仪电工会经审会为服务职工保障经费支出保驾护航】 上海市仪表电子工会经审会坚持经审工作创新机制和规范运作的理念，积极发挥各级经审会在工会工作中纠偏扶正、保驾护航的作用，坚持实事求是、依法审计，切实履行审查审计监督职责，为仪电各级工会加强经费规范使用，关心服务职工，很好地发挥了经审组织作用。具体做法是：不定期召开经审工作会议，落实各重点子公司经审会年度目标和工作任务，聘请兼职经审员，坚持财务经审联动逐级审查和问题回访落实整改机制，建立审计结果向党组织书记报告制度；逐项落实规范化考核自查工作，探索新形势下工会经审工作的实践方法，提炼总结经验，开展经审论文和优秀审计项目评审活动，举办经审实务培训，提高审计质量，达到预期效果。（高正峰）

【市纺织工会经审会加强自身建设，增强服务意识】 针对集团审计人员变动多，基础管理不扎实等问题，市纺织工会经审会在抓好培训的同时，更注重相关制度的落实和规范化操作。2016年加大基层财务、经审培训力度，培训59名工会主席、经审干部和财务人员。培训会当场解答经审、财务方面的有关政策、各类难点，取得较好的效果，受到基层单位的欢迎。（蔡勇亮）

【市纺织工会重视审计结果运用，抓好审计回访整改】 2016年对16家单位进行了审计，对投资子公司下的6家公司还进行延伸审计。在工会经费收、管、用工会财务规范化管理，发挥基层工会经审会作用等方面存在的8个方面主要问题，提出了123条审计意见建议，要求各级工会应加强工会经费内控制度建设，重视做好工会经费的预决算工作和工会财务规范化建设。对上半年审计的单位进行回访，通过回访了解到大部分单位在审计结束后，都对照审计意见建议，制定措施进行整改，对反复出现、屡审屡犯的问题，以及落实整改工作中的难点问题，研究问题产生的根源，对症下药积极整改，杜绝类似问题的再次发生。（蔡勇亮）

【宝钢集团工会评选基层工会经审工作先进单位】 集团下属各单位工会经审会按照经审工作规范化建设标准要求，完善制度建设，提高审查审计工作质量做出新的成绩。3月23日，集团公司工会经费审查委员会六届四次全委会审议通过2015年度基层工会经审工作考核评比结果，宝钢股份、宝钢资源、宝钢金属、宝钢工程、宝钢化工、宝钢发展等7家工会经费审查委员会获评先进单位，宝钢不锈（上海不锈）、宝钢特钢、金融系统、宝信软件、一钢公司、浦钢公司、五钢公司、人才开发院、集团机关等8家工会经费审查委员会获评合格单位。（李士伟）

【上海化学工业区工会强化财务经审规范化建设】 一是强化经费预算管理，加强财务经审工作指导，开展财务预决算报表集中审核，完善预算调整模版，规范预算调整程序。二是规范经费支出管理，区工会经审会根据工会经费支出规定，结合经费支出要求和标准，进一步规范工会经费支出的管理。三是创新财务经审工作方式，引入第三方中介机构，参与区工会对下实务审计与绩效评价工作。四是制定规范化建设考评办法，开展规范化建设考核评比，强化实务审计程序规范化。区工会经审会连续第十一年在全市工会系统经审规范化建设考核中获“特等奖（A级）”。（张　俊）

【中国远洋海运集团工会认真做好各单位经费审查工作】 2016年中国远洋海运集团组建成立，所属多家单位也进行合并整合的深化改革工作，为加强对新老公司工会的财务管理，规范工会会计业务流程，推进工会经审工作制度化建设，对原中远集团工会、中海集团工会、中远集运工会、中海集运、中海散运、中海油运、中海发展、中石化中海燃供等10家单位进行工会

6月16日，上海化学工业区工会召开2016年度财务经审工作会议
（干春兰）

主席离任经济审计，出具审计报告，提出整改意见，为强化各单位工会财务基础管理，收好、管好、用好工会经费，起到了积极的促进作用。（刘建强）

【中国远洋海运集团工会举办工会财务经审干部培训班】 为加强集团工会财务经审管理工作，提升工会财务和经审干部队伍素质，中国远洋海运集团工会于7月28—29日举办了新集团成立后第一期工会财务、经审干部培训班。就上级工会财务规章、集团工会经费审查管理制度、基层工会经审工作规范化建设标准以及考核办法等进行了讲解，并进行了现场互动交流。集团工会经审委委员、直属各单位工会财务负责人和经审委主任等共69人参加培训。（刘建强）

【市交通委工会加强基层工会经审工作】 2016年，市交通委工会加大对基层工会经费审计的力度，加强对经费预算、决算和专项资金的审计，并对审计情况进行认真剖析。按审计要求完成路政局、航务处、指挥中心、交通卡公司的工会主席离任审计；完成质监站、码头中心、出租汽车行业工会和公交行业工会的年度审计工作，并对审计中发现的问题分别发出整改通知，督促整改落实。（方蔚萍）

【市科技工会召开2016年科技系统工会经审和财务工作会议】 4月20日召开，系统基层单位工会分管主席、经审主任、会计和出纳人员近180人出席会议。会议传达了市总工会经审和财务工作会议精神，通报了2015年对科技系统基层单位经费审查和财务规范化考核情况，布置科技系统工会2016年工会经审和财务工作。会议下发《关于聘请市科技工会第四届经费审查委员会特邀经审员的决定》，向中科院上海天文台赵红丽等4位特邀经审员颁发聘书，以此加强对市科技系统工会经费收支和资产管理的审查监督力度，提高科技系统工会财务管理水平，并建立健全科技系统工会民主监督与审计监督相结合的经审工作机制。（杨 莹）

【市经信系统工会贯彻改革精神提升经审干部履职能力】 为认真贯彻中央群团工作会议精神，不断提升工会经审干部业务水平及履职能力，5月9日—5月13日市经信系统工会在中国劳动关系学院举办了为期5天的经审干部培训班。培训课程包括工会组建、工会经费和资产监督审查实务、工会面临的形势和任务、劳动法知识、工会创新管理理论等。各直属单位工会选派38名经审干部参加培训。（黄 俭 周斌锋）

友好交往

2017上海工会年鉴

综　述

上海工会外事工作以服务上海工会整体工作、服务基层为主要宗旨，宣传上海、宣传上海工会，拉近同世界各国工会的距离，为造就一支了解国际工会运动情况、善于吸收创新、能够与时俱进的上海工会干部队伍服务。年内与德国等国的工会组织举办工会工作研讨会，围绕集体谈判、提高职工素质，以及构建和谐劳动关系等工作，有针对性地开展工作研讨。上海工会继续加强与国（境）外已建立友好交流关系的工会组织交往，扩大我国工会的国际影响。2016年，上海工会接待来自世界各国和地区的16个工会代表团103人次；组织出访7批团组32人次。基层产业工会也通过各种形式、各个层面开展对外交流。同时，上海工会积极开展同港澳台地区工会组织的交流，香港、澳门工会每年都组织大陆参访团组来沪开展交流活动。年内，上海工会共组织赴台交流团8批，79人次，与台湾工会和劳动界增进了解、发展友谊、探讨议题、建立互信。

（沈雄德）

工会出访

【概要】 外交关系是从公共外交开始的，开拓公共外交的重要性不言而喻。经努力，上海市总工会同20个国家和地区的工会签署了友好交流协议，形成了覆盖亚、非、欧、美、大洋等五大洲的友好合作交流格局。年内，市总工会4批次出访团组分别赴加拿大、巴西、阿根廷、埃及、摩洛哥、西班牙、香港和澳门等国家、地区访问，与当地工会组织就推进最低小时工资标准、社会保险福利政策和退休职工生活保障、无居所工人保障救助、职工技能培训素质提升、协调劳动关系制度建设、维护职工合法权益、发挥工会在源头治理劳资纠纷中的作用等问题进行深入交流。（管一珉）

【上海市总工会代表团访问加拿大和中国香港】 应温哥华地区劳工理事会和香港工会联合会的邀请，以上海工会管理学院院长吴萌为团长的上海工会代表团一行6人于9月19—26日访问了加拿大和中国香港。期间，代表团拜访了两地工会。访加期间，双方就共同关注的新经济业态的劳动关系问题进行了友好交流。代表团还参观考察了温哥华地区劳工理事会办公场所及加拿大国际码头和仓库工人工会历史展览馆；拜访了加拿大最大的产业工会——加拿大联合总工会，交流了加拿大社会保险福利政策和退休职工生活保障等方面的情况。访港期间，代表团与香港工会联合会副会长兼秘书长黄国、助理秘书长陈秀钦等进行了工作会晤，双方就上海工会改革、职工培训和为会员服务等内容进行了深入的交流。（黄　琦　张国峰）

【上海市总工会代表团访问巴西和阿根廷】 应巴西工人总联盟（UGT）和阿根廷工人中央工会（CTA）的邀请，由上海市总工会秘书长宋钟蓓为团长的代表团一行6人于10月24日至11月1日访问了巴西和阿根廷。在巴西期间，代表团对巴西圣保罗、里约两地进行了访问。访阿期间，代表团拜访了阿根廷工人中央工会总部、无居所工人保障救助中心，与司法人员工会联合会、拉丁美洲工会会晤机制的部分国家工会领导人等进行了会谈。在对两国工会工作考察期间，代表团团长、市总工会秘书长宋钟蓓向两国工会同仁介绍了上海工会工作情况，特别是群团改革中，上海工会服务职工和会员的工作理念和思路，介绍了上海工会加强协调劳动关系制度建设、提高维护职工权益的能力水平和工作举措等，并就共同关心的话题开展了深入的讨论。（周永宝　管一珉）

【上海市总工会代表团访问埃及和摩洛哥】 应埃及公用事业工会和摩洛哥公用事业工会的邀请，由上海市人

2016年上海工会与外国和中国台港澳工会主要交往简表

团　名	时　间	交往	人数
阿根廷工人中央工会访华团	3月13—19日	来访	2
俄罗斯圣彼得堡市和列宁格勒州工联访华团	3月20—26日	来访	5
澳大利亚昆士兰州工会理事会访华团	4月10—16日	来访	6
摩洛哥公用事业工会访华团	5月28日—6月4日	来访	5
韩国劳动组合总联盟釜山地域本部访华团	6月13—17日	来访	6
日本大阪市劳动组合联合会访华团	7月13—15日	来访	10
美国洛杉矶县劳工联合会访华团	8月21—28日	来访	5
市总工会访问加拿大、中国香港代表团	9月19—26日	出访	6
市总工会访问巴西、阿根廷代表团	10月24日—11月1日	出访	6
越南胡志明市劳联访华团	12月5—9日	来访	6
市总工会访问埃及、摩洛哥代表团	12月6—13日	出访	6
市总工会访问西班牙、澳门代表团	12月12—19日	出访	6

12月12日，市人大常委会副主任、市总工会主席洪浩率上海工会代表团拜访摩洛哥劳工联合会 （李文军）

大常委会副主任、市总工会主席洪浩率领的上海市总工会代表团一行6人，于12月6日至12月13日对埃及和摩洛哥进行了友好访问。访埃期间，代表团专程拜访了埃及公用事业工会及其有关分支机构。访摩期间，代表团拜访了摩洛哥劳工联合会、摩洛哥公用事业工会、公用事业工会卡萨布兰卡职工活动中心和工会社会工作者暑假活动中心，分别进行了座谈交流。访问期间，洪浩团长分别向埃方和摩方介绍了上海经济社会发展情况和上海工会推进工会组建、参与立法与劳动关系三方协商、职工权益维护、互助保障、困难职工帮扶等主要工作，并与其就共同关注的问题进行深入探讨和交流。（朱 军 张国峰）

【上海工会代表团出访西班牙、中国澳门】 应西班牙工人总联盟（UGT）加泰罗尼亚大区分会和中国澳门工会联合总会的邀请，以上海市总工会巡视员杜仁伟为团长的代表团一行6人于12月12日至12月19日对西班牙、中国澳门进行访问。访问西班牙期间，代表团拜访了加泰罗尼亚大区工会、巴塞罗那工会、西班牙工人总联盟总部，考察巴塞罗那港口、华意集团Cubigel公司、西雅特汽车公司和江森自控公司。在中国澳门期间，代表团拜访中国澳门工会联合总会总部，交流双方工会工作的经验。杜仁伟团长向西班牙和中国澳门工会介绍了上海经济社会发展情况、上海工会推进新媒体APP工作和工会组建、参与劳动关系三方协商、最低工资标准、工会干部培训、关心服务职工等情况，并与相关行业、企业工会干部座谈交流，着重就工会在促进企业加强职工教育培训、职工素质提升、维护职工合法权益、发挥工会在源头治理劳资纠纷中的作用等双方共同关心的议题进行深入交流。（竺 敏 管一珉）

团体来访

【概要】 上海工会坚持中国特色的工会外交，主张互相尊重、求同存异，与友好工会建立更紧密的伙伴关系。面对各种全球性挑战，中国工会倡导双赢的理念越来越得到他国工会的赞同，在许多议题上形成合作共识。2016年应本会邀请来访的外国友好工会团组有阿根廷工人中央工会、澳大利亚昆士兰州工会理事会、俄罗斯圣彼得堡市和列宁格勒州工会联合会、美国洛杉矶县劳工联合会、摩洛哥公用事业工会、韩国劳动组合总联盟釜山地域本部、日本大阪市劳动组合联合会、越南胡志明市劳联。代表团受到了市总工会领导的热情欢迎，与有关部室、单位和企业进行全面深入的交流，并赴北京、杭州、苏州等外省市考察工会工作，了解中国经济社会发展状况。同时，奥地利制造工人工会、丹麦总工会、法国天主教工人联合会、德国矿山、化工和能源工会以及高雄市中华文化经贸交流发展协会等国（境）外工会应中华全国总工会和其他兄弟省市工会的邀请访沪。（管一珉）

【阿根廷工人中央工会代表团访华】 应市总工会邀请，由总书记巴勃罗·内尔松·米切利和副总书记何塞·豪尔赫·里加内组成的阿根廷工人中央工会代表团一行2人于3月13日至19日对中国进行了友好访问。3月14日，市总工会副主席肖堃涛会见阿根廷贵宾，介绍了上海经济形势和工会的对策。宋钟蓓秘书长会见时在座。在沪期间，代表团与上海良友（集团）有限公司工会进行交流。阿根廷工人中央工会创建于1992年，系阿根廷最大的工会组织，现有会员130多万，分布在司法、教育、卫生、大学、新闻媒体、影视、造船、港口、铁路、筑路、矿区、冶金、石油、原子能、轮胎制造、制糖、烟草、住宅合作社等部门和行业及非正规行业和退休人员群体。该会积极参与政治民主活动，反对新自由主义政策，在促进就业、教育、环保、社会公正、安全生产和卫生保健等方面作出了贡献，因而在国家政治生活中享有举足轻重的地位。（张国峰）

【俄罗斯圣彼得堡市和列宁格勒州工联代表团访华】 应市总工会邀请，由副主席玛丽娅·亚丘克尼娜率领的俄罗斯圣彼得堡市和列宁格勒州工会联合会代表团一行5人于3月20—26日访问中国。3月21日，市总工会副主席肖堃涛会见了代表团一行，向客人们介绍了上海和上海工会的基本情况。俄方表示，时隔多年后再访中国，发现中国在各方面都发生了很大的变化。中国的工会工作比俄罗斯的超前，劳资政三方关系很和谐。苏联解体后，俄罗斯工会工作很难开展，职工入会率只有25%左右。会见时宋钟蓓秘书长在座。在沪期间，代表团参观了上海汽轮机有限公司。圣彼得堡市和列宁格勒州工联隶属于俄独工联，是俄罗斯最大的地方总工会之一，在该地区的工人运动中有着较大的影响。该联合会下辖44个产业工会，现有会员80多万，分布在1万余个基层组织中。其主要任务是与市政府和雇主联盟开展三方协商，签订社会总协议，内容包括劳动就业、劳动保护、环境保护、最低工资、医疗保障、失业保障、青年政策、社会福利等方面。1990年4月，与上海市总工会建立了友好关系。（张国峰）

【澳大利亚昆士兰州工会理事会代表团访华】 应市总工会邀请，由昆士兰州铁路、电车和汽车工会书记欧文·杜甘率领的澳大利亚昆士兰州工会理事会访华代表团一行6人于4月10—16日访问中国。4月12日，市总工会秘书长宋钟蓓会见代表团一行，介绍中国目前的经济和社会情况及上海工会的主要工作，并与其就集体协商、职业培训等共同关心的问题进行了交流。在市教育工会的安排下，代表团还赴真如中学参观、座谈。昆士兰州是上海的友好州。昆士兰州工会理事会下辖40余个产业工会，约有40万会员。该会在集体谈判、职工培训和劳动保护等方面工作颇有成效。（张国峰）

【摩洛哥公用事业工会代表团第三次访华】 应市总工会邀请，由布夏伯·阿鲁谢主任率领的摩洛哥公用事业工会代表团一行5人于5月28日至6月4日访问中国。5月30日，市总工会副主席肖堃涛会见了代表团一行，介绍了上海的简况和工会的主要工作。阿鲁谢团长表示，每次访华都学到中国工会一些好的经验。在沪期间，代表团赴市职工保障互助中心座谈交流。摩洛哥公用事业工会成立于1955年，系摩洛哥劳工联合会下辖的24个产业和地方总工会中最有实力的一个工会，约有18000名会员，主要来自自来水、电力、排水3个行业的18家公司。摩洛哥公用事业工会的目标是改善和提高公用事业部门职工的工作环境和生活水准。该会主要通过协商、谈判等法律手段来协调劳动关系，为会员签订较好的集体合同，保证其会员在经济、政治、社会等领域的各项权益；通过建立雇主和雇员相互尊重的伙伴关系，使全体会员获得就业保障；注意倾听职工呼声，努力维护摩洛哥劳工联合会的团结，通过工会间的合作来保持和提高职工的福利；注重为会员及其家属和退休人员服务。（张国峰）

【韩国劳动组合总联盟釜山地域本部代表团访华】 应市总工会邀请，以议长代理徐荣基为团长的韩国劳动组合总联盟釜山地域本部代表团一行6人于6月13至17日访问上海、云南等地。在沪期间，市总工会副主席肖堃涛会见并宴请了代表团一行，向代表团介绍了中国和上海经济社会发展、上海工会机构改革以及上海工会加大工会组建力度、维护职工权益、为职工办实事等方面的工作。秘书长宋钟蓓等参加会见。双方就进一步推进两地工会在劳动关系领域、国际和区域性工会活动方面的合作与交流等事宜进行探讨。代表团还访问了上海市邮政工会。在云南期间，云南省总工会副主席潘红伟会见并宴请了代表团，介绍了云南省经济社会发展的概况和工会工作的基本情况。（崔春吉）

韩国釜山港运工会代表团参观洋山深水港（张晨琦）

【日本大阪市劳动组合联合会第十九次代表团访华】 应市总工会邀请，以执行委员长上谷高正为团长的日本大阪市劳动组合联合会（以下简称大阪市劳联）第19次访华代表团一行10人于7月13至15日访问了我国。在沪期间，市总工会副主席肖堃涛会见并宴请了代表团一行，市总工会秘书长宋钟蓓等会见时在座。肖堃涛向代表团介绍了我国和上海经济社会发展情况和上海工会机构改革的概况以及上海工会加大工会组建力度扩大工会覆盖面、维护职工权益、服务职工为职工办实事等方面的工作。（崔春吉）

【美国洛杉矶县劳工联合会代表团第五次访华】 应市总工会邀请，以总书记拉斯蒂·希克斯为团长的美国洛杉矶县劳工联合会访华代表团一行5人于8月21—28日访问中国。8月22日，市人大常委会副主任、市总工会主席洪浩会见美国工会客人，向他们介绍上海工会的基本情况。洛杉矶县劳联代表团此次来访旨在更多地了解中国当前的劳工运动和工会的近期工作，增进两地工会组织间的友谊与合作。希克斯团长表示，美国工会组建工作较难开展，入会率仅有11%。希望能通过此次访问，向中国工会学习组建方面的经验。代表团在沪期间还与市教育工会和复旦大学工会进行了工作交流。洛杉矶县劳工联合会有345个下属工会，代表80多万会员，系美国第二大县级总工会，被认为是美国劳工运动中最有实力的县级总工会。该会政治上有号召力，组建工作较为出色，被称为新移民工运动的中心。（朱军 管一珉 张国峰）

【上港集团工会与韩国釜山港运工会开展友好交流活动】 根据双方所签订的友好交流协定，4月25日，由劳动争议部次长赵光来率领的韩国釜山港运工会一行19人访华代表团到上海港，与上港集团工会开展友好交流活动。代表团在上港集团工会干部陪同下，前往上港集团所属洋山深水港的盛东集装箱码头公司参观和交流。两港工会围绕职工权益保障等双方共同关注的工会工作议题，进行友好交流和研讨。6月27日，以副委员长姜后坤为团长的韩国釜山港运工会访华考察团一行8人，再次访问上海港，与上港集团工会领导等进行友好交流。双方在2016年中两次友好交流活动，增进中韩两港工会的了解和友谊。釜山港运工会对上港集团近年所取得地高速发展和在维护职工权益方面所办的实事，表示敬佩和称赞。双方表示，今后要继续深化两港工会之间的交流和合作。（张晨琦）

【中澳两地教育工会工作论坛在上海对外经贸大学成功举办】 9月19日，澳大利亚昆士兰州教师工会、独立教育工会代表团、市教育工会领导以及上海各高校、区教育局工会主席在上海对外经贸大学召开了第三届中澳两地教育工会工作论坛。市教卫工作党委副巡视员、市教育工会常务副主席王向群，副主席吉启华等出席论坛。王向群致开幕词，她对澳大利亚昆士兰州工会同仁表示欢迎，就走过60年历程的上海市教育工会基本情况、工作特色、目标理念以及当前正在开展的主要工作，向澳大利亚昆士兰教育工会同仁作了介绍。华东理工大学工会、昆士兰州教师工会代表、松江区教育工会、昆士兰州独立教育工会代表、上海震旦职业学院工会、昆士兰州地区教育工会代表、上海培佳双语学校工会、上海第二工业大学工会等分别进行了交流发言。双方期望加强合作交流，互相学习借鉴，在推进本国的教育发展和教师工会事业的发展上，发挥更大作用，做出更大贡献。

（姜培庆）

工运动态

【概要】 尽管社会制度、文化传统、发展水平和价值观念不同，但各国工会认为工会间的国际交流非常重要，彼此能分享一些有益的经验，共同应对经济全球化和产业结构调整带来各种挑战。现在许多国家的工会会员数下降，工会对年轻人的吸引力减弱，工会经费得不到保证，活动难以顺利开展，在一些原来长期由工党或亲工会力量的政党执政的国家，工党在近期的选举中遭遇失利，整体工运形势陷入不明确。在国际工运步入低潮期和经济全球化市场竞争困难的条件下，许多外国工会开展工作的主动意识和积极作为值得学习，与政府沟通，通过制订和修改相关法律参与诉求表达；利用互联网等现代化宣传手段扩大在工人中的影响力，吸引职工入会；与其他社会组织、国际工运组织合作，为跨国企业员工提供平等的保障。

（管一珉）

【出访埃及和摩洛哥后得到的启示】 尽管埃及、摩洛哥与中国国情不同，工会工作也有众多差异，但双方仍有不少共同之处，特别是埃及和摩洛哥工会在经济全球化市场竞争困难条件下开展工作的主动意识和努力作为，值得我们学习和借鉴。一是源头参与和政策制订，是增强工会影响力的有效途径。当前，社会的环境氛围非常有利于工会参与立法、推进工资集体协商、厂务公开民主管理等重点工作，工会干部一定要顺势而为，积极参与劳动和社会保障法律的立法，参与政府有关民生政策的制订，最大限度地代表职工的利益，反映职工的意愿，让职工在改革开放过程中有更多的获得感，不断增强工会组织的影响力。二是站稳职工立场，履行主业主责，是增强工会吸引力的主要方法。埃及和摩洛哥的工会干部多是志愿者，不在工会内领取报酬，办公条件简陋，但为职工建设的医院、大学、休养度假中心却是光鲜亮丽、设备齐全。上海工会要学习借鉴他们的经验，结合群团组织改革任务，在转职能、转方式、转作风上重新布局，确保各级工会组织站稳职工立场，突出主业主责，更多运用群众化、社会化、网络化的方法手段维护好职工的合法权益。要想职工之所想、忧职工之所忧、急职工之所急，尽力将工会的财力物力等资源用到服务职工群众上去，切实增强新时期工会组织的吸引力。三是加强规范，引导职工有序维权，是维护经济社会稳步发展的有力保证。根据埃及的劳动法律，企业工会可合法组织职工罢工。摩洛哥也有类似的法律规定。中国工会可借鉴埃及和摩洛哥等国的相关经验，研究切实可行的对策，如推动立法，规范罢工行为，引导职工有序维权，既最大限度保护职工的合法权益，又要将罢工产生的消极影响降到最低。（朱　军）

【加拿大工会的工作特色】 一是突出重点工作。不列颠哥伦比亚省劳工联盟今明两年的工作重心就是围绕争取每小时最低工资15元的重点工作。由此他们的政治行动部门、对外交流部门所有的活动以增强工会的影响力为重点，召开媒体记者发布会，游说市长和议会代表、作公众民意调查、甚至开设个人的“脸书”来宣传工会的主张，从而使政府的决策有利于维护劳工的权益，体现了工会在经济全球化下的适应性和务实性。二是卓有成效的员工培训计划。该省的建筑行业工会既是国际工会成员又是美国劳联成员。行业工会与所属的分支机构，对行业员工入职的近千个岗位工种技能培训进行了全面的规划，从政府的资金保障、雇主的义务履行以及培训场地和师资的保证，行业工会付出了多年不懈地努力。此培训计划既减少加拿大建筑行业的安全隐患，又使建筑工程的质量得到保障和提升。更受益的是，建筑工人持有的培训证书在全国甚至北美的建筑行业都能入职就业。三是推进完善养老制度。加拿大的养老计划始于1966年，50年来工会为劳工争取体面的退休生活，一直在不断敦促政府更多地投入养老基金。尤其在推动建立雇主养老计划中，工会既促使政府以法律规定明确雇主的义务，同时又积极实施行业和企业的集体谈判来保障在职劳工的养老金增加部分。2014年有38%的在职劳工获得雇主的养老金。在2015年大选期间，加拿大工会同仁强烈支持新总理当选。新总理当选后提高了政府支付的养老金标准，改进了涉及劳工切身利益的就业保险等。为此，工会组织的吸引力和凝聚力得到增长。（黄　琦）

【工会面向全体劳动者，因人而异开

展组建工作】 19世纪末叶,英国等西方国家工会刚组建时只吸收技术工人,而把非技术工人拒之门外。对女工、移民工、非全日制工人等也持反对和排斥的态度。后来许多国家工会从实践中逐步认识到,尽管不同职工群体有着不同的特殊利益,但他们都是工人阶级的一员,只有联合起来才能对抗资本的进攻,于是,工会摒弃工联主义的观念,开始面向工人阶级的全体成员。另外,工会还提出非正规部门工人与主流工人一体化的主张,改变了以传统第二产业工人为工会组织基础的状况,积极向第三产业、特别是新兴产业部门扩展会员;转变只从正规的全日制工人中发展会员的传统观念,努力在个体企业和非正规部门组建工会,积极吸收各类非正规就业人员加人工会,其中包括临时工、季节工、家庭工、个体劳动者和自由职业者等;从传统的"男人"世界拓展到妇女、青年、学生、残疾人、退休工人和外籍员工等。进入新世纪以来,职工受教育的程度较之二三十年前要高得多,还可从互联网中获得大量信息,可谓见多识广。因此工会需采取更好、更富吸引力的措施来争取他们加入工会并留住会员。由于各种职工群体所处的企业和部门不同,职业和社会构成有差异,因而有着各自的具体利益和要求。据此,工会按所代表的职工的不同特点采取了灵活的组织形式和切实的维权方法。为吸引相同类型的工人入会,工会组建退休工人工会,移民工人工会等专业工会,或在工会内部设立女工、青工、退休工人和移民工人委员会等。对一些由工人自己组织或由社区、环保、宗教、女权等团体创办的工人中心,工会不是采取排斥的态度,而是给予支持和帮助,逐步把它们纳入到工会轨道。在维护不同工人群体的特殊利益方面,许多工会都在集体谈判和职工参与中对此给予充分的关注。对于非全日制工人,工会主要是消除他们在就业和待遇方面所受的歧视,力争使其享受与可比的全日制工人同等的工资率和社会保障。对于女工,主要是反对就业和薪酬问题上的性别歧视,要求男女平等和女工的特殊保护;一些工会还提出实行女工的职业间歇和工作分享。国外工会还跳出传统蓝领工人的狭隘圈子,努力通过职业保障、技能培训和权益维护吸引白领工人、技术人员和管理人员加入工会。（张国峰）

【国外工会组织率下滑的原因】 许多国家工会会员数下降、国际工运走向低潮是有其深刻原因的,主要有以下3个方面:一是经济结构、生产体制和就业方式发生深刻变化,导致制造业工人等传统会员大量减少。随着经济全球化和高新科学技术的迅猛发展,国际经济产业结构发生较大变化,导致了工人阶级内部结构发生深刻变化。劳动密集型低端制造业岗位出现转移,钢铁、建筑等传统产业因自动化程度提高而对劳动力的需求逐年下降,致使失业和被解雇工人数量增多。大型工业企业不断减少,取而代之的是规模小、员工少的大量新增高新技术企业和服务行业。传统的就业模式渐被弃用,出现了越来越多的灵活就业形式,造成固定就业人数减少,非全日制工、派遣工、临时工以及间歇就业者等新兴群体明显增多。企业的兼并、重组、外迁、私有化、生产分散化以及第三产业化和就业的非正规化,对工会组织产生严重的负面影响。过去在制造业的全日制工人中开展组建的传统工会工作模式受到空前的挑战,世界各国工会普遍面临着传统行业会员大量流失的共性问题。另外,就业方式的重大变化也制约了工会组织工作的开展。从事第三产业的这些新增群体过去大多被工会所忽略,事实上由于种种原因也较难把他们吸引进来。譬如服务业和小企业中的职工很分散,集体意识相对较弱;女工大多有家庭负担,参加社会活动的积极性不高;临时工、移民工流动性大,专业技能匮乏,他们对参加工会后是否会引来雇主的报复心存顾虑。脑力劳动和半脑半体的员工本身对寻求工会保护的意愿不是很强烈,组织起来困难较大。新一代职工对工会的拥戴和对政治的热情似乎在削弱,而新的就业业态包括物联网的应用也给工会组建工作带来困难。二是一些国家政府通过修改劳动法等打压工会,企业主对工会权利加以削减。自世界金融危机爆发以来,全球经济贸易增长乏力,许多国家政府特别是右翼政府为刺激经济增长,迎合资方利益,通过修改劳动法和集体协议标准或直接采取行政手段,限制集体谈判和工资增长,削减职工福利及社会服务开支,降低社会保障水平,提高劳动力市场灵活性,鼓励非正规就业,主张劳工活动非工会化,阻绕职工加入工会。除了经济原因外,政府是想借此削弱工会的力量。一旦工会垮掉,工党就失去了基础,自由党就没有了竞争对手,也就可以一直执政下去。此外,工会还经常受到一些媒体的歪曲报道,被描述成"政治、经济和社会问题的麻烦制造者",被指责为拖改革的后腿,是过时的机构。在全球化背景下,资本、商品、服务和生产要素在全球范围流动和配置。发达国家的垄断资本,在国内凭借其对国家政治、经济和文化的主宰,通过各种手段在劳资关系领域加剧了资强劳弱、资攻劳守的态势;在国外通过扩张,将产业转移到劳工成本更加低廉的国家,扩大对广大发展中国家经济社会政策的影响。许多跨国公司停止与工会进行劳资谈判和对话。有的企业主采取种种措施阻挠建立工会,或是对工会权利严加限制;有的在集体谈判中不承认工会地位,或者退出雇主协会以缩小集体谈判覆盖面;有的甚至取消集体谈判,直接同工人签订个人劳动合同;有的大规模采用承包和临时用工,把企业的职工数量限制在最低水平,以削减工资福利和社会保障支出,降低医疗或事故补偿费用;也有的则通过提供较高的工资标准和福利待遇来笼络工人,使工人们觉得劳资关系已很和谐,因而不需要工会的介入。在政府和资方的双重打压下,许多国家工会失去了经过多年斗争所获得的权利,工会组织的规模不断缩小,影响力逐渐减弱,劳工标准被淡化,对工人的保护遭到削弱;工会不仅面临招募新会员的困难,而且还承受着老会员流失的压力。三是工会运动不适应新的形势,工会组织多元发展削弱了工会的力量。当前,职工利益呈现出多样化和个性化趋向,但许多工会未能及时应对客观情况的变化,同时又不愿意对自身存在的问题进行改革。据欧工联统计,西欧、南欧国家50人以上企业中,有工会代表的大体上只占10%—30%之间,50人以下工作场所有工会代表的更是凤毛麟角。这种体制上的缺陷,使工会缺乏同工人的密切联系,不能很好地、及时地代表和反映职工群众的利益和要求。更糟糕的是,即使加人企业工会,有些会员与非会员之间的工资福利差别不大,这令职工对工会感到失望,有的甚至颇有微词。由此可见,工会自身的软弱和改革滞后是造成工会会员数下降的原因之一。工会的力量在于团结,而政治多元化引发的工会多元化所破坏的恰恰就是工人阶级的统一,直接导致了工会力量的分散和工会与政党关系的疏离,削弱了左冀政党的阶级基础和工会本身的社会基础。面对政府压制和资本强势的不利环境,各工会往往自顾不暇,甚至在组织建设、活动方式等方面产生分歧与矛盾,使工会在职工群众中的威信丧失,形象受损,从而致使工人加入工会的愿望减弱,工会组织率直线下降。

(张国峰)

【加强工会之间和与其它社会力量的合作,促进国际工运的团结】 越来越多的工会意识到,通过工会运动内部的合作,建立强大统一的工会,才能共同应付复杂的政治经济形势的挑战。工会运动现代化的主张就是希望超越意识形态的差异,促进各派工会联合,增强工会力量。在工会运动经历衰落之后,一些原先由于追随不同政党的政治路线而陷入严重分裂的全国性总工会开始采取一致的行动,以期逐步走向统一;有的较强工会帮助弱小工会获得力量和财政生存能力或通过联合与合并的方式进一步增强自身的实力。为了争取到其他劳动人民和各社会阶层的支持,工会运动还和社区、民间、环保、女权、农民、青年、学生、非政府、消费者权益保护等团体和组织结成伙伴关系或战略联盟,制定统一行动计划,反对侵犯人权和工会权利,共同维护国家的公共福利和以人为本的社会经济政策。在国际工运整体低迷的背景下,国际工联提出了“工会全球化”的理论,具体涉及3个方面的问题:一是就某项工会要求在全世界开展统一行动,或者是要求全世界工会对某个国家的某项工会斗争进行声援;二是以跨国公司总部为中心,成立所有海外子公司都参加的跨国公司工会委员会,从而协调口径和立场,统一进行集体谈判;三是要求各国工会领导人定期会晤,或是参加已组建的地区性、国际性工会组织,以便统一思想,共同行动。近年来,欧盟的宏观经济、财政和预算政策对欧洲国家的影响力增大,许多国家的劳工政策是在欧盟的决定和指导下制订的。为了应对这一新情况,欧洲工会越来越重视在区域和国际层面开展合作,各产(行)业工会加强相互之间的联系和团结,有些欧洲国家还建立了产业工会国际联合会,并试图成立世界产业工会联合会。欧盟国家还出现了跨国集体协商制度,通过举行国际集体谈判签订国际集体协议,在欧盟层面协调工业政策,引入最低保障工资以及为欧盟的劳动力市场设立公平的规则等,从而在更大范围内调节劳动关系和社会利益关系。但对于无法调和的纷争,工会还是会使出其最后的手段——罢工。然而欧洲工会越来越主张以对话和合作为主,在维护工人权利和福利的同时,也要帮助企业在激烈的国际价格和质量竞争中生存下去,动辄采取罢工行动已明显不合时宜,只会造成两败俱伤。

(张国峰)

上海市总工会关于突出维护职能 加强工会协调劳动关系体系建设的指导意见

各区县局(产业)工会:

为贯彻落实党中央、国务院和市委、市政府关于构建和谐劳动关系的有关文件精神,深化本市工会改革,现就突出维护职能、加强协调劳动关系体系建设提出如下意见,请结合实际认真贯彻落实。

一、突出工会维护职能,加强协调劳动关系体系建设的总体要求

当前,本市“十三五”规划全面实施,战略结构布局、产业结构调整和国资国企改革以及非公经济转型升级等力度加大,劳动关系领域面临着许多新情况、新问题。职工利益诉求多元,维权意识增强,劳动关系矛盾易发频发,给工会履行维权职责、构建和谐劳动关系带来了严峻挑战。工会是职工利益的代表者和维护者,突出工会维护职能,加强协调劳动关系体系建设,是各级工会极其重要的一项工作。全市各级工会要按照党的群团改革精神和市委、全总的要求,站在构建和谐社会的高度,切实增强责任感、使命感,把突出维护职能,加强协调劳动关系体系建设作为当前和今后一段时期一项紧迫任务,摆在更加突出的位置,采取有力措施抓实抓好。

当前和今后一段时期,工会突出维护职能,加强协调劳动关系体系建设的目标任务是:按照党中央和市委关于构建和谐劳动关系总体要求和党的群团改革总体目标,加大参与协调劳动关系矛盾力度,实现工会法律援助、法律监督、集体协商、民主管理制度的机制整合,不断破解基层工会尤其是非公有制企业工会组织在调处劳动关系矛盾、维护职工权益方面的瓶颈难题。

加强协调劳动关系体系建设的方法路径是“反向倒逼”和“正向推进”相结合。“反向倒逼”,就是以问题为导向,对已经发生劳动关系矛盾又无视职工合法权益的企业,通过加大调处化解劳动关系矛盾、职工法律援助、工会劳动法律监督、工会组建和集体协商、职代会制度的工作力度,以及工会法律政策的源头参与,着力破解工作中瓶颈难题,促进各项工作相互衔接、互为整合,着力发挥工会组织在协调劳动关系体系中的机制性作用。

“正向推进”,就是按照劳动关系建立、运行、监督、调处的规律,正面指导和推进企业着力加强劳动合同、集体协商、职代会民主管理、劳动争议调处等制度建设,努力推动企业解决职工“三最”利益问题,以制度建设有序预防和解决各类影响劳动关系稳定的问题,促进企业和职工在共建中共享企业发展成果,促进劳动关系稳定和谐。

二、进一步加大工会参与劳动关系矛盾调处力度

各级工会要牢固树立参与群体性劳资纠纷调处不缺位的理念,积极参与党委统一领导、多部门协同处置群体性劳资纠纷工作机制,实现信息共享、联动化解、共同调处。要旗帜鲜明地代表职工利益,督促企业认真回应职工诉求,不断健全完善集体协商和民主管理制度,有序解决劳资纠纷,维护职工合法权益。

要加大参与劳动争议个案调处工作力度,进一步与人社、司法、企联、工商联等相关部门建立劳动争议联动调处机制,努力形成工会主动参与的劳动关系调处工作格局。要广开门路,吸引职工主动寻求工会帮助,最大限度地保障职工群众合法权益、有效落实合理诉求。要广泛参与职工申请仲裁案件的调解,通过仲裁前的调解和仲裁、诉讼中的调解,努力履行工会维权职能。

市总工会将建立完善集劳动关系矛盾调处、职工法律援助、工会劳动法律监督等为一体的网络系统服务平台。各级工会要切实依托这个网络平台，大力推进劳动关系矛盾调处工作向乡镇、街道、工业园区等延伸，把劳动关系矛盾化解在基层。要积极探索劳动关系矛盾调处工作的网上路径，在“申工社”微信平台、手机APP和12351官网上设立“快速通道”，帮助职工群众通过网络方便快捷地申请工会法律援助。

三、切实加强工会法律援助工作

制订加强职工法律援助工作方案，扩大职工法律援助受益对象，对职工合法劳动经济权益诉求实现“零门槛”援助服务，把劳动争议多发、职工权益易受侵害的行业和区域作为重点，把群体性劳动争议案件中权益受到侵害的职工、低收入职工、农民工和持有本市有效工会会员服务卡的职工作为重点服务对象。

改善工会法律援助服务方式，努力实现“应援尽援”。对因劳动侵权行为寻求工会帮助的会员，工会应当提供无偿的协商、调解服务，协调不成且确属侵权的，提供免费的代理仲裁、诉讼服务，实现“应援尽援”。工会在参与调处劳动争议过程中发现侵害职工合法权益的情况，要“应援尽援”，使工会的维权惠及更多的职工群众。在市和区县劳动人事仲裁院设立工会法律援助窗口，有效协调职工法律援助案源。

2016年，本市各级工会参与劳动争议调处和为职工提供法律援助的案件总量要达到全市劳动争议案件数量的15%左右，2017年要达到30%左右。各级工会尤其是区县总工会要根据统一要求，确定本单位工作目标和年度计划，细化工作方案，强化资源配置，确保工作目标有效实现。

四、全面强化工会劳动法律监督工作

建立健全各级工会劳动法律监督委员会，切实有效地为工会开展劳动法律监督提供组织保障。精准化实施工会劳动法律监督，每年要在职工法律援助受理案件中选择左右严重侵犯职工权益的企业开展工会劳动法律监督，对群体性劳动关系矛盾发生的企业实施100%的工会劳动法律监督。

要以工会劳动法律监督“两书”以及政府信用信息平台为手段，加大工会劳动法律监督力度。以劳动合同签订履行、职工工资支付、福利待遇、工作时间、休息休假、女职工特殊权益保障、社会保险缴纳、劳动保护和安全卫生、劳务派遣用工等为重点内容，以推进工会组建、职代会和集体协商建制为重点方向，创新督查方法，把建立预防化解群体性劳资纠纷督查通报制度与工会劳动法律监督有机结合起来，推进群体性劳资纠纷企业的工会组建、集体协商和职代会建制并规范运作。要加大舆论监督力度，对违法企业进行问题曝光、公开谴责，形成压力机制。

深入推进工会劳动法律监督与人大、政协检查视察活动有机联动，继续加大对用人单位遵守劳动保障法律法规的监督力度，强化工会与劳动保障监察、社会保险管理、住房公积金管理等机构工作整合，依法纠正各种欠薪欠保违法行为。积极推动《上海市职工代表大会条例》监督调研和《上海市工会劳动法律监督条例》立法调研，努力营造自觉守法、严格执法的良好社会环境。

五、全面推进集体协商和民主管理制度提质增效

全面贯彻实施《上海市职工代表大会条例》和新修订的《上海市集体合同条例》，推动企业集体协商和职代会两大维权制度提质增效。围绕企业工资分配制度、工资标准及其调整方式、休息休假和福利待遇等进行集体协商，突出针对性和实效性。加大分类指导，对生产经营正常和效益较好的企业，按照“两提高、两同步”的要求，实现工资和福利待遇合理增长；对生产经营比较困难的企业，通过协商完善工资支付保障机制，维护职工的劳动权益。推进“上代下”的工资集体协商法律指导及援助服务，强化行业集体协商。

进一步健全完善职代会制度。推动国有及控股企业全面履行职代会五项职权，规范职代会民主程序，落实各项工作制度。充分发挥集团、分(子)公司和基层单位多级职代会的联动作用。继续按照要素管理、阶段推进原则，指导和规范非公有制企业职代会建制和规范运作，强化激励约束措施，循序渐进提高非公有制企业职代会的运行质量。加大集体协商和职代会制度的实效评估，通过职工代表巡视检查，不断提升两大维权制度的工作效力和职工群众的知晓度和满意率。

大力推进职工董事、职工监事建制，有效规范董事会、监事会对公司重大劳动关系问题和与职工切身利益相关事项的工作职责，进一步规范职工董事、职工监事向职代会述职接受职工代表民主评议制度，切实推动职工董事、职工监事工作职责落到实处。

六、切实加强改革调整企业工会的民主参与工作

要高度重视当前供给侧结构性改革、化解产能过剩、企业战略调整、兼并重组等给劳动关系和职工队伍带来的新影响，切实加强群体性劳资纠纷信息排摸和上报工作，不断完善群体性劳资纠纷预警、发现、报告和调处等机制，全面跟踪矛盾隐患发展态势及化解过程，切实履行“第一发现人、第一报告人、第一协调人、第一援助人”职责。

要重点推动改革调整企业劳动关系矛盾的预警预防和工会的民主参与工作，推动工会主要负责人参加企业改革领导班子，全过程参与企业改革调整的方案制定。指导督促企业及时将改革调整情况向职工公开，帮助职工及时了解掌握企业改革调整的情况。推进建立上级党政工组织对改革调整企业的方案预审，切实指导企业依法开展集体协商，按照职代会法定职权要求切实履行民主程序。进一步加强对改革调整企业涉及职工切身利益事项的劳动合同变更、解除和终止，以及人员安置、经济补偿等事项落实情况的监督检查，保证职工劳动经济权益和协商民主权利的有效落实。要严防境内外“维权”机构插手群体性劳资纠纷，正确引导网上舆论，确保职工队伍稳定。

七、强化对企业构建和谐劳动关系履行社会责任的评估

进一步推动各类企业认真贯彻落实中央和市委关于构建和谐劳动关系的文件精神，以推进企业建立规范有序、公正合理、互利共赢、和谐稳定的劳动关系为主线，切实加强企业劳动合同、集体协商、民主管理和劳动争议调解等制度建设，并推动四项制度相互整合，互为一体。以上市公司为重点，逐步推进各类企业将执行国家以及本市有关劳动法律法规、规范劳动用工、建立健全协调劳动关系体系建设、保障职工劳动经济权益和精神文化权利、依法为职工缴纳社会保险和住房公积金、加强对职工人文关怀等事项纳入企业社会责任报告并对外披露。引入社会第三方对企业执行劳动法律法规、构建和谐劳动关系情况进行评估，并定期向社会公布。大力推进劳动关系和谐职工满意企业创建活动，健全完善评价标准，定期选树典型和示范单位，指导督促企业以持续改进方式不断提高职工对企业的满意率和归属感。

八、加强对协调劳动关系体系建设的组织领导

各级工会要主动接受党委领导、争取政府(行政)支持，把工会突出维护职能，加强协调劳动关系体系建设纳入到同级党委、政府(行政)构建和谐劳动关系的总体工作格局，发挥自身优势，加强沟通协调，推动完善“统一协调、上下联动、齐抓共管、共促和谐”的工作格局，共同推进本地区、本系统、本单位劳动关系的和谐稳定。要结合自身实际，制订工作计划，明确路线图、时间表，确保工作落到实处。

市总工会将进一步加大工会法律人才的培养教育工作力度，在现有的工资集体协商指导员队伍基础上，建立上海工会劳动关系指导员志愿者队伍，完善相应的管理考核办法，落实经费保障，使这支队伍集化解处置劳动争议、开展职工法律援助、实施工会劳动法律监督、推进企业集体协商和职代会民主管理等多种功能于一体。充分发挥工会公职律师、兼职仲裁员、劳动关系指导员志愿者队伍在调处劳动争议、突出工会维护职能，加强职工法律援助等方面的主力军作用。制定上海工会公职律师管理考核办法，明确工作职责，量化考核指标，真正发挥工会公职律师专业化作用。继续加大购买社会服务力度，争取越来越多的社会资源为工会履职服务。各区县局(产业)工会也要结合本地区、本系统实际，配齐配强工会参与调处劳动争议、开展法律援助等方面的工作力量，充实培训内容、创新培训方式，切实提升工会组织的维权能力。

市总工会充分运用劳动报、工会网站、微博、微信、APP客户端，广泛宣传各类劳动关系建设方面的先进典型，引导越来越多的企业加强协调劳动关系制度建设，发展和谐劳动关系。加大对调处化解劳动关系矛盾的正反两方面案例宣传和剖析，帮助广大工会干部和职工群众运用好法律武器。各级工会组织要充分运用各类媒体力量，加大先进典型的宣传示范和问题企业的曝光谴责工作力度，不断树立工会履行维护职能的良好社会形象。

2017上海工会年鉴

区局(产业)工会

区工会概况

【浦东新区总工会】 辖直属工会81家,其中系统工会14家,区属企业工会19家,街道总工会12家,镇总工会24家,开发区工会11家,另有直管企业工会联合会1家。有基层工会8383家,职工1119967人,工会会员1069896人,其中女会员442701人,农民工会员446133人。主要工作:一是工会改革创新发展活力有效释放。归并重组打造新"一室三部"。推进窗口化改革,开设了9个窗口,为广大职工提供面对面服务。以"3∶1∶3"的比例建立了"专、挂、兼"领导班子,常委会、全委会基层一线人员占比提升至26.7%、44%。基本完成街镇工会换届工作,推动街镇、开发区工会领导班子、委员会等按照改革要求配备,成功推动自贸区综保区成立总工会、世博管委会成立工会工作委员。搭建"2+1"工会干部队伍,5名区总工会优秀机关干部"减上补下"下沉充实基层工会力量。二是职工服务体系不断完善。制订出台浦东工会"大维权"体系建设方案。"1+8+N"维权组织体系不断完善,年内共与8家律所签约,形成近40人的专业律师服务队伍,截至年底,累计实施法律援助1568件,共化解劳资纠纷935起,涉及维权金额2.44亿元。三是职工"获得感"持续增强。年内通过各类渠道共筹集资金3836万元,开展落实政策帮困、重大病帮困等,共计为6.4万余名有困难的职工送温暖。为4.9万余名"外来建设者"提供免费健康体检,为困难职工家庭实现838项"微心愿"服务;新建爱心妈咪小屋50家(全区累积已建109家),为2200余名中外企业女职工提供服务;累计办理上海工会会员服务卡近20万人。四是职工创新创造新动能广泛汇聚。举办"康桥"杯首届工业机器人应用技能邀请赛以及机器人高峰论坛,近万人次接受工业机器人应用技能专项培训。建成14家区级劳模创新工作室,其中3家成功入列15家市级劳模创新工作室,5名"浦东工匠"成功入选"上海工匠";共评选创新成果163项、先进操作法102项、合理化建议84项及创新英才86人、工人发明家20人。五是基层组织活力得以释放。以建立"三级法人、三级预算、三级目标体系"为切入点,配齐配强"小三级"工会力量。建立工会组织2311家,其中540家单独建会,发展会员7.7万余人,吸纳近5万名农民工入会。六是"互联网+"服务职工体系建设势头强劲。积极打造以"工会通"为核心的浦东网上工会体系,自4月18日正式上线,8个月内"工会通"注册用户达到15.8万,受理网上入会、维权等各类服务诉求623件,"工会通"访问量22.5万人次,官方微信、微博粉丝3.1万名,组建一支83人的网络专员队伍。 (吴周筠)

【徐汇区总工会】 辖工会41家,其中街道总工会13家,国有企业公司工会10家,系统(大口)工会11家,直属工会7家。工会组织2114个,涵盖单位20058家,建会率达到90.63%;有工会会员372004人,入会率为89.83%。一是加强职工思想引领,开"勤奋实现中国梦·劳动创造徐汇美"主题摄影比赛。落实"上海工匠"培养选树计划要求,2人被命名为"上海工匠";评选职工职业道德建设"双十佳"标兵。建立劳模创新工作室工作交流机制。二是推进职工素质工程,开展"五小"及合理化建议活动,组织徐家汇商圈窗口服务行业立功竞赛,举办"汇善汇美"系列劳动竞赛。推进"双实"企业建会,全区16955家"双实"企业中,基层工会组织1462个,其中独立工会1043家、联合工会419家,覆盖企业14738家、会员267873人,建会率和入会率分别达到86.92%和86.77%。三是开展"农民工入会集中行动",成立滨江建设者之家工会联合会,在徐汇滨江地区工会共覆盖了8个工地,1370名农民工加入工会。探索工会基层工作站建设,在职工集聚度高、工会组织覆盖不到的工业园区、商圈楼宇、重大项目建设工地建立示范性基层工作站,在龙华街道2577创意园区和上海普天信息产业园区各设立了一个工作站,参与滨江建设者之家、梧桐space群团工作站的建设。四是健全维权援助机制,年内区各级工会组织共参与调处劳动争议519件,其中群体性纠纷60件,提供法律援助230件。推动基层民主管理,签订集体合同856份,涵盖企业9500多家;工资专项集体合同820份,涵盖企业9450家。五是帮扶一线困难职工,帮扶慰问困难职工1660多人次,帮困金额达140多万元;关心关爱基层一线的外来务工人员,向3937名外来务工人员赠送3.937万元团体意外保险。六是深化妈咪小屋建设,新建爱心妈咪小屋16家,联合区教育工会举办"爱心妈咪小屋亲子育儿指导活动",被市总工会女职工委员会评为"女职工工作优秀案例"予以推广。联合区教育工会组织了60个家庭参加的"爱心妈咪小屋亲子育儿指导活动"。七是落实服务实事项目。年内办理工会会员服务卡15348张,其中农民工办理了950张;为64109人次在职职工提供参(续)保,参保金额467万元。共举办文艺进工地、朗诵歌唱赛等文化活动34场,惠及区域内职工近万人。八是全年完成工会经费审计项目30个,延伸审计下属单位10家,提出审计意见44条,区总工会取得了财务工作全国先进单位的荣誉,经审工作取得了上海市A级单位荣誉。 (郑 超)

【长宁区总工会】 辖基层工会2019个,其中,独立基层工会1780个,联合基层工会239。职工344625人,其中农民工153284人。一是着力弘扬劳模的无私奉献精神,打造素质过硬的长宁职工队伍。做好2016年度先进推荐、评选、表彰、宣传工作,光华医院副院长何东仪获得全国五一劳动奖章的、联邦快递(中国)有限公司上海分公司获得全国工人先锋号称号。通过多种媒体渠道大力宣传先进人物的优秀品质和先进事迹,营造尊重劳模、争做劳模的舆论导向和社会氛围。开展劳模服务"进社区、进校门、进企业"活动。运用新媒体载体,持续开展中国梦和社会主义核心价值观宣传教育,打造充满正能量的工会宣传阵地。二是着力夯实工会组织的工作基础,提升基层工会运转的规范化水平。以不断完善党群工作者兼任楼宇工会主席(副主席)机制为抓手,推动全区楼宇工会组织实现全覆盖,全年共建立81个工会联合会,覆盖158幢楼宇。利用区域内党建、招商、劳动监察等资源,督促辖区内50人以上企业独立建立工会组织,全年共有39家非公企业建立规范的工会组织。持续开展"农民工入会集中行动”，全年共吸纳超过11000名农民工入会。探索体制外入会的新途径，依托市总申工社APP平台，80余名职工通过申请加入到所在辖区的楼宇工会中。三是着力建立健全工会维权机制，加大参与协调劳动关系的力度。2016年共接待来信来访1006人次，提供法律援助160件，工会参与调解纠纷81件，引导申请诉讼242件。参与处置了包括“E租宝”、金粤渔村、香辣蟹等群体性劳资纠纷11起，涉及职工5832人。确立13家企业和1个街道作为集体协商工作示范点，全区签订集体合同、工资专项集体合同、女职工专项协议的企业有6403家，覆盖职工114533人。四是着力打造服务型工会组织，增强对于职工群众的吸引力和凝聚力。2016年共办理会员服务卡7500张，2200名职工参加疗休养，2400余名非公企业职工参加健康体检。加强221家“自建书屋”建设，长宁区妇保医院荣获2016年全国工会职工书屋示范点；走访困难职工5827名，慰问金和物品共计655万元，202名困难家庭学生发放助学金144.06万元；参加四项医疗互助保障计划的在职职工4.64万人次，1511人次获得461.9万元互助保障金。主办4场大型招聘活动，吸引4500余名求职者参加，达成用工意向1100人，实际就业人数681人。举办第三届长宁职工读书节、第四届长宁职工艺术节，围绕长宁职工“四季”大联赛，举办了职工定向越野赛、趣味接力赛，楼宇飞镖、旱地龙舟赛和职工钓鱼团体赛。（周　君）

【普陀区总工会】　直辖工会35个，其中街镇总工会10个，区级园区工会1个，系统工会11个，直属企业5个，行业工会8个。基层工会2307家，覆盖单位9427家。职工224316人，工会会员220848人，其中女会员89690人、农民工会员129727人。群团改革后，工作机构整合为四部一室，即：基层工作部、权益保障部、宣传教育部、财务资产管理部和办公室。直管事业单位4个。主要工作：一是加强基层工会建设。落实群团改革要求，优化机构设置和人员配备。指导组建北横通道工程普陀段项目工会，推动成立本市首家以公安辅警为主的保安公司工会。以“六有”标准继续开展示范工会创建，全区示范工会达57家。将职工服务站纳入群团基层工作站总体布局，牵头组建了5个基层职工服务站。加大对基层工会支持力度，各类专项补助金额达346万元。二是开展“优化服务我先行，转型发展立新功”竞赛活动，全区52家单位183个班组1800余名职工参赛。推荐评选了全国工人先锋号1个，上海市五一劳动奖状5个、上海市五一劳动奖章10个、上海市工人先锋号9个。成功推荐英雄金笔厂刘根敏、房屋应急维修中心黄卫国2人当选首届“上海工匠”。于井子“八心”护理创新工作室荣获“上海市劳模创新工作室”、“上海市五一巾帼创新工作室”。开展“劳模讲堂”“四进”活动。三是加大依法维权力度。创建“朱雪芹职工法律援助工作室”维权品牌，设立维权热线接受咨询，开通“雪芹说法”专栏。全年累计接待1850人次，其中外来从业人员1218人次；提供各类代书、代理仲裁、代理诉讼、调解454件。全年签订集体合同企业4710家，覆盖职工90865人；工资专项协议完成企业4187家，覆盖职工81327人，女职工专项集体合同同步签订率达95%以上。四是拓展服务职工方式。新增工会会员服务卡16113张，累计注册49663张。新建“爱心妈咪小屋”10家，全区三星级以上达到97.8%。推进“公益乐学”实事项目。深入10余家园区、楼宇、工地，为5000余名职工提供了免费午餐、法律咨询、会员卡办理等工会综合性服务。各级工会累计帮扶困难职工4778人次，发放帮扶资金428万余元。推出“劳模帮劳模”互助计划，发放各类劳模慰问金170余万元。为1035名困难女职工提供免费妇科体检。高温季节区四套班子领导、各级工会深入一线，走访企业、工地568家，慰问职工39710人次。加强以“普工英”微信平台为核心的网上工会建设。举办“普工英生日会”“征集服务职工实施项目”等线上专题互动，定期举办“小蒲送福利”活动。（陆　蕾）

【虹口区总工会】　新建会单位153家，其中独立建会90家，覆盖建会63家，新发展会员3945人，全区实有建会单位5728家，其中独立建会1170家，实有会员10.8万人，农民工会员14868人。一是落实各项改革指标，内设机构由6个调整为5个，理顺区总工会机关与直管单位关系。推动区工人文体活动中心场地、服务面向基层、企业，下拨专项经费100万元，改善软硬件设施。领导班子“专挂兼”结合配置，选拔10名劳动关系指导员到各街道，支持街道总工会职工法律援助工作；与律师事务所签约购买服务，为8个街道总工会各配备3名律师从事职工法律援助工作。按每3000名会员配备1名职业化、社会化工会工作者比例，为区域性、行业性工会组织配备工作力量，共配备38人。二是畅通服务职工渠道，开设“有困难找工会”接待窗口，开通咨询服务电话，通过律师坐堂、与区劳动仲裁院联动、开展法律援助等方式提供帮助，与全区基层工会形成联动服务模式，至年底共接待来访、来电206人次，解决事项192人次。三是健全“1+3+8”法律援助服务站。对发生劳资纠纷的企业开展重点法律监督，完善群体性劳资纠纷履职通报“亮灯”平台。通过向第三方购买服务方式落实专职人员3名和法律志愿者队伍2支，到劳动争议调解和劳动仲裁一线，开展职工法律援助工作。至年底，区总工会参与调处群体性劳资纠纷12件，其中提供法律援助8件，纳入“亮灯”机制并组织工会劳动法律监督4件。区职工援助服务中心和区劳动人事争议仲裁院法律工作站窗口共收案209件，涉案金额319万余元，其中调解成功108件，为劳动者追讨工资补偿金等合计153万余元。四是做好职工帮困互助工作。指导基层开展互助保障、服务职工实事项目和帮困救助工作。至年底，在职职工有2437人次获职工医疗互助保障金，理赔金额330万元；退休职工理赔3.1万人次，理赔金额2910.5万元。元旦、春节期间发放帮困金62.66万元，帮扶职工1502人次。高温慰问一线职工3万余人次，慰问物资总金额400余万元。五是全区新办会员卡数1.9万张，有5.3万名职工持有工会会员卡，72名职工申领会员卡保障金76万元。组织68批次2805名职工参加职工疗休养；24家非公企业747人次享受职工健康体检补贴。（徐　洁）

【杨浦区总工会】　所辖行业、街道（镇）和直属工会组织

32个。基层工会2022个，涵盖单位11328家。职工215487人，会员208457人。主要工作：一是落实区总工会领导班子“1+2+1+2”配备、减上补下要求和街镇工会干部专人专职专岗，主动精减2个编制到区科技工会、区投促办工会。建设15个基层服务站，推出心理疏导、法律服务、政策咨询、志愿公益为特色的“4+X”服务。探索延时服务，在职工援助服务中心和定海、殷行街道分中心实行工作日延长服务和星期六照常服务的工作制度。建设区总工会网站、“杨浦职工之家”微信公众号，微信公众号被推荐为全市“网络精神文明建设重点特色项目”。二是组织全国、上海市五一劳动奖和上海市工人先锋号评选推荐工作，5家单位、13名个人荣获全国和上海市五一劳动奖，8个集体荣获上海市工人先锋号称号。扶持28家市、区两级“劳模创新工作室”。围绕“践行新理念、建功十三五”主题，在旧改征收、科技企业、家庭医生制度、重大工程、市容环境等5个重点领域开展系列立功竞赛，组织“五比五赛”和“五送”活动。配合做好沪东工人文化宫（分部）改扩建项目建设的相关协调工作。三是开展集体协商工作，集体合同覆盖职工17.2万人。推广职工代表竞选和履职考核制度，提升职工代表责任意识和履职水平。做实劳动争议法院委托工会调解、仲裁院窗口调解和基层调解工作，全年共化解群体性劳资纠纷11起。四是多途径开展实事项目征集活动，推出服务职工十项实事。121名职工因大病或意外伤亡获得保障补助金合计123万元。建成15个职工文体活动基地和50个示范点；发挥东宫职工文化主阵地作用，通过工会自行组织和购买社会组织服务方式，推动形成“一核五圈”职工文化服务格局，就近便利、有组织地开展公益性职工文体活动；推出“建设科创承载区，职工文化添新彩”等主题文化活动，进创新创业街区、园区、楼宇、工地；举办“弄堂里的回忆”等全区性职工文体活动；菜单式推出近1000场次职工文体活动，受益职工达5.3万余人次。五是推动重点企业建会，列出全区百强企业、园区和有政治身份企业经营者所在企业建会名单，区总工会机关与各街道（镇）总工会、区科技工会合力推进，重点突破。开展示范工会评估工作，发挥“方玉平工会创新工作室”作用，评出示范工会118家和“十佳示范工会”单位。 （曹理仰）

【黄浦区总工会】 辖有13个产业（局）工会、10个街道总工会、20个区管企业集团（公司）工会；基层工会3167家，涵盖单位13831家，职工332630人（含农民工85786人），工会会员326755人（含农民工84215人）。工作机构设区总常委会13人，主席1名、党组书记兼第一副主席1名、在编副主席1名，纪检组长1名，挂职副主席1名，兼职副主席2名；内设办公室、财务资产管理部、基层工作部、维权保障部、宣教部5个部室和职工援助服务中心（退管中心）、工人俱乐部、工人文化宫、工人体育馆、工人体育场5个直管事业单位。一是突出主业主责，深化维权服务。在全市率先实行职工法律援助服务“零门槛”。搭建并在“一体二翼”法律援助服务窗口、10个街道分中心、14个工作站开展法律援助。做好“黄浦工会”与“申工社”微信公众平台“我要维权”窗口对接。推进企业集团多级职代会制度建设，形成了多层次保障职工参与的民主管理格局。推进居、园、楼区域性、行业性集体协商和职代会制度建设。创建和谐劳动关系四年行动计划圆满完成，全区3000多家企业参与，其中国有集体企业参与面达100%，有规模非公企业参与面达80%。命名表彰2098个示范和合格单位。二是开展群众性建功立业活动，职工劳动积极性和创造性得到提升。以劳动竞赛推进区重点工作。聚焦区委区政府开展“1+10+X”重点区域和突出问题的环境综合治理要求，开展了“补短板、治顽症，全区重点区域环境综合治理”立功竞赛。以劳动竞赛培养选树“上海工匠”。鼓励支持各级工会选树后备“工匠”人才。推进劳模创新工作室建设。三是群团服务站运作有实效。在居民区、园区、楼宇建立了14个群团基层服务站，构建成“两级平台三级服务四级网络”的服务体系，并在未设立基层服务站的居民区、园区、楼宇建立了联系点作为基层服务站的工作触角。四是基层工会组织覆盖持续扩大。组织区管工会开展农民工入会和服务双提升“百日竞赛”。为新入会农民工办理会员服务卡8000张。工建服务党建有成效，加强体制外职工入会的探索，直接吸收未建工会企业或机构的职工入会。五是推进夏季劳动保护和开展防暑降温。开展“五个一”劳动保护。二是实施服务职工实事项目，为职工排忧解难。完善区职工援助服务中心建设，突出服务窗口化、平台化、项目化，适应了职工群众需求。 （吕诚陆）

【静安区总工会】 辖街道总工会13个，镇总工会1个，园区总工会1个，机关事业工会18个，企业集团工会12个。基层工会2627个，涵盖单位11789家。职工240593人，女职工110658人。工会会员237871人，其中女会员109552人，农民工会员72932人。工作机构设：办公室、基层工作部、劳动关系部、维权保障部、宣传教育部。另有工人文化宫、工人体育场、职工援助服务中心、事业管理服务中心等4家事业单位。主要工作：一是抓好原闸北、原静安两区总工会的“撤二建一”工作，召开静安区工会第一次代表大会。二是认真贯彻区委和市总工会关于群团改革的重要决策部署，工会改革实现良好开局。两区机关原有12个内设机构整合为5个，机关公务员编制由40名减到20名，精简率超过50%，7名工会干部下沉街镇。领导班子实行专挂兼三结合，先行先试增设经审会兼职副主任。对各街镇（园区）总工会，各机关事业、企业集团工会等三方面隶属关系进行调整归口，在区总工会下设45个大口一级工会组织。及时召开街镇园区、机关事业、企业集团三个条块的工会工作座谈会，解决基层实际困难。完成新静安首次大统计工作。开展工会组建“百日竞赛”，全年新增独立工会53家，区域性行业性工会6家，新增覆盖621个，发展工会会员8878人。设立10个职工入会申请点。市北高新园区成立了全市第一家职工体制外入会的联合工会组织。三是着力激发职工群众的主人翁精神，组织动员广大职工立足岗位建功立业。加强对职工的思想引领，积极开展职工读书活动，区总工会荣获第十八届上海读书节优秀组织奖。大力弘扬劳模精神，推出“劳模服务一揽子计划”，开展“居家无忧、情系功臣”活动。评选产生一批全国和上海市“五一”劳动奖状、奖章、工人先锋号以及区劳模创新工作室、技师创新工作室等先进集体和个人。全年发动222家单位和1.38万名职工踊跃参与到“六比六赛”劳动竞赛活动中。四是加大依法维权力度，促进职工队伍和谐稳定。全区建立职代会制度的单位9906家，实行厂务公开的单位10034家，推动2244家企事业单位和区域、行业召开职代会。整合原有工资集体协商指导员队伍，使工会劳动关系指导员增加到13人。加大法律援助和监督力度，妥善处理群体性事件。五是竭诚为职工群众服务，增强工会组织的影响力和凝聚力。办理工会会员卡10.24万人，全年新增办理14800余人。组织3091名职工参加疗休养，对1096名职工进行健康体检。加大帮困力度，做到精准帮扶。三大节日累计帮困2302人次，发放帮困金173.85余万元。区总工会向全区8000余名职工送上高温慰问品，慰问金额达67.2万元。(6)发挥工会组织优势，加强工会自身建设。积极开展“公益乐学”“春联进楼宇”等职工喜闻乐见的文体活动。探索网络强会，打造网上工会新窗口。加强党风廉政建设，深化“两学一做”专题教育。（蒋康乐）

【宝山区总工会】 辖有直属工会41家，基层工会2170个，覆盖单位数17494家，职工441342人(其中女职工155807人，农民工157383人)，会员419680人(其中女会员151169人)。区总工会工作机构设办公室、基层工作部、宣传教育部、权益保障部，另有直属事业单位2家。一是推进工会各项改革工作。完成区总新的一室三部(办公室、基层工作部、宣传教育部、权益保障部)的设置和人员、职能的调整。择优选配了1名挂职副主席和2名兼职副主席，公开遴选了1名机关专职干部。对接升级版“红帆港”三级体系建设，建立了15个街镇园区职工服务分中心和31个基层职工服务站。二是开展评先创优工作。推荐、评选产生全国五一劳动奖章1人、工人先锋号2家，成功申报上海市劳模创新工作室2家，命名第三批宝山区劳模创新工作室6家。另有13家单位和20位个人获得市级奖项，75家单位和32位个人获得区级奖项。组织、推荐职工参加上海市优秀发明选拔赛、科技进步奖等竞赛活动，共获得各类奖项16项。申报上海工会企业一线职工授权发明专利奖励27个，上海市职工晋升技师、高级技师奖励50个。组织2000多个班组参加市总工会班组网络文化大奖赛，获“优秀组织奖”。组织职工参加第十八届上海读书节活动，选送的10个职工读书参评项目全部获奖。新建全国职工书屋示范点1家，区级职工书屋5家。有1名职工获评2016年度感动宝山人物，1名职工获评上海市职业道德先进个人。三是推进非公企业工会改革。全面启动顾村镇非公企业工会改革试点工作，建立健全各项非公企业工会制度，明确职责，充分激发非公企业工会活力，得到了全国总工会主席李建国的高度评价和肯定。四是完善工会维权工作机制。开展《上海市集体合同条例(修正案)》的宣传培训，培训近3000人次。组织全区2500名工会干部和职工开展工会劳动法律知识竞赛活动。全区建会企业集体协商建制达5800家，覆盖职工16万人。全区非公企业厂务公开实施率动态保持在85%以上。开展“安康杯”竞赛活动，组织参赛企业558家，覆盖班组2841个、职工5万人。五是提升职工群众会员服务。全年新增办卡25668张，新增专享保障人数26113人，单位注册410家，注册人数68426人。组织94539人参加工会会员卡专享保障计划，为184人申请了会员专享保障金，给付金额148万元。举办宝山工会春季大型招聘会，提供就业岗位5000多个，意向录用819人。职工互助保障累计参保人数19.7万人，参保金额3663.7万元；受理给付申请7.1万人次，给付金额7136.9万元。（宋　松）

【闵行区总工会】 辖直属工会39家，其中产业(局)工会25家，街镇总工会13家，莘庄工业区总工会1家。基层工会组织5688个，覆盖单位19435家，职工664512人，工会会员648136人，其中女会员290543人，农民工会员403043人。内设办公室、基层工作部、维权保障部、宣传教育部，下属事业单位1家。主要工作：一是实施改革方案，优化工会组织队伍建设。研究制定改革实施方案，提出了4类39条具体任务。机关内设机构优化调整到位，区总工会领导班子按专挂兼3∶1∶2组成(专职主席和副主席3名，挂职副主席1名，兼职副主席2名)。增补的两名兼职副主席分别来自生产一线的全国劳动模范和上海市劳动模范。二是构建工会法律援助、工会劳动法律监督、集体协商和民主管理“四位一体”的工会维权工作体系。区职工法律咨询援助中心接待来访咨询4798件，涉及职工8539人次；参与处置22起群体性劳资纠纷，涉及职工3186人。全区签订集体合同1346份，覆盖企业5280家，工资专项集体合同1315份，覆盖企业5239家，覆盖职工207140人。全区企事业单位建立独立职工(代表)大会制度2647个，建立区域性、行业性职工大会制度303个，覆盖企业数8700家。申报劳动关系和谐企业63家，园区3家，经营管理者35人。三是完善服务职工实事项目，持续增进会员福祉。全区新增办理会员服务卡29217张，会员专享保障理赔92人，给付金额94万元。组织12936名职工和57名劳模参加疗休养，为177名退休劳模体检。新建妈咪小屋60家，全区星级小屋总数增加至18家。建成并投入运营基层服务站25家。新增4家中小型制造企业作为“工具包”项目试点。组织参与“安康杯”上海赛区企业2088家、系统赛区企业1642家。区总工会获得2015年度全国“安康杯”竞赛优秀组织单位。四是以劳模精神为引领，激发职工群众的创造性。2016年评选产生一批全国和上海市五一劳动奖状、奖章和工人先锋号。选树“闵行当代工匠”和“闵行当代工匠”提名人选，胡振球和曹荣获得了2016年度“上海工匠”荣誉称号，巩洪亮、金春华被授予“上海工匠”提名。全区申报职工晋升技师、高级技师奖励115人。开展“弘扬工匠精神，竞秀闵行风采”为主题的职业技能竞赛。申报一批一线职工授权发明专利，推荐多项上海市职工合理化建议优秀成果、优秀技术创新成果。申报工人发明家、职工科技创新英才和创新团队，甄选55个项目参加第九届国际发明展览会。（王　凯）

【嘉定区总工会】 辖直属工会50个。其中，街镇、嘉定工业区、菊园新区总工会12个，委局工会23个，直属企业（公司）工会12个，行业工会3个。已建会单位职工数55.1万名，会员数51.85万名。主要工作：一是权益保障促和谐。命名表彰区劳动关系和谐企业124家、模范企业17家、和谐工业园区（村）2家、示范工业园区（村）9家和优秀企业家17名。嘉定区集体协商建制率动态保持在90%以上；独立建会企业签订集体合同875份，签订区域性集体合同86份；推行厂务公开民主管理的企事业单位3127家，建立职代会制度的独立建会企事业单位3055家，区域性、行业性职代会覆盖企业261家。区职工服务中心法律援助窗口接待咨询2661件，其中群体性劳资纠纷106件；接受区仲裁院委托调解84件，调解成功53件；接受职工委托代理仲裁、诉讼案件713件，为职工追诉经济权益1580.6万元。区总工会通过预警平台参与排摸处置群体性劳资纠纷106件，涉及职工7221名。组织333家单位、7.1万名职工分别参加"安康杯"上海赛区和嘉定分赛区竞赛。二是建功立业保建设。开展"中国梦·劳动美"等各类主题活动，做好2016年全国五一劳动奖章和上海市五一劳动奖章、奖状的推荐评选工作。新增上海市工人先锋号班组10个，区工人先锋号班组225个、示范岗43个。主办区第十一届职业技能竞赛，615名选手获得国家职业资格证书，37名晋升高级工，17名晋升技师。举办思想道德建设班次229个，2.78万名职工参加。连成集团职工王梅荣获首届"上海工匠"称号。嘉定区总工会荣获上海市五一劳动奖状。三是服务职工强引领。劳模风采馆、工会史料馆、职工创新馆全年接待各地来访团队189批次，9580人次，劳模风采馆被市委组织部命名为上海市"两学一做"学习教育红色基地。面向全体职工提供公益影片72场、"艺术课堂"186课时。全年发放晋升技师奖励和发明专利奖励7.6万元；出资139.9万元，为6.91万名职工新办会员服务卡，为5.21万名职工进行会员卡注册；组织开展11场"大篷车"活动，服务职工5000余名；组织1722名职工参加疗休养、581名职工参加体检；组织职工参加互助保障计划达11.56万人次，参保金额2105.72万元，受理职工理赔2.86万人次，支付金额2626.61万元。广泛开展帮困送温暖活动，区总工会帮困资金出资221.16万元，帮扶困难职工、农民工1737人次。四是强化基础保维稳。开展"六有"工会创建活动，评定三星级先进职工之家41家，先进职工之家示范单位20家。扩大工会组织覆盖面，全区新建独立工会161家，新增建会企业648家，新增工会会员2.75万名。（徐　浩）

【金山区总工会】　辖直属工会36家（镇、街道、工业区总工会11家、委局工会18家，区属公司工会7家），共有基层工会组织1804家，联合工会375家，工会联合会33家，现有工会会员328964人，其中25人以上实地实体型企业建会1216家，覆盖率达到80.11%。主要工作：一是新建独立工会145家，联合工会2家，下拨新建会运转启动资金32万元，实名制入会农民工达2.3万人。实施"职工文化活动基地"助推项目，拨出专项资金支持共建或自建符合"4318"条件的职工文化活动基地37家。推出微信公众号"鑫工号"及网上代言形象"群群"；建立了35人网宣员队伍；微信粉丝数稳定在2万余人，阅读总量已突破30万次，单个信息阅读最高纪录达25013人次。二是表彰2013-2015年金山区工人先锋号30个，上海市五一劳动奖章17名、上海市五一劳动奖状4个、上海市工人先锋号6个。程美华等3人获得首批"上海工匠"荣誉称号，马金林等2人获得"上海工匠"提名奖。奖励职工晋升技师、高级技师35人次。成功申报市级"劳模创新工作室"1个，市级技师创新工作室3个，新评定区级"劳模创新工作室"2家。三是建立职工法律援助工作站，开设援助窗口，建立了160余人规模的法律援助工作人员队伍。打造了以全国模范司法所所长凌云为代表的"凌云人民调解创新工作室"和以"来沪老娘舅"陈清霞为代表的"陈清霞来沪职工法律援助工作站"金山工会职工法律援助工作品牌。全区各级工会对1947起劳动争议纠纷提供法律援助，为受援职工挽回各类经济损失2881余万元。对近年来38家群体性劳资纠纷的涉事单位（亮灯企业）整改情况开展回访排摸。全区实地实体型非公企业数4521家，其中职代会独立建制数1349家，厂务公开独立建制数1385家。推动全区工业园区、村居建立了222家区域性职代会，覆盖企业3881家。四是增强职工获得感，各级工会共发放慰问金458元，慰问困难职工5856人次。共有11.5万名职工申请办理工会会员卡，区各级工会共出资143万元为办卡会员购买会员专享基本保障计划，160名重病职工获得一次性1万元资助，8名职工因意外死亡获得一次性3万元资助。共出资198余万元为5746名职工提供疗休养补贴，出资41余万元为2589名职工提供健康体检补贴。五是深入开展职工劳动保护行动，组织146家单位开展"安康杯"竞赛活动。发放高温慰问品约36万元；全区各级工会慰问企业和工地765家，慰问职工8万余人次，金额达250余万元。组织全区各级工会开展安全隐患大排查共506次、职工急救专题培训2万余人次、职工职业健康体检9千人次。（钱海东）

【松江区总工会】　辖有镇、街道、开发区总工会16个，街道工会工作委员会2个，委、局工会25个，直属公司工会5个，行业工会5个，基层工会2545个，涵盖企业24367家，工会会员57.9万人。区总机关部室由"五部二室"调整为"三部一室"，领导班子实行"1+2+1+2"模式，形成"专挂兼"格局。一是继续利用新媒体宣传、开展工会工作。"松江工会"微信、微博荣获"云间新闻奖"、优秀新媒体品牌新媒体影响力奖。依托申工社APP，做好职工网上维权、网上入会工作，全年完成网上入会105人。重点推动实地实体型工会组建，独立建会344家，吸纳和发展会员56817人，新建联合工会73家，联合工会覆盖小微企业新增990家，发展会员8244人。建立全市第2家律师行业工会。着力推动石湖荡镇非公企业工会改革试点，11个街镇、开发区总工会建立职工服务站，明确服务站25项工作职责。二是全年新办工会会员服务卡5.6万多张，为177人申请会员卡专项保障。全年累计为33万余人次职工完成参保计划，参保金额达1912万余元，为1.5万余人次职工办理保障计划给付手续，给付金额达1516万余元。组织全区7万余名职工参加"一日捐"活动，捐款总额达

325.5万元。为4694人次困难职工发放帮困金204.2万元。成立松江区总工会劳动争议调解中心，聘请3名劳动争议调解员，签约4家律师事务所，聘请30位专业律师，为每个街镇、开发区配备1名劳动关系争议调解员，提供法律援助。自调解中心成立以来，累计受理案件1174件，结案1016件，成功调解784件，为职工挽回经济损失2910万余元。三是与区安监局联合开展安康杯竞赛活动，获全国“安康杯”竞赛优胜单位2家，优秀班组1家。推选、表彰一批全国、市级、区级先进个人和先进集体。推动1家区级“劳模创新工作室”晋级为市级“劳模创新工作室”，评选出10名创新能手。开展第二届松江职工科技节，创建第二批松江区职工技术创新能手“名师带徒弟结对活动工作点”和“培育名师工作点”。参与上海工匠评选活动，1名职工被评为“上海工匠”。采取“三级联动”模式，开展四大类劳动竞赛，与有关部门联合，成功举办G60上海松江科创走廊“匠心杯”职业技能大赛，累计参赛职工4600余人次。（韩春丽）

【青浦区总工会】 辖镇、街道总工会11家，委、局工会（工作委员会）30家，区级公司工会9家，行业工会7家。全区基层工会组织数2835家，涵盖建会单位数31601家，工会会员482106人（农民工会员381467人），其中独立企业工会2514家，会员252335人。工作机构设：办公室、基层工作部、劳动关系部、综合保障部、宣传教育部。主要工作：一是稳步推进工会改革。研究制订《青浦区总工会改革实施办法》，调整区总机关内设机构及其职能，优化区总工会全委会、常委会和领导班子组成人员的结构。加大对“小三级”工会的业务指导，探索实施非公企业工会主席岗位津贴制度、推动职业化社会化工会工作者队伍、工会基层服务站建设等工作。二是逐步完善维权体系。推进集体协商提质增效行动，健全和落实劳资纠纷的排摸、发现、报告、调处机制。建立劳资纠纷涉事企业回访督查制度，督促企业按时完成工会组建、职代会和集体协商建制三项基础工作。发挥“1+12”工会法律援助工作中心（站）作用，在区劳动仲裁院增设工会律师法律援助工作室，开展咨询、受理案件，实现劳动争议前台调解、法律援助后台跟进等工作模式。三是不断夯实组织基础。全年新建工会组织数73家，发展会员8000余人。设立28个基层服务站，招录职业化、社会化工会工作者40人。开展“企业工会工作条例”达标、“青浦区非公有制企业工会规范化建设示范单位”评选、班组建设经验交流会等活动。四是更加精准服务职工。逐步形成物资、资金、岗位、助学、医疗等工会综合帮扶体系，全年帮困职工2003人次，帮困金额近87万元。全面推进职工互助保障计划、工会会员卡办理、职工疗休养和体检行动等服务职工实事项目。组织开展农民工假日电影、“同一片蓝天”三送活动、“建设中的轨交17号线”职工摄影大赛等各类文体活动，建立市总工会“公益乐学”青浦教学点。五是持续深化自身建设。积极推进“两个责任制”建设，扎实开展“两学一做”学习教育活动，进一步加强机关党员干部思想政治教育和作风建设。把好基层工会换届程序关和工会干部选拔关，举办各类培训班，提升工会干部业务工作能力和水平。（朱建强）

【奉贤区总工会】 辖委局镇（开发区）工会、工贸集团公司工会、行业工会62个，基层工会2758个，覆盖单位22526家，职工510333名，工会会员468154名，其中女职工164577名，农民工316392名。调整区总工会领导班子和内设机构。主席1人，专职副主席2人，挂职副主席1人，兼职副主席2人。区总内设机构调整为基层工作部、劳动关系部、权益保障部、宣传教育部和办公室5个职能部门。一是加强职工素质工程。建立职工学校47所、职工教学点1114个，培训职工20万人次；开展技术创新、劳动竞赛、技术比武以及各类文体活动5000余次，参与职工62.6万余人次；开展职工文化节活动，参与人数达到10万人次，覆盖基层工会1200多家；开展职工科技创新活动，提出合理化建议4183条，实施技术攻关、技术革新项目1033项，总结先进操作法1601项，获得专利278项，为企业创经济效益1.6亿元；评选表彰职工技术创新奖20项、职工技术创新团队10个、技术创新精英10人；179家企事业单位开展“高师带徒”活动，381人晋升技能等级。2、推进工会组织建设。全区8个镇、2个街道、1个开发区和3个具有管理职能的公司全部建立总工会。二是重点聚焦“散户入会”的难点，在各镇、街道、社区、开发区组建联合工会，组建本市首家商圈工会联合会——上海南方国际广场工会联合会，4380人入会，实现商圈企业、就业人员全覆盖。全区累计组建工会1152个，覆盖单位1514家，工会会员36.75万名，占职工总数的95%。三是构建和谐劳动关系。建立“三级联动”维权工作网络，即区级层面的职工法律援助服务中心一门式服务，镇、开发区层面职工法律援助分中心（12个）和工作站（32个）定向式服务，企业层面劳动争议调解组织和劳动关系协调员个案式服务，落实“亮灯工程”。全区百人以上建会企业劳动争议调解组织建制率达到90%，创建5家劳动争议调解品牌工作室，在仲裁院设立工会服务窗口，为职工提供“零门槛”法律援助服务。全年共接待案件1744件、2163人次，涉及金额45.6万元。四是做实职工权益保障。发放9.1万张工会会员卡覆盖820余家基层工会组织，区域合作商户达到7家；开展系列关爱帮扶活动，走访困难职工等3万余人次，发放慰问金1000多万元。参加市互助保障计划和区救急济难互助会的职工达到23.3万人次，投保1422万元，给付1.07万人次，给付1235万元。办理老人优待证1696张；开展“就业援助月月帮、服务企业在基层”招聘会，推出岗位3500多个，1.3万人次参加。出资36.85万元推动“工具包”、“健康体检车”等实事项目，覆盖企业44家，2.1万职工受益。（薛思涵）

【崇明区总工会】 辖18个乡镇总工会、2个园区总工会、1个直属工会联合会（社会组织工会联合会）、60个直属工会和委局、县管公司工会，1127个基层工会组织，9.7万工会会员。县总工会调整了工会组织体制，设基层工作部、维权保障部、宣传教育部和办公室4个部室，原崇明工人文化宫及崇明县职工援助服务中心合并成立崇明县职工服务中心。对外设有崇明进城务工人员服务站、崇明县群团综合服务站长兴点、崇明县职工援助服务窗口、职工医保服务窗口。一是聚焦工会改革,推进工会工作创新转型。研究制订《崇明工会改革实施细则》,调整机关内设机构,两个事业单位合二为一。增配挂职副主席1名、兼职副主席2名,实施县总工会机关公务员遴选制。在职工集聚、群团组织薄弱的长兴镇建立群团综合服务站长兴点,改版崇明工会微信,实施上级工会考核、第三方开展的职工满意度测评各占50%的考核方式,制订并落实了机关干部蹲点联系基层、服务职工工作制度。二是聚焦创新创业,发挥工人阶级主力军作用。联合县发改委、县经委等部门组织开展崇明县创业标兵、创新标兵的评选活动。积极参与"上海工匠"评选,1名创业标兵获得市总工会"上海工匠"称号。顺应崇明生态高效农业发展模式,建立了3家职工创业示范基地,在全社会倡导职工创新创业的氛围。三是聚焦维护职能,促进社会和谐稳定。联手劳动人事仲裁院,开设工会法律援助窗口。按照"零门槛"服务原则,为职工提供免费的法律咨询、代写法律文书以及协商、调解服务。去年共成功调解劳动争议案件111个、代理仲裁案件30个。推动职代会制度、集体协商制度规范运行,全县建会企业中职代会建制率达到90.5%。四是聚焦工会服务,增强工会组织吸引力。办理工会会员服务卡1.2万张,组织5092名职工参加体检、1653名参加职工疗休养。深入开展医疗帮扶、生活帮扶、助学帮扶等3大类10个项目的系列帮扶活动,切实缓解职工群众的生产生活困难。牵头县交警大队,在全市18个试点区域为崇明"的哥"审证打开绿色通道。五是聚焦组织建设,紧密联系职工群众。推进"小三级"工会建设。指导建成长兴海洋装备产业务工人员工会联合会、社会组织工会联合会,庙镇、新河镇等组建村企工会联合会,工业园区、富盛经济开发区相继成立总工会。推进农民工入会集中行动。突出重点行业,着重在2个园区、物业管理、家政服务、农民专业合作社发展农民工入会。 (秦春华)

区总工会主席、副主席、经审主任名录

单位名称	主席(主任)	副主席(副主任)	经审主任
浦东新区总工会	顾晓鸣 周　奇(党组书记)	张剑铭　吴　毅　邵建康(挂职)　薛英平(兼职) 刘华新(兼职)　洪　刚(兼职)　姚红钢(党组成员)	刘京蕾(女)
徐汇区总工会	朱伟红(女)	徐　艳(女)　钱建平　杨杰(挂职)　王海斌(兼职) 王　承(兼职)　孙小林(调研员)	徐敏宇(女)
长宁区总工会	刘　英(女) 邱　刚(党组书记)	邱　刚　王广辉　孙志文　凌　妍(挂职,女)　戴轶青(兼职)　杨　军(兼职)	赵永康
普陀区总工会	李松海 李戌渊(党组书记)	李戌渊　王远华　任颖清(挂职)　于井子(兼职,女) 钟　频(兼职,女)　莫荣良(副调研员)	任春海
虹口区总工会	胡　军(女) 袁忠民(党组书记)	蒋红心　廖鸣春(女)　黄守虎　黄建军(挂职)　陈　寅(兼职)　潘　荣(兼职)	蒋红心
杨浦区总工会	麦碧莲(女)	陈梗宝　朱晓雯(女)　陈卫国(挂职)　刘海燕(兼职,女) 杭国栋(兼职)　王建芳(副调研员,女)	王　岚(女)
黄浦区总工会	屠奇敏(女) 阮顺红(党组书记)	阮顺红　柏茜雯(女)　许卫峰(挂职)　周文武(兼职) 王　奇(兼职)	朱旭峰
静安区总工会	叶坚华 郑志勇(党组书记)	郑志勇　谭振勇　金惠英(挂职,女)　徐　晔(兼职,女) 安从真(兼职)	张　伟
宝山区总工会	王丽燕(女)	李中政　戴建美(女)　黄　永　赖拥军(挂职)　万慧云(兼职,女)　沈晓东(兼职)　吴振祥(调研员)	戴建美(女)
闵行区总工会	倪学斌 赵芝娟(党组书记,女)	何爱群(女)　许向东　于　璐(挂职,女)　胡振球(兼职) 谷文平(兼职)　李　红(副调研员,女)	袁　飞

续 表

单位名称	主席（主任）	副主席（副主任）	经审主任
嘉定区总工会	陆　晞 金伟荣（党组书记）	金伟荣　龚　英（女）　杨炳康　章　华（女） 徐军熠（挂职）　李　炜（兼职）　陈其康（兼职）	胡素丰（女）
金山区总工会	朱喜林	汪敏良　沈美娣（女）　吴　霈（挂职）　童上高（兼职）	汪敏良
松江区总工会	徐卫兴 陈军康（党组书记）	陈军康　王　斌　孙禄君（挂职，女）　朱　蕾（兼职，女） 薛鸿斌（兼职）	高兴欢
青浦区总工会	赵宏林	朱俊华　倪　健（女）　黄春风（挂职）　周振波（兼职） 刘沪颖（兼职，女）	冯永新
奉贤区总工会	陆建国 张辉凤（党组书记，女）	张辉凤（女）　吴永强　樊国红（挂职，女）　顾　帅（兼职） 王宇升（兼职）	吴永强
崇明区总工会	张建英（女） 秦文新（党组书记）	秦文新　王可杰　陆　杰（挂职）　施　烨（兼职） 沈　斌（兼职）	

局（产业）工会概况

【上海市机电工会】 辖工会组织164个。一是推进职代会民主管理。恢复建立上海电气（集团）总公司职工代表大会制度，并召开集团二届一次职代会；全系统有143家单位建立了厂务公开、职代会制度。二是深化劳动竞赛。召开工会经济技术工作会议，组织开展“质量创优、效益创佳”主题全员劳动竞赛，深入推进海内外工程项目联合立功竞赛和重点用能单位的“节能减排，降本增效”签约达标竞赛。三是深入推进合理化建议活动。开展2016年和历年优秀合理化建议征集评比活动，征集2016年优秀合理化建议78条、历年优秀合理化建议80条。四是深化技能大赛。举办“李斌杯”技能大赛，大赛开设7个工种、9个项目，21家单位300名职工参赛；举办“数字化技术”大奖赛和“匠心独具”创新大奖赛；在2016年市职工数控技能大赛和焊接技能大赛中，机电工会参赛队分获团体第一和第二。五是深化职工技能培训。李斌技师学院全年培训11000多人次，“3+3+3”技术工人培养项目获得了上海市成人教育协会唯一的“上海市2016年终身学习品牌”。李斌技师学院成功承办了“2016年上海市职工数控技能大赛”。六是推进帮扶工作。开展了“一日捐”爱心捐款活动，有76家单位参与共捐款586万余元；机电工会全年共下拨590万余元，对13200人次的困难职工、农民工进行了帮扶。七是推进服务职工实事项目。年内推出的9件实事项目得到一一落实。其中，工会会员服务卡实现全覆盖，4917名离岗职工和314名退休劳模获得了健康体检，新建了6个“爱心妈咪小屋”，全系统已建立标准化“爱心妈咪小屋”15个。八是弘扬工匠精神。在全系统开展了弘扬工匠精神大讨论的“五个一”活动，形成“敬业、专业、专注、引领”的上海电气工匠精神。在首届“上海工匠”评选中，李斌和俞建民被评为“上海工匠”。九是加强工会干部培训。举办为期两天的工会主席培训班，集中学习中央群团工作会议精神、劳动法律法规和互联网运用知识；举办新版《上海市集体合同条例》培训班，对下属单位工会干部、协商代表、集体协商指导员近900人进行集中培训；举办工会劳动保护知识培训班，88名工会干部和班组长参加培训并通过考试。十是加强模范职工之家创建。开展了2014—2015年度机电工会模范职工之家、模范职工小家评比工作，评出模范职工之家15家、模范职工小家30家。

（彭伟光）

【上海市仪表电子工会】 辖有8个重点子公司一个代管单位，64个独立基层工会组织。职工17601人，其中女性5602人，农民工2763人。工会会员17480人，女会员5585人，农民工会员2755人。工作机构设办公室、基层工作部。一是深化厂务公开民主管理工作，构建劳动关系和谐企业。召开首届仪电集团职代会，转改制企业在调整过程中坚持职代会民主程序，维护职工权益。64家企业运用各种形式全部实行厂务公开，开展创建“劳动关系和谐企业”活动全覆盖。2个单位被评为2014—2015年度上海市劳动关系和谐职工满意企事业单位；2个个人被评为2014—2015年度上海市职工信赖的经营管理者。二是深化职工创新活动素质工程。首届员工创新创业大赛活动圆满收官。发动职工立足岗位开展技术创新活动，877项合理化建议中642项被采纳和实施，43个基层工会6816人次参加活动，32个单位开展岗位练兵活动，技术革新168项，职工发明创造项目31项，荣获国家专利项目102项。推广先进操作法5项。围绕仪电集团发展需要的紧缺人才，加强专业人才队伍建设。举办项目管理师PMP培训班，提高职工技能素质，各类技能升级192人。22家企业开展选树技能带头人活动，选树技能带头人142位；技能人才（劳模）师徒结对30对；建立劳模（技能人才）创新工作室7个。华鑫证券有限责任公司吴云金融托管软件工作室被命名为上海市五一巾帼创新工作室。三是加大帮扶救助力度。全年帮扶困难职工1639人次,金额139.07万元;出资为仪电系统17442名工会会员办理专享基本保障。组织巾帼文明岗创建活动,2个班组被评为2015年度上海市巾帼文明岗,2个个人被评为2015年度上海市巾帼建功标兵。四是组织开展推荐评审先进等工作。2个单位荣获"2016年上海市五一劳动奖状";3个个人荣获"2016年上海市五一劳动奖章";一个团队荣获"2016年上海市工人先锋号"荣誉称号,组织劳模体检和先进疗休养工作。五是继续举办仪电文化体育节,先后开展了乒乓球、羽毛球、田径、广播操等体育项目的团体、单项比赛和啦啦操表演,750人次参赛。通过"仪电互联"微信公众号对"最喜欢的体育项目"进行了投票,共有2162人次职工参加了活动。　（高正峰）

【上海市化学工会】　辖基层工会89个,工会会员14377人,其中女性会员3229人,农民工会员210人。华谊集团工会围绕市总工会年度工作要求,以及华谊集团年度工作目标和任务,面对集团"智能制造、价值增长、效益提升、海外发展"战略的实施,以促进企业发展、维护职工权益为主线,以关心服务职工,丰富文化生活为重点,着力转变工作方式、着力改进工作作风,扎实推进年初确定的各项工作任务,为促进集团经济创新发展作出贡献:开展形势任务教育,增强工会工作的使命感;开展立功竞赛活动,激励职工建功立业;构建和谐劳动关系,增强职工的获得感;开展职工之家创建活动,提升工会服务职工的自觉性;四项工作的扎实推进,赢得了集团工会组织凝聚力、影响力、吸引力的不断提高。　（张雪莲）

【上海市轻工业工会(上海轻工业工会联合会)】　辖7个基层工会,职工2878人,其中女职工757人,工会会员2878人,其中女会员757人。上海轻工业工会联合会现有16个行业工会,会员单位347家。主要工作:一是开展"当好主力军,建功十三五"主题实践活动,推动职工创新活动,命名2个上海轻工行业"巾帼花创新工作室";选树和命名14名"上海轻工巾帼巧手"。上海造币有限公司"曹湛卢技师工作室"被命名为2016年度上海市"技师创新工作室"。10名职工成为首批上海"轻工工匠",一人当选"上海工匠"。二是推动企业落实劳动合同制度,依法建立职工代表大会制度,建立健全工会劳动法律监督等制度,举行第20次轻工工会同各轻工行业协会的联席会议,合作推动企业依法建立职代会和工会劳动法律监督等制度、合作开展行业性集体协商等,同钟表行业协会合作,制订"上海钟表行业从业职工工资指导意见"开展行业性集体协商。评选表彰20家"上海轻工行业劳动关系和谐企业"。三是引导职工参加技能培训、岗位练兵和技术比武等活动,与钟表行业协会合作,组织"上海市钟表维修工(中级)技能大赛";与室内装饰行业协会合作,举办"'我是标王'室内装饰工程技术标标书编制邀请赛",与乐器行业协会合作组织了全国钢琴调律职业技能竞赛上海地区复赛,与制笔文具行业协会合作举办了制笔行业职工技能比武等行业性岗位技能大赛。轻工工会组团参加"2016年上海市职工数控技能比赛",获得团体优胜奖。四是组织"中国梦、劳动美——轻工职工自行车骑游""手机摄影讲座——公益乐学轻工专场",举办"2016中国梦、劳动美——上海轻工职工摄影比赛",参加"上海市职工钓鱼比赛",举办"三打一"职工棋牌比赛等行业性职工文体活动。轻工工会搭建平台,邀请照明电器行业职工志愿者,为工会干部和企业班组长普及"光健康知识",深入企业一线,对职工进行高温慰问。五是加强工会自身建设,表彰25家"上海轻工行业先进职工之家"和11个"职工小家。举办工会干部培训班,举办企业工会组长、班组长培训班,有160多名班组长参加培训交流活动,并在行业内组织"优秀班组长"评选活动,表彰了94名"2016年度上海轻工行业优秀班组长"。　（徐俊彦）

【上海市纺织工会】　辖有子公司工会9家,直管单位工会6家,基层工会74家,职工11883人,会员11318人,其中女会员4778人,农民工会员1477人。另有地区纺织行业工会联合会8家,覆盖企业1700家、职工160000人。内设办公室、组织民管部、宣教部、生产部、女工生活部、退休职工管理办公室、经审办公室。重点推进四项工作。一是寻找历史基因,传承企业文化精髓。开展"历史的回响"主题征文活动。征集稿件581篇,其中选取108篇征文编辑成《历史的回响》一书;举办建党95周年文艺演出和职工双语诵读大赛等活动;评出12名2016年度上海纺织职工践行和创新企业文化建设标兵(先进)。二是编印集团《"十三五"规划班组学习100问》和《"十三五"职工素质工程规划》;培育、评选出19名全国纺织劳模、6个劳模集体和市五一劳动奖状和全国工人先锋号、1名"上海工匠"、新建两个技师创新工作室;组织追梦2018的劳动竞赛。先后举办维修电工、信息安全知识、细纱工、叉车工技能等多项赛事,组队参加全国十佳服装制版师、细纱挡车工、针织经编工职业技能大赛。三是围绕纺织集团"全国布局、海外发展"战略,推出驻外员工微信群、购买保险、志愿者服务队等"五个一"的服务项目;完善服务职工制度建设,落实精准帮困,全年帮困人数1647名,帮困资金总数225.18万元;丰富职工业余文化生活,解压力健身心,有279班组1336名职工参与了上海市班组网络文化大奖赛中的"徒步健身、好歌达人、知识闯关赛"、选派职工参加首届全国纺织行业乒乓球大赛、第二届市民运动会的马拉松项目以及市总举办的"大城小梦"职工故事网络征文大赛等文学创作等活动。四是进一步完善工会联系职工的制度,适应企业调整重组,严格执行中央八项规定和工会经费收缴、使用制度的监督,对届满工会和离任主席进行审计,加强工会经费规范合理使用管理,对工会投资企业进行清理。　（林裕良）

【上海市医药工会】　辖基层工会70个,职工22084人,会员21662人。机构设办公室、权益保障部、经济宣教部、组织民管部及财务资产部。一是持续深化群众性经济技术创新活动。评审40个项目并形成5类奖项;全面开展全剂型劳动竞赛,共有16家单位的41个项目立项。开展持续改进提案征集活动,引导员工从本职工作入手,从身边小事着眼，鼓励职工献计献策，共计收到14家单位上报的提案163条，评出10个优秀奖，10个入围奖，4家企业为组织奖。20个项目组被授予上海医药集团“工人先锋号”称号。获市优秀发明选拔赛银奖3个，职工技术创新成果金、银奖各1个，市职工合理化建议优秀成果奖1个、合理化建议项目创新奖5个、职工先进操作法创新奖3个。二是加强先进群体建设。继续推进以劳模创新工作室为主要形式的各类先进创新工作室的创建，毕琳丽中药传承创新工作室被评为上海市劳模创新工作室、神象首席技师工作室等2个工作室被评为上海市技师创新工作室。三是加强班组建设和高技能人才队伍建设。举办第二期卓越班组长培训班，集团下属16家生产型企业的62名优秀班组长参与培训。开展集团技能大赛，吸引包括沪外企业在内的89名职工参赛；并对12名2015年集团技能大赛获奖选手进行表彰，其中一人被同时授予上海市五一劳动奖章。四是加强劳动保护培训和职工实事服务工程。制订医药工会劳动保护业务知识培训计划，组织104名工会主席和劳动保护干部参加培训，103人获得培训证书。继续推进会员休养补贴的第二轮三年行动计划，共组织4900余名员工进行休养。五是认真抓好民主管理工作和工会组织自身建设。消灭职代会制度空白点，职代会运作更规范。职代会制度达到100%全覆盖；加强推进职代会年度预报、即时预报和会后报告制度。“三报”制度的执行已做到集团内基层工会基本全覆盖。为拓宽工会干部的视野，适应形势发展，提升实际工作能力，组织工会干部80余人开展了《上海市集体合同条例》培训。（陈玮雯）

【国网上海市电力公司工会】 辖基层工会31家，工会会员15777人，其中女职工会员3451人。主要开展6项工作：一是完善民主管理各项制度。贯彻落实国家电网公司《职工民主管理纲要》，加强两级职代会上下联动，规范职代会的过程管控，督察、推进各单位厂务公开工作领导小组和日常工作机构的工作，严格做到“全覆盖，不遗漏”。开展基层班组民主管理工作调研与督察，促进班组民主管理的实践与成效，不断完善“双路径，三保障”民主管理体系。二是推进基层班组建设。贯彻落实国网公司《减负三十条》，确保班组和基层减负工作落到实处。开展“工人先锋号”等创建活动，组织开展班组建设经验交流，3个班组获上海市“安康杯”优胜班组，7个班组获评国网公司一流班组（工人先锋号）。三是深化劳动技能竞赛。以“岗位建功创一流，提质增效促发展”为主题，重点开展了电网工程里程碑建设、变电精益生产找缺陷、安全隐患排查、光明工程建设等6个专项劳动竞赛。承办华东电网第四轮技术技能竞赛，公司获得团体及个人两个一等奖。四是拓展职工创新创效。组织召开职工技术创新工作推进会，新命名3个劳模创新工作室和10个职工创新工作室，推进职工创新由“个体型”向“团队型”“单一型”向“联合型”的提升。2016年，1个工作室荣获“上海市劳模创新工作室”称号，3个工作室荣获“上海市技师工作室”称号，1个项目获上海市科技进步（工人农民组）三等奖，2个、6个项目在第二十八届上海市优秀发明选拔赛上获金奖、银奖。五是推进“两个繁荣”。组织创作《匠心筑梦　匠薪传承》纪实报告文学，弘扬“工匠精神”，宣传一线职工专注敬业的精神风貌。鼓励有特长的员工参与文化创作，更好反映职工的价值取向和审美情趣，两项作品入选国网工会重点选题。参与国网公司职工文学创作活动和职工优秀文学作品的评选。初步形成歌唱、舞蹈、乐器、书画等各类文艺人才资源库。六是强化工会自身建设。积极开展“互联网+”工会工作，完善工会主题网站建设，加强工会信息及各基层工会信息发布管理。发挥好“一站一号”作用，做好职工文化作品、优秀摄影作品的发布和展示。强化工会经费使用监管，提高工会经费管理与使用的规范化水平。（潘　锋）

【上海电力建设有限责任公司工会】 辖10个基层工会委员会，工会会员3069人，女会员245人。全年围绕“新常态·新动力”主题开展各项工会工作。一是开展厂务公开民主管理工作。公司系统单位全部实行职代会评估制度，履行职代会提案制度、职工代表听政制度、职工代表监督制度、领导干部职代会述职制度，无记名测评制度等，推进企业多级职代会建设。二是开展群众性经济建设活动。开展以“提质增效保发展”为主题劳动竞赛系列活动，推进“五比五赛”竞赛内容，2项成果获“第二十八届上海市职工优秀发明选拔赛”铜奖；1项成果获“第二十八届上海市优秀发明选拔赛职工技术创新”银奖；1项成果获“上海市职工先进操作法创新奖”及“上海市职工合理化建议项目创新奖”；1项成果获“上海市职工先进操作法优秀成果”。三是举办“劳模荣耀——记忆中的故事”主题宣讲会。孙云波荣获“上海市五一劳动奖章”、张新军获得“上海工匠”、一公司修造厂嘉定分厂获“上海市工人先锋号”、二公司汽机本体班获得“全国工人先锋号”等荣誉称号。四是开展“安康杯”竞赛和劳动保护活动。通过“班组安全论坛”、“班组安全演练”、“安全文化演播”“安全知识竞赛”、“安全成果展示”等形式，组织职工开展安全知识和技能的学习，系统内2家单位继续保持全国安康杯竞赛优胜单位荣誉，1家单位继续保持上海赛区安康杯竞赛优胜单位荣誉。五是妥善落实职工保障工作。开展困难职工帮扶慰问工作，全系统企帮扶困难职工813人次，帮扶资金共99万元；开展高温送清凉慰问施工项目50个；慰问人数2546人；高温慰问金额55.8万元。公司建立职工大重病医疗互助基金，2016年为177名困难职工提供了及时帮助，金额达79.8万元。（傅　诚）

【中国宝武钢铁集团有限公司工会】 辖基层工会117个，工会会员62708人。主要工作：一是围绕2016年企业生产经营总目标，开展集团公司层面5个专项劳动竞赛，实现降本增效119.0亿元，完成全年目标92.9亿元的128.1%；集团各单位紧密结合生产经营实际，开展各类劳动竞赛8850项。二是深入推进职工岗位创新活动，弘扬工匠精神，举办第七届员工创新日活动、首届职工岗位创新研修等活动；建立新一期108名创新指导志愿者队伍；评选出11名宝钢工人发明家；命名集团公司“示范型创新工作室”；开展第五届宝钢工人发明家评选和女职工“玫瑰绽放擂台赛”，集团公司王军荣获“中华技能大奖”，8人获“全国技术能手”称号；全年，集团岗位创新申请专利1995件，其中发明专利1063件；技术秘密1990件；先进操作法718项。举办宝钢第七届职工技能大赛，设立烧结工等7个决赛项目，320名选手参加角逐，有24人晋升技能等级。三是有效地发挥厂务公开民主管理民主监督平台作用，在公司深化改革、转型发展过程中做到“源头掌握信息、源头参与方案制定、源头参与风险评估”，组织开展以“聚焦市场看成本，立足现场看行动”为主题的第十次“职工代表看宝钢”活动，积极构建和谐劳动关系。李建国到宝武集团视察，对宝武民主管理工作给予充分肯定。四是开展“服务职工在行动”活动，做好职工“三最”实事工程，全年集团各级工会干部访谈职工近5万人次，开展帮困慰问、金秋助学活动，实施精准帮扶，服务困难职工。全年帮困47572人次，帮困总金额3883.46万元；组织在沪各单位职工开展“一日捐”活动，共计捐款370余万元。五是聚焦安全、环保、成本、质量和效益，开展班组建设。选派16个优秀班组代表赴京参加中国安全生产协会安全管理标准化示范班组评审答辩，展示安全“1000”班组建设成果；组织开展公司层面的工会劳动安全保护督查行动，查出各类问题1164项，已处理1048项。六是丰富职工的精神文化生活。组织开展第十届职工运动会和第九届老年运动会，五大赛区参与职工44700余人次；建立各类文体协会300多个，协会“服务企业、服务员工”的作用日益凸显，全年开办体育健身、音乐艺术等各类培训班、讲座320个，参加人数达2100人次。（陈佩红）

【上海宝冶集团有限公司工会】 辖基层工会13个，会员6065人，其中，女会员918人，农民工会员1398人。主要工作：一是围绕重点项目“以点带面”开展立功竞赛活动。围绕上海迪士尼等大型重点项目开展了立功竞赛活动67次，表彰记大功25人，记功214人，先进集体37个。立功竞赛活动还拓展到了BIM设计、技术标简报制作比赛、营销、清欠工作等方面，为立功竞赛活动注入了新动力。二是深化创新工作室创建活动，激发员工创新激情。围绕公司重点技术开发、核心专业技术打造，发挥“集群式”团队创新效应，命名了2个劳模创新工作室、10个职工创新工作室。2016年，19个创新工作室完成部级工法6部，技术成果13项，申请专利176项，完成技术开发21项，职业技能提升258人。有3个“职工创新工作室”被命名为“上海市技师创新工作室”。三是围绕降本增效、科技创新，开展职工合理化建议活动。2016年员工提出并实施合理化建议225项，创造经济效益2500多万元。有1项合理化建议成果被评为上海市“优秀成果奖”，8项合理化建议成果被评为上海市“创新奖”。工会对25项发明专利第一人给予了奖励。四是维护员工安康，促进企业安全生产。连续第二年组织开展了夏季安全生产“隐患大家找，现场随手拍”专项活动，发动广大员工立足本职岗位查隐患、促整改，本次专项活动中发现并整改安全隐患745项。五是抓好“职工小家”建设，营造家的氛围。工会把项目部“职工小家”建设作为联系和关心项目部员工的桥梁和纽带，集团工会坚持每年开展创建和评比活动，并给予经费补助，2016年共有74家基层分会参加了“职工小家”创建活动。六是提倡“健康生活、快乐工作”理念，举办了羽毛球、乒乓球、篮球，以及职工书画摄影展、主题征文演讲比赛等各类问题活动，成立了两级直管文体兴趣小组（协会）27个，满足广大员工的文化活动需求。（毛一新）

【上海高桥石油化工公司工会】 辖基层工会24家，其中直属机关工会、作业部（业务中心）工会16家，合资企业工会6家，委托代管企业工会2家，共有会员4806人，其中女会员1156人。公司职代会下设集体协商与集体合同专门委员会、民主评议干部专门委员会、规章制度专门委员会、提案工作专门委员会、生产生活保障专门委员会。主要工作：一是加强和谐劳动关系建设，维护职工合法权益。组织开展职工代表巡视工作，完善厂务公开，落实“厂情通报”、“双向沟通”“诉求反馈”等机制；组织开展职工接毒疗休养工作，共计679人次职工参加。二是深入开展主题劳动竞赛，推动职工创新创造。依托“安康杯”竞赛，推进“十个一”活动在基层班组扎实开展，公司“安全环保1000班组”竞赛活动平均达标率为98%，比去年同期提高了0.6个百分点；推进以内部管理标准化、作业环境标准化、岗位操作标准化为主要内容的“三标”班组建设。公司现场表彰334个“三标”竞赛优胜班组和92位“巡检标兵”，选树一批管理讲标准、工作讲责任、操作讲规范的先进典型；三是开展群众性合理化建议和创新创效活动，职工共提出合理化建议3128条，实施1908条。化工四部徐玉明提出并已实施的《DCP细粉重结晶，提高大颗粒得率》合理化建议获得了上海市职工合理化建议创新奖。三是推进职工素质工程建设，深化职工帮扶救助工作。全年，共有61名职工获得公司素质工程奖励，金额22.68万元。推进“走基层、访万家”活动，公司各级工会共走访职工3427户，占职工总数的66.8%；走访基层班组369个，实现全覆盖；共征集职工意见建议546条，落实解决或答复461条，占比84.4%；做好困难职工帮扶救助工作，工会共对全公司范围内982人次生活发生困难的在职和退休职工、困难劳模、领导干部遗属实施了帮困补助及慰问，帮困慰问金额达182万元，各级工会节日家访慰问1378人次，金秋助学92位职工子女，238名住院生病职工享受到工会住院医疗互助保障。四是倡导职工健康快乐，积极推进文体建设。完善文联体协建设，搭建职工群众便于参与、乐于参加的文体活动平台，举办职工迎春长跑比赛、迎新春职工汇报演出、“迎五一、庆五四”职工趣味体育比赛等；举办公司首届“高化之夏”职工文体系列活动，历时3个月。（吴　斌）

【中国石化上海石油化工股份有限公司工会】 辖基层直属单位工会委员会27个，现有工会会员11093人。工会工作机构设办公室、组织民管部、宣教文体部、生活女工部、经济工作部等。有员工13人，其中高级专业技术职称7人，中级专业技术职称6人。主要工作：一是保持和增强工会的先进性。组织班组形势任务教育、“增强安全意识、防范工伤风险”专题教育活动，完善工会官方微信公众号运行管理模式，注重网上网下相互促进、有机融合，充分发挥新媒体服务职工、引导职工的功能；继续推进“增收节支”全员增效竞赛活动，全年共有24家单位98个项目参与，增创效益6.34亿元；开展职工健步走网络竞赛活动、职工乒乓球比赛、“摄影展石化，共谱新篇章”职工主题摄影作品比赛、“唱响石化，为美好生活加油”唱歌比赛等文化体育活动，吸引近3000名职工参与。二是保持和增强工会的群众性。发挥职代会专门委员会的作用，发挥职工代表在闭会期间“下情上传、上情下达”作用；做好三个集体合同的落实监督以及新一轮集体合同修订调研工作，不断完善平等协商、履约责任、监督检查、通报评价的运作机制，保障职工合法权益；推进工会会员服务卡工作，新办和集中注册工会会员服务卡14741人，工会补贴会员专享基本保障金17.65万元，全年有46名职工获会员专享基本保障金46.00万元，公司帮扶基金有会员数14404名，全年累计向3110人次发放各类帮困补助金521.73万元。三是保持和增强工会的政治性。加强日常财务检查和财务监督工作，确保工会经费合理、有效运作；深入推进“面对面、心贴心、实打实服务职工在基层”活动，进一步深入装置（车间）和班组，强化“两个服务”意识，坚持问题导向、职工需求导向，使工会工作更接“地气”，更鼓舞“士气”，全年对各二级单位的走访实现全覆盖。（裘　玮）

【上海航天局工会】 辖基层工会34个，职工18920人，其中女职工5676人，农民工852人，会员18920人。一是动员广大职工岗位建功，提升航天发展推动力。以主题活动为平台，提升职工建功立业贡献度。结合航天局实际，开展“万众创新职工建功立业”主题活动。以能力建设为导向，夯实班组保成功基础。结合局三年“质量效益”班组建设收官年的主题，构建以能力为核心的班组建设体系，提升基层班组建设的标准化、规范化、制度化和信息化水平。二是加强职工素质能力建设，提升航天文化影响力。“汤卫平班组”获中国国防邮电工会和集团公司联合命名，《工人日报》《解放报》《上海工运》等多家媒体把汤卫平班组的经验作为科研创新型班组的典型进行了广泛宣传。同时王曙群、苗俭获得首批“上海工匠”荣誉称号。以“回顾·分享·展望”为主题，举办第八届上海航天职工读书节。509所夏玉林被评为上海市职工职业道德建设十佳标兵个人，航天机电太阳能公司被评为上海市职工职业道德建设先进单位，805所邱华勇家庭被评为全国五好文明家庭，812所刘刚家庭被评为上海市五好文明家庭。三是强化维护关爱职能，持续提升规范运行质量。强化职代会提案征集和承办落实质量，把好征集关、办理关和结案关，组织提案人与承办部门面对面沟通，提案人对三届二次职代会提案承办落实情况满意率达100%。完善帮扶体系，通过建档、立卡，大力推进精准帮扶工作。据统计，2016年十项实事项目累计投入资金达357万元，惠及职工总数达2.78万人（次），职工满意度100%，基层单位工会对实事项目效果综合评价97.7分。四是解放思想锐意改革，提升工会组织自身发展力。打造指尖上的职工之家——不断推进“护航工社”手机APP应用，打造扁平化、互动式的服务职工新模式；继续推进“星级文体协会”建设；借助系统内外资源，推进面向全体会员的普惠制关爱。建立局工会干部与基层工会组织“六个一”结对联系点制度，指导和服务基层工作；举办三期工会干部集训和工会劳动保护专项培训。（周　博）

【中船上海船舶工业有限公司工会】 辖基层工会20个，工会会员61426人，其中女会员7572人，农民工会员30864人。主要工作：一是开展专项群众性劳动竞赛，10家基层工会设立20项劳动竞赛项目。举办庆祝“五一”先进表彰暨劳模创新工作室、技师创新工作室命名授牌大会，表彰系统内各单位新获全国、上海市五一劳动奖等先进荣誉称号的优秀个人和优秀集体，重新命名6家劳模和14家技师创新工作室，开展“船舶工匠”“上海工匠”选树推荐工作，10位优秀人才荣获“船舶工匠”称号。沪东中华张翼飞、秦毅，江南集团陈志农入选“上海工匠”。外高桥造船马玉麟荣获2015—2016年度“上海市职工职业道德建设十佳标兵”称号，并获颁上海市五一劳动奖章。江南造船陈宜峰荣获2015—2016年度“上海市职工职业道德建设先进个人”称号。二是开展职工创新创效合理化建议优秀成果和优秀操作法征集选拔活动。9项获得创新奖，7项评为第二十八届上海市优秀发明选拔赛获奖项目；参加“2016（第四届）北京‘嘉克杯’国际焊接技能大赛”，外高桥造船胡如春获成品件项目一等奖、沪东中华朱未获氩弧焊项目三等奖，中船集团代表队获团体铜奖；参加2016年上海市职工数控和焊接大赛，获团体冠军。沪东中华刘鹏鹏、外高桥造船胡如春、沪东中华张伟获个人金奖，上海船厂黄宗杰、外高桥造船朱新涛、江南造船余强获个人银奖，沪东中华朱未、上海船厂叶宇、江南造船李硕、外高桥孙明辉获个人铜奖，上海船厂获优秀组织奖。在数控技能大赛中，获团体优胜奖，沪东重机韩春晓获个人银奖，康鹏飞、刘九斤获个人铜奖；江南造船获全国安康杯优胜单位称号；中船九院宁德项目组获上海赛区优秀班组称号；沪东重机缪俊获上海赛区先进个人称号。三是对15家基层工会下拨帮困慰问金36万元进行困难职工的慰问；对春节留沪工作的外来务工人员发放电话卡1889张；向基层发放上海市总工会下拨的困难企业帮困金4万元，一次性生活帮困金4万元；对困难劳模、困难重病职工家庭集中开展走访慰问，给14个困难职工家庭送去慰问金2.8万元；各级工会组织开展260次高温期间送清凉专项慰问活动，慰问企业和工地144家，慰问职工人53830人次，发放和赠送防暑降温慰问金359.47万元。开展防暑降温劳动保护培训17446人次（农民工11355人次）。组织29批次854名职工参加疗休养活动；下拨帮扶补贴资金79.01万元；全年度新办工会会员服务卡7988张，并参加“上海工会会员专享基本保障”投保，两年累计办理会员服务卡29392张。开展农民工自查摸底工作，入会率75.01%。（陶庆翌）

【上海市烟草工会】 辖基层工会11个，职工8288人；其中女职工1798人；工会会员8288人。机构设办公室、一科、二科、退管办。一是发挥工会组织引导凝聚作用。开展2016年“爱我中华”职工文体活动、组织近300个班组1890名职工报名参加上海市班组（团队）文化网络大奖赛;班组创建立足制度落地践行,共有67个班组被评为局级"工人先锋号",2个基层一线班组分别被评为"全国工人先锋号""上海市工人先锋号",5个班组获评2016年上海市质量信得过班组;劳模创新工作室立足成果输出,对4个基层工作室实行集团挂牌命名,2016年命名上海市技师创新工作室、上海市劳模创新工作室各1个。二是开展职工岗位建功竞赛活动。全年集团工业各单位共征集建议19799条,人均建议2.08条;参与职工8675人,参与率达到86.33%,反馈率100%;其中实施建议13755条,实施率69%;开展2016年"品牌保状态、税利保增长"系列劳动竞赛,覆盖了从事卷烟营销活动及管理人员约600人次,获得市级配套专项表彰上海市"五一"劳动奖,包括市"五一"劳动奖状1个、市"五一"劳动奖章2个、市工人先锋号3个。三是服务维护彰显主责主业。开展2015年度集团办事公开民主管理整体运行情况的网上评议,督促四份职代会提案落实工作,闭环率100%。春节、五一、中秋、十一等节日期间,工会共走访困难职工272名,对行业396名困难职工实施补助,为92名困难职工发放助学帮困金;2016年下半年开始,为集团全体工会会员发放了端午节、中秋节、国庆节、元旦等节日福利物品。 (邹允文)

【上海汽车集团股份有限公司工会】 辖直管企业工会58个,会员106724人,其中,女会员18883人。设经费审查委员会、女职工委员会、工会资产监督管理委员会,综合管理部和权益保障部。一是以网上工会建设为抓手,强化集团意识、形成集团合力、发挥集团优势,让员工以主人翁的姿态关心和支持集团的发展,同时感受到家的关爱和温暖。2016年,"上汽职工之家"微信平台共发布原创性文章276篇,累计浏览量超过465万人次,单篇最高阅读量超过14万人次,实名认证粉丝数达11.5万,在全国1670多家工会类微信中综合排名第三,在全国企业工会微信中综合排名第一。二是加大工会维权和关爱服务的内容和覆盖面,深化"暖心行动",43家企业为职工购买了重大疾病保额在5万及以上的商业补充医疗保险;86%的企业参加上海市总工会综合保险或在职职工住院保险,提高了职工因病致贫的抵御能力。实施"点亮心愿"实事项目,对86项职工心愿进行资助或助推,主要用于职工六室一厅设施设备添置及高温送清凉项目。推进"助梦计划",全年资助困难职工子女338人就学。三是运用互联网思维,发挥工会志愿者作用,营造"我为人人、人人为我"的大爱氛围。先后招募180余名热心的工会志愿者,走近工会、参与工会、了解工会。线上,开展"上汽达人帮"板块,邀请一技之长的达人员工自愿加入成为版主,为员工在线答疑解惑,并组织线上、线下相关活动。线下,打造的"为爱·畅行"交友联谊活动平台,通过发动热心志愿者,积极组织各类小型、分散、多样的交友联谊活动,让更多单身青年亲密接触,解决婚恋难题。四是坚持"党建带工建",落实工会企业清理规范工作。对内,在统一思想的基础上,提出"一司一策"清理意见,加强指导服务,持续降低托管数量。对外,积极沟通,争取政策,基本于年内完成任务。在整个清理过程中,保持了生产的不断不乱、资金处置的依法合规和人员的基本稳定。 (范 融)

【上海市漕河泾新兴技术开发区发展总公司工会】 辖7个基层工会,会员1214人,其中女职工529人。一是创先争优:通过树劳模,学劳模,弘扬劳模精神、劳动精神,引导职工将个人理想与中国梦紧密联系在一起,激发职工奉献精神和创造活力。能通实业有限公司赵军文获上海市五一劳动奖章、物业管理有限公司工程中心获上海市工人先锋号。2016年"上海职工晋升技师、高级技师"共有28人晋升。杨燕《"提高职工文化修养、身体素质的一些方法"》获得上海市职工先进操作法创新奖。工会荣获上海市总工会工会财会竞赛优秀奖。二是文化活动品牌创建:举办总公司系统"唱响漕河泾"职工歌咏比赛、一年一度的总公司系统龙舟赛、"绿洲杯"趣味游泳比赛、"百人百岗 用心烹饪"兴园坊厨艺比赛、"活力漕河泾"职工冬令健康跑等,丰富职工精神文化生活。三是民主管理:发挥职代会作用,指导监督二级公司工会积极发挥职代会作用,定期召开职工代表大会,审议《集体合同》《女职工权益保护专项集体合同》《行政和工会集体协商办法》和《劳动争议调解委员会名单》;工会以司务公开和对话制度作为工会维权的抓手,对公司转型升级、人才培养计划、促进劳动关系和谐等热点问题通过双向沟通取得共识,共谋企业的长远发展,民主管理工作得到进一步完善。四是服务保障:1114位职工办理了工会服务卡,覆盖率达90%以上;走访慰问退休、困难职工680人,金额60余万元;高温慰问实现工会会员全覆盖;参加市职工互助会综合补充医疗、意外(工伤)互助保障计划A、D类,做好职工体检、疗休养工作;完成徐无偿义务献血工作,荣获2016年度无偿献血募集目标证书。 (虞 润)

【中国能源化学工会华东电力工作委员会】 辖基层工会4个,会员1606人,其中,女会员423人。中国能源化学工会华东电力工作委员会(国家电网公司华东分部工会)是中国能源化学工会在华东地区的派出机构,履行华东电网产业工会和大型企业工会职责,领导上海、江苏、浙江、安徽、福建省(市)电力工会及直管(代)单位工会。有会员1603人,其中女会员423人。弘扬劳模精神,积极组织引导职工深化建功立业活动,举办华东电网第四轮调度系统技术技能竞赛(继电保护专业)。加强日常民主管理工作,服务企业稳定发展大局;关心关爱职工,完善帮扶长效机制。组织开展华东电网劳模疗休养活动,关爱劳模、先进的工作、生活。组织文体活动,促进职工身心健康,征集华东机关摄影书画作品,征集读书征文;举办职工文化大讲坛,邀请专家进行健康、文艺鉴赏、以及心理教育等专题讲座,举办华东电网系统第十四届"团结杯"网球友谊赛。加强工会自身建设,举办培训班,提升工作水平。华东分部吴敏获上海市五一劳动奖章称号,华东电网有限公司信息中心获上海市工人先锋号称号,华东电力调控分中心电能计划小组荣获2014—2015年度上海市巾帼文明岗称号。 (施炜伟)

【上海华虹(集团)有限公司工会】 有职工6071名,工会会员5997名，其中女性会员数1743名。农民工986名，其中女性农民工303名。一是开展社会主义核心价值观读后感征集和评比活动，鼓励会员分享个人读后感，以“诚信、友善”为主题，举办书画摄影大赛，共收到职工书画类作品19项；摄影类作品36项，向500多名读书协会会员推荐《你要如何衡量你的人生》《你若爱，生活哪里都可爱》《褚时健传》和《不如任性过生活》等4本图书，倡导会员多读书、读好书。二是搭建职工科技创新活动平台，评选出8项创新技术产业化杰出成果、15位科技明星、13篇优秀科技论文、16位知识产权申报先进个人和5位知识产权申报优秀组织者。开展2015年华虹集团节能减排优秀案例评比活动，对6个优秀案例进行表彰和推广。开展节约增值型劳动竞赛，评选出项目推进积极分子25名。积极帮助华虹集团一线职工申请市总授权发明专利奖励以及2016年度先进操作法、优秀发明金牌项目的申报工作。2016年，共申请得到市总配套奖励71万余元，荣获市总科技创新活动优秀组织奖。三是强化职工民主管理，保障职工劳动安全，组织3次实战救援演练，5次ERT比赛和2016年安全生产双十佳班组评选活动；累计帮扶91人次，帮扶金额16万余元。做好一线职工的春节加班和高温慰问工作，下拨慰问金10万余元。组织职工疗休养10批次，惠及一线职工500余人。四是增强职工凝聚力，以“不忘初芯，砥砺前行”为主题，举办了第八届职工运动会。在临港新城滴水湖畔举行华虹集团“毅芯向前”毅跑活动，吸引800多名职工参加。（汪　芸）

【上海化学工业区工会】　现有工会会7824人，其中女会员2131人；基层直属单位工会委员会33个。一是培育和选树先进典范，弘扬劳模精神和工匠精神，开展群众性立功竞赛和职工科技创新活动，制订科技创新活动制度，调动职工群众参与科技创新的积极性，开展职工科技创新成果、先进操作法、节能减排、合理化建议等职工创新创效活动，进一步激发职工劳动热情和创造活力。二是推进职工素质工程建设，开展技术培训、岗位练兵、技能竞赛、师徒帮教等多种形式的活动，提升员工思想道德素质、科学文化素质、专业技术素质和技术创新能力。三是夯实基础、完善机制，创新工会组织建设，发挥以点带面的示范效应，持续推动各类企业建会和发展会员工作；着力构建和谐劳动关系，加强与企业经营者交流沟通，推进职代会、劳动合同、集体协商和集体合同等制度建立；完善劳动争议化解机制，发挥工会组织在协调劳动关系上的作用。四是加强职工文化建设，举办化工区第四届运动会，提升工会组织的影响力和凝聚力；抓好劳动保护和安全生产，以“安康杯”竞赛活动和“安全生产1000班组”创建活动为抓手，组织开展群众性安全生产活动；深入探索和实践新时期工会组织服务职工的有效途径和载体，推广上海工会会员服务卡，稳步推行职工晋升技师、高级技师奖励计划，深化落实困难职工帮扶工作，组织开展冬送温暖、夏送清凉等活动。(5)持续推进建“家”工作，建立完善各项机制，不断创新内容形式，激发基层工会的活力，提升基层工会自身建设的规范化水平；不断提升财务经审工作水平，创新财务经审工作方法，组织开展基层工会经费绩效评价，促进基层工会财务会计基础工作上台阶；努力建设坚强有力的工会干部队伍，加强工会领导班子建设，加大工会干部培养的力度，始终保持做好党的群众工作的激情与动力，把职工群众工作做实做深做细。（张　俊）

【国药控股股份有限公司工会】　国药工会上海地区辖基层工会19个，会员4198人，其中女会员2188人，农民工28人。2016年国药控股工会在上级工会和公司党委的领导下，按照市总工会的整体工作部署，服务中心工作，最大限度地调动广大职工积极性和创造性，增强企业的凝聚力，提高企业的竞争实力，促进企业和员工的“双赢”协调发展。一是扎实推进系统内基层工会组织建设。基层工会组建率稳步提高，建立基层工会数据库，做到组织数据清晰可查，确保工会组织正常运作。二是全面推进上海地区职代会建制和集体协商工作，集体合同、女职工专项集体合同签订率均达100%。依法开展以职代会为基本形式的企业民主管理工作，通过构建和谐劳动关系促进企事业单位和职工共建共享、共同发展。三是切实保障职工经济权益。为职工“夏送清凉，冬送温暖”，开展送清凉专项慰问活动12次，慰问企业13家，慰问职工2411人次，上门慰问困难职工10户，困难劳模1户，全年对上海地区身患重病、家庭困难的13位职工进行慰问。为3454人办理了工会会员卡并参加工会会员卡专享保障。帮助3位生大病的职工办理了会员专享保障赔付。四是加强职工先进文化建设。举办迎新舞会、中秋主题活动、发起捐衣活动、开展春秋两季健康走跑、传统龙舟赛、“乐康杯”游泳比赛等活动。太极、肚皮舞、瑜伽、足球、羽毛球、乒乓球社团作为职工文体活动的日常补充。五是发展和维护女职工权益。注重调动发挥优秀女性引领示范作用，国药物流仓储服务部荣获巾帼文明岗称号，国药物流朱建云荣获社会系统巾帼标兵称号并接受表彰。还为孕期、哺乳期妈咪发放70余份爱心妈咪大礼包。六是严格规范工会财务和审计工作。通过科目三级预算编制办法，全面分解和落实到项目具体支出用途和金额，提高预算编制的正确率、执行的有效性。组织经审主任参加相关业务培训。首次以公开投标的方式聘请第三方审计事务所对5家上海地区二级子公司工会进行审计，确保工会审计报告的公正性和专业性。（蔡文婕）

【中国铁路工会上海铁路局委员会】　辖工会组织130个，其中，直管单位工会116个，直管工会工委14个。车间级工会1278个，工会小组8647个。有会员184150人。设办公室、组织部、生产宣传部、保障和女工工作部、财务部、经审办，下设职工艺术团、文化体育场馆、职工帮扶中心3个附属机构，代管体协、退休职工管理委员会办公室。一是开展主题竞赛活动。组织2016年春运“三个出行”立功竞赛活动，共表彰先进单位15个、先进车间25个、先进班组35个、先进个人300名。组织职工安全生产“隐患大家找，现场随手拍”专项活动，上报各类隐患3429件，并得到有效整改。举办职工创新创意大赛，评选“十大创新团队”和“十大职工创客”，开展“上铁工匠”评选活动等。二是关心职工生产生活条件改善。实施2016年度职工十件实事项目,投入工会补充性资金近4000万元。做好帮扶救助工作,开展“两节”送温暖活动,共慰问16万人次、4032.97万元;开展暑期送清凉及防洪慰问活动,共拨付慰问金1370.35万元。三是深化企业民主管理工作。在路局十一届一次职代会期间,对确定立案的75件,抓好督促办理。组织职工代表开展巡视活动,推进厂务公开工作,铁路局被授予“2014—2015年度上海市劳动关系和谐职工满意企事业单位”称号。四是繁荣发展职工文化。组织“身边的感动”春运新闻故事征文和“三个出行”职工微视频、摄影大赛。组织“在阳光下前行——感恩铁路、爱岗敬业”主题教育巡回演出,共在上海、杭州等地区演出13场,1万余名干部职工及家属到场观看。举办铁路局第九届运动会,进行足球、篮球、羽毛球等7个大项、88个小项比赛,各地区、各系统8000余名干部职工参加。组队参加全国铁路第十三届运动会,男子足球(五人制)比赛荣获冠军,羽毛球比赛荣获团体冠军。选树劳模先进,铁路局共获得全国五一劳动奖状1个、奖章3人,全国工人先锋号3个,上海动车段被评为上海市总工会职业道德建设标兵单位。五是加强工会自身建设。积极推进“网上工会”建设,研发工会工作管理信息系统并投入使用,启动上线“上铁职工家园”APP移动客户端,打造“网上职工之家”。5个单位工会荣获全国模范职工之家,6个车间级工会荣获全国模范职工小家,4人荣获全国优秀工会工作者称号。 (白 杰)

【中国远洋海运集团有限公司工会】 辖基层工会46家,会员14136人,其中女会员1756人。集团坚持职代会制度,在企业改革重组中坚持履行职代会民主程序,将企业改革的重大决策和涉及职工切身利益事项提交职工代表审议,保障职工对企业改革的知情权、参与权、表达权和监督权。围绕企业提质增效目标,组织开展合理化建议、技术比武、岗位练兵活动,搭建职工建功立业、创新创效的平台。各基层单位共开展各类劳动竞赛1031次,征集合理化建议10228条,有63241人次参加;开展各类技术比武551次,16661人次参加。集团工会成功举办了第一届“中远海运杯”职工运动会,历时3个月,有30家基层单位、7个地区、812名职工参加。集团工会坚持为职工群众办实事、做好事、解难事,先后前往16家直属单位、31家基层单位和船舶、基层网点,采取座谈会、实地调研、高温慰问、节日慰问等方式,了解各单位工会工作及基层职工情况,向437名困难职工发放了各类帮困金,各级工会共帮扶困难职工1.7万人次,发放帮困金2562.3万元。组织了省部级以上劳模疗休养活动,来自19家直属单位的81位省部级以上劳模参加。积极参加全国“安康杯”竞赛,各单位共组织安全巡视检查15099次,有39170名职工参加,提出并整改安全隐患14135项。举办工会劳动保护业务知识培训班3期,培训工会干部70名。各级工会组织认真参加“两学一做”学习教育活动,坚定理想信念,强化宗旨观念。协助集团党组制订了关于直属单位工会组织规范化建设和工会主席产生、管理办法,对集团重组后的工会组织、工会干部队伍建设、工会主席待遇落实等进行了明确和规范。加强与地方工会的联系,及时理顺重组后各级工会组织隶属关系;出台全委会、常委会议事规则和工会财务、经审工作一系列制度。举办财务经审、女工、劳动保护干部等专项培训班,有200余人次参加。 (张 洁)

【上海国际港务(集团)股份有限公司工会】 辖基层工会39家,工会会员21832人,其中女会员2730人。召开集团公司二届九次职代会,协商签订了《2016年度职工工资专项集体协议》,组织开展了15次职工代表巡视活动,运用新媒体方式增强与职工的交流,深化厂务公开工作。组织开展第三届“上海港劳动功臣”评选活动,有11名一线普通职工当选;参加2016年全国、上海市五一劳动奖和“上海工匠”评选工作,盛东公司张彦当选2016年度“上海工匠”,沪东公司许力荣获全国五一劳动奖章;评审并命名了6家劳模创新工作室,集团17家创新工作室共制订91项创新计划,引航站周弘文劳模创新工作室被评为上海市劳模创新工作室。组织开展各类劳动竞赛活动。深入开展重点工程建设劳动竞赛;有18家基层单位的1.4万名职工参加主业生产专项立功竞赛活动,为提高港口服务能级发挥了积极作用;开展职工创新创意竞赛,评出61项“五小”成果、12项职工先进操作法;开展班组精益化管理竞赛,近1300个班组参加;组织开展第十二届职业技能竞赛活动,共有15个预赛项目和16个决赛项目,860名职工报名参赛,508名职工技能等级获得提升;完善职工技能登高奖励方案,对19名高级技师、33名技师和2个职工发明专利进行奖励;推进百师百徒工作,确定102对师徒结对,13名徒弟获得技能等级或职称等级提升,总结提炼出6项操作法、带教法。推进服务职工实事工程,确定并实施“十三五”职工激励计划等9项服务职工实事项目;制订实施职工食堂加强和改进管理的有关意见,提升职工食堂管理水平和饭菜质量;为18494位会员落实了工会会员专享医疗保障B计划的参保工作。继续做好各类帮困慰问送温暖工作,开展重要节日期间的慰问工作和集团“三定”帮困和助学人员的调整工作,组织第二十次职工“8.15”爱心捐款活动。开展第三届“上港杯”职工足球锦标赛和嘉年华活动,以集团整体上市10周年为契机,组织开展系列职工文化活动。加强工会自身建设,开展了职工代表大会建设等6项专题调研活动,制订下发了《上港集团工会经费收支管理办法(试行)》,完成了12家基层单位工会的审计工作和工会投资企业清理工作。推进业务承包公司工会工作,就有关内集卡司机工会经费、会费等事项制订了规范。 (张晨琦)

【上海长江轮船公司工会】 辖基层工会13个,工会会员1423人,其中,农民工125人。以班组安全建设为重点,深入开展“安康杯”竞赛,组织200名基层班组长和生产骨干参加了全国职工安全卫生消防应急知识普及竞赛试卷答题活动,吴淞船舶工程有限公司被评为“上海市安康杯竞赛优胜单位”,船长3号轮被评为“上海市安康杯竞赛优秀班组”。参与劳模先进评选工作,上海长江汽车检测维修有限公司张徐军荣获上海市“五一”劳动奖章,吴淞口国际邮轮港公司经营管理部班组获得上海市工人先锋号。召开公司十九届一次职代会,组织民主评议公司领导班子等活动；组织开展厂务公开调研检查，通过自查和查台账、座谈会的互查等形式，推进企业厂务公开民主管理工作。坚持为职工送温暖办实事，“两节”期间，公司共筹集送温暖资金 11.25 万元，慰问职工 360 人次；开展金秋助学活动，共发放助学款 1.15 万余元，资助困难学生 12 名；高温期间慰问一线职工 800 多名，慰问品金额达 4 万多元。组织两批共 100 名基层一线职工赴市总工会黄山、西山疗休养。举办羽毛球赛，有 9 个单位 26 名男女运动员参加了比赛；举办纪念建党 95 周年职工摄影作品评选展览，有 42 人参加，展出摄影作品 158 件。工会女职工委员会坚持开展对特困女职工的帮困送温暖和秋季助学活动。被长航集团评为“先进女职工委员会”，邮轮港公司客运服务部被评为“女职工建功立业标兵岗”，长航医院池素娟荣获“女职工建功立业标兵”。（章　伟）

【上海市运输工会】 辖有基层工会 52 个，工会会员 9172 人。其中女会员 1490 人，农民工 1338 人。工作机构设有办公室、宣教部、保障部、事业部等，还设有女职工委员会和退休职工委员会，所属事业单位有上海交通运输工人俱乐部和交运休养院。2016 年运输工会围绕集团围绕企业工作重点，在推进转型发展、提升整体素质、关心服务员工、加强自身建设等方面做出贡献。一是聚焦集团创新转型发展目标，推进群众性的建功立业活动。以“建功十三五、创新当先锋，岗位作贡献、创业谋发展”为主题，组织开展“五赛五优”竞赛活动。二是注重劳模精神弘扬和一线人才培养，推进职工素质工程。研究制订交运集团《十三五”期间职工素质工程计划书》，培养一批与集团发展战略要求相适应的知识型、技术型、创新型的高素质职工队伍，为集团实现跨越式发展提供坚实的智力支持和人才保障。三是构建企业和谐劳动关系，推进职工维权机制建设。贯彻中央《关于构建和谐劳动关系的意见》精神，坚持“服务企业改革发展与服务员工根本利益同步深化”的“双向服务”，“企业效益优先以员工权益维护为前提，员工利益保障以企业效益增长为基础”的“双向和谐”工作理念，积极主动地维护好职工的合法权益，努力构建和谐稳定的劳动关系。按照党的群团工作会议精神和要求，推进工会法制化建设。坚持理论联系实际，开展新常态下工会工作规范运行、创新发展的理论研究与实践探索，全心全意依靠职工、服务职工，努力提高工会服务职工的能力与水平。（杨伟民）

【中国邮政集团工会上海市委员会】 辖基层工会 32 个，工会会员 25498 人，其中女会员 7219 人，工会专兼职干部 68 人。围绕企业发展中心，在加强维权机制建设、员工文化建设、深化企业民主管理和构建职工保障体系等方面下功夫，充分发挥工会服务大局、服务员工的作用。加强市分公司、区县分公司和支局（生产科）三级维权工作小组建设，构建员工诉求表达渠道，将员工诉求处理工作关口前移。召开一届五次职代会，开展工资平等协商，在职代会上以无记名投票表决方式通过《工资集体协商专项协议》。对上海邮政推行局务公开民主管理工作情况开展调研，促进局务公开工作规范化、标准化建设。不断完善职工保障体系，开展员工生产生活大调查活动，确定为员工办实事办好事项目。加大帮困救助力度，重点落实了个性化帮扶方案，对特困员工、离退休人员实行帮困托底，及时为员工排忧解难。探索建立员工法律援助中心，为员工群众提供法律服务和心理疏导。推进职工素质工程。开展先进劳模志愿服务社会活动。参加 2016 年上海市劳动模范等先进评选工作，弘扬劳模先进时代精神。组织开展群众性体育健身活动，举办第八届员工文化艺术节，加强摄影协会、自行车协会和文体俱乐部建设，设计适应不同年龄层次参加文体活动的方案，促进员工文化体育活动蓬勃开展。上海邮政“鸿雁工作室”和“绿邮工作室”被命名为上海市技师创新工作室。加强工会组织建设，工会组建率达到 100%，员工入会率达到 98.3%，劳务工入会率达到 98%。（陈千涛）

【中国移动通信集团工会上海市委员会】 辖基层工会 29 个，工会会员 8043 人。坚持职工代表大会制度，持续推进企务公开，签署实施公司新一期两项集体合同。结合公司重点发展业务，开展各类劳动竞赛。培养选树“上海移动工匠”，获首批上海工匠 1 名，依托班组建设“2+N”模式，深化“三大品牌”拓展。开展“月月有活动，季季有比赛”为目标的“幸福 1+1”文体活动，开展女职工健步走暨家庭日主题沙龙活动，成功举办公司第五届文化艺术节，历时 107 天，员工参与率超过 60%，员工满意度达到 99.15%。关注员工权益和健康，组织部分先进员工参加短期疗休养，落实职工小家“暖心工程”建设，办好“妈咪小屋”，有 4 家直属单位获评市级五星级、9 家获评市级四星级“爱心妈咪小屋”。积极开展“模范职工之家”评比和会员评家工作，开展内部制度梳理，加强工会干部队伍建设，建立“工会主席巡回联系日”制度，加强“互联网+”工会建设。（阮铭捷）

【中国电信集团工会上海市委员会】 辖基层工会 34 家，挂靠工会 2 家，会员 36880 人。组织开展劳动竞赛和职工技术创新活动，公司荣获集团“光宽带+电视”装维技能竞赛团体一等奖，公司工会荣获上海市职工合理化建议工作优秀组织奖，公司工会荣获“中国梦劳动美班组团队文化网络大赛优秀组织奖”。开发基于员工手机办公的 APP“员工创新资助平台”，通过 OA 手机客户端“员工创新”专栏进行实时申报，设立了 100 万元的岗位创新资助项目专项资金，全年收到 93 项资助申请，对其中 56 个项目资助了 62.4 万余元；以员工先进操作法评选为载体，评选出 17 部先进操作法及 24 部操作法鼓励奖，新申请专利 3 项；3 名员工申报中央企业技术能手，6 名员工申报集团技术能手，全国劳模徐珺榜被评为“上海工匠”。通过竞赛助推技能等级提升，其中话务员竞赛被列为上海市市级二类竞赛，有 96 名员工晋升高级话务员，107 人晋升中级话务员，其中还有 5% 的高级话务员直接跨级晋升技师，10% 的中级话务员直接跨级晋升高级。聚焦员工热点，改善员工工作生活环境。投入资金 1475 万元，整治卫生间 396 个、安装 1225 台暖水装置、楼道改造面积 27464 平方米；为三级部门工会配备“小药箱”，为一线班组配备“空气净化器”2013台；建立“员工体检资料库”，便于员工通过手机能对历年体检数据进行参考比对。优化OA系统帮困救助模块，缩短审批时间，提升帮扶效率，年内累计各类帮扶2575人次，帮困金243.69万元。参与劳模先进评选，有4名员工被授予上海市五一劳动奖章，2家集体被授予上海市五一劳动奖状，3家单位被授予上海市工人先锋号。制定《发挥基层工会小组作用的若干意见》，做好“六必访六必贺”工作，提升员工幸福感。探索“新入职员工集体入会”形式，180名新加盟员工实现“入职”即“入会”。开展员工文体“五乐”行动，创新打造“网上职工之家”，开发“上海翼家人”员工公众号，构建员工信赖的“朋友圈”，在“双百-上海”易信公众号的运营中，发布信息127条，组织“创新奖贡献奖成果推广”“点赞天翼4G”等线上互动活动6次，关注粉丝数达到了8282人。

（殷　茵）

【中国海员工会交通运输部东海救助局委员会】 辖基层工会11个，会员1029人，其中女会员70人。认真部署开展“安康杯”竞赛、“优秀班组”创建等劳动竞赛活动，聚焦抢险救助、安全生产等工作，充分发挥一线职工主力军作用。积极推进创建劳模创新工作室。“徐卫国劳模创新工作室”获评上海市市级劳模创新工作室。积极推进“职工之家”和“职工小家”建设，大力倡导“爱船如家、以船为家”理念，协调救助船队全面启动船舶“职工小家”建设；完成局大楼职工之家硬件建设并启用，丰富了职工文化生活。牵头协调组织了“2016年职工技能比武大赛”，组织参加了全国救捞系统在广州举行的技能比武大赛，荣获团体亚军。广泛开展职工喜闻乐见的系列文体活动。组织女职工“三八”妇女节系列活动，开展北部片区文化交流活动，组织开展船艇、应急队员文化互动交流，通过座谈、文艺比赛、知识讲座等形式，为基层职工搭建交流平台，增进职工之间的信息分享、文化互动、情感交流。组织开展职工闲置生活用品“去库存”暨圣诞趣味集市活动，增近了局属在沪单位、局机关各处室职工之间的沟通与交流。组织开展新春对联评比、迎新春文化活动系列活动，营造和谐文化氛围。努力拓展服务职工实事项目。全年协调办理住院职工医疗互助保障金120余人次；协调开展元旦春节帮困送温暖活动，走访慰问患病住院职工、困难职工、劳动模范等达69户次，慰问一线船艇21艘，慰问职工达400人次；为患大病重病职工申请办理一次性大病补助4人次，补助金额为4万元；夏季高温期间，协调开展夏季劳动保护和防暑降温活动，慰问一线职工900人次；为全局在编在岗职工办理627张上海市工会会员服务卡，完善职工医疗保障体系；积极开展金秋助学活动：为5名困难职工办理了金秋助学帮扶金。

（王　鑫）

【中国海员工会交通运输部上海打捞局委员会】 辖基层工会7个，工会会员1377人，女会员86人。按照提高职工思想道德素质、科学文化素质、劳动技能素质和健康素质的要求，组织局属各单位开展形式多样的技能比武、劳动竞赛等活动，团结动员广大职工围绕企业发展目标建功立业。开展各项先进推荐评选工作。进一步加强服务职工工作，创新服务模式，拓宽服务内容。建立困难职工档案，完善动态帮扶机制。利用微信平台，密切与职工的联系，增强工会组织的向心力。修缮改建职工活动中心，并增设了乒乓球室、台球室、健身室及相关活动设施，举办了羽毛球赛、摄影比赛等活动，广泛开展职工文体活动，以展现职工风貌、增强职工体质、活跃职工业余文化生活、促进职工素质的提高和职工队伍的全面发展。健全职代会和厂务公开制度，坚持“融入中心、服务大局、双向维护、互利共赢”的工作理念，积极构建和谐劳动关系，进一步营造良好的工作氛围。进一步加强学习，转变工作理念、健全工作机制，不断提升履职能力。进一步强化制度建设，健全工会工作机制。完善工会财务制度，确保规范使用工会经费。

（王　立）

【中交上海航道局有限公司工会】 辖基层工会13个，工会会员5650人（包括劳务派遣员工）。深入开展群众性劳动竞赛活动，组织“奋战四季度，实现年度产值指标”专项劳动竞赛，投入竞赛奖励530多万元。上海交建公司荣获2016年度上海市立功竞赛“金杯公司”，航道局赛区荣获2016年度上海市立功竞赛“先进赛区”，勘察设研公司荣获“上海市五一劳动奖状”，2人荣获“上海市五一劳动奖章”，新海豚2号等三个集体荣获“上海市工人先锋号”。“安康杯”竞赛活动做到全覆盖，上海交建公司、中港疏浚公司、上航建设公司获全国“安康杯”竞赛优胜单位。围绕“知识促成长　转型谋发展”的主题，组织开展第五届“我阅读、我快乐、我成长”职工读书活动，被评为第十八届上海读书节经典传承项目；将“微书屋”植入“上航局职工之家”微信公众号。举办第三届职工羽毛球团体赛和“航道情、劳动美——我的成长故事”微电影大赛”。参加中交集团第三届职业技能竞赛“工程船舶水手、船舶机工决赛”，公司选派的8名选手囊括两个工种个人前三名、团体第一名的好成绩。开展劳模创新工作室工作，劳模樊祥生、钱杰寐被命名为上海市劳模创新工作室，高级技师张日国、施卫星被命名为上海市技师创新工作室。开展“情系航道、奉献航道——海外员工贤内助”评选活动，有20名职工家属评上“贤内助”受到表彰。在《航道报》开设“航道情·劳动美”先进人物宣传专栏。召开公司二十届四次职代会，收到提案37份，立案28件。召开职代会联席会议，审议并表决通过了《公司薪酬管理制度》。开展“一日捐”活动，参与职工3911人，募集捐款32万余元。各单位走访慰问困难职工820人次，接听热线电话数945次，总补助金额63.6万元。组织职工参加工会会员服务卡专项互助B类保障。继续开展金秋助学活动，共为32名困难职工子女发放帮困助学款2万余元；组织228名女职工进行专项体检。编印下发2016年班组学习手册《形势与任务100问》。打造“上航局职工之家”微信公众号，每周更新工会工作动态、市总工会资讯、劳权保障、各类最新资讯等信息。

（杨建平）

【中交第三航务工程局有限公司工会】 辖基层工会13个，职工8243人，工会会员8243人，另有农民工会员372人，女会员1063人。健全完善职代会制度和平等协商、集体合同制度，创建“劳模创新工作室”，开展“技术比武”活动，推动职工素质工程建设，在职工中倡导终身学习理念，努力营造良好的学习氛围，帮助职工实现与企业共同发展的目标。加强困难职工的动态管理，完善困难职工档案，认真做好两节期间扶贫帮困及慰问工作。落实职工互助补充医疗保障计划参保理赔工作，通过集体协商，增加职工患病医疗补助金额。成功举办了第十四届“青工杯”足球赛、三航局第二届职工羽毛球混合团体赛和“三八”妇女节活动，丰富职工的业余生活。（黄书展）

【上海机场（集团）有限公司工会】 辖基层工会46个，工会会员21410人，其中，农民工会员1844人。扎实推进集团工会改革举措，激发工会组织活力。制订《上海机场（集团）有限公司工会改革实施方案》以及相对应的重点工作推进计划，优化工会干部队伍结构，转变工作机制，经费和资源进一步向基层倾斜。深化职工素质工程建设，举办第10届职工技能大赛，76个项目参赛，3名员工被授予“民航金牌员工”称号，3名员工被授予“优秀选手”称号；组建各级职工技师创新工作室19家，“潘硕华劳模创新工作室”和“王珉技师创新工作室”被评为上海市劳模创新工作室和职工技师创新工作室。构建全方位帮扶体系，全面梳理集团工会七大保障体系，并将保障内容、时效和申办流程等内容进行宣传。集团工会继续加强与第三方心理咨询机构的合作，全年共组织团体辅导10次，受益职工达到200人次；心理动能训练4次，参与班组达到20余个，参与员工达到180余人。推动职工文化建设，组织开展职工健身节、艺术节、水上运动会、智力运动会、职工摄影展等相关文化活动。大力支持兴趣小组，全年共对申报的92家兴趣小组给予经费支持，并鼓励职工根据自身工作实际和本单位资源，自发开展形式多样的文体活动。加强工会自身建设，员工入会比例达到98.7%，员工劳动合同签订率100%。精心抓好新任工会主席实务培训。强化工会财务管理和经审力度，优化工会经费支出结构。2016年集团工会经审会对8家基层单位工会开展了审计，集团下属各级工会经审会也对同级工会进行了审计，审计率达到100%。（尹慧旻 沈梦菲）

【中国海员工会上海海事局委员会】 辖基层工会12个，会员2774人，其中女工会员399人。开展“践行新理念、建功十三五”劳动竞赛活动，组织职工参与技术创新活动。东海航海保障中心工会在直属海事系统技能竞赛中获得团体和个人第一名，评出先进个人969人，吴淞海事局职工撰写专业技术论文31篇，其中三篇被刊登在国家核心期刊；崇明、闵行海事局职工自主开发手机APP软件和微信移动打印软件，在海事系统创新大赛中分别获得第二、三名成绩。推进劳模创新工作室创建，受邀参加上海市总工会举办的劳模创新工作室推进工作现场会作经验介绍。启动《上海海事局劳模先进人物风采录》编写工作，通过编撰建局以来劳模代表的先进事迹，弘扬劳模精神，进一步发挥劳模先进示范引领作用。密切与职工群众的联系，完善工会信息联络员制度，建立工会微信群和工会信息编报机制，充分利用互联网信息平台征求职工合理化建议，鼓励职工参与源头管理，为主业工作发展献计献策。加强工会新闻宣传，提升工会组织的号召力。对吴淞海事局钱船长工作室“5Q”工作模式、“3A”工作法、杨浦海事局钱雁工作室“智慧海事”创新创造、东海航海保障中心“上海工匠”吴志华工作室、“最美交通人”陈正伟等先进事迹和创新成效进行实地采风，进行总结宣传，展现争创一流的排头兵精神风貌。探索新时期“互联网+工会”工作模式，借助“上海海事发布”公众号、上海海事职工微信群、“中国海事”公众号等微信公众平台，开展互联网知识竞赛活动，共1000人参加竞赛，答题人次达到28000余次。做好“冬送温暖夏送清凉”、助学帮困、慰问帮扶等具有工会特色的服务工作，组织46名劳模先进职工赴上海市总工会黄山休养院疗休养，看望慰问退休职工200余人次，慰问职工1173人次，慰问金额81万余元。利用“女职工夏日文化节”“爱心妈咪小屋”等载体开展女职工健康养身讲座、瑜伽健身、观影、烘焙厨艺等系列活动。（陆智静）

【上海市城乡建设和交通工会工作委员会】 辖基层工会51个，职工55556人，其中女职工12351人；会员55043人，女会员12265人。发挥劳模先进的引领作用，进一步推进劳模创新工作室创建。共建有劳模创新工作室、技师创新工作室、巾帼创新工作室等各类创新工作室200多个；其中市级劳模创新工作室54个。广泛开展各类技能比武劳动竞赛，职工的劳动热情技能水平不断提高。贯彻“安全第一、预防为主、综合治理”的方针，大力推进“安康杯”竞赛活动；协助上海援疆指挥部开展“沪疆杯”立功竞赛活动；针对服务热线窗口人员地名知识缺乏的“短板”，分批举行“路名基本知识”培训；开展上海职工科技周系列活动；开展本市物业行业岗位练兵比武大赛，指导安装协会开展“塑工匠精神 筑安装梦想”安装技能比武。组织各类培训展示活动，提升职工能力素质。举办“奋战十三五、巾帼共筑梦”建设交通行业纪念三八国际妇女节106周年大会；举行建设交通行业主持人大赛决赛展示活动和市建设交通行业庆祝五一国际劳动节暨“放歌中国梦，共创新生活”主题歌会；开展“家文化”建设成果展示系列活动；以“党的温暖，家的情怀”为主题，开展微电影大赛；举办“建设交通杯”第三届职工龙舟赛。做好服务基层关爱职工的工作，开展帮困送温暖工作，走访一线职工，慰问困难农民工；深入工地一线，开展夏送清凉活动；组织一线职工参加市总工会疗休养；开展了每季一次“心公益”交友联谊活动。加强工会自身建设，提高工会干部能力素质工作水平。指导并完成房管局及所属工会整体划入的接转工作；指导新成立单位工会组建；召开引导农民工入会与加强对农民工服务工作座谈会；组织工会干部学习培训；组织新任工会主席参加市总工会岗位资格培训，开展工会干部集中培训。（钱 蓉）

【上海建工集团股份有限公司工会】 辖基层工会65个，职工34826人，其中女职工6638人。会员34748人，其中女会员6617人。组织开展工程项目劳动竞赛，先后召开温州瓯江口新区一期、浦东机场卫星厅、崇明体训中心、北横通道等工程竞赛动员会、推进会，保障了重大工程建设顺利推进；组织开展“十佳金点子”评选活动，安装集团张雄伟劳模创新工作室成为集团内第三家“上海市劳模创新工作室”；举办施工现场劳动保护业务培训班和安全技能比武活动。参与企业深化改革，职代会审议表决通过《上海建工集团股份有限公司核心员工持股计划》，加强民主管理，保障职工在涉及切身利益的重要决策中享有充分的知情权、参与权、表达权和监督权；开展劳动关系和谐职工满意企业创建活动，集团2家基层单位和2位基层领导分别被授予上海市劳动关系和谐职工满意企业和上海市职工信赖的经营管理者称号。集团获得第二届中国（上海）上市公司企业社会责任峰会“劳动关系和谐奖”。强化主业主责，着力提升维权服务质量。先后对沪内外多个项目一线职工开展高温慰问，补助各基层工会高温慰问专项经费共计279万元，较去年提高了50%，为基层项目部配置医疗急救箱500套；坚持职工思想动态报送“全覆盖”，办好“建工群英社”等各类微信公众平台；走访慰问困难职工1511人次，发放补助或慰问金156万余元。弘扬先进典型，选树劳模先进，9个集体和13名个人被授予全国和上海市五一劳动奖称号；有3名职工荣列首批上海工匠，1名职工获上海工匠提名奖，集团评选出10名“能工巧匠金奖”；举办第三届商务管理技能比赛和“建工杯”职业技能竞赛，组织近200名职工参加第一届中国建筑业钢筋算量技能大赛以及上海市职工焊接技能比赛。组织职工参加首届上海市职工主持人大赛并获奖，举办职工羽毛球大赛和游泳比赛。推进工会组建，成立上海建工北横通道工程建设项目联合工会，落实一建集团南京公司、上海建工（辽宁）建设有限公司等工会组织的属地化运作；完成工代会换届改选，选举产生集团工会第六届委员会和经费审查委员会。（余轶群）

【上海市交通委员会工会】 辖基层工会17个，工会会员2559人，其中女会员925人。抓工会基础建设，指导下属公用事业学校工会、航务处工会、指挥中心工会、交通卡公司工会做好换届选举工作。制定完善工会12项工作制度和管理办法。扎实推进工会规范化建设。年初召开委工会全委扩大会议，总结部署工作；年中召开工会主席例会，年底组织委系统工会专兼职干部培训，提升工会干部的业务能力，增强群众工作的针对性和实效性。组织开展“群开心”系列健身活动活动，营造“运动健康、快乐向上”的健身氛围，举办交通委系统职工七人制足球赛、委系统职工游泳选拔赛、委系统纪念建党95周年龙舟赛和委系统职工趣味运动会；组建委系统“交通设计院足球队”。完成委属单位2398名会员的会员卡新办和注册工作，实现工会会员服务卡基本全覆盖。出资9.6万元为每位会员建立会员专享保障计划。创建劳模创新工作室，完成路政局全国劳模“王维风道路规划设计创新工作室”、执法总队全国劳模“徐皓然ITS创新工作室”和码头中心市劳模“叶建军码头监管创新工作室”的创建工作。成立上海公交行业劳模（技师）创新工作室联盟和绿色智慧交通劳模创新工作室联盟。（陈 健）

【上海海洋石油局工会】 辖基层工会8个，工会会员1488人，其中女会员209人。一是加强理论学习和形势任务教育。通过举办培训班、专题讲座、发放学习资料等形式，组织职工学习贯彻集团公司有关会议精神，正确认识低油价时期企业所面临的新常态、新困难、新挑战，把握好集团公司党组应对新形势新任务采取的新思路、新举措，及时掌握职工思想动态，积极反映职工诉求，配合党政做好细致入微的思想工作。二是开展2013—2015年度局劳模评选工作。创新局级劳动模范评选方式，采取组织推荐、评审小组资格审查、个人事迹宣讲、民主投票等程序，最终由局领导、机关部门负责人以及机关和各单位职工代表以投票的方式选出局劳动模范，在劳模评选中形成对劳模的宣传，营造劳动光荣、工人伟大的良好氛围。共评选表彰了8名局级劳动模范、4个局级先进集体；郑大伟被评为上海市“五一劳动奖章”，勘探311被命名为“上海市工人先锋号”。三是开展以“和谐聚力，岗位建功”为主题的劳动竞赛。推动劳动竞赛常态化、制度化。广泛开展岗位练兵、技术比武、技术攻关、技术创新、合理化建议、“巾帼建功”等各类建功立业活动，动员职工广泛参与合理化建议和小发明、小创造、小革新、小设计、小建议等“五小”活动。调动职工创新热情、创造活力，把职工创新智慧转化成推动企业发展的强大动力。深入开展“安康杯”竞赛，落实劳动保护三年行动计划，大力倡导健康安全卫生理念，普及健康安全知识，提升职工健康安全卫生素质。四是继续开展读书活动。推进职工书屋建设，开办系列读书讲座，引导职工多读书、读好书，提升科学文化素质。2016年共评选表彰全局读书活动积极分子36名，获全总颁发的职工书屋积极分子10名。发挥劳模、高技能人才示范带动作用。五是探索创建劳模创新工作室。夯实“三基”工作，推动内部管理标准化。继续推进“工人先锋号”创建活动，使之成为职工认可、企业欢迎的工会工作品牌。六是加强民主管理。召开四届一次、二次职代会，做好职代会换届工作。修订完善职工代表大会制度实施细则、职工代表大会闭会期间职工代表参与民主管理实施办法以及两委委员实行替补制的管理办法等制度，签订了局层面的集体合同及女职工权益保护专项集体合同。举办职工代表培训班，提高新一届职工代表的履职能力。（耿卫军）

【上海市绿化和市容管理局工会】 辖基层工会26个，工会会员1677人，其中女会员690人。坚持调查研究反映职工诉求、解决实际问题。通过调查研究，形成了《上海环卫职工工资福利待遇情况分析报告》，在此基础上提出《2016年上海环卫行业工资福利待遇工作指导意见》，下发全行业。推进落实绿化养护和环卫行业集体协商制度，完成上海环卫行业第六次集体协商并签订集体合同。组织开展厂务公开民主管理工作专项检查，对现有规章制度进行梳理修订。深入开展具有行业特色的建功立业劳动竞赛活动。结合高温慰问，对部分重大工程、行业牵头单位的劳动竞赛开展情况进行调研检查；发挥先进引领示范作用，顾锦昕等6家技师创新工作室成为本市绿化市容行业首批“技师创新工作室”；组织参加本市首批“上海工匠”推荐，辰山植物园魏顶峰成功入选，并获上海市五一劳动奖章。进一步加大对困难职工帮扶力度，做好冬送温暖、夏送清凉工作。推出关爱绿化市容职工“十项温暖举措”，送出各类帮困资金和慰问品合计393260元，惠及职工1440余人；牵头组织开展“关爱环卫工人，共建洁净家园”专项行动；开展2016年度全市“十佳城市美容师”“十佳爱心接力站”“十佳关爱环卫工人实践案例”评选表彰活动。动员社会力量，创设关爱环卫工人“爱心接力站”。全市社会单位按规范程序申报验收并挂贴了统一标识的“爱心接力站”共计1206个。举办“缘聚西郊　青春同行”交友联谊活动，组织开展三八妇女节和六一儿童节系列活动。推进行业职工文化建设。协调中华全国总工会文工团于8月11—14日来沪，为本市绿化林业和市容环卫行业一线职工带来七场形式多样、精彩纷呈的文艺演出；组织职工、劳模代表、职工代表参加建设交通行业“放歌中国梦，共创新生活”五一主题歌会；组织开展了培训、采风和环卫主题大赛等摄影沙龙系统活动；组织千名环卫职工进公园活动；参加市“建设交通杯”第三届龙舟赛并荣获季军。加强工会组织规范化建设。对工会组织建设情况进行梳理，指导3家任期届满的基层工会以公推直选的方式做好换届改选；组织新任工会主席和工会干部参加上海工会学院和中国海员建设工会举办的工会干部培训班。加强工会信息工作。全年编辑工会网站信息252篇。

（唐鸿仙）

【华东建筑集团股份有限公司工会】　辖基层工会15个，工会会员5226人，其中女会员1965人。紧扣集团“十三五”发展主题，着力提升工会服务企业中心工作的贡献率、广大职工的满意度和工会工作的影响力。集团9家子分公司，共2000余人参与34项市重大工程，在列入计划的101项市重大工程中占33.66%。华东总院和上海院第一建筑事业部分别荣获“金杯公司”“金杯团队”，科创中心建筑节能技术研究学科中心荣获“全国工人先锋号”，上海院上海天文馆项目设计团队获“上海市工人先锋号”，环境院荣获“上海市五一劳动奖状”，华东总院阮哲明获“上海市五一劳动奖章”；组织评选华建集团2015—2016年度“三八红旗手”“三八红旗手标兵”“三八红旗集体”，有3名女职工荣获上海市“三八红旗手”，1家集体荣获上海市“三八红旗集体”。开展“我为建筑工业化献良策”金点子评选活动，鼓励广大职工为集团工业化发展建言献策。集团召开一届一次职代会，专题审议《集团2016—2020年发展规划（送审稿）》并就集团完成整体上市有关重大事项进行讨论审议，听取职工代表的意见和建议。积极开展劳动关系和谐建设，华东总院被授予“2014—2015年度上海市劳动关系和谐职工满意企事业单位”荣誉称号，华东总院院长、党委副书记张俊杰被授予“上海市职工信赖的经营管理者”荣誉称号。加强企业文化和职工文化建设。参加上海市班组（团队）文化网络大奖赛，举办“集团第八届职工体育健身节”，开展“项目背后的故事”征集活动。做好关心服务职工工作。开展“一日捐”活动，募集善款48万余元；会同党政领导慰问走访困难职工家庭，对52名职工实施助医、助学和生活帮困，资助金额41.5万元；组织节日慰问活动。协助做好年度职工健康体检和女职工专项体检工作，协助行政加强退休职工管理服务，新办工会会员服务卡2557人，会员专享基本保障共计4040人。完善“华建康NET心”身心健康APP平台。华东总院爱心妈咪小屋荣获2016年上海工会五星级爱心妈咪小屋。参与接待世界卫生组织近30位中外专家、领导莅临集团，宣传集团“用设计打造健康城市、为员工提供健康环境”的理念及举措。加强工会自身建设。举办工会干部培训班，并组织工会干部开展企业文化大讨论。

（谢志群）

【鲁中矿业有限公司工会】　辖基层工会11个，会员5127名，其中女会员1056名。深入开展群众性经济技术创新活动。开设“职工讲堂”，先后举办9期讲座，750人次参加学习交流；推进“创新工作室”建设，在劳模、技师、职工3个层面成立13个公司级“职工创新工作室”，落实职工“五小”成果112项、合理化建议90份；组织焊工技术比武，3人获得技能等级晋升。深化“安康杯”竞赛，举办“责任重于泰山”职工安全漫画展，定期发送手机安全短信，提醒职工时刻关注安全生产；制订《工会群众安全监督检查制度》，成立群众安全监督检查委员会。深化安全标准化班组建设，开展“提一条安全生产合理化建议、查一次事故隐患、当一天安全员、召开一次安全生产主题班会、写一篇安全生产体会”为主要内容的班组“五个一”活动。组织班组建设工作调研，发放调查问卷210份，访谈班组长、一线职工110人次。举办乒乓球、羽毛球、春季长跑、五一拔河、女子排球、男子篮球、中国象棋等7个门类13项体育比赛和“迎新年”美术、书法、摄影展；举办庆“三.八”趣味体育比赛，200余名女职工参加。召开公司第八次工代会；指导8个二级单位工会顺利进行了换届。召开公司十五届一次职代会，民主评议100名中层助理以上管理人员。实施关爱行动。救助特困职工320人，发放救助金236400元；为到龄退休（离岗职工）职工发放纪念品，为在岗的4818名工会会员办理了上海工会会员服务卡，为职工缴纳上海工会会员卡B类保障参保费20万元，为2000多位女职工进行了健康体检。

（李宗峰）

【中国建筑第八工程局有限公司工会】　辖基层工会23个，会员141517人。开展群众性劳动竞赛活动取得成效。召开立功竞赛暨上海地区农民工集中入会推进大会，200多个重点工程开展竞赛活动，荣获2个金杯公司、1个金杯团队、4名建设功臣，有11个集体、15名个人受到上海市政府表彰；树立一批劳模先进典型，全年共获得全国荣誉21个，省部级荣誉155个，推出3个农民工典型和1名上海工匠。发挥劳模示范引领作用。举办第四届劳模创新论坛，新晋14个局级劳模创新工作室，成立了总承包管理、超高层技术、建筑科技、绿色建筑、商务管理等5个创新工作室联盟和2个农民工创新工作室。陈浩焊接技术创新工作室晋升为“上海市技师创新工作室”，袁建勋项目管理创新工作室被评为上海市劳模创新工作室。组织第五届全员“安全五个一”活动，18万人、680个项目开展“安康杯”竞赛，获得安康杯奖项30个，其中，全国“安康杯"竞赛优胜单位 6 个、优胜班组 3 个。举办第七届工程量算量、第三届 BIM 应用、第三届施工技能和第二届安全工程师教育培训技能大赛等 265 场次，8367 人参赛。组建项目工会联合会 432 个，81497 名农民入会，建立项目工会工作站 239 个；创建"农民工 e 家"微信平台，"工友村"的创新做法得到全总领导的充分肯定，31 个省市工会领导现场观摩；全国建筑工人信息平台在济南汉峪金融商务中心 A5 项目试点上线。9 部反映职工之家建设的微电影参加上海市建交委"家文化"成果展播，8 部获奖；获地市级模范职工之(小)家 10 个，上海市职工职业道德建设十佳标兵单位 1 个。落实"四送"关爱，为 53419 名职工和农民工送温暖 429 万元，为 881 个项目发放清凉用品 620 万元，为 61 名职工子女、62 名农民工子女发放金秋助学金 21 万元，为 1884 名病困职工送去 212.4 万元慰问金，为 18 名女职工支付 13.5 万元保险金。开展职工文化活动。举办了上海地区第六届"品质杯"羽毛球团体赛、"新年新起点，元旦健身跑"活动，参加"上海市第二届市民运动会"，组织并冠名第二届青浦"半程马拉松"赛，参加建交委"庆五一"主题歌会；与劳动报联合举办"铁军杯"上海职工摄影大赛，获"工人、工厂、工运"上海职工主题摄影比赛优秀组织奖和 3 个优秀奖；成立"1+1"巾帼法律服务志愿团，举办女职工周末学校活动 42 场次，获全国"书香三八"读书征文比赛一等奖 1 个，三等奖 2 个，优秀奖 2 个。公司工会先后 4 次在上海市总工会、市建交党委和中国海员建设工会介绍经验。在《工人日报》《劳动报》《中国建筑新闻》等刊稿 248 篇，"八局会友"微信推送消息 159 条。

(陈　湘)

【上海大屯能源股份有限公司工会】　辖基层工会 17 个，会员 18362 人。开展全员参与的"提质增效、降本降耗"专项竞赛活动，全年共完成职工"五小"技术创新成果 1260 项，征集合理化建议 3000 多条，采纳 300 条；完成劳动竞赛 302 项，创造经济效益 2600 余万元；召开了"职工技术创新成果发布暨表彰会"和"提质增效、降本降耗"竞赛活动经验交流会；选树先进典型，6 人被授予上海市五一劳动奖章，2 个单位被授予上海市五一劳动奖状，6 个车间班组分别被授予上海市工人先锋号和徐州市先进集体。深入开展"五型"班组、"安全示范班组"和星级班组创建活动。研究制订了大屯公司十个工种职工技能竞赛方案，组织技能竞赛，徐庄煤矿职工武庆平荣获"全国技术能手"荣誉称号。加强劳动安全监督工作，开展了"平安一季度""安全生产月""百日安全""安康杯"等竞赛活动，1326 名群众监督员汇报安全信息 30000 余条，排查隐患 3800 条，隐患整改率达 100%；推行职工代表安全视察的常态化、规范化、标准化管理，公司组织职工代表安全视察，共查出隐患 50 条，提出建议 10 条，下发整改通知单 30 份，查出的隐患全部落实整改；开展了以"安全与效益"为主题的会员季活动，共发出安全"倡议书"2120 份、发放安全知识竞赛答卷 7606 份、开展安全事故案例巡展 30 次。关心关爱职工生活，开展扶贫济困送温暖和春节慰问活动，对 2016 人进行慰问，慰问金 112.3 万元。加强了困难职工救助管理，全年慰问救助职工 9000 多人次，发放救助资金 300 余万元。开展了高温慰问、"两堂一舍""文明窗口、优质服务"监督检查活动，维护了职工权益。共为 22559 名职工办理了上海工会会员服务卡；为 120 名困难职工建档建卡，发放上海帮扶资金 60000 元；为 2014 年以来晋升技师、高级技师的 185 名职工申请奖励 122000 元，为 4 项 2015 年以来一线职工授权发明专利申请奖励 4000 元。筹备召开了公司工作会暨职代会，会员代表大会；开展集体合同履行情况调研检查。筹备成立了大屯公司职工书法绘画、音乐舞蹈协会组织，举办了十多项文体活动，公司图书馆荣获"2016 年全国职工书屋示范点"荣誉称号。

(王安友)

【上海市金融工会工作委员会】　辖基层工会 142 个，会员 251615 人，其中女会员 134857 人。开展 2016 年度上海金融窗口优质服务立功竞赛和金融职工创新活动立功竞赛活动。全系统共有 25 名职工晋升技师、高级技师并获得奖励。举办"中国梦、金融人、劳动美"职工感人事迹微电影创作评选活动；启动金融窗口服务质量测评工作，进一步推动金融行业窗口精神文明建设。完成 2016 年全国工人先锋号和上海市五一劳动奖状、奖章、工人先锋号推荐评选工作，被授予全国工人先锋号 1 个，上海市五一劳动奖章 19 名和上海市五一劳动奖状 4 个，工人先锋号 4 个；发挥优秀女职工示范引领作用，评选并宣传 30 名"金融巾帼创新之星"。指导渣打银行(中国)上海分行建立职工代表大会，这是上海第一家建立职代会的外资银行。制订金融系统劳模、先进职工慰问、困难职工帮扶的有关制度办法，开展 2016 年元旦春节困难职工帮扶活动，对符合条件的 546 名困难职工进行帮扶，发放帮困资金 109.2 万元；为金融系统 600 名劳模和各类先进典型进行"送清凉"高温慰问，组织 97 名一线劳模先进分赴庐山、黄山疗休养；为 19 家单位近 2 万名员工办理工会会员服务卡，为 18 名遇重疾和意外的员工办理了会员卡理赔服务，理赔金额约 21 万；实施"爱心妈咪小屋"助推计划；启动金融系统第一批职工健康小屋建设，共有 25 个获模范(先进)职工之家的基层工会参与试点。开展"运动·健康"2016 年上海金融职工文体活动，有 260 多个单位和 2100 余人次参与活动；组团参加市民运动会；推进"1+1"交友俱乐部活动，组织成员单位举办四季主题活动和不定期的联谊派对；举办"上海金融职工身心健康大课堂"，并新增了"上海金融职工急救培训"和"上海金融系统送医上门"2 个延伸服务，累计有 215 个单位、近 2000 名员工参与；开展 2016 上海金融职工书法、绘画、篆刻作品评选。开展 2014—2015 年度金融系统先进职工之家、先进职工小家评审、表彰活动；组织开展金融系统 31 个课题调研；对上海银行、海通证券、国际集团等三家单位的工会企业开展清理整顿工作；召开 2016 年财务经审培训会，对部分单位开展工会财务检查。

(凌小幼)

【上海市税务工会】　辖基层工会 14 个，会员 1509 人，其中女会员 780 人。开展"岗位大练兵，业务大比武"活动，对在活动中表现优异的干部职工予以表彰。参加先进评选，何蓓华获得上海市五一劳动奖章，稽查四局第三稽查所获得上海市工人先锋号荣誉。推广工会会员服务卡，为市税务系统14家直属单位共计1700余名会员办理和注册了工会会员服务卡。推进爱心妈咪小屋建设，市税务系统近十家单位新建"爱心妈咪小屋"，浦东税务等4家单位爱心妈咪小屋评上五星级。举办红色经典诵读比赛，征集到视频、音频类作品共计90余件，同时将优秀作品推送第二届上海市民诗歌节暨第十届市民诗歌创作活动，金山区税务局集体朗诵作品《祖国啊，我亲爱的祖国》获视频类一等奖，单人朗诵作品《我爱这土地》获音频类三等奖。举办"传承好家训，培育好家风"征文、书画、摄影比赛，共征集各类作品400余件，优秀作品汇编入《上海税务文化》(2016年版)。组织系统一线职工以及部分工会积极分子等近150人参加了"'劳动光荣、休养快乐'——上海工会职工疗休养行动"。组织代表队参加上海市第二届市民运动会开、闭幕式以及足球、羽毛球、乒乓球、网球等团体总决赛。组织系统足球赛，与市局团委联合举办"激情飞扬，活力税务"系统篮球赛，共有33支代表队进行了43场比赛，举办"徐税杯"职工网球(单项)比赛，共计80余人参加、进行了男子单打等6个项目的比赛。

(娄晓辉)

【上海市人力资源和社会保障局工会】 辖基层工会20个，会员2809人，其中女会员1522人。组织局工会干部深入基层开展专题调研，在调研的基础上制定工会主席、副主席、委员工作职责等有关制度，明确委员工作分工和职责，落实责任。召开局第二次工代会，选举产生局工会第二届委员会和第二届经费审查委员会。参与先进评选活动，有1家单位获全国工人先锋号，1家单位荣获市工人先锋号，1人获市五一劳动奖章，1家单位获市职工先进操作法创新奖，1家单位获市巾帼文明岗称号，1人获市巾帼建功标兵称号。召开局工会先进集体和个人表彰会，激励广大干部职工学习先进，提升工作绩效和服务水平。组织实施《局系统困难职工帮扶助困工作的暂行办法》，提升帮困力度，完善帮困服务机制。对因患各类重(大)病的职工或职工家属共47人进行帮扶助困，帮困金11万余元。进一步推行工会会员服务卡办理、注册工作，实现了全局系统20个单位全覆盖。积极推进女职工橙丝带关爱行动，不断提高爱心妈咪小屋的管理水平，全局新增加"爱心妈咪小屋"五星级的单位2个、四星级的单位6个、三星级的单位3个。积极开展职工喜闻乐见的文体活动，丰富职工精神文化生活。举办"前行的力量"职工摄影作品展活动、职工手机摄影展示活动、"2016年松江健步行活动"、职工羽毛球比赛等群众性文体活动，参加职工约1500人。在《中国梦劳动美》"中国电信杯"上海市班组(团队)文化网络大奖赛活动中，有6组获健步走百强，4组获知识竞答百强；1组获全能组百强并作为嘉宾参加颁奖仪式，局系统共119个班组，446名职工参加，局工会获得上海市班组(团体)文化网络大奖赛"优秀组织奖"。推进模范职工之家创建活动。组织基层工会主席、工会财务人员专题培训，明确工会经费使用"七准""八不准"的规定，提升工会财务管理能力，加强工会经费管理使用的规范化建设。制订有关制度，推进职工兴趣小组建设，提升团队凝聚力。

(瞿葆仁)

【上海市教育工会】 辖基层工会75个，工会会员77410人，其中女会员37070人。坚持从高等院校和普教系统的不同特点出发，在集中做好全局性工作的同时，加强各系统之间的工作交流，形成鼓励创新、资源辐射、发展个性工作品牌，实现共同推进的机制。明确工作目标，把推进建设教职工满意的校园作为工会工作的主旋律，把加强组织建设和干部队伍建设作为提升工会工作水平的动力，把加强工会理论研究作为指导和创新工会工作的思想基础。加强各级工会领导班子的建设，提高工会干部在组织群众、引领群众的能力和水平；加强对工作重点的指导，力求对新形势新情况下学校发展的瓶颈问题、教职工关心的热点难点问题有所突破；加强工作机制的转换，提高工作效率，在维护员工、服务员工上体现热情、高效、科学、有力。推进以教代会和校务公开为主要载体的民主政治建设，以弘扬师德为核心的教师素质建设，以协调劳动关系为重点、以法律服务、医保、休养等为主要内容的生活保障建设，以全面提高工会干部履职水平和能力为主要目标的组织建设。

(吴　波)

【上海市科技工会】 辖基层工会48个，会员27857人，其中女会员9748人。积极贯彻上海群团改革的决策部署，梳理机构设置、完善人员配备，强化依法治会管会，以职工为主体开展工作。助力上海科创中心建设，通过开展岗位练兵、技能大赛，深化班组建设等，精心培育"大国工匠""上海工匠"。本系统有3名职工获得"上海工匠"称号，其中光机所陈勤泉成为全市88名"上海工匠"中12位重点宣传人物之一。2016年有1家单位荣获全国工人先锋号，2家单位荣获市工人先锋号；2家单位获市五一劳动奖状，5人获市五一劳动奖章。参与上海市职工合理化建议优秀成果和上海市职工先进操作法优秀成果的评选，中科院上海技术物理研究所一项成果荣获上海市职工先进操作法优秀成果奖。组织工会干部参与网上提案、建功立业、院所文化建设等工作展示。接受全国第九次厂务公开民主管理工作调研检查并获得检查组一致好评；开展职工代表培训，切实发挥好所务公开民主管理工作作用。办好市科技工会实事项目，给基层职工送去关爱。组织职工聆听"十三五"政策解读、职场心理调适等讲座。举办纪念建党95周年、红军长征胜利80周年科技系统职工合唱音乐会，支持春天合唱团、春韵京剧社、科技摄影协会等协会工作；举办乒乓球团体赛、龙舟赛、定向赛、钓鱼等活动。深入开展课题调研，为深化群团改革积累宝贵经验。

(冯　莺)

【上海市医务工会】 辖直属基层工会60家，会员70545人，其中女会员49715人。积极贯彻落实群团改革各项要求，增强工会组织自我革新意识，以职工需求为本，切实改进作风，将更多的资源力量投入基层工会，将更多的精力用在职身上。努力在增强工会组织政治性、群众性、先进性"三性"上下功夫。以劳模精神为引领，鼓舞和引领广大医务职工当好主力军，积极投身卫生计生行业改革和发展。以职工文化为抓手,营造积极向上的行业氛围。配合“两学一做”学习教育主题活动,践行社会主义核心价值观,围绕“唱响主旋律、树行业风尚”,在广大职工中组织开展了系列文体活动,凝聚和培育医务行业“正能量”。以维护权益为主业,履行好工会基本职责。推动职代会院务公开制度化规范化建设,代表好、发展好职工权益,推动服务职工各项工作持续深化,将更多惠及职工实事项目落实到位。配合卫生计生委巡视工作,抓好制度规范化建设和作风建设,全面提高工会干部队伍的能力和素质。

(马艳芳)

【上海市新闻出版工会】 辖基层工会40家,有职工6868名,工会会员6698名。组织开展“读书,让生活更精彩”系列活动。上海中华印刷有限公司荣获第十八届上海读书节上海职工“中国梦·爱国情·劳动美”经典诵读大赛三等奖,上海新华文化创新科技产业有限公司选送的“让梦远航”微电影,荣获“上海电器杯”第二届上海职工微电影大赛优秀作品奖,组织职工参与由市总工会开展的“上海工匠”评选活动,3名一线职工获“上海工匠”提名奖。举办“绿色·环保创意手工艺作品展”。组队参加上海市总工会举办的文化网络大奖赛。32家单位、83个班组、406名职工参与本次网络大奖赛。其中,48个班组、274名职工参加了“徒步健身赛”;14个班组、62名职工参与“好歌达人赛”;13个班组、70名职工参与“知识闯关赛”。新华发行集团班组旺旺队荣获“徒步健身赛”第17名、三项全能赛第39名的好成绩。组织开展女职工工作会议暨女职工围巾百变秀活动,60名女职工干部用灵巧的双手参与围巾百变秀活动。组织开展爱心“一日捐”活动,48家单位、5449名职工踊跃参与,募集金额23.7万元,开展创先争优活动。1家单位获2016年上海市“工人先锋号”荣誉称号;2名个人荣获2016年上海市“五一劳动奖章”;1人获上海市职工职业道德建设先进个人;1个人获全国总工会单项奖。开展“安康杯”安全生产竞赛活动。组织基层单位165个班组、2962名职工参加竞赛活动。1家基层单位、2个班组分获上海赛区竞赛优胜单位和优秀班组,一人获先进个人。

(陈宏华)

【上海报业集团工会】 辖基层工会17个,工会会员2881人,其中女会员1154人。积极做好市五一劳动奖先进评选工作,开展“学习先进,岗位建功”劳动竞赛,举办“缅怀革命先烈、弘扬爱国主义精神”主题教育活动。召开一届三次职代会,职代会代表上交提案23件,提案落实率达到82.6%,满意率达98%。组织职工代表进行政策法规和职代会职权等方面的培训。在集团下属企业调整中做好员工的维权工作。举办“信仰的力量——纪念长征胜利80周年”、“信仰的力量——上报飘书香、好书连连看”职工主题读书活动。办好职工午休沙龙培训,内容涉及医疗保健、劳动防护、环境美化、影视欣赏、旅游和瞬间秒拍等,活动体现教育性、娱乐性和休闲性,吸引职工600余人次参加;举办职工摄影作品展、拔河比赛、乒乓球(团体)赛、扑克牌80分、羽毛球沙龙、太极拳沙龙等文体比赛活动,近千余人次参加。举办“情义在上报”集团职工捐赠义卖、义拍活动,义卖善款作为“集团爱心手拉手基金”救助困难职工。

(刘玉平)

【上海社会科学院工会】 辖基层工会23个,会员734人,其中女会员344人。发挥职代会的民主管理平台作用。组织召开院三届三次职代会,职工代表提交提案共18件,立案14件。代表提案和建议得到各部门认真处理解决。着力做好职工福利保障工作。为全院职工办理互助保险投保,“院大病重病帮困基金”全年共为22位职工发放困难补助金77000元。分两批组织职工赴安徽黄山疗休养。丰富职工的业余文化生活。举办“了解上海发展、服务高端智库建设”系列参观活动之四——现代农业文化寻访活动,组织参观了崇明县瀛东生态村和上实东滩农业园区,组织职工参观“江南百工”首届长三角非物质文化遗产博览会等。在五一节期间,举办“尚社情怀”上海社会科学院第二届职工摄影展,举办迎国庆主题活动——上海社科院“歌唱祖国、热爱生活”主题歌咏大赛,年末举办了第二届智库创新杯拔河大赛和朗诵能力培养、心理健康等专业讲座。做好劳模先进评选和服务工作。法学所刘长秋获得上海市五一劳动奖章。做好劳模三金发放、慰问等劳模服务工。组织工会干部学习中央群团工作改革精神。为新进院的30多位员工办理工会会员服务卡,为老职工办理服务卡年度注册,加强工会会员服务卡的宣传,增强职工们的工会会员身份意识。加强工会工作调研和理论研究,积极体现社科工会特色。

(杨鹏飞)

【上海市体育局工会】 辖基层工会28个,会员1749人,其中女会员598人。推进工会组织建设。召开局工会第四次代表大会,选举产生新一届局工会委员会及经审委员会。部分基层工会进行了换届选举及委员增补。举办局系统工会干部培训班,深入学习贯彻习近平总书记系列重要讲话和中央、市委群团工作会议精神,结合新形势下局系统工会工作的实际,对局系统各直属单位工会干部开展专题讲座培训。认真组织完成2016年全国和上海市劳动模范和先进工作者评选表彰活动,推荐里约奥运会冠军、上海体育职业学院自行车运动员钟天使为2016年上海市“劳模年度人物”。组织完成了局系统上海工会会员注册和新登记会员服务卡发放工作,完成上海工会会员专享基本保障投保工作。推进局系统工会工作的制度化、规范化。指导各基层工会建立健全工会经费使用管理办法,完成对市体校、射击射箭中心等12家基层工会财务收支审计工作。做好职工维权帮扶服务工作。元旦春节期间,走访慰问局系统优秀运动员、教练员和困难干部职工75户,发放慰问金22.5万元。夏季高温期间,局工会干部深入体育职业学院、水上运动中心等16家训练、场馆单位,慰问备战奥运会的运动员、教练员和一线职工,送上防暑降温用品1200份。2016年帮困救助患大病、重病困难职工9人,帮困金额2.5万元;医疗救助55人次、帮困金额4.2万元。举办市体育局系统第五届职工运动会,共设14个比赛项目,有1609人次参与各项目比赛。

(张　亮)

【上海市经济和信息化工作系统工会】 辖基层工会261

家，会员71780人，其中女会员28289人。认真贯彻落实群团改革要求，推进工会工作改革，组织筹备上海市信息化行业工会联合会第二届换届大会，吸收会员单位36家，其中非公单位15家，进一步扩大对信息化行业小微企业的有效覆盖。组织动员广大职工立足岗位建功立业，联合《解放日报》共同组织2016上海智慧城市建设"智慧工匠"技能竞赛活动，选拔10名智慧工匠和1名工匠之星，年内完成初审并选出了40名候选人；继续深化"践行新理念、建功'十三五'"主题劳动竞赛和"安康杯"等主题活动，加强对典型事迹、典型人物、典型企业的宣传；继续推进"劳模创新工作室""技师创新工作室"建设，组织劳模创新工作室沙龙，落实职工晋升技师、高级技师奖励工作。试运行上线系统工会微信公众号，运用"互联网+"，创新工会工作手段，增强影响力和凝聚力。加大对困难职工的帮扶力度，深入开展元旦春节送温暖、夏季送清凉、金秋助学等系列帮扶活动，累计发放各类帮扶款近48万元；认真做好工会会员卡宣传、统计、发放工作，帮助系统职工用好会员卡政策，目前系统已有51家单位办理2万多张会员卡，为基层购买职工保障金近30万元。加强职工文化建设，组织纪念建党95周年文艺汇演和纪念红军长征80周年"不忘初心、继续前行"健步走活动；落实季度文体活动安排，组织系统职工扑克牌(80分)比赛、趣味运动会等寓教于乐的文体活动；组织系统职工微视频培训，邀请上影集团专家讲授微电影知识技能；组织系统女职工家风书画展、家风讲座等"共话家风"系列活动；组织系统100对单身男女青年参加"鼓舞飞扬、牵手经信"单身青年交友活动，帮助单身职工解决婚恋问题。定期开展大型央企(开发区)工会主席例会和直属单位工会板块活动，举办系统工会主席、女工干部、经审干部培训班，做好调研工作，收集系统各级工会调研报告69篇，编撰专集。

（黄　俭　周斌锋）

【光明食品(集团)有限公司工会】 辖基层工会234家，会员79105名，其中女会员35315名。广泛深入开展以"建功'十三五'，再造新光明"为主题的科创劳动竞赛活动，涌现了一批集团和市级的先进个人、先进集体、职工优秀合理化建议和技术创新成果，分别受到了集团工会和上海市总工会的表彰。开展"爱与尊重"首届光明职工微电影大赛，用镜头聚焦一线职工，用电影的语汇来传播身边正能量。三八国际妇女节、五一国际劳动节期间，先后对集体内各行各业先进个人和集体进行表彰；对97名2016年晋升为技师、高级技师的职工进行了奖励。集团公司各级工会共计走访慰问职工35581人次，多渠道筹集帮困慰问款物2666.12万元，累计发放慰问款物共计2302.56万元；对本系统60户困难职工家庭子女实施了"金秋助学"帮扶，总金额达22.5万元；对首次患大病及医药费开支比较大的49名因病致贫的职工开展精准帮困，共计金额31.7万元。慰问高温作业职工近1万人次，慰问金额达65.55万元。集团工会还组队前往广西、青岛、南京等域外企业开展慰问活动，使之感受到光明大家庭的温暖。继续开展"光明职工看光明"活动，共计出资160余万元，组织一线职工赴上海鲜花港、海湾国家森林公园、都市菜园和瑞华果园等集团内的景点参观游览，共惠及职工34716人。举办第五届职工运动会，历时7个月，比赛项目达13大类17项，参赛人数近5万人，成为集团迄今为止时间跨度最长、比赛项目最多、参与面最广的一届运动会。2016年，集团各基层单位厂务公开和职代会建制率达到100%，累计签订集体合同224份，女职工专项集体合同215份，覆盖职工近8万人；集团工会还参与审核了基层13家企业的公司制改革和企业关停并转实施方案，涉及员工959名。坚持广泛深入开展"安康杯"竞赛活动，2016年参与单位达76家，887个班组；结合"安康杯"竞赛活动，组织职工开展了"隐患大家找、现场随手拍"安全生产合理化建议活动，组织集团职工代表开展安全生产实地巡视检查。

（桑树德）

【上海市民政局工会】 辖基层工会51个，会员3839人，其中女会员1979人。开展以"当好主力军，建功民政'十三五'"为主题的劳动竞赛，组织职工为上海民政"十三五"开局建功立业。评选表彰2016年全国五一劳动奖章、上海市五一劳动奖章(状)、上海工匠、上海市工人先锋号，选树了新一批民政先进典型。组织开展向首届"上海工匠"——市龙华殡仪馆遗体整容师王刚学习活动，发挥劳模示范引领作用。举行庆"五一"劳模创新工作室推进座谈会，新命名了市第三社会福利院"老年护理"—黄琴劳模创新工作室。部署开展了第十四次厂(院)务公开民主管理工作调研检查。广泛开展"两节"送温暖活动，通过市总工会、市民帮困基金会等支持，筹集114万元帮困款投入各基层工会，加大对困难职工帮扶力度。为42家基层单位3740名职工办理了会员服务卡B类医疗保障计划。举办了局系统"律动民星"——职工广场舞比赛和"飞思杯"职工乒乓球邀请赛，丰富职工精神文化生活。开展了2014—2016年度局先进之家、先进职工小家、优秀工会工作者和优秀工会积极分子评选活动。举办了以"巾帼展风采，同心建民政"为主题的庆祝"三八"国际妇女节106周年暨巾帼文明岗风采展示活动，4家基层单位代表作经验交流，11家基层单位15个班组用图板展示了女职工工作和活动。

（胡积伟）

【上海市监狱管理局工会】 辖基层工会20个，会员8038人，其中女会员1773人。围绕主业开展岗位练兵。配合局装备处开展"百日安全警务驾驶技能比武"；配合局纪委开展"清风伴我行"廉政文化创建展示活动，举办民警职业技能竞赛。做好晋升技师、高级技师申报奖励工作，共申报奖励43人，技师等级以下申报奖励254人，共奖励资金17万余元。坚持以核心价值观引领，举办"凝心聚力谋发展·红烛引领续新篇"五一劳动奖状(章)暨群团组织先进集体和个人表彰大会；组织观看话剧《邹碧华》，并开展了"远学邹碧华，近学朱惠国和十大红烛感动人物"的剧评活动；加强"劳模先进工作室"建设。做好服务会员的维权工作。对1000余名困难民警职工进行了走访慰问，慰问金额达100万元；帮困助学199人，金额20.03万元；为34806人次民警职工续保市总工会医疗互助保障计划；完成全体会员工会会员卡的年度注册工作。加强职工文化建设。办好工会《知心》刊物和工会网站，并通过《劳动报》《上海工运》《新民晚报》等媒体，宣传报道上海监狱工会工作；在“申工社”APP 矩阵板块，打造“掌上工会”；召开读书创作协会年会暨《知心》工作交流会，开展《知心》杯征文比赛和群众性论文评选活动；组织第二届大型交友联谊活动；举办第二届“我是歌王”歌唱大赛、城市定向赛、第十二届乒乓球比赛、“两棋两牌”比赛、“蓝盾杯”篮球友谊赛等；组织参加市总工会文化网络大奖赛，配合局政治部，做好局警官合唱团的集训、排练和演出活动。做好女职工工作，开展女职工工作专题培训；组织参加上海市退休职工首届乒乓球比赛、中国象棋比赛、中老年摄影采风活动、“浦江一日游”活动等。加强工会工作规范化建设。组织新上岗工会主席参加市总工会岗位资格培训班；抓好基层工会会计基础规范工作和两级工会的经费预、决算审查。（江海群）

【锦江国际(集团)有限公司工会】 辖基层工会 385 家，会员 56349 人，其中女会员 22069 人。组织开展《集体合同》落实情况专项调研。重点检查合同中涉及职工切身利益的劳动报酬、工作时间、社会保险和福利、职业技能培训等条款。针对调查中发现的问题，主动与企业行政协商，逐一督促整改，逐条落实条款；据 2016 年度统计，集团《集体合同》签约率 100%，《工资集体协商》签约率 96.3%。做好困难职工走访慰问工作。会同行政召开解决职工“急、难、愁”问题专题工作会议，制订集团困难职工“大走访、送温暖”工作计划，具体内容：建立 500 万元的职工“重危疾病救急基金”，启动 150 名特困职工新一轮帮困计划，为 4.1 万名在职和退休员工办理商业补充医疗保险。2016 年集团共组织救助帮困 305 人次，帮困资金总计 92.5 万元。各基层工会建立送温暖工程基金 37 个，资金达 256 万，有 319 位领导干部联系帮助 517 户困难职工家庭。落实安全生产保障措施。针对夏季安全生产劳动保护工作的特点，重点检查各企业高温作业场所，确保职工安全和健康。集团各级工会筹集慰问资金 67132 万元，共慰问企业和工地 723 家(次)；慰问职工 46421 人次，其中农民工 6841 人次。组织开展防暑降温劳动保护培训 16561 人次；其中农民工参加 1765 人次。组织开展高温作业岗位职工专项健康检查 25 次；参加体检职工 1509 人次，其中农民工 186 人次。加强劳模管理服务工作。集团现有劳模共 87 名，年初发放劳模慰问金 10.2 万元，劳模困难帮扶慰问金 39.94 万元，发放劳模退休一次性养老金补贴 10 万元。推荐了全国五一劳动奖章获得者，锦江汤臣大酒店翁建和为上海市劳动模范协会第六届理事会理事。组织部分劳模及其家属参加上海迪士尼乐园试运营内部测试活动。协助安排 2 位全国五一劳动奖章获得者参加全总组织的休养及 4 位市劳模赴杭州屏风山疗休养活动。（张祥伟）

【上海市东湖(集团)公司工会】 辖基层工会组织 11 个，会员 3670 人，其中女会员 1330 人。深入学习贯彻十八届五中、六中全会精神和习近平总书记系列重要讲话精神，引导广大职工把思想和行动统一到中央决策部署上来，团结动员职工在接待经营和创新中发挥好主力军作用。积极选树劳模、上海工匠等先进典型；抓好“五一”劳动节等重要节点主题活动，在《东湖报》等集团信息平台加强对劳模精神、劳动精神的宣传，举办“身边的美”劳模先进事迹报告会；持续开展年度“安康杯”安全竞赛活动，开展“五项行动”，提高劳动保护工作水平，推动安全文化建设；开展职工技能培训，提升职工文化素质和岗位技能，实施职工晋升技师、高级技师奖励计划，为职工成长成才、创新创业打好基础、创造机会。深入推进维权服务工作，开展了“一日捐”活动和元旦春节“送温暖”活动；开展“金秋助学”活动，发放帮困助学金、慰问金；做好年度职工团体医疗互助保障工作，推动“五项互助保障计划”覆盖全部职工；督促检查基层职工生活设施，举办了 2016 年度员工餐厅厨艺比赛。开展三八节纪念活动，展示东湖女职工巾帼风采；举办三八姐妹运动会，集团 11 个基层单位近 200 名选手参加。做好工会服务卡实事项目。为 3604 名职工续办了工会服务卡，为 691 名职工新办了工会服务卡。（胡　明）

【百联集团有限公司工会】 辖基层工会 133 个，职工 36219 人。紧紧围绕集团经济工作的总体思路和部署，凝聚并带领广大职工为企业深化改革、创新转型提供动力。开展创新创效优秀项目奖评选活动，28 个职工创新创效项目被评为“2015—2016 年度集团创新创效优秀项目奖”；开展劳模先进的评选宣传，推选评出 1 个全国工人先锋号、2 个上海市五一劳动奖状、5 名上海市五一劳动奖章、4 个上海市工人先锋号；全国劳动模范蓝金康评上首批“上海工匠”，参与拍摄的电视片在东方卫视播出；组织文学协会会员对劳模先进上门采访，并在《今日百联报》上陆续刊登。以“学习好、管理好、技能好、业绩好、形象好”等“五个好”为目标，开展“心系改革转型，共建五好班组”主题实践活动。组织工会干部进行《上海市集体合同条例》修正案的培训，集团工会获得“2015 年集体协商考核产业组二等奖”。做好帮困送温暖等关爱职工的工作。共完成各类帮困 120 人次，金额 40 余万元；为 35672 位职工办理了服务卡，通过工会服务卡帮助 26 名职工理赔 26 万元。鼓励职工岗位成才，奖励中级技师 49 名、高级技师 46 名，金额 14.1 万元。职工书画协会组织会员参加“‘光辉历程’庆祝中国共产党建党 95 周年上海市机关书法家协会第五届书法篆刻作品大赛”活动。（姜　杰）

【申能(集团)有限公司工会】 辖基层工会 37 个，会员 9913 人，其中女会员 2146 人。加强宣传引领，动员职工岗位建功立业。创办“申飞扬·能无限”微信公众号，推送集团新闻、行业动态、职工之声、改革信息，宣传职工先进典型、先进人物及先进劳动事迹等各类信息资讯共 105 期计 436 篇。广泛开展岗位建功、职工创新、技能登高、节能减排、劳动保护、团队创先等竞赛活动，开展“申飞扬·能无限”主题实践活动创意比赛，30 家单位总计申报 144 个项目，共有 6445 名会员参与活动。组织 36 家单位 795 个班组计 10171 名职工参与“安康杯”竞赛。持续开展“支教志愿行”活动。在系统内选拔 5 名支教老师前往希望小学支教，发放奖学金、助学金和奖教金。坚持以职代会为基本形式的民主管理制度，源头参与企业改革发展、生产经营和有关职工群众切身利益的重大事项的决策，依法维护职工合法权益。办好集团职工文体协会，先后组织开展游泳、足球、羽毛球、乒乓球、摄影等比赛以及读书、书画交流会等文体活动。系统各级工会通过"五帮一送"工作载体，开展"元旦春节送温暖""三定三助""金秋助学"等帮扶慰问工作。落实实事项目，新办工会会员服务卡280张，为9610名会员购买工会会员专享基本保障，计38.44万元；为13名新患大病职工申请基本保障，计14万元；先后组织5批近250名职工赴扬州、黄山疗休养；为25名职工申请晋升技师、高级技师奖励。开展系统两年一度的"三八"红旗手（集体）评选活动，20名个人和8个集体受到表彰。加强工会自身建设，召开集团工会第五次会员代表大会，圆满完成工会换届改选；拟定工会会议制度、工会委员调查研究制度、工会委员联系点等制度；对集团工会系统开办的企业开展清理规范工作。（陈　辉）

【上海久事（集团）有限公司工会】 辖基层工会67家，会员65770人，其中女会员9230人。凝聚改革共识，会同集团团委联合举办久事集团群团工作专题培训班，探索在服务党政中心工作中体现群团的担当，发挥群团工作的作用。建立工会联系职工的制度，每季度召开一线职工座谈会，了解基层和职工状况，切实帮助基层解决实际困难。开展了集团范围的厂务公开民主管理自查工作，制订《久事集团职代会质量评估制度》，对职代会质量评估制度的执行情况开展摸底调查，在掌握基层情况的同时，深入开展现状研判，不断提高工作水平。开展劳动竞赛、技术比武、岗位练兵和示范交流活动，有27位职工技能等级晋升为技师、高级技师。制订《久事集团工会劳动保护三年行动计划》，有68家基层单位参加了"安康杯"竞赛活动，覆盖职工6万余人，推荐评选全国工人先锋号1个，上海市五一劳动奖状2个，上海工人先锋号2个，上海市五一劳动奖章8名。试点实施经费使用项目化申报，对基层工会开展有关活动予以专项补贴。为所有在册工会会员办理服务卡B类保障，由集团工会支付全部资金250.22万元。健全久事系统困难职工档案信息管理，实现"依档帮扶"。进一步聚焦女农民工、女职工等特殊群体，为200名女农民工提供免费妇科检查，为138位孕期女职工申领爱心妈咪大礼包。办好爱心妈咪小屋，为女职工提供关爱服务。举办了久事集团第一届职工运动会，参赛职工2000多人次，观赛人数达万人。成立了烹饪、朗诵和摄影兴趣小组，同时组织12000余名职工及家属观摩浪琴马术赛和钻石联赛，文体活动有特色，得到职工好评。（陈　珺）

【上海水产（集团）总公司工会】 辖基层工会16家，会员3529人，其中女会员218人。组织开展"追梦十三五，岗位作贡献"劳动竞赛，举办了"龙门杯"铲车技能比武活动。开展先进评选，张平荣获上海市五一劳动奖章，开富号轮荣获上海市工人先锋号；开创公司"调整拖网工艺，增强捕捞生产，提高经济效益"和科管学校"六化一型"教学法分别荣获2015年度上海市职工合理化建议项目创新奖和先进操作法创新奖。召开四届十三次职工代表大会，听取集团经济工作有关情况报告、集团2015年度二费六金缴纳情况等报告，并以无记名投票的方式审议通过了集团2016年工资集体协议书，并选举出集团职工监事。召开2016年工资集体协商会议。完善帮扶机制，坚持开展送清凉、送温暖活动，2016年元旦春节集团下拨帮困资金43.26万，共惠及职工1598余人。帮助会员办理服务卡2875张。举办"水产好声音"第三季歌咏比赛，开展"东方杯"系列文体活动。分四批组织劳模先进和一线职工赴黄山、南京、苏州疗休养，惠及两百余名职工。召开远洋渔业企业驻外代表、劳模迎春茶话会。集团工会围绕企业的短板问题、瓶颈问题开展调研，共征集论文12篇。（韩　毅）

【上海申通地铁集团有限公司工会】 辖基层工会29个，会员27426人，其中女会员6864人。组织专题调研，完成《集团职工队伍思想状况调研分析课题研究报告》。开展"走100个班组，访1000名职工""美丽地铁，我爱我家"活动，协调解决涉及职工生产生活事项24件，改善和优化环境90站（处）。改版完善"申通地铁之家"APP。持续推进集体协商，工资集体协商职工覆盖率95%以上。启动新一轮集团班组建设，制订《2016—2020集团公司新一轮班组建设规划》，构建"一个体系，三个平台"；开展职工生产生活环境创优合理化建议征集，线上征集139条；开展安全生产、管理建议征集，共1410个一线班组、19784名职工参与讨论，提出安全生产管理建议1073条；组织3批、共133名班组长参加岗位资质培训。组织三大板块八个大类共18项专项运营劳动竞赛；组织开展10项专项建设立功竞赛；组织22个城市轨道交通企业工会联委会劳动竞赛；选送选手参加全国技能大赛并获个人一、二等奖；组织"匠心传承"现场交流会、"工匠精神"箴言征集，成立集团劳模宣讲团，组织劳模精神报告会，汇编《明珠计划》《职工创新》《立功竞赛成果集》。推进服务能级提升，为职工添置空调、冰箱等防暑降温电器近10万元；组织春节慰问困难职工和先进代表34人次，发放慰问金5.9万余元；推进集团大病医疗互助，补助人员158人次，补助金额2062391.90元；推进工会会员卡项目，完成1230张新办卡工作，27069人、322320元的保障费支付工作。组织主题征文、演讲比赛；组织评选表彰上海地铁年度风采人物；召开"三八国际劳动妇女节"集团领导与先进女职工代表面对面主题座谈；协助市总工会开展上海地铁五一劳模巡展，策划"为了光荣和梦想"《劳动报》集团劳模全景报道。组织上海地铁第三届职工才艺大赛、职工体育赛事等。根据市总和集团要求，完成相关公司股权转让及关门工作。（严婵琳）

【上海城投（集团）有限公司工会】 辖基层工会123个，会员14152人，其中女会员3918人。聚焦企业发展大局，广泛开展群众性劳动竞赛活动。8家单位获市优秀公司、12位个人获市建设功臣、90个集体和个人获市级先进；参与"安康杯"竞赛活动，4家单位获全国竞赛优胜单位，7

个集体、2位个人获上海竞赛先进；组织开展第七届十佳金点子评选活动，共收到金点子107个；召开城投集团群众性降本增效活动座谈会，并开展历年获奖金点子巡展活动；参加市28届科技节，获得2项银奖、5项铜奖、2项一线职工发明专利；开展首届城投工匠评选，1人获"上海工匠"称号，1个劳模工作室被授予上海劳模先进工作室。完善民主管理机制。召开2016年度集团职工代表大会，调研各直属及核心单位职代会情况，提出整改建议，将企业规章制度、公司经营发展情况等内容在《城投报》等信息平台公开，组织职工代表巡视；每季度收集、反映职工思想动态；推进集体协商，系统内53家单位签订工资专项合同、52家单位签订女职工专项合同。宣传"劳动最光荣，使命在城投"和城投先进人物故事，在《劳动报》开设专栏系列报道发稿计22篇。落实十大实事项目。慰问30余个一线岗位和工地现场，巡回医疗进班组服务逾5000人次，组织2批流动体检车进工地为一线农民工体检，组织近千名职工疗休养，完善"2+1"帮扶平台，为系统内特困、大病及突发灾难等困难职工及其子女提供帮扶救助。举办第六届职工运动，吸引近6000名职工参与赛事活动。

（朱文慧）

【上海市社会系统工会工作委员会】 辖直属工会16个，工会会员30734人，其中女会员8873人，农民工会员2495人。贯彻落实中共中央关于加强和改进群团工作的意见，围绕工会改革的工作主线，推进非公企业工会组建工作全覆盖。积极开展各类先进评选表彰活动。1人获得2016年全国五一劳动奖章，1家单位被评为全国模范职工之家；5人获得2016年上海市五一劳动奖章，2家单位获得上海市五一劳动奖状；3家单位获得2016年"上海市工人先锋号"；3家单位被评为2014—2015年度上海市劳动关系和谐职工满意企事业，2人被评为2010—2014年度上海市职工信赖的经营管理者；1人被推荐为上海市劳模协会代表；获评上海市巾帼建功标兵5名，上海市社会系统巾帼建功标兵4名，上海市巾帼文明岗8个，上海市社会系统巾帼文明岗2个。开展"2016年度上海市技师创新工作室"创建命名工作。岩土院以王昊宇领衔的技师工作室被总工会命名为"夜鹰技师工作室"；红星美凯龙红星（家倍得事业部）墙体砂浆防灰裂结构创新设计和上海浦江商场节能环保项目荣获2015年度先进操作法。新建了永达国际大厦"爱心妈咪小屋"。组织新上岗工会主席岗位资格培训班。因企制宜地开展技术创新、岗位练兵、技术培训、技能比武大赛。年内晋升技师24名、高级技师7名。进一步扩大职工互助保障工作覆盖面；积极为职工申请办理工会会员卡，为持工会会员卡的患大病职工落实医疗保障金；开展劳模和先进职工代表疗休养活动；为生活困难的劳模申报办理特殊困难帮扶金。各级工会开展职工文体活动。三毛集团举行了第二届职工运动会，岩土院举行了"爱运动、爱上堪"2016年第四届职工运动会，中国华信举办了"谁羽争锋"第三届职工运动会，永达集团举行了第八届职工运动会。积极组织归口单位参加市总工会举办的班组文化网络大赛，三毛集团"活力酷我"获市总工会班组文化网络大赛全能奖。（蔡春萍）

【上海隧道工程股份有限公司工会】 辖基层工会118个，工会会员26748人，其中女会员6102人。贯彻落实中央群团工作会议精神，就子公司工会主席实行公推直选、健全上市公司职代会制度、推进工会领导班子专兼挂职并举和完善农民工劳务派遣工入会机制等方面提出改革创新思路，并形成贯彻落实中央党的群团工作会议精神的有关工作意见。深入开展群众性劳动竞赛和科技创新活动。制订了2016年劳动竞赛实施方案，确定了以企业改革发展、城市运营管理、基础设施建设等主要内容的4大类7大板块劳动竞赛活动。召开"搭建展翅舞台，创新成就梦想"职工创新工作推进会，广泛开展职工创新活动。深入开展职工文化活动。举办了2016年隧道股份女职工文化作品展、"蓝旗飘扬、司歌嘹亮"职工合唱大赛、"穿越时空的隧道女神"年代服饰秀及"航拍与风光"摄影讲座。联合市政集团等多家子公司工会举办"齐赏赣江月、共话隧道情"南昌建设项目中秋慰问晚会。举办ICIM杯全国摄影大赛及"城市·光影"摄影展。推进职工援助服务保障体系建设，针对困难职工的个性化特点，落实各项帮扶措施。全年帮扶困难职工636人次，帮扶金额48.63万元。开展劳模生日关爱、体检以及职工婚嫁、生育、疾病、危难等关爱285人次，金额22.49万元。开展工地慰问及为一线职工送体检，惠及职工上千人次，共计金额50.43万元。联合2家实践基地开展大学生社会实践活动，为困难职工大学生子女提供社会实践岗位。开展了"聚惠、分享、共创"工会会员服务嘉年华活动。通过线上线下互动，引进七家商户为大楼职工提供中医咨询、特惠售卖等服务，得到职工的踊跃参与。（周立新）

【上海地产（集团）有限公司工会】 辖基层工会63个，工会会员5230人，其中女会员1752人。深化劳动竞赛活动。组织集团7家成员企业参与全国"安康杯"竞赛，推荐建材耀皮汽玻技术研发中心参评2016年度上海市技师创新工作室，获得资助1万元。参评"市五一劳动奖"，三林公司荣获"市五一劳动奖状"、外滩英迪格酒店荣获"上海工人先锋号"、百姓装潢总经理助理苑剑虹、担保公司营业部徐臻荣获"市五一劳动奖章"荣誉称号。推荐参评"市三八红旗手"，闵虹集团恽梅荣获"上海市三八红旗手"荣誉称号。推荐参评市模范职工之家、小家、优秀工会工作者，中星新城房产公司工会、百姓装潢工会荣获"市模范职工之家"、耀皮汽玻销售班组荣获"模范职工小家"、申江怡德邬忠辉荣获"市优秀工会工作者"光荣称号。推进实事工程。组织开展互助保障，4145人次参加职工互助互济保障活动；全年为11家成员企业及集团本部54个基层工会的3409名会员办理工会服务卡并参保；组织系统先进分2批赴黄山、扬州疗休养，并积极为成员企业争取西山、沙家浜、扬州、南京等5批次250个名额，组织劳模参与全国工会劳模疗休养、体检。开展文体活动。建立了乒乓、足球、微电影等5个文体爱好者协会，组织开展第一届"地产集团杯"乒乓球团体赛、"地产集团-临港集团"乒乓球团体友谊赛，组队参加市总工会、市体育局联合举办的城市公益定向赛活动，取得第二名，组队参加"森河杯"上海职工足球超级联赛，并获晋级八强。

组织开展摄影比赛，广泛征集展示地产新风貌的佳作，激发地产人的爱企热情。组织员工参与中国梦、劳动美上海市团队文化网络大奖赛等文化活动。组织开展“文化地产、芳菲女性”三八节主题活动，组织女职工开展“书香三八”读书征文暨地产书香家庭、最美家庭评比活动，推荐选送优秀作品参评全国奖项，荣获全国一等奖、优秀奖，集团荣获优秀组织奖。组织开展“文化地产 花样年华”主题花艺沙龙，丰富女职工精神文化生活。（汪姣钰）

【中铝上海铜业有限公司工会】 辖基层工会7个，工会会员1231名，其中女会员165名。开展劳动模范等先进人物选树活动，机动分厂检修三工段后勤维修班荣获2016年上海市工人先锋号，凌伟敏荣获2016年上海市五一劳动奖章。扎实推进厂务公开民主管理工作，公司成立了以党委书记为组长的厂务公开领导小组。推进为职工办实事工作。组织职工代表对职工食堂进行巡视和督促检查；为1430名职工（其中女职工258名）办理团体意外伤害等四项保障计划；为1225名职工办理工会会员卡。完善困难职工档案，困难职工帮扶慰问金共计43.85万元；公司基金会为患重大疾病职工提供帮扶资金30560元；9名特困职工得到市总工会、市经信委大病定向帮扶和助学帮困。配合行政做好人员分流安置工作，宣传解释政策，建立特困职工“经济性裁员”帮扶机制，促进公司人员分流安置方案顺利实施。认真做好职工信访工作，成立信访维稳工作小组，并建立微信群和每天“零报告”制度，预防和化解群体性纠纷的发生。（徐家富）

【中国联合网络通信有限公司上海市分公司工会】 辖基层工会1个，工会会员1917人，其中女会员761人。2016年，工会在上海分公司党委的领导和行政的支持下，在集团工会和上海市总工会的指导下，以学习贯彻十八大和十八届三中、四中、五中全会精神为主线，以“发展、维护、服务、凝聚”为目标，从支撑经营发展、加强民主管理、启动员工帮助计划、员工关爱工程、加强自身建设等方面入手开展工作，促进企业发展，服务广大员工，进一步增强了企业凝聚力，扩大了工会组织在员工中的影响。（康 迪）

【中国商用飞机有限责任公司工会】 辖基层工会10个，会员9616人，其中女会员2573人。以习近平总书记关于大飞机事业的重要指示精神为指引，围绕公司发展目标，抓思想引领。公司工会编印学习资料，坚守班组学习阵地，开展主题活动，引导职工树立为大飞机事业奋斗的共同理想，积极投身于祖国大飞机事业的科研生产工作中。广泛开展劳动竞赛和主题实践活动，开展“双推双争双提升”主题实践活动、“保首飞”专项劳动竞赛，以及质量信得过班组达标活动、群策群力职工提案活动等，为大飞机事业提供了思想保障和人力支持。选树一批以大国工匠胡双钱为代表的劳模群体。举行“胡双钱班组”揭牌仪式，建成胡双钱劳模创新工作室，位列“上海市劳模创新工作室”。全年获中央企业先进集体荣誉称号6个、劳模6名；获上海市五一劳动奖状7个、奖章19个、市工人先锋号19个；获中国国防邮电工会和中国商飞公司劳模共39名。劳模精神在《劳动报》《上海工运》《劳模》《大飞机报》等报刊专版宣传。“大国工匠”王伟入选了央视《大国工匠》栏目。完善以职代会为基本形式的民主管理制度。制订下发《职工代表提案工作管理办法》，以落实职工代表提案制为抓手，推动各二级单位健全完善职代会民主管理制度。实施职工关爱工程。创新帮扶渠道和手段，重大工程节点慰问、特殊气象条件慰问、节日慰问、困难慰问、家属慰问、专项慰问已形成制度。全年组织12批次600余名有突出贡献的职工疗休养和3批次劳模先进疗休养。组织职工艺术团赴一线慰问演出；新建14个“爱心妈咪小屋”；组织女医师协会专家走进大飞机，关爱女职工身心健康；构建海外人才、外场试验职工、未婚大龄青年等特殊群体关爱平台；持续开展大飞机爱心基金一日捐活动，组织9000余人捐款156万余元；建设“大飞机职工之家”心理关爱APP平台；举办工会干部劳动保护业务知识培训，开展“安康杯”竞赛和防暑降温“五个一”活动。开展职工文化建设。组织大飞机品牌的职工文体活动，如举办大飞机之夜演出、职工文化艺术节、书画展等，承办上海市第二届市民运动会“大飞机杯”龙舟赛决赛，“中国商飞—霍尼韦尔”足球联赛等。制作纪念邮册、创作歌曲，组织职工观看话剧《首飞在即》等。深化职工之家建设，在临港、公司总部建立“大飞机职工之家”，建立浦东图书馆延伸服务点，提供一万册图书。同时公司工会还积极参与脱贫攻坚战，协助做好公司与宁夏西吉县的扶贫工作。（陈 晖）

【上海临港产业区工会】 辖基层工会44个，会员5436人，其中女会员1359人。上海“十三五”规划明确提出临港作为上海市六大科创中心的重要承载区，据此临港集团启动大服务平台建设，提出要为园区开发提供“标准化、市场化、专业化、国际化”的服务支撑。临港产业区工会紧紧围绕临港各园区的发展大局，主动融入大服务平台，整合自身资源、利用组织优势，坚持工作创新，大力扩展组织平台、竞赛平台、文化平台和关爱平台的内涵和外延，多渠道、多形式服务园区企业和广大职工，为推动科创中心创建做出积极贡献。（陈 浩）

【中国电信集团工会号百信息服务有限公司委员会】 辖基层工会2个，工会会员377人，其中女会员176人。公司成立于2007年8月，总部设于上海，是中国电信股份有限公司直属子公司，负责全国各省号百经营机构的业务指导、集约管理和综合平台建设。总部员工600名。工会以党的十八届六中全会和党的群团工作会议精神为统领，坚持“融入中心服务大局”，凸显“服务与创新”工作主线，持续释放员工“理解、支持、参与改革”的正能量，以“双百”活动平台为载体，强基础、铸品牌、促发展；围绕公司“知百事，通天下”的品牌核心内涵，引导职工践行“号码百事通，便民服务行”的承诺。工会工作在促进公司改革发展中发挥积极作用，得到公司党政的肯定。公司获各类集体与个人荣誉称号10余项，包括“2016年上海市五一劳动奖状”“2016年上海市工人先锋号”“中国电信政研成果优秀组织单位”“中国电信集团‘模范职工小家’”“优秀工会积极分子”。公司工会选送的7篇论文在多个条线得奖，工会通过文化体育协会平台，以文娱兴趣小组为载体开展全员健身日等活动，打造具有团队意识和责任意识的员工队伍，诠释“客户为先、责任为重、协同为要、创新为魂”的企业文化理念。（沈 匀）

【上海上实(集团)有限公司工会】 辖基层工会28个，工会会员3295人，其中女会员1076人。开展立功竞赛和合理化建议活动。结合业务拓展、项目开发、服务质量、窗口建设等重点工作，开展形式多样的竞赛活动，不断激发职工创新创造活力。加强企业民主管理。完善以职代会为基本形式的民主管理制度，引导职工参与企业管理，切实维护职工各项权益。开展企业文化建设。通过举办职工文艺汇演、女职工东滩素质拓展等活动，陶冶职工艺术情操，增强凝聚力。弘扬新时代劳模精神，营造良好氛围。加强工会自身建设。做好基层工会的组建、调整、换届工作，深化“建家”活动，开展工会干部培训，不断提升工会工作的整体水平。（胡家荣）

【上海市农业委员会系统工会工作委员会】 辖基层工会44个，会员3365人，其中女会员1219人。动员组织职工岗位建功。开展先进推荐评选工作，上海市动物疫病预防控制中心荣获2016年上海市五一劳动奖状，上海市农业技术推广服务中心马英华荣获2016年上海市五一劳动奖章；利用农办党建网等载体，宣传劳模的先进事迹，弘扬劳模精神，引导广大职工学习先进，爱岗敬业，为“三农”事业作贡献；组织各单位积极参加“第二十八届上海市优秀发明选拔赛”，获优秀发明金奖2个、优秀发明银奖1个，职工技术创新银奖1个、铜奖2个，优秀组织者奖1个，动物无害化处理中心荣获职工合理化建议项目创新奖1项；积极开展劳动竞赛，向市总工会报送两个劳动竞赛备案，分别是检测中心的农产品质量安全检测技能竞赛和疫控中心的上海市新型职业农民职业技能大赛，获专项表彰5项。做好职工保障和疗休养工作。完善帮困长效机制，将大病帮扶、金秋助学和元旦春节送温暖作为系统工会帮困的三个基本方式；为2782名工会会员办理了工会会员服务卡专享保障；组织先进工作者参加市总工会疗休养计划，共计8批322人。组织劳模参加市总工会疗休养；走访慰问生产一线任务重、地处偏远、岗位艰苦的单位和职工。共组织职工开展事故隐患和职业危害排查92次；推进基层工会“爱心妈咪小屋”建设；组织部分女工干部参加市妇联系列公益讲座，开展女性乳腺疾病的专项检查。积极开展各类文体活动。与团工委联合组织庆祝建党95周年“农信杯”篮球联赛活动和“影动三农”微电影大赛，动员系统各直属工会参加班组文化网络大赛；助推职工书屋建设工作。推进工会组织建设。组织系统经审干部培训班，加强工会财务内控工作。（陈颖娅）

【上海国盛(集团)有限公司工会】 辖基层工会32个，会员2469人，其中女会员535人。深入学习贯彻习近平总书记系列重要讲话和中央群团工作会议精神，紧紧围绕集团改革发展的主线，牢固树立和强化主业主责意识。加强职代会制度建设，推进集团厂务公开民主管理工作，被评为2015—2016年度上海市厂务公开民主管理先进单位。组织开展职工合理化建议活动，调动和发挥职工的积极性、主动性和创造性；以选树劳模和创建“劳模创新工作室”为抓手，弘扬先进典型，涌现出了一大批先进集体、先进个人。其中全国劳模1名，全国五一劳动奖章1名，上海市劳模7名，上海市先进工作者1名，轻工系统劳模1名，建材系统劳模1名，劳模年度人物1名，上海市劳模集体2个，上海市劳模创新工作室1个，上海市“三八红旗手”6名，上海市“三八红旗集体”3个，上海市“五一巾帼标兵”2名，五一巾帼奖4名，五一巾帼集体2个，上海市五一劳动奖状4个，上海市五一劳动奖章2名、上海市“工人先锋号”14个，全国“安康杯”竞赛示范企业1家，优胜单位16家，优秀个人13名。（颜 妍）

【绿地控股集团工会】 辖基层工会12个，工会会员4752人，其中女会员1497人。围绕集团中心任务，动员职工团结一致谋发展。积极开展立功竞赛活动，将立功竞赛精神融入绿地文化，凸显永不满足、思变图强，永不止步、争创一流的精神。树立先进典型，以《绿地报》、工会专栏、集团党建网、“绿地文化之窗”微信公众号为载体进行广泛宣传和交流。关爱凝聚员工。举办了以“奔跑吧绿地”为主题的集团第八届家庭日活动，受到了员工家庭的热烈欢迎。扎实落实员工关怀体系，为3000余名员工办理了工会会员服务卡并参与会员专享基本保障；全年上门开展重阳、看望病患等各类慰问30余人次；落实高温送清凉、冬日送温暖、职工住院补充医疗续保、劳模关心慰问等员工关爱措施。加强工会自身建设。完善工会工作制度，制订了《绿地集团基层工会管理办法》《困难职工帮扶办法》《关于进一步做好员工关怀工作的意见》等管理制度；根据集团不断发展壮大的实际，及时在新成立单位中建立工会；开展工会干部培训、年度考评、优秀党群干部评选等工作。集团多名个人和集体被评为全国工人先锋号、上海市五一劳动奖状(章)、上海市巾帼文明岗等荣誉。（王洋洋）

【上海电影(集团)有限公司工会】 辖基层工会26个，会员2434人，其中女会员974人。坚持开展“降本增效”活动。举办“追梦上影”职工微电影比赛3年共拍摄136部微电影，获得市级以上奖项57个，其中2016年26部。反映无障碍电影的《声心》获得了第二十五届金鸡百花电影节微电影展映最佳编剧奖、上海职工微电影大赛评委会特别奖；动画片《青花悟语》获亚洲微电影节金海棠奖最佳作品奖、上海市民微电影大赛优秀作品奖等。举办了“携手温情、传递爱心”上影职工爱心集市义卖活动，共卖出捐赠的各类商品764件，170多人次参加了义卖活动，义卖所得17627元，也全部捐入上影集团困难职工帮困资金。（高 羿）

【五冶集团上海有限公司工会】 辖二级公司分工会12个，工会会员2712人，其中女性会员655人。公司工会围绕公司转型、提升、全产业链发展战略，带领职工深入践行“做强做优做大”的发展文化，“严细新实”的管理文化，“敢担当看疗效”的责任文化。通过抓思想引领、团队建设、员工关爱、劳动竞赛、职工技术练兵、文化体育等活动为公司各项发展目标的顺利实现做出积极贡献。公司共有13名员工获得省部级以上劳模荣誉称号，其中：全国劳模1名，全国五一劳动奖章获得者1名，国资委劳模1名，上海市劳模4名，上海市五一劳动奖章2名，冶金部劳模1名；建筑分公司海峡大桥二线通道工程项目部被中华全国总工会授予全国工人先锋号；机电分公司焊培中心获全国机械冶金建材系统职工创新工作室；机电分公司周禄文管工班组荣获2016年上海市工人先锋号；机电分公司“任江工作室”荣膺2016年度上海市技师创新工作室。（王　娟）

【上海世纪出版（集团）有限公司工会】 辖直属工会37家，职工3345名，工会会员3263名。围绕企业中心，发挥工会组织作用。召开一届五次职代会，审议《集团2015年工作报告》，积极组织提案活动。召开三届二次工会委员会会议和女职工委员会会议，选举产生集团工会主席、副主席和女职工委员会主任。召开集团工会委员座谈会，征求对集团改革和开展工会工作的建议。开展工会企业清理规范工作。落实关爱职工实事项目。元旦春节期间，募集到“爱心一日捐”捐款17万元，向96名身患大病、生活困难的在职职工发放补助款11.4万元。高温季节，向76名身患大病、生活困难的在职职工发放补助款11.15万元，向37家单位1500多名在职职工发放17万多元的清凉慰问品。组织200位先进职工分四批赴市总工会黄山和西山度假村疗休养。安排近2000位职工年度健康体检。加强企业文化建设。举办“家风家训故事”征文活动；举行“六一”亲子电影招待会，组织职工和职工子女观摩电影；组队参加“2016年市海派旗袍文化推广日主题活动”，并参加上海文化形象大片的拍摄；19家单位50名职工参加市级机关干部职工迎“国庆”健康走活动，组队参加市第二届市民运动会乒乓球比赛和“华夏杯”乒乓球友谊赛，取得历史最好成绩。工会、团委联合举办青年编校技能竞赛。举办“三八”妇女节先进表彰活动。评选推荐先进，上海音乐出版社荣获“上海市五一劳动奖状”称号；上海人民出版社鲍静、上海音乐出版社张美芳获评2015—2016年度上海市三八红旗手，上海译文出版社词典教育编辑室获得上海市三八红旗集体。强化服务，推进退管工作。为130名退休职工办理重病基金理赔，理赔金额共计28.7万元。走访、慰问退休劳模、老同志、90岁以上高龄和特困职工。（陆　迅）

局（产业）工会主席（主任）、副主席（副主任）、经审主任名录

单位名称	主席（主任）	副主席（副主任）	经审主任
上海市机电工会	朱　斌	李　斌　袁胜洲　麻秀娟（女）　李　敏	李　敏
上海市仪表电子工会	顾　文（女）	陶丽娟（女）吴昌明　生　青（女）	林华勇
上海市化学工会	黄岱列	汪耀华　李爱敏（兼职，女）	
上海市轻工业工会（上海轻工业工会联合会）	庄　勤（女）	陈建国　应蓓卿（女）　李　黎（兼职） 曹湛卢（兼职）	陈建国
上海市纺织工会	吴光玉（女）	李援朝　李　盈（女）　邵玉虎	邵玉虎
上海市医药工会	陈　欣（女）	佘　群　陈　旻（女）	赵一鸣
国网上海市电力公司工会	黄良宝	华洁铭	吴　钧
上海电力建设有限责任公司工会	林德斌	钱晓政	陆秀国
中国宝武钢铁集团有限公司工会	傅连春	张　帆（女）	张　帆（女）
中冶宝钢技术服务有限公司工会	姜　武		文　俭
上海宝冶集团有限公司工会	裴志清		夏　涛
上海高桥石油化工公司工会	罗新富	罗小兰（女）	罗小兰（女）
中国石化上海石油化工股份有限公司工会	张剑波	李晓霞（女）　陈宏军	陈宏军
上海航天局工会	李　昕	赵海燕（女）　王　磊（女）	赵海燕（女）
中船上海船舶工业有限公司工会	崔启明	姚　莹（女）	
上海市烟草工会	解建伟	胡勤伟　蔡建国	蔡建国

续 表

单位名称	主席(主任)	副主席(副主任)	经审主任
上海汽车集团股份有限公司工会	钟立欣	甘　平　祝培莉(女)	祝培莉(女)
上海市漕河泾新兴技术开发区发展总公司工会	孙雯莉(女)		张永玲(女)
中国能源化学工会华东电力工作委员会	王　路		
上海华虹(集团)有限公司工会	陈继旺	郭秋峰(女)　张　悦	龙新洲
中国华源集团有限公司工会	吴鸿妹(女)		
上海化学工业区工会	钱忠祺	李庆红(女)　丁贵忠　杜志伟	李庆红(女)
国药控股股份有限公司工会	冯　蓉(女)	张宏余	张　健(女)
中国铁路工会上海铁路局委员会	孙曙光	邹开伟	
中国远洋海运集团有限公司工会	张善民	是　铮	
上海国际港务(集团)股份有限公司工会	庄晓晴(女)	王晶奇	
中国海员工会上海长江轮船公司委员会	高　峰		赵麒麟
上海市运输工会	张　正	王　勤(女)	
中国邮政集团工会上海市委员会	黄来芳(女)	秦国敏(女)	罗坚石
中国移动通信集团工会上海市委员会	梁志强	刘德彪	沈国玮(女)
中国电信集团工会上海市委员会	常朝晖	徐　伟　陈晓军	徐　伟
中国海员工会交通运输部东海救助局委员会	马平原	宗爱君(女)	张　铭
中国海员工会交通运输部上海打捞局委员会	白成军	陆惠祥	
中交上海航道局有限公司工会	包中勇	王志远	成彦璟(女)
中交第三航务工程局有限公司工会	王　成		彭陆强
中国民航工会华东地区管理局委员会	胡亚明		
中国东方航空集团公司工会	巴胜基	胡际东　柴　舸	冯金雄
上海机场(集团)有限公司工会	张永东	王晓鹂(女)	王晓鹂(女)
中国海员工会上海海事局委员会	樊卓越	朱　骏	
上海市城乡建设和交通工会工作委员会	刘选游	张　静(女)　樊　好	刘方定
上海建工集团股份有限公司工会	张立新	张　超　廉永梅(女)	张　超
上海市交通委员会工会	童雅君(女)	周建荣	王　青(女)
上海海洋石油局工会	刘振东	钱碧云(女)　崔　屹	郑　莉(女)
上海市绿化和市容管理局工会	肖龙根	冯　磊(女)　王　全	冯　磊(女)
上海市绿化市容行业工会	肖龙根	冯　磊(女)　景大牛　王　全　赵　进　李　影(女)	冯　磊(女)
华东建筑集团股份有限公司工会	王　玲(女)	张　铁　王前程(挂职)	夏　明
鲁中矿业有限公司工会	李　洲	李永梅(女)　李祥生	王　辉
上海市水务局(上海市海洋局)工会	徐永康	高　伟(女)　朱小飞	高　伟(女)
中国建筑第八工程局有限公司工会	于金伟	王为兵　李现花(女)	王为兵
上海大屯能源股份有限公司工会	马振欣		

续 表

单位名称	主席(主任)	副主席(副主任)	经审主任
上海市金融工会工作委员会	姚嘉勇	赵　彪	
上海市税务工会	胡兰芳(女)		
上海市人力资源和社会保障局工会	朱　军	李　萍(女) 周维钢	陆　跃
中国教育工会上海市委员会	沈　炜	王向群(女)　吉启华　贾金平 赵　玲(女)	吉启华
上海市科技工会	陈　龙	王　震　汪显坤	汪显坤
上海市医务工会	郑　锦(女)	张　浩　何　园(女)　李卫平　宋耀君	
上海市新闻出版工会	陆　娜(女)	王瑛萍(女)	王瑛萍(女)
上海报业集团工会	刘　可(女)	党　勇　尹　欣(女)　叶志明　王　倜 童　杰	吴有培
新华通讯社上海分社工会委员会	朱忠良	陆　斌	陆孺牛
上海市文化广播影视管理局工会	张连运(女)		姚颖华(女)
上海广播电视台(上海文化广播影视集团有限公司)工会	袁　雷	郑丽娟(女)　严洪涛　黄豆豆	李　桦(女)
上海社会科学院工会	杨鹏飞	韩汉君　赵蓓文(女)	朱玲妹(女)
上海市体育局工会	赵光圣	吴晓莹(女)　王曙芳(女)　张　亮	张　元
上海市经济和信息化工作系统工会工作委员会	陆　琪	郑文才　马爱娟(女)	郑文才
上海市信息化行业工会	陆　琪	郑文才　马爱娟(女)　王　勇　戴志伟 陆　森　黄　俭(秘书长)	
光明食品(集团)有限公司工会	潘建军	韩新胜　姜　伟　桑树德	李　林
上海市民政局工会	刘忠飞		许夏萍(女)
上海市监狱管理局工会		吴学军	张顺华
锦江国际(集团)有限公司工会	宋　刚	贾德麟	贾德麟
上海市东湖(集团)公司工会	孙　玮(女)	胡　明(女)	陈　杰
上海市衡山(集团)公司工会	熊　凯	黄嘉宇	陈月华(女)
上海市市级机关工会工作委员会		陈　玲(女)	金林勇
百联集团有限公司工会	王春华	李书鸿　王逢祥　柳立玮(女)	杨阿国
上海市商业行业工会	刘晓敏(女)	王逢祥　姚黄平　林　强	
申能(集团)有限公司工会	须伟泉	周燕飞(女)　李松华　杜卫华　王偕勇	徐任重
上海久事(集团)有限公司工会	薛　东	王雯洁(女)	徐　珉(女)
上海水产(集团)总公司工会	周　敬	汤宝龙　张　蓉(女)	张　蓉(女)
上海申通地铁集团有限公司工会		严婵琳(女)	徐宪明
上海城投(集团)有限公司工会	徐　文	黄　吉	黄　吉
上海电器科学研究所(集团)有限公司工会	陈红洁	龙　黛(女)	何正平(女)

续 表

单位名称	主席(主任)	副主席(副主任)	经审主任
东方国际(集团)有限公司工会	王 佳(女)	高国琳	谢子坚
上海市社会系统工会工作委员会	丁振文	毛 俊(女)	吴光荣
上海隧道工程股份有限公司工会	朱东海	曹一玲(女)	周翀凯
上海地产(集团)有限公司工会		王卫卫(女)	
上海东浩兰生国际服务贸易(集团)有限公司工会	严裕民	吴明华 毕权军 龚祥和	
中国联合网络通信有限公司工会上海市委员会	王 林	魏 炜	张乐燕(女)
上海市合作交流系统工会工作委员会	曹整国	王 靖 蒋传华	蒋传华
上海市电力股份有限公司工会	顾 皑	胡伟斌	杨 静(女)
中铝上海铜业有限公司工会	李向宇		
上海市通信管理局工会	郑 敏(女)		范志刚
上海市宾馆业工会联合会		王行泽 徐中尼 高耀敏 陈雪羽(秘书长)	
中国商用飞机有限责任公司工会	刘林宗	吴建军 沈 伟(女)	缪根红
中国民用航空华东地区空中交通管理局工会	孟 磊(女)		黄 钧
上海临港产业区工会工作委员会	王 跃	陈 英(女)	叶 娣(女)
中国电信集团工会号百信息服务有限公司委员会	刘苏南	刘德顺	易梅青(女)
上海上实(集团)有限公司工会	陈 欣(女)		黄 刚
上海市公安局工会	俞 烈	赵杰英(女) 丁 艳(女)	钱洪乔
上海市农业委员会系统工会工作委员会	陶振华(女)	陈 赛(女)	陈 赛(女)
上海国盛(集团)有限公司工会	沈松龄		颜 妍(女)
华能上海分公司工会	陈永平		
上海绿地控股集团工会	黄 健(女)		徐跃华(女)
上海世博发展(集团)有限公司工会	吴晓莺(女)	居 正	
上海申迪(集团)有限公司工会	金 涛	蒋 靖 周 锋	戴蓓蕾(女)
上海电影(集团)有限公司工会	李 雷	范奕蓉(女) 易 磊	胡 军
中国金融工会上海工作委员会	蔡 莹	周 健	
五冶集团上海有限公司工会	倪治寿		
上海东方网股份有限公司工会	陆 黛(女)	王 迪(女) 寇志红(女)	张丽娜(女)
上海化工研究院	黄 焱	周勇明 刘 虹(女)	刘彦明
上海世纪出版(集团)有限公司工会	周建宝		

2017 上海工会年鉴

直管单位

直管单位概况

【上海工会管理职业学院】 上海工会管理职业学院是由市总工会主办、兼有干部培训和学历教育功能的一所全日制普通高等职业院校。2016年，在上海实施地方群团试点改革中，按照工会突出主业主责的改革要求，实施剥离学历教育功能的改革，调整资源力量，增强工会干部教育培训和职业培训的职能。学院加快推进工会干部教育培训主阵地建设。围绕上海工会工作重点以及各级工会实际需求，先后开发实施六大特色培训项目。组建非公企业工会主席培训项目团队，设计开发了工会通识、组织建设、服务职工、协调机制、预防预警和制度保障六大模块课程，为提升非公企业工会主席履职能力和业务素质服务；参与市总工会专题调研，配合市总工会研究制订《社会化工会工作者教育培训实施办法》《关于加强社会化工会工作者队伍建设的指导意见》。以职业资格标准和开展职业能力培训为核心，构建上岗培训、职业资格培训、岗位轮训和专题培训相结合的培训体系；聚焦民主管理和集体协商，研究开发两项业务所需的能力和知识，按照系统化、专业化的要求制订课程计划，形成了专题业务培训方案；配合市总工会网上工会建设的新要求，开发了学院的网上培训平台。全年共举办各类培训活动166期(场)，培训10055人次。其中，市总工会主体班次承办43期，培训2400人；全国总工会特色班次(含全总计划内培训班)承办5期，培训347人；其他各类委托培训班次承办24期，培训1428人。为基层工会送教上门82场，培训4920人次；学员总体满意度超过98%，培训的质和量都有一定提高。上海工会管理职业学院办有学报《工会理论研究》，成为工运理论和劳动关系研究成果的交流研讨平台。 (徐振珏)

【上海市工人文化宫】 上海市工人文化宫是职工群众文化活动场所之一。2016年，市工人文化宫围绕推进群众文化的主业主责，积极创作艺术作品，协调艺术资源，为全市工会组织和职工群众提供了丰富的文化服务。一是创作排演文艺作品，组织开展文艺汇演。与上海话剧艺术中心联合策划、出品话剧《邹碧华》，共演出31场，近2.2万人次观摩，并与市振兴中华读书指导委员会联合推出“观摩话剧《邹碧华》，争做时代‘燃灯者’”剧评活动。承办了“中国梦·劳动美 2016年上海市庆祝五一国际劳动节特别节目”；承办了2016年上海市第二届职工网络文化艺术节开幕式暨职工好声音歌王风云会；举办了“上海茉香国风66——上海茉莉花民族乐团专场”音乐会；“爱乐空间”举办了“我们的歌声多嘹亮——庆七一专场演唱会”“长征组歌——庆八一合唱音乐会”等，全年共组织了12场系列专场演出。“戏苑新风”全年共举办了15场不同剧种的专场演出，与沪剧名家汪华忠艺术工作室合作的沪剧“红五月”演唱会，在上海共舞台演出的“茉莉绽放”沪剧演唱会，以及同苏州市工人文化宫联合举办的“戏曲过把瘾”专场演出等。除专场演出外，还会同上海音乐文学学会共同主办“讴歌劳动美，唱响主旋律——江浙沪皖四地新时期劳动歌曲创作”研讨会；组织开展“上海工人艺术家金苗苓声乐作品”研讨会；参演“永不褪色的红烛”——首届上海监狱系统“十大感动人物”颁奖典礼等活动。二是助推职工文化活动。举办“大城小梦·未来星主播”首届上海市职工主持人大赛；承办“中国梦·劳动美”“中国电信杯”上海班组(团队)网络文化大奖赛，报名参赛的班组(团队)达到13270个，审核通过12890多个，总报名人数70100多，市宫抽调近40%的职工参与，确保了赛事圆满成功。发起“带副春联回家乡”2016年上海工会文化惠民系列活动；举办2016《大城小梦》上海职工故事汇网络征文大赛；组织沪上书画家赴“南京路上好八连”开展军民共建，赠送书画作品近百幅；组织开展首届“森河杯”上海职工足球联赛、“临港杯”职工羽毛球赛等5场文体赛事。依托《新民晚报》以及“侬好上海”、市宫官微等新媒体平台，同步发起了“定格美丽瞬间，你的故事我来说”活动。编辑《散落在民间的美味》和《大城小梦》两本“主人丛书”。三是实施职工文化服务配送。茉莉花艺术团赴上海迪士尼国际旅游度假区、富士康公司等企业、工地现场举办6场“茉莉飘香·情系职工”大型慰问演出。举办“舌尖上的滋味”中华老字号品牌文化展，并与上海中华老字号企业协会、上海新世界集团分别签订战略合作协议。四是举办会展活动。2016年市工人文化宫共举办11场主题展览。如“电影的面孔——中国电影人肖像摄影作品展”“新上海人风采书画展”等。开展大型公益活动12场，如“第五届百名高级女医师大型义诊活动”，开展纪念建党95周年、红军长征胜利80周年系列活动，邀请中共一大会址、井冈山、遵义、延安、西柏坡纪念馆共同举办“迎接建党100周年”五大革命圣地系列展。五是拍摄影视作品。拍摄劳模人物纪实片《时代楷模》；与上海电视台新闻综合频道《上海故事》栏目合作，拍摄、采访并制作五一特别节目《岗位达人风采录》。与申工社、上海市电视艺术家协会共同启动了第二届上海职工微视频大赛“寻找身边的民星”活动；与市总工会宣教部联合举办的“劳模和劳动8小时”微电影比赛、微电影创作培训，选送8部微电影作品参加第三届全国职工微电影大赛，荣获1个金奖，2个银奖，3个铜奖和优秀组织奖。六是开展公益培训。公益乐学全年举办现场版教学460场，成功预约人次9200人次。企业版教学近百场，培训达7000人次。开发交响乐、国际跳棋、微电影、太极拳等16门新课程，制作完成京剧赏析、茶艺、跑步热身、击剑等7部课件，其中茶艺课件荣获2016年黄浦区终身教育(民非教育)微课大赛专业一等奖。并与上海芭蕾舞团、上海交响乐团、上海京剧院等6家单位签订战略合作协议；开设静安、张江、青浦、富士康等4个教学分点；启动了公益乐学“流动课堂”子系列。公益乐学承接申工社APP一级菜单申工院项目，目前已上线30门课程，还刊播了由姚明、王励勤、辛丽丽、王珮瑜等知名人士出镜的公益宣传片和7部课件视频等内容。申工院月点击量2—3万次。

(孙思思)

【劳动报社】 上海市总工会直属事业单位，负责编辑出版《劳动报》和《上海工运》杂志，并开设有网站“来博网”(http://51ldb.com)和手机劳动报、官方微信号、官方微博、“劳动报”APP和演播厅等网络媒体。2016年,劳动报社聚焦市总工会重点工作以及基层工会和职工关注的民生保障热点,推出“群团改革”“大国工匠”“工会改革在路上”“打通最后一公里”“零门槛维权”等10余项专栏,刊发近80个整版的深度报道、200多篇专栏文章。以《中国梦·劳动美》栏目为平台,采访报道劳模先进、普通劳动者和基层工会干部的先进事迹和创新经验,弘扬主旋律,传播正能量。新开办的栏目《劳动观察》,主打深度调查报道,全方位、立体化地反映和报道普通劳动者的急难忧愁、基层工会工作者的甜酸苦辣。先后推出《申城职工需求调查》《上海工会改革一周年纪实》等12期、共计83个整版的深度调查报道。报社《劳权观点》栏目荣获第25届上海新闻奖一等奖,为近30年首次获得,3篇作品获得二、三等奖;《工会贯彻落实群团改革系列评论》荣获2016年上海五一新闻奖一等奖,5篇作品获得二、三等奖;全年获市委宣传部等各类专报表扬、奖项计20余项。报社拓展传播渠道,创办微信、微博、APP视频等新媒体平台,实现一次采集、多次发布、报网融合。建成集策划、摄影摄像、编辑制作等功能为一体的演播厅,成功上线劳动报《动视》平台,开办《上海零点》《师傅匠心》等视频类栏目。微信公众号在40期“全国工会系统微信公众号排行榜”中,有23次荣登第一,有8条10万+阅读量的文章。 (胡晓云)

【上海市职工技协服务中心】 上海市总工会直属事业单位,下设办公室、财务科、技术服务科、技术培训科、技术创新科、经济发展科等部门。上海市职工技协服务中心发挥协调服务职能,着力推动职工技术创新、技能提升和技术协作深入发展。2016年,参与了市总工会、市知识产权局、团市委、市科协、上海发明协会等单位联合发起的在十三五期间举办上海市优秀发明选拔赛的筹备工作,参与市总工会、市科委、市经信委、市国资委等单位在十三五期间联合开展的关于职工合理化建议和先进操作法优秀成果征集、命名活动筹备工作;举办2016年上海职工科技活动周、上海职工创新大会、非公企业职工技术创新成果网上展等市级层面活动;开展上海市第二十八届优秀发明选拔赛,共有1465项发明创新项目参赛,评出579项获奖项目;推荐11个职工发明创新项目参加2016年度上海市科技进步奖的评选,1个项目获得市科技进步奖二等奖,5个项目获得市科技进步奖三等奖;实施市总工会服务职工实事项目,认真做好职工授权发明专利奖励和职工晋升技师、高级技师奖励工作,分别对1546个一线职工发明专利和5340名晋升技师、高级技师的职工给予一次性奖励;组织开展选树“上海工匠”的工作,承担从申报网络培训、初评材料的分析、档案管理及相关资格审核的全过程工作,从参与申报的583名职工中选树了88名2016年度“上海工匠”;打造“互联网+职工创新服务”,建立网上服务平台,整合上海工匠、晋级奖励、发明选拔赛、合理化建议等职工创新活动的申报、审核、查询、数据分析等功能,为工会和职工提供一站式网上服务。还创建了具有各项创新活动申报、查询、公示功能的官方微信公众号“创客源”。 (张 刚)

【上海市总工会职工保障互助中心】 2016年,市职工保障互助中心(简称“市职保中心”)、市职工保障互助会(简称“市职保会”)进一步优化保障计划,改进服务措施,努力打通服务职工“最后一公里”。一是做好互助保障计划的参保和保障金支付工作。截至12月31日,“四项医疗互助保障计划”有效会员达781.74万人次,同比增加2.86万人次。其中“在职住院保障计划”有效会员达207.79万人,“退休住院保障计划”为360.82万人,“特种重病保障计划”154.32万人,“女职工特种保障计划”58.81万人。此外,“意外伤害保障计划”有效会员127.20万人,“意外伤残保障计划”有效会员111.94万人。2016年,“四项医疗互助保障计划”共向145.6万人次职工给付了10.82亿元保障金,减轻了参保职工医疗费负担。二是拓展“会员专享基本保障”内容。自7月起,“会员专享基本保障”增设B类保障,提高了工会会员保障水平。年内共279.32万名工会会员参加了该保障。三是优化在职职工互助保障计划。为方便参保单位,自7月1日起,将所有两年期的保障计划统一调整为一年期,同时,将“特种重病保障计划”保障范围从12种重病扩大到22种重病,把原先除外责任中的原位癌纳入保障范围;适度提高“在职住院保障计划”缴费标准,推进该计划可持续发展;提高“女职工特种保障计划”保障力度,将患乳腺原位癌或女性生殖器官原位癌的保障金由5000元/份提高到1万元/份;在向“综合保障计划”参保职工附加1万元“疾病身故保障”的基础上,7月1日起,参加多项“综合保障计划”的职工最高可获2万元“疾病身故保障”。四是实现退休职工住院保障金“直接给付”。8月1日起,除五种特殊情况外,凡办理“退休住院保障计划”直接给付登记的人员,住院保障金将直接发放到本人养老金账户中,实现“自动报销”。针对部分退休职工养老金账户不在8家指定银行的情况,通过上海银行实现了跨行给付。五是加强对社区服务点的指导和服务。市职保中心、职保会送培训到基层,按区域分片举办6场互助保障业务培训,并积极走访各级工会和参保单位,宣传互助保障。每两个月召开1次区服务处和大企业运营员会议,解决疑难问题。落实专人到社区事务中心巡回检查,加强业务指导。市职保中心在弘扬互助互济精神、为广大职工提供保障服务上发挥了积极作用,5月获“上海市五一劳动奖状”,6月,党总支荣获“2014—2016年市总工会机关系统先进基层党组织”称号。 (顾艳斐)

【上海海鸥国际酒店投资管理有限公司(千禧海鸥大酒店)】 上海千禧海鸥大酒店是委托国际品牌千禧酒店集团(Millennium Hotel and Resorts)管理的五星级酒店,同时也是全国工会系统内酒店中唯一一家“国家金叶级绿色饭店”。酒店在市总工会和海鸥集团的领导下,坚持秉承“稳定经营业绩、提升管理效能”的核心思路,强调“工会资产+现代管理”的企业属性,全面提升经营管理水平。2016年完成营业收入1.30亿元,客房平均出租率77.89%,通过上海市旅游饭店五星级评定性复核,得到了星评专家的高度评价和肯定。积极利用千禧集团优势,拜访了如西门子、壳牌、中青旅等在内的57家的公司和旅行社,成功获取包括飞利浦、英特尔等60余家国际知名企业的RFP(大公司总部续签合同)报价。针对新虹桥国家会展中心这一潜在的用房和会议市场需求,销售团队提前谋划、精心准备,成功销售1500个间/夜。餐饮方面,酒店利用优化户外花园区域开辟"啤酒花园",结合转播欧洲杯和奥运会等热门赛事推出各式"烧烤派对","啤酒花园"6个月共计接待客人1600人次,创收近21万元,成为一个新的盈利点。抓住千禧海鸥开业10周年的重要契机,围绕"千禧十年,感恩有你"的主题,精心准备了形式多样的市场营销推广活动。继"媒体之夜"、"十周年客户答谢会"之后,酒店还与著名国际慈善机构展开合作,举行了一场别开生面的"十周年慈善静默拍卖"活动。酒店注重培养稳定的高素质职工队伍,形成制度化的常规培训课程。如:《OSE千禧卓越服务体验》《食品 & 消防安全》《中高级酒店英语》等。在权威网站"携程"和"到到网"的宾客满意度评分中,酒店以4.7和88名的优异成绩领先于同区域的竞争对手,并荣登"携程旅行口碑榜",获得"携程2016年度最受欢迎酒店金奖"。　　(顾俊杰)

【上海国际海员俱乐部】　上海国际海员俱乐部(海鸥饭店)坐落于黄浦江与苏州河交汇处,是浦江两岸景观资源独占的四星级旅游饭店。2016年,面对市场竞争不断加剧,经营成本持续上涨,加上中央限制三公消费等政策的持续影响,海鸥饭店面临较大经营压力。在这样的市场背景下,饭店调整经营策略,根据市场动态进一步做好收益管理,优化平均房价和出租率的关系,针对公司宴请和私人宴请市场调整价格定位,做精做细品质。经营状况逐渐趋好,服务质量不断提升,安全形势保持平稳,降本增效成效显著,取得了良好的经营效果。2016年在线旅游市场继续高速发展,饭店把握住大数据时代的机遇,进一步加大电商平台营销力度,继续深化与20余个国内外知名网络预订平台的合作,及时更新促销政策,适时进行销售调整,饭店全年电子商务预定量占客房预订总量的55%。平均房价和出租率指标均高于全市同星级酒店平均水平。在抓好经营的同时,饭店按照国际酒店的运作标准,进一步优化管理和服务,始终致力于提升宾客舒适度和满意度,坚持将"满意加惊喜"的金钥匙服务理念引入到接待服务之中,使服务实现了细化、优化、精品化和个性化,具有海鸥特色的优质服务不断被社会各界所认可。通过了上海市旅游饭店四星级饭店复核,更被世界金钥匙酒店联盟授予"中国金钥匙服务品味奖"和"金钥匙国际联盟精英奖"。海鸥饭店积极落实生态文明建设的总要求,在通过能源管理有效降低能耗费用的基础上,又安装了"油水分离装置",为城市节能减排,环境保护作出积极贡献。多年来,饭店坚持开展军民共建、校企共建、社区共建活动,继续做好与提篮桥街道等单位的同创共建活动,积极开展"走进社区,邻里守望"学雷锋志愿者活动;"星级大厨社区厨艺课堂活动"以及扶贫帮困、无偿献血等工作,更好地服务社会、服务公众,积极履行企业社会责任。饭店以"优美的海鸥在风浪中争第一"为企业精神,追求更高、更优、更新、更好,连续多年荣获"上海市文明单位"称号、A类纳税信用单位和"上海市服务诚信先进单位"等称号,2016年还被市诚信办评为上海市四星级诚信创建企业。　　(胡文佳)

【上海职工对外交流中心】　上海职工对外交流中心成立于1984年,是上海市总工会直属、专门从事工会对外交流、服务于工会外事工作的事业单位。也是上海工会系统对中国台港澳地区交流接待的服务窗口。2016年先后接待了来自美国、加拿大、挪威、韩国、日本、越南等国的工会访华团共15批,165人次,为宣传上海改革开放所取得的成就,宣传中国特色工会发挥了作用。面对台海形势发生的重大变化,上海职工交流中心在全国总工会台湾事务办公室的指导下,认真学习习近平总书记对台工作重要讲话精神和中央台办2016年对台工作会议精神,发挥工会外事工作群众性、民间性的优势,继续推动基层和产业工会实现与中国台湾工会的对口双向交流。年内共承办组织工会赴台交流团8批,78人次,与中国台湾14个工会组织开展了交流。通过参访交流、座谈研讨和参观访问等活动,与台湾工会和劳动界增进了了解、发展了友谊、建立了互信,以实际行动践行了中央推进两岸关系"把握大局、巩固成果、稳中求进、深耕基层"的总体工作要求,为促进两岸关系和平发展特别是沪台工会之间,上海市和台北市之间的双城交流合作做出了贡献。在接待中国香港青年沪杭交流体验团和中国澳门的士联合会华东地区交流团时,分别安排代表团与上海申通地铁股份发展有限公司以及上海强生出租汽车有限公司开展交流座谈,加深了港澳同胞对大陆政治民主发展和经济建设所取得的重大成就的了解,对上海的工会工作也有了直观的认识。

(朱学根)

【常熟沙家浜大酒店有限公司】
2016年,常熟沙家浜大酒店有限公司紧密结合群团改革工作要求和"两学一做"学习教育,围绕上海工会服务大局、服务职工的工作重点和服务型党组织创建的总体要求,深入开展"改革先锋、岗位建功"主题活动,助力落实"上海工会职工疗休养行动",取得良好经济和社会效益。大酒店全年共接待5.3万人次,实现营业收入2807.14万元,全面完成年初各项目标任务。一是加强职工队伍建设。组织开展"我谈'两学一做'"活动,通过座谈形式进行思想交流;在纪念建党95周年之际,组织全体党员参观上海龙华烈士陵园和沙家浜革命教育基地,并与社会主义新农村蒋巷村结对共建,进一步丰富学习形式,拓宽学习渠道;分期安排宾馆酒店行业操作技能和营销管理实务等方面的学习培训和比武、练兵、竞赛活动;通过微信群等途径,组织动员职工为服务职工疗休养开展献计献策活动;组织开展职工志愿服务活动,在工程项目技术攻坚、重要团队接待服务和企业文化塑造等方面发挥"一人多岗"的作用;开展每月"服务明星"选树活动,不断提高疗休养服务水平。二是推进市场化营销平台建设。依托常熟沙家浜大酒店官方微信公共服务平台,定期通过推送图文信息等方式,介绍最新的职工疗休养资讯、当地风土人情和休养线路,并大力推广携程价4—8折和折后市总工会补贴房价1/3的专享优惠计划,进一步惠及会员职工;充分发挥会务功能和开展拓展训练等优势,多形式、多渠道挖掘市场资源,吸引一大批优质客户将大酒店列为培训拓展及会务活动的定点合作单位。三是做好服务职工的各项工作。大酒店坚持开展元旦春节送温暖和高温慰问,每年组织职工体检,并帮助10多名外来务工职工子女成功落实积分入学政策,定期开展羽毛球、棋牌和冬季运动会等文体竞赛活动,营造积极向上的企业文化。四是加强党风廉政建设。定期对大酒店落实"一岗双责"廉政防控风险点进行梳理,健全完善采购、工程等环节的廉政风险防控制度,并根据大酒店工作的实际情况,抓好内控制度的落实;组织党员与中层以上干部签署廉政责任书,开展党风廉政教育学习。 (邱紫娟)

【上海市工人疗养院】 2016年,上海市工人疗养院努力开拓市场,在完成市总下达的体检保障任务基础上,拓展营销渠道,加大对老业务的维护,加强营销开拓新业务,通过深入挖潜,加强各类健康管理增值服务,全年总营业收入达到7400万元,经营利润(GOP)2369万元,其中体检完成总营收5079万元,全年接待体检8.1万人次,其中酒店营收1039万元,租赁收入1768万元。圆满完成全年经营目标。一是积极拓展业务。通过部门联动整合资源强化服务,提升市场竞争力。在客源结构上分析挖潜,调整推出符合市场需求和经营目标的体检套餐,新增胃功能检测等近10项体检项目。强化会员部职能,在现有的客户群中发掘小众群体成为工疗会员,以点带面引导消费,通过提高体检单价从而提高经营效益。二是推进降本增效。在全面预算管理的要求下,把"对标挖潜,降本增效"作为全院工作的一条主线,与部门考核挂钩,强调成本意识,切实强化岗位责任意识。实行检验室试剂存用预警管理程序、业务员在销售中把握好项目的合理优化组合等措施。整合全院医资力量,在业务量增加及新增一辆体检车的情况下,通过合理调整人员工作,来降低成本,努力做到业务量增加而成本不增加。三是努力改善服务。发挥体检质控小组对体检流程的规范监管,以满足顾客需求为服务重心,以客户投诉为改进工作的着力点。优化客服接待预排流程,保证了在接待数量最大化的同时又能兼顾宾客的舒适度,2016年日均接待体检200人次,单日最高接待量达到402人,未出现重大投诉及医疗差错。四是宣传工疗品牌形象。继续与《劳动报》合作,刊登10期健康系列漫画连载;与上海教育电视台"银龄宝典"栏目联合录制了三期"老年人健康养生和体检自查话题"的专辑;与上海交通广播电台合作制作"上海你早"健康访谈;连续两年参与"上海坐标"城市定向挑战赛,被赛事组委会授予"最佳合作伙伴"奖杯;作为主场配合参与了海鸥集团举办的"上海工会职工疗休养、健康体检推介会",让市场了解工疗,提高品牌形象。党支部以巡视整改为契机,狠抓党风廉政建设工作。继续以"双争"劳动竞赛为抓手,不断丰富竞赛内涵,推出"星级班组""优秀标兵"评选,将党支部、团支部创先争优与竞赛结合起来,开展"红旗党支部""青年岗位能手"评选活动。 (唐文璟)

【上海市总工会洞庭西山休养院】 2016年,西山休养院紧紧围绕上海工会工作主线、深入开展"两学一做"活动,大力提升服务意识,继续优化"市场+计划"两条腿走路的经营模式,不断拓展职工疗休养线路,努力实现经营业绩和精神文明建设双丰收,较好地完成了年初制定的各项目标任务。全年一共接待5.15万人次,实现营业收入2697.16万元。休养院加强职工队伍建设。制订了《2016年党员教育培训计划》,组织开展专题辅导、专家授课、民主生活会、开展党章党规党史系列知识竞赛、开展党员思想状况调研和党内自查自纠等,开展业务知识学习和职业技能培训、劳动竞赛,13人次在疗休养协会技能竞赛及海鸥集团"岗位练兵、技术比武"大赛中获奖。努力提高疗休养服务水平。全面完成对部分客房、部分餐厅包厢和监控设备等的改造,实施太阳能热水系统改扩建工程,改造发电机组、配电房和污水处理系统,维护好基础设施;在全体职工中开展服务职工疗休养"承诺践诺"行动,党员干部带头,结合各自的工作职能,设定承诺目标,实施"百分"考核制度,并作为年度考核的重要内容。努力提高市场化运营能力。充分依托度假村(休养院)官方微信公共服务平台,定期介绍最新的职工疗休养资讯、当地风土人情和休养线路推介,不断拓展客源市场;引入"微支付""支付宝"等在线支付平台载体,进一步深化个性化定制服务,努力实现"精准营销";注重在西山花果、太湖水上下功夫、做文章,定期推送游览胜景、水产瓜果、人文古迹等方面的休养旅游服务咨询;在元旦、春节等节假日和部分西山特产上市采摘季节,适时推出各种参与性、娱乐性的活动项目;针对工会会员服务卡持卡职工,推出西山自驾游"折上折"体验活动,使总工会的实事项目更进一步惠及会员职工。建设和谐企业文化。西山休养院注重志愿者服务队的建设,每年开展爱心一日捐和义务献血、义务劳动等活动,每年赴金庭镇敬老院开展"学雷锋"为老服务志愿服务活动,组织全体党员干部、入党积极分子和全体职工捐款近5000元,并与金庭镇2户贫困户结对开展扶贫帮困活动,在重阳节当天与金庭镇敬老院结对开展"情满重阳节,爱在夕阳红"活动。 (夏鹤麟)

上海市总工会直管单位负责人名录

单位名称	职务	姓名
上海工会管理职业学院	党委书记	王厚富
	院长、党委副书记	吴萌

续 表

单 位 名 称	职 务	姓 名
上海市工人文化宫	主任、党委副书记	侯伟康
	党委书记	谢 鹰
劳动报社	总编、党委副书记	王厚富
	党委书记	邵新宇(女)
上海市职工技协服务中心	主 任	张 刚
	党总支书记、副主任	曹达荣
上海市总工会职工援助服务中心(上海市职工物价监督总站)	主 任	高 越(女)
	党总支书记	李文军
上海市职工保障互助中心	主任、党总支副书记	顾学庆
	党总支书记	桂云林(女)
上海市总工会幼儿园	党支部书记、园长	周稼超(女)
上海市退休职工管理委员会办公室 上海市退休职工服务中心	主 任	万石清
	党总支书记、副主任	顾莉萍(女)
上海市退休职工大学	副校长	李 唯(女)
上海海鸥控股(集团)有限公司	董事长、党委副书记	吕泰康
	总裁、党委副书记	史 方
	党委书记、副总裁	黄银萍(女)
海鸥饭店(上海国际海员俱乐部)、上海市总工会海鸥服务中心	党委书记	史 方
上海职工国际旅行社有限公司	党支部书记、总经理	吴德荣
上海职工对外交流中心	党支部书记	黄银萍(女)
	秘书长	吴德荣
常熟沙家浜大酒店有限公司	党总支书记、总经理	姜 钟
上海市工人疗养院	院 长	吕泰康
上海市总工会屏风山工人疗养院	院 长	沈建良
上海市总工会洞庭西山休养院	党支部书记、院长	沈建良

说明：1. 主要负责人名录以2016年12月底为准。
2. 上述人员职务以市总工会批复为准。

人物

2017上海工会年鉴

2016 年上海市“劳模年度人物”

王恩多

全国劳动模范，中国科学院上海生物化学与细胞生物学研究所研究组长

她是中国科学院院士，第三世界科学院院士，博士生导师。长期进行酶及其与核糖核酸（RNA）相互作用的研究，为人类认识遗传信息的精确性传递规律作出了贡献。完成和承担省部级科研项目 29 项，申请发明专利 5 项，在国际学术刊物发表研究论文 90 余篇。是多种著名国际学术刊物的审稿人、主编、编委，任教育部两个重点实验室学术委员会主任，曾获国家自然科学奖二等奖、上海市科学技术进步奖一等奖和自然科学二等奖。2016 年荣获上海“科普杰出人物奖”、何梁何利科技进步奖。

胡振球

全国劳动模范，上海神舟汽车节能环保股份有限公司车间主任

他是来自安徽的 80 后农民工，勤学善思，坚持技术改革、岗位创新。10 年来，先后改进工装夹具 40 多项，技术革新 50 多项、技术攻关 10 多项、取得各种专利 14 项。他发明的“清扫车边吸尘口自动避让装置”在第七届国际发明展览会上荣获金奖；“纯吸扫路车卸料抑尘装置”彻底解决“二次扬尘”的难题，填补了国内空白，其创新成果共创造经济效益达 4000 多万元。先后被评为市十大工人发明家、全国青年岗位能手，2016 年获上海科技进步奖三等奖，是农民工获此奖项第一人，并被选树为上海工匠。

钟天使

上海市劳动模范，上海体育职业学院自行车队运动员

她顽强拼搏、永不言败，使中国自行车在国际体坛有了新的地位。18 岁时，就在俄罗斯举行的世界青年锦标赛中获得 500 米计时赛冠军。2013 年获场地世界杯女子凯琳赛冠军，并作为团体成员击败世界纪录保持者，获得女子团体竞速赛冠军；2014 年在墨西哥世界杯上，打破女子行进间 200 米世界纪录；同年获得仁川亚运会女团竞速冠军；2015 年在法国世锦赛上，以破世界纪录的成绩，获得女团竞速赛金牌。2016 年 8 月巴西奥运会上，获得女子团体竞速赛金牌，成为首夺该项目奥运冠军的亚洲选手。

汤卫平

上海市先进工作者，上海空间电源研究所副总工程师

他是国家第六批“千人计划”专家，长期致力于新能源储能领域研究和开发。他和团队在锂离子电池空间和新能源领域的应用开拓，达到国内先进水平；锂硫电池等

未来储能技术创新研发，已突破多项重要关键技术。特别是2016年在神舟十一号、天宫二号能源电源系统升级和国家绿色环保、新能源战略发展方面作出杰出贡献和成就。其所在团队被国防科工委、邮电总工会命名为“汤卫平班组”；其个人获上海市职工科技创新标兵等称号。《解放日报》等主流媒体都作了报道。

王春军

上海市先进工作者，上海市公安局特警总队副大队长

他作为全国公安特警首支水面空中突击队的探路先行者，潜心钻研城市立体化合成反恐作战战法，探索创新直升机机降和水下攻坚技战术，成功攻克一批技战术空白和难点，成为反恐处突利刃。2016年6月，参与全国公安特警实战技能大比武活动，期间协助做好科目选定、规则设置和现场组织等工作，获得部局领导的高度肯定。2016年G20峰会安保期间，参加公安部工作组，赴相关省市对增援警力专项备勤工作进行督导检查，并提出许多合理化建议，获得属地公安机关一致好评。

梁慧丽

上海市先进工作者，普陀区桃浦镇莲花公寓居民区党总支书记、居委会主任

她始终奉行“从身边小事做起，真情服务居民”的理念，坚持“察民情、解民忧、聚民心、保民安、予民乐”，为群众办实事、解难事、做好事。带领64名党员组成的“社情民意沟通组”，用真情凝聚群众，用智慧巧解难题，将莲花公寓从“五多一乱”居住区，建设成为全国和谐示范小区、上海市模范示范居委会。2016年，荣获全国三八红旗手、全国优秀党务工作者等称号，并入选中国文明网主办的“中国好人榜”。市委相关领导要求全市广大基层党员干部向梁慧丽学习。

夏　强

上海市先进工作者，上海交通大学医学院附属仁济医院副院长

他用高超医术和高尚医德打造出中国活体肝移植的行业标准。带领团队开展高难度肝移植手术，连续五年完成手术量处于世界第一。至今已施行儿童肝移植手术逾620例成功率达98%，一年生存率为93.1%、五年生存率超过80%。仅2016年就完成211例，包括11例外籍患儿，成功率达100%。领衔的“婴幼儿肝移植关键技术的建立及其临床应用推广”项目，获2015年度教育部科技进步一等奖、上海市科技进步奖一等奖；牵头制订的第一部《中国儿童肝移植指南》在全国推广应用。

王海斌

全国劳动模范，上海徐房房屋维急修中心党支部书

记、主任

他从物业水电维修工起步,25年来岗位在变,但甘当安居守护者的初心没变。曾被推选为首批"小徐虎",并入选首批房管行业领军人才。提出"劳模式"服务概念,把一个人的力量变成一群人的力量,制订了标准化服务制度200余条。其所在的应急维修中心962121平台,2016年业务量达316246件,受理诉求185455件,直接派员上门解决51620件。"橙色联盟"是王海斌为首发起的志愿者服务联盟,利用业余时间,为老人料理疑难杂症,帮助自闭症患者走出阴影,近两年共发起或参与志愿活动34次。

华　雯

省部级劳模,宝山沪剧艺术传承中心主任

她是国家一级演员,潜心沪剧创作,唱响沪剧内涵,弘扬沪剧传统文化。带领团队先后创作40余部大戏。其中,主创、主演的《挑山女人》获2016年度国家艺术基金交流推广项目,在全国巡演40场;个人获中国文化艺术政府最高奖"文华表演奖",《人民日报》曾作专题报道。还实现了沪剧在国家大剧院演出零的突破,演出达200多场,观众逾20万人次。历年来,她二度获中国戏剧"梅花奖"和"白玉兰"艺术专业奖,还先后荣获全国文化系统先进工作者、全国三八红旗手、上海十大感动人物等称誉。

管仕忠

上海市劳动模范,上海市崇明区竖新镇仙桥村党支部书记

他担任村党支部书记26年,一直以"实干兴村,致富百姓"为己任,大胆探索生态特色农业和农旅结合的新模式并得丰硕成果。全村100%的农业土地实现流转,实现田园生态养殖和农民致富,使昔日穷乡僻壤、今成富裕乡村。2016年5月,市委书记相关领导专程到仙桥村视察指导工作,对管仕忠的工作给予高度评价。仙桥村被中国生态文化协会评为崇明首家"全国生态文化村",村党支部获上海市"先进基层党组织"称号,他个人荣获"光荣与力量——2016感动上海"年度人物提名奖。

表彰

2017上海工会年鉴

2016年全国五一劳动奖状名单

上海聚力传媒技术有限公司
上海安硕信息技术股份有限公司
康成投资(中国)有限公司
国网上海市电力公司检修公司
上汽大通汽车有限公司
中铁上海工程局集团有限公司
上海市水务局执法总队(中国海监上海市总队)
上海监狱局

2016年全国五一劳动奖章获得者名单

马丽萍(女) 日通国际物流(上海)有限公司
王　承 上海宜家家居有限公司
何东仪 上海市光华中西医结合医院
颜明峰 上海杨浦科技创业中心有限公司
赵　赟 上海申厦物业有限公司
朱道义 上海静安园林绿化发展有限公司
沈晓东 东芝电梯(中国)有限公司
王　东 基因科技(上海)有限公司
章　毅 上海市脐带血造血干细胞库
徐满红 上海华中实业(集团)有限公司
蒋永华 上海金山区朱泾镇
柳兆春 亚士漆(上海)有限公司
潘建超 上海凯宝药业股份有限公司
魏轶旻 上海广电通信技术有限公司
王家根 上海氯碱化工股份有限公司
毕琳丽(女) 上海华宇药业有限公司
鲍　平 宝钢新日铁汽车板有限公司
顾红飞 中冶宝钢技术服务有限公司第三分公司
徐建伟 中国石化上海石油化工股份有限公司烯烃部
张卫东 上海航天技术研究院
朱　挺 上海铁路局科学技术研究所
许　力 上海沪东集装箱码头有限公司
郑淑怡(女) 中国移动通信集团上海有限公司
邱莉娜(女) 中国电信股份有限公司上海崇明电信局
徐卫国 交通运输部东海救助局
庞建军 东航集团上海飞行部技术管理部
杨令炅(女) 上海国际机场股份有限公司安检护卫保障部
汤永根 上海建工七建集团有限公司
常伟才 中国建筑第八工程局有限公司
周怀阳 同济大学海洋与地球科学学院
陈生弟 上海交通大学医学院附属瑞金医院
王　刚 上海市龙华殡仪馆
孙志湧 上海东郊宾馆
印丽萍(女) 上海出入境检验检疫局动植物与食品检验检疫技术中心
赵雲龙 上海隧道工程有限公司
吴虎生 上海芭蕾舞团
贾　勇 上海上电电力运营有限公司
褚伟洪 上海岩土工程勘察设计研究院有限公司
胡　平 宝钢股份热轧厂

2016年全国工人先锋号名单

联邦快递(中国)有限公司上海分公司
奥盛集团有限公司桥梁事业部班组
上海正方建筑装饰工程有限公司王明华项目班组
上海申杰环境发展(上海)有限公司卢湾非机动车停放协管服务社淮海中路街道班组
上海金亭汽车线束有限公司上海大众后工程6班
上海申新电气有限公司抢修班班组
上海海融食品科技股份有限公司品保中心
上海明珠湖生猪专业合作社物流班组
上海电气电站设备有限公司上海汽轮机厂刘霞焊接转子团队
上海申达进出口有限公司申达二部
上海电力安装第二公司公司汽机工地本体班
上海宝冶集团有限公司市政工程公司水电工程部电维护班
江南造船(集团)有限责任公司制造部第四装焊作业区电焊一组
上海烟草机械有限责任公司制造一部数控二组
上海化学工业区公共管廊有限公司运行巡查甲班
上海市交通委员会交通考试中心业务受理窗口
华东建筑设计研究院有限公司上海建筑科创中心建筑节能技术研究学科中心
上海大屯能源股份有限公司孔庄煤矿综采一队
上海浦东发展银行股份有限公司自贸试验区分行
上海市劳动能力鉴定中心鉴定管理科
上海交通大学医学院病理生理教研室
中国科学院上海技术物理研究所嫦娥三号主动光电载荷研制团队
上海市疾病预防控制中心急性传染病防治科
上海文化广播影视集团有限公司真实传媒有限公司《大师》栏目组王韧工作室
美亚财产保险有限公司木兰社
上海世纪联华超市发展有限公司颛桥店
上海巴士第五公共交通有限公司118路
上海地铁第一运营有限公司徐家汇枢纽站
上海浦东威立雅自来水有限公司管网所阀门队
中国建筑第二工程局有限公司上海分公司上海迪士尼乐园园区三项目经理部
上海飞机制造有限公司数控机加车间钳工一组
上海市公安局经济犯罪侦查总队一支队
绿地控股集团西南房地产事业部
洋山港海事局港口国监督检察官实践培训基地
上海电气电站设备有限公司上海汽轮机厂大件工艺室
电信科学技术研究院电信科技技术第一研究所上海迪爱斯通信设备有限公司

上海中西三维药业有限公司原料药班组

2016年上海市五一劳动奖状名单(177个)

上海安翰医疗技术有限公司
上海市浦东新区网格化综合管理中心
上海高桥捷派克石化工程建设有限公司
上海聚通装饰集团有限公司
上海由由国际广场有限公司喜来登由由酒店
上海普兰金融服务有限公司
上海怡顺建设发展有限公司
上海市浦东医院
久江控股集团有限公司
上海金桥市政建设发展有限公司
浦东新区人民法院
上海市浦东新区市场监督管理局
上海浦东新区杨高公共交通有限公司
上海良信电器股份有限公司
上海高智科技发展有限公司
捷普科技(上海)有限公司
上海百事通信息技术股份有限公司
上海新轻物业管理有限责任公司
上海市第二中学
上海生物电子标识股份有限公司
伊顿(中国)投资有限公司
晨讯科技(上海)有限公司
上海长宁现代教育培训中心
上海市长宁区图书馆
上海延华智能科技(集团)股份有限公司
上海市普陀第一房屋征收服务事务所有限公司
上海市梅陇中学
上海普利特复合材料股份有限公司
上海高顿教育培训有限公司
上海华拓医药科技发展有限公司
打虎山路第一小学
杨浦区中心医院
上海延泽社会工作发展中心
上海新联纬讯科技发展有限公司
金佰利(中国)有限公司
上海双菱电梯工程有限公司
上海老凤祥钻石加工中心有限公司
上海光明村实业总公司
勃林格殷格翰(中国)投资有限公司
上海中企物业管理有限公司
上海市静安区临汾路街道社区卫生服务中心
上房方征投资管理(上海)有限公司
西德科东昌汽车座椅技术有限公司
上海新通联包装股份有限公司
上海图博可特石油管道涂层有限公司
宝山区殡仪馆
上海南华兰陵电气有限公司
上海华虹实业公司
闵行区古美社区卫生服务中心
上海锦湖日丽塑料有限公司
上海同仁药业股份有限公司
电光防爆科技(上海)有限公司
上海新时达电气股份有限公司
上海市嘉定区总工会
飞利浦电子技术(上海)有限公司
上海市轻纺集团有限公司
上海联影医疗科技有限公司
上海市金山丝毯厂
上海新跃物流企业管理有限公司
上海博海餐饮集团有限公司
上海金山区卫夷健康管理服务中心
上海东洋电装有限公司
上海立新电器控制设备有限公司
上海杉欣建筑工程有限公司
上海沪杭路桥实业有限公司
上海飞航电线电缆有限公司
上海市松江区九亭中学
上海元祖梦果子股份有限公司
申通快递有限公司
上海创始实业(集团)有限公司
上海科泰电源股份有限公司
上海市青浦人才服务中心
上海南洋高科技(集团)有限公司
上海艺友金属制品有限公司
上海和汇安全用品有限公司
上海通用风机股份有限公司
上海市奉贤区实验中学
上海冰峰仪表塑料件厂
上海三菱电机·上菱空调机电器有限公司
上海电气风电集团
上海电气输配电工程成套有限公司
上海塞嘉电子科技有限公司
上海仪电鑫森科技发展有限公司
上海现代建筑装饰环境设计研究院有限公司
上海国际时尚中心园区管理有限公司
上海医药分销控股有限公司
上海上药信谊药厂有限公司
国网上海市电力公司市区供电公司
上海送变电工程公司
宝钢工程技术集团有限公司炼钢事业部
宝山钢铁股份有限公司炼钢厂二炼钢分厂连铸生产准备作业区
上海钢铁交易中心有限公司交易运营二部
中国石化上海石油化工股份有限公司烯烃部
上海太阳能科技有限公司
上海卫星工程研究所
江南造船(集团)有限责任公司
上海法雷奥汽车电器系统有限公司
安吉汽车物流有限公司
上海汽车集团财务有限责任公司

上海华力微电子有限公司
上海巴斯夫聚氨酯有限公司
上海铁路局上海站
上海铁路局上海动车段
上海船舶运输科学研究所
上港集团振东集装箱码头分公司
上港集团张华浜分公司
上海交运沪北湛江宝交物流有限公司
上海交运起申汽车销售服务有限公司
中国邮政集团公司上海市浦东新区分公司
中国电信股份有限公司上海研究院
中国电信股份有限公司上海分公司市民服务热线运营中心
中国东方航空股份有限公司信息部
上海东航置业有限公司
上海建科检验有限公司
上海核工程研究设计院
上海外经集团控股有限公司
上海市工程建设咨询监理有限公司
上海市政建设有限公司
上海市绿化和市容管理局行政服务中心
中国建筑第八工程局有限公司钢结构工程公司
上海中建八局投资发展有限公司
上海银监局国有银行监管处
海通证券股份有限公司权益投资交易部资本中介业务团队
上海银行股份有限公司市北分行
交通银行上海市分行消费者权益保护部
上海体育学院
华东理工大学
上海交通大学医学院
上海电力学院
中国科学院上海药物研究所中国科学院受体结构与功能重点实验室
上海市科技创业中心
上海中医药大学附属龙华医院
上海交通大学医学院附属第九人民医院
上海市卫生和计划生育委员会监督所
复旦大学附属妇产科医院
上海市社会文化管理处
上海杂技团有限公司
上海东方电视购物有限公司
上海体育职业学院男子排球队
上海东湖机械厂
中国医药工业研究总院
中国人民解放军第四七二四厂（上海海鹰机械厂）
光明渔业有限公司
上海冠利虹置业有限公司
上海市第一社会福利院
上海市北新泾监狱
上海锦江乐园有限公司
上海锦江国际饭店有限公司
上海市职工保障互助中心
上海市建设用地和土地整理事务中心
上海东捷建设（集团）有限公司
上海音乐出版社有限公司
上海市高境强制隔离戒毒所
上海市养志康复医院（上海市阳光康复中心）
上海百联徐汇购物广场有限公司
上海世纪联华超市黄浦有限公司
上海巴士第二公共交通有限公司
上海强生集团汽车修理有限公司
上海轨道交通十四号线发展有限公司
上海水域环境发展有限公司
上海市合流工程监理有限公司
上海东方投资监理有限公司
红星美凯龙家居集团股份有限公司
隧道股份上海煤气第一管线工程有限公司
隧道股份上海隧道地基基础工程有限公司
上海地产三林滨江生态建设有限公司
上海东浩人力资源有限公司
中航国际粮油贸易有限公司
中建三局集团有限公司（沪）
上海上电电力运营有限公司
中国商飞民用飞机试飞中心
上海临港奉贤经济发展有限公司
号百信息服务有限公司114mall商城班组
上海市动物疫病预防控制中心
上海国盛集团仁源企业管理有限公司
绿地金融投资控股集团有限公司
上海国际旅游度假区新能源有限公司

2016年上海市五一劳动奖章名单（599个）

王　芳（女）　上海竹本容器包装有限公司工会主席
卜　俊（女）　微差事信息技术（上海）有限公司首席运营官
郭　燕（女）　上海依然半导体测试有限公司工人
李　亮　上海联明晨通物流有限公司信息工程师
卢清武　霍尼韦尔（中国）有限公司亚太区财务副总裁、首席财务官
郭长旺　住友化学（上海）有限公司工会主席
卢海静（女）　上海淳大酒店投资管理有限公司工会主席
王　黔（女）　克模塑胶（上海）有限公司品证部体系科长
丁勤艺　金雅拓科技（上海）有限公司维修工程师
邱奕炯　拜耳（中国）有限公司IT部门经理
郑　俨（女）　上海浦东公惠社会工作服务中心总干事
马　健　金桥开发园区总工会干事
顾乃明　上海市浦东新区综合治理委员会办公室综治办副主任
严燕菁（女）　浦东新区人民政府办公室财务室职员
姚红钢　浦东新区总工会基层部部长
徐瑞凤（女）　曹路镇人民政府信访办主任

胡国祥　合庆镇市政市容环卫管理中心主任
朱小弟　上海贝思特电气有限公司总经理
蔡成伟　北蔡社区卫生服务中心医生
罗凤魁　上海胜华电缆(集团)有限公司一线职工
朱卫红(女)　上海大友国际仓储有限公司课长
茅　媚(女)　上海新金桥商业经营管理有限公司总经理
肖玉兰(女)　上海浦东世纪公园劳动服务有限公司部门经理
李　丹(女)　后藤电子(上海)有限公司生产管理系副系长
金素菊(女)　洋泾街道巨野居委居民区党总支书记
赵国峰　上海华龙测试仪器股份有限公司电气工程师
庄　权　上海界龙永发包装印刷有限公司机修主管
李建峰　上海住友电木有限公司主管
赵思勇　上海理光数码设备有限公司监察室长
陈朝红　上海上钢物业公司区域经理
谢剑峰　上海旺欣豆制品设备有限公司技术主管
邹建文　上海百通项目管理咨询有限公司总工程师
张海港　上海金陵电子网络股份有限公司项目经理
范志军　上海洋帆实业有限公司部门主管
陈　燕(女)　康桥镇人民政府办公室主任
于继东　上海嘉里食品工业有限公司总经理助理
王红英(女)　上海南园宾馆有限公司工会干部
王　珏(女)　浦东新区税务局科员
马志勇　上海振华重工(集团)股份有限公司电焊工
耿　亮　研苷(上海)阀门工业有限公司车间主任
姚问苍(女)　上海天地涂料有限公司技术部门经理
熊仕凤　麦格思维特(上海)流体工程有限公司装配钳工
黄志平　浦东新区泥城镇农村公路管理站职工
沈立军　上海市浦东新区物业管理中心行政监管
陈建军　上海乐依对虾养殖专业合作社理事长
洪程栋　上海立悦旅游汽车服务有限公司技术总监
范　萃(女)　上海天玮玻纤有限公司工会干事
连　麟　上海浦东新区杨高公共交通有限公司职员
俞　虹(女)　上海徐汇民办吉的堡新汇幼儿园执行园长
朱国平　梅特勒-托利多仪器(上海)有限公司行政主管、工会主席
王　跃　上海乐通通信设备(集团)股份有限公司运营副总裁
吴聪聪　上海泾东建筑发展有限公司项目工程师
韩瑞强　上海西岸开发(集团)有限公司项目管理部副部长
顾　玲(女)　中粮国际(北京)有限公司上海分公司公司行政主管、工会主席
安呈敏(女)　上海太福装卸服务有限公司候车室保洁组长
王建侠　上海日盛环境保洁服务有限公司机修工
杨　坚　上海市徐汇区中心医院康复科主任
李　凌(女)　上海阿自倍尔控制仪表有限公司人事主管
董　泽　北京埃顿酒店服务有限公司上海分公司高级健康营养顾问
郑子山　上海美罗城商业管理有限公司安保员(专职消防员)
陆琪峰　上海达汇建筑工程有限公司劳务分公司经理、电箱厂厂长
赵连捷　阿尔斯通投资(上海)有限公司项目经理
卢秋红(女)　上海合时智能科技有限公司总经理
金　琪(女)　上海市西南位育中学党委书记、工会主席
陈永庆　上海美加净日化有限公司牙膏车间设备管理员
施　琦　携程旅游信息技术(上海)有限公司副总裁,HR总经理
潘钟仁　上海美天副食品市场经营管理有限公司行政负责人
沈　俊　联合利华(中国)有限公司上海分公司研发部总监
金　磊　上海灿星文化传播有限公司执行总裁
贾　波　上海德必文化创意产业发展(集团)有限公司董事长
娄　嫣(女)　长宁区人民法院副庭长
王　刚　上海高罗输送装备有限公司副总经理
胡翠华(女)　上海服装集团联合服饰有限公司生产组长
徐国良　上海光华勘测设计院有限公司办公室主任
周毓青(女)　上海市长宁区妇幼保健院功能科主任
崔中周　上海西联环境卫生服务有限公司综合服务部民工管理员兼装卸工
高利学　上海华侨汽车修理服务有限公司车间主管
沈子兴　上海市长宁区教育学院教研室主任
季卫兵　上海海尚物业管理有限公司副总经理
汤建平　理光(中国)投资有限公司部门副总经理兼工会主席
陈　达　上海市普陀区河道管理所河道管理科科长
王　慎　上海桃浦科技智慧城开发建设有限公司董事长
卢科军　上海电科电器科技有限公司研发副经理
蒋寅雁(女)　上海昊川置业有限公司营销部职员
左　卫(女)　真如铁三角园区上海东纺日化销售有限公司工会主席
朱利爽　上海久银车库工程有限公司副经理
郑　华　普陀公安分局综合整治办副主任
肖玉荣(女)　上海市普陀区社会福利院护工
魏　飞　上海英盾安防设备有限公司保安队长
严晓娟(女)　上海市普陀区就业促进中心副主任
宋士强　上海仪电电子股份有限公司工程部经理
朱　莉(女)　上海广中路街道社区工作者事务所工会专职工作者
潘　荣　上海昆仑新奥清洁能源股份有限公司党支部书记兼工会主席
周广银　上海盛运建筑工程有限公司水电组管理员
蔡　青　上海普利特复合材料股份有限公司工程师
郑　博　上海虹远环境保洁有限公司清运班班组长

郭永林 上海虹口动拆迁实业有限公司副总经理
王丽宇(女) 上海烟草集团虹口烟草糖酒有限公司办公室主任、党总支书记
陈　洁(女) 安莉芳(上海)有限公司行政经理、工会主席
扶慧芳(女) 上海市杨浦区社会福利院管理员
张洪新(女) 上海杨浦滨江投资开发有限公司部门经理
顾克家 上海杨浦工蕴社会工作服务中心五角场商业贸易行业工会主席
宋　力 上海依科绿色工程有限公司研发中心经理
唐友军 上海东鑫电力工程安装有限公司工人
张洪如 上海菱重发动机有限公司工人
张　峰 上海杨浦知识创新区投资发展有限公司工程师
杭国栋 上海杨浦区新东方进修学校人力区域总指导师
范　骁 上海联创建筑设计有限公司部门设计总监
张贤臣 上海市铁岭中学副校长
魏　杰 上海精智实业有限公司董事长
俞大有 中民嘉业投资有限公司建筑工业化事业部副总裁兼建筑科学研究院院长
王国华 上海明华物业管理有限公司项目经理
鲍　颖(女) 上海八号桥投资管理(集团)有限公司文化产业部负责人
倪海郡 上海爱酷文化传播有限公司总监
黄宪祖 上海市黄浦区南京东路街道办事处街道总工会专职副主席
金　蕾(女) 佳能(中国)有限公司上海分公司销售部经理
郭丽敏(女) 上海浦江控股有限公司党委副书记、工会主席
俞海英(女) 上海张铁军翡翠股份有限公司营业员
王善梅(女) 上海金锐建设发展有限公司工人
张继宏 上海南房集团应急维修服务中心工人
张　芸(女) 上海童涵春堂药业连锁经营有限公司兰村店店长
郭　嫱(女) 上海市黄浦区卫生和计划生育委员会监督所科员
朱柯丁 上海艾能电力工程有限公司总经理
孙志良 上海黄浦粮油食品发展有限公司班组长
支尚富 上海冶金物业管理有限公司综合部经理(电工班班长)
原兰英(女) 上海欣谊环境卫生服务有限公司工人
郭　忆(女) 上海顺风港湾餐饮有限公司部门经理
曾　云 上海北方企业(集团)有限公司董事、西藏城市发展投资股份有限公司总经理
余永峰 上海龙力通讯设备安装工程有限公司工会主席
卜佳青 上海青艾健康促进中心总干事
葛世平 上海蓝棠-博步皮鞋有限公司蓝棠皮鞋分店经理
张开飞 上海西区老大房食品工业有限公司副厂长
冯辉霞(女) 上海长城宽带网络服务有限公司部门主管
张　芸(女) 上海市市西中学校长助理、教育管理处主任
戴维平 上海达安企业股份有限公司党总支副书记、工会主席
张　诚 上海市闸北区动迁房源管理中心副主任
张大尧 上海市闸北区新达家电修理部个体工商户
郑伟顺 上海闸环北站环境卫生工程有限公司工人
刘重亮 上海王家沙餐饮股份有限公司副总经理
许海樱(女) 静安区江宁路街道办事处社区服务办公室副主任(副科职)
林智敏 第九城市计算机技术咨询(上海)有限公司总监
叶素鸣(女) 沪港国际咨询集团有限公司总经理
周世民 上海泉宏机电工业有限公司机加工车间主任
宗国美(女) 上海宝房劳动服务有限公司公厕保洁员
陈其英 上海中集宝伟工业有限公司维修工
谭　丽(女) 上海赫丁格热处理有限公司综合管理部经理、工会主席
周觉新 上海市宝山区粮油购销有限公司党委书记、执行董事总经理
葛鼎淞 上海欣隆劳动服务有限公司工会主席
陈　妍(女) 上海仲诚通信设备有限公司浦东分公司经理
黄　晔(女) 上海市宝山区市场监督管理局食品协调科科长,市场局妇工委主任
谢　娟(女) 上海宝临电气集团有限公司总师办主任
王喜雨(女) 宝山区科学技术委员会产学研办主任
沈红兵 上海水谷精密模具制造有限公司制造科科长、工会主席
许鹤晖 上海市宝山区广播电视台总编室负责人
金建明 大华(集团)有限公司副董事长
周　琳(女) 宝山区住房保障和房屋管理局大型居住社区推进办主任
陆　茵(女) 上海市宝山区规划和土地管理局月浦管理所所长
金忠新 上海万事红燃气技术发展有限公司工会主席
朱柳峰 宝山区给排水管理所党支部书记、所长
万慧云(女) 上海红星美凯龙家居市场经营管理有限公司党支部书记兼工会主席
沈晓宇(女) 上海市宝山区公路管理中心副主任
高智海 海隆石油工业集团有限公司工会主席
范　昂 闵行区建筑建材业管理所副所长
屠灵君 上海市闵行区劳动人事争议仲裁院调解受理庭庭长、院党支部副书记
张　莉(女) 闵行区水利管理所支部副书记、副所长
赵文君 上海九星控股(集团)有限公司工会主席
陆　淳(女) 闵行区人民法院副庭长
田方培(女) 上海虹桥医院护理部主任
吴君兰(女) 上海市闵行区动植物检测检验中心副主任

卞金锁　上海锦虎电子配件有限公司印刷工程师
卢大坚　上海七宝环卫综合服务有限公司班长
杨瑞岳　上海通孚祥汽车贸易有限公司售后服务主管
巩洪亮　上海紫丹食品包装印刷有限公司制造部经理
姚　琪　东富龙科技股份有限公司高级总监
黄宝明　上海新虹环卫综合服务有限公司党支部书记、总经理
王　敏　上海市七宝中学年级组长
殷潇凡　闵行区中心医院科主任
周郁生　上海合勤律师事务所主任(合伙人)
王叶婷(女)　闵行华坪小学校长兼书记
张前锋　上海江南旅游服务有限公司公交驾驶员
金明弟　闵行区农业技术服务中心副主任
周家仁　上海胜家缝纫机有限公司生产经理
马　博　上海宁远精密机械有限公司车间主管
潘国乔　上海景铭建设发展有限公司工程部副经理
黄　斌　可口可乐饮料(上海)有限公司工会主席
盛高峰　伟巴斯特车顶供暖系统(上海)有限公司中国区质量总监
龙仕伟　上海威克迈龙川汽车发动机零件有限公司装配工艺科科长
关　伟　嘉定区新成路街道文体中心副主任
杨　旭(女)　上海沪工阀门厂(集团)有限公司蝶阀车间技术工人
马志军　上海连成(集团)有限公司总工办主任
袁杏妹(女)　嘉定徐行社区助老服务社行政管理
崔荣华　上海南亚覆铜箔板有限公司生产工艺技术总监
张　俊　上海坦达轨道车辆座椅系统有限公司技术员
高　怡(女)　上海市嘉定区外冈镇人民政府小三级工会副主席
杜惠琴(女)　嘉定区卫生和计划生育委员会医务工会主席
武　军　真新街道社区党建服务中心主任
许向东　嘉定区中心医院心血管内科主任
樊培芬(女)　上海汽车齿轮一厂室经理
朱晓雯(女)　上海市嘉定工仁社会工作服务中心工会社工
孟琰玲(女)　上海市嘉定区第二中学教务主任
高志川　舍弗勒贸易(上海)有限公司产品设计经理
杨　吉　领迅电线工业(上海)有限公司主任工程师
丁　青　大陆泰密克汽车系统(上海)有限公司工业工程部总监
潘厚泉　西上海(集团)有限公司副总经理
陈海燕(女)　上海嘉定公共交通有限公司乘务员
吴咸满　上海圆迈贸易有限公司配送员
姜惠明　上海生大医保股份有限公司动力设备经理
严海燕(女)　上海市嘉定工仁社会工作服务中心工会社工
徐　军　安科瑞电气股份有限公司部门经理
张忠秋　上海顶新箱包有限公司科长
胡赟星　上海东润换热设备制造有限公司工程师
陈　萍(女)　亭林镇亭西村村民委员会村党总支部委员
李良友　上海亨井联接件有限公司执行经理(车间主任)
钱　勤(女)　金山区房地产交易中心副科
耿金宏　上海市金山区亭林医院普外科主治医师
曹向东　上海金山石油化工建筑有限公司公司董事、总经理助理、镇海分公司经理
张　平　上海英伦帝华汽车有限公司国际物流部物流管理科科长
何志强　上海东大聚氨酯有限公司副经理
周慧贞(女)　上海滨海电力工程有限公司董事长
孟海成　上海赫腾精细化工有限公司生产副经理
刘益克　上海沃迪自动化装备股份有限公司技术总监
杨　明　上海申漕特种水产开发公司淡水水生动物养殖工
卢春光　金山区动物疫病预防控制中心副主任
杨陆军　中国邮政速递物流股份有限公司上海市分公司营销经理
韩建超　上海合晶硅材料有限公司长晶处副处长
向　伟　上海博迅医疗生物仪器股份有限公司技术部经理
谭　芬(女)　上海市凯达公路工程公司工会主席
朱林根　上海新森林绿化发展有限公司工人
李剑东(女)　上海侨亨实业有限公司职员
许　萍(女)　松江报社编辑
曹菊英(女)　永丰街道社区事务受理服务中心兼永丰街道“三农”工作办公室技术员
陈　伟　上海扬盛印务有限公司设备设施主管
翁永平　上海耀江实业有限公司技术中心主任
李建国　松江区建设和管理委员会综合规划科科长
夏　炯(女)　松江区新桥镇人民政府新桥镇总工会专职副主席
刘建其　国基电子(上海)有限公司党总支书记、工会主席、团委书记
陆小洪(女)　上海市松江区新浜镇南杨村村民委员会党总支书记
陈　赣　上海市松江区教师进修学院研训部副主任
洪　凯　上海雷林工程技术有限公司副经理
朱长林　上海中联重科桩工机械有限公司连续墙设备室主管
陈君英(女)　岳阳街道方舟园居委会居民区书记、工会主席
郭晓芹(女)　松江区疾病预防控制中心副主任
史建群　上海松江飞繁电子有限公司职员
程晓华(女)　飞雕电器集团有限公司财务主管
花荣强　必能信超声(上海)有限公司生产主管

桂凤雷(女) 上海市松江区市容环境卫生管理中心副主任
王章龙 宜家采购(上海)有限公司部门主管
邱柱阳 上海泰永企业有限公司总务课长
廖冠军 上海韵达货运有限公司机修主管
吴　拓 上海浔兴拉链制造有限公司工会主席
兰　林 先尼科化工(上海)有限公司工人
黄小国 上海皇家酿酒有限公司首席技师
张天英(女) 上海众兴汽车旅游客运有限公司工会主席
刘沪颖(女) 上海顺意丰速运有限公司工会主席
侯　勇 上海展华电子有限公司工会主席
徐剑峰(女) 青浦区华新镇社区事务受理服务中心主任
卜引芳(女) 青浦区重固镇人民政府社区办主任
袁昌华 上海佩纳沙士吉打机械有限公司工会主席
金　梅(女) 上海福寿园礼仪服务有限公司职员
杨志才 上海展辰涂料有限公司工人
胡雪英(女) 上海香格里职业培训学校教务长
王海军 上海青浦汽车检测修理中心有限公司技术主管
潘　绯(女) 上海青浦巴士公共交通有限公司工会主席
徐　峰(女) 上海市青浦区实验小学校长
崔宝根 上海市青浦区特种设备监督检验所所长、支部书记
郭连江 上海西虹桥商务开发有限公司副总经理
邵红光 青浦区赵巷镇中步村村民委员会村党总支书记、村委会主任
董海龙 青浦区金泽镇人民政府社区管理办公室主任
蒋陆峰 上海柘中集团股份有限公司项目部负责人
王　伟 上海恒寿堂药业有限公司设备部主管
朱志良 东奉集团有限公司项目经理
谢亚明 上海亚虹模具股份有限公司董事长
陆卫忠 上海市工业综合开发区庄行工业园常务副主任、工会主席
陈宰平 奉贤区民政局老龄工作科科长
陈焕春(女) 氰特工程材料(上海)有限公司技术支持负责人
王军会 上海东明玛西尔电动车有限公司安全生产主管
龙绍生 上海人本集团有限公司集团党委书记
袁正花(女) 上海市奉贤区总工会宣传教育部负责人
薛　锋 上海市奉贤区中心医院骨科主任
董菊花(女) 上海妍杰机械工程有限公司人事部经理、工会主席
李鼎旗 上海晨冠乳业有限公司副总经理、工会主席
徐　青(女) 上海天阳钢管有限公司工会主席、团委书记、办公室主任
陈建芳(女) 奉浦社区办事处奉浦第四居委会书记、主任
刘伍洋 德佑房地产经纪有限公司营运总经理
张坤东 能率(中国)投资有限公司技术开发部副部长、工会主席
胡丽蓉(女) 上海双木散热器制造有限公司管理部总监、工会主席
潘卫峰 上海南方国际购物中心(集团)有限公司工程综合部经理
许　翔 上海市奉贤区绿化管理所绿地管理科科长
李志杰 上海英科实业有限公司总工程师
梅　军 上海市奉贤区城市管理行政执法局执法大队西渡中队中队长
奚兴昌 上海冠华不锈钢制品股份有限公司工会主席
樊秀丽(女) 上海崇明明珠湖生态服务中心经理
陈　斌 上海市崇明县招待所厨师长
王　波 上海王波果园专业合作社农艺师
屠祖建 上海永利输送系统有限公司车间主任
黄跃平 崇明县长兴镇社区卫生服务中心主任
易晓荣 上海电气电站工程公司总经理
俞建民 上海三菱电梯有限公司工程负责人
刘晓宇 海立集团上海日立电器有限公司工艺主管
刘明慧(女) 上海电气电站设备有限公司上海发电机厂室主任
金孝龙 上海电气风电设备有限公司总经理
奚玲玲(女) 上海电气输配电集团技术中心系主任
顾晓建 上海第一机床厂有限公司质量检验员
张栋芳 上海电气燃气轮机有限公司技术部部长
唐永斌 上海锅炉厂有限公司班组长
张　璐(女) 上海飞乐音响股份有限公司质量检验
崔　燕(女) 华鑫证券有限责任公司经纪业务总部副总经理
王红光 上海仪电显示材料有限公司副总经理兼制造部长
汤　咏 安徽华谊化工有限公司副总工艺师
刘　恒 上海华谊丙烯酸有限公司车间副主任
韩燕飞 双钱集团(江苏)轮胎有限公司工人
管　敏 上海印钞有限公司印钞机机长
吕晓磊(女) 上海纺织时尚产业发展有限公司副总经理
姚明华 上海申达股份有限公司党委书记
张国忠 上海上药第一生化药业有限公司设备动力科经理
孙宁云(女) 上海上药信谊药厂有限公司药物研究所副所长
朱　青 上海上药新亚药业有限公司制剂车间检修组组长
朱孙瑜 上海上医康鸽医用器材有限责任公司技术质量部经理
张　颖(女) 国网上海市电力公司青浦供电公司班组长
张玉兴 华东送变电工程公司副经理
吴家华 国网上海市电力公司奉贤供电公司运检部主任
孙云波 上海电力建筑工程公司项目经理
敖爱国 宝山钢铁股份有限公司炼铁厂副厂长

李　实　　宝钢不锈钢有限公司精炼首席工程师
支卫忠　　宝钢特钢有限公司无损检测首席操作
耿新宇　　宝钢资源控股(上海)有限公司铁矿资源开发高级经理
晏培杰　　上海宝钢型钢有限公司新产品研发总监
许慧华　　宝钢发展有限公司首席操作师
靳　海　　上海宝信软件股份有限公司高级总监
刘鸿哲(女)　华宝信托有限责任公司薪酬福利信托部总经理
朱　超　　宝钢集团上海第一钢铁有限公司执行董事、总经理、党委书记
徐开友　　中冶宝钢技术服务有限公司工人
徐建华　　中冶宝钢技术服务有限公司分公司党委书记、经理
孙辉明　　上海宝冶集团有限公司南京分公司项目经理
龚利文(女)　上海宝冶集团有限公司副总工程师、信息化管理部部长、BIM 中心主任
赵　岗　　中国石油化工股份有限公司上海高桥分公司班长
谢光煜　　中国石油化工股份有限公司上海高桥分公司综合计划处处长
汪　青　　中国石化上海石油化工股份有限公司储运部班长
赵海云(女)　中国石化上海石油化工股份有限公司环保水务部车间主任
刘鲁江　　上海航天技术研究院型号总指挥
王慧莉(女)　上海航天汽车机电股份有限公司董事会秘书
张春明　　上海航天技术研究院院长助理
任永辉　　上海外高桥造船有限公司班组长
胡传硕　　江南造船(集团)有限责任公司班组长
高　辉　　上海船厂船舶有限公司部长助理
杨春华　　沪东中华造船(集团)有限公司作业长
王兆平　　沪东中华造船(集团)有限公司作业长
魏凤云(女)　沪东中华造船(集团)有限公司作业长
李　路　　上海船舶研究设计院院长助理
曾志坚　　中船第九设计研究院工程有限公司建筑一院院长
吴朝晖　　中船动力研究院有限公司技术人员
奚　清(女)　上海烟草集团有限责任公司上海卷烟厂值班长
归艾平(女)　上海烟草集团有限责任公司上海烟草储运公司班组长
姚　奕　　华域三电汽车空调有限公司总工程师、技术中心主任
李文辉　　上汽大众汽车有限公司发动机厂厂长
武延良　　上汽大众汽车有限公司高级总监、南京分公司党委副书记、工会主席
陈江红　　联合汽车电子有限公司部门总监
郑士荣　　上海汽车制动系统有限公司总经理助理兼工业工程部经理
杨晶星(女)　安吉汽车物流有限公司职员
敖锦龙　　上海小糸车灯有限公司总经理助理
陈　祥　　上海萨克斯动力总成部件系统有限公司部门经理
范洪亮　　上海柴油机股份有限公司班组长
陶海龙　　上海汽车集团股份有限公司乘用车公司副总经理
钱伟平　　上海幸福摩托车有限公司车间主任
赵军文　　上海漕河泾开发区能通实业有限公司总经理助理
吴　敏　　华东电网有限公司电力交易中心主管
丁贵忠　　上海化学工业区发展有限公司纪委书记、干部人事部经理
王小军　　国药控股国大药房上海连锁有限公司门管部经理
邓文芳(女)　上海铁路局上海华铁旅客服务有限公司乘务领班
宗　磊　　上海铁路局上海机车检修段工长
荣宁夏(女)　上海铁路局无锡站客运员
朱东鹰　　上海铁路局上海电务段虹桥车间车间技术管理
昌宝伟　　上海中船燃石油有限公司班组长
张　峰　　中远海运集装箱有限公司部门总经理
宗兴东　　中海国际船舶管理有限公司上海分公司船舶船长
张启建　　上海庆刚国际物流有限公司汽车修理技术总监
付有刚　　临朐通源劳务有限公司上海分公司集卡车驾驶员
陈华南　　上海冠东国际集装箱码头有限公司桥吊司机
施志飞　　上海港公安局外高桥港区派出所所长
蓝　中　　上海港引航站引航科科长
张徐军　　上海长江汽车检测维修有限公司检测站站长
董恩华(女)　上海浦江游览有限公司服务主任
蒋建国　　上海市轮渡有限公司闵行营运分公司轮机长
朱　燕(女)　中国邮政集团公司上海市静安区彭浦新村邮政支局平顺邮政所网点主任
李　瑛(女)　中国邮政集团公司上海市浦东新区浦电路邮政支局支局长
浦建飞　　中国邮政集团公司上海市崇明县陈家镇邮政支局投递员
蒋丽萍(女)　中国移动通信集团上海有限公司营业厅经理
许崇祥　　中国移动通信集团上海有限公司高级技术督导
蔡静华(女)　中国电信股份有限公司上海浦东电信局客户服务保障中心主管
刘晓蓬(女)　中国电信股份有限公司上海电信帐务中心市场服务处主管

曹逸文　中国电信股份有限公司上海移动互联网部无线网络技术支撑(高级)
虞　琦　中国电信股份有限公司上海政企客户部项目经理
陆铭育(女)　中国电信股份有限公司上海分公司市场部业务管理中心主管
陈开昌　交通运输部东海救助局应急队员
李尚界　交通运输部上海打捞局工程船队船长
徐少南　上海交通建设总承包有限公司项目部书记、副经理
马振江　中交上海三航科学研究院有限公司工艺自动化研究所所长
揭裕文　民航上海航空器适航审定中心飞行性能室主任
潘贞祥(女)　中国东方航空股份有限公司客运营销委员会上海营业部客户体验中心高级副经理
叶　堃　上海航空有限公司飞行员
张晓忻(女)　中国东方航空股份有限公司客舱服务部凌燕示范组组长
吴志巨　东方航空技术有限公司车间主任
樊乐乐(女)　东航金控有限责任公司金融研究院副院长
席行芝(女)　上海国际机场地面服务有限公司值班主任
郁　军　上海市公安局国际机场分局副处长(科级)
斯碧峰　上海机场建设指挥部高级项目经理
陈君德　上海机场(集团)有限公司虹桥国际机场公司飞行区管理部科长
钱　雁　中华人民共和国杨浦海事局危管防污处副处长
林毅峰　上海勘测设计研究院有限公司副总工程师
卢宜坚　上海市房地产交易中心资料查阅科科长
宋　晶(女)　上海市城乡建设和交通发展研究院12319城建热线总值班长
胡雄伟　中交第三航务工程勘察设计院有限公司海外所副所长
章伟杰　上海发电设备成套设计研究院自动控制研究所副所长
李存冬　中铁二十四局集团上海电务电化有限公司城轨事业部项目经理兼书记
谢维成　上海华东建筑机械厂有限公司工人
陈　卓　上海市园林工程有限公司工人
王明牛　上海建工材料工程有限公司工人
金毅程　上海建工五建集团项目经理
朱云华　上海建工二建集团有限公司南昌项目工会主席
张志伟　上海建工集团股份有限公司海外工程分公司海外部项目经理
邓惠根　上海市建筑装饰工程集团有限公司迪士尼项目经理
韩德银　上海建工七建集团有限公司项目经理
曹小平　上海建工四建集团有限公司项目经理
曹雪峰　上海建工一建集团有限公司南京公司项目经理
卢　定　上海市机械施工集团有限公司董事长
王　瑜　上海市交通建设工程安全质量监督站安全质量执法科科长
郑大伟　中石化海洋石油工程有限公司上海钻井分公司平台经理
吉　琴(女)　上海辰山植物园党委书记、副园长
阮哲明(女)　华东建筑设计研究总院项目管理中心主任
刘建伟　鲁中矿业有限公司张家洼铁矿区长
王春树　上海市水利管理处科长
翟永俊　中国建筑第八工程局有限公司上海分公司项目经理
黄德彪　上海矗鑫建筑工程有限公司工会联合会副主席
孙学锋　中国建筑第八工程局有限公司工程研究院总工程师
陈　浩　中国建筑第八工程局有限公司钢结构工程公司焊工班长
储小彬　中国建筑第八工程局有限公司投资事业部经理
夏同强　中国建筑第八工程局有限公司总承包公司安全管理部安全员
雷三超　中国建筑第八工程局有限公司广州分公司总经济师
凌发永　中国建筑第八工程局有限公司第四建设有限公司项目副总指挥
李俊珂　中国建筑土木建设有限公司工会主席
陈建设　中国建筑第八工程局有限公司第二建设有限公司公司董事长、党委书记
陆承旗　中国建筑第八工程局有限公司第三建设有限公司项目经理
陈慕学　上海大屯能源股份有限公司龙东煤矿队长
刘忠远　上海大屯能源股份有限公司徐庄煤矿高级工程师
张晨光　快钱支付清算信息有限公司平台运营保障部总监
韩　平　上海保监局办公室文秘科科长
杨皓鹏　中海信托股份有限公司办公室主任兼人力资源部经理、资产经营部经理
仇文丽(女)　平安资产管理有限责任公司风险管理部经理
蒋洪浪　中国太平洋保险(集团)股份有限公司审计中心远程审计部总经理
谢建军　国泰君安证券股份有限公司证券衍生品投资部总经理
谢慎思　渣打银行(中国)有限公司信息科技部高级采购经理
程文婷(女)　中国民生银行上海分行资产监控部员工
张　曦(女)　大连银行股份有限公司上海分行静安支行行长
蒋光海　上海农商银行金山亭林支行行长

萧赟敏　浦发银行上海分行南京西路支行行长
汤晓东　交通银行总行法律合规部合规管理高级经理
张燕敏(女)　中国建设银行上海市分行浦东联洋支行行长
张　磊(女)　中国银行上海市分行卢湾支行大堂经理
吴敏俊　中国农业银行上海市分行虹口北外滩支行大堂经理
陈妍妍(女)　上海股权托管交易中心股份有限公司创新业务部总监兼市场监管部总监
黄倩茹(女)　银行间市场清算所股份有限公司创新业务一部经理
刘佳鑫(女)　中国金融期货交易所股份有限公司监查部总监
张小义　上海证券交易所上市公司监管一部副总监
何蓓华(女)　上海市青浦区税务局税务所所长
何建兴　上海市社会保险事业管理中心杨浦分中心副主任(科级)
黄建忠　上海对外经贸大学国际经贸学院院长
胡祖明　东华大学材料学院化纤所所长
叶　进　上海中医药大学博物馆馆长
贾金锋　上海交通大学物理与天文系副系主任
周英芬(女)　上海建桥学院商学院副院长
李春忠　华东理工大学材料科学与工程学院院长
杨仲南　上海师范大学植物基因功能研究所所长
裴　晶　上海戏剧学院绘画教研室主任
谢少荣(女)　上海大学教师
周伟民　上海市纳米科技与产业发展促进中心发展规划部副主任
魏晓霞(女)　中国船舶重工集团公司第七〇五研究所上海技术工程部研究员
黄国富　中国船舶科学研究中心上海分部团队负责人
王　宏　中国电子科技集团公司第五十一研究所研究室主任,副总工程师
李劲松　中科院上海生命科学研究院研究组长
彭良璧　上海中医药大学附属岳阳中西医结合医院工程班班长
徐美英(女)　上海市胸科医院科主任
季庆英(女)　上海交通大学医学院附属上海儿童医学中心副院长
钦伦秀　复旦大学附属华山医院外科主任
王绍鑫　上海市卫生和计划生育委员会监督所传染病防治监督科科长
卢洪洲　上海市公共卫生临床中心党委书记、I期临床试验研究室主任
钱菊英(女)　复旦大学附属中山医院心内科副主任
程黎明　上海市同济医院骨科主任
马　蓉(女)　上海交通大学医学院附属仁济医院神经外科护士长
高月求　上海中医药大学附属曙光医院肝病科主任
胡佩玲(女)　上海当纳利印刷有限公司工会主席
刘永芝(女)　宋庆龄幼儿园教师
张欣平　新民晚报社记者
王　星　文汇报社记者
陶　峰　解放日报社编辑部主任
许晓青(女)　新华通讯社上海分社对外采访室副主任、浦东采访中心副主任
王子约(女)　上海广播电视台、上海文化广播影视集团有限公司上海第一财经传媒有限公司资深记者
徐　杰　上海广播电视台、上海文化广播影视集团有限公司电视新闻中心时政摄像
尹丽娟(女)　上海广播电视台、上海文化广播影视集团有限公司技术运营中心资深播控工程师
刘长秋　上海社会科学院生命法中心常务副主任
武　磊　上海上港集团足球俱乐部有限公司球员
印立峰(女)　中石化上海工程有限公司专业主任工程师
孟伟国　申佳船厂内燃机调度员
王　洁(女)　上海商业会计学校教研室主任
沈　勇　中国航空工业集团公司上海航空测控技术研究所副总工程师
金玉杰(女)　中国石油上海销售公司杨思加油站站长
焦卫平　中国石油天然气股份有限公司西气东输管道分公司郑州管理处薛店分输站站长
李　俊　上海航空电器有限公司工人
常　艳(女)　上海益诺思生物技术有限公司总经理
陈　军　上海海博出租汽车有限公司第五分公司党支部书记
孙小明　上海海丰现代农业有限公司副总经理
毛严根　上海石库门酿酒有限公司技术中心副主任
王长愉　光明食品集团上海东海总公司技术主管
曹小俊　上海市上海农场种植业公司部门经理
陈　萍(女)　上海正广和饮用水有限公司总经理助理
顾大国　上海星辉蔬菜有限公司园艺场场长
金赵晖(女)　农工商房地产集团上海汇航城市置业投资有限公司党支部书记工会主席
汪耀黎(女)　上海市儿童福利院护理部主任
蔡列胜　上海市居民经济状况核对中心核对监督部主管
鲍光月　上海市宝山监狱监区长
胡静雅(女)　上海市未成年犯管教所二级警长
陆　裔(女)　上海锦江旅游有限公司长乐路营业门市部经理
周　维(女)　锦江国际(集团)有限公司投资发展部副经理
王　磊(女)　上海锦江都城酒店管理公司财务总监
田招凯　锦江之星旅馆有限公司食品安全专职管理员
罗正寅　上海锦江出租汽车驾驶员
梁静波　上海东湖汽车服务公司驾驶员
周伟浩　上海大厦餐饮部行政副总厨
盛献红(女)　上海电院电力电子实业有限公司继保班班长

金宇澄　上海市作家协会作家
刘　刚　上海市计量测试技术研究院职工
魏图霓(女)　上海边检总站上海机场站机场站八队党总支书记、队长
熊信坚　上海市质量技术监督局执法总队副总队长
陈　静(女)　上海海关主任科员
施净岚(女)　上海市人民检察院第二分院四级高级检察官
朱　锃(女)　上海百联房地产经营管理有限公司工会副主席
李才兵　上海长桥物流有限公司副经理
李正莹(女)　上海百联全渠道电子商务有限公司到家业务部副总监
江雯玉(女)　上海又一城购物中心有限公司营运管理部客服主管
陆莺花(女)　上海奥特莱斯品牌直销广场有限公司主管
张畅敏(女)　上海燃气市北销售有限公司业务组长
姚　冷　上海久事国际赛事管理有限公司副总经理
李传科　上海强生科技有限公司经理
王　幸　上海巴士第一公共交通有限公司驾驶员
李文清　上海巴士第四公共交通有限公司机修工
崔桂芬(女)　上海公华实业开发有限公司班组长
周宇锋　上海巴士第三公共交通有限公司驾驶员
周庆彪　上海现代交通建设发展有限公司班组长
张孝岗　上海交通建设管理有限公司项目部副经理
张　平　上海蒂尔远洋渔业有限公司驻毛里塔尼亚代表处船务部经理
薛培倩(女)　上海申通地铁集团有限公司运营管理中心媒体信息部主管
马伟杰　上海地铁第一运营有限公司10号线运维管理部维保经理
李永乐　上海轨道交通申嘉线发展有限公司机电项目经理
杨　玲(女)　上海市隧道工程轨道交通设计研究院建筑规划分院副院长
李安强　上海锦航人力资源有限公司轮机长
韩长荣　上海环境物流有限公司三分公司船长
刘　涛　上海黄浦江越江设施投资建设发展有限公司总经理
姚黎光　上海城投水务(集团)有限公司供水分公司总经理
金惟伟　上海电机系统节能工程技术研究中心有限公司总经理
李　伦(女)　上海丝绸集团品牌发展有限公司副总经理
金小武　上海东方投资监理有限公司项目经理
李　勇　中国华信能源有限公司董事
蒋　骁　上海东洲资产评估有限公司副总裁
徐　悦　上海永达汽车集团有限公司部门经理
武　浩　上海岩土工程勘察设计研究院党委书记、总裁
黄　超　隧道股份路桥集团总承包二部项目经理
邹　梅(女)　隧道股份市政养护沪宁江桥收费站四班收费员
段创峰　隧道股份地下总院工程技术院院长
万捷文(女)　隧道股份第二管线1联创分公司经理
张宇峰　隧道股份市政集团第二分公司副经理、淮安现代有轨电车工程项目经理
苑剑虹(女)　上海百姓装潢有限公司总经理助理
徐　臻(女)　上海市住房置业担保有限公司营业部负责人
陈辉峰　上海东浩兰生国际服务贸易(集团)有限公司投资发展部总经理
刘霄汉　中国联合网络通信有限公司上海市分公司主任
高　波　中建三局第一建设工程有限责任公司项目总工
刘清泉　中建钢构有限公司(沪)党委副书记、工会主席、纪委书记
王　琦　中电投电力工程有限公司高级主管
马建华　上海上电漕泾发电有限公司运行部主任
凌伟敏　中铝上海铜业有限公司分公司经理助理
王哲超　上海市专用通信局班组长
傅国华　上海飞机制造有限公司副总工程师
王　冰　上海飞机设计研究院副部长
蔡达伟　中国民用航空华东地区空中交通管理局科室主任
叶海挺　上海市水利工程集团有限公司项目经理
孙永学　号百信息服务有限公司能力拓展部技术总监
何　彬　上海城开(集团)有限公司总裁助理、上海莘天置业有限公司总经理
董利民　上海市公安局闵行分局法医
王晓燕(女)　上海市公安局浦东分局出入境管理办公室主任
童　铭　上海市公安局刑事侦查总队副处长
马英华　上海市农业技术推广服务中心副科长
杨　晔　上海国盛(集团)有限公司股权资本运营部总经理助理
黄建波　华能上海电力检修公司电气检修部主任
裴宏志　绿地控股集团江苏房地产事业部常务副总经理
邱一川　上海申迪旅游度假开发有限公司总经理
张鹏程　上海申迪建设有限公司副总经理
高　巍　上海国际旅游度假区运营管理有限公司职员
胡顺敏　上海世博发展(集团)有限公司总经理
张　丰　上海电影股份有限公司总经理
张羽含(女)　中信证券股份有限公司上海分公司首席理财顾问
章　桦(女)　中国人寿养老保险股份有限公司上海市分公司市场与客户中心执行总经理

2016年上海市工人先锋号名单(300个)

益海嘉里投资有限公司物流部
上海西门子医疗器械有限公司X光产品事业部
三运物流(上海)有限公司物流开拓部物流分拨配送中心
上海市浦东新区浦南医院门急诊部
浦东新区林苑小学体育组
上海通领汽车科技股份有限公司模具组
浦东新区发展和改革委员会综合发展规划处
潍坊新村街道社区事务受理服务中心受理窗口
上海新金桥国际物流有限公司联想项目组
上海新海航资产经营管理有限公司质技部技术科
上海欧姆龙控制电器有限公司PCB制造部制造二科
上海浦东川沙经济园区有限公司综合办公室
浦东新区税务局第二十八税务所
浦东新区规划和土地管理局规划管理处
上海外高桥集团股份有限公司森兰置地分公司规划工程部
唐镇社区事务受理服务中心受理窗口
上海浦东新区金高公共交通有限公司984路班组
上海浦东新区塘桥热线信息服务中心网格部
邦奇智能科技(上海)有限公司研发部
上海天科经济发展有限公司总台班组
徐汇区图书馆宣传辅导部
上海大众公用事业(集团)股份有限公司计划财务部
徐汇区就业促进中心徐汇区职业介绍所
上海天域时捷信息系统有限公司法院项目事业部
彼爱游建筑城市设计咨询(上海)有限公司行政管理班组
上海天祥质量技术服务有限公司中国市场事业部
上海漕河泾农副产品市场经营管理有限公司漕河泾菜市场
优集计算机信息技术(上海)有限公司UDS DPD技术团队
上海弘基企业(集团)股份有限公司弘基运营班组
上海长宁房地产交易中心受理部
上海虹桥临空经济园区发展有限公司产业发展中心
上海未来宽带技术股份有限公司技术部
北新泾社区调解中心马路娣工作室
上海拯救汽车服务有限公司机场班组
上海精益电器厂有限公司HM60-250~800L型“100KA”项目组
普陀区长寿路街道上海知音苑居委会
上海世纪商务大厦物业管理有限公司工程部
上海市利群医院急诊医学科
上海市普陀区市场监督管理局注册许可科
上海大众佐川急便物流有限公司行政人事部
上海置辰智慧建筑集团股份有限公司总部
上海中环国际中小企业总部社区投资有限公司招商部
上海亦境建筑景观有限公司景观规划设计院方案创作所
上海久环建设工程有限公司抹灰班
上海林同炎李国豪土建工程咨询有限公司第一市政交通设计研究院
上海雷允上北区药业股份有限公司凉城药店班组
中电国际新能源控股有限公司物业班
上海市虹口第二房屋征收服务事务所有限公司157街坊项目部
上海秦楚文化传媒有限公司众善家园项目组
华平信息技术股份有限公司硬件开发部
上海爱基保安服务有限公司民星路保安组
上海兴荣温德姆酒店客房部楼层服务班组
上海东海制药股份有限公司软胶囊生产线班组
上海精华威印刷有限公司小森印刷机班组
杨浦区沪东老年护理院90后护士团队
上海市杨浦区建设和管理委员会杨浦区重大市政基础设施建设推进工作小组办公室实施组
上海万有全集团富南商厦有限公司新凌超市
黄浦区城市管理行政执法局执法大队外滩风景区中队
上海创邑投资管理有限公司老码头五库创梦空间
恒源祥(集团)有限公司《创导》杂志编辑部
上海豫园黄金珠宝集团有限公司老庙黄金福佑店
上海米影信息科技有限公司VR乐园团队
黄浦区自主创新工作领导小组办公室
上海力进铝质工程有限公司设计投标组
吴宫大酒店客房部
上海城市国际企业发展有限公司城市超市虹梅店
上海静安置业(集团)有限公司旧住宅全项目大修项目部
静安区财政局服务大厅
上海静安临汾社区明悦文化服务中心业务二部
上海欧亚多媒体产业发展有限公司欧亚物业
上海国信典当有限公司静安店
上海柯瑞冶金炉料有限公司预制件班组
中国二十冶集团有限公司电装分公司
阿斯特兰(青岛)仓储有限公司上海分公司统计课
上海派克汉尼汾流体连接件有限公司数控冯东辉班组
上海市宝山区吴淞街道社区卫生服务中心陈晓晔家庭医生工作室
上海市吴淞中学道尔顿工坊教师团队
上海良工阀门厂有限公司军工核电车间总装组
上海荷美尔食品有限公司维修部班组
上海通用金属结构工程有限公司工程技术部
上海市闵行广播电视台广播中心
上海市地方税务局闵行区分局第十七税务所
上海红星美凯龙星龙家居有限公司浦江商场管理部
梅陇镇社区事务受理服务中心卡证科
上海市闵行区城市管理行政执法局执法大队机动中队
上海闵工市政建设养护有限公司养护事业部
上海申菱钢结构有限公司对重焊接组
上海信悬印刷有限公司商品生产部工艺科
大金氟涂料(上海)有限公司制造部叉车班组
圣戈班韩格拉斯世固锐特玻璃(上海)有限公司BT2-B班
太阳机械股份有限公司制造部电气组立科
上海金丰电缆有限公司技术部
上海市嘉定区职工服务中心嘉定区总工会职工法律援助工作站
沃尔沃汽车技术(上海)有限公司车辆管理组
上海迎新保洁服务有限公司清扫组

华荣科技股份有限公司厂用灯具制造车间5-02组
上海沪江自来水有限公司业务营销部
上海球明标准件有限公司高速模车间
上海嘉房置业发展有限公司上海市嘉定区房屋应急维修中心
上海市大众工业学校智能工程系
上海市嘉定区国有资产经营(集团)有限公司财务管理部
上海市嘉定区中心医院血液肿瘤科护理组
上海敖征实业有限公司质技组
上海炼安工业设备安装有限公司张莹创新工作室
上海山林食品有限公司品控班组
上海和辉光电有限公司OLED材料团队
上海金熊造纸网毯有限公司后道班组
金山区人力资源和社会保障局就业培训科
上海北玻玻璃技术工业有限公司镀膜装配腔室班组
上海保隆汽车科技股份有限公司TPMS班组
上海钟书实业有限公司钟书阁
上海市公安局松江分局网络安全保卫支队
松江区水利工程管理所紫石泾水利枢组
松江区中心医院急诊危重病科
上海市松江区市场监督管理局注册许可科
本田摩托车研究开发有限公司开发部
上海金日冷却设备有限公司研发班组
上海索伊电器有限公司综合办班组
上海晋拓金属制品有限公司卫星接收器组立班组
井盛橡塑(上海)有限公司练胶裁断组
上海联航国际旅行社有限公司联航国际旅游部
青浦区人民检察院控申科
中通快递股份有限公司市场营销中心
上海佳吉快运有限公司质量管理中心
上海市青浦污水处理厂青浦排水行业志愿者服务队
上海阿卡得电子有限公司生产改进小组
上海精翊电器有限公司技术中心研发一部
上海青浦现代农业园区发展有限公司科技孵化中心
上海福达制药有限公司质量检验科
上海杰隆物业管理有限公司金水新苑保洁组
上海奉贤南桥新城建设发展有限公司市场发展部
上海奉贤发展(集团)有限公司工程管理部
上海金佰利纸业有限公司纸机抄造班组
上海奉贤巴士公共交通有限公司南桥9路
奉贤区市政工程管理所“文华热线”
上海鼎丰酿造食品有限公司乳腐车间制坯组
上海市奉贤区烟草专卖局稽查支队一中队
上海信谊百路达药业有限公司仓储物流班组
崇明县行政服务中心综合管理科
上海东平森林公园有限公司电瓶车班组
上海燃气崇明有限公司第二管道气管理中心营业组
上海电气电站设备有限公司上海电站辅机厂容器车间自动焊接班
上海马陆日用友捷汽车电气有限公司产品工程部
上海电气电站设备有限公司临港工厂转子焊接红套班组
上海仪电数字技术股份有限公司软件研发团队
上海华谊集团投资有限公司检验检测技术有限公司物性检测室
上海化工研究院同位素所合成分析检测组
上海造币有限公司自动线一组
上海申安纺织有限公司成品丙班X5机型班组
上海里奥纤维企业发展有限公司保全组
上海医药集团药品销售有限公司精神神经产品组市场团队
上海杏灵科技药业股份有限公司提取车间生产班组
上海医药集团股份有限公司中央研究院EGFR抑制剂SPH1188-11的临床前研究项目团队
上海电力医院健康管理中心
国网上海市电力公司浦东供电公司营业一班
上海电力安装第一工程公司修造厂嘉定分厂
上海梅山钢铁股份有限公司冷轧厂酸洗作业区酸洗丁班
上海宝翼制罐有限公司铝线D班
上海宝钢化工有限公司宝山分公司化二厂苯加氢作业区丙班
上海宝地置业有限公司工程管理中心世博项目组
中冶宝钢技术服务有限公司协力分公司炼铁协力车间
中国石化集团资产经营管理有限公司上海高桥分公司化工四部12000吨/年DCP装置前处理1班
中国石化上海石油化工股份有限公司炼油部5号炼油联合装置运行二班
上海航天精密机械研究所导弹总装技术组
上海新力机器厂金属材料班组
上海外高桥造船有限公司长兴重工组立部平直作业区装配2组
上海王宝和大酒店有限公司王宝和大酒店三楼中厨房班组
上海拖拉机内燃机有限公司总部制造基地焊接机修组
上海汽车资产经营有限公司节能事业部
上海汽车制动系统有限公司助力器研发团队
上海安吉机动车拍卖有限公司车享拍班组
上海漕河泾开发区物业管理有限公司工程中心
华东电网有限公司信息中心
上海华虹宏力半导体制造有限公司一厂工程一部
上海孚宝港务有限公司仓储物流部
国药控股股份有限公司上海医院销售管理总部西区销售部
上海铁路局上海工务大修段线路二队二工班
上海铁路局苏州站昆山南站售票班组
上海铁路局上海通信段沪宁南翔北城际通信工区
上海弘发航运有限公司航运部
上海海运服务有限公司餐饮部
上海冠东国际集装箱码头有限公司营运操作部桥吊四班
上海外轮理货有限公司罗泾理货部
上海浦东国际集装箱码头有限公司操作四班
上海吴淞口国际邮轮港发展有限公司经营管理部班组
浦东东站川沙长途客运站
中国邮政集团公司上海市杨浦区控江路邮政支局储蓄组
中国移动通信集团上海有限公司南区分公司集团客户部
中国移动通信集团上海有限公司网络运行管理中心通信保障技术支撑团队
上海通贸国际供应链管理有限公司物流业务部

中国电信股份有限公司上海西区电信局维护中心技术支撑室
中国电信股份有限公司上海北区电信局销售支撑中心
交通运输部东海救助局“东海救117”轮班组
交通运输部上海打捞局拖轮船队“德洲”轮
中交疏浚技术装备国家工程研究中心有限公司疏浚技术装备国家研究中心创新能力建设项目组
中交三航局洋山深水港区四期工程水工工程项目经理部
上海外航地面代理分公司
中国东方航空股份有限公司培训中心职业技能鉴定站
上海东方航空设备制造有限公司制造一部
上海机场贵宾服务有限公司21米层贵宾部
上海浦东机场华美达大酒店快乐集结号
上海浦东国际机场货运站有限公司T1国际出港散货库收货班
上海海事测绘中心测量队
国核电站运行服务技术有限公司田湾核电站大修项目部
上海市住房保障和房屋管理局档案管理中心政府信息公开科
上海市建设工程设计文件审查管理事务中心勘察设计监管科
上海市公积金管理中心松江区管理部
上海市建工设计研究院有限公司建筑创作一所
上海市基础工程集团有限公司测量技术工作室
上海建工医院骨科
上海市政工程设计研究总院(集团)有限公司第一设计研究院
上海市城市交通运输管理处汽车服务部
中石化海洋石油工程有限公司上海船舶分公司勘探311轮
上海市市容环境质量监测中心道路保洁科
上海建筑设计研究院有限公司上海天文馆项目设计团队
鲁中矿业有限公司选矿厂机动车间高压班
上海市水务(海洋)业务受理中心热线管理科班组
中国建筑第八工程局有限公司青岛分公司青岛万达东方影都总包项目部
上海中建八局装饰有限责任公司杭州国际博览中心项目部
中建八局第一建设有限公司上海分公司
中建八局第二建设有限公司上海财经大学项目经理部
上海大屯能源股份有限公司选煤中心姚桥选煤车间
东方证券股份有限公司固定收益业务总部
安信农业保险股份有限公司上海南汇支公司
申万宏源证券有限公司上海闵行区莘松路证券营业部
广发银行上海分行环球交易服务部
上海市地方税务局第四稽查局第三检查所
上海市人才服务中心流动人才档案管理中心
上海师范大学天华学院教育学院
复旦大学医学分子病毒学教育部和卫计委重点实验室
上海师范大学无机化学教研室
上海市地震局现场应急工作队
上海材料研究所减振技术事业部
上海市质子重离子医院放射物理科
中国福利会国际和平妇幼保健院生殖遗传科
上海中医药大学附属曙光医院针灸科
上海商务数码图像技术有限公司龟兹项目组
新闻报社社会新闻部班组
上海广播电视台、上海文化广播影视集团有限公司东方卫视中心王昕轶团队
中国海洋石油东海石油管理局西湖区域勘探室
上海航空电器有限公司总装分厂批产小组
上海现代制药股份有限公司浦东厂区固体制剂二车间
上海江杨农产品市场经营管理有限公司蔬菜部
上海光明森源生物科技有限公司技术研发部
瑞华果园玫瑰花海事业部
上海市宝兴殡仪馆化妆组
上海市军天湖监狱六监区
上海虹桥宾馆有限公司中餐厅班组
上海锦江商旅汽车服务股份有限公司可口可乐班组
西郊宾馆房务部前厅班组
上海国际贵都大饭店客房部班组
上海市食品药品监督管理局认证审评中心药品审评部
上海市保安服务总公司智能交通部
上海图书馆(上海科学技术情报研究所)国际交流处
上海上勤高级楼宇管理有限公司市政大厦管理处工程班组
上海市城市规划设计研究院总体规划编制工作中心
中共上海市委办公厅文印中心装订科
上海市第一医药商店连锁经营有限公司老德记药房
上海百红商业贸易有限公司营业部综合经营三部
上海百联沪通汽车销售有限公司销售班组
上海百联全渠道电子商务有限公司研发中心技术开发部
上海申能临港燃机发电有限公司运行部
上海交通投资(集团)有限公司漕宝停车场管理分公司第二停车场管理班组
上海强生物业有限公司宝山法院管理中心
上海开创远洋渔业有限公司开富号轮
上海地铁第二运营有限公司2号线乘务二组
上海地铁维护保障有限公司通号分公司继电器班组
上海老港废弃物处置有限公司顾锦昕班组
上海城投集团有限公司计划财务部
上海城投污水处理有限公司竹园污泥处理厂
上海电器设备检测所机电产品及系统事业部
上海商都贸易有限公司机电产品服务部班组
上海颐景园物业管理有限公司颐景班组
立信会计师事务所国际业务二部
上海协升展览有限公司协升班组
隧道股份上海隧道北横通道新建工程Ⅱ标段班组
隧道股份城建投资长沙万家丽高架建设管理团队
隧道股份城建物资下沙分公司技术质量部
隧道股份上水管线管道工程分公司王龙第一项目组
上海申江资产经营管理有限公司外滩英迪格酒店分公司
上海五金矿产发展有限公司进口事业部汽车钢板团队
中国联合网络通信有限公司上海市北区分公司
中建三局东方装饰设计工程有限公司中国博览会会展综合体D0酒店项目部

中建五局华东建设有限公司银湖实验学校项目部
中国红十字会援外物资供应站援外处班组
上海上电电力工程有限公司伊拉克项目部
中铝上海铜业有限公司机动分厂检修三工段后勤维修班
上海航空工业(集团)有限公司审计中心
民航华东空管局空中交通管制中心终端管制室进近管制二室
上海临港松江科技城投资发展有限公司招商服务中心
号百信息服务有限公司114+项目组
上海国际创投股权投资基金管理有限公司基金化项目组
上海市公安局监所管理总队强制医疗所
上海国盛集团置业控股有限公司毛来劳模创新工作室
华能上海石洞口第二电厂检修部
绿地控股集团江西房地产事业部
上海野生动物园儿童园
上海世博文化发展有限公司运营管理部
五冶集团上海有限公司周禄文管工班组
东方网媒体业务中心要闻部

上海市模范职工之家名单(共297家)

上海良信电器股份有限公司工会委员会
上海亚澳医用保健品有限公司工会委员会
洋泾工贸总公司工会委员会
上海浦东新区上南公共交通有限公司工会委员会
上海通汇汽车零部件配送中心有限公司工会委员会
上海浦东新区东海标准件有限公司工会委员会
上海金桥经济技术开发区金桥开发园区总工会
上海浦东新区金杨社区卫生服务中心工会委员会
上海恩艾思电气有限公司工会委员会
上海公元建材发展有限公司工会委员会
上海扬航水陆综合养护有限公司工会委员会
扬子江药业集团上海海尼药业有限公司工会委员会
上海英恒电子有限公司工会委员会
昌硕科技(上海)有限公司工会委员会
上海三林房地产开发经营有限公司工会委员会
徐家汇社区慧谷三部商务楼联合工会委员会
上海悦延酒店管理有限公司工会委员会
上海恰尔斯电力(集团)有限公司工会委员会
上海大众公用事业(集团)股份有限公司工会委员会
上海市大计数据处理公司工会委员会
杉德巍康企业服务有限公司工会委员会
上海徐家汇商城集团电子商务有限公司工会委员会
上海汇成(集团)有限公司工会委员会
上海徐汇园林发展有限公司工会委员会
上海金贝摄影器材实业有限公司工会委员会
上海禾煜贸易有限公司工会委员会
舜元建设(集团)有限公司工会委员会
上海市长宁区初级职业技术学校工会委员会
力新仪器(上海)有限公司工会委员会
上海汇金百货虹桥有限公司工会委员会
上海市长宁区建筑业管理中心工会委员会
长宁区光华中西医结合医院工会委员会
岛津企业管理(中国)有限公司上海分公司工会委员会
上海市普陀区童的梦艺术幼儿园工会委员会
上海中环投资开发(集团)有限公司工会委员会
曹杨社区卫生服务中心工会委员会
上海月星控股集团有限公司工会委员会
锦江麦德龙现购自运有限公司工会委员会
上海大众佐川急便物流有限公司工会委员会
上海久环建设工程有限公司工会委员会
上海沪翔建筑装饰工程有限公司工会委员会
上海复星医药(集团)股份有限公司工会委员会
普陀区国资委工会委员会
密尔克卫化工供应链服务股份有限公司工会委员会
上海雷允上北区药业股份有限公司工会委员会
上海普利特复合材料股份有限公司工会委员会
上海市虹口区江湾医院工会委员会
上海市南湖职业学校工会委员会
上海新兴旺国际服饰城市场管理有限公司工会委员会
上海依蝶雅化妆品股份有限公司工会委员会
上海海洋国家大学科技园工会联合会
上海市杨浦区长白新村街道总工会
上海环同济科技园工会联合会
安莉芳(上海)有限公司工会委员会
上海杨浦区新东方进修学校工会委员会
上海杨浦科技创新(集团)有限公司工会委员会
上海市杨浦区回民小学工会委员会
上海依科绿色工程有限公司工会委员会
上海杨浦城市概念园区工会联合会
上外黄浦外国语小学工会委员会
上海豫园商城房地产发展有限公司工会委员会
上海老凤祥钻石加工中心有限公司工会委员会
上海安佳房地产动拆迁有限公司工会委员会
恩益禧数码应用产品贸易(上海)有限公司工会委员会
富士施乐(中国)有限公司工会委员会
上海艾能电力工程有限公司工会委员会
上海新东门物业管理有限公司工会委员会
上海申丰地质新技术应用研究所有限公司工会委员会
上海中福联合物业管理有限公司工会委员会
上海市静安区石门二路街道东王小区工会联合会
上海市静安区南京西路街道东方海外大厦工会联合会
上海蓝梦广告传播股份有限公司工会委员会
江苏鸿轩生态农业有限公司上海分公司工会委员会
上海龙力通讯设备安装工程有限公司工会委员会
上海新镇江酒家经营总公司工会委员会
上海华通低压开关有限公司工会委员会
上海市静安区南阳实验幼儿园工会委员会
上海锦迪城市建设开发有限公司工会委员会
上海闸环北站环境卫生工程有限公司工会委员会
上海绿城东方建筑设计有限公司工会委员会
上海青云路眼镜特色街联合工会委员会
上海吴淞市政建设有限公司工会委员会
上海百图低温阀门有限公司工会委员会

大华(集团)有限公司工会委员会
上海发网供应链管理有限公司工会委员会
宝山区淞南镇个体工商联合工会委员会
上海丹爱法企业发展有限公司工会委员会
上海市宝山区罗店医院工会委员会
宝山区文化馆工会委员会
上海培通机械有限公司工会委员会
上海市闵行区吴泾镇总工会
上海市闵行区虹桥镇总工会
上海同仁药业股份有限公司工会委员会
上海朗脉洁净技术股份有限公司工会委员会
上海凯斯国际汽车用品博览有限公司联合工会委员会
上海宁远精密机械有限公司工会委员会
上海漕河泾开发区闵行高科技园发展有限公司工会委员会
圣戈班韩格拉斯世固锐特玻璃(上海)有限公司工会委员会
大金空调(上海)有限公司工会委员会
上海寰创通信科技股份有限公司工会委员会
上海森马服饰有限公司工会委员会
上海新月工具有限公司工会委员会
福耀集团(上海)汽车玻璃有限公司工会委员会
上海鸿辉光通科技股份有限公司工会委员会
上海明山路桥机械工程有限公司工会委员会
上海儒林实业有限公司工会委员会
锠新电子科技(上海)有限公司工会委员会
上海诺地乐通用设备制造有限公司工会委员会
上海稳利达科技股份有限公司工会委员会
上海康家有害生物防制有限公司工会委员会
上海市嘉定工业区总工会
上海爱兴璐塑料包装有限公司工会委员会
上海市金山区漕泾镇总工会
上海顶新箱包有限公司工会委员会
上海泰胜风能装备股份有限公司工会委员会
上海金标实业有限公司工会委员会
上海汇得科技股份有限公司工会委员会
上海亚太国际蔬菜有限公司工会委员会
上海市金山区亭林镇总工会
上海皓月电气有限公司工会委员会
上海市庆益鞋业有限公司工会委员会
上海泰永企业有限公司工会委员会
上海吉祥科技(集团)有限公司工会委员会
施乐百机电设备(上海)有限公司工会委员会
上海中锦建设集团股份有限公司工会委员会
本田摩托车研究开发有限公司工会委员会
上海现代摩比斯汽车零部件有限公司工会委员会
富士康(松江)科技工业园工会委员会
上海市松江区九亭医院工会委员会
上海余天成医药有限公司工会委员会
中国教育工会上海市松江一中委员会
上海元祖梦果子股份有限公司工会委员会
上海正伟印刷有限公司工会委员会
上海亚大汽车塑料制品有限公司工会委员会
申通快递有限公司联合工会委员会
上海荣泰健康科技股份有限公司工会委员会
上海阿卡得电子有限公司工会委员会
日立电梯(上海)有限公司工会委员会
上海创力集团股份有限公司联合工会委员会
青浦区疾病预防控制中心工会委员会
上海市青浦区逸夫小学工会委员会
上海申驰实业有限公司工会委员会
上海营巢房产开发有限公司工会委员会
上海贤众汽车零部件有限公司工会委员会
中国教育工会上海市奉贤区委员会
上海南方国际购物中心(集团)有限公司工会委员会
上海奉贤二建股份有限公司工会委员会
上海舟乐船舶钢构件有限公司工会委员会
上海市奉贤区区直机关联合工会委员会
上海市奉贤区广播电视台工会委员会
莹特菲勒化妆品(上海)有限公司工会委员会
上海集营实业有限公司工会委员会
上海新河市政建设有限公司工会委员会
上海明珠手套有限公司工会委员会
上海禄华安全设备有限公司工会委员会
上海崇明环宏保洁服务有限公司工会委员会
上海市工程技术管理学校工会委员会
上海华贻电力市政建设工程有限公司工会委员会
上海电气集团有限公司中央研究院工会委员会
上海电气电力电子有限公司工会委员会
上海通惠-开利有限公司工会委员会
上海南洋万邦软件技术有限公司工会委员会
上海仪电智能电子有限公司工会委员会
上海华谊能源化工有限公司工会委员会
上海信息技术学校工会委员会
上海造币有限公司工会委员会
上海龙头(集团)股份有限公司工会委员会
上海纺织时尚产业发展有限公司工会委员会
上海中西三维药业有限公司工会委员会
上海罗氏制药有限公司工会委员会
国网上海市电力公司物资公司工会委员会
国网上海市电力公司松江供电公司工会委员会
上海电力安装第二工程公司工会委员会
宝山钢铁股份有限公司能源环保部工会委员会
宝钢发展有限公司制造服务事业部工会委员会
上海宝钢包装股份有限公司印铁事业部工会委员会
中冶宝钢技术服务有限公司第三分公司工会委员会
上海宝冶集团有限公司郑州分公司工会委员会
中国石化上海高桥石油化工有限公司炼油二部工会委员会
中国石化上海石油化工股份有限公司质量管理中心工会委员会
上海航天动力技术研究所工会委员会
上海航天汽车机电股份有限公司工会委员会
中船第九设计研究院工程有限公司工会委员会
上海市王宝和大酒店有限公司工会委员会
上海烟草集团有限责任公司上海卷烟厂工会委员会

上汽大通汽车有限公司工会委员会
上海汽车集团股份有限公司总部工会委员会
延锋彼欧汽车外饰系统有限公司工会委员会
上海华虹宏力半导体制造有限公司工会委员会
上海化学工业区中法水务发展有限公司工会委员会
国药集团医药物流有限公司工会委员会
中国铁路工会上海铁路局委员会
中国铁路工会上海通信段委员会
中海集团财务有限责任公司工会委员会
上海中远海运油品运输有限公司工会委员会
上海远洋宾馆有限公司工会委员会
中波轮船股份有限公司工会委员会
上海冠东国际集装箱码头有限公司工会委员会
上港集团长江港口物流有限公司工会委员会
上海长航医院工会委员会
上海浦江游览有限公司工会委员会
上海市联运有限公司工会委员会
中国邮政集团工会上海市杨浦区委员会
中国电信集团工会上海市奉贤电信局委员会
中国电信集团工会上海市客户服务中心委员会
中国电信集团工会上海市移动互联网部委员会
交通运输部东海救助局厦门基地工会委员会
中国海员工会交通运输部上海打捞局工程船队委员会
上海达华测绘有限公司工会委员会
中交三航局兴安基建筑工程有限公司工会委员会
上海龙华国际航空投资有限公司工会委员会
东方航空技术有限公司工会委员会
中国东方航空股份有限公司工会地面服务部委员会
上海国际机场地面服务有限公司工会委员会
上海虹桥国际机场公司工会委员会
中国海员工会杨浦海事局委员会
上海市房屋安全监察所工会委员会
上海建工五建集团有限公司工会委员会
上海市安装工程集团有限公司工会委员会
上海市政工程设计研究总院(集团)有限公司工会委员会
上海市公用事业学校工会委员会
中石化海洋石油工程有限公司上海船舶分公司工会委员会
上海植物园工会委员会
华建集团上海现代建筑装饰环境设计研究院有限公司工会委员会
鲁中矿业有限公司莱新铁矿工会委员会
上海市水务局行政服务中心工会委员会
上海中建东孚投资发展有限公司工会委员会
中建八局第二建设有限公司工会委员会
中建八局第一建设有限公司工会委员会
上海大屯能源股份有限公司工会姚桥煤矿委员会
海通证券股份有限公司上海分公司工会委员会
中国农业银行股份有限公司上海五角场支行工会委员会
中国银行股份有限公司上海市杨浦支行工会委员会
北京银行股份有限公司上海分行工会委员会
招商银行上海徐家汇支行工会委员会
上海市金山区国家税务局工会委员会
上海医疗保险事业管理中心工会委员会
中国教育工会上海大学委员会
中国教育工会上海戏剧学院委员会
中国电子科技集团公司第五十研究所工会委员会
中国科学院上海应用物理研究所工会委员会
上海市肺科医院工会委员会
复旦大学附属儿科医院工会委员会
上海新华传媒电子商务有限公司工会委员会
上海世博会博物馆工会委员会
上海东方明珠新媒体股份有限公司工会委员会
上海歌舞团工会委员会
上海社会科学院工会委员会
上海市军事体育俱乐部工会委员会
上海东湖机械厂工会委员会
中海油东海石油管理局工会委员会
上海市商业学校工会委员会
上海市民政局第二精神卫生中心工会委员会
上海市新收犯监狱工会委员会
上海海丰地区社区管理委员会工会委员会
上海蔬菜(集团)有限公司工会委员会
上海海博出租汽车有限公司工会委员会
上海锦江饭店有限公司工会委员会
上海锦江商旅汽车服务股份有限公司工会委员会
上海源泰食品有限公司工会委员会
上海衡山汽车服务有限公司工会委员会
上海市工商行政管理局机关工会委员会
上海出入境检验检疫局机电检测中心工会委员会
虹桥出入境边防检查站工会委员会
上海市气象局机关工会委员会
上海百联徐汇购物广场有限公司工会委员会
上海申能临港燃机发电有限公司工会委员会
上海巴士第一公共交通有限公司工会委员会
上海现代交通建设发展有限公司工会委员会
上海地铁第二运营有限公司工会委员会
上海锦航人力资源有限公司工会委员会
上海城投水务(集团)供水分公司工会委员会
上海老港废弃物处置有限公司工会委员会
上海城投水务(集团)有限公司制水分公司杨树浦水厂工会委员会
东方国际集团上海市对外贸易有限公司工会委员会
红星美凯龙家居集团股份有限公司工会委员会
华信能源有限公司工会委员会
上海吉祥航空股份有限公司工会委员会
上海城建物资有限公司工会委员会
上海市政养护管理有限公司工会委员会
上海中星集团新城房产有限公司工会委员会
上海百姓装潢有限公司工会委员会
上海五金矿产发展有限公司工会委员会
中建三局集团有限公司(沪)工会委员会
中建二局第一建筑工程有限公司上海分公司工会委员会
上海上电电力运营有限公司工会委员会
上海飞机制造有限公司工会委员会

民航华东空管局设备维修中心工会委员会
上海南院实业发展有限公司工会委员会
上海市水利工程集团有限公司工会委员会
上海实业东滩投资开发(集团)有限公司工会委员会
上海市农业生物基因中心工会委员会
上海国盛(集团)有限公司本部工会委员会
上海国盛资产有限公司工会委员会
华能上海燃机发电有限责任公司工会委员会
上海国际主题乐园和度假区联合工会委员会
上海美术电影制片厂工会委员会

上海市模范职工小家名单(共 297 家)

三生国健药业(上海)股份有限公司知识产权工会小组
上海普兰金融服务有限公司平台中心工会小组
上海上工蝴蝶缝纫机有限公司蝴蝶布艺创意工作室工会小组
上海市浦东新区泥城镇文化服务中心文体工会小组
黎峰保安集团公司驻中国平安集团公司保安大队分工会
上海市浦东新区花木街道机关工会行政工会小组
上海市浦东新区上钢新村幼儿园行政工会小组
上海东升置业发展有限公司工程部工会小组
上海之合玻璃钢有限公司之合和谐职工小家工会小组
上海浦东发展集团财务有限责任公司群团工会小组
上海市浦东新区市场监督管理局综合执法稽查支队工会小组
上海市浦东新区大团镇总工会机关工会后勤工会小组
上海市浦东新区动物疫病预防控制中心综合办公室工会小组
亿滋食品企业管理(上海)有限公司华东分工会
中粮国际(北京)有限公司上海分公司巾帼之家工会小组
上海铭言企业管理有限公司工会小组
上海共创信息技术股份有限公司工会小组
上海日华环境保洁服务有限公司南站女子清道班工会小组
上海市徐汇区爱菊小学行政总务后勤工会小组
上海博爱医院门诊部工会小组
上海乔家栅饮食食品发展有限公司食品厂工会小组
云洲古玩城市场部工会小组
上海新锦华商业有限公司再生资源回收交投网络中心工会小组
上海新长宁集团大楼物业有限公司工程部设备组工会小组
上服品牌职业服设计定制中心工会小组
伟恒通(上海)有限公司兆丰环球大厦保安部工会小组
上海市兰卫医学检验所有限公司临检组工会小组
上海普瑞眼科医院社服部工会小组
上海和睦家医院有限公司总务部工会小组
上海拯救汽车服务有限公司国际机场班组
上海卓然工程技术有限公司技术创新班组
上海市曹杨职业技术学校工程技术 5207 办公室工会小组
上海真如城市副中心开发建设投资有限公司储备动迁部工会小组
普陀区妇婴保健院手产室护理班组工会小组
上海红星美凯龙装饰家具城有限公司办公室工会小组
上海绅协绅起汽车销售服务有限公司维修车间工会小组
上海华立塑料制品有限公司设备部金工间班工会小组
上海英盾保安服务有限公司客服部工会小组
上海电科电器科技有限公司综合管理部工会小组
普陀区机关事务管理局工会小组
利群医院急诊医学科工会小组
上海鸿展信息技术有限公司海川分局装维班工会小组
上海今明清洗服务有限公司露香园工会小组
上海高顿教育培训有限公司网校事业部工会小组
上海海直建设工程有限公司 K&H 项目部工会小组
上海市虹口区市容建设公司渣土现场管理班工会小组
上海洗霸科技股份有限公司工会委员会技术服务组工会小组
上海星全华物流有限公司出口班工会小组
上海杨浦滨江投资开发有限公司滨江项目部工会小组
上海市杨浦第三房屋征收服务事务所有限公司财务部工会小组
上海市新大桥中学学生处工会小组
上海欧萨评价咨询股份有限公司创新研发工会小组
上海天泽汽车销售服务有限公司客户部工会小组
上海上缆神舟线缆有限公司生产制造部工会小组
上海通略机动车驾驶员培训有限公司第二分公司分工会
上海精华威印刷有限公司印刷车间工会小组
上海杨浦区时代幼儿园教研组工会小组
黄浦区肿瘤防治院肾内科工会小组
上海蔡同德堂药号有限公司中医门诊部工会小组
上海药房股份有限公司徐重道中药饮片厂分工会
上海伟泰宾馆招租办公室工会小组
上海明华物业公司管理有限公司第三分工会
三菱电机自动化(中国)有限公司总裁室渠道科工会小组
上海蜂星电讯设备连锁有限公司高桥营业厅工会小组
上海吉晨卫生后勤服务管理有限公司驻市东医院项目部工会小组
上海老西门装潢工程有限公司特种工工会小组
上海豫园商城老城隍庙饮食有限公司和丰美食楼工会小组
上海建筑装饰集团申兴装饰工程公司财务部工会小组
上海睿洁环保科技有限公司综合管理部工会小组
上海上房物业服务股份有限公司分工会
上海格尔汽车金属制品有限公司模具班工会小组
沪港国际咨询集团有限公司咨询部工会小组
上海诚信拍卖有限公司工会小组
上海芷新(集团)有限公司客运总站客户服务部工会小组
上海市静安区中心医院护理部工会小组
上海第二衬衫有限公司物业班工会小组
上海不夜城世缘实业有限公司缘南、缘北停车场管理分公司工会小组
上海雷允上药业西区有限公司雷允上药城分公司工会小组
上海安得利给水设备有限公司综合部工会小组
上海黄海制药有限责任公司提取车间工会小组
上海派克汉尼汾流体连接件有限公司工会小组
上海仲诚通信设备有限公司浦东分公司工会小组

上海宝临电气集团有限公司二次智能下线研发团队工会小组
渔人码头公益服务社保洁工会小组
阿斯特兰(青岛)仓储有限公司上海分公司统计课工会小组
上海市宝山区统计局办公室工会小组
宝山区安监局机关工会危化科工会小组
宝山区罗店中学"罗小共慧"工会小组
上海闵行英特奈国际纸业包装有限公司纸箱车间手工组工会小组
上海金丰电缆有限公司技术组工会小组
上海华银电器有限公司装配车间工会小组
太阳机械股份有限公司品管科工会小组
上海莘电设备安装有限公司线路二班工会小组
上海虹桥医院护理部工会小组
上海凯源电站设备运输有限公司运输一组工会小组
上海日之升新技术发展有限公司研发团队工会小组
上海闵行区启英幼儿园教师组工会小组
上海进征电子工业有限公司 SMT 后道工会小组
七宝镇人民政府机关工会七宝司法所工会小组
闵行区颛桥社区卫生服务中心总院护理班工会小组
上海嘉实(集团)有限公司苏州分工会
上海富家家具有限公司外销工会小组
上海市嘉定区封浜村速达机械厂工会小组
上海联化金属制品有限公司五金制品事业部工会小组
上海嘉弘建设工程发展有限公司项目部工会小组
上海熙风电子商务有限公司行政人事部工会小组
格朗吉斯铝业(上海)有限公司维修部工会小组
上海市地方税务局嘉定区分局第一税务所工会小组
上海市公安局嘉定分局娄塘派出所工会小组
上海嘉隆物业管理有限公司嘉定区工人文化宫项目工会小组
上海炼安工业设备安装有限公司张莹技师创新工作室工会小组
上海东润换热设备制造有限公司精品一班工会小组
上海金山卫夷健康管理服务中心卫夷护理站分工会
金山区市场监督管理局注册许可科工会小组
上海英伦帝华汽车有限公司国际物流部工会小组
上海山林食品有限公司品控部工会小组
上海敖韩实业有限公司质技组工会小组
复旦大学附属金山医院外科部门工会手术麻醉科工会小组
上海申田经济发展有限公司会计服务部工会小组
上海钟书实业有限公司钟书阁工会小组
上海扬盛印务有限公司印刷机组工会小组
上海强民经贸发展有限公司招商部工会小组
上海昌强电站配件有限公司制造部锻热车间普锻工段工会小组
能杰克数控技术(上海)有限公司管理部工会小组
上海百劲机械有限公司焊接工段工会小组
方松街道社区人口综合服务管理中心办证大厅工会小组
松江区疾病预防控制中心第六工会小组
净达公司净联分公司运输一部工会小组
上海师范大学附属外国语小学语文教研组工会小组
上海安字实业有限公司计划中转仓库班工会小组
上海佳吉快运有限公司装卸班工会小组
上海萨克斯动力总成部件系统有限公司制造部模具维修工会小组
青浦区行政服务中心发改委(投资管理科)窗口工会小组
上海佩纳沙士吉打机械有限公司 SHP 焊接班工会小组
上海青浦新城区工程项目管理有限公司房建科工会小组
上海精翊电器有限公司装备部设备维保班工会小组
上海韵达货运有限公司水电机修组工会小组
复旦大学附属中山医院青浦分院磁共振室工会小组
上海西虹桥商务开发有限公司计财部工会小组
奉贤公安分局江海派出所第二责任区工会小组
上海古华药业有限公司配送中心工会小组
海湾镇社会事业服务中心工会小组
上海海融食品科技股份有限公司人力资源部工会小组
米丝莱纺织(上海)有限公司财务部工会小组
上海今昌纸箱机械制造有限公司研发部工会小组
上海亚虹模具股份有限公司组装车间工会小组
帝斯曼维生素(上海)有限公司二分工会质量工会小组
奉城医院神经科工会小组
奉贤区政府采购中心工会小组
上海崇明县宝岛务工人员服务中心项目部工会小组
港西镇社区受理服务中心社会救助窗口工会小组
上海明珠湖生猪专业合作社物流班工会小组
上海信谊百路达药业有限公司物流班工会小组
上海运良企业发展有限公司锻压机床车间分工会
岳阳医院崇明分院检验科工会小组
上海志冲船务有限公司制造部工会小组
上海三菱电机·上菱空调机电有限公司制造部分工会
上海电气集团上海电机厂有限公司特种分厂定嵌一班工会小组
上海电气核电设备有限公司制造部镗铣班工会小组
上海华鑫物业管理顾问有限公司部室分工会
上海仪电(集团)有限公司社保服务中心广电分中心工会
上海电动工具研究所(集团)有限公司第一机关分工会
上海华谊天原化工物流有限公司安徽分公司分工会
双钱轮胎有限公司部室第一分工会
上海印钞有限公司印码生产部分工会
上海申达进出口有限公司美国部工会小组
上海星海时尚物业·鑫联园区工会小组
上海信谊万象药业股份有限公司综合制造车间分工会
上海雷允上药业有限公司奉浦生产基地分工会
国网上海市电力公司嘉定供电公司变电(配电)二次运检班工会小组
上海电力安装第一工程公司机具租赁中心分工会
上海宝钢不锈钢有限公司热轧厂轧钢分厂分工会
宝钢工程技术集团有限公司工程技术事业本部动力环评分工会
华宝证券有限责任公司信息技术部工会小组
中冶宝钢技术服务有限公司协力生产分公司炼铁车间工

会小组
上海宝冶集团有限公司高炉事业部工业安装项目部分工会
中国石化上海高桥石油化工有限公司动力管理中心汽机三班工会小组
中国石化上海石油化工股份有限公司芳烃部3#芳烃联合装置分工会
中国石化上海石油化工股份有限公司环保水务部工业水车间分工会
上海航天控制技术研究所卫星部分工会
上海航天电子有限公司综合电子产品事业部分工会
江南造船(集团)有限责任公司制造部分工会
上海烟草集团有限责任公司上海卷烟厂四车间分工会
上海烟草集团有限责任公司上海烟草储运公司原料物流一部分工会
上海汽车集团股份有限公司乘用车分公司车身部分工会
泛亚汽车技术中心有限公司项目管理部分工会
上汽大众安亭汽车三厂区冲压中心一车间分工会
上海华力微电子有限公司产品品质部分工会
上海化学工业区医疗急救中心护理部工会小组
国药控股上海医院销售管理总部分工会
上海铁路局上海工务大修段线路施工三队工会小组
上海铁路局南翔站北郊站分工会
中远海运发展股份有限公司新青岛轮工会小组
中海工业(上海)长兴船厂内协工程部工会小组
上海远洋运输有限公司天福河轮工会小组
上海弘发航运有限公司工会小组
上海明东集装箱码头有限公司工程技术部分工会
上港集团罗泾分公司工程技术部分工会
上海吴淞口国际邮轮港发展有限公司经营管理部工会小组
上海交运沪北物流发展有限公司沪南物流中心分工会
上海市汽车修理有限公司汽车修理三厂分工会
中国邮政集团工会上海静安区委员会彭浦新村邮政支局分工会
中国移动通信集团上海有限公司浦东分公司工会委员会
中国移动通信集团上海有限公司西区分公司工会委员会
上海电信科技发展有限公司德律康分公司部门工会小组
中国电信股份有限公司上海崇明电信局客响支撑中心部门工会小组
中国电信股份有限公司上海网络操作维护中心监控维护部工会小组
交通运输部东海救助局“东海救117”轮工会小组
上海交通建设总承包有限公司拖驳队分工会
中交三航(上海)新能源工程有限公司三航风华号工会小组
中国东方航空股份有限公司上海飞行部飞行二部分工会
中国东方航空股份有限公司客舱服务部乘务五部分工会
上海霍克太平洋公务航空地面服务有限公司信息服务工会小组
上海机场分局浦东候机楼派出所分工会
中国海员工会洋山港海事局委员会大洋山办事处工会小组
上海发电设备成套设计研究院汽燃分工会
上海建工二建集团有限公司第六工程公司分工会
上海市机械施工集团有限公司第二工程公司分工会
上海建工材料工程有限公司上海浦莲预拌混凝土有限公司分工会
上海建工一建集团有限公司南京公司分工会
中石化海洋石油工程有限公司上海钻井分公司勘探三号平台工会小组
上海市崇明东滩鸟类自然保护区管理处环境教育中心工会小组
华建集团水利院水务海洋科研所/水务海洋规划所工会小组
鲁中矿业有限公司张家洼铁矿运转工区工会小组
上海市水务局执法总队(中国海监上海市总队)四支队工会小组
中建八局广西分公司肇庆城市地下综合管廊项目分工会
中建八局广州分公司深圳前海综合交通枢纽项目分工会
中建八局总承包公司市北高新项目分工会
上海大屯能源股份有限公司徐沛铁路管理处车务段分工会
交通银行股份有限公司上海市分行营运管理部分工会
国泰君安证券股份有限公司计划财务部工会小组
中国太平洋财产保险股份有限公司上海分公司车险理赔部工会小组
中国建设银行股份有限公司上海川沙支行营业室工会小组
交通银行股份有限公司上海光新路支行工会小组
上海市浦东新区国家税务局第四税务所工会小组
上海市社会保险事业管理中心闸北分中心工会小组
上海理工大学管理学院分工会
上海工程技术大学社会科学学院分工会
上海电力学院电子与信息工程学院分工会
华东师范大学外语学院部门分工会
同济大学建筑与城市规划学院分工会
复旦大学信息科学与工程学院分工会
上海健康医学院信息技术与管理学院分工会
上海市生物医药科技产业促进中心工会小组
上海交通大学医学院附属瑞金医院放射治疗科工会小组
上海市第十人民医院门急诊分工会
中国福利会幼儿园活动策划组工会小组
上海市文化广播影视管理局人才培训交流中心工会小组
上海广播电视台版权资产中心分工会
上海广播电视台技术运营中心分工会
上海体育职业学院田径中心工会小组
中国石油西气东输管道公司苏北管理处淮安维抢修队工会小组
中国医药工业研究总院上海益诺思生物技术有限公司工会小组
中国人民解放军第4724工厂特设车间分工会
上海市军供站南站分站分工会
上海市四岔河监狱一监区分工会

上海海丰地区管理委员会川东办事处分工会
光明食品集团上海长江总公司上海大瀛食品有限公司分工会
上海海博出租汽车有限公司第七分公司分工会
锦江国际酒店管理公司呼叫中心工会小组
上海扬子江万丽大酒店员工餐厅工会小组
上海锦江通永汽车销售服务公司"任介平首席技师工作室"工会小组
上海衡山汽车服务有限公司出租二分公司分工会
上海市崧泽强制隔离戒毒所五大队分工会
上海图书馆信息处中心工会小组
上海中心气象台决策预报科工会小组
公安部第三研究所EID事业部工会小组
上海联合超级市场发展有限公司香花店工会小组
上海百联物业管理有限公司—百杉杉大厦工会小组
上海天然气管网有限公司供气管理部金卫首站操作组工会小组
上海申铁投资有限公司财务部工会小组
上海强生物业有限公司宝山法院管理中心保洁班工会小组
上海地铁维护保障有限公司物资和后勤分公司工会委员会
上海城投置地集团新凯房地产开发有限公司工会小组
275. 上海中心大厦商务运营有限公司观光部工会小组
上海市环境工程设计科学研究院有限公司环境工程设计所工会小组
东方国际集团上海利泰进出口有限公司第三业务部工会小组
三盛宏业(集团)有限责任公司工会委员会直属工会小组
上海建桥学院商学院分工会
上海市注册会计师、资产评估行业联合工会委员会上海立信资产评估有限公司工会
上海隧道工程有限公司市政建筑工程项目管理部工会小组
上海耀皮康桥汽车玻璃有限公司工会销售班工会小组
上海兰生股份有限公司本部工会委员会
中国联合网络通信有限公司上海市分公司西区分公司网络保障部工会小组
中建三局装饰有限公司(沪)徐州北三环项目分工会
上海农产品中心批发市场经营管理有限公司安检中心工会小组
上海电力股份有限公司闵行发电厂新疆哈密项目部工会小组
上海飞机设计研究院强度设计研究部分工会
民航华东空管局气象中心虹桥气象台分工会
上海上飞飞机装备制造有限公司部装部工会小组
中国电信号百公司能力拓展部分工会
上实管理(上海)有限公司上海路桥发展有限公司工会小组
上海市水产研究所工会奉贤科研基地工会小组
上海新型建筑材料总公司第一留守中心工会小组
华能新能源上海发电有限公司财务部工会小组
上海野生动物园发展有限责任公司市场营销部分工会
上海电影股份有限公司上海联和电影院线分工会

上海市优秀工会工作者名单(共200名)

张玉伟　上海金桥经济开发区金桥开发园区总工会办公室主任
孙　瑾(女)　凯斯帕液压(上海)有限公司工会主席
沈　春　上海界龙实业集团股份有限公司工会主席
纪昌盛　上海上蔬永辉生鲜食品有限公司工会主席
朱彩娟(女)　上海市浦东新区祝桥镇总工会专职副主席
于建波　上海浦东一汽解放专用车有限公司兼职工会主席、综合办主任
缪莉云(女)　上海市浦东新区唐镇社区事务受理服务中心党支部副书记、工会主席
王子文　上海市浦东新区三林镇综合党委副书记、工会委员会委员
贾敏琼(女)　上海市浦东新区陆家嘴街道总工会办公室副主任
李秀江　上海通领科技股份有限公司工会主席
冷晓梅(女)　上海市浦东新区金桥镇人大副主席、总工会主席
汤雪靖(女)　上海星洲汽车维修有限公司工会主席
金越兰(女)　上海来伊份食品连锁经营有限公司工会主席
宋新宝(女)　上海建华实业有限公司工会主席
焦小庆(女)　上海南广电子技术有限公司工会主席
吴　卫(女)　徐汇区教育工会副主席
何　庆　上海西岸(开发)集团有限公司工会副主席
韩瑛(女)　上海枫林生命健康产业发展(集团)有限公司工会主席
刘瑞光(女)　上海虹桥临空经济园区工会副主席、党群工作中心副主任
黄之琳(女)　上海市长宁民俗文化中心工会主席、副主任
叶利华　中金投资(集团)有限公司工会主席、副总审计师
刘　琳(女)　复旦初级中学校党支部委员、工会主席
陈家平　上海万宏工业投资(集团)有限公司本部支部委员、工会副主席、党群部部长
丁　晨(女)　上海新长宁(集团)有限公司工会副主席
黄利珍(女)　上海市同仁医院工会常务副主席
徐　明(女)　普陀区教育工会副主席
沈静文(女)　上海市普陀区城市建设投资有限公司工会主席
王新梅(女)　普陀区人民医院工会副主席、区医务工会副主席
刘　洋　上海明酷营销服务有限公司工会主席
宋文婷(女)　上海美顺汽车销售服务有限公司工会主席
陈桂平(女)　桃浦镇总工会副主席
王智骏(女)　上海复星高科技(集团)有限公司工会副主席

戴　洁(女)　嘉兴路街道总工会副主席
介　勇　上海市虹口区精神卫生中心工会主席
陆培华　提篮桥街道总工会工会干部
常　峰(女)　欧阳路街道总工会副主席
郑敏芝(女)　虹口区小学第二总支工会主席
王建芳(女)　上海市杨浦区总工会副主席
蒋　燕(女)　上海市杨浦区中心医院工会主席
周　萍(女)　上海市杨浦区长白新村街道总工会专职副主席
高晓华(女)　上海市杨浦区控江路街道总工会机关工会委员
郑　蓉(女)　上海市杨浦区五角场街道总工会专职副主席
吴逸人　上海杨浦工蕴社会工作服务中心工会主席
王振群　上海申远建筑设计有限公司工会主席
吴存红(女)　上海上城环境卫生运输有限公司党支部书记、工会主席
倪守正　黄浦区南京东路街道总工会办公室主任
陈正粹(女)　黄浦区小东门街道总工会专职副主席
周金祥　老凤祥股份有限公司工会委员、上海老凤祥有限公司党群部副主任、上海工艺美术有限公司工会副主席
沈　敏(女)　上海新世界假日酒店管理有限公司党委副书记、工会主席
时俊华　黄浦区建设和管理工会主席、区建设工程项目工会联合会主席
杜　琴(女)　黄浦区总工会维权保障部部长
姚莉雯(女)　黄浦区香山中医医院党总支副书记,区医务工会委员、女职工委员会副主任
吴　聆(女)　老城隍庙餐饮(集团)有限公司工会副主席、党群办主任
高晓峰　中信泰富广场工会联合会主席、中信泰富(上海)物业管理有限公司中信泰富广场物业总经理
李颖婷(女)　静安区石门二路街道党工委副书记、总工会主席、纪工委书记
陈志霞(女)　静安区天目西路街道总工会专职副主席、经审主任、街道机关工会主席
王震宇　上海青云路眼镜特色街联合工会主席、上海正明光学玻璃有限公司经理
吴全英(女)　上海幸福实业有限公司党总支副书记、工会主席、监事会主席
沈迎玫　上海开开(集团)有限公司工会副主席、上海静安粮油食品有限公司工会主席、总经理办公室主任
朱梅香(女)　上海静安建筑装饰实业股份有限公司党委副书记、工会主席
韩金良　上海辰光渣土运输服务有限公司党支部书记、工会负责人
周　红(女)　杨行镇农副公司党支部副书记、工会主席
朱海龙　上海市宝山区月浦镇总工会副主席
齐晓琳(女)　大华(集团)有限公司工会干部、财务
孙晓娟(女)　上海高境经济发展有限公司工会主席、副经理、财务总监
林　琦(女)　上海市宝山区医务工会主席
周跃民　宝山区公路管理中心工会主席、副主任
黄德凯　上海派克汉尼汾流体连接件有限公司工会主席、生产 经理
黄慧敏(女)　上海市闵行区颛桥镇总工会副主席
金杭梅(女)　上海市闵行区社会福利院工会主席、副院长
张　磊　上海华灵工具厂工会主席、副厂长
付　蓉(女)　上海维凯光电新材料有限公司工会主席、行政经理
徐　珉　上海交通器材服务中心工会主席、部门经理
刘国霞(女)　上海神舟汽车节能环保股份有限公司工会主席、副总经理
邵淑芳(女)　上海市地方税务局闵行区分局工会副主席
沈国伟　上海市闵行区华坪小学党支部副书记、工会主席
乐　敏　亨特道格拉斯建筑产品(中国)有限公司工会主席、生产经理
杨伟军　上海市闵行区华漕镇红卫村村总支委员、工会联合会副主席
陈其康　福耀集团(上海)汽车玻璃有限公司党支部书记、工会主席
张正锋　重机(上海)工业有限公司工会主席、资材调达课课长
田立跃　上海市嘉定区南翔镇总工会副主席
张　敏　上海市江桥镇太平村党委委员、工会联合会主席
胡纪玲(女)　上海华中实业(集团)有限公司党支部委员、工会主席
肖丽洁(女)　上海市嘉定工业区总工会副主席
钱婉琴(女)　上海市嘉定区菊园新区总工会主席
江　晔(女)　上海爱兴璐塑料包装有限公司工会主席、后勤部部长
杨　译　上海市嘉定工仁社会工作服务中心工会工作者
陆晓菲　上海市嘉定工仁社会工作服务中心工会工作者
沈德兴　金山漕泾镇人大副总主席、总工会主席
曹廉松　上海通工汽车零部件有限公司工会主席
谢贤军　上海财治食品有限公司工会主席
蒋朝红(女)　上海博海餐饮集团有限公司工会主席
季　蕾(女)　金山区教育工会副主席
戴美娟(女)　金山区总工会组织部部长
孙秋权　松江区永丰街道总工会专职副主席
马雁宏(女)　昆山润华商业有限公司上海松江分公司工会主席
李　雄　上海旭福电子有限公司工会主席
王国强　上海申新电气有限公司工会主席

马德钧　上海三重精密模具有限公司工会主席、制造科科长
赵振东　飞雕电器集团有限公司工会主席、采购项目经理
余晓春　松江区教育工会主席
徐丽红(女)　上海东洋油墨制造有限公司工会主席、人总科长
李松青(女)　新大洲本田摩托有限公司工会副主席
张焕明　申通快递有限公司工会副主席
陆善军　上海美津浓有限公司工会主席
张永峰　上海市青浦区金泽镇总工会劳动关系部部长
顾丽红(女)　上海市青浦区香花桥街道总工会主席
张卫群　上海展辰涂料有限公司工会主席、财务总监
顾　姝(女)　上海市青浦区夏阳街道办事处工会干部
李　黎　上海市青浦区工人文化宫主任
王志祥　上海元禾汽车零件有限公司党支部委员、工会主席、综合管理部部长
卫龙官　上海古华药业(集团)有限公司党委委员、工会主席
翁焕平　上海广电电气(集团)股份有限公司第二工会委员会主席
黄秀琴(女)　上海碧海金沙投资发展有限公司党支部副书记、工会主席、泳池池主任
黄勤华(女)　上海南洋高科技(集团)有限公司工会主席
张　明　上海悦华大酒店党支部委员、工会主席、办公室主任
孙战强　奉贤区柘林镇总工会专职工会工作者
夏　伟　奉贤区职工援助服务中心主任
施胜章　上海永信东洋炭素有限公司工会主席
韩　瑾(女)　上海裕生企业发展有限公司工会主席
杜建逵　上海盾牌矿筛有限公司工会主席
曹叙红(女)　崇明县宝岛务工人员中心工会主席
姚恒新　上海日立电器工会主席
徐组成　上海机电股份工会主席
张凤一　华鑫证券有限责任公司纪委书记、工会主席
何凤萍(女)　上海华谊能源化工有限公司工会副主席
徐俊彦　上海市轻工业工会(上海轻工业工会联合会)办公室主任、宣传部长
张　蓉(女)　上海华申进出口有限公司工会主席
王　勇　上海医药分销控股有限公司工会主席
黄志安　国网上海市电力公司市北供电公司工会主席
王忠元　国网上海市电力公司浦东供电公司工会主席
杜英宏　上海电力建筑工程公司工会副主席
卢超英　宝山钢铁股份有限公司镀锡板厂工会主席
牛宁涛　中冶宝钢技术服务有限公司第五分公司工会干事
龚庆峰　上海宝冶集团市政工程公司工会办公室主任
潘萍萍(女)　中国石化上海石油化工股份有限公司工会生活女工部部长
李　昕　上海航天局工会主席
姚　莹(女)　中船上海船舶工业有限公司工会副主席
冯小娟(女)　上海烟草集团有限责任公司机关工会主席
鲁建民　上汽通用汽车有限公司工会副主席
李　丽(女)　上海集成电路研发中心有限公司总支委员、工会主席、行政经理
胡雯静(女)　上海化学工业区工会文体部部长
吴炳雷　上海铁路局上海工务段工会主席
周松诚　中海国际船舶管理有限公司工会主席
徐文军(女)　中远海运集装箱运输有限公司工会调研员
周小青　上海外轮理货有限公司工会副主席
夏　坚　上海交运资产管理公司党委副书记、纪委书记、工会主席
马熊芳(女)　中国邮政集团公司上海市邮区中心局工会干事
李秋君　中国电信上海公司南区局纪委书记、工会主席、副局长
程珮莲(女)　民航华东地区管理局工会女职委副主任
蒋　政　上海航空有限公司机关党委委员、工会办公室主任、机关工会主席
万宝玉(女)　上海虹桥国际机场公司工会办公室主任
刘选游　上海市城乡建设和交通工会工作委员会主任
何连成　上海建工集团股份有限公司工会副主席、经审主任
周建荣　上海市交通工会副主席
肖龙根　上海市绿化和市容管理局工会、上海市绿化市容行业工会主席
周　怡(女)　华建集团上海建筑设计研究院有限公司工会主席
杨庆荣　鲁中矿业有限公司小官庄铁矿工会主席
朱　力　上海市水务建设工程安全质量监督中心站工会副主席、纪委委员、执法管理(安全管理)科副科长
马清杰　中建八局第三建设有限公司工会主席
张维成　上海中建八局装饰有限责任公司工会主席
刘冬冬　上海大屯能源股份有限公司工会副主席
冯　慧(女)　中国邮政储蓄银行工会上海分行委员会权益保障部部长
贺宇浩　上海市劳动保障监察总队工会主席、副总队长
沈海庆(女)　上海工程技术大学工会兼职副主席
陆云琦　中国船舶重工集团公司第七一一研究所工会干事
顾琦静(女)　市医务工会八届委员会常委、上海交通大学医学院附属新华医院工会主席、副院长
袁敏芝(女)　上海中华印刷有限公司党委副书记、纪委书记、工会主席

吴林滢(女) 上海市文化广播影视管理局工会专职干部
马　喆 上海广播电视台总部工会主席
刘百弟 上海体育职业学院工会办公室主任
周建钢 中国电建上海能源装备有限公司工会主席
周跃进 上海普天邮通科技股份有限公司工会干部
冯　莉(女) 上海商业会计学校工会副主席
任黎伟 上海市宝兴殡仪馆副主任、工会主席
李兴民 上海市吴家洼监狱调研员、一级警长、工会主席
王　莉(女) 上海市东海老年护理医院党总支书记、工会主席
苏庆跃 上海锦江外事汽车公司党委副书记、工会主席
邹勤南 上海图书馆工会主席
陆仲恩 上海海关工会主席
钟小明 上海市质量技术监督局工会主席
赵建梅(女) 上海百联集团股份有限公司本部党委副书记、工会主席
雷　雯(女) 上海燃气浦东销售有限公司党委委员、工会主席
冯东莼(女) 上海东亚集团有限公司工会副主席
许传海 上海申通地铁资产经营管理有限公司党委副书记、纪委书记、工会主席
鹿维孟 上海城投污水处理有限公司纪委书记、工会主席
叶建浩 东方国际创业股份有限公司工会干部
蔡伯承 三毛企业(集团)股份有限公司工会主席
董晓平 上海城建养护管理有限公司工会主席
邬忠辉 上海申江怡德投资经营管理有限公司工会主席、副总经理
陈洁平 上海外服(集团)有限公司工会负责人
李　静 中国联合网络通信有限公司上海市分公司工会事务 管理
胡　坚 中建三局一公司华东公司工会主席
杨福海 中建三局集团有限公司(沪)工会副主席
沈德成 上海电力股份有限公司工会管理主管
陈　晖 中国商用飞机有限责任公司工会办公室副主任
陈　英(女) 上海临港经济发展(集团)有限公司工会常务副主席
李其龙 上海上实物业管理有限公司工会主席、副总经理
沈松龄 上海国盛(集团)有限公司工会主席、党群工作部副部长、上海国盛集团科教投资有限公司党委书记
李　雷 上海电影(集团)有限公司工会主席、退管办主任

上海市模范职工之家红旗单位名单(10家)

上海市浦东新区潍坊新村街道总工会
上海市杨浦区定海路街道总工会
中国教育工会上海市普陀区委员会
上海市闵行区江川路街道总工会
伟星集团上海实业发展有限公司工会委员会
上海市宝山区顾村镇总工会
上海市松江区永丰街道总工会
上海海龙工程技术发展有限公司工会委员会
中国电信集团工会上海市浦东电信局委员会
同济大学附属同济医院工会委员会
(注:上述单位同时授予上海市五一劳动奖状)

上海市优秀工会工作者标兵名单(共10名)

瞿渊敏 上海浦东新区公共交通有限公司工会专职副主席
朱惠琴(女) 上海市浦东新区川沙新镇总工会常务副主席
王　英(女) 上海雷迪埃电子有限公司党支部书记、工会主席
黄宪祖 上海市黄浦区南京东路街道总工会专职副主席
何文跃 上海南方国际购物中心(集团)有限公司党委委员、工会主席
彭黛耘(女) 上海市嘉定区马陆镇人大副主席、总工会主席
张　浩 上海市医务工会常务副主席
贾金平 中国教育工会上海交通大学委员会主席
林裕良 上海市纺织工会党组成员、办公室主任
徐　磊 上海国际机场地面服务有限公司工会主席
(注:上述人员同时授予上海市五一劳动奖章)

2016年“上海工匠”名单

蒋国兴 上海供春陶业有限公司总工艺师
朱海鸿 上海优爱宝机器人技术有限公司总经理、技术总监
高金明 玛戈隆特骨瓷(上海)有限公司技术厂长
杨　震 上海高桥捷派克石化工程建设有限公司钳工专业部副经理
徐培成 上海市徐汇区牙病防治所所长
王海斌 上海徐房房屋维急修中心党支部书记、主任
陶　巍 上海幼狮汽车销售服务有限公司总经理
刘根敏 上海英雄金笔厂有限公司组长
黄卫国 普陀区房屋维修应急中心维修班长
施泽淞 上海尤埃建筑设计有限公司合伙人
陆亚明 上海豫园旅游商城股份有限公司绿波廊酒楼总经理
沈国兴 上海老凤祥有限公司大件组组长
陈林兴 上海新人民摄影有限公司技术总监、副总经理
吴德昇 上海现代钟表珠宝商会吴德昇工作室艺术总监

肖文浩　上海亨生西服有限公司技术总监
朱臻原　上海二十冶建设有限公司工人
胡振球　上海神舟汽车节能环保股份有限公司车间主任
曹　荣　上海民族乐器一厂拉弦乐器制作工
王　梅(女)　上海连成(集团)有限公司双吸泵产品经理
李林根　金山区枫泾镇中国农民画丹青1号画师
蔡蕴敏(女)　复旦大学附属金山医院创面诊疗中心副主任
程美华(女)　上海市金山丝毯厂厂长、总工艺师
翁永平　上海耀江实业有限公司技术中心主任
李西岳　上海浦宇铜艺装饰制品有限公司技术总监、设计总监
顾德先　上海真静古典家具有限公司生产主管
王红梅(女)　上海玖开电线电缆有限公司技术工程师
黄成超　上海崇明花菜研发中心主任
李　斌　上海电气液压气动有限公司数控工段工段长
俞建民　上海三菱电梯有限公司职工
朱健儿　上海美多通信设备有限公司工人
楼宇峰　上海造币有限公司钱币模具手工雕刻工序负责人
刘忠荣　上海忠荣玉典艺术品工作室大师原创工作室主任
龚杜弟　上海汽车地毯总厂有限公司副总经理兼技术中心经理
张雄毅　上海雷允上药业有限公司班组长
杨庆华　国网上海市电力公司检修公司专业工程师
钱　忠　国网上海嘉定供电公司带电作业组组长
张新军　上海电力安装第二工程公司项目工地主任
孔利明　宝山钢铁股份有限公司运输部技能专家
王康健　宝山钢铁股份有限公司冷轧厂技能专家
王　军　宝山钢铁股份有限公司热轧厂技能专家
毛琪钦　上海宝冶工程技术有限公司焊培中心副部长
陆定良　中国石化上海石油化工股份有限公司塑料部主任技师
王曙群　上海航天设备制造总厂对接机构总装组长
苗　俭(女)　上海航天控制技术研究所首席技师
张翼飞　沪东中华造船(集团)有限公司首席技师
陈志农　江南造船(集团)有限责任公司技术调试室调试长
秦　毅　沪东中华造船(集团)有限公司工人
徐小平　上汽大众汽车有限公司高级经理
张生春　上海赛科利汽车模具技术应用有限公司模具事业部调试车间主任
任建新　上海柴油机股份有限公司组长
张　华　上海铁路局上海动车段电气调试工长
张　彦　上海盛东国际集装箱码头有限公司桥吊司机
水　湧　中国移动通信集团上海有限公司线路抢修班班长
徐　珺　中国电信上海公司西区局工程师
吴志华　东海航海保障中心上海航标处养护中心副主任
李增红　中铁上海工程局集团市政工程有限公司施工员
石长江　中铁二十四局集团有限公司工人
陆凯忠　上海市基础工程集团有限公司电工组长
王　斌　上海市机械施工集团有限公司工程测量总监
李　杰　上海市机械施工集团有限公司工人
魏顶峰　上海辰山植物园温室中心副主任
黄德彪　中建八局上海矗鑫建筑工程有限公司钢筋工
陈忠明　中国科学院上海硅酸盐研究所正高级工程师
吴颖健　万达信息股份有限公司总工程师
陈勤泉　上海光机所恒益公司环抛加工组组长
许　迅　上海市第一人民医院眼科中心主任
蒋跃年　上海长江企业发展合作公司首席工艺美术师
王　刚　上海市龙华殡仪馆业务科副科长
郭予文　上海锦江饭店主厨
严惠琴(女)　上海新锦江大酒店行政总厨
孙志湧　上海东郊宾馆行政总厨
蓝金康　上海三联(集团)有限公司茂昌眼镜公司副经理
李鹃伟　上海地铁维护保障有限公司车辆分公司班组长
严如珏(女)　上海地铁第一运营有限公司技术工人
宣建岚　上海城投污水处理有限公司石洞口污水处理厂车间主任
严　琳(女)　上海上电电力运营有限公司化学主管
李建伟　上海隧道工程有限公司机械制造分公司总装车间主任
张　亮　上海隧道工程有限公司盾构分公司副总经理
胡双钱　上海飞机制造有限公司班组长
张振晖　上海美术电影制片厂有限公司影视动画导演、美术设计
卢长春　中冶宝钢技术服务有限公司第二分公司卢长春焊接工作室负责人
陈国庆　上海电力高压实业有限公司工程管理组副组长
樊成辉　上海住总集团建设发展有限公司施工员
朱道义　上海静安园林绿化发展有限公司花店经理
洪新华　弘艺轩玉器工作室高级工艺美术师
陆籽豪　上海正章实业有限公司技术主管
马如高　上海博物馆职工
王本洪　上海正伟印刷有限公司工程师

2017上海工会年鉴

统计

各区县局(产业)工会组织数据一览表(一)

单位名称	基层工会	基层工会涵盖单位	职工	女性	农民工	工会会员	女性	农民工
	个	个	人	人	人	人	人	人
总计	**51261**	**267124**	**8854739**	**3308757**	**3739043**	**8571879**	**3220330**	**3609262**
浦东新区总工会	8383	25454	1119967	458255	465517	1069896	442701	446133
徐汇区总工会	2114	20058	366172	146106	118999	362006	144959	117696
长宁区总工会	2019	13800	344625	134496	153284	344286	134388	153195
普陀区总工会	2307	9427	224316	90457	132071	220848	89690	129727
虹口区总工会	1394	5728	111901	42237	15310	108696	41508	14868
杨浦区总工会	2022	11289	215487	81898	120097	208457	81309	119546
黄浦区总工会	3167	13831	332630	136709	85786	326755	134557	84215
静安区总工会	2627	11789	240593	110658	73137	237871	109552	72932
宝山区总工会	2170	17494	441342	155807	157383	419680	151159	148143
闵行区总工会	5688	19435	664512	295005	409415	648136	290543	403043
嘉定区总工会	3718	15983	511993	184700	230984	503749	181528	226765
金山区总工会	1804	15241	333589	142793	215069	328964	141329	212840
松江区总工会	2545	24367	597506	245034	364480	579373	237857	355318
青浦区总工会	2835	31601	499959	214203	389552	482106	208388	381467
奉贤区总工会	2758	22526	510333	164577	316392	468154	141561	287167
崇明县总工会	1127	3004	108665	44781	56248	97032	42872	49027
机电工会	152	153	53045	10735	4843	51352	10500	3943
仪表电子工会	64	64	17601	5602	2763	17480	5585	2755
化学工会	89	91	14799	3281	371	14377	3229	210
轻工工会	7	7	2878	757	0	2878	757	0
纺织工会	74	74	11820	4778	1477	11255	4560	1283
医药工会	70	72	21944	10424	587	21522	10239	571
电力公司工会	31	31	15777	3451	0	15777	3451	0
电力股份工会	19	21	6718	1034	0	6708	1032	0
电力建设工会	10	10	3069	245	17	3050	244	0
宝钢集团工会	117	117	62791	10638	0	62708	10627	0
中冶宝钢工会	13	13	17158	2744	12215	16873	2735	11943
上海宝冶集团工会	21	21	6073	918	1406	6065	918	1398
高桥石化工会	9	9	6164	1479	0	6164	1479	0

续　表

单位名称	基层工会	基层工会涵盖单位	职工	女性	农民工	工会会员	女性	农民工
	个	个	人	人	人	人	人	人
上海石化工会	27	27	13958	3654	67	13143	3440	21
中铝铜业工会	7	7	1235	165	7	1231	165	7
航天局工会	32	34	19308	5252	1377	19308	5252	1377
船舶工会	20	20	77123	9384	41074	61426	7572	30864
商用飞机工会	10	10	9663	2597	51	9616	2573	41
烟草工会	11	11	8288	1798	159	8288	1798	159
汽车工业工会	46	46	107686	18981	14873	106724	18883	14184
漕河泾工会	7	7	924	343	0	923	343	0
华东电力工会	4	4	1603	423	0	1603	423	0
华虹工会	7	7	6309	1797	951	6179	1775	951
华源工会	7	7	889	285	146	774	264	58
华能工会	8	8	2515	576	0	2515	576	0
化学工业区工会	33	34	7967	2196	757	7824	2130	700
国药集团	19	22	5047	2532	128	4198	2188	28
铁路工会	34	34	34200	4520	2144	34177	4500	2139
中国远洋海运集团工会	46	58	14598	1895	704	14136	1756	646
国际港务工会	39	39	21876	2731	3877	21832	2730	3836
长江轮船工会	13	13	1423	423	125	1423	423	125
运输工会	52	52	10754	1817	2674	9172	1490	1338
邮政工会	32	32	24143	7242	6878	23719	7096	6551
移动通信工会	1	29	7872	3837	65	7872	3837	65
电信集团工会	67	75	33610	12161	70	33124	12080	70
中国电信号百公司工会	2	2	377	176	0	377	176	0
东海救助局工会	11	11	1005	71	0	1005	71	0
打捞局工会	6	6	1346	65	175	926	65	0
航道局工会	10	10	4212	385	836	4212	385	836
三航局工会	9	9	3236	506	208	3236	506	208
中远集运工会	25	25	13370	1808	1415	13232	1766	1415
中波轮船工会	4	4	1062	73	86	1062	73	86
民航华东空管局工会	14	14	2020	486	0	2020	486	0

续 表

单位名称	基层工会	基层工会涵盖单位	职工	女性	农民工	工会会员	女性	农民工
	个	个	人	人	人	人	人	人
民航华东工会	9	9	3875	1875	48	3833	1873	48
东方航空工会	37	37	42586	15561	1675	42107	15466	1665
上海机场工会	46	46	21590	6196	1844	21410	6173	1844
海事局工会	21	21	2774	399	0	2774	399	0
建设和交通工会	55	55	55556	12351	222	55043	12265	179
建工集团工会	66	553	158493	11897	123667	158415	11876	123667
交通委员会工会	17	17	2559	925	0	2559	925	0
海洋石油工会	8	8	1642	209	153	1488	209	0
绿化工会	26	26	1683	692	0	1677	690	0
华东建筑集团工会	15	15	5226	1965	0	5226	1965	0
鲁中矿业工会	11	11	6183	1065	826	5127	1056	0
水务局工会	17	17	1257	389	0	1257	389	0
中建八局工会	23	442	141517	9537	113766	141517	9537	113766
大屯能源工会	17	17	18369	2957	0	18362	2957	0
金融工会	142	166	257534	137880	592	251615	134857	567
税务工会	14	14	1509	780	0	1509	780	0
人保局工会	20	20	2809	1522	0	2809	1522	0
市农委工会	44	44	3544	1274	109	3365	1219	92
科技工会	48	136	28733	10090	955	27857	9748	687
教育工会	75	75	79797	37694	8123	77410	37070	7400
医务工会	60	71	70608	49741	61	70545	49715	61
新闻出版工会	41	44	6868	3309	2198	6698	3246	2114
上海报业集团工会	17	17	2900	1166	5	2881	1154	0
新华社工会	1	1	134	72	0	134	72	0
文广影视局工会	23	23	1695	827	0	1660	819	0
上海广播电视台工会	70	75	16814	7481	313	16691	7399	313
社科院工会	23	23	739	345	0	734	344	0
体育局工会	28	28	1966	694	33	1749	598	15
经济和信息化系统工会	261	288	74339	29210	2208	71780	28289	1343
光明食品集团工会	234	487	79243	35334	9653	79105	35315	9610

续　表

单位名称	基层工会	基层工会涵盖单位	职　工	女　性	农民工	工会会员	女　性	农民工
	个	个	人	人	人	人	人	人
民政局工会	51	51	5519	2826	397	3839	1979	76
监狱管理局工会	20	20	8043	1775	498	8038	1773	493
锦江集团工会	385	385	56349	22069	6413	56349	22069	6413
东湖集团工会	11	11	4056	1424	0	3670	1330	0
衡山集团工会	11	11	3851	819	321	2318	769	204
市级机关工会	416	422	55043	20302	366	52245	19109	333
百联集团工会	133	133	36219	18100	4403	36219	18100	4403
水产集团工会	16	16	3580	227	553	3529	218	553
申通集团工会	29	29	28925	7146	892	27426	6864	3
久事公司工会	67	73	66827	9674	5121	65770	9230	4818
上海城投(集团)有限公司工会	123	129	14190	3926	499	14152	3918	496
申能集团工会	37	37	9913	2146	1	9913	2146	1
电器科研所工会	8	8	1400	389	36	1380	383	36
东方国际工会	42	43	3307	1336	59	3220	1290	24
锦江航运工会	5	5	707	197	20	683	177	20
社会系统工会	16	71	36830	9457	4079	30734	8873	2495
上海隧道工程股份有限公司工会	118	121	34253	7075	16216	26748	6102	9344
地产集团工会	63	83	5371	1788	171	5230	1752	169
东浩兰生服务贸易集团工会	34	34	3342	1684	114	3287	1658	114
上海联通工会	1	1	1917	761	0	1917	761	0
合作交流系统工会	66	66	33312	3405	23622	33176	3353	23622
通信管理局工会	2	2	195	64	0	195	64	0
上实集团工会	28	38	3307	1081	998	3295	1076	998
上海临港产业区工会工作委员会	44	52	5572	1396	1062	5436	1359	1047
市公安局工会	1	1	10769	2536	0	10769	2536	0
国盛工会	32	33	2493	542	4	2469	535	4
绿地集团工会	12	12	4975	1569	201	4752	1497	130
申迪集团	7	9	12027	6051	0	11772	5951	0
世博发展集团	6	6	327	165	0	312	159	0
上海电影(集团)工会	26	44	2702	1070	239	2434	974	148

续表

单位名称	基层工会	基层工会涵盖单位	职工	女性	农民工	工会会员	女性	农民工
	个	个	人	人	人	人	人	人
中国金融工会上海工作委员会	10	10	2170	1039	0	2136	1020	0
上海东方网股份有限公司工会	3	3	930	645	57	922	644	57
中国五冶集团上海有限公司工会	12	12	2730	655	0	2712	655	0

各区县局(产业)工会组织数据一览表(二)

单位名称	专职工会工作人员	女性	兼职工会工作人员	女性	本级工会建立女职工组织		本级工会女职工工作人员		建立经费审查委员会
					建立女职工委员会	仅设立女职工委员	专职	兼职	
	人	人	人	人	个	个	人	人	个
总计	**13909**	**5308**	**199832**	**95912**	**24666**	**24194**	**2191**	**87158**	**41169**
浦东新区总工会	2623	1187	24074	12611	3627	4566	477	11077	5656
徐汇区总工会	686	334	6142	3292	1087	842	56	2591	1233
长宁区总工会	38	21	5325	3079	1711	299	6	2064	2019
普陀区总工会	330	167	8053	3695	655	1606	61	3457	1412
虹口区总工会	183	106	4107	2307	624	610	53	1845	914
杨浦区总工会	414	127	6854	3659	953	1012	74	4110	1906
黄浦区总工会	160	72	9823	4549	1615	1500	35	4297	3167
静安区总工会	126	54	9086	5132	520	1968	25	4416	2507
宝山区总工会	69	38	22559	10497	1026	1144	18	15708	2170
闵行区总工会	2291	232	21129	10719	3476	1666	52	9526	5059
嘉定区总工会	126	47	11529	4810	1532	2066	17	4456	2477
金山区总工会	117	50	7263	3049	731	931	17	2124	1217
松江区总工会	65	34	10155	4402	937	1473	17	3596	1581
青浦区总工会	210	71	8699	3399	1660	1095	12	3002	2835
奉贤区总工会	1576	499	6689	2850	1948	695	371	2718	2758
崇明县总工会	312	100	2699	1134	256	788	77	1157	522
机电工会	140	51	1015	432	87	46	33	336	138
仪表电子工会	25	11	374	189	32	32	4	154	64
化学工会	39	18	409	189	39	40	8	174	71
轻工工会	16	8	65	40	3	3	6	28	7
纺织工会	35	19	277	133	31	35	9	114	74

续　表

单位名称	专职工会工作人员	女性	兼职工会工作人员	女性	本级工会建立女职工组织		本级工会女职工工作人员		建立经费审查委员会
					建立女职工委员会	仅设立女职工委员	专职	兼职	
	人	人	人	人	个	个	人	人	个
医药工会	40	18	542	354	46	22	4	265	70
电力公司工会	135	57	297	107	26	4	28	98	30
电力股份工会	28	8	95	33	14	4	4	50	12
电力建设工会	15	5	89	31	7	3	3	30	10
宝钢集团工会	225	98	853	341	85	31	42	267	104
中冶宝钢工会	5	2	136	38	10	1	2	39	5
上海宝冶集团工会	47	13	146	51	12	9	1	57	13
高桥石化工会	28	7	91	39	4	5	1	27	9
上海石化工会	57	29	214	93	23	2	20	70	27
中铝铜业工会	3	0	9	3	2	2	0	4	1
航天局工会	64	33	290	140	24	8	19	126	32
船舶工会	43	20	349	117	15	4	7	101	18
商用飞机工会	36	21	236	103	5	3	3	25	8
烟草工会	51	29	95	52	11	0	8	73	11
汽车工业工会	164	84	1146	459	46	0	28	214	46
漕河泾工会	8	6	76	46	3	3	5	22	6
华东电力工会	6	3	26	12	2	2	2	11	3
华虹工会	5	4	116	59	6	1	1	33	6
华源工会	2	2	41	17	1	6	1	14	3
华能工会	7	3	42	13	4	4	2	25	7
化学工业区工会	2	0	200	96	10	23	0	71	33
国药集团	0	0	142	96	5	14	0	36	17
铁路工会	59	19	375	119	30	3	9	86	34
中国远洋海运集团工会	36	14	324	150	25	17	9	110	38
国际港务工会	118	39	340	125	26	13	10	91	36
长江轮船工会	13	0	50	16	7	6	0	17	11
运输工会	85	20	196	72	16	27	13	57	23
邮政工会	15	12	470	244	28	4	4	92	31

续 表

单位名称	专职工会工作人员	女性	兼职工会工作人员	女性	本级工会建立女职工组织		本级工会女职工工作人员		建立经费审查委员会
					建立女职工委员会	仅设立女职工委员	专职	兼职	
	人	人	人	人	个	个	人	人	个
移动通信工会	25	20	12	11	1	0	1	19	1
电信集团工会	93	48	1088	758	50	15	11	213	66
中国电信号百公司工会	1	1	17	12	1	1	0	5	2
东海救助局工会	2	1	54	13	1	9	1	12	3
打捞局工会	2	1	16	5	1	4	0	7	3
航道局工会	14	3	30	11	5	3	3	6	10
三航局工会	24	14	42	16	9	0	3	14	9
中远集运工会	12	6	286	67	5	17	3	48	20
中波轮船工会	2	1	29	8	1	0	1	3	1
民航华东空管局工会	8	5	77	33	12	2	5	34	5
民航华东工会	13	5	112	46	8	1	3	27	9
东方航空工会	95	49	362	208	26	8	25	123	33
上海机场工会	25	9	442	195	42	4	2	168	46
海事局工会	15	8	127	25	16	1	3	22	14
建设和交通工会	174	73	1154	574	33	22	11	199	54
建工集团工会	159	57	1087	340	34	31	11	180	65
交通委员会工会	10	5	128	67	17	0	1	56	17
海洋石油工会	4	2	89	37	6	2	1	7	8
绿化工会	28	11	96	57	7	18	10	42	19
华东建筑集团工会	4	2	222	115	9	6	2	55	8
鲁中矿业工会	28	9	112	27	11	0	6	32	11
水务局工会	1	0	126	55	2	15	0	36	5
中建八局工会	97	38	1327	241	21	2	29	187	22
大屯能源工会	123	47	234	40	17	0	20	129	17
金融工会	175	100	2922	1670	64	64	33	436	110
税务工会	15	4	76	41	4	9	3	28	14
人保局工会	3	1	118	40	6	14	1	39	9
市农委工会	10	5	261	91	11	31	3	75	36

续 表

单位名称	专职工会工作人员	女性	兼职工会工作人员	女性	本级工会建立女职工组织		本级工会女职工工作人员		建立经费审查委员会
					建立女职工委员会	仅设立女职工委员	专职	兼职	
	人	人	人	人	个	个	人	人	个
科技工会	28	15	611	312	30	16	10	170	48
教育工会	180	104	1453	771	51	20	43	554	62
医务工会	101	71	664	401	48	12	31	272	49
新闻出版工会	4	2	187	117	20	21	1	82	30
上海报业集团工会	7	4	109	44	8	8	1	26	13
新华社工会	0	0	9	4	1	0	0	4	1
文广影视局工会	7	5	90	27	2	19	2	38	16
上海广播电视台工会	11	3	524	291	14	39	3	116	40
社科院工会	0	0	74	40	0	23	0	36	3
体育局工会	17	6	120	57	5	14	3	33	22
经济和信息化系统工会	94	50	1806	885	81	137	28	447	200
光明食品集团工会	139	64	921	477	97	136	29	451	151
民政局工会	16	8	258	157	19	28	4	115	32
监狱管理局工会	43	20	359	113	20	0	11	67	20
锦江集团工会	373	264	984	478	335	49	6	1056	385
东湖集团工会	5	0	69	29	6	5	0	23	11
衡山集团工会	4	0	64	36	3	7	0	24	9
市级机关工会	86	43	2504	1216	124	249	23	855	302
百联集团工会	158	70	544	281	76	53	34	234	133
水产集团工会	7	1	42	17	2	8	0	15	10
申通集团工会	28	18	352	145	18	10	8	70	28
久事公司工会	77	29	417	180	32	28	8	111	60
上海城投(集团)有限公司工会	124	60	576	295	42	81	24	210	92
申能集团工会	56	27	176	74	15	16	10	76	32
电器科研所工会	0	0	60	32	5	3	0	25	8
东方国际工会	20	9	187	98	12	24	2	65	29
锦江航运工会	3	1	28	10	3	0	0	10	5
社会系统工会	25	14	260	116	15	0	6	39	15

续 表

单位名称	专职工会工作人员	女性	兼职工会工作人员	女性	本级工会建立女职工组织		本级工会女职工工作人员		建立经费审查委员会
					建立女职工委员会	仅设立女职工委员	专职	兼职	
	人	人	人	人	个	个	人	人	个
上海隧道工程股份有限公司工会	82	31	492	248	47	66	10	190	59
地产集团工会	17	8	240	124	11	40	2	80	35
东浩兰生服务贸易集团工会	26	12	133	69	15	12	4	44	25
上海联通工会	4	2	84	46	1	0	1	4	1
合作交流系统工会	51	15	578	283	14	29	11	80	62
通信管理局工会	1	1	7	2	1	1	1	2	1
上实集团工会	0	0	151	72	2	22	0	34	28
上海临港产业区工会工作委员会	9	5	223	102	2	41	5	76	44
市公安局工会	8	2	40	3	1	0	2	3	1
国盛工会	9	3	112	55	3	18	0	31	18
绿地集团工会	4	2	69	48	1	11	1	16	12
申迪集团	4	2	42	17	1	4	0	9	5
世博发展集团	3	1	32	17	5	1	0	12	6
上海电影(集团)工会	4	3	92	48	7	15	2	30	3
中国金融工会上海工作委员会	10	5	71	52	2	3	0	28	0
上海东方网股份有限公司工会	0	0	28	19	1	1	0	14	3
中国五冶集团上海有限公司工会	24	11	32	8	5	7	19	18	12

工会组织建设状况(一)

所在行业	基层工会	基层工会涵盖单位	职工	女性	农民工	工会会员	女性	农民工
	个	个	人	人	人	人	人	人
总计	**51261**	**267124**	**8854739**	**3308757**	**3739043**	**8571879**	**3220330**	**3609262**
按国民经济行业分组								
农、林、牧、渔业	783	3187	96667	34650	37731	94977	33973	36986
采矿业	68	1199	45460	10310	3354	44253	10301	2375
制造业	15469	50257	2809950	1071254	1535913	2680960	1024810	1459526
电力、热气、燃气及水生产和供应业	468	584	81239	19861	9104	80387	19672	8901

续 表

所在行业	基层工会	基层工会涵盖单位	职工	女性	农民工	工会会员	女性	农民工
	个	个	人	人	人	人	人	人
建筑业	1858	5347	754411	79022	502814	732318	78107	486584
批发和零售业	4312	21261	489980	227009	173247	481077	224314	171336
交通运输、仓储及邮政业	2062	2507	482214	107614	78614	466335	105009	72798
住宿和餐饮业	2868	8573	307823	147716	149637	299110	144156	146343
信息传输、软件和信息技术服务业	1854	5693	252629	104538	78988	247115	103507	78117
金融业	765	2044	327499	166768	18899	316993	162013	18719
房地产业	1418	3112	116482	37643	32546	110689	35989	30511
租赁和商务服务业	3290	43758	640622	251807	283323	623300	245794	278392
科学研究和技术服务业	826	1752	121579	40884	17349	118794	40329	17047
水利、环境和公共设施管理业	826	1389	98554	34261	34342	95153	33036	32347
居民服务、修理和其他服务业	5635	68964	961319	346668	464995	937361	342052	457610
教育	2883	3162	277654	184209	17231	270527	180429	16025
卫生和社会工作	1070	1513	236759	159779	24592	231582	156787	23852
文化、体育和娱乐业	1022	1606	80230	36708	10231	77521	35554	9728
公共管理、社会保障和社会组织	3784	41216	673668	248056	266133	663427	244498	262065
按经济类型分组								
国有企业	1933	3784	527966	127457	89321	513890	124488	83418
集体企业	2096	26316	513124	155417	217366	501143	151745	214785
股份合作企业	941	1060	110154	46652	29732	106660	45178	27500
联营企业	100	199	13566	4517	6350	13331	4498	6309
国有独资公司	892	981	298186	72555	59046	280998	68687	50419
其他有限责任公司	2878	6754	463628	159270	123215	450020	155723	116919
股份有限公司中的国有控股公司	871	1001	596259	207162	58069	577545	204503	45045
其他股份有限公司	602	1096	174321	70438	35127	160921	66673	31987
私营企业	25576	166126	3264365	1189419	1976505	3159022	1152979	1922172
其他内资企业	435	1716	165560	22945	132883	164834	22491	132726
港澳台商投资企业	1822	2552	488002	206242	298753	463452	201372	284112
外商投资企业	4436	9624	1042932	463468	434677	1005699	448894	421285
财政拨款的事业单位	4491	6309	477177	286510	39701	466457	281228	37439
其他事业单位	1186	9364	218786	110234	51807	213676	108598	50558

续 表

所在行业	基层工会	基层工会涵盖单位	职工	女性	农民工	工会会员	女性	农民工
	个	个	人	人	人	人	人	人
机关	1249	1354	153686	50466	3299	152962	50163	3159
个体经济组织	361	8763	50685	22757	28546	49733	22243	27876
其他工会组织形式	1392	20125	296342	113248	154646	291536	110867	153553

工会组织建设状况（二）

所在行业	专职工会工作人员	女性	专职工会工作人员年龄构成			专职工会工作人员文化程度构成				
			35岁及以下	36-50岁	51岁及以上	研究生	大学本科	大专	高中（中专、中技）	初中及以下
	人	人	人	人	人	人	人	人	人	人
总计	**13909**	**5308**	**4013**	**6305**	**3591**	**675**	**6173**	**4782**	**2100**	**179**
按国民经济行业分组										
农、林、牧、渔业	139	57	29	66	44	11	52	41	27	8
采矿业	139	49	28	59	52	4	70	59	6	0
制造业	4251	1238	1321	1908	1022	143	1532	1541	942	93
电力、热气、燃气及水生产和供应业	499	182	113	266	120	26	313	122	38	0
建筑业	1059	329	349	475	235	47	585	325	95	7
批发和零售业	660	278	142	293	225	38	252	238	118	14
交通运输、仓储及邮政业	1046	350	258	454	334	52	524	323	137	10
住宿和餐饮业	661	368	385	173	103	5	102	441	108	5
信息传输、软件和信息技术服务业	418	197	171	165	82	31	236	114	35	2
金融业	269	138	47	125	97	41	147	64	17	0
房地产业	292	104	71	126	95	26	142	93	30	1
租赁和商务服务业	640	227	168	306	166	17	248	245	125	5
科学研究和技术服务业	302	122	105	113	84	29	155	82	27	9
水利、环境和公共设施管理业	354	109	120	158	76	16	214	98	24	2
居民服务、修理和其他服务业	1019	486	190	499	330	6	253	506	238	16
教育	604	365	112	345	147	89	422	73	20	0
卫生和社会工作	404	271	90	229	85	30	254	80	38	2
文化、体育和娱乐业	206	60	73	90	43	13	137	44	11	1

续　表

所在行业	专职工会工作人员	女性	专职工会工作人员年龄构成			专职工会工作人员文化程度构成				
			35岁及以下	36–50岁	51岁及以上	研究生	大学本科	大专	高中（中专、中技）	初中及以下
	人	人	人	人	人	人	人	人	人	人
公共管理、社会保障和社会组织	947	378	241	455	251	51	535	293	64	4
按经济类型分组										
国有企业	1386	563	242	653	491	110	724	417	128	7
集体企业	545	140	153	265	127	5	212	205	113	10
股份合作企业	519	304	355	93	71	4	82	355	65	13
联营企业	28	6	9	11	8	0	14	10	4	0
国有独资公司	688	319	151	319	218	81	398	182	26	1
其他有限责任公司	831	288	244	330	257	49	423	256	90	13
股份有限公司中的国有控股公司	1301	570	222	627	452	102	768	367	62	2
其他股份有限公司	140	56	28	69	43	2	62	55	20	1
私营企业	4373	1607	1289	2129	955	36	1135	1935	1160	107
其他内资企业	40	15	12	14	14	0	10	17	11	2
港澳台商投资企业	489	86	213	180	96	9	246	136	97	1
外商投资企业	1336	293	577	498	261	58	696	380	193	9
财政拨款的事业单位	1026	582	171	594	261	130	712	158	23	3
其他事业单位	427	181	113	210	104	34	229	126	33	5
机关	559	179	174	225	160	50	389	106	14	0
个体经济组织	32	14	4	21	7	0	4	6	18	4
其他工会组织形式	189	105	56	67	66	5	69	71	43	1

工会组织建设状况（三）

所在行业	兼职工会工作人员	女性	女职工组织		本级工会女职工工作人员	
			建立女职工委员会	仅设立女职工委员	专职	兼职
	人	人	个	个	人	人
总计	**199832**	**95912**	**24666**	**24194**	**2191**	**87158**
按国民经济行业分组						

续 表

所在行业	兼职工会工作人员	女性	女职工组织		本级工会女职工工作人员	
			建立女职工委员会	仅设立女职工委员	专职	兼职
	人	人	个	个	人	人
农、林、牧、渔业	5267	2471	268	481	27	2429
采矿业	1723	1042	50	15	16	1255
制造业	54971	22841	8324	6565	627	20990
电力、热气、燃气及水生产和供应业	2014	843	240	212	91	813
建筑业	8733	3430	784	963	134	2488
批发和零售业	13947	7172	1381	2727	82	6091
交通运输、仓储及邮政业	7824	3354	864	1046	136	2773
住宿和餐饮业	8297	3917	1591	1207	41	4860
信息传输、软件和信息技术服务业	6922	4228	937	843	71	3302
金融业	4982	2790	348	375	44	1335
房地产业	4027	1946	550	779	56	1742
租赁和商务服务业	16583	7775	1561	1570	60	10951
科学研究和技术服务业	3410	1713	384	412	51	1312
水利、环境和公共设施管理业	2943	1359	283	497	57	1316
居民服务、修理和其他服务业	19409	8897	2777	2536	141	9226
教育	13709	9358	1785	1081	222	5951
卫生和社会工作	4917	2988	592	442	138	2035
文化、体育和娱乐业	3315	1680	398	548	24	1317
公共管理、社会保障和社会组织	16839	8108	1549	1895	173	6972
按经济类型分组						
国有企业	9709	4257	832	918	286	3160
集体企业	13818	6892	989	987	75	8602
股份合作企业	2268	1083	635	272	27	1661
联营企业	230	106	30	57	2	105
国有独资公司	5708	2661	372	452	137	1727
其他有限责任公司	11325	4876	1055	1672	121	5017
股份有限公司中的国有控股公司	8162	4042	529	297	202	2276
其他股份有限公司	2281	1141	267	292	23	797

续 表

所在行业	兼职工会工作人员	女性	女职工组织：建立女职工委员会	女职工组织：仅设立女职工委员	本级工会女职工工作人员：专职	本级工会女职工工作人员：兼职
	人	人	个	个	人	人
私营企业	82348	36983	12322	12349	583	38578
其他内资企业	1559	602	166	262	1	561
港澳台商投资企业	5657	2594	1053	719	32	2226
外商投资企业	16928	8602	2369	1899	99	6695
财政拨款的事业单位	20879	12684	2342	1954	348	8274
其他事业单位	6897	3379	628	498	95	3397
机关	5120	2462	466	604	94	1778
个体经济组织	1373	495	155	125	3	378
其他工会组织形式	5570	3053	456	837	63	1926

工 会 保 障 工 作

所在行业	本年度工会所在单位经济性裁员人数	农民工	得到经济性补偿	农民工	本年度领导干部联系生活困难职工户活动：参加活动的领导干部	本年度领导干部联系生活困难职工户活动：联系的困难职工家庭	工会送温暖工程工作：建立送温暖工程基(资)金	工会送温暖工程工作：送温暖工程基(资)金结存额	工会所在单位已参加住房公积金
	人	人	人	人	人	户	个	元	个
总计	**16294**	**6843**	**11247**	**6685**	**29108**	**39500**	**5037**	**1056292905**	**39402**
按国民经济行业分组									
农、林、牧、渔业	125	124	124	124	745	977	81	2996985	537
采矿业	0	0	0	0	83	127	18	3676448	56
制造业	10111	5353	8805	5316	6777	9693	1024	292839274	10655
电力、热气、燃气及水生产和供应业	27	25	27	25	676	777	144	98069025	407
建筑业	203	67	96	67	1307	1621	217	28300694	1395
批发和零售业	324	44	233	44	1502	2212	258	35529088	3738
交通运输、仓储及邮政业	335	62	245	62	2235	3488	338	202826168	1827
住宿和餐饮业	934	103	118	103	746	1131	124	6702564	2233
信息传输、软件和信息技术服务业	276	77	104	77	359	416	158	58880836	1443
金融业	278	43	275	43	409	582	113	62739597	611

续 表

所在行业	本年度工会所在单位经济性裁员人数	农民工	得到经济性补偿	农民工	本年度领导干部联系生活困难职工户活动 参加活动的领导干部	联系的困难职工家庭	工会送温暖工程工作 建立送温暖工程基(资)金	送温暖工程基(资)金结存额	工会所在单位已参加住房公积金
	人	人	人	人	人	户	个	元	个
房地产业	32	8	29	8	763	996	190	8085563	1280
租赁和商务服务业	273	115	126	115	1083	1520	214	19546365	2658
科学研究和技术服务业	115	31	108	31	555	776	141	11099001	696
水利、环境和公共设施管理业	790	5	107	5	947	1268	128	7246387	684
居民服务、修理和其他服务业	473	406	291	285	1404	1971	314	4484228	4166
教育	90	10	73	10	4792	5591	943	34473364	2433
卫生和社会工作	1210	10	10	10	1183	1433	237	149798477	887
文化、体育和娱乐业	140	15	128	15	601	808	97	3854976	860
公共管理、社会保障和社会组织	558	345	348	345	2941	4113	298	25143865	2836
按经济类型分组									
国有企业	952	69	767	69	3795	5459	518	237980871	1826
集体企业	824	56	124	56	1286	1981	214	5191100	1644
股份合作企业	142	85	124	81	405	549	65	14885561	820
联营企业	10	10	10	10	34	39	5	30000	87
国有独资公司	99	25	98	25	1951	2839	289	154315929	867
其他有限责任公司	633	97	556	97	2342	3587	426	97600637	2330
股份有限公司中的国有控股公司	1936	533	1924	533	2405	3568	352	195298793	856
其他股份有限公司	207	52	137	52	492	722	93	20345918	487
私营企业	6981	3747	4035	3742	4325	5663	979	7769642	18104
其他内资企业	1	0	0	0	183	238	30	1394809	358
港澳台商投资企业	638	447	487	447	533	798	91	6485506	1399
外商投资企业	3060	1161	2513	1133	1362	1913	348	95935794	3692
财政拨款的事业单位	105	0	30	0	6548	7683	1271	127233346	3891
其他事业单位	421	420	420	420	1069	1471	156	70787508	960
机关	15	0	2	0	1839	2388	139	20305102	1041
个体经济组织	157	141	20	20	60	86	5	26107	229
其他工会组织形式	113	0	0	0	479	516	56	706282	811

工会劳动合同、集体合同工作

所 在 行 业	工会所在单位签订劳动合同			
	基层工会	涵盖单位	签订劳动合同的职工人数	签订劳动合同的农民工
	个	个	人	人
总计	**48674**	**246017**	**7645851**	**2864094**
按国民经济行业分组				
农、林、牧、渔业	715	3016	90733	32530
采矿业	67	1198	43831	2970
制造业	15402	49764	2543063	1273099
电力、热气、燃气及水生产和供应业	465	581	79902	8201
建筑业	1838	4772	515641	290132
批发和零售业	4299	20992	477774	148874
交通运输、仓储及邮政业	2014	2456	441641	62192
住宿和餐饮业	2858	8387	290771	126928
信息传输、软件和信息技术服务业	1851	5690	211341	48010
金融业	751	2030	289804	16134
房地产业	1409	3103	106763	27610
租赁和商务服务业	3263	43024	611966	251922
科学研究和技术服务业	785	1705	111034	15930
水利、环境和公共设施管理业	753	1315	89212	26802
居民服务、修理和其他服务业	5211	58203	816741	339020
教育	2679	2958	238605	9193
卫生和社会工作	1016	1427	224199	15255
文化、体育和娱乐业	952	1493	62200	8158
公共管理、社会保障和社会组织	2346	33903	400630	161134
按经济类型分组				
国有企业	1925	3776	489447	71073
集体企业	2096	26316	434048	159928
股份合作企业	939	1056	96725	25154
联营企业	100	199	13426	5063
国有独资公司	886	975	249089	21806
其他有限责任公司	2870	6746	433713	96722
股份有限公司中的国有控股公司	869	999	549881	20860
其他股份有限公司	601	1095	133323	28618

续 表

所在行业	工会所在单位签订劳动合同			
	基层工会	涵盖单位	签订劳动合同的职工人数	签订劳动合同的农民工
	个	个	人	人
私营企业	25575	166125	3071713	1728386
其他内资企业	433	1227	39083	6795
港澳台商投资企业	1822	2552	450933	277962
外商投资企业	4432	9620	961559	331341
财政拨款的事业单位	4295	6112	427867	29578
其他事业单位	1050	9065	199757	36244
机关	126	126	10266	350
个体经济组织	300	6782	38956	19471
其他工会组织形式	355	3246	46065	4743

工会签订集体合同情况(一)

类型	集体合同总数			单独企业合同			区域性集体合同			行业性集体合同		
	合同	覆盖企业	覆盖职工	合同	企业	覆盖职工	合同	覆盖企业	覆盖职工	合同	覆盖企业	覆盖职工
	份	个	人	份	个	人	份	个	人	份	个	人
总计	**23242**	**126717**	**5081319**	**19703**	**19703**	**2821799**	**3232**	**97635**	**1571458**	**307**	**9379**	**688062**
国有企业及国有独资公司		3299	984162		2179	751731		438	36154		682	196277
集体企业		2913	168740		1294	121066		1527	39972		92	7702
私营企业		102116	2469037		11494	916698		83202	1221063		7420	331276
港澳台、外商投资企业		11350	1026127		3858	841967		7244	162707		248	21453
其他		7039	433253		878	190337		5224	111562		937	131354

工会签订集体合同情况(二)

类型	工资专项集体合同总数			单独企业合同			区域性集体合同			行业性集体合同		
	合同	覆盖企业	覆盖职工	合同	企业	覆盖职工	合同	覆盖企业	覆盖职工	合同	覆盖企业	覆盖职工
	份	个	人	份	个	人	份	个	人	份	个	人
总计	**21169**	**117963**	**4393039**	**17979**	**17979**	**2401298**	**2902**	**92067**	**1449653**	**288**	**7917**	**542088**
国有企业及国有独资公司		2892	768618		1936	594969		438	36073		518	137576

续 表

类　型	工资专项集体合同总数			单独企业合同			区域性集体合同			行业性集体合同		
	合同	覆盖企业	覆盖职工	合同	企业	覆盖职工	合同	覆盖企业	覆盖职工	合同	覆盖企业	覆盖职工
	份	个	人	份	个	人	份	个	人	份	个	人
集体企业		2727	157309		1227	118020		1412	31662		88	7627
私营企业		95039	2205811		10489	779003		78325	1121770		6225	305038
港澳台、外商投资企业		10783	928368		3482	735218		7017	176785		284	16365
其他		6522	332933		845	174088		4875	83363		802	75482

工会签订集体合同情况(三)

类　型	高危行业劳动安全卫生专项集体合同			女职工权益保护专项集体合同			其他专项集体合同		
	合同	覆盖企业	覆盖职工	合同	覆盖企业	覆盖女职工	合同	覆盖企业	覆盖职工
	份	个	人	份	个	人	份	个	人
总计	**1955**	**7888**	**557037**	**20826**	**121522**	**2080406**	**592**	**5756**	**190759**
国有企业及国有独资公司		382	84037		3157	262111		324	76359
集体企业		145	6277		2870	66865		31	1102
私营企业		5323	278285		98261	1189418		4294	48869
港澳台、外商投资企业		1537	77735		10407	399740		535	63378
其他		501	110703		6827	162272		572	1051

工 会 民 主 管 理 工 作 (一)

所 在 行 业	建立职代会制度情况		本年度召开过职代会(包括职工大会)	职代会职工代表(建立职工大会制单位不填)		工会所在单位实行厂务公开情况
	建立职代会制度	建立职工大会制度			女性	
	个	个	个	人	人	个
总计	**18272**	**27115**	**39816**	**670718**	**229859**	**46153**
按国民经济行业分组						
农、林、牧、渔业	232	465	631	8585	2801	704
采矿业	36	23	53	2101	263	59
制造业	6593	7893	13087	249409	79382	14713
电力、热气、燃气及水生产和供应业	246	202	397	10897	2842	445
建筑业	730	1027	1583	26529	5411	1769
批发和零售业	1143	2564	3116	39242	14514	3911

续表

所在行业	建立职代会制度情况		本年度召开过职代会(包括职工大会)	职代会职工代表(建立职工大会制单位不填)	女性	工会所在单位实行厂务公开情况
	建立职代会制度	建立职工大会制度				
	个	个	个	人	人	个
交通运输、仓储及邮政业	867	905	1513	34500	8722	1891
住宿和餐饮业	1110	1588	2042	23981	8675	2743
信息传输、软件和信息技术服务业	584	1071	1493	18521	7189	1669
金融业	250	392	564	10779	4401	661
房地产业	346	994	1064	12481	3703	1343
租赁和商务服务业	1193	1862	2676	43897	13221	3111
科学研究和技术服务业	273	464	657	11888	3912	778
水利、环境和公共设施管理业	274	488	671	9526	2625	765
居民服务、修理和其他服务业	1824	3020	4334	67663	20538	4851
教育	1045	1609	2552	42191	25540	2669
卫生和社会工作	534	464	902	24458	14337	996
文化、体育和娱乐业	299	613	795	7837	2763	917
公共管理、社会保障和社会组织	693	1471	1686	26233	9020	2158
按经济类型分组						
国有企业	990	849	1632	43792	11289	1861
集体企业	744	1284	1800	30563	9810	2036
股份合作企业	540	369	556	9083	3144	920
联营企业	23	72	50	834	291	97
国有独资公司	450	413	747	21505	5835	858
其他有限责任公司	1037	1507	2304	38175	11908	2565
股份有限公司中的国有控股公司	608	234	772	32990	10736	839
其他股份有限公司	272	288	504	12254	4554	572
私营企业	8330	15347	21020	273460	84036	24056
其他内资企业	107	244	312	3444	1331	416
港澳台商投资企业	859	809	1453	32461	11425	1725
外商投资企业	2100	1804	3425	82623	29439	4114
财政拨款的事业单位	1503	2716	3948	61049	35312	4283
其他事业单位	465	668	951	20869	8568	1138
机关	14	123	6	280	18	116
个体经济组织	184	90	248	5737	1835	229
其他工会组织形式	46	298	88	1599	328	328

工会民主管理工作（二）

所在行业	工会所在单位建立董事会涵盖单位	董事	职工董事	女性	工会主席或副主席进入董事会	工会所在单位建立监事会涵盖单位	监事	职工监事	女性	工会主席或副主席进入了监事会
	个	人	人	人	人	个	人	人	人	个
总计	**4103**	**17035**	**1739**	**515**	**970**	**2914**	**5895**	**1505**	**534**	**717**
按国民经济行业分组										
农、林、牧、渔业	47	145	9	3	7	33	54	15	5	7
采矿业	4	20	2	0	1	3	9	1	1	0
制造业	1269	5519	538	150	261	774	1664	384	132	235
电力、热气、燃气及水生产和供应业	44	264	26	6	11	40	110	31	13	17
建筑业	276	1236	187	24	111	212	476	147	40	60
批发和零售业	482	1452	135	46	99	389	505	122	52	70
交通运输、仓储及邮政业	251	1218	69	16	56	203	426	94	28	41
住宿和餐饮业	153	513	50	27	28	83	124	26	15	26
信息传输、软件和信息技术服务业	198	802	65	15	29	119	291	74	34	29
金融业	158	1048	46	11	22	133	424	135	49	26
房地产业	356	1340	151	56	85	288	550	152	61	58
租赁和商务服务业	346	1256	133	44	83	286	506	102	31	61
科学研究和技术服务业	96	425	40	12	22	61	166	46	14	22
水利、环境和公共设施管理业	67	308	71	17	25	52	120	31	7	17
居民服务、修理和其他服务业	183	757	110	23	78	131	236	80	25	24
教育	67	295	71	49	32	30	45	12	9	6
卫生和社会工作	27	100	14	4	9	17	33	12	2	5
文化、体育和娱乐业	65	270	14	9	6	48	124	32	11	10
公共管理、社会保障和社会组织	14	67	8	3	5	12	32	9	5	3
按经济类型分组										
国有企业	0	0	0	0	0	0	0	0	0	0
集体企业	166	589	92	26	53	135	256	61	18	32
股份合作企业	163	690	132	40	63	111	231	67	16	41
联营企业	14	70	1	0	0	10	16	0	0	0
国有独资公司	354	1354	140	38	97	340	693	196	67	70
其他有限责任公司	1049	3861	370	103	239	886	1506	396	145	187

续 表

所在行业	工会所在单位建立董事会涵盖单位	董事	职工董事	女性	工会主席或副主席进入董事会	工会所在单位建立监事会涵盖单位	监事	职工监事	女性	工会主席或副主席进入了监事会
	个	人	人	人	人	个	人	人	人	个
股份有限公司中的国有控股公司	420	2135	160	32	84	334	958	271	95	109
其他股份有限公司	197	994	96	27	44	161	402	107	47	49
私营企业	899	3318	499	158	272	526	991	278	96	153
其他内资企业	38	209	43	27	26	18	45	15	5	3
港澳台商投资企业	201	933	45	24	17	102	203	34	19	22
外商投资企业	602	2882	161	40	75	291	594	80	26	51
财政拨款的事业单位	0	0	0	0	0	0	0	0	0	0
其他事业单位	0	0	0	0	0	0	0	0	0	0
机关	0	0	0	0	0	0	0	0	0	0
个体经济组织	0	0	0	0	0	0	0	0	0	0
其他工会组织形式	0	0	0	0	0	0	0	0	0	0

工会劳动保护工作（一）

所在行业	工会建立劳动保护监督检查委员会	工会建立分公司、分厂、车间一级工会劳动保护监督检查委员会个数	工会小组劳动保护检查员	本年度本级工会劳动保护监督组织受理举报案件	提请劳动安全卫生监督部门处理案件	本年度工会参加“三同时”审查验收项目
	个	个	人	件	件	项
总计	**15155**	**21445**	**61589**	**232**	**26**	**2184**
按国民经济行业分组						
农、林、牧、渔业	260	339	607	5	0	25
采矿业	42	176	560	0	0	6
制造业	6569	7224	25337	121	3	903
电力、热气、燃气及水生产和供应业	214	437	2981	1	1	244
建筑业	672	1913	5147	46	1	320
批发和零售业	859	2517	4050	4	1	36
交通运输、仓储及邮政业	647	1158	4895	2	0	86
住宿和餐饮业	557	315	1086	1	0	97
信息传输、软件和信息技术服务业	361	260	1581	10	10	21
金融业	125	197	390	4	1	12

续 表

所在行业	工会建立劳动保护监督检查委员会	工会建立分公司、分厂、车间一级工会劳动保护监督检查委员会个数	工会小组劳动保护检查员	本年度本级工会劳动保护监督组织受理举报案件	提请劳动安全卫生监督部门处理案件	本年度工会参加"三同时"审查验收项目
	个	个	人	件	件	项
房地产业	334	224	680	10	0	20
租赁和商务服务业	908	1537	2407	2	1	70
科学研究和技术服务业	233	321	1372	4	0	53
水利、环境和公共设施管理业	228	227	830	0	0	60
居民服务、修理和其他服务业	1523	1120	2405	8	6	76
教育	628	737	1427	6	0	50
卫生和社会工作	379	474	2371	4	1	42
文化、体育和娱乐业	191	99	328	2	1	7
公共管理、社会保障和社会组织	425	2170	3135	2	0	56
按经济类型分组						
国有企业	928	2721	10409	59	0	372
集体企业	792	521	1766	3	0	77
股份合作企业	221	142	410	1	0	38
联营企业	22	27	74	0	0	8
国有独资公司	380	1113	6229	3	1	152
其他有限责任公司	904	3162	5636	42	16	158
股份有限公司中的国有控股公司	485	1884	9289	5	0	191
其他股份有限公司	192	325	877	1	0	23
私营企业	7386	5705	13492	93	7	636
其他内资企业	126	54	265	1	0	6
港澳台商投资企业	664	457	1593	0	0	126
外商投资企业	1566	2517	4792	17	0	202
财政拨款的事业单位	1045	1228	3668	7	2	102
其他事业单位	370	1531	2968	0	0	57
机关	0	0	0	0	0	0
个体经济组织	62	46	109	0	0	24
其他工会组织形式	12	12	12	0	0	12

工会劳动保护工作（二）

所在行业	本年度工会参加安全生产检查	本年度工会组织职工查找事故隐患和职业危害数量	事故隐患和职业危害整改数	本年度工会参加处理工伤事故	女职工劳动保护：执行女职工禁忌从事劳动的有关规定	女职工劳动保护：执行女职工在经期、孕期、产期、哺乳期享有特殊待遇的有关规定
	次	件	件	件	个	个
总计	**152655**	**98910**	**88694**	**2304**	**48401**	**48478**
按国民经济行业分组						
农、林、牧、渔业	2633	592	491	73	718	718
采矿业	382	3204	3192	18	64	65
制造业	60239	57778	51148	789	15378	15385
电力、热气、燃气及水生产和供应业	4002	4359	4288	23	452	458
建筑业	7775	12450	11913	105	1804	1806
批发和零售业	9838	3138	2963	81	4281	4281
交通运输、仓储及邮政业	11243	7286	6465	257	1990	2008
住宿和餐饮业	5068	724	595	138	2850	2853
信息传输、软件和信息技术服务业	3001	1100	973	66	1842	1847
金融业	902	45	34	8	746	748
房地产业	4752	1163	1043	38	1403	1404
租赁和商务服务业	7965	1672	1358	31	3254	3257
科学研究和技术服务业	2107	739	655	32	816	817
水利、环境和公共设施管理业	3585	1796	1709	108	778	781
居民服务、修理和其他服务业	9311	963	614	103	5174	5175
教育	9275	557	339	237	2681	2689
卫生和社会工作	4833	566	398	142	1018	1019
文化、体育和娱乐业	2103	289	197	26	965	980
公共管理、社会保障和社会组织	3641	489	319	29	2187	2187
按经济类型分组						
国有企业	16151	35507	30459	328	1886	1904
集体企业	8373	732	506	63	2081	2085
股份合作企业	1804	519	401	61	939	939
联营企业	202	145	139	7	100	99

续　表

所在行业	本年度工会参加安全生产检查	本年度工会组织职工查找事故隐患和职业危害数量	事故隐患和职业危害整改数	本年度工会参加处理工伤事故	女职工劳动保护：执行女职工禁忌从事劳动的有关规定	女职工劳动保护：执行女职工在经期、孕期、产期、哺乳期享有特殊待遇的有关规定
	次	件	件	件	个	个
国有独资公司	11134	20797	20494	127	863	876
其他有限责任公司	12393	5795	4873	253	2844	2852
股份有限公司中的国有控股公司	9012	17114	16454	200	843	853
其他股份有限公司	1941	339	263	42	599	599
私营企业	51733	4246	3179	437	25542	25543
其他内资企业	634	41	26	2	433	434
港澳台商投资企业	5536	5058	4475	105	1820	1820
外商投资企业	13049	5899	5534	224	4428	4432
财政拨款的事业单位	16599	1439	764	361	4424	4438
其他事业单位	2908	1168	1031	94	1161	1166
机关	3	0	0	0	7	7
个体经济组织	1079	111	96	0	310	310
其他工会组织形式	104	0	0	0	121	121

工会法律工作(一)

所在行业	建立工会劳动法律监督组织	工会劳动法律监督员	本年度工会劳动法律监督组织受理违法、违规案件	本组织自行处理的案件	工会所在单位建立劳动争议调解委员会	劳动争议调解委员会中工会成员(职工代表)
	个	人	件	件	个	人
总计	**10793**	**19878**	**683**	**72**	**25599**	**76007**
按国民经济行业分组						
农、林、牧、渔业	220	372	26	0	297	824
采矿业	24	153	0	0	38	155
制造业	4713	7752	337	19	8813	27747
电力、热气、燃气及水生产和供应业	123	272	17	0	264	995
建筑业	464	1117	27	12	985	2888
批发和零售业	541	912	53	4	2182	6243

续 表

所在行业	建立工会劳动法律监督组织	工会劳动法律监督员	本年度工会劳动法律监督组织受理违法、违规案件	本组织自行处理的案件	工会所在单位建立劳动争议调解委员会	劳动争议调解委员会中工会成员(职工代表)
	个	人	件	件	个	人
交通运输、仓储及邮政业	456	1074	26	0	823	2763
住宿和餐饮业	351	596	2	0	1524	3817
信息传输、软件和信息技术服务业	278	457	28	14	979	2511
金融业	117	264	3	0	286	849
房地产业	230	372	9	0	655	1673
租赁和商务服务业	480	735	28	2	1786	4576
科学研究和技术服务业	200	328	7	0	412	1335
水利、环境和公共设施管理业	178	361	9	3	361	1053
居民服务、修理和其他服务业	967	1651	19	4	2870	8040
教育	735	1885	27	0	1456	4837
卫生和社会工作	268	874	24	3	582	2192
文化、体育和娱乐业	141	247	0	0	432	1139
公共管理、社会保障和社会组织	307	456	41	11	854	2370
按经济类型分组						
国有企业	633	1521	69	4	946	3448
集体企业	549	826	20	0	1022	2989
股份合作企业	169	275	4	3	378	1000
联营企业	12	21	0	0	34	103
国有独资公司	297	865	42	0	401	1426
其他有限责任公司	613	1116	60	16	1225	3627
股份有限公司中的国有控股公司	315	1233	25	0	475	2863
其他股份有限公司	143	273	6	4	291	788
私营企业	4988	7777	258	23	14324	38900
其他内资企业	121	193	1	0	223	578
港澳台商投资企业	499	722	66	8	1070	3351
外商投资企业	1093	1630	70	4	2471	7732
财政拨款的事业单位	1040	2805	43	10	1981	6753
其他事业单位	269	549	19	0	519	1736
机关	0	0	0	0	30	60
个体经济组织	50	70	0	0	184	528
其他工会组织形式	2	2	0	0	25	125

工会法律工作（二）

所在行业	本年度劳动争议调解委员会受理劳动争议	集体劳动争议	本年度劳动争议调解委员会调解成功劳动争议	集体劳动争议
	件	件	件	件
总计	**3660**	**129**	**742**	**41**
按国民经济行业分组				
农、林、牧、渔业	59	0	5	0
采矿业	9	1	1	1
制造业	2028	91	385	24
电力、热气、燃气及水生产和供应业	20	0	2	0
建筑业	122	3	32	2
批发和零售业	84	0	19	0
交通运输、仓储及邮政业	63	0	19	0
住宿和餐饮业	161	1	27	0
信息传输、软件和信息技术服务业	130	1	33	0
金融业	12	0	3	0
房地产业	59	0	15	0
租赁和商务服务业	171	5	22	1
科学研究和技术服务业	24	0	11	0
水利、环境和公共设施管理业	28	1	7	1
居民服务、修理和其他服务业	259	7	104	7
教育	54	0	15	0
卫生和社会工作	177	2	19	2
文化、体育和娱乐业	10	0	1	0
公共管理、社会保障和社会组织	190	17	22	3
按经济类型分组				
国有企业	118	1	72	1
集体企业	288	2	6	0
股份合作企业	18	3	2	0
联营企业	6	1	3	1
国有独资公司	34	10	22	10
其他有限责任公司	329	1	40	0

续 表

所在行业	本年度劳动争议调解委员会受理劳动争议	集体劳动争议	本年度劳动争议调解委员会调解成功劳动争议	集体劳动争议
	件	件	件	件
股份有限公司中的国有控股公司	22	1	12	1
其他股份有限公司	36	2	9	1
私营企业	1971	61	363	18
其他内资企业	10	0	0	0
港澳台商投资企业	168	14	41	2
外商投资企业	365	28	121	6
财政拨款的事业单位	197	1	37	1
其他事业单位	64	3	2	0
机关	0	0	0	0
个体经济组织	34	1	12	0
其他工会组织形式	0	0	0	0

工会经济技术工作(一)

所在行业	开展劳动竞赛的基层单位	本年度参加劳动竞赛职工	本年度职工提出合理化建议	本年度已实施合理化建议	本年度技术革新项目	本年度职工发明创造项目
	个	人次	件	件	项	项
总计	**12382**	**2743420**	**1521403**	**1214766**	**19070**	**6685**
按国民经济行业分组						
农、林、牧、渔业	193	23381	1326	664	59	20
采矿业	31	151787	7972	3952	868	129
制造业	3400	730331	1427597	1160424	9951	2965
电力、热气、燃气及水生产和供应业	252	54713	6357	2576	562	194
建筑业	553	426151	4423	2136	1044	675
批发和零售业	858	145886	3077	843	15	9
交通运输、仓储及邮政业	759	306248	45255	31392	385	58
住宿和餐饮业	797	91725	2623	894	20	0
信息传输、软件和信息技术服务业	330	83938	2424	915	292	193
金融业	172	178299	3273	980	30	4

续　表

所在行业	开展劳动竞赛的基层单位	本年度参加劳动竞赛职工	本年度职工提出合理化建议	本年度已实施合理化建议	本年度技术革新项目	本年度职工发明创造项目
	个	人次	件	件	项	项
房地产业	413	24428	1322	510	16	1
租赁和商务服务业	603	54244	2427	1239	46	4
科学研究和技术服务业	211	30530	2037	1076	289	661
水利、环境和公共设施管理业	316	40338	1240	573	124	36
居民服务、修理和其他服务业	1058	141155	1226	559	36	9
教育	1305	84965	4769	3263	5053	1415
卫生和社会工作	509	100335	3075	2272	260	298
文化、体育和娱乐业	215	12576	506	292	13	8
公共管理、社会保障和社会组织	407	62390	474	206	7	6
按经济类型分组						
国有企业	1078	482292	69885	41821	3841	903
集体企业	421	37696	1130	404	40	9
股份合作企业	494	53315	2877	1394	69	43
联营企业	26	7677	361	167	20	6
国有独资公司	529	258764	60242	36258	2714	631
其他有限责任公司	975	156508	152556	37954	1055	401
股份有限公司中的国有控股公司	597	628661	147661	123109	2098	904
其他股份有限公司	185	60278	1322	614	71	82
私营企业	4345	477763	6183	3244	5424	246
其他内资企业	31	3047	10	6	0	0
港澳台商投资企业	349	122770	25220	13357	416	357
外商投资企业	915	211687	1045132	950491	2934	1023
财政拨款的事业单位	1996	177161	6705	4556	185	1746
其他事业单位	330	57322	2097	1377	203	334
机关	0	0	0	0	0	0
个体经济组织	91	6149	14	10	0	0
其他工会组织形式	20	2330	8	4	0	0

工会经济技术工作(二)

所在行业	本年度荣获国家专利项目	本年度推广先进操作法项目	聘用职工节能减排义务监督员	建有职工技协组织	技协会员
	项	项	人	个	人
总计	**11365**	**3133**	**6683**	**194**	**15737**
按国民经济行业分组					
农、林、牧、渔业	29	18	46	2	17
采矿业	38	69	90	1	1
制造业	5391	1377	2647	62	2853
电力、热气、燃气及水生产和供应业	308	91	385	5	1561
建筑业	1361	557	479	19	5338
批发和零售业	21	27	131	4	67
交通运输、仓储及邮政业	65	80	426	11	655
住宿和餐饮业	0	26	97	4	16
信息传输、软件和信息技术服务业	217	90	200	6	1019
金融业	0	33	49	2	106
房地产业	3	72	96	13	255
租赁和商务服务业	2	20	95	7	131
科学研究和技术服务业	1505	374	159	15	999
水利、环境和公共设施管理业	93	33	186	20	983
居民服务、修理和其他服务业	3	20	210	3	17
教育	1748	49	467	12	339
卫生和社会工作	555	166	811	4	1328
文化、体育和娱乐业	7	18	62	1	1
公共管理、社会保障和社会组织	19	13	47	3	51
按经济类型分组					
国有企业	1740	716	1170	39	5677
集体企业	14	36	176	1	2
股份合作企业	45	30	34	5	24
联营企业	6	7	9	0	0

续　表

所在行业	本年度荣获国家专利项目	本年度推广先进操作法项目	聘用职工节能减排义务监督员	建有职工技协组织	技协会员
	项	项	人	个	人
国有独资公司	1119	358	1054	15	488
其他有限责任公司	1138	267	372	22	697
股份有限公司中的国有控股公司	1749	351	849	20	6244
其他股份有限公司	135	33	71	5	250
私营企业	294	279	726	20	356
其他内资企业	0	2	2	0	0
港澳台商投资企业	741	249	173	6	267
外商投资企业	1217	438	603	16	226
财政拨款的事业单位	2634	268	953	35	1302
其他事业单位	533	99	491	10	204
机关	0	0	0	0	0
个体经济组织	0	0	0	0	0
其他工会组织形式	0	0	0	0	0

职工文化体育工作

所在行业	工会直属文化宫、俱乐部	工会直属体育场(馆)	工会直属图书馆(室)(藏书1万册以上)
	个	个	个
总计	**454**	**204**	**285**
按国民经济行业分组			
农、林、牧、渔业	7	1	0
采矿业	8	7	6
制造业	78	48	49
电力、热气、燃气及水生产和供应业	26	5	9
建筑业	15	6	15
批发和零售业	19	4	10
交通运输、仓储及邮政业	33	15	16
住宿和餐饮业	18	0	5

续 表

所在行业	工会直属文化宫、俱乐部	工会直属体育场(馆)	工会直属图书馆(室)(藏书1万册以上)
	个	个	个
信息传输、软件和信息技术服务业	22	5	2
金融业	16	8	8
房地产业	9	6	5
租赁和商务服务业	8	5	6
科学研究和技术服务业	13	7	3
水利、环境和公共设施管理业	8	4	7
居民服务、修理和其他服务业	22	4	12
教育	69	32	52
卫生和社会工作	29	10	29
文化、体育和娱乐业	20	16	13
公共管理、社会保障和社会组织	34	21	38
按经济类型分组			
国有企业	48	20	40
集体企业	3	1	10
股份合作企业	6	4	4
联营企业	1	1	0
国有独资公司	33	12	10
其他有限责任公司	38	15	8
股份有限公司中的国有控股公司	31	21	28
其他股份有限公司	8	7	6
私营企业	74	30	27
其他内资企业	1	1	1
港澳台商投资企业	10	4	4
外商投资企业	46	17	11
财政拨款的事业单位	97	51	88
其他事业单位	24	8	21
机关	26	12	23
个体经济组织	2	0	0
其他工会组织形式	6	0	4

工会财务和经费审查工作

所在行业	工会经费情况			工会经费审查组织	
	按工资总额2%拨缴工会经费	有拨缴，但不足额	没有拨缴工会经费	建立经费审查委员会	建立经费审查委员会办公室
	个	个	个	个	个
总计	**23628**	**21662**	**5971**	**41169**	**5067**
按国民经济行业分组					
农、林、牧、渔业	408	321	54	588	119
采矿业	44	16	8	63	10
制造业	6474	7633	1362	12438	1743
电力、热气、燃气及水生产和供应业	308	113	47	382	53
建筑业	936	704	218	1434	265
批发和零售业	1444	1918	950	3258	219
交通运输、仓储及邮政业	1093	600	369	1521	194
住宿和餐饮业	837	1669	362	2352	165
信息传输、软件和信息技术服务业	661	823	370	1410	138
金融业	443	202	120	567	68
房地产业	891	458	69	1204	118
租赁和商务服务业	1248	1595	447	2740	189
科学研究和技术服务业	455	252	119	645	96
水利、环境和公共设施管理业	586	181	59	683	81
居民服务、修理和其他服务业	1677	3153	805	4558	545
教育	2554	273	56	2708	315
卫生和社会工作	766	221	83	910	167
文化、体育和娱乐业	602	310	110	811	69
公共管理、社会保障和社会组织	2201	1220	363	2897	513
按经济类型分组					
国有企业	1717	154	62	1552	290
集体企业	994	941	161	1710	225
股份合作企业	315	575	51	818	64
联营企业	31	25	44	48	8
国有独资公司	849	28	15	715	92
其他有限责任公司	1674	732	472	2147	243

续 表

所在行业	工会经费情况			工会经费审查组织	
	按工资总额2%拨缴工会经费	有拨缴，但不足额	没有拨缴工会经费	建立经费审查委员会	建立经费审查委员会办公室
	个	个	个	个	个
股份有限公司中的国有控股公司	803	46	22	730	105
其他股份有限公司	354	187	61	500	71
私营企业	7321	14588	3667	20483	2410
其他内资企业	142	200	93	345	27
港澳台商投资企业	813	810	199	1468	135
外商投资企业	2217	1682	537	3441	395
财政拨款的事业单位	4001	397	93	4000	562
其他事业单位	814	340	32	1042	208
机关	1100	111	38	929	151
个体经济组织	71	167	123	251	9
其他工会组织形式	412	679	301	990	72

中国教育工会上海市浦东新区委员会

浦东新区教育工会现有基层工会组织465个，工会会员32860人。2016年，在市教育党工委和上级工会的领导下，以师德建设为核心，深入推进教职工素质工程，举办“我有一个教师梦”主题征文演讲比赛和优秀征文巡回演讲活动，举办2016年青年教师爱岗敬业教学技能竞赛，承办“教师的责任和使命——2016年上海市青年教师学术论坛”，举办“中国梦·校园美”教职工摄影大赛、“师韵华彩”美术教师作品展，开展“教工艺术团进校园”演出，举办第二届教职工广播操比赛，大力推进妇女之家和妈咪小屋创建，积极营造“做四有好老师”的良好氛围，促进了学校和谐健康发展。工会荣获2016年度浦东新区模范工会称号。

浦东新区教育工会第三次代表大会

举办青年教师教学技能竞赛

举办青年教师分享成长学术论坛

首批爱心妈咪小屋授牌仪式

举行“我有一个教师梦”演讲比赛

举行教职工广播操比赛

教工合唱团进校园演出

中国教育工会上海市普陀区委员会

两年一次教职工欢乐艺术节

召开系统教职工代表大会

新会员入会教育活动

打造区域化志愿服务品牌

中国教育工会上海市普陀区委员会成立于1991年，现有基层工会组织146家，会员人数9016人，建会率、入会率和工会会员服务卡的办卡率均达到100%。在全市普教系统首创系统教代会、新会员入会教育、教育慈善超市、工会微信公众号等项目；推出了工会特色“X吧”和温馨办公室创建、工会主席谈心制度等创新举措；成立了系统8大社团，开展每两年一次的教职工欢乐艺术节和体育节活动；打造区域化工会志愿服务品牌，从对教职工的生活帮困，不断拓展到对他们身体、心理、家庭、工作全方位的关心，每年服务人数达到4000余人，切实维护了教职员工的合法权益。先后被评为全国模范职工之家、全国科教文卫体系统先进女职工组织、上海市模范职工之家红旗单位、上海市五一劳动奖状等。

2016年5月，情暖园丁微信公众号上线

上海大学工会

召开四届三次"双代会"

上大工会紧紧围绕学校中心工作，服务发展大局，在学校党委和市教育工会的领导下，以增强校院两级工会组织的"政治性、先进性、群众性"为主线，依据教职工工作和生活需求，开展了提升教职工素质等系列活动与工作，密切联系了全校教职工，发挥了工会组织在团结动员广大教职工凝心聚力，立足岗位建功立业，以及学校高水平大学建设和综合改革进程中的积极作用。

孙晋良院士作"劳模精神 飞天情怀"报告会

上大教师在2016年上海高校教工合唱展演会上唱响时代主旋律

召开四届三次"双代会"，出台非在编教职工入会的文件，妥善协商处理5起教职工职称评定申诉，组织各类代表专题座谈会，深化了学校的政治民主建设，维护了教职工合法权益。"孙晋良劳模工作室"和"吴明红有机污染物控制工作室"分别荣获市总工会和市教育系统"劳模创新工作室"，机自学院谢少荣教授荣获上海市五一劳动奖章，宣传孙晋良院士先进事迹的微电影《明灯——孙晋良院士的飞天情怀》登陆东方卫视，5位优秀青年教师参加第二届上海高校青年教师教学竞赛取得较大突破。实施了医疗专家进校园等6项教职工健康实事系列工程，广受好评。

庆祝第三十二个教师节暨表彰大会

5位教师参加教学竞赛决赛

校妇委会荣获上海市妇女之家示范点。学校荣获第二届上海高校青年教师教学竞赛优秀组织奖。"教学竞赛——青年教师成长的平台"获学校校园文化品牌。

教职工乒乓球团体比赛

首届教职工文体协会文化嘉年华活动

华东理工大学工会

教代会现场

工会工作者沙龙

2016年，华东理工大学工会始终围绕保持和增强政治性、先进性、群众性这条主线，围绕学校“十三五”规划、“双一流”建设目标，以组织建设为基础、能力建设为重点、作用发挥为关键、职工满意为标准，切实增强服务意识、维护意识和创新意识，做实常规工作、做强特色工作、做亮重点工作，充分履行了工会各项职能，为学校发展做出了积极贡献。

华东理工大学工会现有部门工会27个，工会小组182个，会员总数3970人（其中编外会员654人）。在上海市教育工会、学校党委的领导及学校行政的支持下，学校工会提升依法治会能力，营造民主氛围。27家部门工会完成二级部门双代会换届工作；教代会执委会发挥有效作用；教代会提案工作得到有序推进。加强师德师风建设，服务学校中心工作。加强先进典型的宣传；组织教职工参加各类市级竞赛；重视青年教师的培养工作。做精做实文体活动，推进活力校园建设。一会一赛工作卓有成效；文体培训班有声有色；社团文化建设推陈出新。维护教职工合法权益，促进和谐校园建设。维权服务能力稳步提升；职工利益保障机制得到优化；华理“家”文化建设不断深化。加强自身建设，营造良好的工作氛围。信息化平台建设立体式、多元化；新一届工会干部业务能力有效拓展；工会课题研究有特色、有亮点；工会评优工作、会员服务卡及编外会员工作趋于完善。

学校获上海市五一劳动奖状，被评为学校民主管理先进单位、上海市劳动关系和谐职工满意企事业单位。学校工会被评为全国模范职工之家、上海市妇女之家示范点等。学校工会将继续发挥工会组织优势，为构建和谐幸福家园，为学校、上海教育事业发展再做贡献。

①315维权保障活动

龙舟赛上奋力拼搏

②三八节表彰大会

④运动会开幕式教工方阵

东华大学工会

东华大学创建于1951年，前身是华东纺织工学院，是教育部直属的全国重点大学，也是中国首批具有博士、硕士、学士三级学位授予权的大学之一。东华大学工会成立于1951年9月25日，现有会员2480多人，学院、部处等部门工会19个，工会小组近130个。近年来，东华大学工会在上级工会和学校党委领导下，在学校行政班子支持下，全面贯彻落实习近平总书记系列重要讲话精神，按照中央党的群团工作会议和全国高校思想政治工作会议总体要求，紧紧围绕学校发展目标，在推进和创新民主管理、文体活动、维权保障、宣传教育、基层建设和妇女工作等方面取得了可喜的成绩，多次荣获上海市总工会和上海市教育系统“模范职工小家”和“先进教工之家”等荣誉称号，并被上海市教育系统授予“先进教工之家免检单位”。

教代会执行委员会审议通过学校“十三五”规划纲要

校运动会教职工协会方阵合影

承办上海市教育工会西南片区高校网球赛并组队参赛

参加上海市第八届教工运动会开幕式

举办女教职工插花讲座

复旦大学附属儿科医院工会

复旦大学附属儿科医院创建于1952年，是集医、教、研、防为一体的综合性儿童专科医院。医院工会坚持以职工为本，办好职工代表大会，深入开展院务公开工作，工会会员入会率100%，重视完善职工互助保障体系，持续开展“面对面、心贴心、实打实，服务职工在基层”活动。2016年推出工会微信公众号，借力互联网，充分发挥工会桥梁纽带、帮助服务、参与促进、活跃凝聚作用，积极探索医院员工援助项目，开展了相约星期四和心灵导师制等项目，关爱陪伴职工成长。注重加强医院文化建设，定期开展职工读书活动、职业技能竞赛、文化艺术、运动会等活动丰富职工业余生活，提高职工综合素质。切实关心了解职工需求，开设职工子女爱心暑托班、新手爸妈沙龙等实事项目，帮助解决职工后顾之忧，受到广大职工好评。

职工代表座谈

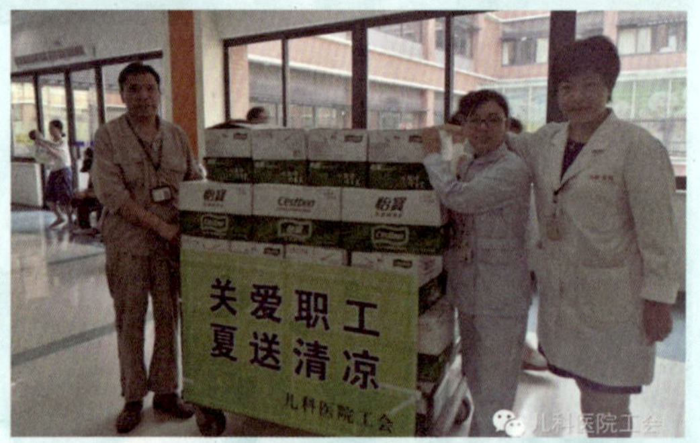

关爱职工送清凉

职工读书活动

蔬菜基地进医院

春晚节目

社团活动

上海市第一人民医院工会

第七届职代会第十五次会议

职工家庭日合影

职工大合唱

广播操比赛

健步走活动

上海市第一人民医院始建于1864年，是全国首批三级甲等综合性医院之一，技术实力雄厚，著名专家云集。医院始终秉承“一切以患者为中心”的服务理念，坚持“公溥仁心，济世臻程”的医院使命，倡导“质量·创新·共享”的医院文化，始终坚持以严谨的医德医风、精湛的医疗技术和科学的管理方法，为患者提供优质、高效的医疗服务。医院多次荣获全国百佳医院、全国卫生系统先进单位、全国创建精神文明先进单位等荣誉称号。

上海工匠　　全国五一劳动奖章

医院工会紧紧围绕院党政中心工作，凝心聚力、务实进取、聚焦改革、服务职工。在推进医院民主管理、职工素质教育工程、医院文化建设、职工文体活动和职工维权等方面，进一步发挥工作优势和积极作用，协力推进新一轮医疗卫生改革发展，主动维护职工权益，努力构建和谐劳动关系，切实加强自身建设，扎实做好新形势下群团工作。近年来，涌现出一批先进集体和个人，分别荣获全国五一劳动奖章、全国职业道德建设标兵、上海市五一劳动奖章、上海工匠、上海市模范职工小家等荣誉称号。院工会先后荣获全国模范职工之家、全国五一劳动奖状、上海市厂务公开民主管理先进单位、上海市劳动关系和谐企事业单位等荣誉称号。

瑞金医院卢湾分院工会

工会换届选举大会

上海交通大学医学院附属瑞金医院卢湾分院是一所二级甲等综合性医院，自1999年10月起与瑞金医院合作，2000年7月加盟上海瑞金集团，2011年1月成为"瑞金—卢湾医疗联合体"成员单位，是上海交通大学医学院的教学医院。

瑞金医院卢湾分院工会于2016年完成换届改选工作。第八届工会委员会以全新的面貌，积极探索新形势、新常态下的工会工作新格局，旨在为职工搭建内涵深、形式新、参与广的沟通、学习、娱乐平台，打造符合时代节奏的活泼、有力量的工会，在促进医院改革发展，构建和谐医院等方面发挥积极作用。

在全院共同努力下，医院连续9年获得上海市文明单位、全国模范职工之家、全国院务公开先进单位、上海市职工最满意单位等荣誉。

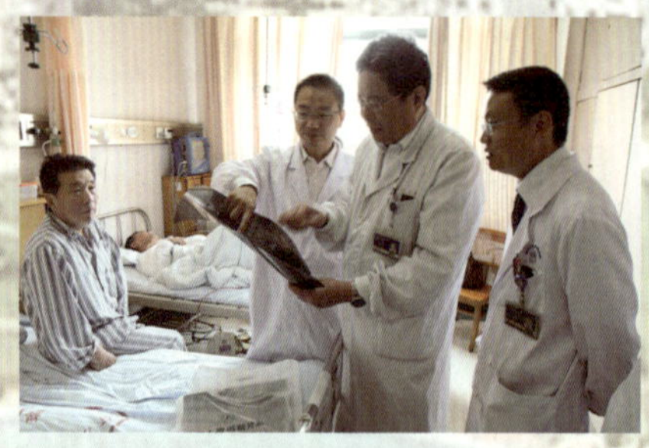
泌尿科获评全国工人先锋号、黄浦区劳模创新工作室

开展丰富多彩活动

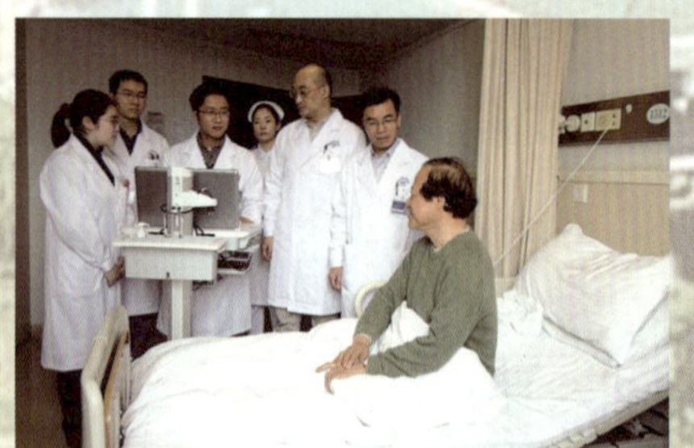
日间手术科被评为上海市模范集体

急诊预检被评为上海市巾帼文明岗

上海市嘉定区中心医院工会

五一劳动奖章获得者许向东

三八红旗手获得者华孙英

上海市嘉定区中心医院创立于1947年，是一所集医、教、研于一体的二级甲等综合性医院，职工1235人。

医院重视民主监督管理，院务公开工作全面落实；职工代表参与医院安全巡查、食堂餐饮监管；定期召开职代会，开展民主评议，有效落实职工提案，面向社会、患者、职工的平均满意度达98%；注重文化建设，开展各类文体活动，组建兴趣社团；突出培训职能，开展岗位练兵、技能比武；落实维权职能，做好职工各类保障；关爱职工身心，开办"暑托班"、引进"食行生鲜"等，努力为职工办实事。

工会积极开展"创、建、做"活动：2016年，心内科许向东主任获上海市五一劳动奖章，华孙英副院长获"上海市三八红旗手"称号，血液肿瘤科护理组获"上海市工人先锋号"称号。

市工人先锋号——血肿科护理组

爱心暑托班

"快乐吧"活动

职工代表拓展活动

上海市奉贤区中心医院工会

上海市奉贤区中心医院工会于1979年建会，现有会员1594人，职工入会率100%。医院工会在上级工会和院党委的领导下，紧紧围绕医院中心工作，强化民主管理，突出维护职能，推进素质工程，加强文化建设，团结引领全院职工，凝心聚力建设和谐职工之家，为医院建设发展贡献力量。医院坚持每年召开两次职代会，院务公开工作管理规范，职工诉求渠道畅通；完善各项保障机制，落实帮困送温暖工作；建立学历奖励制度，开展"卓越员工"评选活动；建设职工之家，举办丰富多彩的文体活动，增强职工凝聚力。医院先后荣获奉贤区三八红旗集体、上海市卫生计生系统和上海市厂务公开民主管理工作先进单位、上海市模范职工之家、全国模范职工之家等称号。

开展员工心理健康培训

医院旗袍队获区妇联旗袍秀比赛一等奖

举办员工沟通会

组织职工疗休养

召开职工代表大会

举办卓越员工颁奖暨迎春联谊会

宝山区罗店医院工会

宝山区罗店医院工会在宝山区医务工会和医院党总支的领导下，在医院行政的大力支持下，按照《工会法》《工会章程》和建家要求，以职工为本，依托“罗医讲堂”和“女职工周末学校”两个平台，以文化社团、活力班组、岗位技能为抓手，积极开展建家活动。医务职工权益得到保障，职工素质教育，动员职工参与医院改革与建设，进一步加强，积极工会组织的桥梁纽带作用得到充分体现，并取得了可喜的成绩。先后获得宝山区卫生计生系统先进职工之家、宝山区妇女之家示范点、宝山区先进职工之家、上海市妇女之家示范点、上海市模范职工之家等荣誉称号。

职工代表巡查活动

岗位技能比武

沙瓶画 DIY 体验课

职工趣味运动会

职工春日定向拓展活动

各类培训项目

东方国际（集团）有限公司工会

召开三届六次职工代表会

开展系列业务培训

举行先进评比表彰大会

东方国际集团是一家综合型现代服务业企业集团。近年来集团积极落实“以综合贸易为主体，现代物流和大健康产业为两翼，电子商务、资产经营和投资发展为支撑”的战略布局，实现转型发展新突破，提升集团核心竞争力，推动集团可持续发展。

集团工会在市总工会和集团党委的领导下，针对新形势下工会工作的重点和热点，以稳中求进，提质增效，创新驱动，转型发展的工作要求为主线，落实职代会、厂务公开民主管理工作；开展创新杯劳动竞赛、转型发展标杆标兵先进评选；开展系列沙龙活动，组织各项培训；开展帮困送温暖，加强职工保障等；在履行工会职责、加强工会建设、服务职工群众、推动企业转型发展等方面发挥了积极作用，取得良好的工作成效。

举办系列沙龙活动

开展健康徒步主题活动

上海国际集团资产管理有限公司工会

公司二届二次职代会

全国文明单位挂牌

上海国际集团资产管理有限公司成立于1987年，是上海国际集团有限公司的全资子公司，以自有资金杠杆社会资金开展直接投资业务，并提供相关资产管理服务。截至2016年末，公司注册资本35亿元，总资产近150亿元。公司获得第四届全国文明单位、全国模范职工之家称号，蝉联10届上海市文明单位，多次荣获上海市模范职工之家。

近年来，公司工会持续对标登高，努力追梦一流，积极发挥党政班子参谋助手作用，服务公司战略助转型、依托抓手促发展、凝聚员工齐创全。一是在创先争优上下功夫，促进企业创新发展。二是在民主管理上下功夫，维护职工合法权益。三是在服务群众上下功夫，构建和谐劳动关系。四是在自身建设上下功夫，形成基层工作合力。通过以上四个抓手，坚持两个维护，既维护企业的根本利益，又维护员工的合法权益；做到双向渗透，既把素质工程和凝聚力工程渗透到企业中心，又把企业使命渗透到员工心中；达到双赢互惠，既组织员工为企业做贡献，又为员工搭建自我发展平台，促进企业和员工之间的和谐发展。

公司员工赴上海市儿童福利院捐赠物资

开展"资管一家 合作共赢"素质拓展活动

参观崇明革命烈士纪念馆

"我们的节日"系列——粽叶飘香民俗文化传播活动

南方国际（集团）工会

南方国际（集团）工会在奉贤区总工会和集团党委的正确领导下，在各成员企业工会的支持配合下，不断增强政治意识、大局意识、责任意识、奉献意识、律己意识，坚持在创新中找准工作定位，在发展中把握工作重点，积极发挥工会联系党和职工群众桥梁纽带作用，充分彰显企业工会对经济发展的推动力，团结带领全体职工为集团又好又快发展贡献智慧和力量。全年集团主营业务收入达到80亿元，创税2.5亿元，集团综合实力稳居奉贤区百强企业前列。

集团董事会主席、党委书记、总裁江为民（右三）捐赠25万助力“贤文化”

开展高温慰问

作为奉贤区“两新”组织工会工作标兵单位，南方国际（集团）工会紧紧围绕企业中心，积极履行工会职能，切实维护职工权益，加强工会组织建设，严格职代会制度，扩大劳动关系和谐企业覆盖面，扎实开展集体合同、工资集体协商、女职工专项合同签订，深化非公企业群团改革，在南方国际广场群团服务站、妈咪小屋建设等方面下功夫，在创新实践中进一步增强基层工会组织活力，工作取得成效，为“奉贤美、奉贤强”总目标增光添彩。

集团工会换届

南方国际（集团）工会荣获上海市模范职工之家、公司资产运营部荣获上海市工人先锋号，集团工会主席何文跃荣获上海市优秀工会工作者标兵、上海市五一劳动奖章等多项荣誉。

资产运营部荣获市工人先锋号

开展志愿服务

职工运动会拔河比赛

交通银行上海市分行工会

2016 年，交行上海市分行工会以遵循“三个至上”员工管理工作理念、完善“五大管理体系”为目标，以开展劳动竞赛、实施员工关爱、保障员工权益、打造优秀员工文化、强化自身建设为抓手，团结带领广大干部员工主动适应经济发展新常态，为交行上海市分行转型发展做出贡献。

召开六届一次职代会

——构建业务竞赛管理体系。积极参与总行与上级工会各类劳动竞赛并取得优异成绩，制定和开展二十多项“自选动作”劳动竞赛。与此同时各基层工会也结合自身工作开展特色竞赛 。

荣获上海市金融系统银行证券保险综合业务技能竞赛银行类团体二等奖

——构建员工健康关爱管理体系。一方面组织幸福指数测评、分析、解读和培训，另一方面持续开展员工心理健康关爱行动。积极落实员工实事项目工程。

——构建员工文化建设管理体系。各类文体赛事蓬勃开展，吸引了全行各年龄层次员工的参与，各文体兴趣小组和俱乐部的活动内容不断丰富、活动形式有所创新。2016 年年末，分行员工艺术团组建成立 。

——构建员工民主权益管理体系。基层工会民主管理体系建设进一步加强，职代会制度和行务公开制度在基层单位深入推进，结合业务发展和幸福交行工程建设，着力推进制度的落实。

——构建工会组织建设管理体系。加强工会组织建设，制订工会工作考核办法，开展财务规范化达标竞赛活动。2016 年有 7 家集体、3 名个人荣获 2015 年度上海市五一劳动奖状、全国金融工人先锋号等各项省部级荣誉，“明星工作坊”等先进培育平台取得实效。

承办全国金融系统百万职工走向健康系列活动（上海站）启动仪式

举办首届员工才艺大赛，员工艺术团组建成立

上海市巾帼文明岗——个人金融部（消保部）消保团队

申万宏源证券有限公司工会

召开公司工代会、职代会

申万宏源证券有限公司工会委员会始终以《中共中央关于加强和改进党的群团工作的意见》和习近平总书记在中央党的群团工作会议上重要讲话精神为指引，紧密围绕公司党委的中心工作和公司核心业务的发展，切实履行好工会各项工作职能。近年来，工会开展了“引进客户、引进资产、争当立功竞赛状元”、“抓增量，促增效”等系列主题劳动竞赛，以“合理化建议”为主要内容的“金点子”大赛和创新创意课题大赛，调动广大干部员工投身公司发展的主动性、创造性和积极性；举办第一届和第二届职工“融”文化年活动，以一系列文化体育活动，丰富员工业余生活，进一步凝心聚力；积极推进年度实事工程，提供有温度、暖人心的精准服务，真正让员工得实惠；建立建全工代会、职代会制度，审议通过了一系列与职工利益切身相关的事项和制度，有效维护职工合法权益，确保员工和企业同发展、共享发展成果。

召开 2017 年群团工作表彰大会

举办公司第一届职工“融”文化年汇演暨第二届职工“融”文化年启动仪式

公司“光影融合”摄影比赛一等奖作品《飞得更高》

开展“融”文化全员知识竞赛团体决赛

部门风采展示金奖节目——光影舞蹈《金融杜拉拉》

参加中投系统第三届职工运动会并取得总分第二名

东方证券股份有限公司工会

东方证券股份有限公司是一家经中国证券监督管理委员会批准的综合类证券公司。公司工会下设 89 个基层工会，会员 3100 余人，另有 5 个全资和控股子公司工会。

召开公司劳动竞赛表彰会

公司工会围绕公司中心工作，着力维护员工合法权益，不断完善组织制度建设、坚持推行民主管理、认真落实劳动保护、开展各项活动提升会员素质、实行全方位员工关怀、积极践行社会责任，使公司各项工作取得全面发展。

召开公司文体协会表彰会

公司工会先后获评“上海市金融系统先进职工之家”“上海市金融系统立功竞赛优秀组织奖”“上海市金融系统文体活动优秀组织奖”“上海市金融工会经审工作优秀支持单位”；公司企务公开工作获评“上海市金融系统工会十大特色工作”；公司女工委“四个一”活动获评“上海市金融系统工会十佳女职工工作优秀品牌”；公司“东证之花”爱心妈咪小屋获评“上海市五星级爱心妈咪小屋”。

奖状

举办公司职工运动会

庆祝部门成立十周年

上海普兰金融服务有限公司工会

时任上海市市委副书记的应勇、市总工会主席洪浩来公司考察群团工作

上海普兰金融服务有限公司成立于2012年，是一家中小银行金融业务综合服务提供商，是国内首家获得票据中介服务资质的企业，公司致力于构建"实体企业、中小银行及非银行金融机构"共同参与的大宗金融产品交易服务平台，主要为市场参与者提供撮合、资讯、数据、培训、软件等综合服务，范围涵盖票据、债券、资金、同业等交易品种，并不断创新服务模式与交易品种。

公司总经理李映辉参加市"全国五一劳动奖状"颁奖晚会

第二届职工代表大会召开

公司工会成立于2012年，始终以"打造企业、员工双满意工会"为目标，以"职工代表大会、维护职工权益、提升职工素质、助推企业发展、群团组织建设"为抓手，满足员工日益发展的各项需求，在企业的经营发展和文化建设中发挥了举足轻重的作用。近年来，先后获得了"全国五一劳动奖状""上海市五一劳动奖状" "上海市劳动关系和谐职工满意企事业单位""上海市三星级爱心妈咪小屋""浦东新区先进职工之家""浦东新区非公企业工会规范化建设示范单位"等多项荣誉。

公司爱心妈咪小屋

精彩的社团活动

上海振华重工（集团）股份有限公司工会

2016 年 11 月，全国总工会主席李建国来公司调研工会工作

上海振华重工（集团）股份有限公司成立于 1992 年。25 年来，公司始终坚持自主创新，加强质量管理，产品远销全球 99 个国家和地区，覆盖 230 多个码头，连续 19 年港机产品保持全球市场占有率第一。面对新的形势任务，公司积极推进供给侧改革，转型升级，对内，坚持自主创新，助力国家级工程建设，在世纪工程港珠澳大桥岛隧工程和上海洋山四期全自动化码头建设中发挥装备支撑和创新驱动，坚持技术引领和示范带动；对外，积极践行“一带一路”国家政策，争当“中国制造”走出去的排头兵。公司工会连续 3 年荣获浦东新区直管企业工会规范化建设模范单位，始终坚持问题导向、需求导向、价值导向、高目标导向，坚持职代会制度建设，充分发挥好党联系职工群众的桥梁和纽带作用，打造职工信得过的职工之家。公司荣获 2017 年上海市五一劳动奖状。

职工趣味运动会

振华重工职代会

《振华脊梁》荣获“我要上五一”上海职工文艺汇演舞蹈类金奖

职工科技节

职工拔河比赛

“振华工匠杯”焊工比武

公司文艺演出

上海柴油机股份有限公司工会

完成两级工会换届改选

上海柴油机股份有限公司工会在上汽集团工会和公司党委的领导下，坚持依法维权，坚持改革创新，突出服务职工，突出问题导向，紧紧依靠各级工会、广大工会干部和全体会员，围绕“转型，突破，升级”的公司经营工作主线，组织动员职工围绕经营工作重点创新实践，建设学习型、服务型、创新型的职工之家，促进职工体面劳动、舒心工作、全面发展。

通过宣贯集团愿景、弘扬工匠精神、提升协同作战能力，建设高素质员工队伍；通过立功竞赛活动、群众性创新创效活动、班组建设工作，突出创新转型，激励职工岗位建功；通过实施实事项目、开展党建＋人文关爱、深化360度“八助”服务，拓展服务职工方式，做职工贴心人；通过开展集体协商、加强安全督查劳动保护工作、深化女职工“七色花”行动，维护职工合法权益，推动发展“尚彩”职工文化建设；通过两级工会换届改选、强化工会能力建设、开展工会企业清理规范工作，加强工会自身建设，夯实基础激发活力。公司荣获上海市五一劳动奖状，任建新被评为上海工匠。

先进职工小家现场评选

各部门认领点亮心愿实事项目

任建新被评为2016年上海工匠

开展第二届读书节活动

第四期六西格玛绿带培训班

开办启航暑托班

上海市安装集团有限公司工会

上海市安装工程集团有限公司在“十三五”发展规划中提出打造专家型企业，全面提升专业化、差异化、精细化能力，增强公司持续发展后劲的要求，工会坚持以服务重大工程建设为主线，深入开展形式多样立功竞赛和群众性创新实践活动；

以推进职工素质工程为目标，把培育工匠精神，打造专业人才作为引导职工建功立业的抓手，先后组织开展了“工匠杯”系列技能比武活动，包括项目商务管理、财务和审计、安全生产管理以及参加上海市焊接技能大赛等岗位技能比武活动，吸引了一大批职工的积极参与，有效地激发了职工学技术、学管理的热情，工匠精神得到了弘扬。

公司因此荣获了2016年度上海市立功竞赛优秀公司和上海市五一劳动奖状称号。

立功竞赛及创优动员大会

在上海市职工焊接技能大赛上取得优异成绩

张雄伟劳模工作室被命名为2016年上海市劳模创新工作室

姚旭东劳模创新工作室

藤永彬技师工作室被命名为上海市技师创新工作室

上海岩土工程勘察设计研究院有限公司工会

上海岩土工程勘察设计研究院有限公司成立于1958年，是国内知名的综合性岩土工程咨询企业，被誉为上海城市建设的“地下尖兵”，曾获“全国文明单位”“全国五一劳动奖状”“全国住房和城乡建设系统先进单位”“全国勘察设计行业创新型优秀企业”“上海市质量标兵企业”等荣誉称号。公司拥有国家勘察大师5名，各类注册人员近百名已累计完成16000余项工程，荣获国家金、银、铜奖及建设部和上海市优秀工程奖160余项，完成科研项目100余项，主编、参编各类标准60余部，拥有专利120多项。公司积极倡导以“规避风险、节约资源、共创和谐”为核心的绿色岩土理念，努力践行社会承诺，并坚持企业持续发展和员工全面发展共赢的工会工作理念。

召开职工代表大会

举办党工团干部培训班

举行上勘春晚员工文艺演出

举办职工运动会趣味项目

举行爱心助学仪式

上海东方投资监理有限公司工会

上海东方投资监理有限公司是专业从事建设工程咨询服务的高智力、高技术咨询机构，是同时具有工程造价咨询、工程招标代理、工程咨询、中央投资项目招标代理等多项国家甲级资质，以及政府采购招标代理、机电产品国际招标代理和建筑工程司法鉴定资格的咨询企业。连续多年获得中国工程造价咨询营业收入前百名企业第一名，连续多年位居全国工程招标代理百强企业和“上海民营服务业企业50强”。

以印保兴董事长为核心的公司高层始终坚持企业发展依靠职工、企业发展成果惠及职工的指导思想，全力支持工会工作。工会着力做好团结凝聚职工、关心职工生活、保障职工权益的工作。

市社会系统工会工作委员会主任丁振文（前排左5）、副主任毛俊（前排左6）慰问高温下工作的东方公司一线人员

东方公司工会与静安区工商联工会开展结对活动，印保兴董事长（左2）与区工商联领导参加双方工会组织的拥军参观学习活动

工会经常组织职工业务学习和培训，开展“创建学习型组织，争当知识型职工”活动，职工业务能力和素质不断提高

工会和行政积极开展企务公开民主管理工作，职工及时了解公司运营和发展中的重大事项。从职工实际需求出发，组织开展形式多样的文体活动，进一步增强工会组织的吸引力、凝聚力。

公司每年召开的职工代表大会上，董事会代表与工会代表就职工最关心、最直接、最切身的事项开展协商，签订集体合同和工资集体协商协议，并将集体协商协议的条款落到实处。员工收入与绩效挂钩，员工收入能够随公司业绩增长而同步增长，工作积极性得到极大发挥。

近年来公司获评全国就业与社会保障先进民营企业、全国守合同重信用企业、全国工人先锋号、上海市五一劳动奖状、上海市文明单位、上海市著名商标、上海市劳动关系和谐示范单位等荣誉。

工会每年组织职工趣味运动会，印保兴董事长（后排中）和参赛员工分享比赛喜悦

地址：上海市秀文路898号西子国际中心4号楼（邮编201199）
网址：www.sois.sh.cn

微信公众号

上海市路政局工会

“美在路上”迎新春团拜会

2016年，市路政局工会紧紧围绕局综合交通补短板、路政文化建设等中心任务，坚持围绕中心、突出重点、尽职增效的工作原则，通过深化完善先进示范、民主管理、职工关怀、文化自信、组织建设的“五个工程”体系建设，实现“建设好一个体系、运作好一个平台、打造好一个品牌”的工作目标；进一步汇集职工智慧、凝聚职工力量、激发职工活力，促进职工队伍的和谐稳定，助推路政事业繁荣发展。

市总工会劳模创新工作室实地互访小组来局检查指导工作

召开2016年干部大会和一届四次职工代表大会

开展行业先进典型调研活动

开展行业一线职工高温慰问活动

路政局荣获市交通委“路政局杯足球赛”亚军

局“路虎队”参加市交通委龙舟比赛

上海国际机场地面服务有限公司工会

上海国际机场地面服务有限公司工会委员会（以下简称地服工会）成立于2013年1月。作为上海机场唯一一家由京沪港三方合资、地跨浦东、虹桥两场，拥有3500多名员工的大体量合资企业，地服工会认真落实上级工会工作思路，切实发挥工会维权、暖心、素质与和谐工作职能，为公司建设发展提供有力保障。

开展创新工作室建设

组织开展形式多样的班组培训

一是维权益。通过开展主席接待日、座谈会及建立微博微信，加强民情线上和线下有效互动。二是暖人心。做好重要节假日和持续大面积航班延误等特殊保障；加强对困难员工的慰问及帮扶力度；开展员工休息室温情改善计划。三是强素质。每年开展职工技能大赛，并坚持常赛常新；发挥劳模在一线岗位的示范引领作用，开展了选树劳模培养先进及职工创新工作室建设工作。四是促和谐。营造健康和谐氛围，组织成立篮球、羽毛球、定向运动、摄影等协会；传递正能量，牵头拍摄多部微电影，并被中国民航网推荐。公司还先后荣获全国安康杯七连冠、上海市模范职工之家、先进女工委等荣誉称号，成为上海机场工会系统的先进代表。

温暖有爱的工会全委会团队

组织开展丰富的文体活动

上海隧道地基基础公司工会

上海隧道地基基础公司工会根据企业发展实际，充分发挥自身优势，创新工作思路，完善工作机制，积极为职工创造和谐的学习、工作、生活环境，全面履行工会维护、参与、教育和建设四大职能。

北横通道工程开工

开展立功竞赛，做重大工程的先行者。公司工会以立功竞赛为抓手服务工程建设，确保市府一号工程北横通道、沿江通道、诸光路隧道以及珠海横琴、杭州文一路等市内外重点工程建设的关键节点。

鼓励职工创新，做城市安全的守护者。公司工会积极推动职工创新工作，全力推进巾帼创新工作室、技能大师创新工作室以及青年创新工作室建设。研发的百米级地墙解决了城市深埋隧道的关键技术。世界首创的微扰动施工技术，为全国8个城市、887公里的运营地铁提供维保服务。研发的超远距离水平MJS工法刷新世界施工记录。

创新工作室研讨会

开展文体活动，做凝心聚力的推动者。公司工会推进“三型”工会创建，通过组织新员工入职仪式、举办企业职工运动会以及烘培、插花等活动，提升员工精气神，营造团结奋进、昂扬向上的浓厚氛围。

三八妇女节女职工烘焙活动

51周年公司庆典

职工运动会

上海地铁维护保障有限公司通号分公司工会

通号继电器班组被授予上海市工人先锋号

潜心研究转辙机维护策略，确保轨道交通运行安全

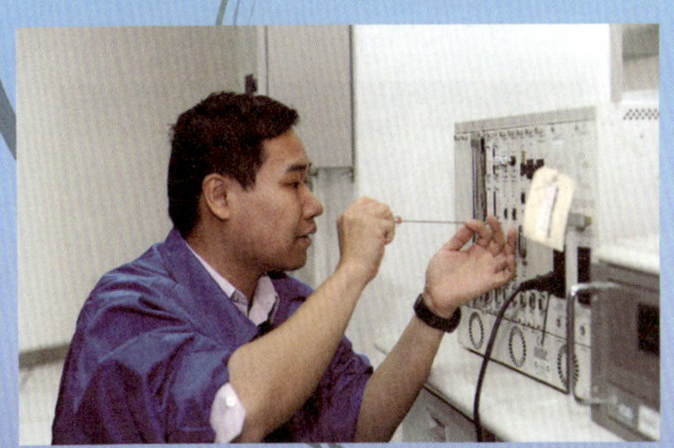
陆鑫源获上海市五一劳动奖章及上海工匠提名奖

“张铁英工作室”获首批上海市技师创新工作室

通号分公司工会认真贯彻党的十八大精神，紧扣公司中心工作，把握职工队伍结构的变化，认真履行工会职能，弘扬创新典型的标杆和示范作用，团结凝聚广大职工发挥工人阶级主力军作用，为轨道交通的安全运营提供技术保障。

2016 年，工会不断深化职工创新实践平台，拓展职工技术交流平台，对接上级竞赛选拔平台，以先进操作法、合理化建议、金点子等征集评选活动为抓手，激发岗位创新潜能，弘扬攻坚克难、精益求精、创新超越的“工匠精神”。陆鑫源的《地铁列车控制无线通信检测诊断系统》入围第 29 届上海市优秀发明选拔赛金奖，并先后荣获上海市五一劳动奖章、上海工匠提名奖。高级技师张铁英领衔的“张铁英工作室”被命名为技师创新工作室，成为上海市首批 50 个技师创新工作室之一。张铁英被授予 2015—2016 年度上海市三八红旗手，她带领的继电器班组被授予上海市工人先锋号。

此外，工会还建立了通号职工文化活动中心，分为五大功能区：阅览区、多媒体区、会议区、党员之家区、文化展示区，为职工日常文体活动提供新的场所。其中阅览区藏书 3000 余册，被命名为 2016 年全国工会职工书屋示范点。

上海煤气第二管线工程有限公司工会

召开工资集体协商会议

召开工代会暨六届一次职代会

上海煤气第二管线工程有限公司工会，紧紧围绕隧道股份工会和公司党政提出的年度工作要求，切实加强基层工会建设，推进工会各项工作开展，为保护好调动好广大职工的积极性、主动性，发挥工会组织在促进企业平稳健康发展过程中起到积极作用。

2016年，公司工会选举产生了新一届委员会，签订了新一轮集体合同和工资协议；鼓励职工开展创新创业活动、组织"强化管理塑造优秀团队，再接再厉创造企业佳绩"的立功竞赛，积极参与"上海工匠"选树活动；在各基层单位组建职工业余活动俱乐部，不断丰富职工的业余文化生活。

举办三八妇女节活动

开展丰富多彩的职工文体活动

表彰年度最佳员工

举行消防安全技能竞赛

上海燃气浦东销售有限公司工会

公司成立于2000年10月，是申能集团直属燃气集团系统单位。主要负责原浦东地区天然气业务发展、销售服务、输配管理和施工安装等相关工作。现有职工715人，用户130.73万，年直供售气量6.81亿立方米。

第一营业所民用抄表组获2017年上海市工人先锋号

公司工会围绕改革和发展两大主题，推动工会工作创新发展。以"围绕中心服务大局、凝聚职工岗位建功"为抓手，激发广大职工群众发挥主力军作用，积极参与劳动竞赛。以夯实职代会运行为基础，深化民主管理、履行维权职责。以职工身边的先进事迹为指引，发扬职工当家作主的精神。不断丰富职工的文化生活，实施素质工程，营造积极向上的和谐劳动关系氛围。

公司先后获得上海市五一劳动奖状、上海市职工最满意企业、上海市厂务公开民主管理工作先进单位、上海市文明单位、上海市工人先锋号、上海市"安康杯"优胜单位、上海市重大工程立功竞赛优秀公司、全国模范职工之家等称号。

召开平等协商专题会议

公司团队获上海市班组（团队）文化网络大奖赛第五名

开设团队沟通与团队融合心理辅导课程

开展燃气安全进学校活动

举行康健杯趣味健步走活动

中国铁路工会上海站委员会

召开平等协商会议

中国铁路上海站管辖上海站、上海南站、上海虹桥站、上海西站、南翔北站和安亭北站，是东部铁路重要的客运枢纽站。2016年，上海站工会在路局工会和车站党委的正确领导及行政大力支持下，落实依靠方针，弘扬标杆精神；坚持融入中心，投身改革发展；加强民主管理，依法维护权益；提升队伍素质，丰富文体活动；实施精准帮扶，关心职工生活；开展劳动竞赛，推动建功立业，为打造一流客运枢纽站做出新贡献。2016年车站荣获上海市五一劳动奖状。

①职工创客参加全局展示
②组织开展职工技能大赛
③开展三八节女职工活动
④组织先进职工疗休养
⑤自编节目参加地区文艺调演
⑥车站领导高温慰问一线职工

上海浦东新区南汇公共交通有限公司工会

上海浦东新区南汇公共交通有限公司（以下简称"南汇公交公司"）总部位于惠南镇丰海路301号。公司注册资金为3.89亿元，现有员工3700余名，营运车辆913台，线路总长度约2000公里，日均客流在37.58万人次，日均公里约20.77万公里，主要经营线路有沪南线、周南线、南新专线等116条公交线路（常规线路38条、穿梭巴士45条、村村通33条），营运范围覆盖浦东新区的南汇区域以及跨越至黄浦区、徐汇区、闵行区、闸北区、奉贤区。

南汇公交公司是上海市文明单位，荣获上海市五一劳动奖状并成功创评全国安全一级达标企业，被评为上海市五星级诚信创建企业，蝉联2015年、2016年上海公交企业综合评价第一。公司拥有上海工人先锋号线路龙港快线、南南线、南新专线和周南线，上海市公交品牌线路龙芦专线龙临专线龙东专线等以及浦东新区特色线路、优胜线路等。涌现出了全国交通技术能手陈展，全国见义勇为好司机潘纪光，上海市劳动模范宋美红，上海市五一劳动奖章盛卫忠，浦东新区十佳职工职业道德模范黄昊楠、钟振龙等一大批优秀员工。

南汇公交公司以提升市民满意度为根本，以创建文化品牌为支撑，力争建设文明公交新形象。

劳模工作室活动场景

职工技能比武大赛

全体班组长培训

高师带徒签约仪式

元宵联欢暨表彰会

"聆听一分"有声微信录制现场

上海交通投资（集团）有限公司漕宝停车场管理分公司工会

领导春节慰问一线职工

上海交通投资（集团）有限公司漕宝停车场管理分公司工会成立于2001年，现有工会会员37人，其中女职工7人，职工入会率100%。

公司工会在交投集团工会和公司党支部的领导下，以党的十八届全会精神为指导，深入开展民主管理、劳动竞赛、文化建设等工作，围绕中心，服务大局，努力践行"一切为了发展、一切为了员工"的企业宗旨，积极履行工会四大职能，充分发挥桥梁纽带作用，为推进企业改革发展做出积极贡献。分公司先后获得2015年度全国"安康杯"竞赛上海赛区优胜单位、2014—2015年度上海市劳动关系和谐职工企事业单位、上海市工人先锋号等荣誉。

安全月消防比武

参观久事摄影展

漕宝分公司参加交投集团健康骑行活动

组织职工参观上海书展

联邦快递（中国）有限公司上海分公司工会

联邦快递（中国）有限公司上海分公司第一届工会（以下称“联邦快递上海工会”）在上海市长宁区总工会的指导下于2007年12月29日正式批准成立。

成立至今，联邦快递上海工会在维护员工合法权益的原则基础上，积极促进公司成长与员工利益同步协调发展的关系。

同时，公司工会致力于提高会员的满意度，将工会建设成为真正的“职工之家”。近年来工会组建多个俱乐部定期开展活动，如英语俱乐部、各类体育俱乐部等，除此之外，为了满足不同人群的需求，工会举办一系列活动，如亲子互动、手工DIY、家庭日等活动，丰富职工业余生活。

通过工会上下的共同努力，各项工作取得较好成绩，曾获得2013年上海市“模范职工之家”称号，2015年全国总工会授予“模范职工之家”称号，2016年长宁区工会工作先进单位，2014年，公司荣获上海市五一劳动奖状。

举办健身活动

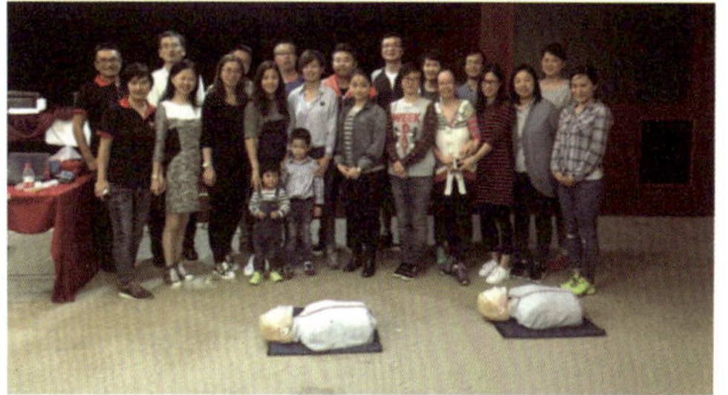
开展急救课程培训

组织员工疗休养

举办家庭运动会

the 第九城市

第九城市计算机技术咨询（上海）有限公司工会

召开年度工会总结大会

第九城市是国内知名的网络游戏开发商和运营商，致力于通过“第九艺术”——游戏艺术，为都市人创造一种全新的互联网娱乐生活方式。公司成立于1999年并于2004年在纳斯达克上市（股票代码NCTY）。九城工会摸索出外企工会建设“要企业高效益，必须依靠员工”这个硬道理。工会将创建和谐企业作为发展目标，加强企业民主管理工作，充分调动员工积极性创造力，使各项工作有了长足的进步，以此推进公司健康持续的发展。工会伴随企业的发展而成长，获得了“全国模范职工之家”和“全国双爱双评先进企业”等荣誉，工会主席王勇荣获“全国优秀工会工作者”称号和“全国五一劳动奖章”。

举办篮球赛

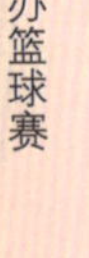

召开职代会

举办足球赛

参观科技馆

上海华力微电子有限公司工会

上海华力微电子有限公司成立于2010年，目标是建设一条技术先进、自主可控的12英寸集成电路芯片生产线。秉持着“客户导向、专业敬业、创新求是、共同发展”的企业核心价值观，在“十三五”规划开局之年，同时也是公司进入运营期后量产爬坡的关键一年，2016年工会工作以党的群团工作意见为指引，以围绕中心服务大局为宗旨，以建设职工之家为目标，在上级工会和公司党委的领导下，利用劳动竞赛、“安康杯”竞赛、节能减排活动、“芯翼杯”创新大赛、“华力风采榜”等工会主题活动平台，在加强员工思想教育、保证安全生产、促进产品出货冲量、推进研发快出成果、服务企业文化建设、创建和谐企业等方面积极进取，取得了显著成绩。公司获得上海市五一劳动奖状、市巾帼文明岗、全国“安康杯”优胜单位、上海市优秀发明选拔赛金奖和铜奖、上海市合理化建议创新奖等奖项。

“芯翼杯”科技论文大赛获奖人员合影

①专利申报现场评审
② 2016年上海市巾帼文明岗——“人力资源部”班组
③抢险应急处置技能比赛
④高师带徒——新员工轮岗培训结业典礼
⑤读书协会活动

上海兆芯集成电路有限公司工会

上海兆芯集成电路有限公司成立于2013年4月，是目前国内唯一掌握处理器、芯片组和图形处理器三大核心技术的公司，是一家地道的国产芯片厂商。上海兆芯集成电路有限公司工会成立于2014年11月6日，目前会员人数550人。成立至今，在上级工会的正确领导下，兆芯工会紧紧围绕公司研发目标，积极开展劳动竞赛，1名员工荣获2017年全国五一劳动奖章。公司先后被评为2015年浦东新区先进职工之家、2016年浦东新区非公企业工会规范化建设示范单位、2015年张江园区劳动竞赛暨创新达人赛先进集体等。兆芯妈咪小屋荣获2016年"上海工会三星级爱心妈咪小屋"称号。

员工庆生会

全国五一劳动奖章获得者王渊峰

读书俱乐部活动

兆芯工会积极参与区域集体协商，注重职工维权工作。先后成立了多个俱乐部，涵盖羽毛球、乒乓球、舞蹈、篮球、足球、读书等项目；除了组织"炎夏送清凉""每月庆生会""观影趣谈""喜迎新年""职工沙龙""女性关怀月""春运火车票团体订票"等多种形式的主题活动外，工会还相继举办了公司开放日、家庭日、员工户外拓展活动，以增进团队凝聚力；工会关爱帮助特困伤病职工，让职工切实感受到工会组织的温馨和体贴。

妇女节 DIY 活动

先进集体合影

2016 团建活动合影

上海南亚新材料科技股份有限公司工会

上海市五一劳动奖章获得者崔荣华事迹报道

第九届南亚之韵暨迎新春总结表彰会

召开工人先锋号班组经验座谈会

公司职工连续十年参加无偿献血

上海南亚公司是连续两届的上海市文明单位，第二届（2017 年）中国电子材料行业五十强企业、第二届（2017 年）中国电子材料行业覆铜板专业十强，也是上海市五星诚信创建企业。2016 年实现销售额 11.88 亿元，实现利税 6400 万元。

2016 年工会在上级工会的指导下，在公司领导的支持下，带领全体职工围绕公司经济发展总目标，聚焦安全生产管理开展了“质量明星擂台赛”，举办了第三届“南亚品质知识竞赛”，组织“安全生产流动红旗班组”评选，安全生产知识竞赛、安全知识猜谜活动。持续开展党员示范岗、工人先锋号、科技创新英才、优秀干部、优秀员工、先进集体评选等，激发职工活力，提升工作效率，增强团队合力。围绕企业“家”文化创建、职工权益维护、职工素质提升、和谐劳动关系的维护，以及社会责任的履行等开展了一系列的工作，为南亚经济稳定发展，文明单位创建做出积极的贡献。

代表民营企业参加南翔第一届市民运动会

上海创邑实业股份有限公司工会

工会会员合影

创邑 SPACE 浦江开业趴

1881 线下演讲活动

愚园路红旗颂歌

员工美食烹饪评比

绿色地球倡议组织跳蚤市集公益活动

上海创邑实业股份有限公司是一个为创新群体提供进阶式成长生态圈的公司，创邑目的主在打造无界生活方式，打造灵活的办公空间，有趣的休闲空间，优雅的居住空间。上海创邑实业股份有限公司工会成立于 2010 年，工会总人数 121 人，占职工总数的 99.8%。

创邑公司倡导无界生活方式，打造灵活高效的办公空间，丰富有趣的休闲空间，精致价优的居住空间。进阶式办公空间［创邑 SPACE］提供移动办公、联合办公和专属办公产品，为不同人数与要求的团队提供相应的办公服务；艺术化生活街区［创邑 ART］结合城市更新、艺术场景、文化体验，将充满奇思妙想的创意店铺、精粹混搭的人文书店、悠游闲适的美食酒廊、天马行空的艺术项目等完美融合，打造工作八小时外的创新青年生活体验；乌托邦式国际公寓［创邑 LIVE］位于魔都核心城区，纯正经典的海派风情，多功能日式组合设计体验，是集成居住与社交的国际化活力生活社区。

上海造币有限公司工会

上海造币有限公司是一家具有90多年悠久历史的国家造币企业，主要从事设计生产国家流通硬币、金属纪念币。公司秉承"厚德广行敬业报国"的行业精神以"为国造币"为崇高使命，为保证国家货币流通、维持国家经济稳定做出了重要贡献。

上币工会始终坚持"真心热心、贴心"的工作宗旨，不断强化维护、建设、参与、教育四项职能，积极发挥桥梁纽带作用，致力打造"责任到心、维权到位、温暖到家"的工作品牌。近年来，荣获全国五一劳动奖状、全国模范职工之家、全国厂务公开民主管理先进单位、上海市学习型企事业单位、上海市劳动关系和谐示范单位、上海市慈善之星等多项荣誉。

市总工会领导为公司"技师创新工作室"揭牌

成立公司首座艺术设计工作室

召开职代会

中国印钞造币行业女职工三项创建成果展示

公司男足获上海市第二届职工运动会足球赛亚军

上海印钞有限公司工会

管敏荣获 2016 年上海市五一劳动奖章

定期召开职工代表大会

举办庆祝建党 95 周年书画作品展

庆祝公司成立 75 周年文艺演出

开展班组拓展活动

组织迎新春赠春联活动

上海印钞有限公司是隶属于中国印钞造币总公司的一家大型骨干印钞企业，从事人民币和增值税专用发票、银行专用票据等有价证券及护照等高级防伪证书的生产经营活动。

上钞公司工会积极适应印制行业转型发展，紧紧围绕企业中心工作，通过品牌特色活动服务职工，通过劳动竞赛、班组建设激励职工，通过丰富多彩的文体活动凝聚职工，通过关心慰问、排忧解难温暖职工，营造企业和谐氛围。不断加强自身建设，为职工服务，做职工信赖的"娘家人"，努力开创工会工作新局面。

上海新华联大厦有限公司工会

①淮海 755“懂我，懂生活 | enjoy our lives here”
②公司 20 周年庆运动会飞镖比赛
③淮海 755 大讲堂“官微制作基础员工培训”

上海新华联大厦有限公司是百联集团旗下百联股份所属著名商业企业，由东、西两栋甲级涉外商务楼及裙楼组成，以双层天桥相连横跨瑞金二路，形成总面积约 68000 平方米的双子楼。是淮海中路上一个重要地标。2015 年 12 月 12 日，大厦零售业务由百货转型为淮海 755 购物中心。

淮海 755 建筑面积约 17000 平方米，引进了无印良品旗舰店、UNDER ARMOUR 旗舰店、RESEE 又见空间、ATOM 电竞馆、暗黑迷宫等富有时代特色、个性主张的品牌和互动体验场所，全新创立的全景式服务体系，正成为消费达人们的乐园和零售业的热点。

公司工会成立于 1996 年 12 月，现有会员 105 人，入会率 100%。2016 年召开职代会通过了新的《集体合同》和《增资方案》，开展合理化建议征集、创新班组建设竞赛等活动，总结出“全景式服务”等项目成果，围绕公司二十周年庆开展职工运动会等系列文体活动。

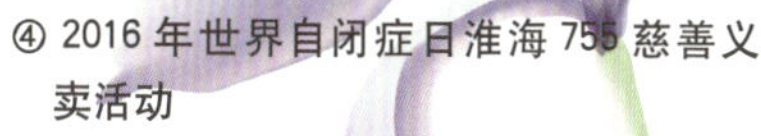

④ 2016 年世界自闭症日淮海 755 慈善义卖活动
⑤活力四射的营销活动
⑥打造全景式服务“一周一讲一场景”

上海老凤祥钻石加工中心有限公司工会

公司工会成立于1997年，现有职工人数190人，会员人数190人，共设工会小组17个。

公司工会始终坚持弘扬社会主义核心价值观，积极推进和谐企业建设，以竞赛促发展、以培训增技能，不断深化职工之家创建工作内涵，努力促进企业和职工的全面发展。

工会始终把学习与创新活动融合到职工的教育实践中，不断提高职工综合素质。近年来新晋高级技师3名，青年技师7名，通过职工科技创新活动的积累和总结，获得国家注册专利12项，有效地促进企业各项经济指标的圆满完成。

劳动竞赛获表彰员工合影

公司员工荣获2016年黄浦区黄金珠宝行业技能竞赛第一名

职工素质教育成果丰硕

开展文体活动

2016年实现销售收入11亿，利润1.5亿，经济保持持续稳步发展。公司先后荣获上海市五一劳动奖状、上海市模范职工之家、黄浦区先进基层党组织等荣誉称号。

参与文明城市志愿者行动

上海恰尔斯电力(集团)有限公司工会

上海恰尔斯电力(集团)有限公司是以电气工程为主体的综合性专业公司,成立于1994年,现有员工近千名。拥有电力工程施工总承包三级资质证书、机电设备安装工程专业承包二级资质证书和送变电工程专业承包三级资质证书、安全生产许可证及国家能源局华东监管局颁发的承装(修、试)电力设施许可证。

2001年公司工会成立,在公司总政的领导和支持下,积极开展各项工作。代表员工与企业签订集体合同;弘扬先进,发挥榜样作用,每年开展评选先进集体和个人的活动;关心关爱职工生活,切实保障职工合法权益,多次对职工宿舍进行整修,改善外来员工的居住条件;职合社会办学,投资开办机电一体化大专班,鼓励员工提高专业技术能力和学历层次,进一步增强了企业员工的核心竞争力和对企业的归属感、获得感。

公司先后获得全国就业与社会保障先进民营企业称号,全国"安康杯"竞赛优胜企业9连冠,上海市文明单位等荣誉,个人获得全国上海五一劳动奖章等奖项。

电装（中国）投资有限公司上海分公司工会

召开职工代表大会

公司荣获长宁区工人先锋号

电装（中国）投资有限公司上海分公司是全球第二大汽车零部件企业日本DENSO在中国设立的分支机构，2007年建立工会，2012年被评为“上海市劳动关系和谐职工满意单位”，连续十年被评为“长宁区先进工会”，工会主席汤乃飙于2015年获得“上海市劳动模范”称号。

工会与企业签署了三项集体合同，每年开展工资谈判。十年来，职工平均收入增长200%。工会还建立了劳动法律监督室、劳动争议调解室，切实维护职工的合法权益。

工会搭建总经理定期交流、人事部定期交流、职场改善定期交流平台，建立7个职工体育俱乐部，每年举办劳动竞赛、合理化建议、家庭日、结对扶贫助学等活动，为创建和谐劳动关系、促进企业健康发展做出贡献。

公司工会获得长宁区先进工会

参加上海马拉松比赛

组织开展劳动竞赛

举办家庭日活动

上海锦湖日丽塑料有限公司工会

上海锦湖日丽塑料有限公司工会成立于2010年12月，工会成立7年来，紧紧围绕员工切身利益，凝心聚力，组织、协调、实施工会各项活动。积极参与公司各项经营决策的拟定、助推企业文化战略的落地，不断着力培养职工内生动力，近3年来涌现出一批闵行区科技创新英才、工人发明家和创新成果转化优秀项目。工会选送的多个创新项目参展第八、九届国际发明创新发明展览会和首届（上海）国际发明创新博览会，先后斩获金奖1个、银奖2个、铜奖4个。研发人员周霆被授予上海市五一劳动奖章。

总经理与员工进行工作交流

二届一次职代会

工会主席下基层调研

公司工会重视职代会制度建设，依靠职代会民主管理工作的有效实践，实现企业产能转移平稳过渡，其先进经验和事例多次被市、区级媒体报道。

重阳节慰问孤老

工会工作的有序开展，提升了员工的获得感和认同度。公司先后荣获上海市五一劳动奖状、上海市劳动关系和谐职工满意企事业单位、闵行区劳动关系和谐AAA级企业、闵行区先进职工小家、闵行区最具社会责任企业、上海市企业文化建设示范基地、上海市厂务公开民主管理先进单位、全国厂务公开民主管理先进单位等荣誉。

2016年先进员工疗休养

上海大屯能源股份有限公司姚桥煤矿工会

深化企业民主管理

加强基层班组建设

上海大屯能源股份有限公司姚桥煤矿是全国特级安全高效矿井和环境优美化矿井，年生产能力为445万吨，现有工会会员2917人。近年来，矿工会紧紧围绕矿重点工作，加强工会组织和作风建设，深化建家活动，增强工会活力；强化安全监督和机制建设，扎实抓好安全生产工作；开展科技创新和降本增效活动；加强法律监督，健全民主管理机制，维护职工合法权益；完善扶贫帮困机制，把"面对面，心贴心，实打实服务职工在基层"工作落到实处；企业文化建设蓬勃开展，职工业余文化生活进一步活跃。先后获全国和上海市五一劳动奖状，全国安全文化示范企业、全国群众文化工作先进单位、全国职工书屋示范点，全国十大最美矿区、全国能源化学工会、上海市总工会模范职工之家等称号。

提升职工技能素质

"走千米巷道，知亲人辛苦"活动被上海市总工会树为品牌工程

丰富女职工活动

开展文化体育活动

索引

2017上海工会年鉴

A

B

C

D

E

F

G

H

J

K

L

M

N

P

Q

R

S

T

W

X

Y

Z

图书在版编目(CIP)数据

上海工会年鉴. 2017 / 上海工会年鉴编纂委员会编.
—上海:上海社会科学院出版社, 2017
ISBN 978-7-5520-1123-4

Ⅰ. ①上... Ⅱ. ①上... Ⅲ. ①地方工会—工会工作—上海—2017—年鉴 Ⅳ. ①D412.851-54

中国版本图书馆 CIP 数据核字(2017)第 300775 号

上海工会年鉴(2017)

编　　者:《上海工会年鉴》编纂委员会
责任编辑:蓝　天
装帧设计:姚　毅
出版发行:上海社会科学院出版社
上海淮海中路 622 弄 7 号　电话 63875741　邮编 200020
http://www.sassp.com　E-mail:sassp@sass.org.cn
经　　销:新华书店
印　　刷:浙江新华印刷技术有限公司
开　　本:890×1240 毫米　1/16
印　　张:30.5
插　　页:24
字　　数:1080 千字
版　　次:2017 年 12 月第 1 版　2017 年 12 月第 1 次印刷

ISBN 978-7-5520-1123-4/D·471　　定价:260.00 元